TRAITÉ

DES

ASSURANCES MARITIMES

PAR

Émile CAUVET

AVOCAT AU TRIBUNAL DE NARBONNE

ANCIEN BATONNIER

TOME PREMIER

PARIS

L. LAROSE, LIBRAIRE-ÉDITEUR

22, RUE SOUFFLOT, 22

—

1879

TRAITÉ

DES

ASSURANCES MARITIMES

TRAITÉ

DES

ASSURANCES MARITIMES

PAR

Émile CAUVET

AVOCAT AU TRIBUNAL DE NARBONNE
ANCIEN BATONNIER

TOME PREMIER

PARIS

L. LAROSE, LIBRAIRE-ÉDITEUR

22, RUE SOUFFLOT, 22

1879

INTRODUCTION

Origine du Contrat d'assurance.

Si certains contrats, tels que l'échange de meubles, le prêt, le don manuel, qui correspondent aux besoins les plus immédiats de la vie sociale et sont en quelque sorte contemporains de toute société, ne peuvent avoir une histoire, il n'en est pas ainsi de ceux qui, comme le change, le prêt à la grosse, l'assurance, supposent un certain état de civilisation et viennent à leur heure lorsque les intérêts, en quête de nouvelles forces ou de nouveaux instruments d'application, les ont vivement réclamés.

Parmi ces derniers, les uns, par exemple en France l'hypothèque maritime, ont une origine qu'il est facile de déterminer, les autres n'ont pas de date, et il n'est permis d'entrevoir le moment où ils sont nés qu'à l'aide des documents qui, plus ou moins longtemps après leur apparition, en parlent pour la première fois.

Le contrat d'assurance est dans ce cas. La date précise de son avènement est inconnue, et le sera probablement toujours. Mais certains documents qui révèlent son existence permettent de fixer, à un demi siècle près, le moment où il a pénétré dans la vie commerciale.

L'étude de ces documents comprend à la fois l'élimination de ceux qui ont été appliqués à tort à ce contrat, la détermination précise de ceux qui s'y appliquent. Cette étude est l'objet principal de cette introduction.

Quant à l'histoire interne de l'assurance, qui comprend celle de son développement, nous lui avons fait, dans le cours de ce traité, une place sans contredit insuffisante, mais qui pourra en donner une idée approximative.

Le contrat d'assurance, considéré comme un contrat principal (1), était absolument inconnu dans l'antiquité. Sans doute, la pratique du contrat à la grosse chez les Grecs et les Romains, la contribution des divers intéressés aux pertes résultant de sacrifices faits pour le salut commun, certaine à Rome, probable en Grèce, avaient donné à ces peuples des notions sur les risques maritimes qui auraient pu les conduire au contrat d'assurance. Mais il paraît certain qu'ils ne le connurent ni ne le pratiquèrent. Si aucune controverse ne s'est élevée sur ce point à l'égard des Grecs, il n'en est pas de même à l'égard des Romains.

---

(1) Nous disons *un contrat principal,* parce que les déplacements de risques mis à la charge de l'un des contractants par une stipulation accessoire à un contrat quelconque, vente, dépôt, prêt, etc., ont été toujours connus.

Tandis que les uns soutiennent que ces derniers ont connu le contrat d'assurance (1), d'autres ont émis une opinion absolument contraire (2).

Dans le premier sens, on cite plusieurs textes des lois romaines, établissant que le risque pouvait être mis en vertu d'une convention spéciale à la charge de celui qui, d'après les règles ordinaires, en aurait été affranchi (3). — On invoque encore certaines lois du Digeste, au titre *De verborum obligationibus*, notamment la loi 67 : *Illa stipulatio decem milia salva fore promittis, valet.* — La loi 10 : *Si L. Titius ante Kalendas Mai in Italiam venerit.* — Les lois 29, 139 : *Si navis venerit* ou *Si navis non venerit.*

On se prévaut aussi de quelques textes relatifs au contrat de gageure (4).

Ceux qui pensent que les Romains n'ont pas connu le contrat d'assurance font observer que les textes invoqués à l'appui de l'opinion contraire ne prouvent rien ; qu'il est impossible de déterminer l'espèce prévue par la loi 67 au titre *De verborum obligationibus,*

---

(1) Lynker, De Bodmeria, § 839 , Werloff, De iustrum. assec., sect. 1, § 3 ; Cocceius, De assecur., § 4 ; Loccenius, De jure marit., Lib. 2, cap. V, § 2 ; Grotius, De jure belli et pacis, Lib. 2, cap. 22, n. 3 ; Puffendorff, p. 175.

(2) Pardessus, Lois maritimes, t. 1, p. 72 et s.; Delaborde, Avaries particulières, 90 et s.; Beckmann, Beitrage zur Geschichte def Erfindungen, 1, 205 et s.; Hugo, Civ. Magas., 2, 129 et s.; Gluck, t. 21, 237 et s.; Van Hall, De magistratu navis, p. 24 ; Becker, De periculo quod assecurationis est, Int., VI ; Polhs, t. 1. 6 ; Endeman, Zeitschrift fur das gesammte Handels recht, 9, 284 et s.; Reatz, Geschichte des Europaischen Seeversicherungs rechts, p. 18 et s.; — Lebend, Zeitschrift fur Handels recht, 4, 176, doute.

(3) L. 1, Pr. D. De peric. et comm. rei venditæ. — L. 13, § 5, D. Locati conduct.—L. 1, § 35, D. Depositi vel contra.— L. 39, D. Mandati vel contra.

(4) V. Endeman, *loc. cit.*, p. 296 et s.

que Pothier y a vu un contrat de cautionnement, et que dans toutes les autres lois, on trouve la mention d'exemples relatifs à un évènement incertain, exemples qui supposent même le fait d'un tiers, et qui, dans tous les cas, n'ont aucun rapport avec l'assurance.

Dans le sens de l'opinion qui attribue le contrat d'assurance aux Romains, on se fonde sur deux passages de Tite-Live, où il est question de commerçants chargés de transporter par mer les munitions de l'armée sous la condition que les risques du voyage seront à la charge de l'État (1), et sur un passage de Suétone, où il est dit que Claude voulant accélérer l'importation du blé à Rome dans un moment de famine, proposa aux commerçants qui se chargeraient de le transporter par mer certains avantages, et plus spécialement celui de mettre à la charge de l'État tous les risques provenant de fortune de mer (2).

On a justement fait observer qu'on ne saurait voir dans cette convention, pas plus que dans celle qui est mentionnée par Tite-Live, une assurance, mais un contrat spécial par lequel l'acheteur prenait à sa charge tous les risques, bien que la vente n'eût pas pour objet un corps certain.

On invoque encore, pour établir que les Romains

---

(1) ... Ut quæ in naves imposuissent, ab hostium tempestatis vi publico periculo essent. (Tite-Live, 23, 59.) — Quia publicum periculum erat a vi tempestatis in iis quæ portarentur ad exercitus. (*Ibid*. 25, 3.)

(2) Nam et negociatoribus certa lucra proposuit, suscepto in se damno si cui per tempestatem accidisset. (Suétone, vita Claudii, 18.)

çonnaissaient l'assurance, une lettre de Cicéron, où il écrit qu'ayant concentré à Laodicée tout le butin qu'il a conquis, il a fait un traité avec des répondants pour faire parvenir à Rome, sans aucun risque de transport, l'argent provenant de ce butin. Voici le texte :

Laodiceæ me prædes accepturum arbitror omnis pecuniæ publicæ, ut et mihi et populo cautum sit sine vecturæ periculo. Quod scribis ad me de drachmis ccc ɔɔ nihil est, quod in isto genere cuiquam possim commodare. Omnis enim pecunia ita tractatur, ut præda a præfectis, quæ autem mihi attributa est, a quæstore curatur (1).

Entre tous les textes invoqués, celui-là est incontestablement le plus favorable à l'opinion de ceux qui pensent que le contrat d'assurance a été connu des Romains.

« Ciceron, dit Pardessus, annonce son intention « d'envoyer à Rome les deniers publics et de les « faire voyager par mer ; il redoute les dangers de la « navigation (vecturæ periculum) ; il désire que le « peuple et lui soient garantis contre ce risque (ut « mihi et populo cautum sit) ; il cherchera des garants « (prædes) : il y a donc une grande probabilité que « sa lettre se réfère à une convention d'assu- « rance.... » (2) — Cette opinion est loin d'avoir

(1) Cicero ad familiares, Lib., 2, ep., 17, c., 4.
(2) Pardessus, t , 1, p., 73, et s. — V., aussi dans ce sens Reimarus, in Busch und Ebeling's Handlungsbibliotek, t. 3.

rallié tous les suffrages. — Certains auteurs voient dans l'acte que fit Cicéron une opération de change. (1) — D'autres y voient une convention par laquelle un tiers se charge du butin sous la condition d'en payer le montant à Rome, (2) c'est-à-dire un contrat de *permutatio*, qui consiste à payer dans un autre lieu une chose pour une autre (Rem pro re solvi posse.... ex pecunia in rem.... ex re in pecuniam). Ajoutons que l'existence de cette opération semble établie par les lettres que Cicéron écrivit avant son arrivée à Laodicée (3).

Ces arguments fondés sur des textes isolés, et il n'y en a point d'autres dans cette controverse, ne sauraient prévaloir contre la raison générale qui se déduit du silence absolu que gardent les lois romaines. Lorsqu'une institution juridique a fonctionné à Rome, ses lois en attestent l'existence. Ainsi, c'est parce que la contribution à raison des avaries communes y était en usage, que le tit. 2 (L. 24) au Digeste, intitulé *De Lege Rodia et jactu*, contient une série de dispositions qui s'y appliquent; c'est parce que le prêt à la grosse y était connu, que le tit. 2 (L. 2), intitulé *De nautico fœnore*, contient une série de dispositions

---

(1) Heineccius, Elementa juris cambialis, cap. 1, § 7 ; Hugo, *loc. cit.*, Ayrer, De vestigiis cambii apud Romanos.

(2) Reatz, p., 20 et s.

(3) Pridie Kalendas sextiles (703) puto me Laodiceæ fore ; perpaucos dies dùm pecunia accipitur, quæ mihi EX PUBLICA PERMUTATIONE debetur commorabor, 2, 17, 7 : Ut cum quœstu populi pecunia PERMUTARETUR. Ad Atticum, 12, 24, 1 ; Sed quæro, quod illi opus erit Athenis PERMUTARI *ne* possit an ipsi ferendum sit., 5, 13, 2, 5, 15, 2, 11, 1, 2, 11, 24, 3, 15, 4.

sur le contrat spécial qui se rapporte à cette nature de prêt. Si les Romains avaient connu l'assurance, son importance juridique, l'influence qu'elle aurait exercé sur le mouvement des affaires lui auraient valu un nom scientifique, un titre spécial au Digeste, titre dans lequel nous trouverions un ensemble de principes et de solutions d'espèces adaptées à sa nature spéciale. Il serait de plus mentionné dans les ouvrages classiques qui nous sont parvenus, notamment dans les œuvres de Cicéron, qui en aurait parlé en légiste, s'il est vrai qu'il s'en fut servi lorsqu'il fit parvenir à Rome le butin conquis sur l'ennemi.

On ne saurait contester au contrat d'assurance une nature spéciale, telle qu'il sort sans cesse du droit commun, et que les principes généraux ne sauraient à eux seuls le régler. Il y faut un examen particulier qui ne se fait point sans de grands efforts. C'est ce que les grands jurisconsultes de Rome auraient compris, ce qu'ils auraient mis en lumière, et l'on peut induire à coup sûr de leur silence qu'ils ne le connaissaient pas.

Ce n'est point cependant que les Romains ne se fussent préoccupés des moyens de conjurer les risques de mer, car le contraire est démontré par une foule de faits, et notamment par ce que raconte Plutarque de Caton l'ancien et de Caton le jeune.

« Il exerça, dit cet auteur, en parlant du premier, « la plus décriée de toutes les usures, l'usure mari- « time ; et voici comment il le fesait. Il exigeait que « ceux à qui il prêtait son argent se formassent au

« nombre de cinquante en société de commerce, ou
« qu'ils équipassent un pareil nombre de vaisseaux
« sur chacun desquels il avait une portion qu'il
« fesait valoir par Quintion, son affranchi. Quintion
« s'embarquait avec les autres associés, et prenait
« part à toutes leurs opérations. Par là, Caton ne
« risquait pas tout son argent, mais seulement une
« petite portion, et pour un énorme bénéfice. » (1)

Le même auteur, parlant de Caton le jeune, raconte
le trait suivant : — « Caton rapporta de Chypre près
« de 7,000 talents (un peu plus de 12,000 fr. de
« notre monnaie) ; et comme il craignait les dangers
« d'une aussi longue navigation, il fit faire plusieurs
« petites caisses qui contenaient chacune deux talents,
« cinq cents drachmes. Il fit attacher à chaque caisse
« une longue corde, au bout de laquelle on mit une
« grande pièce de liège, afin que si le vaisseau
« venait à se briser, les pièces de liège, nageant sur
« l'eau, indiquassent l'endroit où seraient les
« caisses. » (2)

Si le contrat d'assurance avait été en vigueur à
Rome au temps où vivaient l'un ou l'autre des deux
Catons, ils n'auraient pas eu besoin de recourir aux
expédients dont ils usaient pour se prémunir contre
les risques de mer. A coup sûr une police d'assurance eût été plus profitable à Caton le jeune, que la
flottille de sauvetage qu'il avait organisée.

(1—2) Plutarque, vie de Marcus Caton, trad., Pierron, t. 2, p. 260, —
et vie de Caton le jeune, Ibid., t. 3, p. 705.

D'ailleurs, les traditions qui naissent des institutions juridiques peuvent s'affaiblir, mais laissent toujours après elles quelques traces. Il y eut certainement des prêts à la grosse aux époques les plus lamentables des invasions barbares ; il y en eut après, tandis qu'il faut traverser quatorze siècles pour rencontrer l'assurance.

Avant de dire à quelle époque elle apparut, il convient de signaler les causes qui préparèrent son avènement.

Ces causes sont au nombre de quatre, savoir : 1° l'usage du contrat à la grosse ; — 2° la contribution à raison des avaries communes ; — 3° l'invention du contrat de commande ; — 4° La stipulation dans les ventes de la clause *ad fortunam Dei et usum maris.*

Contrat à la grosse. — L'usage du contrat à la grosse donnait bien à un commerçant le moyen de se décharger sur un tiers des risques maritimes, mais il fallait pour cela qu'il empruntât, à proportion de la perte possible, et à très chers intérêts, une somme quelconque. L'emprunt qui est inévitable dans le contrat à la grosse, le distingue de l'assurance. Supposez que l'emprunt soit éliminé du premier contrat, et vous en aurez un autre par lequel un tiers prend à sa charge le risque, moyennant un profit convenu, c'est-à-dire l'assurance elle-même. Cette élimination a été longue à se faire. Il en a été de l'assurance comme de la lettre de change, du chèque, de l'hypothèque maritime, qui quoique contenus en germe dans certains contrats déjà usités, s'en sont dégagés lentement et lorsque les circonstances ont favorisé leur éclosion.

Cependant, il y eut un moment où le commerce fut placé dans une situation qui pouvait le conduire par le contrat de grosse au contrat d'assurance. Elle se produisit après qu'une décrétale de Grégoire IX, datée de 1237, eût proscrit le premier comme entaché d'usure (1). Il n'est pas impossible que les commerçants aient eu l'idée, pour échapper à cette imputation, de conserver tous les éléments de ce contrat moins le prêt, et qu'il leur. ait été donné par là d'entrevoir l'assurance. Cette hypothèse paraîtra d'autant plus admissible que le prêt à la grosse a servi de modèle à l'assurance (2) et lui a donné sa langue, ainsi que l'indique l'emploi simultané dans l'un et dans l'autre, des mots *prime, police, ristourne,* etc.

Contribution aux avaries communes. — Dans le droit romain, la contribution entre les divers intéressés n'avait lieu que lorsque le sacrifice fait dans l'intérêt de tous était nécessaire et volontaire (3). Les avaries particulières restaient pour le compte de ceux

---

(1) V. 19, Decr., Greg. IX, titre *de Usuris*, V. 19. — Naviganti... certam mutuans pecuniæ quantitatem, pro eo quod suscipet in se periculum, recepturus aliquid ultra sortem usurarius est censendus.

(2) Trapectitia pecunia instar cujus assecuratio inventa est. Straccha, Gl., 15, n., 2.

(3) V., Lib., 24, tit., 2, D. — L., 1. — Quod omnibus datum est. — L., 2, § 2. — necessario jactura facta erat. — § 3. Si navis a piratis redempta sit .... omnes conferre debent — etc.

qui les avaient subies (1). Il en était de même de la perte totale.

Bien que la contribution des intéressés à un même chargement à raison des avaries communes implique une certaine mutualité de risques, la convention tacite qui s'y applique se rapproche beaucoup plus de la société que de l'assurance.

Mais dans la suite des temps, le statut d'Ancône de 1397 (Rubrique 86), qui exprimait une coutume très ancienne et certainement antérieure à l'assurance, fit contribuer l'armateur et les chargeurs, non seulement aux avaries communes, *mais encore aux avaries particulières*, et par cette extension elle aboutit à une assurance mutuelle, car, si l'avarie particulière nuit à celui qu'elle frappe, elle n'est d'aucun avantage pour ses cochargeurs, et dès lors ceux-ci ne peuvent être tenus de le relever des pertes qu'elle lui impose, que parce qu'il est tenu d'agir de même envers eux, le cas échéant.

Sous le régime du statut d'Ancône, la mutualité n'était pas volontaire, tandis que dans le contrat d'assurance elle ne procède que de la volonté. Mais, le Consulat de la mer, en disposant que la contribution n'aurait lieu que du consentement des intéressés fit disparaître cette différence. D'après le Consulat, le

---

(1) L. 6, Dig. *loc. cit.* — Navis adversa tempestate depressa... Hipponem delata est, ibique tumultariis armamentis ad præsens comparatis, Ostiam navigavit et opus integrum pertulit. Quæsitum est an hi quorum onus fuit, nautæ pro damno conferre debeant. Respondit non debere : hic enim sumptus instruendæ magis navis quam conservandarum mercium gratia, factus est.

capitaine qui croyait utile de recourir à un échouement volontaire, devait s'adresser aux intéressés, s'ils
étaient présents, sinon à l'écrivain, au contre-maître
et aux matelots qui étaient censés les représenter, et
leur dire : *Messieurs, l'échouement est nécessaire ; je
propose de faire répondre le navire des marchandises
et les marchandises du navire*. — La contribution
n'avait lieu que si la majorité l'acceptait (1).

Il est difficile de déterminer la part qu'a eue la contribution à la découverte de l'assurance mutuelle. En
effet, si cette sorte d'assurance peut être considérée
comme une contribution agrandie par le nombre
d'intéressés qui y participent et par l'extension donnée aux risques, d'un autre côté la contribution à
raison des sacrifices volontaires, n'ayant lieu qu'entre
les cochargeurs et l'armateur d'un même navire, n'a
pu servir de type à l'assurance mutuelle dont l'application n'est possible qu'entre armateurs différents,
au moyen de la réunion des navires dont ils sont
propriétaires, navires entre lesquels il n'existerait
aucune solidarité de risques si elle n'était créée par
l'assurance. Mais, dans les sciences morales l'im-
pulsion qui donne le mouvement n'est pas toujours
directe et immédiate, surtout conforme aux lois de la

---

(1) Senyors no n's podem ascondir que no haiam a ferir en terra, è yo
diria en axi que la nau anas sobre los havers et los havers sobre la nau. —
Si los mercaders ho ottorgan... E si per aventura entre lo senyor de la nau
o leny et los mercaders no haura convinença ne empressio alguna, com
la nau o leny ne vau en terra ; si la nau o leny romp o pren dau, mercaders no li son tenguts de esmena a far pus alguna convinença ne impressio
no seri fata entre ells. V. ch. CL et CLI.

logique. Aussi, il n'est pas improbable que la contribution, telle surtout qu'elle avait été réglée par le
statut d'Ancône et le Consulat de la mer, en donnant
l'idée d'une combinaison par laquelle les tiers pouvaient être chargés des risques auxquels le véritable
intéressé était exposé, ait préparé les esprits à isoler
l'obligation de ces tiers du milieu restreint et étroit
où elle était renfermée et ait par là préparé l'avénement d'un contrat dans lequel cette obligation joue le
rôle principal.

Contrat de commande. — La commande n'était
pas inconnue des Romains. (1) Mais elle ne devint
d'un usage général et n'acquit une importance réelle
dans le midi de l'Europe, que vers le XIe siècle.
Bien que le statut de Trani, qui porte la date de
1063, soit sans contredit le plus ancien document
qui en fasse mention, on peut tenir pour certain que
son existence lui est antérieure.

Au XIIe siècle, la commande était l'âme des entreprises maritimes. La faveur dont elle jouissait alors
est démontrée par le statut de Sassary, de 1346,
ch. 132, qui constate que, d'après la coutume établie, les marchandises achetées avec les sommes
données en commande étaient affranchies de toute
prise de guerre.

La commande est un contrat par lequel le donneur (*commendator*) confie au commendataire

---

(1) V. L., 17, § 1, D., de præscriptis verbis; L., 44. D., pro socio.

(*commendatarius*) ou un navire (1), ou des marchandises, ou une somme d'argent (2), pour les faire valoir dans une ou plusieurs entreprises, sous la condition que les bénéfices seront partagés entre eux dans une proportion déterminée et que les pertes provenant de fortune de mer seront supportées par le donneur.

Cette définition qui ressort de l'ensemble des documents démontre que le contrat de commande participait à la fois de la société et de la préposition, et que son caractère spécial résidait dans le principe qui mettait tous les risques à la charge du donneur.

Tandis que le statut de Gênes déclare expressément que le contrat de commande n'a rien de commun avec celui de société (Liv. 4., ch. 13), les établissements de Montpellier qui datent du XIIIᵉ siècle, considèrent ces deux contrats comme n'en formant qu'un seul (Commanda o companhia). Ce point était également admis par les statuts de Marseille, qui furent promulgués entre 1253 et 1255 (De societatibus et commandis).

Le statut de Gênes ne donne le nom de commande qu'à la convention par laquelle les deux contractants participent aux bénéfices (v. L. 4, c. 3, in fine). Lorsque le commandataire reçoit un salaire fixe, le contrat prend le nom de *Implicita* (3). Le Consulat

---

(1) Consulat de la mer, ch., 173, 174. — Dans ce cas, il fallait le concours de tous les quirataires.

(2) Ibid., ch., 172.

(3) V. Targa, ch. 34 et 35 ; Casaregis, Disc. 29.

de la mer, ch. 142 et 210, paraît repousser cette distinction.

Il convient, avant d'aborder les dispositions de détail qui se rapportent à la commande, de jeter un coup d'œil sur les causes qui favorisèrent son développement.

Les problèmes juridiques que soulève la question des risques furent agités au moyen âge au moment où le commerce maritime prit un essor, qui, toute proportion gardée, est peut-être sans précédent dans l'histoire. Bien que la navigation fut alors pleine de périls, la mer Méditerranée se couvrit de vaisseaux, et le trafic prit une telle importance, que les villes libres d'Italie, de France, d'Espagne, en même temps qu'elles affermissaient et régularisaient leurs relations par des traités de commerce, durent envoyer de tous côtés, et surtout dans le Levant, des consuls pour protéger leurs nationaux.

Sous l'influence de ce mouvement, de grandes fortunes se formèrent. De là deux classes de commerçants. Les uns, les riches capitalistes, ne voulaient plus affronter les hasards de la mer ; les autres, marins ou trafiquants, sans ressources, n'ayant que leur industrie, étaient sans cesse en quête des entreprises les plus périlleuses, prêts à risquer leur vie pour les faire réussir. La situation de ces derniers était difficile. Le crédit était à peine développé, et ne pouvait leur procurer les capitaux nécessaires pour mener à bonne fin une vaste expédition maritime, par exemple, pour transporter dans le Levant les riches étoffes ou les draps nuancés de toutes couleurs, parés de brocards d'or et d'argent, ce qu'on appelait *la parerie*, et en rapporter les épices, qui étaient alors un des principaux articles d'importation. Ils eussent été condamnés à l'inaction sans le secours du riche capitaliste ou du changeur (*campsor*), qui quoique devenus prudents parce qu'ils avaient conquis la fortune, n'en étaient pas moins avides de gain. Ceux-ci fournirent des capitaux à l'homme qui ne craignait ni la tempête, ni les pirates, à celui qui n'apportait dans une sorte d'association (la commande) formée en vue du trafic maritime, que son audace et son travail. C'est ce qu'exprime le Consulat de la mer en ces termes : — Beaucoup de commandataires, dit-il, vont par le monde, trafiquent, et cependant n'ont rien à eux : *Perço com commandataris van per lo mond, molto qui en tot ço que porten no an alguna cosa.* C'est parce qu'ils n'avaient rien, que, à moins de convention contraire, le donneur répondait de tous les risques survenus pendant le voyage, à partir du moment où les marchandises étaient embarquées jusqu'à celui où elles avaient été mises à terre au lieu de destination, fut-ce même de la prise opérée en ce lieu (Consulat de la mer, 166, 167), d'où le dicton qu'au cas de perte totale le commandataire ne perdait que sa peine.

Lorsque la marchandise ne produisait rien de plus que ce qu'elle avait coûté, le produit en était remis au donneur et le commandataire n'avait droit à aucun salaire. Si elle donnait un bénéfice, il était partagé entre les deux associés, d'après la convention (Consulat de la mer, 207, 218).

Les risques que supportait le donneur étaient limités à l'affaire convenue. Ainsi, lorsqu'elle s'appliquait à une marchandise déterminée, le donneur ne répondait que de celle-là, bien qu'elle eût été vendue et que le prix en provenant eût servi à en acheter une autre (Consulat, 171).

Le donneur ne répondait pas non plus de la perte :

1° Lorsqu'elle était due à une faute du preneur (Livre des Assises, ch. 55 ; Consulat de la mer, art. 55) ;

2° Lorsque celui-ci avait changé le voyage (Statuts de Marseille, ch. 20) ;

3° Lorsque, son mandat étant limitatif, il avait donné à la marchandise ou à l'argent, un emploi autre que celui convenu (Consulat de la mer, ch. 168, 172; Statuts de Marseille, ch. 21).

Dans certains pays, le contrat de commande pouvait être prouvé par témoins (Statuts de Trani, ch. 18). — Dans d'autres, il devait l'être par écrit (Statut d'Ancône, rub. 50).

La preuve de la perte était à la charge du commandataire (Statut d'Ancône, rub. 88).

Lorsque l'opération était terminée, le preneur rendait ses comptes (Etablissements de Montpellier). — Le statut de Marseille, ch. 21, voulait qu'il fût condamné à payer au double toute somme soustraite ou dissimulée. — Le donneur pouvait l'obliger à affirmer son compte par serment (Consulat de la mer, ch. 235).

Le commandataire était protégé par la prescription libératoire, qui était de quatre ans, d'après le statut de Gênes.... de cinq, d'après celui de Marseille, ch. 25..... de dix, d'après les privilèges de Catalogne (Privilège de 1269).

Peu à peu le contrat de commande gagna en importance, et de puissantes compagnies se formèrent pour fournir soit aux capitaines, soit aux commerçants qui n'avaient pas de capitaux, les sommes nécessaires pour vendre et acheter dans les principaux centres de commerce les diverses productions du pays (V. ordonnance d'Aragon de 1258, ch. 15 et 3 ; Consulat de la mer, ch. 175).

Vente *ad fortunam Dei et ad usum maris.* — On ne s'en tint pas au contrat de commande. — Comme les risques de mer exposent les négociants qui trafiquent au loin à de grandes pertes, on imagina de faire des ventes *ad fortunam Dei et usum maris,* ventes d'après lesquelles le vendeur n'était pas tenu de livrer une marchandise lorsqu'il prouvait que celle qui avait péri en mer était destinée à celui envers qui il était obligé. (V. Statuts de Pise 1160 et Statuts de Marseille. L. 2, ch. 16).

Ces sortes de ventes, ainsi que la pratique du contrat de commande, donnèrent à la question des risques une importance exceptionnelle, qui grandit d'année en année avec le développement du trafic. Les esprits habitués à l'envisager sous toutes ses faces,

furent ainsi préparés à en dégager le contrat d'assurance (1).

Il y eut un moment, on ne saura jamais lequel,
où un marchand, sollicité par un riche banquier, ou,
comme on disait au XIVe siècle, un *campsor*, de
prendre en commande de l'argent ou des marchandises en vue d'une opération déterminée, lui répondit
qu'il n'en avait pas besoin, qu'il pourrait faire l'o-
pération avec ses propres ressources, mais qu'il s'en
abstiendrait, parce que pour la mener à fin il fallait
expédier la marchandise par mer, par suite l'exposer
à certains risques, et qu'il ne voulait pas les affronter.
— Le contrat d'assurance était pour ainsi dire au
bout de cette réponse. — Supposez que le *campsor*,
qui croyait l'affaire bonne, ait proposé au marchand
de prendre à sa charge les risques moyennant un
intérêt dans l'entreprise, et les deux parties, sans le
vouloir et sans le savoir, auront doté le monde
commercial d'une combinaison qui est devenu l'âme
des grandes entreprises maritimes.

Telle fut, croyons-nous, l'origine du contrat d'assurance. Il naquit, ainsi que tout le démontre, d'un
fait de rencontre, d'un simple accident. S'il avait été
combiné par quelque penseur solitaire, si un éminent
jurisconsulte l'avait créé tout d'une pièce, et en
quelque sorte coulé dans le bronze, nous le saurions.
Ce contrat vint à son heure, isolé et inapperçu,

(1) Tel est aussi l'avis de Pardessus. Lois maritimes, t. 1, p. 222, 231,
t. 2, p. 368; t. 5, p. 330.

lorsque des besoins impérieux, l'excitation des intérêts, sans cesse contrariés par la crainte des risques,
poussèrent les commerçants dans une voie où ils
devaient le rencontrer.

Après la découverte de l'assurance, le plus difficile
ne fut pas de trouver des assurés. Dans la plupart
des cas, les assureurs firent défaut. C'était inévitable.
Comme une assurance isolée déplace le risque, en le
faisant passer d'une tête sur une autre, le motif qui
pousse l'assuré à s'affranchir de la perte dispose
celui à qui il propose d'être son assureur à ne pas
accepter. C'est que les opérations d'assurance sont
un jeu si elles ne sont pas pratiquées sur une
grande échelle ; qu'elles ne deviennent un commerce
régulier que si l'assureur peut balancer les sommes
qu'il doit à un certain nombre d'assurés, victimes
d'un sinistre, avec les primes que lui paient tous
ceux avec qui il a traité, sauf une différence en plus
ou en moins qui constitue le bénéfice ou la perte.
Les difficultés que rencontrèrent les assureurs à
l'origine, lorsqu'ils voulurent former une clientèle
d'assurés, durent être bien grandes puisqu'elles ne
purent être vaincues que par le concours des divers
gouvernements dont l'intervention fut nécessaire
pour constituer les grandes compagnies d'assurances,
sans lesquelles ce genre de trafic n'aurait pu prendre
l'essor qu'elles lui ont imprimé. (V. infra, n. 12).

La lenteur avec laquelle le contrat d'assurance
pénétra dans la vie commerciale explique pourquoi
entre son apparition, qui remonte au commencement

du XIVᵉ siècle, et la publication de la première loi
dont il fut l'objet (Ordonnance de Barcelone de
1435), il s'écoula un siècle, et pourquoi encore, il
faut franchir un siècle de plus pour rencontrer les
travaux des jurisconsultes qui en fixèrent la théorie.
En effet, le premier ouvrage qui ait été écrit sur les
assurances est celui de Santerna, intitulé *De assecurationibus et spontionibus,* publié d'abord en Portugal, et imprimé après quelques années à Liège en
1579 et à Venise en 1584 (1).

Le contrat d'assurance ne date que du commencement du XIVᵉ siècle (2). C'est ce que nous allons
essayer de démontrer après avoir, au préalable, éliminé les documents qui ont été invoqués par erreur
à l'appui de cette opinion.

Ces derniers sont au nombre de trois, savoir :

1° Le Breve portus Celleritani de 1318 ;

2° L'ouvrage de Pegolotti, intitulé *Pratica della
mercatura ;*

3° La chronique de Flandre de 1310.

---

(1) Après Santerna vint Straccha dont l'ouvrage intitulé *De assecurationibus* fut imprimé pour la première fois en 1569, ce qui démontre que
la première édition de Santerna, dont il invoque l'opinion, est antérieure à
cette année.

(2) Les jurisconsultes italiens des 17ᵉ et 18ᵉ siècles qui ont écrit sur les
assurances ne sont d'aucun secours sur cette question. Ansaldus de Ansaldis, qui écrivit vers la fin du 17ᵉ siècle, est le seul qui en parle et il se
contente de dire que l'assurance fut inventée il y a environ trois siècles :
Assecuratio circiter a tribus seculis inventa est.

Examen du Breve portus Celleritani.

On s'est fondé, pour soutenir que le contrat d'assurance était pratiqué au commencement du XIVᵉ siècle sur l'art. 47 du règlement fait pour le port de Cagliari, lequel fut rédigé en 1318, à l'époque où l'île de Sardaigne était possédée par la république de Pise. Cet article 47 est ainsi conçu :

« Anco juro alle sancte, Dio naela, che non andro
« u mandro, u mandare faro per me u per altris ad
« alcuno ligno veguente al porto di Baguaia di Cas-
« tello di Castro, uvero stante in del dicto porto in
« alcuno modo uve ragione per quello ligno *nolegare*
« *u sigurare* ne alcune mercato o sensalatico fare u
« fare fare di fuori di castello alcuna cosa u mercie
« d'alcuna persona u luogo ».

Pardessus crut d'abord que le mot *sigurare* qui figure dans ce texte se rapporte au contrat d'assurance, de même que le mot *nolegare* se rapporte au contrat d'affrètement (1). Il abandonna plus tard cette opinion (2), et soutint que le mot sigurare *faisait allusion à l'engagement écrit que les patrons donnaient au moment où ils nolisaient leur navire, suivant l'usage constaté par un statut de Sassari.* — Partant de là, il conclut que les mots *per quello ligno*

---

(1) Pardessus, t. 4, p. 567. Il est suivi par Mittermaier.
(2) Pardessus, t. 5, p. 281, note 2.

nolegare u sigurare signifient *pour fréter le navire ou s'en faire promettre la location.*

Il nous semble que Pardessus n'est sorti de sa première erreur que pour tomber dans une autre, en ce que le mot *segurare* ne s'applique pas plus à l'assurance qu'à la promesse de location du navire.

Suivant nous, les mots *nolegare u sigurare*, qui sont réunis dans le règlement fait pour le port de Cagliari, doivent s'entendre, le premier de la location du navire et par suite de l'obligation de le tenir à la disposition de l'affréteur, le second de l'engagement pris par le capitaine d'assurer le transport de la marchandise au lieu de destination (1). Dans le statut de Sassari que cite Pardessus, les mots *dare sufficientem securatitatem* ne fait qu'exprimer cette dernière obligation (seu causas et mercantatias... portare). Il en est encore ainsi des mots *sigurati sensa nolo, sigurati per lo porto, sigurata per lo dicto porto,* qui figurent dans le règlement relatif au port de Cagliari. Ajoutons que les mots *sigurare, sigurta,* employés dans les anciens statuts de Pise n'ont pas un autre sens (2).

Dans la plupart des documents relatifs au droit maritime qui viennent de l'Italie, les mots *sicurare* ou *segurare* et les mots *jurare, cum fidejussionibus satisdare, cautionem facere* sont presque toujours réunis (*securare... jurare et fidejussionem præstare...*

---

(1) Reatz, *loc. cit.*, p. 31 et s.
(2) Bonaini, statuti inediti della citta di Pisa, *passim.*

securitatibus, cautionibus, juramentis et fidejussioni-
bus). Voici, je crois à quoi cela tient. — Le capitaine
qui avait nolisé le navire dont il avait le commandement, prenait le double engagement, d'abord de le
livrer en bon état de navigation, en second lieu de
transporter la marchandise au lieu de destination. —
Le bon état du navire devait être affirmé sous serment par le capitaine, ainsi que le prescrit le règlement fait pour le port de Cagliari (ch. 37), et de là
l'expression *navem jurare* qu'emploie un statut de
Venise de 1255 (1). — L'obligation d'effectuer le
transport était souvent garantie par une caution,
d'où les expressions *fidejussionibus satisdare, cautionem facere.* — Quant aux mots *segurare, securitas,*
ils exprimaient l'ensemble *des sûretés* que le capitaine donnait à l'affréteur.

Dans tous les cas, il est certain que le mot *segurare* n'avait aucun rapport avec l'assurance.

Examen de l'opinion fondée sur l'ouvrage de Pegolotti.

Pour soutenir que le contrat d'assurance était déjà
connu dans les premières années du XIVe siècle, on
s'est fondé sur un passage d'un ouvrage de Balducci
Pegolotti, intitulé *Pratica della mercatura,* qui,
d'après Pagnini, aurait été rédigé entre 1342 et

_____

(1) Pardessus, t. 5, p. 20.

1345 (1). Cette opinion, qui a pour elle de puissantes autorités (2), a été vivement contredite (3), et nous croyons que c'est avec juste motif, ainsi que nous allons le démontrer.

Pegolotti s'occupe dans le chapitre 45 du traité *Della mercatura* de la manière dont doit être réglé le tarif du change lorsqu'il s'agit de faire payer ou encaisser (*mandare, pagare, recivere*), en florins d'or, une somme quelconque, soit de Florence sur une autre place ou réciproquement, soit d'une place quelconque sur une autre. Le sommaire placé en tête de ce chapitre démontre qu'il ne s'applique qu'aux opérations de change, et dans tous les cas, il est certain que le contrat d'assurance n'y est pas mentionné (4). Dans le cours de ce chapitre, l'auteur reste fidèle au sommaire. Il y est question des différentes places, savoir Pise, Sienne, Pérouse, Gênes, Avignon, Paris, les villes de Flandre, entre lesquelles il peut y avoir des opérations de change, et après un

---

(1) L'ouvrage de Pegolotti a été inséré dans le tome III de celui de Pagnini intitulé Della decima. — Sur le temps on écrivait Pigolotti, v. Pagnini, 1, 171 et 11,176.

(2) Pardessus, Lois maritimes, t. 4, 567, 5, 331 et 332 ; Delaborde, 92 ; Mittermaier Grundsatze des Germ. Deutsches Privarechts, 2, 104, n. 1.

(3) Beckmann, Geschichte der Erfindungen, 2, 117 ; Martens, Versuche eines historischen Entwickelung des waren Ursprungs des Wechselrechts., Anh 2 et 4 ; Reatz. p. 28.

(4) Termini di cambiera che si mandato a pagare o a recevere per littere di pagamento di Firenze in diverse parti del mondo o di diverse a Firenze, o da un'terra ad un'altra intra marcantanti di Firenze s'intendono gl'infrascritti termini usitati senza nominarli, al fare dello mercato del cambio, siconne saranno scriti qui a piede a iunauzi oromatamante.

passage que nous transcrivons en note (1), l'auteur écrit les lignes qui suivent : « Di marchi per Inghil-« terra assalvi in terra de ciascune parte solidi 10 « per cento. »

« Di marchi *a rischio di mare o di genti*, de cias-« cune parte solidi 20 di piccioli per cento marchi. »

Pardessus et les auteurs qui ont suivi son opinion se fondent sur cette dernière phrase pour soutenir que Pegolotti parle d'une assurance *a rischio di mare o di gente,* moyennant une prime à tant pour cent de la somme assurée : *solidi 20 di piccioli per cento marchi,* et ils en concluent que ce contrat existait à l'époque où cet auteur a écrit, c'est-à-dire entre 1342 et 1345.

Cette conclusion est-elle vraie? — Pourquoi Pego-lotti, qui a écrit un volume sur les opérations commer-ciales pratiquées de son temps, n'a-t-il consacré qu'un seul membre de phrase au contrat d'assurance, si tant est qu'il fût connu et pratiqué à l'époque où il écrivait? — Pourquoi n'en parle-t-il qu'incidem-ment à l'occasion du contrat de change? — Pourquoi suppose-t-il que l'application de l'assurance était limitée au seul cas où les opérations de transport se font à destination d'Angleterre ? — Pourquoi

---

(1) Auche per termini di cambiera per littere e di tutti i dinari che vanno in aventa o in rendita dicoloro, che fossaro per le compagnie di Firenze a nimissi in Provenza, o in Francia, o in Flandra, o in Inghilterra si si solea ragionare loro afiorino in Firenze per lettere dello pagamento per la pro-sinta fiera di campagna apresso del giorno della moneta pagata o ricevutta ne detti luoghi a termini nominati et usati de detti luoghi di Firenze.

admet-il une prime invariable, toujours de 20 p. cent sur la somme assurée, alors que le risque varie sans cesse, qu'il dépend de l'état du navire, de la nature de la marchandise qui est plus ou moins périssable, de l'époque où le voyage s'accomplit, etc.? — Pourquoi dit-il, enfin, que l'assureur et l'assuré *(ciascuna parte)* payeront chacun une prime, ce qui est la négation du contrat d'assurance?

Le simple énoncé de ces questions fournit la réponse. — Non, Pegolotti n'a pas connu le contrat d'assurance.

J'ai lu son ouvrage d'un bout à l'autre ; il y faut une forte volonté et une patience très-robuste. J'y ai beaucoup appris, car il est écrit par un homme qui a manié de grandes affaires, les connaît à fond, et a par suite l'avantage de parler de ce qu'il a vu et de ce qu'il a fait. Froid, net, sec à l'extrême, méthodique surtout, il met chaque chose à sa place et entre sur chaque chose dans les plus grands détails. Lorsqu'il parle du change, il ne s'occupe pas de la vente et réciproquement. Les contrats maritimes fixent son attention. Il consacre à chacun d'eux un chapitre, notamment au contrat d'affrètement (1). Le silence qu'il garde au sujet du contrat d'assurance prouve qu'il ne le connaissait pas, car s'il l'avait connu, il lui aurait accordé quelque chose de plus qu'une simple mention dans un chapitre qui est entièrement consacré aux opérations de change.

---

(1) Capitulo XXX, intitulé: Avisamento di convenenze di navoleggiamenti di navi, o altri navili, o legni.

I c

Cela posé, essayons de démêler le sens des mots : *a rischio di mare o di genti.*

Disons dans ce but que Pegolotti s'occupe dans le chapitre 45 des droits que percevaient les courtiers à raison des opérations de change dans lesquelles ils s'entremettaient. Ces droits sont, sauf de rares exceptions, fixes et invariables pour chaque nature d'affaire. Pegolotti pouvait donc les énumérer, et c'est ce qu'il a fait. Il s'est bien gardé d'en faire autant pour les droits de commission perçus par les changeurs, parce qu'ils étaient subordonnés à l'état du marché, au taux du change et à la distance entre les lieux où il s'opère, en un mot toujours variables.

Pour comprendre sur quelles bases les droits des courtiers avaient été fixés, il importe de préciser comment les opérations de change se fesaient au XIVe siècle.

Le commerçant qui avait alors à payer ou à encaisser une somme quelconque sur une place autre que celle où il opérait, s'adressait à un courtier qui le mettait en rapport avec un changeur. Celui-ci se chargeait moyennant une commission toujours débattue et qui différait suivant la nature de l'opération, de faire payer la somme convenue au lieu indiqué. Il se chargeait encore d'opérer les encaissements et d'en remettre le produit à celui à qui il était dû.

A cette époque, les payements de place en place ne se fesaient pas toujours au moyen d'un simple mouvement d'écriture ou de remises de traites; le changeur était souvent obligé d'envoyer les espèces (con sacco) au lieu où le paiement devait se faire ou bien à se les faire envoyer du lieu où il avait fait opérer l'encaissement. Pegolotti suppose dans le chapitre 45 que c'est ainsi que les choses doivent se passer.

Dans l'opération dont il s'occupe, le changeur aurait dû faire faire lui-même l'envoi ou le retour des espèces. Mais en fait, le courtier s'en chargeait pour lui, et de là vient qu'il recevait un double courtage, *de ciascune parte*; de celui qui voulait faire payer ou encaisser, parce qu'il lui en avait procuré le moyen, du changeur, parce qu'il était chargé de faire parvenir à sa place les espèces au lieu indiqué.

Lorsque le paiement ou l'encaissement se fesaient sur le continent, on supposait que le transport des espèces aurait lieu par la voie de terre, et les droits de courtage restaient invariables.

Mais cette supposition n'était plus possible lorsqu'on s'adressait à un changeur de Florence pour faire payer ou encaisser une somme quelconque en Angleterre.

Cependant celui qui voulait y faire payer cette somme, pouvait borner l'agissement du changeur à la transmission des espèces à Boulogne ou toute autre place de France ou de Flandre, sauf à lui à les faire parvenir en Angleterre; et à l'inverse, lorsqu'il s'agissait de les encaisser en ce pays, il pouvait les diriger sur une de ces dernières places, et employer ensuite le changeur pour les faire parvenir de là à Florence. Comme alors, celui-ci n'avait pas de transport maritime à faire, le courtier qui n'y était pas employé ne recevait que 10 pour cent. C'est à ce cas que Pegolotti fait allusion lorsqu'il dit : *Di marchi per Inghilterra assalvi* IN TERRA.

Mais lorsque le changeur était tenu de faire arriver les espèces en Angleterre ou de les en faire revenir, alors le courtier qui devait pourvoir à leur embarquement et à leur débarquement, et s'imposer, par suite, un surcroît de travail et de dépenses, recevait un droit de courtage plus élevé, et cela avec d'autant plus de raison que les espèces voyageaient aux risques du changeur, *a rischio di mare et di gente,* et que, comme préposé de ce dernier, il était tenu de choisir un navire éprouvé et un capitaine fidèle.

La phrase ci-dessus transcrite n'a pas un autre sens, et ne saurait dès lors s'appliquer à un contrat d'assurance.

Examen de la chronique de Flandre.

On cite comme preuve de l'existence du contrat d'assurance au commencement du XIVe siècle, un passage de la chronique de Flandre que Pardessus à traduit en ces termes :

« Sur la demande des habitants de Bruges, en
« 1310, le comte de Flandre permit dans cette ville
« l'établissement d'*une chambre de commerce,* par
« laquelle les marchands pussent faire assurer leurs
« marchandises exposées à des risques sur mer ou
« autre part, moyennant quelques deniers pour cent,

« *ainsi que cela se pratique encore*. Mais afin qu'un
« établissement aussi utile aux négociants ne pût être
« dissous aussitôt que formé, il prescrivit différentes
« lois et formes que les assureurs ainsi que les né-
« gociants sont astreints à observer. »

Ce texte a paru à certains auteurs exprimer un fait
vrai, et par suite ils en ont tiré la preuve que le contrat d'assurance existait en Flandre en 1310, ce qui
permet de lui assigner une existence antérieure, puisqu'on ne règlemente que ce qui existe (1). On invoque à l'appui de cette opinion, une lettre du comte
de Hollande, du 23 juillet 1326, dans laquelle il est
dit que ce prince voulant affréter des navires pour
un service public, proposa à ceux qui les affrète-
raient de leur en payer la valeur au cas de perte (2).
Mais nous avons vu que ce pacte avait été appliqué
à Rome, et nous avons déjà donné les motifs qui ne
permettent pas de l'assimiler à une assurance.

Cela dit; revenons à la chronique de Flandre, qui,
contestée d'abord par Pardessus (3), lui a paru plus
tard fournir la preuve que le contrat d'assurance
existait au commencement du XIVᵉ siècle et peut-être
vers la fin du XIIIᵉ (4).

L'opinion que cet auteur avait d'abord embrassée,
qu'il a ensuite délaissée, a encore des partisans (5).

---

(1) Malfs, Zeitschrift fur Versicherungsrecht, 1, 1 ; Heisse, Handels-
recht, § 203.

(2) Mieris, Groot Charter-Boeck, 2, 393.

(3) Pardessus, Lois maritimes, t. 1, p. 356 et t. 2, p. 370.

(4) Ibid., t. 6, p. 308.

(5) Reatz, *loc. cit.*, p. 38 et s.; Pohls, 6, 8.

C'est aussi la nôtre. En cela, nous marchons d'accord avec les jurisconsultes du Nord, d'après lesquels l'assurance vient du midi de l'Europe (1).

Voici les motifs sur lesquels nous nous fondons :

1° La chronique de Flandre parle d'un acte émanant du comte de Flandre, de lois et de règlements qui le suivirent ; or, quelques recherches qu'on ait faites, on n'a trouvé aucune trace de ces lois et règlements.

2° Le plus ancien document connu émanant du souverain de ce pays qui soit relatif aux assurances est une ordonnance de Philippe de Bourgogne, datée de 1458 (2), postérieure par suite de 148 ans à l'acte qui, d'après la chronique, aurait institué une chambre d'assurance. Or, il n'est pas possible, étant admis que le contrat d'assurance existait déjà en 1310, que pendant un siècle et demi ni un document ni un fait n'en aient révélé l'existence.

3° Il est dit dans la chronique de Flandre qu'on institua en 1310 un chambre d'assurance *(Kamer von* VERSEKERINGE). Or, à cette époque, le mot *assurance,* *assecuratio,* que tous les pays ont adopté, en lui donnant une forme appropriée au génie de leur langue, n'était pas connu. Straccha qui écrivait au milieu du XVIᵉ siècle, dit expressement que l'assurance fut d'abord appelée *emtio aversionis,* la prime, *periculi*

---

(1) V. Stypmann, De jure maritime, p. 4, c. 7, n. 9 ; Loccenius, L. 2, c. 5, § 2.

(2) Placaet Boek von Vlaendren, 1, 72 et s.

pretium, la chose assurée, *res aversione exportanda,* et que le mot *assecuratio* est tout récent (1).

4° L'auteur de la chronique de Flandre l'écrivit dans le courant du XVIe siècle. Lorsqu'il parle de l'assurance, il déclare qu'elle existait en 1310 telle qu'elle est pratiquée de son temps (Gelyk noch in Gebruicke is), et dès lors comme il n'était pas juriste, qu'il a pu confondre les faits, croire à une assurance lorsqu'il s'agissait d'un contrat qui n'avait rien de commun avec elle, et même, ce qui ne serait pas extraordinaire chez un chroniqueur, mettre à la place des faits réels ceux qu'il a cru possibles, l'imagination aidant, nous écartons sans hésiter un document qui est par trop invraisemblable.

EXAMEN DE LA CHRONIQUE DU PORTUGAL.

Après avoir éliminé les documents qu'on a supposé s'appliquer à l'assurance, tandis qu'ils ne la mentionnent pas, nous arrivons à celui qui, parmi tous ceux qui sont connus, en parle pour la première fois.

Dans la seconde moitié du XIVe siècle, sous le règne du roi Ferdinand, c'est-à-dire entre 1367 et 1383, une compagnie d'assurance mutuelle ayant pour objet les risques de mer, fut établie en Portugal

---

(1) Straccha, Tract. assec. 2-8.

par les soins de ce monarque (1). Il est vrai que le
jour et la date de l'acte par lequel cette compagnie
fut instituée sont inconnus, que cet acte lui-même n'a
pas été retrouvé, mais comme il a été inséré en
entier dans une chronique du roi Ferdinand écrite
en 1484 par Lopez (2), sur la véracité de laquelle
aucun doute n'est possible, on doit tenir le fait pour
certain.

Les principales dispositions que contient l'ordonnance rendue par Ferdinand, sont les suivantes :

Tout navire ayant plus de cinquante tonneaux doit
être enregistré avec mention de son prix d'achat ou
du coût de sa construction (3). — Le produit qu'il
donne appartient à son propriétaire, mais celui-ci
doit verser à la caisse de la Compagnie 2 couronnes
p. cent de ce produit (4). — Lorsqu'un navire se
perd son propriétaire est indemnisé à proportion de
la perte, soit par la Compagnie avec les fonds qu'elle
a encaissés, soit au moyen d'une répartition faite au
prorata entre tous les propriétaires des navires qui

---

(1) V. sur ce point, Schaffer, Geschichte von Portugal, 2, 203 et von Spa-
nieu, 3, 471, note 2 ; Wappaus, Untersuchungen uber die geographischen
Entdeckungen der Portugiesen unter Heinrich der Seefahrer, 1, 357 et s.;
Pardessus, 6, 302 et s.; Reatz, p. 42 et s.

(2) Chronica d'el Rei Don Fernando por Fernao Lopes, im Colleçcao de
livros ineditos de historia portugueza publicados de ordem da Academia
real de sciencias de Lisboa, IV, n. 2, cap. 91, p. 320 et s.

(3) E posto assi im Livros o dia a preço por foran comprados ou faitos
de novo.

(4) E de toto quamto esses navios percalçossem de hidas et vijudas, assi
de fretes come de quaaes quer outras cousas, pagassem pera a borssa dessa
companhia duas coroas per cento.

font partie de l'association (1). — Lorsque le navire
a subi des avaries, et qu'il peut être réparé moyennant une dépense inférieure au tiers de la valeur de
l'objet assuré, cette dépense est à la charge du propriétaire. La compagnie doit la payer dans le cas
contraire. Lorsque la perte dépasse ou égale la valeur de l'objet assuré, l'association paye cet objet,
déduction faite de la valeur de ce qui est sauvé (2).
— Celle-ci ne répond pas de la perte lorsqu'elle a
pour cause une faute commise soit par le propriétaire, soit par le capitaine, et ce principe est également applicable lorsque l'un ou l'autre ont causé un
dommage à la chose d'autrui (3).

Il résulte de ce document que l'assurance fut
d'abord mutuelle. — L'assurance à prime la suivit
de près.

Dès que celle-ci eut pénétré dans la vie commerciale, les commerçants l'assujétirent à certaines règles
qu'ils créèrent en combinant les principes qui régis-
saient alors le contrat à la grosse, la contribution et
la commande. Ces règles ne furent pas imaginées en

---

(1) E quamdo aconteçesse que alguum ou alguuns navios pereçessem.....
esta perda..... se repartisse per todollos senhores dos outros navios.

(2) E se per ventujra alguns navios per fortuna de tormenta..... u se
podessem correger per meos o terço..... senhor de navio fosse theudo de o
adubar aas suas despensas..... E acontecemdo que fosse em esse navio ta-
manho dano feito que nom se podesse emendar se nom per mais do que
valeria..... ou per tanto..... fosse logo pagado..... descomptandolhe o que
ouvesse de navio o aparelhos que salvasse.....

(3) Se alguuns mestres o seniorhes de navios fezessem alguuns dampnos...
o per tel razon ibe fosse feita penhora o tomada em seu navio que os autros
non fossem theudos de iho pagar.

quelque sorte d'un seul trait, elles vinrent peu à peu, par voie de développement. Il dut se passer à l'origine du contrat d'assurance quelque chose d'analogue à ce qui a lieu de nos jours pour les transports par chemin de fer, qui ne sont pas soumis à une loi spéciale, étant régis par celle qui a été faite en vue du roulage, et pour lesquels le commerce, aidé en cela par les juristes et les tribunaux, forme une sorte de législation coutumière qui se développe à son heure, suivant les besoins et la nature des affaires.

La manière dont est conçue l'ordonnance de Barcelone de 1435, qui est le premier monument législatif sur les assurances, prouve incontestablement que les choses se sont passées ainsi. A part quelques règles qui touchent au droit public international, par exemple l'interdiction de faire assurer toute chose appartenant à un étranger, cette ordonnance ne rappelle que deux principes se rapportant au droit privé, l'un relatif à la double assurance, l'autre à l'évaluation de l'objet assuré. Comme ils y sont rappelés dans l'unique but de remédier aux abus qui tendaient à faire dégénérer le contrat d'assurance en gageure, il faut en conclure que le législateur de 1435 se trouvait en présence de principes déjà établis; que loin de les poser, ce qu'il croyait inutile, il se bornait à limiter le champ de leur application.

Au XVIᵉ siècle, le contrat d'assurance maritime était pratiqué dans les principales places de l'Europe, ainsi que l'attestent Santerna, Straccha, et les auteurs qui ont alors posé les règles qui s'y appliquent (1).

L'Espagne ayant complété par trois ordonnances (1458, 1484, 1538) celle de 1435, un grand nombre de villes, car les premières lois sur les assurances furent en quelque sorte municipales, suivirent son exemple. C'est ainsi que dans le seizième siècle et les premières années du dix-septième, Florence (1523), Gênes (1557), Ancône (1567), Anvers (1570), Venise (1586), Amsterdam (1598), Midlebourg (1600), Rotterdam (1604) réglèrent par une loi le nouveau contrat dont leur commerce avait été doté.

Pendant le cours du dix-septième siècle, la France, l'Allemagne, la Suède, et le Danemarck suivirent la voie que leur avaient tracée les villes maritimes d'Espagne, d'Italie et de Hollande.

L'Angleterre n'a pratiqué le contrat d'assurance que vers le milieu du seizième siècle (2). En dehors de quelques statuts spéciaux, dont le premier est de 1601 *(Elisabeth, 43, 12)* (3), ce contrat y a été toujours régi par la coutume et les précédents.

La dernière loi sur les assurances figure dans le code de commerce publié en Allemagne le 24 juin 1861. Les juristes attendent avec impatience la publication du code de commerce italien. Le soin avec lequel il est préparé donne la certitude qu'il facilitera

---

(1) Materia multum practicabilis, Ulisbonæ, Venetiæ, Anconæ, Neapolis, Genuæ et alibi (Santerna). — Solent hodie mercatores assecurationes facere (Straccha).

(2) Macpherson, Annals of trade, 2, 127.

(3) Il a été confirmé et expliqué sous le règne de Charles II, c. 23.

l'étude et la complète intelligence de la matière si difficile des assurances.

De nos jours, les opérations d'assurance maritime ont acquis une importance considérable. Les trente-deux compagnies dont le siège est à Paris ont assuré, en 1876, des navires ou des marchandises pour une valeur de 2,338,097,444 fr. ; elles ont encaissé 33,763,709 fr. de primes et réglé des pertes totales ou partielles se portant à 26,503,471 fr. (1).

Le rapprochement de ces chiffres est l'image de ce que doit être le commerce des assurances lorsqu'il est régulier. Supposez une assurance isolée et il suffira d'un seul sinistre pour consommer la ruine de l'assureur. Mais dans l'ensemble des opérations qui représentent le trafic des trente-deux compagnies qui siègent à Paris, la totalité des sinistres n'étant que de 78 p. cent du total des primes encaissées, les assureurs ont pu, malgré la gravité des risques encourus, réaliser un bénéfice de 7,260,238 fr.

Nous aurions voulu donner le chiffre des affaires d'assurance traitées par les compagnies qui siègent dans nos principaux ports de mer. Mais nous ne pouvions mieux faire que le gouvernement qui n'a pu encore l'obtenir.

---

(1) Annuaire statistique de la France, 1878, p. 528. — Nous nous sommes assuré que le chiffre d'affaires pour 1877, qui sera publié dans l'annuaire de 1879, porte à peu près les mêmes sommes. — En 1874, les sommes assurées se sont portées à 2,048,165,180, les primes à 29,708,805 et les pertes à 24,892,393. — En 1875, on a, pour les sommes assurées, 2,252,307,242 fr., pour les primes 32,784,660 et pour les pertes 25,715,694.

Les sommes qui représentent le chiffre d'affaires des diverses compagnies d'assurance, quoique exactes par rapport à leur comptabilité spéciale, ne le sont plus au même degré lorsqu'elles entrent dans la statistique qui s'applique à leur genre de commerce. Il faut alors décomposer les éléments divers qui composent ce chiffre, y ajouter ou y retrancher, ainsi que le démontrent les observations qui suivent :

1° Une Compagnie qui craint de dépasser la limite de son plein y rentre en se fesant réassurer. Lorsque cela a lieu, on a deux opérations, l'une que l'assureur porte à son compte, l'autre que le réassureur porte au sien, qui cependant n'en font qu'une par rapport à l'objet assuré. Si le réassureur se fait à son tour réassurer, si, ainsi que cela est arrivé, l'assureur réassure à son tour son réassureur, on a un triple emploi et ainsi de suite (1).

2° Les commerçants dont les opérations sont très considérables ne recourent pas à l'assurance. Ainsi la Société d'armements maritimes Petit Didier et Cie, qui a quelquefois jusqu'à quatre-vingts navires en mer, la maison Bordes de Bordeaux, qui possède environ quarante navires, les messageries nationales, la compagnie transatlantique couvrent leurs pertes au moyen d'une réserve d'assurance qu'elles forment en prélevant sur leurs bénéfices une certaine somme.

---

(1) Cette observation m'a été soumise par M. de Courcy, qui joint à une exacte connaissance des principes et des faits, une profondeur et une originalité d'idées que domine toujours le point de vue pratique.

Chacune d'elles est, suivant le langage des docteurs italiens, *proprius assecurator, ipsius assecurator*. Le même fait se produit partout où il y a un commerce maritime. Un seul exemple fera comprendre sa raison d'être. La compagnie transatlantique attribue à sa flotte une valeur de cinquante-six millions, somme qui dépasse le chiffre d'assurances de vingt sociétés sur les trente-deux qui siègent à Paris. Cette Compagnie est donc dans les conditions voulues pour ajouter à son commerce de transporteur celui d'assureur. Et en effet, en supposant qu'elle se fit assurer à six pour cent de la valeur de ses navires (on lui a demandé sept), on aurait un total de primes qui se porterait à près de trois millions, c'est-à-dire une somme suffisante pour la garantir des risques auxquels sa flotte est exposée, sauf une différence représentant le bénéfice qu'aurait fait l'assureur avec qui elle aurait traité.

3° Pour savoir ce qui est propre à la France dans le mouvement commercial dont nous cherchons à déterminer l'importance, il faudrait connaître, dans le nombre d'assurances qui y sont souscrites, celles qui s'appliquent aux navires ou aux marchandises appartenant à des étrangers et mettre en regard de celles-là, celles qui, souscrites à l'étranger, s'appliquent aux navires ou aux facultés appartenant à des Français. Or, ce travail comparatif n'a jamais été fait, ni même tenté.

On voit par l'ensemble de ces observations à quel point une bonne et exacte statistique sur les assu-

rances est difficile, si même elle est absolument possible.

Mais comme la France possède 15,407 navires
jaugeant 1,011,285 tonneaux, sur lesquels 14,861
navires à voile jaugeant 792,836 tonneaux et 546 à
vapeur qui en jaugent 218,449 (1), il est possible au
moyen de cette donnée d'avoir une idée suffisante
de l'importance des intérêts dont l'assurance garantit
pour une large part la conservation.

Ce nombre de navires et la jauge qui y correspond
nous laissent bien loin de l'Angleterre qui possède
25,090 navires, sur lesquels 20,538 à voile et 4,552 à
vapeur, dont le tonnage dépasse le tiers de toutes les
marines du monde réunies (2).

L'infériorité que révèle la comparaison qui résulte
du rapprochement des forces des deux pays est d'autant plus alarmante, que tandis que l'Angleterre
augmente toujours sa flotte commerciale, le nombre
de nos navires subit une diminution, lente il est vrai,
mais qui ne cesse pas (3).

Quelque intérêt qu'il y ait à connaître le fond sur
lequel opèrent les principes qui régissent l'assurance,

---

(1) Annuaire statistique de la France, 1878, p. 459.

(2) Aunnal Statement of the navigation and Shipping of the united
Kingdom. — V. aussi Seeunfall Statistik nach amtlichen Quellen, publié à
Berlin, en 1879 par la société internationale de transport et d'assurance. —
Tandis que le tonnage des navires à voile se porte en Angleterre à 5,366,327
t., celui des mêmes navires, aux États-Unis, ne se porte qu'à 2,272,120. —
Quant aux navires à vapeur, il ne dépasse pas, dans ce dernier pays, le
cinquième de ceux que possède l'Angleterre.

(3) Le nombre des navires était en 1872 de 15,574, en 1873 de 15,559, en
1874 de 15,524, en 1875 de 15,441 ; le dernier recensement donne 15,407.

la recherche des causes qui semblent condamner notre marine à une décadence en quelque sorte chronique exigerait des développements incompatibles avec la spécialité d'une œuvre purement juridique. Un romain aurait conseillé d'en finir avec les digressions, de revenir sans plus tarder à l'édit du préteur, c'est-à-dire à l'étude même de la loi. Celle qui régit les assurances offre un champ assez vaste pour qu'il soit permis de négliger ce conseil.

TRAITÉ

DES

ASSURANCES MARITIMES

LIVRE PREMIER.

CHAPITRE I.

CONTRAT D'ASSURANCE. — NOTIONS GÉNÉRALES.

1. — Le contrat d'assurance, pris dans un sens
général, est celui par lequel l'un des contractants,

qu'on nomme assureur, s'oblige à indemniser un autre contractant, qu'on nomme assuré, des pertes que peut lui causer un péril déterminé, à la charge par ce dernier de payer à cet assureur un prix convenu, qu'on appelle prime.

Lorsque le péril prévu se rapporte à la navigation par mer, ce contrat prend le nom *d'assurance maritime*.

L'assurance maritime, qui est l'objet du présent traité, doit être envisagée en elle-même, comme contrat particulier. Ainsi, lorsqu'un navire est vendu sous la condition que le vendeur répondra pendant un an des risques auquel ce navire est exposé, on a une stipulation telle quelle, qui est une partie intégrante du contrat de vente, mais qui ne constitue pas une assurance.

Le contrat d'assurance ne comporte cette dénomination que lorsqu'il est à lui-même sa propre fin.

Les assurances maritimes sont ou à prime, ce qui est le cas le plus ordinaire et le seul prévu par le Code de commerce, ou mutuelles.

Il est à peu près impossible d'appliquer cette dernière assurance aux facultés. Les navires, qui ont une assiette fixe, en sont seuls susceptibles.

2. — La constitution générale des sociétés d'assurances mutuelles est la suivante :

Un certain nombre de propriétaires de navires, dont la valeur est en général différente, les réunissent, en forment une masse et conviennent que dans le cas où l'un de ces navires sera soumis à une perte par fortune de mer, son propriétaire en sera indemnisé au moyen d'une contribution répartie entre tous les autres propriétaires, au prorata de la valeur de leur navire.

Ainsi, soit 200 navires assurés mutuellement, dont l'un est évalué 60,000 fr., l'autre 50,000, le troisième 40,000 et ainsi de suite, et qui par leur réunion forment un capital de 4,000,000. — Si l'un de ces navires, que nous supposerons avoir été évalué 50,000 fr., périt totalement par fortune de mer, on aura la contribution que doit fournir un navire, par exemple celui qui est évalué 60,000, au moyen de la règle de proportion suivante :

$$4,000,000 : 50,000 :: 60,000 : x. — \text{soit } 750.$$

Ajoutons que, pour établir cette règle de proportion, on retranche d'abord du montant de l'estimation tout ce qui doit en être déduit, par exemple les franchises, la différence du vieux au neuf, etc., de manière à n'établir la proportion ci-dessus que sur le net.

3. — Dans les statuts relatifs aux assurances mutuelles, il est généralement stipulé que les participants ne seront pas engagés solidairement. De plus, l'association est toujours représentée, soit dans les règlements amiables, soit dans ceux qui se font en justice, par un gérant.

De là la question de savoir si les assurances mutuelles constituent ou non une société commerciale.

Cette question s'est présentée dans l'espèce suivante :

Le capitaine Portes avait fait entrer son navire dans une société d'assurances mutuelles, pour une valeur de 60,000 fr. Ce navire s'échoua sur les côtes de Jaffa et subit une perte totale. Portes demanda la somme de 60,000 fr. à tous les participants à l'assurance ; mais ceux-ci soutinrent qu'ils ne la devaient pas, attendu que la perte du navire était due à de fausses manœuvres, dont le capitaine, qui était dans ce cas l'assuré, répondait. Mais le tribunal de commerce de Narbonne repoussa ce moyen et condamna les participants à payer par contribution la somme réclamée.

Appel devant la Cour de Montpellier.

Devant cette Cour, je plaidais pour Portes, et je soutins que le jugement était en dernier ressort à l'égard de tous les participants, attendu que la part contributive de ceux qui avaient le plus à payer n'atteignait pas le chiffre de 1,500 francs.

Ceux-ci répondirent qu'ils avaient formé une société, représentée par un gérant ; que Portes avait actionné ce gérant ; qu'il avait donc reconnu l'existence de la personne morale contre laquelle il plaidait, et que, dès lors, la somme réclamée excédait le taux du dernier ressort.

Je répondis qu'il n'existait pas de société, et j'en donnai les raisons suivantes :

1° Il n'y a pas de mise en commun, puisque chaque contractant garde la propriété de son navire ;

2° Point de bénéfice à réaliser et à partager ;

3° Aucun intérêt collectif ou social, car dès que le contrat est ramené à exécution, les rapports de créancier à débiteur, c'est-à-dire l'antagonisme individuel, sont seuls en jeu entre les contractants ;

4° Le fait que Portes a agi contre un gérant ne prouve rien, parce que, en matière maritime, la maxime *nul en France ne plaide par procureur,* n'est pas reçue. D'où la conséquence que le gérant représente individuellement les débiteurs.

La Cour admit ce moyen de défense, et déclara l'appel non recevable.

4. — Il est à remarquer qu'aucune compagnie

d'assurances mutuelles n'a pu se maintenir, ce qui tient surtout aux causes suivantes :

1° Ces sortes d'associations, fondées par des agents d'affaires en quête d'une position, ont été grevées de frais généraux trop considérables et administrées en raison inverse des sacrifices qui pesaient sur elles, c'est-à-dire très-mal.

2° Ces agents admirent dans les associations des navires vieux, qu'ils évaluèrent presque comme neufs, dans le but de grossir le nombre des adhérents et le capital contribuable. Ces navires étaient sans cesse soumis à des avaries résultant de leur vice propre, que les capitaines, en général propriétaires, tout au moins pour une part, avaient le soin de mettre sur le compte d'un cas fortuit, sans compter l'intérêt qu'ils avaient à jeter leur navire à la côte, pour pouvoir en faire le délaissement ;

3° Enfin, la contribution, qui remplaçait la prime, n'était pas constante. Dans les années où le nombre des sinistres augmentait, cette contribution devenait très-lourde. Les assurés se décourageaient, revenaient à l'assurance à prime, rien ne leur étant plus facile que de sortir de l'assurance mutuelle, qui devait être, aux termes de presque tous les statuts, renouvelée d'année en année ;

4° Les navires armés pour le petit cabotage formaient l'aliment principal d'un certain nombre de compagnies d'assurances mutuelles. Or, depuis que les chemins de fer ont établi des communications plus sûres entre nos ports, le petit cabotage ne fait que décroître.

Mais cette dernière raison ne regarde pas les grandes

compagnies d'assurances mutuelles qu'alimentaient des navires d'un fort tonnage. Celle qui fut fondée en 1849, et qui réunit, à son origine, des valeurs variant entre 23 et 28 millions, dut liquider en 1852, après avoir imposé à ses adhérents des primes dont l'importance s'éleva à 11 pour cent par an.

5. — Cela posé, revenons à l'assurance à prime. Les jurisconsultes qui, à l'origine, aidèrent à formuler les principes et les règles qui ont constitué le contrat d'assurances maritimes, ne l'auraient pas cru viable si le droit romain n'en avait pas été le régulateur. Bien que les Romains ne l'eussent pas connu, et que, par suite, leurs lois n'en eussent jamais parlé, ils ne s'arrêtèrent pas à cette difficulté. Ils supposèrent, pour la tourner, que le contrat d'assurance n'avait pas, à proprement parler, une existence propre, mais qu'il était une branche particulière de certains contrats qui figurent au Digeste, ce qui leur permit de faire entrer le droit romain dans la place.

D'abord, ils se posèrent la question de savoir s'il fallait ranger l'assurance parmi les contrats innommés (1), comme s'il était possible, en lui enlevant sa dénomination particulière, de lui enlever du même coup son individualité juridique !

Ensuite, ils l'assimilèrent à la vente, au louage, au mandat, à la société, voire même à une donation (2),

---

(1) V. Heinecius, *Elementa juris naturæ et gentium,* lib. I, cap. XIII, § 341; Marquardus, *De jure merc.* L. II, c. 18, n. 5; Stypmann, *De jure marit.,* part. IV, c. VII, n. 259; Roccus, *De assec.,* note 3; Straccha, n. 47; Casaregis, *Disc. légales,* 1, 90.

(2) V. Kuricke, *Diat. De accec.,* § 1; Roccus, loc. cit., n. 91; Ansaldos, *De comm.,* Disc. 70, n. 11.

sous prétexte que la diversité des clauses dont l'assurance est susceptible permet d'y faire entrer, suivant l'occurence, tous ces contrats.

Ainsi, pour faire de l'assurance une vente, ils eurent recours à un expédient très-simple. Ils déclarèrent que l'assureur achète le péril, et ils en firent un *emptor periculi ;* que, par suite, l'assuré vend la prime ; et comme il fallait, bon gré mal gré, que le droit romain régnât en maître, ils admirent comme constant, entre autres choses, que lorsque la prime est trop élevée, le contrat peut être rescindé pour cause de lésion. Disons cependant que les grands jurisconsultes, comme Casaregis, effleurèrent d'une main discrète ces puériles imaginations, et qu'entraînés par la puissance de leur esprit, ils maintinrent les vrais principes.

6. — On a encore longuement et trop longuement disserté, sur la question de savoir si le contrat d'assurance est à la fois synallagmatique, conditionnel, aléatoire, de bonne foi ou de droit strict, de droit des gens ou de droit civil. Émérigon est sur ce point d'une prolixité qui alourdit, dès les premières pages, son œuvre immortelle.

La simple lecture de l'art. 1102 du Code civil prouve que le contrat d'assurance est synallagmatique, lorsque la prime n'est pas payée comptant, ce qui est le cas le plus ordinaire. Il résulte de l'art. 1104 qu'il est commutatif, et il suffit de combiner ce même article avec l'art. 1964 pour le déclarer aléatoire.

On aboutit à un non sens lorsqu'on discute sur le point de savoir si le contrat d'assurance est de bonne foi, ou de droit strict, s'il est tantôt l'un ou tantôt l'autre, suivant le point de vue où l'on se place. Tous

les contrats sont de bonne foi dans notre droit. Seulement, dans le contrat d'assurance, la bonne foi est
spéciale, ainsi que le démontre la théorie de la réticence.

On admet que le contrat d'assurance est de droit des
gens, parce que, dit-on, il est en vigueur dans toutes
les nations maritimes, et qu'il est d'ailleurs en quelque
sorte cosmopolite, puisqu'un navire peut à la fois être
assuré à Marseille, pour un voyage à destination
d'Odessa, faire échelle à Naples, et s'échouer sur les
côtes de la Grèce, observation qu'on pourrait appliquer à tous les contrats commerciaux, et qui n'a en
elle-même aucune valeur juridique.

Reconnaissons cependant que le contrat d'assurance
a plusieurs points de contact avec le droit des gens,
lorsqu'il s'agit des risques de guerre ; que si la détermination précise du commencement et de la fin des
hostilités, les blocus, les prises, les molestations, les
neutres, la contrebande de guerre, intéressent au plus
haut degré les gouvernements, ils intéressent non moins
vivement les assureurs dans leur sphère d'action.

7. — Le principe fondamental de l'assurance c'est le
risque, mot dont le sens est général, à l'aide duquel
on exprime que le contrat n'existe que lorsqu'une chose
est soumise aux fortunes de mer, et que celui qui la fait
assurer est exposé, lorsqu'elle vient à se perdre, à subir
un dommage.

Comme l'assurance doit être limitée à ce dommage,
il s'en suit qu'elle ne peut jamais être un moyen de
procurer un bénéfice. — De là plusieurs conséquences :

1° On ne peut faire assurer une chose lorsqu'on ne
subit aucun dommage, direct ou indirect, par suite
de sa perte totale ou partielle ;

2° On ne peut faire assurer une chose que suivant le droit qu'on a sur elle. Ainsi celui qui en est consignataire ne peut la soumettre à une assurance comme propriétaire ;

3° On ne peut faire assurer deux fois la même chose pour son entière valeur ;

4° Une chose ne peut être assurée que pour sa valeur, car celui qui la fait assurer pour plus se procure un bénéfice.

L'exposé de la théorie des assurances et des applications qu'elle comporte donneront à ces principes, trop vagues sous leur forme générale, un sens fixe et précis.

8. — Toute assurance à laquelle manque le risque dégénère en gageure. Ainsi, celui-là fait une gageure qui convient avec un assureur que si tel navire, appartenant à autrui, sur lequel il n'a aucun intérêt direct ou indirect, vient à périr, il recevra telle somme.

Presque toutes les législations ont proscrit ces sortes d'assurance (1), d'abord, à cause du trouble qu'elles jettent dans le commerce, en second lieu, parce qu'elles sont contraires à l'ordre public et aux bonnes mœurs, l'assuré ayant intérêt à ce que le navire se perde.

Le statut 19 de Georges II, 2, c. 38, déclare nulles les assurances dans lesquelles il est convenu que l'assuré n'aura point à justifier de son intérêt. — Aux

---

(1) Amsterdam, Ord. art. 15 ; Rotterdam, art. 8 ; Preuss, Seerecht, 1727, cap. 6, art. 10 ; Preuss. A O, 1766. Abts. 14. art. 37 ; Stat. gen., lib. IV, cap. 17 ; Ord. Bilbao, cap. 22, arg. art. 7 ; Ord. Barcelone, 1458, arg. art. 5 ; Legge de Venezzia, 1771, arg. art. 98 ; Ord. Hambourg, 1731, arg. art. 13 ; Suède, Ord. art. 3, § 7 ; Code espagnol, art. 848 ; Portugais, art. 1673 ; Hollandais, art. 247 ; Nouveau C. allemand, arg., art. 782.

États-Unis, certains états prohibent les gageures sous forme d'assurance. Elles ne sont pas usitées dans les états où elles sont permises (1).

Cependant, dans tous les pays, des contrats de gageures sont quelquefois formés, d'un commun accord, nonobstant la prohibition que contient la loi positive. La formule la plus ordinaire, pour masquer ce genre de contrat, consiste à dire qu'on assure *avec ou sans intérêt,* ou bien *à la charge par l'assureur de se contenter des énonciations de la police comme preuve de l'intérêt.*

Les polices ainsi conçues portent le nom *de polices d'honneur,* en anglais, *policies of honour.*

Une espèce que rapporte Nolte, avec de très-grands détails, donne une idée exacte des abus que peut engendrer l'usage des simples gageures (2).

Une maison du Havre transmit à la maison Ross Vidal et Cᵉ de Hambourg l'ordre suivant :

« Le mérite de la présente est de vous transmettre
« un ordre d'assurance sur fr. 48,000 sur la bonne
« arrivée du navire français *Diana,* capitaine Hem-
« tevant, venant de Calcutta à Dunkerque. *N'ayant*
« *aucun titre pour justifier cette assurance, c'est*
« *une police d'honneur qui doit être souscrite par*
« *des assureurs de bonne foi.*

L'assurance fut conclue, et donna lieu à un procès dans lequel il fut établi, entre autres faits, que l'assuré s'était fait souscrire, par polices d'honneur, plu-

---

(1) W. Kent, t. 3, p. 278.
(2) Nolte, t. I, 245.

sieurs assurances sur le navire *Diana,* pour des sommes qui représentaient dix fois sa valeur.

9. — La Cour de Rennes a décidé que, lorsqu'une police, souscrite en pays étranger au profit d'un français, contient dans quelques-unes de ses clauses des conventions qui la font dégénérer *pro parte quâ* en gageure, l'assuré ne peut demander devant les tribunaux de France l'exécution de cette partie de la police, parce que « c'est en France un principe d'ordre « public, et auquel les conventions particulières ne « peuvent pas déroger, que le contrat d'assurance ne « doit pas contenir une garantie de bénéfices, ni, à plus « forte raison, constituer une sorte de jeu ou de pari, « quelles que puissent être à ce sujet, les dispositions « des législations étrangères, les tribunaux français ne « pouvant pas sanctionner et rendre exécutoires, sur « le territoire français, un contrat d'assurance consenti « par un français, s'il présente l'un ou l'autre de ces « caractères. » (1)

Les magistrats qui ont rendu cette décision, ont cependant reconnu que la règle *locus regit actum* s'applique aux assurances comme à tout autre contrat (2). Mais ils déclarent que cette règle ne doit pas être appliquée 1° lorsque l'assurance masque un contrat de gageure ; 2° lorsqu'elle porte sur le profit espéré.

La première proposition nous paraît à l'abri de toute critique. On ne saurait exiger de nos tribunaux qu'ils

---

(1) Rennes, 7 déc. 1859 (S. V. 61, 2, 101).

(2) V. conforme Bordeaux, 29 janvier 1834 (S. V. 35, 2, 15) ; Merlin, Rep. Vᵒ Police d'assurance ; Émérigon, t. 1, p. 122 ; Bédaride, t. 3, n. 1013. — V. aussi Pohls, t. 6, p. 133.

sanctionnent un acte dont nos lois proclament l'immoralité, uniquement parce qu'il a été consenti en pays étranger conformément à la législation de ce pays.

Mais il n'en est pas ainsi de la seconde proposition, relative au profit espéré.

Sur ce point, deux systèmes sont en présence : l'un, qui place l'assuré dans la position où il aurait été si son opération était arrivée à terme ; il a prévalu en Angleterre, aux États-Unis et récemment en Allemagne (Code comm., art. 783) ; — l'autre, qui le place dans la position où il aurait été s'il n'avait pas entrepris l'opération. Il est suivi en France.

Il est évident qu'en France, comme en Allemagne, on s'est arrêté à celui des deux systèmes qui paraissait le plus conforme aux véritables intérêts du commerce, sans pour cela en conclure que celui qui n'était pas admis violait ouvertement la loi morale.

Cela étant, les tribunaux français doivent valider l'assurance sur le profit espéré contractée en pays étranger, lorsque la législation de ce pays la permet, car, s'il en était autrement, il faudrait déclarer, pour être conséquent, que la règle *locus regit actum* n'est applicable que si la législation étrangère est conforme à la loi française, ce qui est un non-sens.

CHAPITRE II.

DES PARTIES CONTRACTANTES.

29. — Le créancier ordinaire qui n'a aucun droit d'affectation ne peut faire assurer les biens de son débiteur soumis aux risques maritimes.

30. — Mais il peut faire assurer directement sa créance.

31. — Une condition qui se rapporte à un risque maritime n'est pas susceptible d'assurance.

32. — Le capitaine peut-il faire assurer une chose pour le compte du propriétaire ? — Du cas où il est subrécargue.

33. — Du cas où il fait assurer pour son propre compte afin de dégager sa responsabilité.

10. — Le contrat d'assurance est consenti par deux parties, l'assureur et l'assuré. Il est vrai que Casaregis y ajoute le capitaine (1) ; mais, si on va au fond de sa pensée, on voit qu'il considère ce troisième personnage comme une partie qui représente, suivant les circonstances, tantôt l'assureur, tantôt l'assuré, et se confond avec l'un ou avec l'autre.

Il existe une différence sensible entre l'assureur et l'assuré. Le premier ne peut s'engager valablement que lorsqu'il a la capacité voulue pour faire des actes de commerce, et dès-lors le mineur, l'interdit, la femme mariée non autorisée ne peuvent s'engager valablement comme assureurs (2).

Il n'en est pas ainsi de l'assuré. L'assurance est pour lui un acte de conservation et d'administration (3). Ainsi, le savant qui traverse les mers et fait assurer sa bibliothèque, ne fait pas un acte de commerce (4), bien que par un motif tout spécial, il soit soumis à la juridiction commerciale.

---

(1) Non est novum quod contractus assecurationis substantiatur in tribus personis in assecurante, assecurato, navarcho. — Disc. 10, n. 45.

(2) Wederkopp, § 48 ; Stypman, part. 4, n. 273.

(3) Pohls, t. 6, p. 23 ; Alauzet, t. 3, p. 284 ; Bedaride, t. 3, p. 204.

(4) Pohls, t. 6, p. 25, donne cet exemple.

11. — Émérigon s'est longuement étendu sur les incapacités relatives. Il se demande si les militaires, les ecclésiastiques, les gentilshommes, les docteurs, les magistrats, les officiers de la marine et des classes, les consuls peuvent consentir des assurances.

Ces questions sont actuellement dénuées d'intérêt. Les prêtres ou les magistrats qui s'obligeraient comme assureurs seraient valablement engagés envers l'assuré, quelque évidente que fût d'ailleurs la violation des règles de discipline auxquelles ils sont soumis.

On suit d'autres principes lorsqu'il s'agit des courtiers, à l'égard desquels la loi est prohibitive. Mais comme elle ne l'est que par rapport à eux et non par rapport aux tiers, on en a induit qu'ils n'ont aucune action contre l'assuré, tandis que celui-ci peut, au cas de perte, leur demander le paiement de l'indemnité, la prime déduite.

12. — Le commerce des assurances est entre les mains des grandes compagnies ou de certaines associations qui en tiennent lieu. Seules, ces compagnies sont en état de compenser, par la multiplicité des affaires et en se basant sur le calcul des probabilités, les chances de pertes ou de bénéfices.

Les grandes compagnies d'assurances ne commencèrent à exister que vers la fin du XVIIe siècle.

Un arrêt du conseil du 5 juin 1668 établit à Paris une chambre d'assurance. Elle fut définitivement constituée en 1671, transformée et étendue en 1683 (1).

Une nouvelle chambre d'assurance se forma encore à Paris en 1750, avec un capital de 13 millions. Elle

---

(1) V. Savary, Dict. du comm., vº Chambre d'assurance, t. 2, p. 170.

fut renouvelée en 1753, et son capital réduit à neuf millions (1).

Les compagnies qui furent établies à Amsterdam sont les plus anciennes. La plus considérable est celle qui fut fondée en 1659 (2).

En 1754, se forma à Anvers, sour la protection de l'impératrice d'Autriche, Marie-Thérèse, une compagnie d'assurances. Elle subsista jusqu'en 1775, et fut emportée par les sinistres qui furent si nombreux en cette année.

Sous le règne de Georges Ier (Statut 6, ch. 8), deux compagnies (London assurance et Royal exchange Company) furent établies à Londres, la première au capital de 18,000 l. st., la seconde au capital de 4,000 l. st. (3). Investies d'abord d'énormes priviléges, elles furent dissoutes sous le règne de Georges IV (4).

En 1765, une compagnie fut fondée à Berlin avec un capital de un million de thalers, divisé en 4,000 actions.

En 1663, plusieurs négociants conçurent le projet d'établir à Hambourg une chambre d'assurances, mais ce projet rencontra de trop vives résistances, et fut abandonné (5). La même tentative se renouvela sans plus de succès en 1720. La première compagnie qui fut créée dans cette place remonte à l'année 1765.

En 1726, une compagnie fut créée à Copenhague, avec un privilége exclusif sur tous les États du Danemarck.

---

(1) Benecke, t. 1, p. 186 et s.
(2) Gow, Practical treatise of the Law of partner ship, p. 29.
(3) Langenbeck, p. 372.
(4) Valin, Ordonn. 1681, sur l'art. 68.
(5) Engelbrecht, 3e partie, p. 25.

En 1734, le Collége de commerce de Stockolm s'opposa à la formation d'une compagnie d'assurances. Il répara cette erreur en 1739. En cette année, une compagnie ayant le même objet fut fondée dans cette ville, avec un fonds social de un million de thalers, mais sans privilége exclusif.

Un ukase du 27 juillet 1827 établit à St-Pétersbourg la première compagnie d'assurances fondée en Russie (1).

Les compagnies d'assurances qui s'établirent en France dans le 18e siècle furent emportées par la révolution. Sous le premier empire, la continuité de l'état de guerre empêcha leur reconstitution. Mais en 1818 et 1819, trois grandes compagnies, *la Royale, la Commerciale* et *la Générale*, furent fondées, et devinrent le point de départ des nombreuses fondations qui ont suivi.

Depuis cette époque, un grand nombre de compagnies, qui avaient chacune leur police, se sont établies en France. De nos jours, une réunion d'assureurs a dressé trois polices, connues sous le nom de *polices françaises,* pour les navires à voile, les marchandises, les bateaux à vapeur, qui tendent à devenir d'un usage général (2).

Au lieu de parler des conditions qu'elles contiennent à leur place, par exemple d'examiner les art. 3, 4, 5, 29 de la police sur corps aux chap. 7, 8, 5 et 3 du L. II, je les ai reproduites et expliquées, suivant en cela la méthode adoptée par Nolte, au chapitre consacré à la police d'assurance.

---

(1) Bunge, Darstell. des Russ. Handelsrechts, p. 197.
(2) V. l'excellent commentaire de M. A. de Courcy (1874).

Je l'ai fait, — parce que la loi est permanente et que les polices passent, que notamment les polices françaises peuvent être abandonnées ou modifiées, qu'il peut d'ailleurs y être dérogé ; — que toutes les compagnies ne les ont pas acceptées, et que celles qui en font la base de leurs opérations peuvent choisir tout autre ; — qu'elles tendent à confirmer ou à modifier la règle, ce qui la suppose connue ; — que certaines clauses, par exemple, dans la police sur corps, l'alinéa de l'art. 3 qui porte sur la piqûre des vers, l'art. 4 relatif à l'abordage, n'ont d'autre fin que déroger à la jurisprudence établie, ce qui en exige l'exposition ; — parce que, enfin, *tota lege perspecta*, l'étude d'ensemble d'une police donne une idée plus exacte de son caractère et de sa portée.

13. — Roccus atteste qu'un statut défendit aux Florentins de faire le commerce des assurances avec les étrangers (1). — Cet auteur ne fait pas connaître la date de ce document, qui ne nous est pas parvenu, puisque les actes législatifs en vigueur à Florence que nous possédons, et notamment l'un des plus anciens, qui est du 28 janvier 1523, sont muets sur ce point. L'assurance au profit des étrangers fut d'abord prohibée à Barcelone. (Ord. 1435, art. 1-2.) Plus tard, elle y fut permise avec quelques restrictions. (Ord. 1458, art. 1-2.) Il suffit de lire l'Ordonnance de 1461 pour voir que le commerce chercha à se soustraire, par toutes sortes de moyens, à cette absurde prohibition.

Le commerce des assurances avec les étrangers a

---

(1) Florentiæ adest statutum prohibens Florentinis facere assecurationes pro forensibus. — Roccus, n. 71.

toujours été admis en France. Le Guidon de la mer leur reconnaît implicitement ce droit, puisqu'il indique les précautions que l'assuré doit prendre lorsqu'il veut agir en justice contre l'assureur étranger pour ramener l'assurance à exécution. (Guidon, ch. 3, art. 2.) — L'ordonnance de 1681, art. 1, porte : *Permettons aux étrangers d'assurer et de faire assurer.* — Les rédacteurs du Code de commerce ont pensé qu'il était inutile de reproduire cette règle.

Même alors que l'assurance était admise entre étrangers, les jurisconsultes en excluaient par exception, comme de tout autre sorte de commerce, les Juifs, les Turcs et ceux qu'ils appelaient les Sarrasins (1).

14. — En général, les nations maritimes admettent que leurs nationaux ne peuvent contracter une assurance valable avec le sujet d'une nation ennemie, tant que dure l'état de guerre.

Les législations des divers peuples ont consacré ce principe. — Ainsi, il est admis en Prusse (A. O. 1766, p. 4, § 38 ; C, pr., § 1959. Cependant le nouveau code allemand est muet sur cette question); — en Espagne (art. 885). — Il est reconnu en théorie aux États-Unis (2), et à Hambourg (3).

Un statut de Georges II prohiba les assurances entre Anglais et Français. — Sous le règne de Georges III, un autre statut (statut 33, ch. 27) prononça trois mois

---

(1) V. Straccha, de Mercatura, n. 40 et 51, et Glosse 3, n. 1 et 2; Casaregis, Disc. 211 et 212, passim ; Marquardus, l. II, ch. XI.

(2) Philipps, t. 1. p. 56.

(3) Klesecker, § 493 ; Benecke, t. 1, p. 43. — Nolte, t. 1, p. 20 déclare que à Hambourg les assureurs ne se sont jamais prévalu de la prohibition, et qu'ils ont ponctuellement exécuté les polices, malgré l'état de guerre.

d'emprisonnement contre les Anglais qui assureraient des marchandises appartenant à des Français (1).

Une décision du Parlement d'Aix, du 16 juin 1671, déclara nulles les assurances consenties entre Français et Anglais, pendant la guerre entre la France et l'Angleterre (2).

Comme il n'existe pas actuellement de loi positive sur cette question, il s'agit de savoir si le principe posé par le Parlement d'Aix doit être suivi ?

Il est de règle en France que l'état de guerre n'emporte pas de plein droit l'interdiction de faire le commerce avec les sujets d'une nation ennemie (3). Cette règle étant générale, il semble qu'on devrait l'appliquer aux assurances.

Mais il faut considérer que le commerce maritime est l'objet de règles spéciales ; que les belligérants cherchent à empêcher les transports par mer, et s'emparent, lorsqu'ils le peuvent, soit des marchandises, soit des navires pour se les approprier ; que c'est là un moyen, non-seulement de prévenir la guerre par la crainte des dommages qui en sont la suite, mais encore d'affaiblir l'ennemi lorsqu'elle a éclaté, en lui infligeant des pertes qui réduisent ses ressources.

Or, que fait l'assureur ? Il s'oblige à réparer la perte qui est le fait de son gouvernement. Il contrarie les vues de celui-ci. Il agit contre le corps social dont il est membre (4).

---

(1) V. sur ce point, Parck, p. 13 et s. ; Weskett, vᵒ Ennemi.

(2) Émérigon, ch. 1V, sect. 9.

(3) Arrêté du 19 mess. an XII ; Traités des 30 mai 1814 et 20 novembre 1815. — V. aussi Massé, t. 1. n. 144 et s.

(4) Alauzet, Ass., t. 1, n. 117, et Comm., t. 3, n. 1359.

Cette observation est décisive. Mais ne comporte-t-elle pas une distinction ?

Une nation hostile ne se propose jamais de faire échouer ou naufrager un navire, et dès-lors l'assurance qui s'applique limitativement à cet ordre de risques ne contrarie pas les résultats que le gouvernement veut obtenir. Il en est autrement des risques de guerre, et plus spécialement de la prise. Ainsi, supposez que la France soit en guerre avec une nation, et qu'un Français garantisse comme assureur les risques de guerre au profit d'un individu appartenant à cette nation ; si, dans ce cas, l'assurance est valable, la prise de l'objet assuré ne nuira qu'au français, puisqu'il doit indemniser l'étranger de la perte que lui cause cette prise.

On pourrait soutenir, en s'appuyant sur cette distinction, que toute assurance portant que l'assureur ne répond pas des risques de guerre est valable, encore que l'assuré appartienne à une nation ennemie.

Cependant, nous ne le croyons pas par les motifs suivants. Étant donnée la situation des deux parties, au moment où l'assurance est contractée, l'assureur contrarie les desseins de son gouvernement, même alors qu'il est *franc des risques de guerre*. En effet, dans les limites de l'assurance, il tend à la conservation d'une chose que ce gouvernement cherche à s'approprier, afin d'affaiblir la nation qu'il combat. Rien ne peut changer cette situation, qui est contraire à l'ordre public et doit entraîner la nullité du contrat.

Il faut d'ailleurs considérer que dans la navigation tout se lie, que les risques de guerre réagissent sur tous les autres risques, et réciproquement ; que, par exemple, si le capitaine rase la côte pour éviter une

prise, et que, par l'effet de cette manœuvre son navire
s'échoue, on a un cas où un risque de guerre a causé
un risque ordinaire ; que si le navire, poussé par la
tempête, s'échoue sur la côte ennemie où il est capturé,
on a un risque ordinaire qui s'est doublé d'un risque
de guerre ; d'où il résulte que l'assureur, quoique *franc
des risques de guerre*, a un intérêt très-réel à la non-
réussite des tentatives de prise dirigées contre l'assuré,
et qu'à ce point de vue encore le contrat qui a créé cet
intérêt doit être déclaré nul.

Enfin qu'arrivera-t-il, si l'assuré use de dissimulation
pour éviter la capture ; si, comme il arrive si souvent,
il arbore le pavillon d'une nation neutre, ou se procure
des papiers de bord émanant d'elle ? Il arrivera de
deux choses l'une : — ou bien que ces faits ne seront
pas déclarés à l'assureur, et qu'alors le contrat sera
nul pour cause de réticence ; — ou bien qu'ils lui
seront déclarés, et qu'alors il participera à un ensemble
de manœuvres pratiquées dans le but de paralyser, à
l'aide d'une tromperie, l'action de son propre gouvernement.

On voit, par tous ces motifs, qu'il n'y a pas à distinguer, et qu'étant donné notre cas, toute assurance
doit être déclarée nulle, quelles que soient les stipulations relatives aux risques de guerre.

15. — Dans les pays civilisés, la guerre se fait aux
états et non aux personnes, et c'est pour cela que les
fortunes privées sont généralement respectées par
l'ennemi sur le continent. Mais alors pourquoi cap-
ture-t-on en mer les navires ou les marchandises
appartenant à de simples particuliers ? — On le fait,
pour affaiblir l'Etat belligérant. Comme le commerce
maritime lui procure des marins pour ses flottes, des

moyens de ravitaillement, le transport des troupes sur des points éloignés, on s'efforce d'anéantir ce commerce pendant la durée des hostilités. En un mot, on saisit les navires, comme on détruit sur terre les chemins de fer, les ponts, les maisons et autres objets qui font partie des fortunes privées, lorsque les besoins de l'attaque ou de la défense le commandent.

Ces actes de destruction nuisent sans doute aux particuliers ; mais on ne veut pas leur nuire. Ils sont sacrifiés, mais c'est comme moyen, et non comme but.

On a conclu de là que le commerçant, sujet d'un pays ennemi, où il a son domicile d'origine, qui a fondé un établissement commercial permanent soit en France, soit dans un pays neutre, doit être traité comme s'il était sujet du pays où il a fondé cet établissement.

Ce principe admis, on en a encore conclu que si ce commerçant fait des transports par mer, les assurances qui s'y appliquent, sont tout aussi valables que si elles avaient été consenties au profit d'un français ou d'un sujet d'un pays neutre.

Dans le cas inverse, celui où un commerçant appartenant à un état neutre s'est établi dans le pays ennemi, on a admis que les assurances consenties au profit de ce commerçant devaient être appréciées comme s'il était sujet de ce pays. Si nous suivons en France ces principes (1), on peut dire que l'Angleterre en est la patrie d'origine (2), et que c'est grâce à elle que les Etats-Unis les ont adoptés (3).

---

(1) Boulay-Paty sur Emérigon, t. 1, p. 127 ; Frignet, t. 1, p. 22.
(2) The Indian Chief 3 Rob Adam Rep. 18.
(3) Kent, 1, 75 et s. — V. aussi Philipps, 1, 62 et s.

« En règle générale, dit le chancelier américain
« Kent, lorsqu'un commerçant se fixe dans un pays
« étranger pour y faire le commerce, on doit le traiter
« comme on traite tout commerçant qui réside en ce
« lieu, le considérer comme sujet ennemi ou comme
« sujet neutre, suivant que le pays où il s'est établi est
« ennemi ou neutre..... mais pour que cette règle soit
« applicable, il faut que celui qui en demande l'appli-
« cation ait fondé dans le pays où il réside un établis-
« sement permanent *cum animo manendi*. Lorsque
« ces deux points sont bien établis, on ne doit pas
« s'arrêter à la durée de la fondation, à ce point qu'on
« pourrait presque dire qu'un seul jour suffit. »

Ainsi, pendant la dernière guerre avec l'Allemagne,
les commerçants allemands établis en Angleterre ont
été traités cómme l'étaient les sujets anglais, et à l'inverse, les sujets anglais établis en Allemagne ont été
traités comme l'étaient les sujets allemands.

La question de savoir dans quels cas on doit décider
que l'établissement est permanent *cum animo manendi*,
ne peut être résolue que par l'appréciation des faits et
des circonstances. La jurisprudence anglaise offre sur
ce point quelques exemples, parmi lesquels nous en
choisirons deux.

1º Un nommé Tabbs, sujet américain, né en Amérique, s'établit en Angleterre, s'y maria avec une
anglaise, en eut des enfants, loua une maison à Liver-
pool, maison qu'il habita avec sa famille, fit le commerce dans cette ville, et n'alla en Amérique qu'à de
rares intervalles, toujours pour les affaires de son
commerce. Dès que celles-ci étaient terminées, il ren-
trait en Angleterre, où il avait laissé sa famille, et re-

prenait là le cours de ses opérations commerciales. Il n'était pas sorti d'Angleterre depuis un an, lorsqu'il fit assurer un navire pendant la guerre entre les Anglais et les Américains. Ce navire périt, et les assureurs refusèrent de lui payer l'indemnité sous prétexte qu'il était américain. Lord Kenyon décida, qu'en raison des circonstances, il devait être traité comme s'il était anglais (1).

2° Un anglais fonda un établissement commercial à New-York, après s'être fait naturaliser américain. Cependant, son commerce l'obligeait à résider presque toujours dans les colonies anglaises. Mais, quoique absent, sa maison de New-York continuait à fonctionner par ses agents. Il fit assurer un chargement par une compagnie anglaise, pendant que l'Angleterre était en guerre avec les États-Unis. Ce chargement périt, et les assureurs refusèrent de payer l'indemnité. Ils soutenaient que le séjour dans les colonies anglaises, invoqué par l'assuré comme preuve de son droit, quelque prolongé qu'il eût été, ne pouvait équivaloir à un établissement permanent. Ils gagnèrent leur procès (2).

16.—Il a été décidé en Angleterre que si l'assurance a été conclue avant la guerre, et que le sinistre l'ait aussi précédée, l'assuré a droit à l'indemnité, sous la condition de n'en exiger le paiement qu'après la conclusion de la paix (3).

Si cette espèce se produisait en France, la solution sur le premier point ne serait pas douteuse, mais l'on

---

(1) Tabbs, v. Bendalaek, 4 Esp. 497.

(2) V. The Ann Green 1 Galisson's Rep. 274. — Cas semblable, Margett V' Wilson. 1 Bos et Pull. 430, 8, 7 Rep. 31, s.

(3) Flint v° Waton, 15 East, 226.

déciderait sur le second que l'assuré a une action immédiate pour obtenir le paiement. La maxime rappelée
en 1704, devant le Parlement de Douai par le chancelier
Pontchartrain, que *pendant la guerre aucun sujet
d'une domination étrangère ne pouvait agir contre
un sujet du roi* n'est plus en vigueur.

17.—Mais que faudrait-il décider si l'assurance ayant
été consentie pendant la paix, le sinistre survient lorsque la guerre a déjà éclaté ?

Ce cas s'est encore présenté en Angleterre. Une cargaison dirigée de Londres sur Bayonne, appartenant
à un Français, fut assurée par une compagnie anglaise
avant la promulgation du statut de Georges III qui
prohibait les assurances entre Français et Anglais.
Cette marchandise ayant subi une perte totale après
la promulgation de ce statut, on décida que les assureurs ne devaient pas l'indemnité (1).

Cette solution nous semble trop rigoureuse.

En effet, l'assurance était valable. Elle avait donc
créé un lien de droit, et, par suite, une créance conditionnelle. Or, il est de règle que l'état de guerre n'abolit
pas les dettes entre les sujets des deux nations belli-
gérantes. Cependant la solution admise en Angleterre
aboutit à ce résultat.

Malgré cela, nous croyons qu'il faut, dans cette
espèce, distinguer entre les risques ordinaires et les
risques de guerre, et n'exonérer l'assureur que de ces
derniers. La raison de décider ainsi tient à ce que les
risques ordinaires ne sont jamais du fait, du moins
directement, d'une nation ennemie, tandis que les

---

(1) Gamba v° Lemesurier, 4 East 497.

risques de guerre émanent d'elle. Or l'assureur y participe légitimement comme membre du corps social, et dès-lors il ne doit pas en répondre.

Du reste, il ne faut pas en temps de guerre exagérer l'interruption des relations commerciales, parce que, comme le fait très-bien observer Weskett, le mal qu'une nation fait à l'ennemi, elle le fait aussi souvent à ses nationaux, en transportant, par le changement des habitudes, les relations commerciales dans un pays neutre (1).

18. — Quelquefois un étranger obtient du gouvernement qui est en guerre avec sa nation la permission de faire le commerce dans le pays que ce gouvernement représente. On a décidé en Angleterre, comme on le déciderait en France, que les licences de faire le commerce accordées sans restriction ont pour effet de rendre valables les assurances qui, sans elles, auraient été déclarées nulles (2). Cependant ce principe n'a pas été toujours reconnu. On a soutenu en Angleterre que la licence de commercer ne donnait à ceux qui l'avaient obtenue que le droit de faire assurer sous le nom de leurs agents, mais point en leur propre nom (3). Ce système a été repoussé. Enfin, on a soutenu que le droit de se faire consentir une assurance n'était pas compris dans la licence qui donnait d'une manière générale le droit de faire le commerce. Mais lord Ellenboroug fit observer avec un très-grand sens « que ce que la couronne a considéré comme légitime doit être accepté

---

(1) Weskett, v° Feind.

(2) Weils, v Williams 1 Salk. 451. Lord Raymond, 282 s.

(3) Kensington, 66. Inglis 8 East, 273.

« comme tel avec toutes ses conséquences ; que du
« moment où elle a permis à un sujet d'une nation
« ennemie de faire des contrats valables, et par consé-
« quent d'acquérir des biens exposés aux risques, l'as-
« surance qui a pour objet la conservation de ces
« biens doit aussi être déclarée valable (1). »

19. — Les règles qui viennent d'être exposées ne
s'appliquent pas aux neutres. Il a même été décidé que
si une société est composée de deux membres, l'un appartenant à une nation neutre, l'autre à une nation
hostile, l'assurance consentie au profit de cette société
est valable à l'égard du premier (2).

L'assurance est nulle, même à l'égard des neutres,
si elle a pour objet un chargement composé de marchandises, qui sont considérées par le droit des gens
comme contrebande de guerre, et qui sont en même
temps destinées au pays qui est en guerre avec celui
de l'assureur.

20. — L'intérêt est un des éléments essentiels de l'assurance. Aussi Casaregis, avec l'exactitude de langage
qui lui est ordinaire, le confond avec le risque (risicum
seu interesse).

En matière d'assurance, celui à qui la perte d'une
chose cause un dommage, a sur cette chose un intérêt.
Cette pensée est parfaitement exprimée par l'art. 782
du nouveau code allemand, qui est ainsi conçu :

« Tout intérêt appréciable à prise d'argent, que peut
« avoir une personne à ce que le navire et la cargai-
« son échappent aux risques de la navigation ma-
« ritime peut être l'objet de l'assurance maritime. »

_____

(1) Usparicha, vᵗ Noble 13 East, 292.
(2) Benecke, 1, 202.

Ce principe qui est vrai partout où le contrat d'assurances maritimes existe, ne laisse pas que de comporter dans l'application de sérieuses difficultés.

L'intérêt en matière d'assurances est de deux sortes : direct ou indirect (1).

Le propriétaire a un intérêt direct. Aucun doute sur ce point pour celui dont le droit est certain. Mais en est-il ainsi de celui dont le droit est soumis à une condition suspensive ou résolutoire ?

L'intérêt est indirect lorsque la chose soumise au risque ne périt pas pour l'intéressé parce qu'il n'en est pas propriétaire, et que cependant sa perte lui enlève un droit ou bien l'exercice d'un droit et lui cause par là un dommage.

Ainsi le prêteur à la grosse qui perd sa créance lorsque la chose périt ; — le créancier avec hypothèque maritime sur un navire, qui a intérêt à la conservation de cette garantie ; — le consignataire ou le commissionnaire, qui a un privilége sur la cargaison pour ses avances, — tous ces ayants droit peuvent, dans la limite de leur intérêt, faire assurer la chose soumise au risque.

Nous n'en dirons pas autant du créancier ordinaire, bien qu'il soit exposé à subir la perte de sa créance lorsque l'insolvabilité de son débiteur provient d'un risque maritime.

21. — Le droit qu'a le propriétaire de faire assurer sa propre chose ne souffre aucun doute.

Il peut encore la faire assurer lorsque son droit de

---

(1) Nous résumons, en exposant cette théorie, le langage que tint le juge Lawrence dans l'affaire Lucerna. V. Crawfrad, 2 Boll. et Pull, 269-310.

propriété est incertain. Ainsi celui qui a acheté un navire sous la condition que le vendeur aura la faculté de se le faire rétrocéder, en remboursant le prix, ce que les jurisconsultes romains appelaient le *pactum de retro vendendo,* peut faire assurer ce navire. Il ne peut en être autrement, parce que, en cas de perte, le vendeur n'usera certainement pas de la faculté qu'il s'est réservée (1).

Le vendeur ferme, qui s'est obligé à courir les risques pendant un certain temps, peut faire assurer ces risques. Dans une espèce jugée en Angleterre le vendeur d'un navire s'était obligé à payer à l'acheteur 500 l. st. dans le cas où le navire viendrait à se perdre dans les trois mois après la livraison. On décida que ce risque pouvait être assuré (2).

Lorsque la vente d'une chose est soumise à une condition, soit suspensive, soit résolutoire, l'acheteur peut la faire assurer dans la mesure de son intérêt. Dans ce cas, la responsabilité de la perte est réglée par les principes du droit commun.

Ainsi, lorsque la vente d'un navire est soumise à une condition suspensive, et que l'acheteur le fait assurer, la responsabilité de l'assureur est ainsi réglée :

1° Il est responsable de la perte totale si le navire la subit après l'avènement de la condition.

2° Il l'est aussi de la perte partielle, bien qu'elle soit antérieure à l'avènement de la condition, si lorsqu'elle s'est réalisée, l'acheteur exige la livraison (C. civ., art. 1182).

---

(1) V. Philipps, t. 1, p. 68 et s.
(2) Reid v. Cole 3. Burr. 1512.

3° Il n'est responsable dans aucun cas, lorsque la condition ne se réalise pas.

4° Il ne l'est pas lorsque la perte totale précède l'avè-nement de la condition, puisque cette perte est alors à la charge du vendeur (C. civ., art. 1182).

Lorsque la vente est soumise à une condition réso-lutoire, et que l'acheteur fait assurer, l'assureur répond de la perte totale ou partielle survenue avant l'époque où la condition doit se réaliser, même alors qu'elle ne se réalise pas, parce que, d'après l'opinion la plus géné-ralement admise, cette chose périt pour le compte de cet acheteur.

A fortiori l'assureur est-il engagé, lorsque la condi-tion se réalise.

22. — L'application des principes relatifs à la condi-tion résolutoire a donné lieu en Angleterre à une diffi-culté qui peut se présenter en France. — Voici l'espèce.

Vente d'une marchandise que le vendeur doit expé-dier par mer à son acheteur. — Cet acheteur la fait assurer. — Pendant le voyage, elle subit une avarie qui la détériore. — Avant qu'elle soit arrivée au lieu de destination, l'acheteur, qui n'avait pas payé le prix, tombe en faillite, et le vendeur revendique la marchan-dise. — Elle lui est livrée. — Malgré cela, l'acheteur demande à l'assureur le montant de l'avarie, et sur son refus, les parties comparaissent devant une Cour de justice. Cette Cour décide que l'assurance est nulle, parce que, par l'effet de la revendication, l'acheteur doit être considéré comme n'ayant jamais été pro-priétaire de la marchandise (1).

---

(1) Nolte, t. 1, p. 81.

Nolte, qui rapporte cette décision, fait observer qu'elle ne fut pas unanimement approuvée par le barreau anglais.

Je le conçois. Si la même question se présentait en France, je crois qu'elle devrait être jugée autrement qu'elle ne l'a été en Angleterre.

En effet, la règle posée par l'art. 576 du Code de commerce, au sujet de la revendication en cas de faillite, loin d'être fondée sur un principe résolutoire, en est au contraire la négation. C'est parce que le vendeur n'a pas d'action contre la faillite pour faire résoudre la vente, faute de paiement du prix, qu'on a admis, pour tempérer la rigueur de ce principe, que ce vendeur pourrait du moins revendiquer la marchandise qui n'est pas entrée dans les magasins du failli. On a supposé, lorsqu'on a imposé cette dernière condition, que la marchandise non livrée ne faisait pas encore partie de la masse, qui, dès-lors, n'était pas appauvrie par le prélèvement sous forme de revendication qu'opérait le vendeur.

La créance contre l'assureur, engendrée par l'avarie, ne comporte pas l'application des mêmes principes. Entrée dans la masse par le seul fait de son existence, elle doit y rester.

Ainsi, en résumé, la faillite a des droits sur la marchandise et sur la créance que doit l'assureur. Cette créance représente ce que la marchandise a perdu. Le vendeur qui a revendiqué celle-ci la prend telle qu'elle est. La perte qu'elle a subie, représentée par l'indemnité, lui échappe. Par suite, cette indemnité reste à la masse, et doit lui appartenir. Dès lors, l'assurance doit sortir à effet.

23. — Celui qui a acquis un droit de propriété sous condition a cependant, au point de vue de l'assurance, un droit actuel, et c'est parce qu'il est actuel, que ce contrat lui est permis. Il ne l'est pas à celui qui n'a qu'un droit futur, duquel on peut dire *speratur fore.* Ainsi l'héritier,' l'institué contractuel du propriétaire d'un navire ne peuvent le faire assurer tant que leur droit n'est pas ouvert.

A fortiori, doit-il en être ainsi de celui qui fait assurer une chose qu'il se propose d'acquérir.

Un grand jurisconsulte hollandais, Bynkershoeck(1), nous parait avoir méconnu ce principe (2).

Il se pose la question de savoir si le copropriétaire, qui fait assurer úne chose commune pour toute sa valeur, peut appliquer l'assurance, non-seulement à sa part, mais encore à celle qu'il a acquise depuis que cette assurance lui a été consentie, et il la résout en ces termes :

Ou la perte était consommée avant l'acquisition, et alors l'assuré ne peut rien demander à l'assureur en raison de ce qu'il a acquis ; — ou bien la perte lui est postérieure, et alors ce dernier est tenu de la réparer.

Cette solution, qu'il faut repousser, crée un genre d'assurance encore inconnu : *l'assurance préventive.*

24. — Lorsqu'un associé a fait assurer pour son compte une chose qui appartient à la société, les autres associés peuvent-ils se prévaloir de l'assurance ?

La question était vivement controversée parmi les anciens jurisconsultes.

---

(1) Bynkershoeck, Quest. juris privati, Lib. IV, cap. 1, p. 523.
(2) Casaregis, Disc. 1, n. 97.

Les uns soutenaient que l'assurance était nulle pour le tout : *pro nemine valere* ; — les autres, qu'elle était valable pour le tout : *pro omnibus valere ;* — d'autres enfin, qu'elle n'était valable que pour la part de celui qui s'est fait assurer : *alii parte tantum, scilicet pro eo qui se assecurare fecit.*

1° Pour soutenir la première opinion, on disait : — En vertu d'une maxime constante, nous pouvons dire qu'une chose est à nous, lorsqu'elle nous est commune avec une autre : *quum etiam id quod commune est, nostrum esse dici queat.* La circonstance qu'un associé a fait assurer comme étant à lui seul une chose qui ne lui appartient qu'en partie, ne doit être d'aucune considération (1).

2° Pour soutenir que l'assurance est absolument nulle, on disait :

L'assuré qui a fait porter l'assurance sur le tout a certainement ignoré qu'il assurait une chose commune. Dès-lors, si on admet qu'elle est valable pour la part de cet assuré, on déserte la convention. A l'égard de ce dernier, l'assurance est indivisible, et dès-lors, elle doit être ou valable ou nulle pour le tout : *quia cum dictæ merces cum aliis essent communes pro individuo, non potuit separatim portio sua sine aliis cum dicta securitate...* (2).

A quoi Santerna répondait avec un très-grand sens : si l'assuré croyait à une assurance plus étendue, à plus forte raison voulait-il d'une assurance qui l'était moins : *quia ex quo volebat majus periculum assu-*

---

(1) Kuricke, n. 13.
(2) Straccha, Glosse 10, n. 9 et 17.

mere, credens illas merces esse totas illius in soli-
dum, a minori debet videri pro parte (1).

3° Presque tous les auteurs admirent en principe
que l'assurance était valable pour la part de l'assuré,
mais pour sa part seulement, et non pour celle des
autres coassociés : *assecuratio pro sua portione aut*
interesse tantum valebit, secus pro portione vel in-
teresse aliis sociis (2).

Straccha proposa même de modifier la solution qu'il
avait proposée dans les cas suivants :

1° Lorsque l'assuré a signé *nomine suo et sociorum;*

2° lorsqu'il a signé comme gérant, *et ipse caput*
societatis esset ;

3° lorsqu'il a signé comme *negotiorum gestor ;*

4° lorsqu'il a signé pour lui et pour ceux à qui les
marchandises appartiennent, et qu'il apparait, par les
connaissements, que les assurés sont propriétaires du
chargement (3).

Après cet exposé, arrivons à notre question. Il faut,
pour la résoudre, distinguer entre les diverses natures
de société.

Lorsqu'elles sont anonymes, en commandite ou en
nom collectif, il est sûr que le gérant stipule pour la
société, encore qu'il ne l'ait pas déclaré dans le contrat.
La difficulté n'existe qu'à l'égard des sociétés en participation.

Lorsqu'il s'agit de celles-ci, les uns considèrent l'assurance comme valable pour la portion seulement de

---

(1) Santerna, P. 3, n. 78.
(2) Casaregis, Disc. 66, n. 11 ; Santerna, loc. cit. ; Byinkershoeck, loc. cit.
(3) Straccha, Ibid., n. 15 et s.

celui qui s'est fait assurer (1). — Les autres la considèrent comme valable à l'égard de tous les associés (2).

Selon nous, l'assurance est valable pour le tout,
lorsque celui qui l'a souscrite a agi *nomine suo et
sociorum*, ou bien s'il a pris, à tort ou à raison, la
qualité de gérant de la société, car alors la volonté
de faire assurer pour autrui, ce qu'il est permis de
faire, est suffisamment attestée.

Mais que faut-il décider lorsque l'assuré a agi en
son nom seul, comme s'il était propriétaire du tout ?

On dit, dans le sens de la validité de l'assurance,
que les associés sont censés s'être donnés réciproquement pouvoir d'administrer l'un pour l'autre (C. civ.,
art. 1859), et que l'assurance est un acte d'administration. — On ajoute que tous les participants étant solidaires (ce qui est controversé), chacun d'eux a intérêt
à la conservation de l'actif social.

A cela nous répondons : 1° que le mandat légal
attribué aux participants ne saurait être invoqué, lorsque l'assuré, au lieu de prendre la qualité de mandataire, n'a agi qu'en son propre nom ; — 2° que la
solidarité entre participants, en la supposant admise,
n'attribue à chacun de ceux-ci que la qualité de créancier éventuel, et dès-lors, puisque la qualité de créancier
ne donne pas le droit de faire assurer, *a fortiori* faut-
il admettre cette solution lorsqu'il s'agit d'un créancier
possible, dont la créance n'existe pas encore.

Par ces motifs, nous pensons que l'assurance n'est
valable que pour la part de l'associé qui l'a stipulée,

---

(1) Pardessus, t. 3, n. 803 ; Benecke, t. 1, p. 341.
(2) Pohls, t. 6, p. 37.

tandis qu'elle est nulle à l'égard de ses coassociés, lorsqu'il n'a pas été déclaré dans la police qu'elle était souscrite au nom et pour le compte de ces derniers.

25. — Dans la nomenclature des personnes qui peuvent se faire consentir une assurance maritime, viennent, après les propriétaires, les divers intéressés au profit de qui la chose soumise aux risques est affectée.

Au premier rang de ceux-ci figure le créancier ayant hypothèque sur un navire.

L'art. 17 de la loi du 10 décembre 1874 contient, à leur égard, une disposition qui est ainsi conçue :

« En cas de perte ou d'innavigabilité du navire, « les droits des créanciers s'exercent sur les choses « sauvées ou sur leur produit alors même que les « créances ne seraient pas encore échues. Ils s'exer- « cent également, dans l'ordre des inscriptions, sur « le produit des assurances qui auraient été faites par « l'emprunteur sur le navire hypothéqué. Dans le cas « prévu par le présent article, l'inscription de l'hypo- « thèque vaut opposition au paiement de l'indemnité « d'assurance.

« Les créanciers inscrits ou leurs cessionnaires « pourront, de leur côté, faire assurer le navire pour « la garantie de leurs créances.

« Les assureurs avec lesquels ils ont contracté l'as- « surance sont, lors du remboursement, subrogés à « leur droit contre le débiteur. »

Cet article contient plusieurs dispositions distinctes. Nous allons les énumérer et les examiner.

Première disposition s'appliquant au cas ou le navire effeté n'est pas assuré.

Lorsque le navire subit une perte totale ou présumée telle, ce qui a été sauvé, ou le produit en provenant, est attribué aux créanciers hypothécaires.

La perte du navire met fin à l'hypothèque, et dès lors tous les créanciers exercent leurs droits sur ce qui a été sauvé, suivant leur rang, sans distinction entre les dettes exigibles et non exigibles.

Le législateur ne dispose que pour le cas où la perte a été totale. Lorsque le navire ne subit que des avaries, c'est le cas de le réparer et de consacrer l'indemnité à payer, non les créanciers, mais les frais de réparation.

Le législateur suppose dans la première partie de l'at. 17 que le navire n'est point assuré, puisque dans le cas contraire, le délaissement du sauvetage serait un obstacle à l'exercice des droits des créanciers.

Deuxième disposition s'appliquant au cas ou le navire a été assuré par l'emprunteur.

S'il survient dans ce cas une perte totale on présumée telle, l'indemnité due à l'assuré est transmise de plein droit aux créanciers hypothécaires, qui prennent son lieu et place. Elle est distribuée entr'eux, suivant leur rang, sans distinction entre les créances exigibles et non exigibles.

On aurait pu considérer cette transmission de l'indemnité comme une sorte de cession légale, assimiler l'assureur à un débiteur cédé, et soutenir que la notification prescrite par l'art. 1690 c. civ. doit être faite. L'art. 17 prévoit cette objection et dispense les créanciers de cette notification.

Que de difficultés dans ces dipositions! Nous nous bornons à les indiquer.

1° S'il est vrai que les créanciers hypothécaires n'ont droit à l'indemnité que dans le cas de sinistre majeur suivi de délaissement, qu'arrivera-t-il si le débiteur, qui est en même temps assuré, au lieu de suivre cette voie, recourt à l'action d'avarie ?

La difficulté est grave, Rendons-la sensible par un exemple.

Assurance d'un navire qui vaut 100,000 fr. — Par suite d'un sinistre majeur, il perd les 4/5es de sa valeur, soit 80,000 francs.

Si l'assuré fait le délaissement, les créanciers toucheront les 100,000 fr. représentant la somme assurée, et les assureurs prendront les débris sauvés, dont la valeur se porte à 20,000 fr.

Si cet assuré choisit l'action d'avarie, il touchera directement l'indemnité, proportionnellement à la perte, soit 80,000 fr., et les créanciers ne pourront exercer leurs droits que sur les débris sauvés. Ils recevront dès lors, dans ce dernier cas, 20,000 fr., tandis que le délaissement leur en aurait procuré 100,000.

De là naissent les questions suivantes :

Les créanciers peuvent-ils contraindre leur débiteur à prendre la voie du délaissement, lorsqu'elle peut être suivie ?

En admettant la négative, n'ont-ils pas du moins droit à l'indemnité que procure à leur débiteur le réglement d'avarie ?

Toutes les créances ne deviendront-elles pas dans ce dernier cas exigibles ?

Lorsque ces questions seront posées, et elles le seront tôt ou tard, je crains fort qu'on soit obligé d'interpréter l'art. 17 dans un sens qui donnera au débiteur le droit de régler à son gré, et suivant son intérêt, les droits de ses créanciers.

2° L'art. 17 fait bénéficier les créanciers d'une cession légale de l'indemnité, et leur en attribue la saisine, comme si la notification prescrite par l'art. 1690 avait été faite.

Il suit de là que l'assureur ne peut payer que les créanciers inscrits, et non l'assuré, et que s'il paye ce dernier il payera deux fois.

Grave innovation contre laquelle proteste ce qui est l'âme des affaires, la rapidité et la sécurité dans les transactions.

Désormais, je n'oserais conseiller à un assureur sur corps de payer l'indemnité au cas de sinistre majeur.

Il faut cependant qu'il paye, et pour cela qu'il puisse dégager sa responsabilité. Or, il ne peut la dégager, qu'en se fesant remettre un état d'inscriptions positif ou négatif (v. art. 16). Mais comme, d'après M. Bedaride, il n'existait en 1876 à Marseille que deux inscriptions hypothécaires, et point à Bordeaux, il faudra pour ce mince résultat, retarder le réglement de plusieurs milliers d'assurances. Est-ce vraiment raisonnable!

Que d'embarras encore lorsque l'assurance aura été consentie en pays étranger, ou bien dans une colonie française très-éloignée!

D'autres questions se présentent encore.

Les créanciers inscrits après l'assurance ont-ils des droits contre l'assureur?

Quid des créanciers qui ont pris inscription après la survenance d'une perte présumée totale?

En allant au fond des choses, les difficultés s'accumulent. Le législateur aurait dû les prévoir, régler d'une manière précise les droits et les obligations des assureurs.

Troisième disposition, aux termes de laquelle les créanciers inscrits peuvent faire assurer le navire pour la garantie de leur créance.

Cette rédaction est obscure et ne donne pas une idée exacte du but de l'assurance. Essayons cependant de dégager là pensée que notre article a voulu exprimer.

Le créancier inscrit ne peut faire assurer le navire, car il ne lui appartient pas.

Il peut faire assurer sa créance; mais alors il n'agit pas comme créancier hypothécaire; il fait ce qu'il est permis à tout créancier de faire.

Que fait-il donc assurer ? — L'utilité que lui aurait procuré le gage, et, dans ce but, le navire considéré comme l'objet sur lequel s'exercera son droit réel hypothécaire.

C'est ainsi que l'assurance est comprise dans notre cas en Angleterre (1) et aux Etats-Unis. (2)

Cette théorie une fois admise, et il est impossible qu'elle ne le soit pas, vu la nature de l'assurance, l'assureur s'oblige à indemniser le créancier, c'est-à-dire l'assuré, du dommage que lui cause l'impossibilité où il est d'obtenir, au moyen da la vente du navire, le paiement de sa créance, que cette vente lui aurait sûrement procuré, sans le sinistre majeur.

L'assurance ainsi comprise est limitée au droit réel et ne s'applique pas à la créance elle même.

D'où il suit que l'insolvabilité de l'emprunteur con-

---

(1) Arnould, 1,253.
(2) Philipps, 1,186.

sidérée, *secundum subjectam materiam*, comme un risque, n'est pas à la charge de l'assureur.

Dès lors, pour déterminer la responsabilité de celui-ci, il faut toujours rechercher quelle aurait été l'efficacité de l'hypothèque.

Si la valeur du navire, la parfaite légalité du droit hypothécaire, le rang de l'inscription donnaient au créancier la certitude d'être payé ; si cette attente s'évanouit par suite de sinistre majeur, aucun doute, l'assureur est responsable.

Mais si, quelle qu'en soit la cause, qu'elle soit due au défaut d'inscription, de renouvellement, ou au nombre et à l'importance des créances antérieurement inscrites, il est certain que, quoiqu'il advienne, que le navire se sauve ou se perde, le créancier ne pourra jamais, et dans aucun cas, être colloqué en ordre utile, l'assureur ne peut être déclaré responsable, car pour le rendre tel, il faudrait lui faire garantir la solvabilité du débiteur.

Les observations qui précédent suffisent pour montrer en quoi l'assurance de solvabilité et celle qui porte exclusivement et limitativement sur le droit réel diffèrent.

L'art. 17 suppose que le créancier pourra se trouver en présence de deux assureurs, savoir l'assureur du navire, qui est tenu envers lui par l'effet de la subrogation, et celui qui a garanti le droit réel.

Comme ce créancier ne peut pas être payé deux fois, il faut rechercher quel est celui de ces deux assureurs qui sera le premier tenu de payer.

On ne saurait accorder à ce créancier le droit de choisir l'assureur qui lui convient, car un tel droit

serait par trop arbitraire, et pourrait devenir l'occasion d'un trafic contraire aux bonnes mœurs. Dès lors
il faut une règle. — Quelle sera-t-elle ?

Impossible d'appliquer l'art. 359 C. comm., qui veut
que dans le concours de plusieurs assurances, on fasse
payer les assureurs selon la priorité de leurs contrats,
car nous sommes en présence de deux assurances
distinctes, l'une qui porte sur le navire, l'autre sur
le droit réel.

Cet article étant écarté, nous croyons que le créancier doit s'adresser, non à son propre assureur, mais
à l'assureur sur corps, tenu envers lui par l'effet de la
subrogation, et cela par les motifs suivants :

1o L'assurance qui s'applique au droit réel ne peut
qu'absorber la totalité ou la majeure partie des intérêts produits par la créance. On doit donc la considérer comme une exception, une très-rare exception
et la traiter comme telle. Elle n'est admise dans le
fonctionnement du régime que comme un moyen de
suppléer au risque particulier que court la créance
si le navire n'est pas assuré, ou s'il l'est insuffisam-
ment, ou s'il l'a été dans des conditions qui permettent de faire annuler le contrat. Par elle, le créancier se prémunit contre les mécomptes auxquels l'expose la subrogation, pour la suppléer ou la compléter.
Dès lors, c'est la subrogation qui doit d'abord sortir
à effet.

2o Cette subrogation est une partie intégrante du
contrat hypothécaire. Le créancier doit donc la faire
valoir au même titre que toutes les actions fondées sur
le droit de suite ou de poursuite. Dès lors, on doit par
analogie traiter l'assureur sur corps comme on traite,

dans le concours de plusieurs assurances, l'assureur dont le contrat est le plus ancien.

3° Aux termes du dernier alinéa de l'art. 17, l'assureur du droit réel qui paye le créancier est subrogé aux droits de ce dernier. Par l'effet de cette subrogation, il peut agir contre l'assureur sur corps. Dès-lors, en s'écartant de la règle que nous posons, on arrive à un circuit d'actions. Or, l'on sait qu'il faut toujours l'éviter.

4° Enfin, on entre dans l'esprit de la loi lorsqu'on favorise l'assureur du droit réel, car plus la position qui lui sera faite sera simple et facile, plus le taux de la prime sera abaissé.

Finissons par une dernière observation. De ce que la subrogation procurera au créancier un paiement intégral, il ne faudrait pas en conclure que l'assurance portant sur le droit réel doive être ristournée. Ce que nous avons dit démontre qu'au moment du contrat le risque ne peut manquer. En effet, si le navire périt, la subrogation contre l'assureur sur corps peut ne pas sortir à effet, et lorsqu'il en est ainsi, il peut arriver que l'assureur du droit réel, tenu de payer le créancier, se trouve en présence d'un débiteur insolvable, ce qui suffit pour établir l'existence du risque et faire valider définitivement l'assurance.

26. — Le consignataire ou le commissionnaire qui a fait des avances sur une marchandise, et qui est porteur du connaissement, possède le droit de faire assurer cette marchandise, à raison du privilège qu'il a sur elle.

Cette règle est suivie en Angleterre (1).

_____

(1) Neale v⁵ Reid. I B et C. 662.

Un arrêt de la Cour de Cassation, du 3 janvier 1870, semble l'avoir consacrée. (V. *infra*, n. 28.)

L'assurance est valable dans ce cas, parce que l'assuré a réellement un droit sur la chose, et que la perte de cette chose, en supprimant son privilége, lui cause un préjudice.

Il faut que le consignataire, qui fait assurer une chose, ait sur elle un droit. Dans certains cas ce droit n'est pas apparent et a besoin d'être déterminé.

Exemple :— La maison de la Torre d'Espagne expédia à la maison Dubois et fils un chargement de laine, et lui transmit le connaissement sous la condition de remettre une partie de ce chargement à la maison Hill, pour lui servir de garantie en raison d'une avance de 500 l. st., qu'elle avait faite. Hill fit assurer le chargement. Ce chargement ayant péri par fortune de mer, les assureurs furent condamnés à payer l'indemnité, bien que Hill ne fut pas porteur du connaissement, par le motif que Dubois le détenait pour le compte de cet Hill, au prorata de la marchandise qu'il devait lui remettre. (1)

27. — Lorsque le créancier hypothécaire ou privilégié fait assurer la chose qui est affectée au remboursement de sa créance, l'assurance qui intervient n'a pour objet, ni la créance elle-même, qui n'est soumise à aucun risque, ni le navire ou la marchandise qui n'appartiennent pas à cet assuré. L'intérêt ou le risque ne porte en pareil cas que sur le droit de préférence et on ne considère la chose, qu'en tant qu'elle sert d'aliment à ce droit. En d'autres termes, celui qui est créancier d'une somme, avec droit de priorité sur une

---

(1) Hill, V* Secrétan, 1. Boss et Pull. p. 315.

chose, navire ou marchandise, perd ou est exposé à perdre ce droit de priorité lorsque cette chose périt par fortune de mer, et dès-lors, l'assurance ne peut avoir d'autre objet que de le placer dans la situation où il aurait été si la chose n'avait pas péri.

De là résultent plusieurs conséquences :

1° Lorsque l'objet affecté n'est soumis qu'à une perte partielle, l'assureur ne doit qu'au prorata de cette perte ;

2° De plus, il ne doit le montant de la perte, que d'après la valeur de l'objet affecté. Ainsi celui qui a prêté 20,000 fr. sur un objet qui n'en vaut que 10,000, ne peut réclamer à son assureur que cette dernière somme si, par fortune de mer, cet objet a subi une perte totale, ou au prorata si elle a subi une perte partielle, par exemple 5,000 si la perte est de moitié.

3° L'assureur est totalement libéré lorsque le débiteur a payé le créancier avant ou après la perte de l'objet affecté.

4° En vertu d'une clause-condition tacite, l'assureur qui a payé le créancier est subrogé à l'action personnelle qu'avait celui-ci contre son débiteur.

5° Lorsque ce dernier ne paye qu'une partie de la créance, l'assureur doit payer le surplus dans la mesure de son obligation. Ainsi, lorsque l'assuré, à qui il est dû 20,000 fr., a reçu 10,000 fr. à compte, l'assureur doit payer 10,000 fr. si l'objet affecté a une valeur égale à cette somme, ou moins si sa valeur est moindre.

28. — De ce que le commissionnaire ou le consignataire ne peut faire assurer que le dommage qui lui est causé par la perte de l'objet affecté, il s'en suit qu'il ne peut comprendre dans l'assurance le bénéfice que lui aurait procuré l'heureuse arrivée de cet objet.

On a cependant soutenu l'opinion contraire, (1) sans voir qu'en donnant au consignataire le droit de faire assurer un bénéfice futur, on faisait porter l'assurance sur une chose qui n'existe encore pas.

29. — Le créancier ordinaire peut-il faire assurer le navire ou les facultés appartenant à son débiteur lorsqu'elles ne lui sont pas affectés ?

La négative est généralement admise, (2) et nous l'admettons aussi. Seulement les raisons sur lesquelles on la fonde ne nous paraissent pas acceptables. En effet, on dit :

1º L'art. 334 est limitatif, et ne comprend pas les créances. — Or, les principes admis, la pratique universelle du commerce, l'art. 347 démontrent que cet article n'est pas limitatif.

2º Une créance n'est pas exposée aux fortunes de mer. — Cela est vrai, mais le navire et les facultés, qui sont, comme tout autre bien, le gage commun des créanciers, y sont exposés.

3º Le créancier qui assure ne peut conférer à l'assureur un privilége pour le paiement de la prime. — Cette objection doit être limitée au navire, car l'assureur sur facultés n'a pas de privilége. A l'égard du navire, la prime peut être payée comptant (3).

4º Le créancier ne peut faire le délaissement. — Le

---

(1) Pohls. t. 6, p. 92.

(2) Sic 8 janv. 1876. — Cass. (S. V. 76 1. 105). — 24 novembre 1860. — Rennes (S. D. 1862. 2. 89). — 22 janv. 1877. — Paris. — Dageville, t. 3, p. 45 ; Boulay-Paty, t, 1, p. 133 ; Bedaride, t. 3, n. 1045. — V. aussi le réquisitoire de Bret devant la cour d'Aix (S. 23. 2, 158.)

(3) Lemonnier, t. 2, n. 379, veut, pour écarter cette objection, que la prime soit payée comptant.

délaissement n'est pas essentiel. D'ailleurs il est toujours possible, lorsqu'il s'adapte à la nature de l'objet assuré.

Il est vrai que l'opinion contraire ne brille pas par la force de son argumentation, car elle se borne à soutenir que l'assurance est valable parce que le créancier est censé agir comme *negotiorum gestor* de son débiteur, (1) sans voir que du moment où il agit à ce dernier titre, et qu'il s'efface comme créancier, la question cesse d'être posée.

Ce qui précède démontre à quel point elle a été obscurcie. Cependant elle est très-simple et peut être tranchée par une seule proposition. — L'assurance est nulle parce qu'elle est impossible.

En effet, qu'assure le créancier? — Est-ce sa créance? — Non, car elle ne court aucun risque. — Est-ce la chose soumise aux risques qui fait partie du gage commun? — Non, car un créancier ne peut se constituer le représentant de tous les créanciers, et en quelque sorte leur syndic.

Ce créancier ne peut donc faire assurer que sa part dans le gage commun. Or, dans cette limite, il aboutit à une impossibilité.

Pour rendre cette pensée plus claire prenons un exemple. Soit un créancier à qui il est dû 10,000 fr. — Passif, 200,000.— Actif, 80,000 représentant la fortune de terre, plus un navire, valant 20,000 fr.; en tout 100,000 fr. — Dividende 50 pour cent sur lequel le

---

(1) Pardessus, n. 592 et 803. — V. aussi Courcy, Question de droit maritime, p, 269 et s., qui combat avec une très-grande vivacité les arrêts de Cassation et de Paris. Il n'a pu nous entraîner.

navire en fournit 10. — Dès-lors le créancier de 10,000 ne peut faire assurer sur le navire que 1000 fr.

Mais cette espèce n'est qu'une création de l'esprit. En fait, pas plus au moment de la conclusion de l'assurance, qu'après le sinistre, le créancier ne sera en mesure de déterminer avec certitude le passif et l'actif de son débiteur, et de dégager la part de risque qui le concerne sur le navire ou les facultés. Pour qu'il put dégager cet inconnu, il faudrait lui accorder le droit de contraindre son débiteur, alors qu'il ne serait pas failli, de lui communiquer, ainsi qu'à l'assureur, son bilan. Il faudrait, de plus, qu'une instance put être engagée contre ce débiteur à l'effet de faire statuer sur l'exactitude et la sincérité de ce document. Alors, l'actif et le passif étant connus, il serait peut-être possible de déterminer ce que perd chaque créance lorsque la chose assurée a été l'objet d'une perte totale ou partielle. Or, l'emploi de ce moyen est incontestablement inadmissible.

Que conclure de là ? — C'est que, de même qu'une créance qui ne peut pas être déterminée n'est pas une créance, de même une valeur qui n'est pas appréciable en argent, un intérêt qui est et doit rester à jamais incertain et indéterminé ne peuvent être le fondement d'une assurance.

Ajoutons que notre question n'a rien de maritime. Si on admet que le créancier ordinaire peut faire assurer la fortune de mer de son débiteur, il faut admettre, pour être conséquent, qu'il peut également faire assurer sa fortune de terre, et que dès-lors il a le droit d'administrer ses biens comme le ferait un syndic.

30. — Mais rien n'empêche le créancier de se faire

garantir directement sa créance, au moyen d'une assurance de solvabilité. Ces sortes de conventions sont légitimes (1). On les applique au contrat d'assurance maritime, en permettant à l'assuré de se faire garantir la solvabilité de l'assureur, et *vice versa* (2).

Tous les jours, dans les grandes places, des marchands escomptent des lettres de change, sous la condition que, moyennant une prime, ils seront affranchis de tout recours en cas de non-paiement à l'échéance. Ces sortes de pactes constituent une assurance de solvabilité.

La validité d'une assurance de solvabilité fut contestée devant le tribunal de Marseille dans l'espèce suivante :

Un capitaine emprunta une somme de 3,500 fr. *pour* l'usage de son navire, à un prêteur qui la fit assurer. Les assureurs, mis en demeure de la payer, soutinrent que l'assurance était nulle, parce qu'une créance ne peut être assurée, mais ils furent déclarés mal fondés dans leur exception (3).

31. — Un individu ayant un droit de propriété ou une créance soumis à une condition qui se rapporte à un risque maritime, ne peut faire assurer ce risque. Par exemple, lorsqu'une chose est vendue sous cette condition bien connue : *si navis ex asia venerit,* l'acheteur ne peut se faire assurer contre les chances de la non-arrivée du navire, car une condition, c'est-à-dire une raison de droit, n'est pas susceptible d'assurance.

---

(1) V. Troplong. Cant., n. 15, 16 et 36; Delamarre et Lepoitevin, n. 300; Ponsot, n. 22.

(2) V. Émerigon, ch. 8, sect. 15 et s.

(3) 7 avril 1831. — Mars (J. M. 12. 1. 136). — 4 mars 1832. — Aix. — (J. M. 13. 1. 48.)

Le tribunal de Marseille a fait une juste application de ce principe, en déclarant nulle une assurance par laquelle un courtier s'était fait assurer son courtage, qu'il n'avait le droit de toucher qu'au cas de l'heureuse arrivée d'un navire (1).

32. — Le capitaine peut-il faire assurer le navire qu'il commande, ou la marchandise qui lui a été confiée ?

La négative ne fait pas un doute pour Casaregis, à l'égard des marchandises, à moins que le capitaine n'ait un mandat spécial *(nisi habeat ad id speciale mandatum),* et sauf au propriétaire à ratifier l'assurance avant le sinistre. En effet, dit-il, le capitaine étant uniquement chargé de veiller à la conservation matérielle de la marchandise et à son arrivée au lieu de destination, le droit de la faire assurer ne rentre pas dans son mandat (2).

En ce qui concerne le navire, les opinions sont divisées.

Siewecking pense que le propriétaire doit accepter l'assurance que le capitaine s'est fait consentir lorsque, ayant changé de route pour le bien du navire, ce qui a annulé l'assurance antérieure, il est dans l'impossibilité, vu l'éloignement, de consulter ce propriétaire (3).

Benecke est d'une opinion contraire. Si le changement de route est forcé, dit-il, de deux choses l'une : ou le propriétaire a fait assurer, et une seconde assurance est inutile; ou bien il n'a pas fait assurer, parce que

---

(1) 4 sept. 1854 (J. M. 32. 1. 308).
(2) Casaregis, Disc. 173, n. 1 à 4.
(3) Siewecking, §§ 15 et 16.

telle était sa volonté, et alors le capitaine n'a pas le droit de lui imposer la sienne. — Lorsque le changement de route est volontaire, le capitaine ne peut, parce qu'il a commis une faute, et à la seule fin de la pallier, imposer au propriétaire l'assurance. Il n'y a rien à répondre à ce raisonnement (1).

D'après Pohls, le capitaine peut faire assurer le navire comme *negotiorum gestor*, mais alors le propriétaire n'est pas tenu de ratifier l'assurance (2). Cette solution ne souffre aucun doute.

Lorsque le capitaine est en même temps subrécargue, la question est tout autre, et le point de savoir s'il peut assurer le navire ou le chargement, suivant que son mandat s'applique à l'un ou à l'autre, dépend de l'étendue qui lui a été donnée.

Le subrécargue, à qui les facultés ont été confiées, avec convention que, dans le cas où elles arriveraient à bon port et sans avaries, il aurait une part dans l'entreprise, soit 10 p. cent, a, comme tout associé, le droit de faire assurer cette part (3).

33. — Le capitaine qui a changé volontairement de route peut-il, pour dégager sa responsabilité, faire assurer en son propre nom les risques auxquels sont exposés le navire ou les marchandises ?

Cette question s'est présentée devant le tribunal de Rouen dans l'espèce suivante. — Le capitaine Poulain fit transborder sans autorisation les marchandises chargées à bord du navire qu'il commandait. — Crai-

---

(1) Benecke, t. I, p. 43.
(2) Pohls, t. 6, p. 37.
(3) Robinson vᵉ Newyorck Ius. Co 2 Caines 357 et Newyorck Ius. co vˢ Robinson I Johns 616. — Philipps, 1, 115.

gnant que ce changement de navire n'engageât sa responsabilité, il fit assurer en son nom, pour son propre compte, ces marchandises, en raison des risques qu'elles pourraient courir à partir du jour du transbordement. Ces marchandises ayant péri, et l'assurance que les chargeurs s'étaient fait consentir étant devenue nulle, ceux-ci s'adressèrent au capitaine, qui, reconnu responsable, s'adressa à son tour à ses assureurs. — Ces derniers refusèrent de payer, mais le tribunal de Rouen les condamna, en se fondant sur ce que *l'assurance faite sur des marchandises par des tiers, intéressés à se faire garantir de la responsabilité dont ils peuvent être tenus pour raison de ses marchandises, doit sortir à effet* (1).

Cette solution est irréprochable.

_____

(1) 25 avril 1830. — Rouen (J. M. XI, 2. 78.)

CHAPITRE III.

DE L'ASSURANCE PAR COMMISSIONNAIRE.

34. — L'assurance par commission, autrefois contestée, est généralement admise aujourd'hui.
35. — Division de la matière.

34. — Au temps où écrivait Straccha, on discutait
à Naples, à Rome, à Florence, sur la question de savoir
si l'assurance par commission était ou non valable. La
négative fut soutenue *ab advocato non indocto,* dit
Straccha. Cependant, la thèse contraire prévalut par
le motif que dans le contrat d'assurance on ne regarde
pas à la personne : *de personis nil agitur* (1). Ces dis-
cussions démontrèrent que l'application absolue et
inintelligente des principes du droit romain à la matière des assurances ne peut qu'engendrer l'erreur (2).
Déjà, au 16e siècle, la légitimité du contrat d'assurance
par commission était reconnue par la législation positive (3). Aujourd'hui, ce contrat est universellement
pratiqué par les nations maritimes.

35. — La distance entre le lieu où demeure un marchand et celui où il doit faire assurer explique l'emploi
d'un mandataire. Mais le besoin de ne pas divulguer
une opération, lorsque le secret est nécessaire à sa
réussite, a fait employer les commissionnaires d'assu-

---

(1) V. Straccha, gl. 10, n. 8 ; Casaregis, Disc. 4, n. 3 et s.

(2) V. Popfe, *Diss. lit. assecur.,* etc., cap. 2, § 2, p. 31.

(3) V. Ord. de Florence de 1564, et le formulaire ; Ord. de Philippe II de
1563 ; Guidon de la mer, ch. 2, n. 6.—V. aussi Sieveking, § 3 ; Langenbeck,
suppl., p. 371.

rance. Dans ce but, les commerçants se sont servi de diverses formules qui ont toutes acquis à la longue la même signification. La plus usitée est celle qui est ainsi conçue : N... assure... *pour compte de qui il appartiendra,... per conto di che spetta... for whom it may concern... Fur rechnung won es angeht.*

La matière que nous allons exposer sera divisée de la manière suivante :

1º Le commissionnaire doit-il nommer le commettant ?

2º Doit-il être porteur d'un ordre ?

3º Rapports entre le commissionnaire et le commettant.

4º Rapports entre le commissionnaire et le commettant d'une part, et l'assureur de l'autre.

5º Rapports entre le commissionnaire et l'assureur.

6º Rapports entre le commettant et l'assureur.

7º De l'assureur pour compte.

§. 1.

Le commissionnaire doit-il nommer le commettant ?

DIVISION.

36. — L'affirmative était admise à l'origine du contrat. — Elle était aussi admise à Hambourg. — Variations de la législation anglaise sur ce point.

37. — En France, d'après Émerigon, il suffit que le connaissement soit conforme à l'assurance. On en a conclu que le commissionnaire ne doit pas être nommé.

38. — Critiques dont cette opinion est l'objet.

39. — L'autorité de Casarégis sur ce point est incertaine.

40. — L'opinion de ce jurisconsulte ne doit pas être suivie en France.

41. — Le commettant doit être nommé après le sinistre.

36. — A l'origine du contrat, certaines législations exigeaient la nomination de l'assureur dans la police.

On en conclut que le commissionnaire doit faire connaître le commettant (1).

A Hambourg, on suivit d'abord le principe posé dans l'ordonnance de Philippe II, de 1563, qui exige la mention du nom du commettant. Peu à peu, l'application de ce principe tomba en dessuétude (2), et l'on considéra comme licite une police dans laquelle le nom du commettant n'était pas mentionné.

En Angleterre, l'usage s'était introduit de dresser des polices souscrites par un tiers, où le nom du véritable intéressé était laissé en blanc. Cet usage donna lieu à de nombreux abus qu'on essaya de faire disparaître, en rendant une loi qui obligea d'insérer dans la police le nom des intéressés (3). On conclut des termes de cette loi que, dans l'assurance pour compte, le commettant doit être nommé. Cette obligation fit naître de graves inconvénients, qui furent signalés par les principaux magistrats. Aussi, fut-il rendu une nouvelle loi qui dispensa le commissionnaire de faire connaître le nom du commettant (4).

37. — On aurait pu induire des différents textes du Guidon de la mer que le commissionnaire est tenu de faire connaître le nom du commettant. Mais, ni l'ordonnance, ni le Code de commerce n'ont exigé cette nomination. (V. ord., art. 3 ; Cod. comm. art. 332.) Il suffit

---

(1) V. Statut de Gênes, L. 4, ch. 17 ; Ord. de Philippe II de 1563, § 3 ; Ord. de Barcelone, de 1484, art. 9.— Sub jure autem jenuensi quod est conforme juri barcinonensi... prohibitum est assecurationes fieri posse, nisi expressum fuerit nomen personnæ quæ se assecurari faciat. (Casarégis, Disc. 5, n. 25.)

(2) Langenbeck, p. 375 ; Sieveking, § 7.

(3) En 1744, pour les assurances sur la vie, et en 1785 pour les assurances maritimes. (V. Stat. 25, Geor. III, ch. 44.)

(4) V. Statut 28, Geor. III, c. 56.

que le commissionnaire déclare dans la police qu'il agit pour le compte d'autrui.

Nous verrons cependant qu'il arrive un moment où le commissionnaire doit être nommé. Mais la tradition, se plaçant à un point de vue diamétralement opposé à celui qui avait prévalu, à Barcelone au 15ᵉ siècle, et à Gênes au 16ᵉ, avait adopté une formule tellement générale qu'elle devait dispenser, dans tous les cas, le commissionnaire de faire connaître le commettant. — « En effet, d'après Émérigon, dès que la police est « conforme au connaissement, il importe peu aux « assureurs que les effets appartiennent ou non à la « personne assurée. Il suffit que la matière du risque « se trouve dans le navire (1). »

Cela revient à dire que dans l'assurance pour compte on ne regarde qu'à la chose et non à la personne : *de personis nil agitur,* comme on le disait du temps de Straccha. Ce point de vue exclusif fit admettre que tout porteur d'un connaissement qui est conforme à la police a le droit de demander le paiement de l'indemnité. D'où la conséquence que le commettant n'a pas besoin d'être nommé, puisque le porteur du connaissement doit être considéré comme ayant cette qualité.

— En effet, disent deux auteurs, qui ont embrassé cette opinion, il importe peu à l'assureur de connaître le véritable propriétaire, il suffit qu'il sache que l'objet assuré a existé au moment du contrat, et qu'il a été exposé aux risques prévus par la police. Cela posé, s'il y a eu fraude, dissimulation, gageure, c'est à

---

(1) Émérigon, ch. 5, sect. 2 ; ch. XI, sect. 4, § 2 et s. ; Valin, sur l'art. 61.

l'assureur à en faire la preuve. Mais il ne peut exiger que le nom du commettant lui soit révélé (1).

Ce principe a été consacré par le tribunal de Marseille en ces termes :

« Attendu qu'en thèse générale, et d'après l'opinion
« d'Émérigon, la clause *pour compte de qui il appar-*
« *tiendra,* contenue dans une police d'assurance, s'ap-
« plique à toute personne dénommée dans le connais-
« sement, et que le porteur de la police, quoique non
« y dénommé, est recevable à demander aux assureurs
« le paiement de la perte et à leur dire que c'est pour
« son compte que l'assurance a été faite (2). »

38. — Cependant on a fait observer que la relation entre le connaissement et l'assurance ne donne pas le moyen de connaître le véritable propriétaire, puisque le connaissement peut être à ordre, au porteur, qu'il peut être mis sur la tête de l'expéditeur, du consignataire, lesquels ne sont le plus souvent que de simples intermédiaires, n'ayant aucun intérêt sur le chargement (3).

Toutes ces considérations étaient connues d'Émérigon. « Il serait à souhaiter, dit cet auteur, que la
« relation entre le connaissement et l'assurance ne fut
« jamais équivoque, et qu'il ne fut au pouvoir d'aucune
« des parties de se jouer du contrat. Mais l'usage du
« commerce veut qu'en pareil cas on se contente d'une
« relation implicite, et qu'on se repose sur la bonne foi
« des assurés, sauf à annuler en cas de fraude. »

---

(1) Haghe et Cruismans, n. 399; Lemonnier, t. 2, n. 411 et s.

(2) 1er mars 1831.— Mars (J. M. 12. 1. 96). — V. aussi 30 avril 1824. — Mars (J. M. 5. 1. 331).

(3) Vincens, t. 3, p. 311 et s.

Cependant, ce système a été depuis peu battu en brèche. On s'est demandé si le commissionnaire ne doit pas, après le sinistre, révéler le nom du commettant, sauf à ce dernier à prouver, au moyen du connaissement, qu'il est véritablement propriétaire? (1).

39. — Casaregis admet que le commissionnaire est obligé de faire connaître le nom du commettant (2). Cependant, on invoque si souvent, sur cette question spéciale, l'autorité de ce grand jurisconsulte, qu'il nous a paru utile de la réduire à sa véritable valeur, en démontrant que tous les systèmes qu'il a exposés ne sont qu'une protestation indirecte contre la disposition du statut de Gênes, aux termes duquel le nom du commettant doit être mentionné dans la police. Pour se soustraire à cette disposition, Casaregis soutient qu'elle comporte une application restreinte qui ne doit prévaloir que lorsque l'assurance masque un contrat de gageure (3); que sinon, il faut interpréter le contrat, suivant les termes dans lesquels il est conçu.

Partant de cette idée, Casaregis soutient que le commettant doit rester étranger au contrat, tandis que seul le commissionnaire reste engagé, lorsque ce dernier, bien qu'il déclare agir pour compte d'autrui, stipule en même temps, que le risque ne regarde que lui : *pro se spectante risico*. Dans ce cas, le commissionnaire est investi de toutes les actions actives et passives, tandis que le commettant se borne à recevoir l'indemnité (4).

---

(1) V. Troplong, Rev. de législ., 1845, t. I, p. 60 et Mandat, n. 555 et s.
(2) Casaregis, Disc. 10, n. 66.
(3) *Ibid.*, Disc. 5, n. 71.
(4) *Ibid.*, Disc, 5, n. 27 et 29.

En second lieu, Casaregis examine le cas où le commissionnaire a stipulé l'assurance *pro persona nominanda*. Bien que dans la partie de ses œuvres qui touche aux matières maritimes, il écarte, en toute occasion, l'assimilation erronnée entre la vente et l'assurance, que certains docteurs italiens avaient essayé de faire prévaloir, il assimile cependant cette clause à celle qui est stipulée par le vendeur, lorsqu'il se réserve d'élire command. Une fois cette assimilation admise, il en poursuit les conséquences, et dès lors, il déclare :

1° Que lorsque le commissionnaire a désigné le commettant, celui-ci est seul partie dans le contrat,... *censeri debet ab initio radicatus in persona nominanda.*

2° Le commissionnaire déclarant est tout à fait étranger au contrat, après la nomination.... *actus non tribuitur nominanti.*

3° Le commettant est seul assuré *ab initio contractûs.* — Seul, il est tenu de payer la prime : *solus nominatus remanet obligatus ad pretii solutionem.* — Seul, il a la qualité d'assuré à l'égard des tiers. (1)

En troisième lieu, Casaregis examine le cas ou l'assurance a été contractée *pro se et persona nominanda.*

Par l'effet de cette clause, dit-il, le commissionnaire et le commettant sont tous les deux parties dans le contrat. Le premier parce qu'il a stipulé *pro se* et qu'il est lié par la convention : *in ea radicatus ab initio.* Le second, parce qu'il vient s'adjoindre au contrat : *accumulatur ipsi contractui* (2).

---

(1) Casaregis, Disc. 5, n. 5-10, 16, 20, 21.
(2) *Ibid.*, n. 26.

Ainsi, bien que sous l'empire du statut de Gênes, le commissionnaire fut toujours obligé de faire connaître le commettant, Casaregis admettait que les effets de cette nomination variaient suivant la manière dont le pour compte était conçu. Tantôt, le commissionnaire était seul obligé ; tantôt c'était le commettant ; tantôt ils étaient l'un et l'autre conjointement obligés.

40. — Dans l'état actuel de notre droit, les règles sont beaucoup plus simples. Celui qui se fait assurer agit, ou comme mandataire, ou pour son propre compte, ou comme commissionnaire.

1° Lorsqu'il agit comme mandataire, il ne s'oblige point ; il oblige le commettant qui doit être nommé. Toutefois, comme c'est lui qui stipule dans le contrat, il doit apporter dans cet agissement spécial la bonne foi qui est imposée au commissionnaire. Ainsi, il ne doit pas user de réticence. S'il fait assurer en connaissance de cause une chose qui est déjà perdue, il est passible des peines prononcées par l'article 368 du C. comm.

2° Celui qui s'est fait consentir une assurance pour compte peut se présenter plus tard comme étant le propriétaire de l'objet assuré. Aucune difficulté, si l'assurance est faite *tant pour lui que pour le compte de qui il appartiendra,* puisqu'il peut se rattacher à l'une de ces deux alternatives sans sortir des termes du contrat. Mais cette formule est rarement employée. Le plus souvent, l'assurance est faite *pour compte de qui il appartiendra.* On pourrait penser dans ce cas que le signataire de la police, qui a agi comme commissionnaire pour le compte d'autrui, ne peut pas se présenter plus tard comme propriétaire et qu'il ne saurait profiter de l'assurance (1). Cependant, cette manière d'entendre la clause n'a pas prévalu. Du moment où elle s'applique à quiconque a un intérêt sur l'objet assuré, elle peut être invoquée par le propriétaire apparent, si c'est lui qui a cet intérêt. Il ne s'est pas exclu, *et in favorabilibus includitur persona loquentis* (2).

Dans ce cas particulier, il est hors de doute que celui qui s'est donné le titre de commissionnaire, quoiqu'il fut propriétaire, doit faire connaître à l'assureur cette dernière qualité. Il importe peu que cette révélation se produise avant ou après le sinistre ; mais elle est nécessaire lorsque l'assureur est mis en demeure de payer l'indemnité.

41. — Reste le cas où le commissionnaire agit réellement pour le compte d'autrui.

Nous avons déjà dit que le commissionnaire n'est pas tenu de révéler le nom du commettant, au moment où il passe la police ; il peut ne point le nommer dans la suite, tant qu'il ne survient pas de sinistre ; mais après la survenance d'un sinistre, le commettant doit être connu de l'assureur.

En effet, pour avoir le droit de toucher l'indemnité, il faut que l'assuré démontre :

1° Que la chose qui a été l'objet de l'assurance a réellement existé ;

2° Qu'elle a été soumise à une perte résultant d'un sinistre garanti par l'assureur ;

3° Que celui qui est réellement assuré a un intérêt sur l'objet mis en risque.

---

(1) Bernaad, p. 482.

(2) sic Hevia, de comm., p. 14 ; Stracchsa, gl. 10, n. 8 ; Casaregis, Disc, 1, n. 146 ; Emerigon, ch. 4, sect. II, § 3 ; Haghe et Cruismans, n. 397.

La relation entre le connaissement et l'assurance prouve la réalité, l'existence de la chose assurée; mais elle ne prouve rien de plus; cela est de toute évidence, lorsque le connaissement ne renferme point le nom du véritable propriétaire. Lorsqu'un individu y est désigné comme tel, il reste toujours à savoir s'il est bien le véritable intéressé.

Cependant, il n'y a point d'assurance, si le véritable intéressé, c'est-à-dire, celui qui doit souffrir la perte, n'est point assuré.

En effet, en toute assurance, il faut un intérêt, *si ne quo non potest subsistere assecuratio* (1). Cet intérêt empêche que le contrat ne dégénère en gageure.

Dans ce sens il doit être personnel. En effet, lorsque le navire ou le chargement ont péri, le propriétaire subit la perte; tout autre que lui ne la subit pas. Si ce propriétaire est inconnu, un spéculateur, un joueur quelconque peut demander l'indemnité.

Pour prévenir cette fraude légale, il faut que le propriétaire soit connu. Donc, la révélation du commettant, qui donne le moyen de savoir si le contrat est une assurance ou un jeu, en même temps qu'elle se rattache aux conditions substantielles du contrat, tend à faire prévaloir une règle d'ordre public.

A un autre point de vue, il est certain qu'après le sinistre, le commettant a seul le droit de toucher l'indemnité. Le commissionnaire ne peut la toucher qu'au nom de ce dernier. D'où Benecke conclut que le commettant doit être nommé sans quoi un autre que lui pourrait se faire payer l'indemnité (2).

---

(1) Consultez sur ce point Casageris, Disc. 4 *passins*. Il est conçu dans nn tout autre esprit que le disc. 5.

(2) Benecke, t. 1, p. 399. — V. aussi Sicveking, § 42.

La nécessité de révéler le commettant s'induit encore des art. 351, 379 et 384 C. comm. :

De l'art. 351, parce que, d'après cet article, l'assureur n'étant pas responsable de la perte qui a été causée par le fait de l'assuré, il faut que celui-ci soit connu, sans quoi il serait impossible de savoir si la perte lui est imputable.

De l'art. 379, parce que cet article exige que l'assuré déclare toutes les assurances qu'il a faites ou fait faire, même celles qu'il a ordonnées. Or, cette déclaration ne peut être faite que par l'assuré, ou en son nom par le commissionnaire, ce dernier ne pouvant déclarer que ce qui lui a été dit, attendu que le fait ne lui est pas personnel.

Des art. 383 et 384, qui exigent que l'assuré justifie de son intérêt sur l'objet assuré, ce qui implique la connaissance de la personne pour le compte de laquelle l'assurance a été faite.

Toutefois, ces arguments de texte nous paraissent secondaires. Les motifs principaux que nous avons invoqués suffisent pour rendre la démonstration complète.

§. II.

Le commissionnaire doit-il être porteur d'un ordre ?

DIVISION.

42. — Pourquoi discute-t-on la question de savoir si le commissionnaire doit être porteur d'un ordre?

43. — Principes suivis par les législations étrangères sur ce point.

44. — Il n'est pas nécessaire en France que le commissionnaire soit porteur d'une procuration

45. — Mais alors il faut que l'assurance soit ratifiée avant le sinistre.

42. — Il est certain que dans le contrat de commission ordinaire, on n'a point à se demander si le commissionnaire doit être porteur d'un ordre. Au contraire, cette question a été posée en matière d'assurance, et elle devait l'être. En effet, il arrive un moment, ainsi que nous l'avons démontré, où le commettant doit être nommé. Pour qu'il soit nommé, il faut que cette qualité puisse lui être attribuée. Or, il ne peut l'avoir que s'il a donné au commissionnaire l'ordre de faire l'assurance.

Telle devait être la conséquence nécessaire des principes exceptionnels qui régissent la matière des assurances, et nous verrons, en effet, qu'elle a été pleinement acceptée dans la législation de certains peuples.

Toutefois, pour plus de facilité, pour diminuer les contestations, il est généralement admis que le commissionnaire peut faire assurer sans ordre, pourvu que le commettant ratifie l'assurance avant le sinistre.

43. — L'art. 4 de la convention d'assurance pour le Danemarck, de 1746, exige que le mandataire produise sa procuration (*mandatum in originali*). Cependant, contrairement à cette disposition, on lit dans le formulaire : Nous assurons pour NN... *ou tout autre ami ou ennemi* (1).

Même disposition dans le droit prussien (2).

En Hollande, le commissionnaire qui n'est pas porteur d'un ordre doit le déclarer dans la police. Il en est de même en Portugal et en Allemagne (3).

A Hambourg, on aurait pu induire du règlement de 1731, tit. 2, art. 3, que nul ne peut faire une assurance pour compte d'autrui, sans être muni d'une procuration. Cependant, le plan révisé de 1853, conforme en ce point à celui de 1860, porte que celui qui, en raison du genre d'affaires auxquelles il se livre, contracte des assurances pour autrui, peut en contracter, même sans ordre, pourvu que cette dernière circonstance soit déclarée dans la police (4).

Il est admis actuellement en Angleterre que le commissionnaire peut faire assurer pour autrui, sans être muni d'un pouvoir. Il assure alors pour compte de qui il appartient (for account of whom it may concern.) (5).

La même règle est suivie aux États-Unis (6).

---

(1) V. un essai de conciliation dans Sieveking, § 15.

(2) Landrecht, § 1945 et s.

(3) Code holl. art. 265. — C. port., art. 1698. Nouveau C. allemand, art. 786.

(4) V. Ulrich, t. 2, p. 423, et une décision de la cour de Lubeck du 30 mars 1847. (Annales de Hambourg, t. 1, p. 885 et Kletke, n. 323.)

(5) V. Wolff V⁵ Honstrale, 1 Bos et Pull. 316. — Hagedoru, V⁵ Oliverson, 2 Maul et Sel, 485.

(6) Phillips, t. 2 p. 558.

En Italie, la question était autrefois controversée. Les uns considéraient l'assurance sans procuration comme valable (1), les autres comme nulle (2). Aujourd'hui, c'est la première opinion qui a prévalu (3).

44. — Il est de pratique constante en France, que le commissionnaire n'a pas besoin d'une procuration pour contracter une assurance. A la vérité, le Guidon de la mer, chap. 20, n. 5, porte que le commissionnaire doit exhiber une copie de la procuration. Mais depuis la promulgation de l'ordonnance cette opinion a été abandonnée. Aussi aucun de ses commentateurs ne l'a embrassée.

Sous l'empire du code de commerce, certains auteurs ont pensé que celui qui agit pour compte d'autrui, doit justifier qu'il avait ordre et pouvoir d'agir ; qu'il ne peut se dispenser de représenter à l'assureur l'ordre, et que l'assurance nulle dans son principe, par suite du défaut d'ordre, ne serait pas validée par la ratification postérieure du propriétaire. (4).

Chose remarquable, tel auteur qui veut que le commissionnaire soit muni d'une procuration, admet en même temps que le porteur de la police et du connaissement, entre lesquels il existe une relation conforme, peut demander le paiement de l'indemnité. De sorte que le commissionnaire qui serait dispensé dans tous les cas de nommer le commettant, devrait cependant produire l'ordre que ce dernier lui aurait donné.

_____

(1) V. Straccha, gl. 10, n. 7 ; Casaregis, Disc. 173, n. 25-31.

(2) V. Dec. Rot. rom., Thesaurus Ambrosii, t. 6, dec. 36 ; Baldasseroni, t. 1, p. 204.

(3) Jacopo Virgilio, Elementi de diretto comm,, p. 168.

(4) V. Bernard, t. 1. p. 480 ; Estrangin, p. 356 ; Dageville, t. 3, p. 47 ; Boulay-Paty, t. 3, p. 521.

Cette inconséquence prouve une fois de plus que les vérités juridiques ne sont jamais dans les extrêmes. Quant à nous, nous pensons que le commissionnaire peut faire assurer sans ordre. Nous examinerons *infrâ* si, dans ce cas, le commettant ne doit pas ratifier l'assurance avant le sinistre. Quelle que soit la solution sur ce point, la procuration ne nous paraît pas nécessaire (1).

Il doit en être ainsi, parce que lorsqu'il n'existe point de prescription légale, il ne faut demander aux contractants que ce qui doit être nécessairement admis en raison de la nature spéciale du contrat. Le contrat peut exister, bien que le commissionnaire ne soit pas porteur d'un ordre. C'est pour cela qu'il est dispensé de le produire en Angleterre, en Hollande, en Allemagne, aux États-Unis. Il faut, autant que possible, que la théorie légale soit conforme aux exigences et aux besoins du commerce. Lorsque la loi n'a pas prononcé, car sinon *dura lex sed lex*, toute atteinte portée à la liberté des transactions, doit être justifiée par la nécessité de donner satisfaction à l'intérêt public. Enfin, l'opinion que nous avons embrassée est seule conforme à la tradition et à l'usage.

45. — On s'est demandé si à défaut de procuration au moment où l'assurance a été consentie, il n'était pas nécessaire qu'elle fut ratifiée avant le sinistre?

Il a été décidé en Angleterre et aux États-Unis que l'assurance pour compte faite sans ordre est nulle, si elle n'est pas ratifiée avant le sinistre. Le code de Portugal contient à cet égard une disposition expresse.

---

(1) V. dans ce sens, Lemonier, t. 2, n. 382 et 384 ; Alauzet, t. 3, n. 1371.

(V. art. 1968.) — D'après le nouveau code allemand, lorsque l'assuré n'avise pas l'assureur qu'il agit sans ordre, l'assurance est nulle, et ne peut être ratifiée ; s'il l'en avise, la ratification n'est pas nécessaire.

Les jurisconsultes italiens exigeaient la ratification de l'assurance. — S'il existe un mandat, disent-ils, aucune difficulté : *res clara est.* — A défaut de mandat, il faut une ratification subséquente. Cette ratification doit intervenir avant le sinistre : *Post naufragium, et sit re non integrâ, non potuerit ratum habere* (1).

Nous pensons aussi qu'il est impossible de considérer comme valable une assurance prise par le premier venu, à l'insu du véritable propriétaire, que celui-ci refusera d'admettre au cas d'heureuse arrivée, et qu'il ne manquera pas d'invoquer au cas de sinistre.

Il faut aussi que cette ratification ait lieu avant le sinistre, *re integra*, sans quoi le droit qui nait du contrat serait antérieur à sa formation (2).

46. — Un commissionnaire fait assurer sans ordre un objet soumis au risque. Le véritable propriétaire fait assurer ce même objet, après quoi il ratifie l'assurance qui a été contractée par ce commissionnaire. On se demande si cette ratification est valable ?

Non, a-t-on répondu, parce que la seconde assurance ayant déjà couvert le risque, la première ne peut être ratifiée (3).

---

(1) Straccha, gl. 10, n. 7 ; Casaregis, Disc. 170 n. 25-31.

(2) Sic Troplong, Mandat, n. 562 et 620. — Il mandato ... deve avere una data anteriore alla cognizioue del sinistro .... poiche attramenti si verificheresse un'assicuratione dapo avenuto il danno, il che non e permesso. Virgilio, *loc. cit.*

(3) Engelbrecht, t. 3, p. 6 ; Benecke, t. 1, p. 316.

Cette solution nous paraît irréprochable. On peut invoquer à son appui la loi hollandaise qui considère comme nulle l'assurance faite sans ordre, lorsqu'elle porte sur un objet qui était déjà assuré.

Il est vrai que la ratification remplace le mandat, et qu'elle rétroagit au jour de l'acte. Mais encore faut-il, pour qu'elle produise cet effet, qu'elle existe comme ratification. Or, de même que le mandat de faire assurer un objet ne produirait aucun effet, si antérieurement au mandat, cet objet était assuré pour toute sa valeur, de même la ratification qui doit être appréciée au moment où elle se produit, n'est pas valable, lorsque le risque est déjà couvert.

47. — A plus forte raison, faut-il admettre, ainsi que cela a été décidé aux États-Unis, que la ratification peut être consentie, sous la condition que la chose soumise au risque n'a pas été déjà assurée par tout autre commissionnaire.

Mais *quid* si le propriétaire ratifie sous la condition que la ratification sera valable au cas de sinistre, mais qu'elle devra être considérée comme non avenue au cas d'heureuse arrivée?

Nous pensons qu'une ratification ainsi conçue ne pourrait valider l'assurance. Le contraire a été cependant décidé aux États-Unis (1). Mais ce précédent n'est pas acceptable. Une telle stipulation laisse subsister tous les inconvénients qui ont fait admettre la nécessité d'une ratification avant le sinistre. Elle empêche le lien de droit de se former, puisque celui qui l'a imposé peut admettre ou rejeter le contrat au gré de son intérêt.

---

(1) V. Phillips, t. 2, p. 558.

48. — Ni l'ordre ni la ratification ne sont nécessaires, lorsque le mandat est virtuel.

Ainsi, l'assurance faite par les facteurs et préposés
peut être considérée comme ayant eu lieu d'ordre du
propriétaire, bien que le mandat de faire assurer ne
soit pas formel (1).

En dehors de ce cas spécial, les Anglais considèrent
le mandat comme virtuel, toutes les fois que celui qui
est présumé mandataire doit faire assurer à peine
d'être déclaré responsable.

Dans une affaire qui exigeait l'examen de cette théorie, les principes qui s'y rapportent furent ainsi exposés
par le juge Buller (2).

On doit présumer qu'il y a mandat tacite :

1° Lorsqu'un commissionnaire chargé d'expédier
une marchandise a reçu la somme nécessaire pour
faire les actes qui doivent la préserver des risques auxquels elle est exposée. Dans ce cas, lorsque l'assurance
est nécessaire, le commissionnaire est tenu de faire
assurer.

2° Le commissionnaire qui est depuis longtemps en
relation d'affaires avec un commettant, qui a toujours
fait assurer sans ordre les marchandises expédiées
pour le compte de ce dernier, doit continuer de les
faire assurer, lorsque le cas l'exige, à moins qu'il n'ait
reçu contre-ordre, ou qu'il n'ait lui-même averti qu'il
rompait ou qu'il modifiait les anciennes relations.

3° Le commerçant qui a reçu un connaissement avec

---

(1) Bynkersoeck, *quœst. jur. civ.*, p. 524.
(2) V. Vallace V· Tallfair. — Marshall, t. 1, p. 205. — V. aussi Nolte, t. 1,
p. 160.

ordre de faire assurer, s'oblige à remplir cet ordre, lorsqu'il garde le connaissement.

Dans ce dernier cas, il existe un ordre dont l'acceptation est établie par la détention du connaissement. Aussi, est-ce avec juste raison qu'il a été décidé dans cette espèce que le commissionnaire était lié par cette acceptation tacite, et qu'il était responsable s'il négligeait de faire assurer (1).

Le mandat tacite n'existe réellement que dans les deux premiers cas. — Dans le premier, il est l'accessoire de l'obligation principale, qui est de faire l'expédition. — Dans le second, on considère le mandat de faire assurer comme étant consenti pour un temps illimité, et comme devant durer tant que le mandataire n'en a pas été déchargé, soit par sa volonté, soit pour celle du mandant.

49. — Ces principes ont leur fondement dans la nature des choses. Ils ont été admis par nos jurisconsultes.

En effet, conformément à ce qui a été décidé en Angleterre, il a été décidé en France que le commissionnaire qui est chargé de faire l'expédition de la marchandise, peut être considéré comme ayant virtuellement l'ordre de la faire assurer (2).

Cependant, quelques doutes ont été émis sur ce point. On a soutenu que cette règle ne pouvait pas être généralisée sans inconvénient, et que, pour l'appliquer, il fallait tenir compte de la manière dont le mandat

---

(1) V. Corlett, V⁵ Gordon, 3 Camp, 472.

(2) V. 25 déc. 1843. — Paris Trib. (J. M. 23. 2. 6.) — sic Troplong, n. 625.

principal avait été donné (1). Cette observation nous
parait exacte.

Sur le second cas, MM. Delamarre et Lepoitevin
s'expriment ainsi :

« Si ayant l'habitude de faire assurer avant chaque
« départ, un navire qui nous appartenait en commun,
« vous en aviez négligé l'assurance dans un dernier
« voyage, pour lequel il s'est perdu ; cette omission
« vous rend responsable de l'importance de mon inté-
« rêt, parce que j'ai dû croire que vous feriez pour ce
« voyage, ce que vous aviez fait pour les précédents.
« C'est ce qui a été jugé par la Cour de Rennes le 9
« juillet 1834. Réciproquement, si vous aviez fait assu-
« rer, je vous devrais la prime, outre vos droits de
« commissionnaire (2). »

D'après ce qui précède, l'assurance est valable, malgré le défaut de ratification :

1° Lorsque le commissionnaire est tenu de faire
l'assurance ;

2° Lorsque le commettant doit la tenir pour valable.

Cette dernière condition est surtout indispensable,
puisque la ratification est exigée pour que le commettant ne soit point le maître d'accepter ou de refuser
l'assurance.

Cependant, la première condition paraît avoir une
plus grande importance dans la jurisprudence anglaise. Mais il est sensible que puisque la ratification doit
émaner du commettant, c'est surtout la position de ce
dernier qui doit être prise en considération.

---

(1) V. Delamarre et Lepoitevin, t. 2, n. 314.
(2) Delamarre et Lepoitevin, t. 1, n. 80 ; Troplong, *loc. cit.*, n. 141.

Il y a même des cas où le commettant doit tenir l'assurance pour valable, bien que le commissionnaire eut pu s'abstenir de la faire souscrire. Ainsi, lorsque la prime est trop élevée, lorsque le péril n'est pas iminent, lorsque le commissionnaire n'est pas suffisament renseigné sur les conditions de l'assurance, il faut admettre qu'il peut, sans engager sa responsabilité, suspendre le contrat, jusqu'à ce que le commettant qu'il a averti lui ait donné ses instructions (1). Le mandataire virtuel doit être plus circonspect que celui qui a reçu l'ordre exprès de faire l'assurance.

De ce qui précède, il faut conclure que l'existence d'un mandat virtuel n'implique pas toujours et nécessairement la responsabilité du commissionnaire pour n'avoir pas fait assurer, bien que, s'il ne se fut pas abstenu, le commettant eut été lié par l'assurance. C'est sans doute, en se plaçant à ce point de vue, que MM. Delamarre et Lepoitevin ont choisi un exemple dans lequel le commissionnaire et le commettant sont copropriétaires du même navire, circonstance qui rendrait l'obligation de faire assurer beaucoup plus étroite,

50. — De même que le mandat peut être tacite, de même la ratification peut l'être aussi. Toutefois, comme jusqu'au moment du sinistre, qui est la limite extrême pour ratifier, aucun rapport ne s'établit entre le commettant et l'assureur, il est difficile d'imaginer comment la ratification pourrait résulter de l'exécution du contrat à l'égard de ce dernier. Il en est autrement, si on s'attache aux rapports qui doivent nécessairement exister entre le commettant et le commission-

_____

(1) Sic Benecke, t. 1, p. 350.

naire. Ainsi, le paiement du droit de commission et de la prime constituerait une ratification tacite.

51. — On s'est demandé si le commettant qui ne répond point à la lettre par laquelle le commissionnaire lui donne avis de l'assurance qu'il a faite pour son compte, sans ordre, doit être présumé l'avoir ratifiée ?

Avant de répondre à cette question, examinons s'il est des cas où elle ne peut pas être posée.

D'abord, elle ne peut l'être, si on admet qu'une assurance faite sans ordre est nulle (v. C. pruss., § 1951). Mais, comme nous l'avons déjà dit, ce principe n'est pas suivi en France.

Elle ne peut l'être encore lorsque le défaut de réponse équivaut à un refus, ce qui a lieu dans les cas suivants :

1° Si celui qui a fait assurer pour compte d'autrui, sans ordre, insère dans la police la condition que l'assurance ne sera valable que si elle est acceptée par le propriétaire, condition qu'il fait connaitre à celui-ci dans la lettre d'avis qu'il lui écrit ;

2° Si sans avoir inséré cette condition dans la police, le commissionnaire dit dans la lettre d'avis au commettant que faute par lui de répondre pour accepter ou ratifier l'assurance, son silence sera considéré comme un refus (1).

Enfin, notre question ne peut être posée, lorsqu'il existe un mandat virtuel, parce que le contrat étant alors complétement formé, la ratification est inutile.

Toutefois, comme l'existence d'un mandat virtuel,

---

(1) V. sur ce point. Nolte, t. 1, p. 153.

impliquant pour le commissionnaire l'obligation de
faire assurer, pour le commettant celle de tenir l'assurance pour valable, peut être contestée, suivant les
circonstances, il importe alors d'obtenir la ratification,
parce que, dans le doute, elle coupera court à toute
discussion sur l'existence du mandat virtuel (1).

52. — Cela posé, la question à résoudre, qui consiste
à savoir si le défaut de réponse équivaut à une ratification, ne peut être résolue qu'en fait, et d'après les
circonstances. En effet, le défaut de réponse impliquant
un acte de volonté, cette présomption doit céder devant
la preuve que cette volonté n'a pas existé. Une maladie, l'absence, la faillite, des malheurs domestiques,
peuvent expliquer le silence du commettant et exclure
l'idée d'un consentement.

Quant à la question en elle même, abstraction faite
des circonstances spéciales qui pourraient être invo-
quées, nous croyons qu'elle peut se résoudre par la
distinction suivante :

Ou le commissionnaire et le commettant avaient des
relations antérieures, suffisantes pour expliquer l'intervention du commissionnaire, et alors le défaut de réponse peut être considéré comme une acceptation ; dans
le cas contraire, s'il n'existait aucun rapport entre les
deux parties, si c'est spontanément, sans aucun motif, que le commissionnaire est intervenu dans une
affaire qui ne le concernait pas, le défaut de réponse
ne peut être considéré comme une acceptation (2).

---

(1) V. Massé, t. 4, p. 48.
(2) V. sur cette question, en sens divers, Encerigon, ch. 5, sect. 6, § 2 ;
Troplong, mandat, n. 352 et 354 ; Delamarre et Lepoitevin, t. 1, n. 75 et
s. ; Baldasseroni, t. 1. p. 2, tit. 7 ; Benecke, t. 1. p. 331 ; Pohls, t. 4, p. 42.

53. — On décide en Angleterre, que le *negotiorum gestor* doit, dans l'intervalle de temps qui s'écoule entre l'avis qu'il a donné au propriétaire et la ratification, agir comme si ce propriétaire avait ratifié; que par conséquent, il doit faire tous les actes que l'assurance rend nécessaires, à peine d'en être responsable. (1).

Aux Etats-Unis, on suit une jurisprudence contraire, fondée sur ce que le propriétaire n'ayant donné aucun ordre, et ne devant point compter sur l'assurance, la négligence du *negotiorum gestor* ne lui a fait aucun tort. (2).

Il est certain que le propriétaire qui ne ratifie pas, n'a rien à reprocher au *negotiorum gestor*, car ce serait un non-sens que d'admettre une gestion d'affaires forcée. (3). Mais celui qui se déclare spontanément commissionnaire pour le compte d'un propriétaire, qui ratifie ensuite l'assurance prise en son nom, est censé admettre que la ratification, dont l'effet est rétroactif, l'oblige à partir du moment où il a fait l'assurance; d'où la conséquence que c'est alors que commence sa responsabilité.

54. — Certaines polices contiennent la clause que l'assurance pour compte a été faite *avec ou sans ordre.* — Il a été décidé que cette clause dispensait le commissionnaire de faire connaître l'ordre ou la ratification. (4).

Nous ne pensons pas qu'elle soit licite. Il est vrai

---

(1) V. Benecke, t. 1, page 853; Marshall, t. 1, page 206; Nolte, t. 1, p. 157,

(2) Thorne V⁰ Dear 4, Johnson's New-York, Rep. 84.

(3) V. Pohls, t. 4 p, 41.

(4) 13 déc. 1838. — Mars. — 16 avril 1839. — Aix (J. M. 18. 1. 116).

qu'en principe, la loi n'ayant pas réglementé les assurances pour compte, les parties sont libres de stipuler
les conditions qui leur conviennent, lorsqu'elles ne sont
pas contraires à l'ordre public, aux bonnes mœurs ou
qu'elles ne tendent pas à altérer dans son principe le
contrat. Mais comme rien n'est plus contraire à l'assurance que le jeu, toutes les conditions qui permettent
de substituer au contrat légitime le jeu, qui ne l'est
pas, ou qui empêchent de déterminer si l'assurance ne
sert pas de masque à la gageure doivent être pros-
crites. Or, la nomination du commettant et la communication de l'ordre ou de la ratification ont été exigées
pour empêcher le contrat de gageure. Donc, toute
clause qui dispense le commissionnaire, soit de l'une,
soit de l'autre, doit être déclarée nulle.

Un exemple rendra cette conclusion plus évidente.—
Un joueur, qui a fait assurer un navire sur lequel il n'a
aucun intérêt, veut toucher l'indemnité après sa perte.
Il est en présence de deux obstacles, la nomination du
propriétaire, la production de l'ordre. Il obtient du propriétaire, moyennant une part dans les bénéfices, qu'il
se déclare le véritable assureur. Il consommerait la
fraude par ce moyen, s'il n'avait pas à produire l'ordre,
qui n'existe pas, et qu'il ne pourrait se procurer qu'au
moyen d'un faux, et avec la complicité du propriétaire.
Tous les deux, ou bien l'un ou l'autre, n'osent pas aller
jusque-là, et la fraude n'aboutit pas. Au moyen de la
clause *avec ou sans ordre,* le succès en aurait été
certain. Donc, cette clause est contraire aux principes
de l'assurance.

55. — Aucune forme particulière n'est exigée pour
les actes qui établissent la preuve du mandat ou de la

ratification. La preuve testimoniale nous paraît admissible, puisqu'elle est de droit commun dans les matières commerciales. On exige à Hambourg que l'ordre soit donné par une lettre timbrée de la poste, lorsque le commissionnaire n'est pas porteur de la procuration, au moment où il contracte l'assurance. Cette règle n'est pas suivie en France.

§. III.

Rapport de droit entre le commissionnaire et le commettant.

DIVISION.

Section 1. — Obligation du commissionnaire envers le commettant.

Section 2. — Obligation du commettant envers le commissionnaire.

Section 3. — Du cas où le commissionnaire est ducroire.

SECTION 1.

Obligation du commissionnaire envers le commettant.

56. — Le commissionnaire doit exécuter l'ordre. — Règles sur l'exécution lorsque le mandat est impératif.

57. — Lorsqu'elle est impossible, le commettant doit être averti.

58. — Dans le mandat impératif, l'exécution ne doit pas être partielle.

59. — Le commissionnaire peut valider le contrat, en réduisant le taux de la prime, lorsqu'il est supérieur à celui qui a été fixé.

60. — Dans le mandat impératif, l'assurance ne peut être partielle relativement à la somme assurée. — Cependant, cette règle n'est pas absolue.

61. — Le silence du commettant, qui a reçu avis de l'exécution partielle, valide le contrat.

62. — Du mandat facultatif. — Règles générales qui s'y rapportent.

56. — La principale obligation du commissionnaire consiste à exécuter l'ordre qui lui a été donné par le commettant. Cependant, il faut distinguer suivant que le mandat est ou *impératif* ou *facultatif*.

Il est impératif, lorsque les termes dans lesquels il est conçu imposent au commissionnaire l'obligation d'assurer d'une certaine manière, et non autrement. Dans ce cas, le commissionnaire doit se conformer rigoureusement à son mandat: *ad unguem observare debet*. Il est responsable s'il ne le fait point.

Quelques exemples feront comprendre l'application de cette règle.

Des marchands de Livourne avaient donné commission à des marchands de Lubeck d'acheter certaines marchandises, de les diriger sur Amsterdam, et de les faire assurer moyennant une prime de huit pour cent, sous la condition que l'assuré pourrait les transborder sur un autre navire. Les assureurs ne voulurent accepter cette dernière condition que moyennant une prime de 15 p. 0/0. Le commissionnaire préféra ne payer que 7 p. cent, et supprima la clause relative à la faculté de transborder. Les marchandises périrent après le transbordement qui se fit pendant le cours de l'assurance, et comme les assureurs furent affranchis de la perte, le commissionnaire fut déclaré responsable (1).

Les conditions impératives les plus ordinaires sont celles qui se rapportent à la détermination du voyage et aux clauses accessoires qui s'y rattachent. Ainsi, lorsque le commettant donne l'ordre à son commissionnaire de faire assurer avec la clause de faire échelle, d'aller à droite, à gauche, en avant, en arrière, cette condition doit être textuellement reproduite dans la police. Si l'assureur est affranchi de la perte parce que le commissionnaire a négligé de stipuler les clauses qui se rapportent au voyage, ce dernier doit le dommage que souffre le commettant (2).

57. — Lorsque l'exécution d'un ordre impératif est impossible, le commissionnaire n'est pas responsable de son inexécution (3). Mais dans ce cas, il doit avertir le commettant de l'impossibilité où il est de conclure l'assurance dans les limites et avec les conditions qui lui ont été fixées (4).

---

(1). Cet exemple est emprunté à Marquardus, l. 2, chap. XI, n. 47. — V. aussi Troplong, n. 312.

(2) Le cas s'est présenté en Angleterre. — V. Mallough V° Barber, 4 camp, 151. — Chapman, V° Walton, 10 Bingh, 57 et 63.

(3) 18 juin 1850. — Mars. (J. M. 29. 1. 220). — 4 août 1858. — Paris (Droit. 19 sept. 1858). — V. aussi Troplong, n. 311 et 367; Nolte, t. 1, p. 178; Arnould, t. 1, p. 153; Phillips, t. 2, p. 567.

(4) Ainsi jugé en France 12 mai et 23 juin 1842. — Aix (J. M. 21. 1. 96 et 101). — Idem en Angleterre. — Callender V° Delrichs, 5 Bingh, 58.

Ce n'est pas parce que le commissionnaire a supprimé dans l'assurance certaines conditions qui lui ont été imposées par le commettant, lorsqu'il lui a été impossible de les faire accepter par les assureurs, qu'il est responsable. La responsabilité en pareil cas dérive du défaut d'avertissement ou de ce que l'avertissement a été retardé.

En effet, le commissionnaire qui a fait assurer, sans se conformer aux ordres qu'il a reçus parce qu'il lui a été impossible de les exécuter, ne cause aucun préjudice au commettant, qui n'aurait pas fait mieux, et à qui il reste toujours la faculté de ne pas accepter l'assurance.

Mais le défaut d'avertissement peut lui faire croire qu'il est à l'abri du risque, tandis qu'il y est exposé. Cette fausse sécurité est due à une faute du commissionnaire, et là est le principe de sa responsabilité.

58. — Mais faut-il admettre comme le pense Emérigon (1), que lorsque le mandat impose au commissionnaire l'obligation de faire assurer à tout événement, celui-ci doit, lorsqu'il y a péril en la demeure, faire assurer avec un découvert dans les risques, s'il ne peut faire mieux, parce qu'une assurance partielle est préférable au défaut absolu d'assurance, sauf à avertir le commettant de ce qui a été fait?

Nous ne le pensons pas. Le droit qu'a le commettant de ne pas accepter une assurance qui n'est pas conforme à l'ordre qu'il a donné, entraîne comme corrélatif nécessaire le droit que doit avoir le commissionnaire de s'abstenir, lorsqu'il ne peut exécuter l'ordre dans son

---

(1) Emérigon, ch. 5, sect. 7, § 3.

entier. Une solution qui rendrait obligatoire l'assurance non conforme à l'ordre, violerait les principes
fondamentaux du contrat, qui ne peut exister que par
la volonté des contractants. Elle serait, dans l'application, la source de grandes difficultés.

59. — Toutefois, le commissionnaire qui fait assurer
moyennant une prime plus considérable que celle qui
lui a été fixée par le commettant, peut obliger celui-ci
à exécuter le contrat, en la réduisant à un taux qui la
rende conforme à l'ordre (1). Il faut repousser cette
raison subtile, admise par quelques jurisconsultes
romains, que le mandataire est sans action, même
lorsqu'il restreint sa demande, parce qu'étant sorti des
termes du mandat, il ne peut se faire considérer comme
mandataire. Il suffit que le mandant ne soit pas tenu
au-delà de l'obligation qu'il a voulu contracter.

60. — Que faut-il décider lorsque le commissionnaire, qui a reçu l'ordre de faire assurer toute la cargaison, n'en fait assurer qu'une partie, par exemple
les trois quarts ?

Il faut répondre qu'en règle générale, le commettant
n'est pas tenu d'accepter une assurance partielle. En
vain, le commissionnaire dirait qu'il vaut mieux qu'une
partie de l'objet mis en risque soit couverte. Le commettant pourrait, à son tour, répondre que ce n'est
pas ce qu'il a voulu (2).

Toutefois, cette solution doit être modifiée dans un
cas particulier. On sait que les assurances, surtout
lorsqu'elles ont une certaine importance, sont en gé-

---

(1) *Sic* Valin, sur l'art. 3 ; Emerigon, chap. 5, sect. 6, § 2 ; Bernard, p. 212 ;
Baldasseroni, t. 1, p. 287 et s. ; Sieveking, § 29.

(2) V. cependant Delamarre et Lepoitevin, n. 93 ; Troplong, n. 304.

néral souscrites par plusieurs assureurs. Ainsi, il s'agit de couvrir 100,000 fr., valeur assurée. L'un souscrit pour 10,000, l'autre pour 8,000, etc. Il est possible que le courtier ou l'agent chargé de recueillir les signatures arrive à 80,000 fr. et ne puisse compléter le surplus. Comme dans ce cas, l'assurance partielle n'a eu lieu que pour arriver à l'assurance totale, le commettant ne peut repousser une opération qu'il aurait faite lui-même dans le but d'assurer toute la valeur.

61. — Toutes les fois que le commissionnaire a reçu un mandat impératif, qu'il croit devoir modifier dans l'intérêt du commettant, ce dernier doit, dès qu'il est avisé de ce qui a été fait, déclarer s'il accepte ou s'il refuse l'assurance. Sinon, son silence doit être considéré, du moins en règle générale, comme constituant une approbation.

Ainsi, lorsque le commettant est averti que l'assurance a été consentie moyennant une prime plus élevée que celle qui avait été fixée dans la lettre d'ordre, il doit immédiatement déclarer qu'il refuse d'accepter. S'il garde le silence, il doit toute la prime au commissionnaire (1).

62. — Lorsque le mandat est facultatif, le commissionnaire n'est limité dans ses agissements que par l'intérêt de son commettant. Il doit le faire prévaloir dans les limites de ce qui est possible et légitime.

Le commissionnaire ne saurait perdre de vue que l'assurance doit être toujours appropriée à l'opération entreprise. Ainsi, lorsqu'il est chargé de faire assurer un navire qui est destiné à la pêche de la baleine, il

---

(1) V. Kent, Comm., t. 2, p. 617.

doit stipuler les clauses que comporte cette opération.

Il doit aussi stipuler en faveur de son commettant les conditions les plus favorables, mais sans exagérer ce rôle jusqu'au point de rendre l'assurance impossible. Ainsi, il peut être déclaré responsable s'il empêche la conclusion du contrat, parce qu'il offre une prime trop exiguë (1).

63. — Lorsque l'ordre de faire assurer ne limite pas le taux de la prime, le commissionnaire est libre de le fixer, et le commettant ne pourrait refuser de rembourser toute la somme qui doit être payée à l'assureur, que s'il était démontré qu'elle est trop exagérée et qu'il y a eu faute. Il ne suffirait pas toujours de prouver que l'assurance aurait pu, à la rigueur, être faite à de meilleures conditions. Il a même été décidé que lorsque l'ordre est donné après des tempêtes extraordinaires, sans limitation de prime, l'assurance doit être conclue à quelque prix que ce soit (2).

64. — En règle générale, le mandat facultatif doit être exécuté conformément aux usages de la place (3). Ainsi, lorsque l'usage de la place est de faire assurer *franc d'avarie* ou avec une quotité déterminée de franchises, le commissionnaire est à l'abri de toute responsabilité, lorsqu'il s'y est conformé (4).

---

(1) Ainsi jugé en Angleterre. — Walace v⁵ Tallfaiz, 5 Term. Rep. 188, à la note. — V. aussi Benecke, t. 1, p. 359.

(2) 23 juin 1843. — Anvers (Morel, p. 518).

(3) Casaregis, Disc., 54, n. 32, 34; Ansaldus, Disc. 39, n. 22.

(4) Sic 10 mars 1843. — Mars (J. m. 23, 1, 72). — Même jurisprudence en Angleterre. V. Moore v⁵ Mourgue, Camp, 579. — V. aussi Delamarre et Lepoitevin, t. 2, n. 214; Emerigon, ch. 5, sect., 7, § 3; Baldasseroni, t. 1, p. 212 et s.; Marshall. t. 1, p. 200; Benecke, t. 1, p. 356 ; Pohls, t. 4, p. 49 et 62; Sieveking, § 9.

En vertu de la même règle, il a été jugé que le commissionnaire n'est pas responsable pour n'avoir pas
fait assurer la baraterie du patron, lorsqu'il est constant qu'il n'a pu obtenir cette condition des assureurs (1).

65. — Cependant, il ne faudrait pas appliquer d'une
manière trop absolue le principe qui exonère le commissionnaire de toute responsabilité par cela seul qu'il
s'est conformé aux usages de la place. Si, eu égard à
l'opération entreprise, ils laissent un trop grand découvert dans le risque, le commissionnaire doit avertir
le commettant de cette situation. Il est en effet toujours
sous-entendu que le mandat facultatif doit être exécuté
au mieux des intérêts du commettant. Or, il peut être
conforme à ses intérêts qu'il soit averti des conditions
de l'assurance contractée pour son compte (2).

66. — Que l'ordre soit impératif ou facultatif, le
commissionnaire répond du défaut d'exécution lorsqu'il est obligé de faire assurer, et qu'il est démontré
qu'il aurait pu remplir son mandat (3). Il répond également du retard qu'il a mis à exécuter l'ordre (4), soit
que ce retard ait eu pour effet de rendre l'assurance
plus difficile et par suite plus onéreuse pour le commettant, soit qu'il ait été la cause que l'assurance n'a pu
être consentie qu'après le sinistre.

Le commettant peut, lorsque le commissionnaire ne
remplit pas ses obligations, faire lui-même l'assurance,

---

(1) 11 nov. 1829. — Mars (J. M. 11, I, 90.

(2) V. Polhs, t. 4, p. 49 et 62.

(3) 9 nov. 1836. — Mars (J. M. 16, 1, 230). — 26 août 1840. — Aix (J. M.
21, 1, 101).

(4) V. Nolte, t. 1, p. 176.

et si la prime, par suite d'événements extraordinaires, par exemple, par la survenance d'une guerre, est plus élevée que ce qu'elle aurait été, si l'assurance avait été faite en temps opportun, il peut contraindre le commissionnaire à lui payer la différence.

67. — Lorsque l'objet exposé au risque périt, et qu'il n'a pas été assuré par la négligence du commissionnaire, la manière de déterminer la responsabilité qui pèse sur celui-ci a donné lieu à deux systèmes différents.

Les uns disent que le commissionnaire doit être considéré comme assureur ; que c'est la seule manière de rendre la réparation du dommage égale au préjudice causé (1).

Les autres répondent que ce système est inadmissible ; que l'action en responsabilité ne peut point par elle-même créer un contrat que les parties n'ont pas eu l'intention de former ; que du moment où le commettant ne paie pas la prime au commissionnaire, ce dernier ne peut être considéré comme assureur (2).

L'intérêt de cette question se résume en un seul point, celui de savoir si le commettant pourra délaisser le sauvé au commissionnaire au cas de sinistre majeur ?

La négative a été admise (3), et nous croyons que cette opinion doit prévaloir. Le commissionnaire est responsable ; mais de là ne suit point qu'il devienne assureur. Il est comme le commissionnaire de transport qui répond de la perte de la chose, lorsqu'elle a été,

---

(1) Benecke, t. 1, p. 365.

(2) Pohls, t. 4, p. 42.

(3) 6 avril 1842. — Mars (J. M. 21, 1, 97).

occasionnée par sa faute, mais qui n'est pas tenu d'a-
cheter une chose de même nature et de même qualité
pour remplacer celle qu'il a perdue, pas plus qu'il n'est
obligé de garder l'objet transporté et d'en payer le prix
lorsqu'il en a retardé le transport. L'agissement de
tout commissionnaire est une obligation de faire qui est
régie par les art. 1142 et 1144 du C. Nap.

C'est pour cela que l'obligation d'assurer qui n'a pas
été exécutée, se résout en dommages-intérêts. Cette
solution est la seule qui soit juste, parce que, étant
admis qu'au cas d'heureuse arrivée le commettant n'a
point à payer de prime, il s'en suivrait, si le commissionnaire était assimilé à un assureur, que l'assurance
serait gratuite.

68. — Au cas d'inexécution de l'ordre, les dommages-intérêts doivent être proportionnés à l'indemnité
que l'assureur aurait payée à l'assuré, si le mandat
avait été exécuté. Conformément à ce principe, la
Cour de cassation a décidé que les juges ne peuvent
prendre pour base unique des dommages-intérêts l'é-
valuation d'un navire faite dans les anciennes polices
d'assurance, attendu que la valeur d'un navire n'est
pas immuable (1).

En outre, le commettant devra déduire de l'indemnité la prime, car il aurait dû la payer au commissionnaire. Toutefois, il en serait autrement, si ce dernier avait reçu l'ordre de faire assurer la prime ainsi
que la prime des primes.

On doit déduire aussi la commission ordinaire, mais
non celle qu'on y ajoute lorsque le commissionnaire

---

(1) 30 juillet 1877. — Cass. (S. V. 78, 1, 151).

encaisse l'indemnité. Il semble cependant que celui-ci
doit être traité comme s'il l'avait encaissée. Mais on a
jugé le contraire (1), et nous croyons que cette décision
est juste. En effet, autre chose est la créance liquide
et certaine qu'acquiert le commettant contre le commissionnaire, lorsque celui-ci n'a qu'à rendre compte
de ce qu'il a touché, autre chose est l'action en dommages dans le cas posé, pour laquelle le commettant
est obligé d'agir comme il aurait agi contre l'assureur,
et presque toujours avec plus de difficulté. On n'a qu'à
supposer qu'il emploie un mandataire, chargé de toucher les dommages dus par le commissionnaire, pour
être certain que l'opinion contraire à celle qui a prévalu
devant le Tribunal de commerce de Hambourg, l'ex-
poserait à payer deux fois un droit de commission.

Le commettant doit encore déduire de la somme
des dommages les franchises que l'assureur aurait dé-
duites de l'indemnité.

Enfin, on doit examiner de quelle manière aurait
été faite l'assurance sur la place où le commissionnaire
était chargé de la conclure. Les dommages doivent
être réglés d'après cette base. Ainsi, s'il était établi
que l'assureur n'aurait pas garanti la baraterie du
patron ou les risques de guerre, le commissionnaire
ne devrait pas en répondre.

Nous avons démontré qu'il était contraire à la nature
de l'action en responsabilité que le commettant put
faire le délaissement au commissionnaire. La privation de cette faculté peut causer un préjudice dont ce
dernier doit répondre.

_____

(1) 15 oct. 1854. — Trib. comm. d'Hambourg (Aff. Heine c. Heinbecke).
— V. Ulrich, 1re part., n. 34.

69. — On s'est demandé si le commissionnaire peut se choisir lui-même comme assureur sans le consentement de son commettant ?

En règle générale, le commissionnaire ne peut, par le seul effet de sa volonté, s'appliquer l'affaire qui lui a été confiée (1).

Cependant, en matière d'assurance, l'usage contraire a prévalu dans certaines places. Ainsi il arrive quelquefois à Hambourg que le commissionnaire se porte lui-même assureur (2). Le même usage était suivi en Italie (3). Il n'est pas, dit-on, contraire à la nature du contrat d'assurance, et il suffit que la loi ne le condamne pas. Il est vrai qu'il peut engendrer des abus, attendu que le commissionnaire est placé entre son intérêt et son devoir. Mais il est facile d'y remédier en se montrant plus rigoureux envers lui (4).

Cependant, l'opinion contraire, qui se fonde sur les inconvénients que peut faire naître l'antagonisme des intérêts a aussi ses partisans (5).

Il nous semble que cette question ne peut pas être traitée dans un sens absolu.

Ainsi, le commissionnaire a le droit de faire déclarer valable l'assurance qu'il s'est appliquée, si avant cette assurance, il a exécuté à plusieurs reprises, de la même manière, les ordres de faire assurer qui lui avaient été donnés par le commettant (6).

---

(1) V. Delamarre et Lepoitevin, t. 2, n. 109.

(2) Benecke, t. 1, p. 368 et s.

(3) Baldasseroni, t. 1, p. 196.

(4) Bernard, p. 221.

(5) V. conforme Code pruss., § 1942. — Emerigon, ch. 5, sect. 9 ; Boulay-Paty, t. 3, p. 301 ; Dageville, t. 3, p. 37.

(6) Sieveking, §§ 25 et 26.

Autre exemple. L'assurance est impossible, soit parce que le navire est inconnu, soit parce que la nature du chargement ou de l'opération commerciale fait hésiter les assureurs, soit enfin à cause de la position du commettant lui-même. Dans tous ces cas, le commissionnaire serait irréprochable, s'il prenait à son compte une partie de l'assurance, afin de déterminer d'autres assureurs à assurer le surplus (1).

En dehors des cas où une exception peut être admise, nous croyons que le commettant peut refuser l'assurance que le commissionnaire s'est appliquée.

70. — Mais il peut l'accepter. Il est présumé l'avoir acceptée tacitement, si, étant averti, il ne fait pas connaître son refus.

Quant au commissionnaire, il ne pourrait se fonder sur ce qu'il a outrepassé son droit pour faire annuler l'assurance qu'il a prise pour son compte.

Bien plus, il a été décidé qu'il est engagé comme assureur, s'il remet à son commettant un compte-courant dans lequel il porte les primes, bien qu'il n'ait pas fait assurer (2).

71. — De même qu'il existe des circonstances qui font présumer que le commettant a permis au commissionnaire de se porter assureur, de même il en est d'autres qui doivent faire admettre une présomption absolument contraire. Tel est le cas où le commissionnaire est engagé comme ducroire, car alors il est constant que le commettant a voulu avoir deux créanciers,

---

(1) V. Pohls, t. 4, p. 45 et s.
(2) 8 mai 1855. — Mars (J. M., 33, 1, 62).

ce qui n'a pas lieu lorsque le commissionnaire se porte assureur (1).

72. — Il a été décidé que l'assurance faite par celui qui est à la fois le mandataire de l'assureur et le mandataire de l'assuré est valable (2). Cette décision est conforme aux règles du droit commun.

73. — Le commissionnaire est en faute, s'il traite avec un assureur notoirement insolvable. Mais il n'est pas responsable lorsque l'insolvabilité est postérieure à l'assurance (3).

Lorsque l'assureur fait faillite, le commissionnaire est-il tenu de faire assurer de nouveau?

Pour résoudre cette question, rappelons que sous l'empire de l'ordonnance, l'assuré avait le droit de se faire réassurer aux frais de l'assureur tombé en faillite, bien que la masse continuât à être obligée, en raison de l'assurance (4).

Au contraire, l'article 346 du code de commerce permet à l'assuré de demander à l'assureur failli une caution, et faute par lui de la fournir, le contrat peut être résolu. S'il est résolu, la masse doit la prime déjà payée, valeur de faillite, et l'assurance ne peut être renouvelée à ses dépens.

Sous l'empire de l'ordonnance, Emerigon pensait que le commissionnaire devait faire réassurer pour le compte et aux frais de la masse (5). Mais les choses se

---

(1) Sieveking, § 27; Nolte, t. 1, p. 186. — Contra Benecke, t. 1, p. 370; Baldasseroni, t. 1, p. 196, § 50.

(2) 11 avril 1860. — C. Rey (S. V. 60, 1, 316).

(3) Troplong, n. 371, 406. — Sur la spécialité, Sieveking, § 30; Pohls, t. 4, p. 47.

(4) Emerigon, ch. 8, sect. 16, § 2.

(5) Emerigon, ch. 5, sect. 7.

passent autrement aujourd'hui. En effet, ou la masse fournit caution, et alors l'assurance est maintenue, ou bien elle ne la fournit pas, et alors elle est résolue avec restitution de la prime. Quelle que soit l'alternative, aucune assurance nouvelle n'est prise aux dépens de la masse.

Tels étant les principes, que doit faire le commissionnaire lorsque l'assurance est résolue?

Il ne doit pas faire assurer de nouveau, a-t-on dit, parce qu'il n'avait d'autre mandat que celui de faire la première assurance (1).

A quoi l'on peut répondre que la première assurance n'existant plus, puisqu'elle a été résolue, le commissionnaire doit faire assurer de nouveau, afin que son mandat soit rempli.

Ces opinions extrêmes doivent être modifiées d'après les circonstances.

Ainsi, supposez que le commissionnaire n'ait pas payé la prime à l'assureur tombé en faillite ; en faisant assurer de nouveau, aux mêmes conditions, il aura une position identique à celle qu'il aurait eue si la première assurance était sortie à effet. On ne voit pas dès-lors pourquoi il s'abstiendrait de faire assurer (2).

Supposez au contraire qu'il ait payé la prime. Alors il peut dire qu'il a limité le crédit accordé au commettant et qu'il ne veut pas avancer deux fois la même somme. Il peut donc s'abstenir de faire assurer de nouveau, tant que celui-ci ne l'a pas couvert.

Le commissionnaire ne pourrait tenir ce langage, s'il

---

(1) Nolte, t. 1. p. 183.
(2) Sieveking. § 30.

résultait de l'état du compte-courant que le commettant est son créancier d'une somme suffisante pour le
mettre à l'abri d'un découvert.

Dans tous les cas, le commissionnaire doit donner
avis au commettant de la faillite de l'assureur, afin
que les dispositions que nécessite cet état de choses
puissent être prises.

Ces préliminaires exposés, il reste toujours la question de savoir si le commissionnaire est tenu de faire
assurer de nouveau.

En posant cette question, nous supposons d'une part
que le commissionnaire n'a aucune objection particulière à élever contre le droit que prétend avoir le commettant de le considérer comme obligé à faire l'assurance et comme étant responsable pour s'être abstenu
de la faire. En d'autres termes, nous supposons que le
commissionnaire se fonde uniquement sur ce que, ayant
terminé son mandat, il a pu s'abstenir de faire assurer.
Nous ne pensons pas que ce droit d'abstention soit
fondé. Les obligations du commissionnaire ne sont pas
épuisées, par cela seul que l'assurance a été conclue.
Il a pris racine dans le contrat, suivant l'expression
de Casaregis, et son rôle ne cesse que lorsque le risque
a pris fin. Jusque là, il représente le commettant, et
il doit parer à toutes les éventualités qui se présentent. En effet, en donnant l'ordre de faire assurer, le
commettant indique qu'il ne veut courir aucun risque,
que pour cela il lui faut un *susceptor periculi,* et qu'il
charge le commissionnaire de faire tout ce qui sera
nécessaire pour qu'au cas de perte il reçoive une indemnité. Les rapports continuent, après la conclusion
de l'assurance, entre le commissionnaire d'une part,

et l'assureur ou le commettant de l'autre, ainsi que nous l'expliquerons *infra*. Cette persistance de rapports implique pour le commissionnaire l'obligation de faire une nouvelle assurance, lorsque la première ne peut sortir à effet (1).

74. — Cependant, il est des cas où le commissionnaire n'est pas tenu de faire assurer de nouveau. Ainsi lorsque la faillite doit procurer aux créanciers un dividende assez considérable pour que la perte soit inférieure à la prime qu'il faudrait payer pour faire assurer de nouveau, ou bien encore, si la faillite survient au moment où il est à présumer que le risque a pris fin, on ne voit pas pourquoi le commissionnaire ferait un acte qui ne serait d'aucune utilité pour le commettant.

75. — Le commissionnaire doit prendre après la perte toutes les mesures voulues pour assurer au commettant le paiement de l'indemnité (2).

Lorsqu'il est chargé de la recouvrer, il ne doit mettre aucun retard à faire ce recouvrement (3).

Il doit aussi, lorsqu'elle est recouvrée, la restituer sans délai à son commettant, sous peine d'en payer l'intérêt (4).

Section II.
Obligations du commettant envers le commissionnaire.

76. — Le commettant doit payer la prime et la commission.

77. — Le commissionnaire qui n'est pas payé a le droit de retenir la police.

---

(1) Dans ce sens, Sieveking, § 30 ; Pohls, t. 4, p. 47 et s.; Benecke, t. I, p. 361.

(2) Benecke, t. 1, p. 360.

(3) Sieveking, § 22 et 31 ; Benecke, t. 1, p. 373 ; Baldasseroni, t. I, p. 191.

(4) Benecke, t. 1, p. 373.

78. — Le commissionnaire a un privilége sur le navire, non sur les marchandises.

79. — Il a un privilége sur l'indemnité, pourvu qu'il remplisse certaines conditions.

80. — Sommes que garantit ce privilége.

76. — Le commettant doit rembourser au commissionnaire la prime; il doit aussi lui payer la commission. Le droit de commission est plus élevé lorsque le commissionnaire recouvre l'indemnité, et il augmente encore lorsque le recouvrement donne lieu à un litige (1).

77. — Le commissionnaire doit, après avoir conclu l'assurance, rendre la police. Toutefois, il a le droit, comme tout mandataire, de la retenir jusqu'à ce que la prime, le droit de commission, ou toutes autres sommes dues en raison de l'assurance lui aient été remboursés (2).

78. — Le commissionnaire a un privilége sur le navire pour le montant de la prime. En effet, il est de règle qu'il la doit à l'assureur et qu'elle lui est due par le commettant. Il est donc subrogé aux droits de cet assureur et il doit jouir du privilége établi par l'article 191.

A l'égard des marchandises, l'assureur n'ayant pas de privilége, le commissionnaire ne peut non plus en avoir (3).

79. — Le commissionnaire a-t-il, au cas de perte, un privilége sur l'indemnité que doit l'assureur ?

---

(1) V. 18 juillet 1828. — Mars (J. M. 9, 1, 310).
(2) Benecke, t. 1, p. 372; Sieveking, § 21 ; Marshall, t. 1. p. 100.
(3) V. Dageville, t. 3, p. 45 ; Lemonnier, t. 2, n. 412.

Pour résoudre cette question, il faut rappeler certains principes :

1° Une créance peut être donnée en gage.

2° Le privilége conféré par l'article 93 C. comm. n'est pas limité au commissionnaire pour vendre; i₁ peut être invoqué par tout autre commissionnaire.

3° Le commissionnaire n'a de privilége que lorsqu'il est en possession de la chose qui en est l'objet.

Dès lors le commissionnaire qui a fait assurer des facultés, a un privilége sur la créance éventuelle qui appartient au commettant contre l'assureur, lorsqu'il est en possession de la police d'assurance et de la quittance de prime qu'il a payée (1).

Il en serait autrement, si le commissionnaire s'était dessaisi de la police. Il ne pourrait dans ce cas fonder le privilége, ni sur l'art. 93, puisqu'il n'aurait pas la possession, ni sur l'art. 2102, parce que l'assurance, qui est un contrat d'indemnité, ne conserve pas la chose : *rem ipsam.*

80. — Le privilége sur l'indemnité, qui appartient au commissionnaire nanti du titre, doit s'étendre, non seulement à la prime et au droit de commission, mais encore aux frais de sauvetage ainsi qu'aux frais de justice faits pour la conservation des droits du commettant.

Mais on ne saurait l'étendre aux avances faites sur la marchandise. En effet, le privilége sur celle-ci n'a rien de commun avec le privilége sur l'indemnité (2).

---

(1) V. *sic* 5 mai 1823. — Rouen (J. M. 5. 2. 127.)
(2) 2 fév. 1823. — Mars. (J. M. 22. 1. 96).

I   7

Section III.

Du cas où le commissionnaire est ducroire.

81 — Le commissionnaire peut-il être poursuivi avant l'assureur principal? — Raisons pour l'affirmative.

82 — Suite... — Raisons pour la négative.

83 — Suite... — Il faut distinguer entre le règlement de l'indemnité et les poursuites qui tendent au payement.

81. — Quelquefois, le commissionnaire qui contracte l'assurance se rend ducroire à l'égard du commettant, moyennant un supplément de commission. Nous allons rechercher quelles sont ses obligations dans ce cas spécial.

Il est certain que dans les contrats commerciaux autres que l'assurance, le commissionnaire avec ducroire n'est point une caution, mais un véritable assureur de solvabilité et de recouvrement. A ce titre, il devient le débiteur principal du commettant, lequel peut agir directement contre lui, sans recourir au préalable contre le véritable obligé (1).

La question de savoir si ce principe est applicable en matière d'assurances, a été diversement résolue.

Certains auteurs pensent qu'il n'y a pas de motif pour ne pas appliquer les principes du droit commun à la matière des assurances. En conséquence, ils décident que le commissionnaire doit payer l'indemnité, encore que le débiteur principal n'ait pas été poursuivi (2). Cette opinion a prévalu en Angleterre (3). Bien

---

(1) V. Troplong, Mandat, n. 376; Delamarre et Lepoitevin, t. 2, n. 300 et s.; Massé, t. 6, n. 337 et s.

(2) Emerigon, ch. 7. sect. 5; Baldasseroni, t. 1, p. 2, tit. 7, §§ 42 et 43.

(3) V. l'opinion de Lord Mansfield, dans Marshall, t. 1, p. 205.

plus,. Bynkerskœck, qui constate que de son temps le commissionnaire avec ducroire pouvait, en thèse générale, invoquer le bénéfice de discussion, repousse ce principe en matière d'assurances, parce que, dit-il, dans ce cas le commissionnaire est le véritable assureur, et que l'assureur, avec qui il a traité, vient s'adjoindre à son assurance *(adhibet suo periculo)* (1).

Le célèbre président du sénat de Hollande est du moins conséquent. Dès lors qu'il admet que le commettant peut agir directement contre le commissionnaire, il est fondé à admettre que ce dernier doit être considéré comme ·assureur. Nous verrons *infra* que la justice anglaise a été entraînée peu à peu à reconnaître cette conséquence.

*‎ **82.** — C'est à cause de cela que l'opinion que nous venons d'exposer a été généralement combattue par les jurisconsultes allemands (2). — On comprend, disent-ils, la portée que la tradition a assignée à la stipulation de ducroire au cas de vente. Le commissionnaire n'est pas acheteur; mais il s'oblige à payer le commettant, comme s'il l'était. A son tour, celui qui est réellement acheteur paiera le commissionnaire.

Ce changement de rôles ne présente aucune difficulté, car le prix est aussi certain à l'égard du commissionnaire qu'à l'égard de l'acheteur.

Autre est le contrat d'assurance, attendu que la créance qui en dérive ne devient certaine que lorsqu'elle est liquidée contradictoirement avec l'assureur, et que dès lors, le commettant doit agir contre ce dernier avant que d'agir contre le commissionnaire.

---

(1) Bynkerskœck, L. 4, cap. 13, p. 628.
(2) Benecke, t. 1, p. 365; Sieveking, § 48 et s.; nolte, t. 1, p. 184 et s.

83. — Cette observation est juste ; seulement, il ne faut pas en exagérer la portée. Ainsi nous admettons que l'indemnité doit être réglée entre le commettant et l'assureur, parce que cette indemnité est toujours incertaine, quant à son existence et à son étendue, tant qu'elle n'a pas été l'objet d'un règlement.

Avant d'agir contre le commissionnaire, il faut établir de quelle somme il est débiteur. Pour cela, il faut que l'indemnité soit réglée. Or, ce règlement ne peut être fait contradictoirement avec le commissionnaire, parce que, comme ducroire, il n'a assuré que le recouvrement de l'indemnité et non l'objet soumis au risque.

Établir l'existence et l'étendue de la créance est donc un préalable nécessaire. Ce préalable ne porte aucune atteinte à la stipulation de ducroire, puisque, après que l'indemnité aura été réglée, le commettant ne sera pas obligé, pour obtenir le paiement, d'agir contre l'assureur, sauf recours contre le commissionnaire dans le cas où les poursuites seraient infructueuses ; il pourra, au contraire, agir contre ce dernier, comme débiteur direct et principal, sans s'adresser à l'assureur, sans avoir à le discuter.

§ IV.

Rapports entre le commettant et le commissionnaire d'une part, et l'assureur de l'autre.

DIVISION.

84. —, Au moment où le contrat se forme, le commettant et le commissionnaire doivent, dans certains cas, être considérés comme une même personne à l'égard de l'assureur.

85. — Il en est ainsi lorsque l'un ou l'autre use de réticence.

86. — ...... Lorsque l'un ou l'autre connaît la perte.

87. — Le commettant qui apprend la perte après avoir donné l'ordre doit le révoquer.

88. — La révocation de l'ordre ne doit souffrir aucun retard.

89. — L'assureur doit prouver que le commettant ou le commissionnaire connaissait la perte.

90. — De la présomption de la lieue et demie par heure.

91. — Le commettant ou le commissionnaire peuvent être condamnés au paiement de la double prime.

92. — De la responsabilité du commissionnaire au cas de réticence.

84. — Les obligations respectives qui existent entre l'assureur et le commissionnaire sont absolument différentes de celles qui existent entre ce dernier et le commettant. Les §§ 5 et 6 ne sont que le développement de ce principe. Malgré cela, certaines règles sont communes au commettant et au commissionnaire. C'est ce que nous allons exposer.

85. — Le commettant et le commissionnaire ne forment qu'une seule personne lorsqu'il s'agit de faits de réticence, qui sont de nature à porter atteinte à l'existence du contrat.

En effet, la bonne foi du commettant importe peu lorsque le commissionnaire qui le représente a usé de réticence. Pour justifier cette proposition, Casaregis (1) fait le dilemme suivant : ou le commissionnaire n'a pas désigné le commettant, et alors ce dernier ne peut pas avoir plus de droit que celui qui l'a représenté, ou bien il l'a nommé, et alors celui-ci ne peut profiter de la mauvaise foi de ce mandataire, sans être lui-même de mauvaise foi : *si dominus, licet non dolosus ex eo contractu ageret, hoc ipso dolo faceret, et obstaret ei exceptio doli.*

_____

(1) V. Casaregis, Disc., 9, n. 12 et 13.

A l'inverse, la bonne foi du commissionnaire ne peut être un motif suffisant pour faire déclarer l'assurance valable, lorsqu'il est établi que le commettant lui a laissé ignorer certains faits qu'il connaissait, et qui doivent être déclarés à l'assureur. En effet, dans ce cas, comme le dit très-bien Casarégis, le commettant a donné un mandat qu'il ne devait pas donner (1).

Ces principes sont expressément consacrés par l'ordonnance d'Amsterdam du 23 janvier 1699. Ils sont admis en France (2), en Italie (3), en Angleterre (4), en Allemagne (5).

86. — L'assurance est nulle lorsque le commissionnaire connaissait la perte au moment où il a fait l'assurance, bien que l'assureur l'ignorât alors. Elle est encore nulle, lorsque le commettant la connaissait au moment où il a donné l'ordre de faire assurer, bien que le commissionnaire l'ignorât au moment où il a exécuté cet ordre.

87. — Comme nous le verrons dans la suite de ce traité, l'assurance d'une chose perdue est valable, lorsque la perte est ignorée de l'assuré au moment où le contrat lui a été consenti, ou bien, ce qui est la

---

(1) Casaregis, Disc. 9, n. 24.

(2) 8 avril 1821. — Mars (J. M. 3. 1. 35) — 12 déc. 1821. — Mars (J. M. 3. 1. 175). — 13 fév. 1822. — Aix (J. M. 5. 1. 174). — 7 janv. 1833. — Aix (J. M. 4. 1. 330). — 13 fév. 1835. — Mars (J. M. 7. 1. 99). — 18 janv. 1830. — Mars (J. M. 11. 1. 88). — 29 avril 1831. — Paris (J. M. 12. 2. 110). — Emerigon, ch. 15, sect. 8 ; Bedaride, n. 1044.

(3) Baldasseroni, t. 1, p. 183.

(4) Marshall, t. 1, p. 208.

(5) 20 mars 1817. — Arrêt de Lubeck (Aff. Jacoby et fils c. Klunder). Rec. de Hamb., t. 1, n. 871 et Kletke, p. 136. — *Sic* Sieveking, § 38; Benecke, t. 1, p. 395 ; Nolte, t. 1, p. 200 et s.

même chose, lorsqu'il n'est pas alors sous le coup de la présomption établie par l'article 366 C. comm.

Cela posé, il peut arriver que le commettant ignore la perte au moment où il a donné l'ordre, et qu'il la connaisse au moment où il est exécuté. Dans ce cas, deux hypothèses peuvent se présenter. — Ou le commettant a été instruit du sinistre assez à temps pour révoquer l'ordre, et alors l'assurance est nulle, parce que c'est par son fait, *in omittendo,* que le commissionnaire l'a conclue (1). Ou bien le commettant n'a pu révoquer l'ordre avant son exécution, et dans ce cas l'assurance doit être déclarée valable (2).

Cette solution paraît étrange au premier aspect. On se demande comment et à quel titre l'assurance peut être déclarée valable, lorsqu'au moment où elle a été convenue l'assuré connaissait la perte.

Il ne faut pas perdre de vue que celui-ci peut exiger l'indemnité, bien que la perte fût certaine au moment où le contrat s'est formé, lorsqu'il est de bonne foi. Il est de mauvaise foi, lorsqu'il connaît la perte au moment où il donne l'ordre ; il l'est encore lorsqu'il peut révoquer l'ordre et qu'il ne le fait pas. Dans ces deux cas, il ne peut pas réclamer l'indemnité. Mais s'il est de bonne foi au moment où il donne l'ordre, si cette bonne foi persiste, puisque, connaissant la perte, il a fait tout ce qu'il a pu pour que l'assurance ne fût pas conclue, il peut demander l'exécution du contrat.

---

(1) *Sic* 3 fév. 1826.—Mars (J. M. 7. 1. 99). —25 mars 1830. — Mars (J. M. 11. 1. 204). — 7 fév. 1848. — Mars (J. M. 28. 1. 66).

(2) 26 avril 1826. — Mars (J. M. 7. 1. 104). — 25 janv. 1848. — Mars (J. M. 27. 1. 69). — *Sic* Pardessus, t. 3, n. 724 ; Dageville, t. 3, p. 348 ; Estrangin, p. 464 ; Lemonnier, t. 2, n. 401.

88. — Le commettant serait de mauvaise foi, s'il mettait une lenteur calculée à faire parvenir au commissionnaire la révocation de l'ordre. Il est tenu d'employer pour cela le mode de communication le plus rapide, et, par exemple, il doit, lorsque cela est possible, au lieu de jeter une lettre à la posté, lancer une dépêche télégraphique. On s'est même demandé s'il ne devrait pas, le cas échéant, envoyer un exprès. A cet égard, il est impossible de se prononcer d'une manière absolue. Les tribunaux devront apprécier chaque cas, en tenant compte de toutes les circonstances.

89. — Comme la mauvaise foi ne se présume point, c'est à l'assureur à prouver que l'assuré connaissait le sinistre au moment où il a donné l'ordre, ou bien qu'il l'a connu assez tôt pour en donner avis au commissionnaire avant la conclusion de l'assurance (1).

90. — En ce qui concerne la présomption de la lieue et demie par heure établie par l'article 366, elle doit, lorsque l'assurance est faite par commission, être simultanément appliquée au commissionnaire et au commettant.

Le terme *a quo,* c'est-à-dire le lieu de l'arrivée ou de la perte du navire, ou le lieu où la première nouvelle est arrivée, est le même à l'égard de l'un et à l'égard de l'autre; mais le terme *ad quem* sera pour le commettant le lieu où il a donné l'ordre, et pour le commissionnaire le lieu où il a fait l'assurance (2).

91. — Au cas d'assurance pour compte, le commis-

---

(1) 25 janv. 1848. — Mars (J. M. 27, 1, 69). — *Sic* Sieveking, § 33; Benecke, t. 1, p. 375.

(2) Sieveking, § 33.

sionnaire et le commettant doivent payer tous les deux la double prime, conformément à l'article 368 du C. comm., lorsqu'ils ont l'un et l'autre commis la fraude que cet article a pour but de réprimer. Si l'un des deux est seul coupable, il en est seul tenu (1). Nous avons déjà dit que cette règle était applicable au mandataire comme au commissionnaire.

92. — Le commissionnaire qui commet la faute de ne pas révéler les faits qui lui ont été communiqués par le commettant, et qui, par le fait de cette réticence, est cause que l'assurance a été annulée, est responsable des suites de cette nullité.

Mais il en serait autrement, si la réticence qui lui est imputée est la suite d'une faute commise par le commettant, soit que ce dernier ait donné de faux renseignements, soit qu'il ait gardé le silence sur des faits qu'il connaissait (2).

Ajoutons que le commissionnaire doit révéler à l'assureur les faits qu'il connaît, bien que le commettant ne les lui ait pas révélés. Aucune difficulté, lorsque ce dernier les ignore. Lorsqu'il les connaît la position est plus délicate. En effet, on pourrait trouver singulier qu'il reprochât au commissionnaire son silence lorsqu'il s'est rendu passible du même reproche. Cependant, il y aurait toujours à examiner si, à son tour, il n'a gardé le silence que parce qu'il a jugé inutile de communiquer au commissionnaire ce que celui-ci savait.

---

(1) Lemonnier, t. 2, n. 461 ; Dageville, t. 3, p. 488 ; Pardessus, t. 3, n. 784; Estrangin, p. 468 ; Boulay-Paty, t. 4, p. 211 ; Troplong, n. 557.

(2) V. sur le premier point, 22 mai 1836. — Aix (J. M. 16, 1. 107). — 18 fév. 1837. — Mars (J. M. 16, 1. 113). — 6 avril 1841. Mars (J. M. 21, 1, 97). — Sur le second point, 4 juillet 1837. — Mars (J. M. 17, 1. 26).

§ V.

Rapports entre le commissionnaire et l'assureur.

DIVISION.

93. — En règle générale le commissionnaire s'oblige envers l'assureur. — Il faut à cet égard distinguer deux périodes.

94. — Le commissionnaire doit seul la prime.

95. — Suite.... — État de la question sous l'empire de l'ordonnance. — Opinions de Pothier et de Valin.

96. — Suite.... — Casaregis n'est pas un guide sûr.

97. — Suite....— Amendement proposé par Valin.— Opinion d'Emerigon.

98. — Suite.... — L'opinion de ce dernier est suivie depuis le code de commerce.

99. — Suite.... — Le commissionnaire doit la prime bien qu'il ait nommé le commettant.— Pour qu'il soit exonéré, il faut une convention expresse.

100. — Le commettant qui paie par erreur la prime a une action en répétition.

101. — Le courtier ne doit pas la prime comme le commissionnaire.

102. — Le commissionnaire doit la prime dans les assurances sur corps comme dans les assurances sur facultés.

103. — Législations étrangères sur la question.

104. — L'assureur ne peut compenser la prime avec l'indemnité.

105. — Modifications que reçoit ce principe, lorsque le commissionnaire tombe en faillite.

106. — La compensation a-t-elle lieu, lorsque le commissionnaire est ducroire ?

107. — La maxime que nul en France ne plaide par procureur n'est pas opposable au commissionnaire.

108. — A son tour, le commettant peut agir en justice contre le commissionnaire.

109. — Le commissionnaire ne peut faire le délaissement que comme mandataire.

110. — Il doit travailler au sauvetage.

III. — La révocation du mandat ne modifie pas les droits de l'assureur contre le commissionnaire.

93. — On sait que dans le contrat de commission, le commissionnaire s'oblige seul envers les tiers. Cette règle a été appliquée à la matière des assurances. Mais la nature de ce contrat empêche que cette application puisse être absolue. On a vu, en effet, dans le § 1er qu'il arrive un moment où le commissionnaire doit faire connaître le commettant. De là deux périodes distinctes, l'une commençant au moment où l'assurance a été formée et finissant au moment où le sinistre a réalisé le risque, l'autre qui commence en ce moment et qui dure jusqu'à ce que l'indemnité ait été réglée et payée.

*Dans la première période, les rapports juridiques s'établissent entre le commissionnaire et l'assureur; dans la seconde, entre l'assureur et le commettant.

Nous allons parler de la première période et exposer les règles qui s'y appliquent.

94. — Dans l'assurance pour compte, le commissionnaire doit seul la prime à l'assureur. Cette règle a prévalu dans toutes les législations maritimes. Elle est fondée sur les motifs suivants :

1° D'après le droit commun commercial, le commissionnaire est débiteur à l'égard des tiers avec lesquels il traite. A son tour, il devient le créancier du commettant. Il ne s'établit aucun rapport entre ce dernier et les tiers. La règle qui rend le commissionnaire débiteur de la prime envers l'assureur n'est qu'une application de ce droit commun. D'une manière générale, en matière d'assurances par commission, le droit commun est toujours appliqué, lorsqu'il n'est pas

incompatible avec la nature propre du contrat d'assurance. Or, la question de savoir qui sera le débiteur de
la prime, n'implique nullement cette incompatibilité.

2° Les nécessités du commerce ayant fait admettre
que le commissionnaire n'est pas obligé de faire connaître, au moment où il stipule l'assurance, ni le nom
du commettant, ni l'ordre qu'il a reçu, il s'ensuit que
l'assureur, qui ne peut avoir pour débiteur un inconnu,
doit être nécessairement le créancier du commissionnaire.

3° En général, une assurance doit être rapidement
conclue. L'assureur marche à certains égards en aveu-
gle; il garantit la perte d'une chose qu'il n'a pas vue,
qui est l'objet d'une opération qui lui est inconnue.
Mais il connaît celui avec qui il traite; il se confie à
lui, non au commettant qu'il ne connaît pas, qui peut-
être réside dans un pays lointain. C'est donc le
commissionnaire qu'il veut avoir pour débiteur de la
prime.

4° Le commettant à son tour ne connaît que le commissionnaire. Il lui serait difficile de se faire débiter de
la prime par l'assureur qui ne le connaît pas. Au contraire, il est peut-être le créancier du commissionnaire,
ou il entretient avec lui un compte-courant. Dans tous
les cas, il peut lui demander un crédit pour le montant
de la prime.

Tels sont les principaux motifs qui ont fait considérer le commissionnaire comme étant seul obligé au
paiement de la prime envers l'assureur.

95. — Cependant, les commentateurs de l'ordonnance étaient loin d'être d'accord sur ce point.

Pothier donnait à l'assureur une action solidaire

contre le commissionnaire et contre le commettant. Il se bornait à appliquer les principes qu'il avait posés dans son traité des obligations, sans examiner si la spécialité du contrat n'exigeait pas qu'ils fussent modifiés (1).

Valin avait imaginé à ce sujet des distinctions fort compliquées, sans énoncer les motifs de son opinion. D'après cet auteur, le commettant qui est nommé dans la police est seul obligé au paiement de la prime. — S'il a été nommé, après que la police a été signée, mais avant que les risques aient commencé, le commissionnaire n'est obligé que s'il consent à l'être. S'il refuse de l'être, l'assureur peut faire annuler l'assurance. — Si le commettant est nommé après que les risques ont commencé, le commissionnaire devient avec lui débiteur solidaire de la prime.

96. — Valin n'a fait toutes ces distinctions que parce qu'il s'est mis à la remorque de Casaregis. Ayant vu dans cet auteur, dont il invoque l'autorité, que tantôt le commissionnaire doit seul la prime (assurance *pro se spectante risico*), que tantôt c'est le commettant (assurance *pro persona nominanda*), que tantôt le commettant et le commissionnaire sont obligés solidaires (assurance *pro se et pro persona nominanda*), il a cru que cette matière n'était pas susceptible de principes fixes et certains.

Casaregis ayant proposé des distinctions, il en propose à son tour, qu'il croit plus rationnelles. Il ne voit pas que le jurisconsulte italien avait derrière lui une législation déjà vieille de près de deux siècles qui com-

---

(1) Pothier, n. 98.

primait l'essor de sa pensée, et contre laquelle il avait
à se défendre. Les législations vicieuses engendrent la
subtilité ; Casaregis n'échappa point à cette loi. Le statut de Gênes obligeait le commissionnaire à nommer le
commettant. Casaregis admit qu'il devait être nommé.
Seulement il tolérait une nomination postérieure au
contrat, pourvu qu'elle eût un effet rétroactif. Par là, le
commettant restant seul obligé, le statut de Gênes ne
paraissait pas avoir été violé.

Cette combinaison avait le grave inconvénient d'éli-
miner le commissionnaire. Il fallait tourner cette difficulté. Pour cela, Casaregis considéra comme valable
un genre d'assurance dans lequel le commissionnaire
figure comme étant le véritable assuré, tandis que le
bénéfice, l'utilité du contrat est transmis au commettant.

Il se jetait ainsi dans l'extrême opposé. Tandis que
la première combinaison éliminait le commissionnaire,
la seconde éliminait le commettant. Nouvelle difficulté
à vaincre, et pour cela, au lieu de l'assurance *pro persona nominanda* ou *pro se spectante risico*, il admit
l'assurance *pro se et pro persona nominanda,* et il
obtint ainsi, à l'aide de cet amalgame, une sorte de
théorie mixte qui donnait à la fois raison au statut de
Gênes et à la pratique commerciale entre lesquels le
discord était flagrant.

97. — Valin n'avait pas besoin, pour trouver les
vrais principes, d'égarer son rare bon sens et sa haute
profondeur de vues dans ce dédale de subtilités. Cependant, il faut reconnaître qu'après avoir exposé son
opinion, il ajoute : « L'usage du commerce est que l'assureur s'adresse au commissionnaire pour le paiement

de la prime, et que, sur son refus, il le traduise en justice (1). »

Comment, après avoir constaté cet usage, Valin n'a-
t-il pas vu le moyen de solution qui en dérivait ? — La
solidarité, quand elle n'est pas admise par la loi, doit
être expressément stipulée. — Aucune loi ne donnait
une action solidaire contre le commettant et le commissionnaire. — L'usage excluait la solidarité. — Dès
lors, il fallait la déclarer inadmissible.

Emerigon, plus fidèle aux principes admis par la
coutume commerciale, principes qui avaient été consacrés par une sentence de l'amirauté de Marseille du
30 nov. 1758, ne donnait à l'assureur, pour obtenir le
paiement de la prime, qu'une action contre le commissionnaire (2).

98. — Le code de commerce se borne à constater
l'existence du contrat d'assurance par commission ;
mais il ne contient aucune disposition spéciale qui lui
soit relative. Il s'en est référé sur ce point, comme sur
tant d'autres, à la coutume déjà admise. Aussi, la règle que l'assureur n'a d'action que contre le commissionnaire pour le paiement de la prime, a-t-elle été
reconnue par tous nos auteurs (3).

99. — Cette règle n'est pas modifiée par la circonstance que le commettant a été désigné dans la police.
En effet, la désignation du commettant ne fait pas

---

(1) Valin, sur l'art. 3.

(2) Emerigon, ch. 5, sect. 4, § 1.

(3) Sic Boulay-Paty, t. 4, p. 129 ; Estrangin, p. 149 et 362 ; Dageville,
t. 3, p. 43 ; Bernard, p. 205 ; Délaborde, n. 97 ; Lemonnier, t. 2, n. 407 :
Troplong n. 564 ; Haghe et Cruismans, n. 398 ; Bedaride, n. 1041. — Locré, t. 2, p. 364, est le seul qui admette une action solidaire contre le commettant et le commissionnaire.

perdre au contrat de commission son caractère. Il faut pour que le commettant soit obligé, qu'il soit bien constant qu'il a été représenté par un mandataire et non par un commissionnaire (1).

Pour que le commissionnaire ne soit point débiteur de la prime, il faut que par une convention expresse le paiement en ait été mis à la charge du commettant (2).

100. — Il a même été jugé que le commettant qui a payé par erreur la prime à l'assureur a un droit de répétition contre ce dernier (3). Dans cette espèce, le mandataire du commettant, qui gérait ses affaires pendant son absence et qui le croyait débiteur de la prime, en avait fait le paiement à l'assureur. Toutes les circonstances tendaient à établir que ce paiement était le fruit de l'erreur. La solution aurait été différente si la preuve de l'erreur n'avait pas été rapportée, car le commettant pouvant être constitué débiteur direct de la prime dans la police, aurait pu, après la conclusion du contrat, prendre le même engagement, et l'exécuter.

101. — Le courtier qui agit pour le compte de son client, dans une assurance, ne doit pas être assimilé au commissionnaire. Sa qualité d'intermédiaire, la désignation du véritable assuré l'exonèrent du paiement de la prime (4).

---

(1) 7 juin 1836. -- Bordeaux (S. V. 36. 2. 557). — Alauzet, t. 3, n. 1370, admet dans ce cas l'action solidaire. Il s'appuie sur un arrêt d'Aix qui n'a point trait à la question.

(2) 16 avril 1843. -- Mars (J. M. 22. 2. 208). — V. Locré sur l'art. 332; Alauzet, t. 3, n. 1372.

(3) 13 déc. 1847. — Bordeaux, Trib. (J. M. 26. 1. 148).

(4) 7 juin 1836. — Bordeaux (S. V. 36. 2. 557).

Il est vrai qu'en Angleterre on suit une règle différente (1). Cela tient à ce que l'organisation du courtage
n'y est pas ce qu'elle est en France. Nous admettons
que le courtier doit se borner à mettre les parties en
présence, et qu'il viole la loi si au lieu de les rapprocher
il les représente. Dès lors on doit présumer *a priori* qu'il
s'est conformé à ses devoirs professionnels. Toutefois,
il devrait la prime, s'il était établi qu'il a agi comme
commissionnaire et non comme courtier (2).

102. — Il a été jugé que la règle d'après laquelle le
commissionnaire est le débiteur direct de la prime ne
s'applique qu'à l'assurance sur facultés, et non à l'assurance sur corps. La raison de cette différence, a-t-on
dit, tient à ce que, dans l'assurance sur facultés, le
commettant étant inconnu, le commissionnaire doit
être forcément le débiteur de la prime; qu'il doit en être
autrement dans l'assurance sur corps, parce que le
propriétaire du navire, quoique non dénommé dans la
police, peut être connu par l'acte de francisation. Dès
lors que l'assureur peut le connaître, sans avoir besoin
de la révélation du commissionnaire, il peut agir contre lui (3).

Cette solution ne nous paraît pas fondée. En effet :

1° du moment où il est admis que la nomination du
commettant au moment de la formation du contrat ne
fait pas qu'il soit débiteur, à plus forte raison doit-il en
être ainsi lorsqu'il est connu au moyen d'un titre autre
que la police. S'il en était autrement, il faudrait aussi,

---

(1) V. Marshall, t. 1, p. 203
(2) V. 27 nov. 1832. — Bordeaux (S. V. 33. 2. 490).
(3) 6 janv. 1853. — Rennes (J. M. 31. 2. 69).

à l'égard des facultés, admettre que l'assureur deviendra le créancier du commettant, s'il parvient à le connaître après que la police a été passée.

2° Ce n'est pas seulement parce que le commettant est inconnu de l'assureur que le commissionnaire est obligé de payer la prime. Cette obligation est fondée sur d'autres motifs qui sont : l'application en matière d'assurance des principes admis à l'égard du contrat de commission pris dans un sens général ; la nécessité d'une exécution rapide ; une plus grande facilité dans les opérations de paiement ou de crédit. Or, ces motifs ont la même force, qu'il s'agisse du navire ou des facultés.

3° L'acte de francisation a son importance dans les questions de propriété relatives au navire, lorsqu'elles intéressent les tiers ; mais l'assureur n'est pas un tiers : *Nunquam sustineri poterit quod assecurator sit tertius respectu assecurati.* Aussi, il est hors de doute que le véritable propriétaire du navire peut le faire assurer, quoique son nom ne figure pas sur l'acte de francisation. Dès lors, ce propriétaire n'est pas toujours connu au moyen de cet acte. Donc, il faut considérer la révélation du commettant au moyen de l'acte de francisation comme un fait accidentel qui n'est pas susceptible de modifier les rapports qui s'établissent entre les contractants dans l'assurance pour compte.

103. — Il est aujourd'hui de principe dans presque toutes les législations maritimes que le commissionnaire doit seul la prime à l'assureur. — Ce point ne fait aucun doute en Angleterre (1). — Le code portu-

---

(1) Marshall, t. 1, p. 203 ; Benecke, t. 1, p. 380 ; Nolte, t. 1, p. 122 et s.; 205 et s.

gais (art. 1807) contient une disposition formelle sur
ce point. Il en était ainsi autrefois en Italie (1), où cette
tradition a été maintenue. Même doctrine en Espagne
et à Hambourg (2).

104. — L'assureur ne peut pas compenser jusqu'à
due concurrence l'indemnité qu'il doit au commettant
avec la prime qui lui est due par le commissionnaire,
bien que ce dernier n'ait point été payé par le commettant. En effet, aux termes de l'art. 1289 C. Nap., il
faut, pour que la compensation s'opère entre deux personnes, qu'elles se trouvent débitrices l'une envers
l'autre ; or, le commettant ne doit pas la prime à l'assureur.

La même doctrine est suivie en Angleterre (3). Il a
été aussi jugé à Hambourg (4) que l'assureur ne peut
compenser l'indemnité avec le montant de la prime
encore due par le commissionnaire, même dans le cas
où celui-ci est chargé d'encaisser l'indemnité.

Cette solution est juridique. En effet, ce qui est dû au
mandant ne peut pas être compensé avec ce qui est dû
par le mandataire au tiers avec lequel il a traité, pas
plus que ce qui est dû au mineur ne peut être compensé avec ce que doit le tuteur (5).

---

(1) Baldasseroni, t 1, p. 83, § 41.

(2) Sieveking, § 39. — Il est vrai que le plan révisé de 1853 contient,
§ 84, une disposition exceptionnelle pour le cas où le commissionnaire est
devenu insolvable.

(3) Marshall. t. 1, p. 204.

(4) Jugement du Trib. d'Hambourg, rendu en sept. 1782 (Aff. Parish et
Thomson c. Flamisch). — V. Benecke, t. 1, p. 383.

(5) Id quod pupillorum nomine debetur, si tutor petat, non posse com-
pensationem objici ejus peccuniæ quam ipse tutor suo nomine adversario
debet (L. 25, D de Compens).

Dans cette espèce, les assureurs soutenaient que dans une assurance par commission, le commissionnaire est le véritable assuré ; que tous les droits qui dérivent de l'assurance lui sont acquis ; que le commettant reste étranger au contrat, et qu'il ne peut prendre le titre d'assuré et exercer tous les droits qu'il confère, que si le commissionnaire lui a fait une cession de l'assurance ; d'où la conséquence que le commettant ne peut avoir plus de droits que n'en a son cédant, et qu'il est passible de la compensation à laquelle ce dernier n'aurait pu se soustraire.

Cette singulière théorie, d'après laquelle le commissionnaire doit céder ses droits au commettant, était autrefois sérieusement discutée (1). Elle ne mérite pas aujourd'hui une réfutation.

105. — Certaines législations étrangères permettent la compensation lorsque le commissionnaire tombe en faillite et que la prime lui est encore due par le commettant. Elles admettent que l'assureur peut, en payant l'indemnité, retenir le montant de la prime, ce qui fait que le commettant et le commissionnaire sont libérés du même coup. Cette règle a été consacrée en Portugal par une disposition formelle (V. art. 1808). Elle est en soi éminemment équitable. Il répugne de voir la masse qui reçoit toute la prime du commettant n'en payer qu'une partie à l'assureur, alors que celui-ci est tenu de payer toute l'indemnité.

Il n'existe en France aucune disposition sur ce point. Cependant, Emerigon atteste que dans le cas où le commettant n'a pas payé la prime, l'assureur a contre

---

(1) V. Casaregis, Disc. 5 nᵒˢ 2 et 9.

lui une action utile, ce qui veut dire que de même que le commissionnaire qui a encaissé l'indemnité peut, en la restituant au commettant, prélever et retenir le montant de la prime, de même l'assureur peut, en exerçant les droits de ce commissionnaire, opérer le même prélèvement, lorsqu'il paie l'indemnité. — *Nec obstat* l'état de faillite, qui serait un obstacle à ce prélèvement à l'égard de tout autre contrat. Pour qu'il en soit ainsi, il faut supposer que l'assureur s'est réservé d'exercer les droits du commissionnaire contre le commettant, en cas de faillite. Quoique non explicitement déclarée dans la police, cette convention, étant tacitement admise par l'usage, doit être exécutée.

Mais il faut pour cela que le commissionnaire n'ait pas été payé, car s'il l'a été, l'assureur ne peut pas exercer une action qui n'existe plus.

106. — On a soutenu, et il a été décidé en Angleterre, que lorsque le commissionnaire est ducroire, l'assureur peut toujours opposer au commettant la compensation entre l'indemnité et la prime. Le commettant, a-t-on dit, a une action directe contre le commissionnaire, d'où il résulte que ce dernier doit être considéré comme un assureur qui, à son tour, fait réassurer. Dès-lors, il se forme un double contrat. Le commettant doit la prime au commissionnaire et ce dernier lui doit l'indemnité. A son tour, l'assureur doit l'indemnité au commissionnaire, et celui-ci lui doit la prime.

D'où la conséquence que lorsque le commettant agit directement contre l'assureur, pour se faire payer l'indemnité, il exerce les droits qui appartiennent au commissionnaire : celui-ci aurait souffert la compensation ; il doit la souffrir comme lui.

Cette confusion n'aurait jamais prévalu, si au lieu de voir dans le commissionnaire, pour ce qui a trait à la convention spéciale qui le constitue ducroire, l'assureur de l'objet soumis au risque, on lui avait donné sa véritable qualité, celle qui en fait un assureur de solvabilité et de recouvrement. Du moment où il a été admis en Angleterre, que le commettant avait une action directe contre le commissionnaire, sans qu'il fût nécessaire de mettre en cause l'assureur, pour régler l'indemnité, il en est résulté que le commissionnaire a été considéré comme étant l'assureur, et qu'à son tour, l'assureur est devenu un réassureur, d'où on a conclu que ce dernier devait l'indemnité à l'assureur, et que dès lors la compensation était fondée en droit (1).

Mais, ainsi que le fait très-bien observer Benecke, comme on ne peut garantir un contrat que s'il existe, il s'en suit que le commissionnaire n'a pu être engagé comme ducroire que parce que l'assurance était conclue. Si donc l'assurance est une réassurance, et si le ducroire est une assurance, il en résulte que la réassurance a précédé l'assurance, ce qui est absurde (2).

107. — Les obligations du commissionnaire ne se bornent pas à conclure l'assurance. Il doit encore représenter le commettant dans tous les actes qui se rapportent à l'assurance, du moins tant que ce dernier n'est pas encore entré en scène.

Et afin que le commissionnaire puisse exercer tous les droits que lui confère cette qualité, il a été admis,

---

(1) V. Grove vᵉ Dubois, 1 term rep. 115, et l'opinion de lord Ellenborouch, Manle et Sel., p. 498.

(2) Benecke, t. 1, p. 397.

par la coutume commerciale, que la maxime d'après laquelle *nul en France ne plaide par procureur,* n'est pas applicable aux assurances par commission (1).

Ainsi, supposez que l'assureur tombe en faillite pendant le sinistre, le commissionnaire pourra demander caution ou faire résoudre le contrat.

108. — Par voie de réciprocité, il faut admettre que l'assureur, à son tour, peut intenter une action contre le commissionnaire. En vertu de ce principe, il a été décidé qu'il peut former contre celui-ci une demande tendant à la nullité de l'assurance (2).

109. — Il est aussi de principe que le commissionnaire peut faire le délaissement et demander en justice le paiement de l'indemnité, lorsqu'il est porteur de la police (3). Cette dernière condition est indispensable. Nous avons vu, en effet, qu'après le sinistre le commissionnaire doit révéler le nom du commettant. Nous verrons *infra* que cette révélation a pour effet d'établir des rapports directs entre celui-ci et l'assureur. Or, le délaissement ne peut avoir lieu qu'après le sinistre, c'est-à-dire lorsque le rôle du commissionnaire a cessé. Mais celui-ci peut agir comme mandataire, et il est censé avoir cette qualité lorsqu'il est porteur de la police. C'est pour cela que lorsque, d'après la législation d'un pays, la simple possession de la police ne prouve pas le mandat, il faut que le commissionnaire soit porteur d'une procuration spéciale (4).

---

(1) V. sur ce point le réquisitoire de M. Roulland. (S. V. 52. 1. 232.)

(2) 17 juill. 1829.— Aix (S. V. C. N. 9. 2. 303), *Sic* Alauzet, t. 3, n. 1371.

(3) 4 mai 1825.— Aix (J. M. 6. 1. 142).— 7 janvier 1845. — Orléans (J. M. 24. 2. 48).— *Sic* Emerigon, ch. 5, sect. 4, § 2; Bédaride, n. 1043.

(4) Benecke, t. 1, p. 397.

110. — Le commissionnaire qui peut faire le délaissement, est tenu de travailler au sauvetage et de rendre compte des effets sauvés et recouvrés. Cette obligation est fondée en raison, car il est juste qu'il subisse l'action contraire, du moment où il a l'action directe (1).

111. — L'art. 2063 du C. civ. énumère les cas dans lesquels le mandat est révoqué. Ce que nous avons déjà dit et ce qui suivra permet d'affirmer qu'il est inapplicable au commissionnaire chargé de conclure une assurance, lequel pourrait tout au plus être assimilé au mandataire *in rem suam,* dont le mandat est irrévocable. A supposer qu'il renonçât à ses pouvoirs, l'assureur et le commettant n'en auraient pas moins les mêmes droits contre lui, comme il aurait les mêmes droits contre ce dernier, à supposer qu'il lui signifiât un acte de révocation.

La mort du commissionnaire elle-même ne modifierait pas ses principes. Elle n'aurait d'autre conséquence que de faire passer les actions actives et passives dérivant de l'assurance sur la tête de ses héritiers. Il en serait de même de la faillite, qui les ferait passer sur la tête des syndics sans leur faire subir d'autres modifications que celles résultant de la faillite elle-même.

Mais, après la réalisation du risque et lorsqu'il s'agit de toucher l'indemnité ou de faire le délaissement, tout change. Le commettant entre alors en scène et efface le commissionnaire. Celui-ci n'agit plus que comme mandataire. A supposer que le mandat résulte pour lui du fait qu'il est détenteur de la police, il n'en reste

---

(1) 6 avril 1830. — Bordeaux (S. V. 30. 2. 211). — *Sic* Emérigon, *loc. cit.*, § 3.

pas moins un mandataire ordinaire, à ce titre révoca-
ble, et comme sa mort révoque son mandat, c'est avec
juste raison qu'il a été décidé que ses héritiers n'avaient
le droit ni de faire le délaissement ni de toucher l'indemnité (1).

§ VI.

Rapports entre le commettant et l'assureur.

Division.

112. — Après le sinistre, le commissionnaire doit faire connaître le
commettant.

113. — Le commettant a seul le droit de toucher l'indemnité.

114. — Deux périodes. — Dans la première, le jugement rendu contre
le commissionnaire peut être opposé au commettant.

115. — Dans la seconde, l'assureur peut compenser l'indemnité avec
ce que lui doit le commettant.

116. — Il peut lui opposer toutes les exceptions qui dérivent du contrat.

117. — De l'action en répétition de l'indemnité indûment payée. —
Opinion d'Ansaldus.

118. — Suite..... — Opinion de Casaregis.

119. — Suite..... — Solution.

112. — Nous avons déjà démontré qu'à la suite du
sinistre, le commissionnaire est tenu de faire connaître
le commettant. Sur ce point, les principes qui régissent le contrat de commission ordinaire cessent d'être
applicables à l'assurance par commission. Pourquoi
cela ?

Lorsque celui qui agit comme commissionnaire
achète ou vend, il importe peu qu'il stipule pour son

---

(1) 16 nov. 1832. — Mars (J. M. 14, 1. 57).

propre compte ou pour le compte d'autrui. Dans l'un et l'autre cas, il fait un acte licite.

Il en est autrement du commissionnaire qui fait assurer. S'il stipule pour lui à l'égard d'une chose qui n'est pas à lui, le contrat est nul et ne lui donne aucun droit au paiement de l'indemnité.

A un autre point de vue, pour pouvoir exercer un droit, il faut prouver qu'il existe. Donc, le commissionnaire qui demande l'indemnité doit prouver qu'elle est due. Elle n'est due que si le commettant est propriétaire. Pour qu'on puisse savoir s'il est propriétaire, il faut qu'il soit connu.

113. — La révélation du commettant a donc pour but de le faire considérer comme créancier.

Les rôles étant ainsi dessinés, et l'application devant toujours marcher du même pas que la théorie, il en résulte que le commettant a seul le droit de toucher l'indemnité, à l'exclusion du commissionnaire, à moins que celui-ci n'agisse comme mandataire.

114. — Ainsi, entre le commettant et l'assureur, l'assurance est divisée en deux périodes.

Dans la première, c'est-à-dire avant la révélation qui suit le sinistre, le commettant est représenté par le commissionnaire. Ainsi, lorsqu'une instance a été engagée avant le sinistre par l'assureur contre le commissionnaire pour faire prononcer la nullité de l'assurance, le jugement qui intervient sur cette action peut être opposé au commettant.

115. — Dans la seconde période, le commissionnaire s'efface ; le commettant a seul le titre de créancier. C'est pour cela que l'indemnité ne se compense pas avec la prime, parce que la prime est due par le commissionnaire, tandis que l'indemnité ne lui est pas due. Mais l'assureur peut compenser avec l'indemnité tout ce que le commettant lui doit à un titre quelconque.

116. — De ce que l'action directe pour demander le paiement de l'indemnité appartient au commettant, il s'en suit que c'est à lui que l'assureur doit opposer toutes les exceptions qui se rapportent à cette action.

Ainsi, l'assureur aurait pu demander contre le commissionnaire la nullité de l'assurance ; mais s'il l'oppose, comme exception, au moment où l'indemnité doit être payée, c'est au commettant qu'il doit s'adresser. C'est encore à lui qu'il doit opposer le défaut d'intérêt. C'est contre lui qu'il doit discuter les questions de propriété (1), ou faire valoir l'exception prise de ce que la perte a été causée par son fait (2).

La cour d'Aix a appliqué ces principes dans l'espèce suivante :

Un génois fit assurer *pour compte de qui il appartiendra,* par un directeur d'une compagnie d'assurances de Gènes, un navire, pour une somme de 6,000 fr. — Après le sinistre, le commissionnaire fit connaître son commettant qui était un français.

Ce dernier intenta devant le tribunal de Marseille une action contre l'assureur pour obtenir le paiement de l'indemnité.

Cet assureur proposa un déclinatoire, fondé sur ce que étant étranger et ayant traité avec un étranger, il n'était pas justiciable des tribunaux français.

---

(1) 7 janv. 1823. — Aix (J. M. 4. 1. 330). — *Sic* Bédaride, n. 1040.
(2) 28 mars 1849. — Mars (J. M. 28. 1. 113).

Le Tribunal admit cette exception.

Mais la cour d'Aix réforma ce jugement conformément aux vrais principes. — Elle décida que la révélation du commettant après le sinistre prouvait que l'étranger avait traité avec un français. D'où la conséquence que, par application de l'art. 14 du C. Nap., la demande avait pu être portée devant les tribunaux français (1).

117. — L'assureur a-t-il le droit de répéter contre le commissionnaire l'indemnité qu'il lui a indûment payée, lorsque ce commissionnaire en a fait compte au commettant ? — N'a-t-il, au contraire, qu'un droit de répétition contre ce dernier ?

Cette question, fort controversée dans l'ancien droit, est examinée par Ansaldus dans le discours XII et par Casaregis dans le discours V.

La raison de douter, dit le premier, tient à ce que, en règle générale, le mandataire n'est pas tenu de l'action en répétition, laquelle ne peut être intentée que contre le mandant. Il en est ainsi, par exemple, du mandataire du vendeur qui a indûment reçu le prix : or, l'assurance *comparari solet emptioni periculi* (v. n. 2 à 6).

Cependant, il faut décider que le commissionnaire est soumis à l'action en répétition (v. n. 7).

En effet, en cette matière, le commissionnaire ne cesse jamais d'être le seul obligé (2). — C'est sur lui que repose le contrat ; il doit payer la prime *etiam de proprio œre.*

---

(1) 5 juill. 1833. — Aix (S. V. 34. 2. 143).

(2) Quoniam in hujus modi materia, ea semper persona remanet obligata, cujus intuitu ac respectu, contractus reperitur celebratus, licet contrahens animum habuerit effective stipulandi pro alio.

De là découle pour lui l'obligation de restituer l'indemnité qui lui a été indûment payée.

118. — Casaregis rattache la question aux distinctions que nous avons déjà indiquées. Lorsque, dit-il, l'assurance a été faite *pro se et pro persona nominanda,* le commissionnaire est soumis à l'action en répétition, parcequ'il reste dans le contrat malgré la nomination. Au contraire, lorsque l'assurance est faite *pro persona nominanda,* le commissionnaire n'étant plus partie dans le contrat dès qu'il a nommé le commettant, n'a point à restituer comme mandataire la somme qu'il a reçue pour le compte de ce dernier (1).

Cette distinction comporte les critiques que nous lui avons déjà adressées. En effet, de deux choses l'une, ou le commissionnaire qui a assuré *pro se et pro persona nominanda* a un intérêt ou il n'en a pas. Dans le premier cas il touche l'indemnité pour son compte, et alors il est soumis à l'action en répétition, non plus comme commissionnaire, mais comme véritable assuré ; ou bien il n'a aucun intérêt, et alors, comme il a dù déclarer le commettant, il n'a pu toucher l'indemnité que comme mandataire de ce dernier.

Supposez même qu'il ait sur l'objet mis en risque une part d'intérêt, tandis que l'autre appartient au commettant, le raisonnement sera le même, parce que, en matière d'assurance, il faut, pour que le jeu ne se mêle point au contrat, diviser l'intérêt de manière à ce que l'indemnité n'en dépasse jamais l'importance.

119. — Quant à la question en elle-même, elle nous paraît se déduire des principes que nous avons déjà posés.

---

(1) Casaregis, Disc. 5. n. 64 et s.

Après le sinistre, le commissionnaire est tenu de faire connaître le nom du commettant. A partir de ce moment, ce dernier a seul le droit de toucher l'indemnité. Si le commissionnaire la touche, ce n'est plus en son privé nom, comme créancier, mais au nom du commettant et comme son mandataire. Or, le simple mandataire qui agit au nom du mandant n'est pas soumis à l'action en répétition lorsqu'il a fait compte des sommes qu'il a reçues. Ce principe doit donc être appliqué à notre cas (1).

La solution serait cependant différente si le commissionnaire avait usé de dol ou de fraude pour déterminer l'assureur à faire le paiement.

§ VII.

De l'assureur pour compte.

DIVISION

120. — Presque toujours l'assureur pour compte est un mandataire.

121. — Commissionnaire, il est soumis aux règles du droit commun commercial.

120. — L'assureur qui souscrit une assurance peut être représenté par un commissionnaire. Cependant, ce genre d'affaires n'est pas usité. En général, les compagnies d'assurances ont des agents qui traitent pour elles comme représentants, soit définitivement,

---

(1) 10 juin 1842. — Aix (S. V. 42. 2. 534) —12 mars 1844. — C. Rej (S. V. 44. 1. 293). — Sic Troplong, *loc. cit.;* Bédaride, n. 1042. — Les jurisconsultes étrangers ont admis par le même motif une opinion conforme. V. Benecke, t. 1, p. 399 ; Sieveking, § 42. — V. cependant *contra* Alauzet, t. 3, n. 1374; Haghe et Cruismans, n. 399. — V. aussi Nolte, t. 1, p. 198 et s.

soit sous la condition que l'engagement qu'ils ont souscrit sera ratifié dans un délai déterminé.

Ces agents sont de véritables mandataires, responsables à ce titre des fautes qu'ils commettent. C'est
ainsi qu'un agent a été déclaré responsable pour n'a-
voir pas averti son commettant de l'assurance qu'il avait
souscrite en son nom, attendu que ce défaut d'avis l'a-
vait empêché de se faire réassurer (1).

121. — Quant aux rapports qui s'établissent entre
l'assureur-commettant, son commissionnaire et l'assuré, ils sont régis par les règles ordinaires du contrat
de commission.

Ce qui constitue l'originalité du pour compte à l'é-
gard de l'assuré-commettant, c'est qu'il est impossible
qu'il reste toujours inconnu. Mais il importe peu que
l'assureur-commettant soit ou non révélé. Fût-il révélé
que le commissionnaire n'en continuerait pas moins
d'être le seul débiteur de l'assuré (2). Il suffit donc de
renvoyer sur ce point aux principes généraux qui régissent le contrat de commission.

---

(1) 15 juill. 1851. — Mars (J. M. 30. 1. 291).

(2) V. *sic* Emerigon, ch. 5, sect. 5.

CHAPITRE IV.

LA PRIME.

122. — Définition de la prime. — Opinion erronée des anciens jurisconsultes sur ce point.

123. — La prime n'est pas due ou elle est restituable lorsque le voyage
est rompu.

124. — Elle peut être stipulée payable en argent, en marchandises, etc.

125. — Cas où le montant de la prime n'a pas été stipulé.

126. — La fixation de la prime est entièrement libre. — Une fois fixée,
elle est invariable.

127. — Difficultés sur ce point dans l'ancien droit dans le cas de survenance de guerre.

128. — L'article 243 supprime toute augmentation ou diminution de
la prime, sauf convention contraire.

129. — Les hostilités commencées, même sans déclaration de guerre,
donnent droit à la surprime convenue.

130. — Il en est autrement si les hostilités sont postérieures au terme
de l'assurance. — L'entrée dans un port intermédiaire ne peut en être
considéré comme le terme.

131. — La surprime est due, bien que les risques de guerre soient
sans gravité.

132. — Cette règle n'est pas applicable aux violences passagères
n'ayant aucun caractère international.

133. — Stipulation d'une surprime pour le cas où le navire entre
dans une mer, en tout temps, ou pendant une certaine saison.

134. — Diminution de la prime convenue pour le cas où la paix succède à la guerre.

135. — Même convention pour le cas où le navire arrive heureusement.

136. —   *Idem,*   pour le cas où il voyage sous convoi.

137. — A l'origine, la prime devait être payée comptant. — Actuellement, les parties ont sur ce point une liberté absolue.

138. — La prime encore due se compense avec l'indemnité, et cela bien que l'une des parties soit en faillite.

139. — Du voyage dans ses rapports avec la prime.

140. — De la surprime lorsque le voyage est déterminé avec limitation de temps.

141. — Règlement de la prime liée lorsque le chargement de retour ne se fait pas ou qu'il est partiel.

142. — Le défaut de paiement de la prime ne résout pas de plein droit l'assurance.

143. — Privilége de la prime. — Il est reconnu par la loi dans les assurances sur corps. — Il n'existe pas dans les assurances sur facultés. — Controverses dont ce point a été l'objet.

144. — Durée du privilége de la prime dans les assurances sur corps à temps limité.

145. — Il n'existe ni prime, ni privilége dans les assurances mutuelles.

122. — On appelle prime la somme que l'assuré paye à l'assureur comme équivalent du risque auquel il est soumis.

Une assurance sans prime ne serait qu'une donation. Un tel contrat, à supposer qu'il ait jamais existé, serait du reste parfaitement licite.

Certains jurisconsultes se sont fondés sur la loi 5. D. *De nautico fœnore*, où on lit que le paiement de l'usure maritime *periculi pretium est,* pour en conclure qu'il faut un prix à l'assurance, comme il en faut un à la vente. De là ils ont induit que l'assurance était une forme particulière de vente, par laquelle, suivant les uns, l'assureur vend le péril tandis que l'assuré l'achète, comme à l'inverse, suivant d'autres, l'assuré le vend et l'assureur l'achète. Ces théories absurdes ne méritent qu'une réponse, qui consiste à redire avec Bacon : *De consequentiis ad consequentias absurdum.*

123. — La prime étant la représentation des risques

auxquels se soumet l'assureur, il s'ensuit que l'assuré peut se dispenser de la payer ou peut en demander la restitution lorsque le voyage a été rompu avant le commencement du risque.

Cette doctrine n'était pas admise autrefois. — Les uns pensaient que la prime était définitivement acquise à l'assureur nonobstant la rupture du voyage (1). — Les autres distinguaient suivant que cette rupture était volontaire ou forcée et n'admettaient la restitution de la prime que dans ce dernier cas (2). Ni l'une ni l'autre de ces opinions n'ont prévalu. L'art. 37 de l'ordonnance porte que si le voyage est entièrement rompu avant le départ du vaisseau, même par le fait de l'assuré, l'assurance demeurera pareillement nulle, et l'assureur restituera la prime à la réserve de demi pour cent. — L'art. 349 du C. de commerce porte encore : *Si le voyage est rompu avant le départ du vaisseau, même par le fait de l'assuré, l'assurance est annulée ; l'assureur reçoit, à titre d'indemnité, demi pour cent de la somme assurée.*

Lord Mansfield justifie cette règle en ces termes : « L'assurance est un contrat d'indemnité et la prime « est payée à l'assureur à cause de l'obligation de payer « la perte, à laquelle il s'est soumis. Si donc le péril « n'existe pas, si aucune perte ne peut survenir, de

---

(1) Præmium assecurationis debetur assecuratori ab assecurato quando assecuratus vel nullas habebat merces in navi, vel eas non habebat in ea quantitate quam dixit, et ratio est quia favore assecuratoris vitiata non est obligatio, propter justam causam ignorantiam, bonamque fidem in contrahendo. — Casaregis, Disc. 1, n. 18. — *Sic* Hevia, De comm., cap. XIV, n. 18.

(2) Marquardus, lib. 2, cap., XIII, n. 34.

« quelque manière que cela ait lieu, la prime a été
« payée sans cause et doit dès lors être restituée » (1).

Ces principes ont été adoptés par la plupart des législations étrangères (2).

Cependant on a fait observer que lorsque la rupture
du voyage est volontaire, l'art. 349 crée au profit de
l'assuré une condition potestative, puisqu'il est libre de
réduire le contrat à néant. — A quoi l'on répond : 1° De
même que la vente ou le legs d'une chose qui n'existe
pas sont de nulle valeur, de même l'assurance ne peut
être valable sans un risque ; 2° l'obligation de l'assuré
est une obligation de faire, dont l'inexécution se résout
en dommages-intérêts, lesquels ont été fixés au demi
pour cent ; 3° enfin, et ceci vaut mieux, l'assuré doit
être libre d'affronter les risques ou de s'y soustraire.
Aussi, le législateur a supposé que les parties l'ont ainsi
voulu et que l'assureur a convenu avec l'assuré que
s'il renonçait à son opération, il ne paierait pas la
prime (3).

Dès que les risques ont couru, quelle qu'en ait été la
durée, la prime est due. — Il en est ainsi lorsque les
marchandises ont été chargées ou que le navire a mis
à la voile, bien qu'il soit immédiatement rentré dans le
port (4).

124. — La prime consiste le plus souvent en une
somme d'argent, mais rien n'empêche de la faire con-

---

(1) Dans l'affaire Tyrle c. Fletcher. Cowp. 568. — V. Marshall, I, p, 564
et Parck, ch. 19.

(2) Hambourg, Ord. tit. 18, art. 2. — Suède, Forsâkrings Stadga, 1750,
art. 7, § 2 et 3 ; Code hollandais, art. 535 et 536 (avec quelques modifications) ; nouveau Code allemand, art. 889.

(3) Emerigon. ch. 1, sect. 2 et 3 ; Pothier, n. 179 ; Locré, t. 4, p. 122.

(4) V. 28 février 1865. — C. Rej. (S. V. 65. 1. 192).

sister en marchandises, en une part dans l'entreprise,
etc. (1).

125. — Que faut-il décider lorsque le montant de la
prime n'a pas été spécifié dans la police ? — L'assurance est nulle, dit-on, tout comme le serait une vente
dans laquelle le prix n'aurait pas été convenu (2).—Elle
doit être déclarée valable, répond-on, et les tribunaux
peuvent, en s'inspirant des prescriptions de l'art. 343
C. comm., fixer le montant de la prime (3). — Troisième opinion moyenne (4). — L'intervention des tribunaux présente trop d'inconvénients. L'art. 343 est
une exception s'appliquant à un cas particulier. L'assurance doit être déclarée nulle, à moins qu'il ne soit
possible de déterminer le montant de la prime par les
registres du courtier, les livres, la correspondance, etc.

L'usage où sont les compagnies d'assurances de fixer
le taux des primes par catégories, suivant le caractère
de l'entreprise, la nature de l'objet assuré, et en général d'après le risque à courir, démontre l'exactitude de
cette opinion.

126. — Les parties sont libres de fixer à leur gré le
taux de la prime. Une fois convenue, elle ne peut être
réduite, alors même qu'elle ne serait pas proportionnée
au risque. L'ancienne théorie qui permettait de la réduire pour lésion énormissime est à jamais abandonnée (5).

---

(1) Emerigon, ch. 3, sect. 10.

(2) Alauzet, Des ass., t. 1, n. 172.

(3) Emerigon, ch. 3, sect. XI ; Bernard, p. 139 ; Pardessus, n. 822.

(4) Haghe et Cruismans, n. 75.

(5) Propter enormissimam lesionem rescenditur assecuratio non propter
enormam. — Roccus, note 8. — V. sur ce point, Guidon de la mer, ch. 15;
Stypman, p. 459 ; Wolff, § 679 ; Pothier, n. 82 ; Emerigon, ch. 3, sect. 3;
Baldasseroni, t. 1, p. 99 ; Benecke, t. 4, p. 278.

La survenance de la paix ou de la guerre ne fait pas exception à cette règle. Ainsi la prime convenue en temps de guerre n'est pas diminuée lorsque la paix est conclue. Elle n'est pas non plus augmentée lorsqu'elle a été convenue en temps de paix et que la guerre éclate avant la cessation des risques. Il en était ainsi sous l'empire de l'ordonnance (1), et l'art. 343 (2) C. comm. a mis fin à toutes les controverses qui s'étaient élevées sur ce point.

127. — Disons en quelques mots les points principaux sur lesquels elles portaient.

Deux arrêts du Conseil des 12 juillet 1748 et 18 janvier 1749, se fondant sur l'état de guerre, prononcèrent l'annulation de certaines assurances. Cette mesure ne fut pas renouvelée en 1755, alors que les Anglais infligeaient à notre marine des dommages très-considérables, et c'est à cause de cela, sans aucun doute, qu'en 1779 les assureurs stipulèrent que la prime serait augmentée au cas de guerre ou d'hostilités.

Cette convention spéciale donna lieu à de très-nombreuses difficultés que nous allons résumer ;

1º Un arrêt du parlement d'Aix, du 19 juillet 1779, déclara que la surprime était due dès que les hostilités avaient été commencées, bien qu'elles n'eussent pas été précédées d'une déclaration de guerre (3).

2º Elle est due après la déclaration de guerre, bien qu'à partir du moment où elle a été déclarée jusqu'à

---

(1) V. Emerigon, ch. 3, sect. 4 ; Pothier, n. 83 et s.; Valin, sur l'art. 7.

(2) V. Boulay-Paty, t. 3, p. 340 ; Pardessus, n. 787 ; Dalloz, v. Droit maritime, n. 1708 et s.; Dageville, t. 3, p. 180; Lemonnier, t. 1, n. 147; Alauzet, t. 1, n. 238.

(3) Emerigon, ch. 3, sect. 5, 92.

celui de l'arrivée au lieu de destination, les lieux par-
courus par le navire n'aient été soumis à aucun acte
d'hostilité (1).

3° Des lettres-patentes du 18 octobre 1783 déclarèrent que les contestations relatives à la surprime seraient jugées, non par les tribunaux, mais par le pouvoir administratif. Un avis du Conseil d'Etat du 4 germ.
an XIII restitua aux tribunaux le droit de les juger.

4° On admit que la surprime était due lorsque l'assuré appartient à une nation neutre, parce que l'état
de guerre crée à l'égard des neutres des risques spéciaux.

5° La circonstance que le navire avait fait une partie
de son voyage avant l'ouverture des hostilités ne parut
pas un motif suffisant pour faire réduire la surprime.

6° On admit encore que l'heureuse arrivée du navire
ne devait pas être prise en considération pour la réduire, pas plus que sa capture n'était susceptible de la
faire augmenter.

Nous n'avons exposé que les principales difficultés.
Elles furent si nombreuses dans l'ensemble qu'on en
renvoya la solution aux chambres de commerce. Celles-
ci, au lieu de statuer dans chaque cas particulier, se
bornèrent à dresser un règlement général. En agissant
ainsi, elles ne tinrent aucun compte des circonstances
de fait, ce qui excita des plaintes unanimes.

128. — Ces questions étaient encore vivement agi-
tées au moment où l'on rédigeait le C. de comm., et
c'est pour les trancher que fut édicté l'art. 343, qui est
ainsi conçu :

« L'augmentation de prime qui aura été stipulée en

---

(1) 28 janv. 1807. — C. Rej. (S. 7. 1. 132).

« temps de paix pour le temps de guerre qui pourrait
« survenir, et dont la quotité n'aura pas été détermi-
« née par les contrats d'assurance, est réglée par les
« tribunaux, en ayant égard aux risques, aux circons-
« tances et aux stipulations de chaque police d'assu-
« rance. »

De la saine interprétation de cet article dérivent les
propositions suivantes :

1° La survenance de la guerre ne donne lieu à une
surprime que si les parties l'ont stipulée.

2° Les contractants peuvent fixer eux-mêmes la surprime.

3° La guerre, c'est la guerre, c'est-à-dire un fait indépendant de toute formalité préalable.

4° L'augmentation de prime doit être réglée par les
tribunaux.

5° La règle qui précède n'ayant d'autre fin que d'exclure l'immixtion de l'Etat, il s'ensuit que les parties
peuvent charger un tiers de fixer la surprime.

6° Les tribunaux la fixent souverainement, d'après
les circonstances. — La gravité des risques, la possibilité de la guerre au moment où l'assurance a été conclue et tous autres faits seront pris en considération.

129. — Depuis la promulgation du C. de commerce,
on a de nouveau soutenu que la surprime n'était due
qu'au cas de déclaration de guerre, les hostilités eus-
sent-elles commencé avant qu'elle n'ait été déclarée.
Cette prétention a été repoussée avec juste raison par
la cour de Rennes (1), parce que c'est l'aggravation du

---

(1) Rennes.— 28 mars 1821. — S. V. C. N., 6. 2. 393. — Conformes,
Pardessus, n. 87 ; Bernard, p. 117 ; Estrangin, p. 381 ; Lemonnier, t. 1,
n. 189 ; Alauzet, t. 1, n. 239 ; Boulay-Paty, t. 3, p. 451 ; Bédarride, t. 3,
n. 1168.

péril et non pas une formalité consacrée par le droit des
gens qui donne lieu à la surprime.

130. Lorsque le navire arrive au lieu de destination
avant le commencement des hostilités, la surprime
n'est pas due.

Si le lieu de destination est indiqué d'une manière
alternative, par exemple de Bordeaux à Cette ou à Marseille, l'arrivée dans un de ces deux ports, avant que
l'état de guerre ne commence, fait que la surprime n'est
pas due. Mais il en serait autrement si le voyage était
indiqué de Bordeaux à Cette et Marseille ; l'arrivée du
navire à Cette n'empêcherait pas la surprime d'être due,
dans ce cas, parce que le voyage de ce dernier lieu à
Marseille serait encore aux risques des assureurs.

L'arrivée du navire dans un port intermédiaire avant
le commencement des hostilités n'éteint pas la surprime. Cependant le contraire a été décidé par l'arrêt
de la cour de Rennes précité, dans une espèce, il est
vrai, où le capitaine avait déchargé sa marchandise et
mis fin au voyage. — Sur le fondement de ce fait, l'assuré soutenait que ce cas devait être assimilé à celui
où le navire est arrivé au lieu de destination. — Mais
les assureurs répondaient victorieusement que l'assuré
étant en droit ou de ne pas entrer dans un port intermédiaire, ou, après y être entré, d'en sortir ; ce droit
avait pour corrélatif l'obligation de payer la surprime.

Voici une espèce, dans le même ordre de faits, où
les principes ont été très-exactement appliqués.

C'était pendant les Cent jours. Un navire français
était en relâche à Malte, où la cargaison avait été débarquée par suite des avaries qu'elle avait souffertes.
L'assureur demanda, en vertu de la police, une sur-

prime à l'assuré, que celui-ci refusa en se fondant sur
ce que la cargaison n'avait pas été saisie. L'assureur
lui ayant fait observer qu'il suffisait qu'elle eût été débarquée dans un port ennemi, cet assuré répondit que
cela importait peu, puisque, en supposant qu'on la
capturât, ce fait ne pouvait constituer qu'un risque de
terre.

Cependant le tribunal de Marseille donna gain de
cause aux assureurs par le motif que « les risques res-
« taient toujours à leur charge, quoique les marchan-
« dises fussent à terre, et que l'innavigabilité ne rom-
« pant pas le voyage, les risques se prolongeaient
« jusqu'à ce que les marchandises fussent parvenues
« au terme *ad quem* (1). »

Il est à remarquer que, dans cette espèce, le navire
avait été déclaré innavigable, que, par suite, faute
par le capitaine de trouver un autre navire pour le
transport des marchandises, l'assuré avait le droit d'en
faire le délaissement ; que l'état de guerre pouvait rendre l'affrétement de ce navire, sinon impossible, du
moins plus difficile, ce qui suffisait pour faire admettre
l'aggravation du risque.

131. — Cette observation démontre que l'état de
guerre est par lui-même un risque qui oblige à lui seul
l'assuré à payer la surprime convenue, et cela alors
même qu'il serait reconnu que l'objet assuré est assez
éloigné du théâtre des hostilités pour être à l'abri d'une
capture. Dans la navigation tout est incertain. Les
vents contraires, le retard dans la marche, un échouement, une relâche forcée, même dans un port neutre,

---

(1) 5 avril 1820. — Mars (J. M. 1. 1. 134).

peuvent permettre aux croiseurs ennemis, quel que soit leur éloignement, d'arriver et d'opérer la capture de l'objet soumis au risque.

Dans une autre circonstance, le tribunal de Marseille n'a pas été aussi heureusement inspiré.

C'était en 1823. La France et l'Espagne étant en guerre, un assureur demanda à un assuré la surprime convenue. — Celui-ci la refusa en se fondant sur ce que la guerre qui venait d'éclater était purement continentale et non maritime. Le tribunal de Marseille lui donna gain de cause (1).

En statuant ainsi, les juges n'ont tenu aucun compte du risque possible. L'Espagne est une nation maritime; elle aurait pu pratiquer des prises, et cette possibilité suffisait pour rendre la surprime exigible.

132. — On a fait observer avec raison que l'état de guerre résulte d'hostilités ayant une certaine suite, et non d'un simple incident. Ainsi, une insulte faite au pavillon français, qui est tout aussitôt désavouée, ne doit pas être prise en considération (2).

133. — Certaines polices stipulent une suprime lorsque le navire parcourt certaines mers, ou bien lorsqu'il s'y trouve à une époque déterminée, parce qu'à cette époque la navigation y est soumise à plus de risques.

On a décidé, dans ce dernier cas, que l'assuré devait la surprime bien que le navire ne fût dans un port de la mer indiquée, à l'époque prévue, que parce que, pour cause d'avaries, il y subissait une relâche forcée,

---

(1) 8 août 1823. — Mars (J. M. 4. 1. 268).
(2) Boulay-Paty. t. 3, p. 453 ; Lemonnier, t. 1, n. 189.

chose qui ne serait pas arrivée sans l'avarie qu'il avait soufferte (1).

Cette décision ne saurait souffrir de difficulté, lorsque l'assureur est *franc d'avaries*. Mais lorsqu'il en répond ainsi que de tous les frais et dommages qui en sont la suite, on ne saurait comprendre qu'il puisse demander une surprime, alors qu'elle devrait compter parmi les frais dont il est tenu.

134. — Nous venons de parler des cas où la prime est augmentée, parlons maintenant de ceux qui font qu'elle est diminuée.

Tel est celui où l'assurance ayant été consentie pendant la guerre, les parties conviennent que la prime sera diminuée si la paix est conclue avant que le risque ait pris fin.

Dans une espèce où cette clause figurait dans la police, le tribunal de Marseille décida que la réduction est acquise, lorsque le navire est parti après la cessation des hostilités, bien que ce fait ne fût pas connu dans le lieu ni au temps du départ de ce navire (2).

Les assureurs soutenaient dans cette espèce que l'ignorance de la paix laissait subsister l'état de guerre, et ils avaient raison, parce qu'il est admis que les prises opérées avant la connaissance de la paix, quoique postérieures au moment où elle a été conclue, sont valables (3).

135. — On stipule quelquefois dans les polices que

---

(1) 11 janvier 1859.— Trib. Bordeaux (J. M. 37. 2. 54).— 27 février 1861. — Trib. Mars. (J. M. 39. 1. 79).

(2) 17 juin 1825. — Mars. (J. M. 6. 1. 168).

(3) 18 juin 1824. — Mars (J. M. 5. 1. 193).

la prime sera réduite *si le navire arrive heureusement.*

Le tribunal de Marseille a décidé que la prime devait
être réduite bien que l'objet assuré eût souffert de simples avaries, si malgré cela il était arrivé au lieu de
destination ; qu'il fallait pour qu'elle fût payée intégralement un sinistre majeur, parce que alors il était certain, la chose étant totalement perdue ou présumée
telle, qu'elle ne pouvait arriver.

Cette distinction est par trop subtile. Le navire qui
arrive, mais avarié, n'arrive pas *heureusement* (1).

136. — Tandis que les assureurs français à qui les
désastres de notre marine ont enseigné la prudence,
ont imaginé de surélever le montant de la prime dans
le cas de survenance de guerre, les assureurs anglais,
confiants dans la force des flottes anglaises, stipulent
habituellement que la prime sera réduite lorsque le
navire assuré ou porteur des facultés assurées voyage
sous convoi (2). Cette clause étant de nos jours à peu
près inconnue en France, il est inutile de faire connaître les précédents de la jurisprudence anglaise qui
s'y rapportent.

137. — A l'origine du contrat d'assurance, le paiement comptant de la prime fut considéré comme une
des conditions essentielles de ce contrat. Le mot
prœmium, disait-on pour justifier cette théorie, vient
de *primo,* parce que le paiement de la prime prime
tout (3).

---

(1) V. Dubernard sur Benecke, t. 2, p. 687 ; Alauzet, n. 462.
(2) V. Parck, p. 587 et s.; Marshall, t. 1, p. 969 et s.; Pohls, t. 7, p. 504;
Nolte, t. 1, p. 365 et s.
(3) Pohls, t. 7, p. 471.

Cette grossière erreur, qui se glissa dans les législations étrangères (1), a laissé des traces dans l'art. 6 de l'ordonnance et dans l'art. 7 de l'édit de 1777.

Elle avait aussi pénétré en Angleterre, et de là aux Etats-Unis. Sous l'influence de cet ancien usage, et bien que la prime puisse, de nos jours, être stipulée payable à terme dans ces deux pays, on déclare dans la police, par respect pour la tradition, qu'elle a été payée comptant, ce qui donne lieu à de sérieuses difficultés (2).

Il va sans dire que, sous l'empire de notre Code de commerce, les parties sont absolument libres d'assigner au paiement de la prime le terme qui leur convient; de la stipuler payable avant, pendant ou après le voyage. Dans plusieurs places, elle se règle deux mois après l'arrivée; ailleurs elle se règle par trimestre. Elle peut être stipulée payable par fractions, par exemple, tant par mois pendant la durée du voyage (3).

A défaut de terme convenu, elle est, d'après le droit commun, payable comptant.

Elle est souvent payée au moyen de billets qu'on appelle *billets de prime,* lesquels n'opèrent pas novation, parce qu'ils ne sont reçus que *sauf encaissement.*

En Angleterre et à Hambourg, la prime est payée à

---

(1) Ord. Barcelone, 1435, art. 11; 1458, art. 12; 1484. ch, 15 ; Statut de Florence, 18 janv: 1583; Loi de Suède de 1667, ch. 11 ; Loi de Danemarck de 1683, art. 8; Edit pour les Deux-Siciles, 4751, art. 5 et 1761, art. 7; L. pruss., 1727, ch. 6, art. 5 et de 1766, partie 6, 9, § 92.—V. cependant, l'ordonnance de Sévile de 1566, ch. 37, qui permet de stipuler que la prime sera payable à trois mois, et l'ordonn. d'Amsterdam qui permet de stipuler un délai lorsque le taux de la prime dépasse 7 p, cent.

(2) V. Parck, 1, 33 ; Philipps, 1, 207.

(3) Casaregis, Disc., 1, n. 78.

l'assureur par le courtier et remboursée à ce dernier par l'assuré. Cet usage est moins général aux Etats-Unis et en France (1).

138. — Dans le cas de perte, la prime encore due est toujours déduite de l'indemnité. Ce mode de règlement présente des avantages réels lorsque l'une des parties vient à tomber en faillite.

Ainsi, dans l'hypothèse où l'assureur a été déclaré en faillite, le syndic pourrait soutenir, en se fondant sur l'art. 446, qui ne permet pas au créancier d'opposer la compensation, que la faillite est créancière de la prime, qui doit lui être payée intégralement ; qu'en même temps elle est débitrice de l'indemnité et qu'elle la paiera en monnaie de faillite, c'est-à-dire au moyen d'un dividende tel quel, qui peut, dans certains cas, être inférieur au montant de la prime.

A cela l'assuré répondrait victorieusement que la déduction de la prime sur l'indemnité n'est pas une compensation ; qu'il s'agit de deux obligations corrélatives qui ont leur racine dans un même contrat ; que la créance est une et qu'elle reste telle lorsqu'une liquidation en a fixé le solde (2).

Les mêmes principes sont appliqués lorsque l'assuré tombe en faillite ; dans ce cas encore, l'assureur, au lieu d'être tenu de payer toute l'indemnité et de ne recevoir qu'un dividende sur la prime, ne paiera que le solde après que celle-ci aura été déduite de l'indemnité (3).

D'ailleurs, comme l'indemnité est toujours plus éle-

---

(1) V. sur cet usage les observations d'Emerigon, ch. 4, sect. 7.
(2) V. Emerigon, ch. 3. sect. 8. — V. aussi Pohls, t. 7, p. 475.
(3) 28 mars 1869. — Trib. Bordeaux (J. M. 43. 2. 124).

vée que la prime, et que l'assureur a le droit de demander, à défaut de paiement de celle-ci, la résolution du
contrat, les syndics ne lui contesteront jamais le mode
de liquidation qui vient d'être indiqué. Ajoutons encore
qu'il est habituellement stipulé dans les polices que la
prime payable après le voyage se compensera avec
l'indemnité en cas de perte.

139. — La prime peut être stipulée :

1° Pour le voyage entier ;

2° Pour une partie du voyage ;

3° Pour un temps limité sans désignation de voyage ;

4° Pour un temps limité avec désignation de voyage ;

5° Pour l'aller et le retour. La prime dans ce cas s'appelle *liée,* parce que l'aller et le retour sont liés et ne
forment qu'un seul voyage.

Les trois premières stipulations ne donnent lieu à
aucune observation, mais il n'en est pas ainsi des deux
dernières.

140. — L'art. 35 de l'ordonnance, prévoyant le cas
où une assurance serait faite pour un temps limité
avec désignation de voyage, disposait que *l'assureur
courra les risques du voyage entier, à condition toutefois que si sa durée excède le temps limité, la prime
sera augmentée en proportion, sans que l'assureur
soit tenu d'en rien restituer si le voyage dure moins.*

Emerigon disait, en parlant de cet article : « Les
« assureurs qui souscrivent une pareille police savent
« que le voyage peut durer au-delà du temps limité ;
« pourquoi donc leur accorder une augmentation de
« prime ? — Si les assureurs eussent voulu à tout évé-
« nement se contenter de la prime stipulée, on se serait
« borné à désigner le voyage ; mais puisqu'ils ont

« craint que ce voyage ne fut trop long, ils ont exigé
« une limitation de temps, non pour détruire le pacte
« principal, mais pour profiter d'une augmentation de
« prime dans le cas où le voyage excèderait le temps
« limité (1). »

D'après cela, l'application de l'art. 35 est très-simple.
Soit une assurance limitée à trois mois, couvrant les
risques d'un voyage dans les mers de l'Indo-Chine,
moyennant une prime de mille francs. Si le voyage ne
dure que trois mois, cette somme sera acquise à l'assureur ; s'il dure six mois elle sera doublée.

Valin croyait que la convention prévue par l'art. 35
ne se présenterait jamais et Emerigon lui répondait
qu'elle était usitée dans les voyages au levant. L'opinion du premier prédomina lors de la rédaction du C.
de comm. Malgré l'avis contraire de quelques tribunaux
de commerce (2), la disposition contenue dans l'art. 35
ne fut pas reproduite dans le nouveau code.

Cependant les auteurs discutent encore la question
de savoir si la règle tracée par cet article doit être suivie. Leur réponse est affirmative, sauf quelques nuances (3). Il n'en pouvait être autrement.

141. — L'assurance à prime liée était régie par l'art.
6 de l'ordonnance, qui est ainsi conçu : « Si l'assurance
« est faite sur marchandises, pour l'aller et le retour,
« et que le vaisseau étant parvenu au lieu de destina-
« tion il ne fasse pas de retour, l'assureur sera tenu de
« rendre la prime s'il n'y a stipulation contraire. »

---

(1) Emerigon, ch. 3, sect. 2. — V. Pothier, n. 82.
(2) V. observations du tribunal de commerce, t. 2, 2ᵉ partie, p. 56. — V.
aussi Estrangin, p. 99 ; Dageville, t. 3, p. 327.
(3) V. Emerigon, ch. 3, sect. 2 ; Pothier, n. 189.

Cet article prévoit le cas où il ne se fait aucun chargement de retour, mais non celui où ce chargement est partiel. Les commentateurs de l'ordonnance relevèrent cette observation et admirent en même temps que l'assuré ne doit pas payer l'entière prime, lorsque le chargement de retour n'est pas complet (1).

Les rédacteurs du C. de comm. tinrent compte de cette observation lorsqu'ils rédigèrent l'art. 356, qui est ainsi conçu :

« Si l'assurance a pour objet des marchandises pour
« l'aller et le retour et si le vaisseau, étant parvenu à
« sa destination, il ne se fait point de chargement en
« retour, *ou si le chargement en retour n'est pas*
« *complet,* l'assureur reçoit seulement les deux tiers
« proportionnels de la prime, s'il n'y a stipulation con-
« traire. »

Cet article embrasse deux hypothèses : — l'une s'appliquant au cas où il n'y a pas eu de chargement de retour, auquel cas, sauf stipulation contraire, l'assuré ne paiera que les deux tiers de la prime ; — l'autre s'appliquant au cas où le chargement de retour est partiel, cas auquel l'assuré doit payer en entier une certaine partie de la prime et les deux tiers de l'autre partie.

Sur ce dernier point, on a adopté deux modes de liquidation, tous les deux mathématiquement et légalement exacts, qui seront mieux compris à l'aide d'un exemple (2).

---

(1) V. Boulay-Paty, t. 4, p. 175 et s.; Lemonnier, t. 1, n. 90 et 91 ; Pardessus, t. 3, n. 809; Alauzet, t. 1, n. 237.

(2) Boulay-Paty, t. 4, p. 101 ; Pardessus, n. 64 ; Haghe et Cruismans, n. 85; Alauzet, t. 1, n. 240.

Soit une assurance de 60,000 fr. sur marchandises, pour l'aller et retour, moyennant une prime de 5 p. 0/0, ou 3,000 fr. — Le chargement dans le voyage d'aller a une valeur égale à la somme assurée. Il n'est que de 15,000 fr. dans le voyage de retour.

Cela étant, on décomposera la valeur afférente au voyage d'aller, dans la proportion qu'elle a dans le voyage de retour, et l'on dira que le voyage est complet à l'aller et retour pour 30,000 fr., ou, ce qui revient au même, pour la moitié de la somme assurée.

A la moitié de la somme assurée correspond la moitié de la prime, soit..... ....   1,500 fr.

Pour l'autre moitié de la somme assurée, il n'y a de chargement que dans le voyage d'aller, point dans le voyage de retour, et dès lors il n'est dû que les deux tiers de la moitié de la prime, et puisqu'elle se porte à 1,500 fr., les deux tiers se portent à....   1,000
                                                                    ———————
                          Total...........   2,500 fr.

On peut encore liquider, dans le même cas, comme il suit :

L'assureur reçoit toujours les deux tiers de la prime qui lui sont acquis, soit, sur 3,000 fr.....   2,000 fr. et sur l'autre tiers de la prime, ou 1,000 fr., il ne reçoit que la moitié du chargement de retour, soit........................   500
                                                                    ———————
                          Total...........   2,500 fr.

Emerigon (1) appliquait l'art. 6 de l'ordonnance à

(1) Emerigon, ch. 3, sect. 2.

l'assurance sur corps. Cette opinion est contraire aux termes de l'art. 356 qui limite la réduction de la prime, par dérogation à la règle ordinaire, au seul cas où *l'assurance a pour objet des marchandises.*

Lorsque le navire périt d'entrée, toute la prime est due à l'assureur, parce que, à son égard, le risque s'est entièrement réalisé. Mais s'il était affranchi des risques qui ont amené la perte d'entrée, ce qui arriverait, par exemple, dans le cas où les marchandises ayant été capturées par l'ennemi, il les aurait assurées *franc de risques de guerre*, alors il n'aurait droit qu'aux deux tiers de la prime.

142. — L'assurance est-elle résolue de plein droit lorsque l'assuré n'a pas payé la prime à son échéance?

Cette question n'en était pas une pour ceux qui admettaient que si la prime n'était pas payée comptant, l'assureur n'était pas obligé. Ils n'étaient que logiques en déclarant qu'une obligation qui n'existe pas n'est point résoluble (1). Mais ceux qui pensaient que la prime peut être payable à terme purent se demander et se demandèrent en effet si, à défaut de paiement à l'échéance, la résolution de l'assurance avait lieu de plein droit. Parmi ces derniers, il faut compter Bynkershoeck, Marquardus et Stypman.

Bynkershoeck (2) se déclara contre la résolution de plein droit. Il fit observer que rien n'établissait la nécessité du paiement préalable de la prime; — que le sénat de Hollande, par décision du 24 novembre 1639, avait refusé d'annuler une assurance, bien que la prime

---

(1) Roccus, note 38; Kuricke, Diatreba, n. 15; Casaregis. Disc. 1, n. 138.
(2)Bynkershoeck, Quæst. juris privati, lib. 4, cap. 2.

n'eût pas été préalablement payée; — que, ce point admis, il n'existait pas de raison fondée sur la nature du contrat d'assurance, qui permit de se décider pour la résolution de plein droit lorsque la prime n'était pas payée.

Si, par impossible, le principe de la résolution était admis, ajoutait-il, au profit de qui la faire prononcer? — Est-ce au profit de l'assureur qui ne veut pas payer l'indemnité? — Non, car il est en faute. — Est-ce au profit de l'assuré qui ne veut pas payer la prime? — Pas davantage, car il est aussi en faute.

L'assureur est en faute pour n'avoir pas demandé la prime : *cum culpa assecuratoris sit præmium non petiisse.*

A son tour, l'assuré est en faute pour ne l'avoir pas offerte, et s'être ainsi ménagé le moyen de rompre à son gré le contrat : *sin aliter dicas, post contractum assecurationis, omnibus numeris perfectum, in solo arbitrio assecurati fuisset, detractando solutionem præmii, a contractu recedere.*

Mais ce dernier serait en faute, si, actionné par l'assureur, il ne payait pas et laissait prononcer la résolution; d'où la conséquence qu'elle doit être demandée et prononcée.

D'après Marquardus, la question ne doit être décidée ni par les règles du droit commun, ni par des raisons puisées dans la nature du contrat, ni par les clauses de style; elle doit l'être par l'usage établi dans le lieu où le contrat d'assurance a été passé (1).

Stypman distingue. — Si aucun terme n'a été stipulé,

---

(1) Marquardus, lib. 2, cap. 13, n. 6.

le défaut de paiement entraîne la résolution de plein droit. — S'il en a été stipulé un, il ne l'entraîne pas, et la résolution doit être demandée (1).

Enfin Emerigon se prononce contre la nullité de plein droit. — « Les assureurs, dit-il, doivent se pourvoir en « justice pour faire condamner l'assuré à remplir son « obligation, *celeri prestatione,* sous peine d'être dé- « chu de l'assurance (2). »

Ces principes sont exacts. En effet :

1º En règle générale, la résolution des contrats n'o- père de plein droit que dans les cas prévus par la loi ;

2º La nature du contrat d'assurance ne comporte pas essentiellement une telle résolution (3) ;

3º L'art. 346 du C. comm. prouve qu'elle ne saurait être admise, puisqu'elle doit être demandée lorsqu'au fait du non-paiement de la prime se joint encore la faillite de l'assuré.

4º L'usage qui s'est établi de faire régler la prime après la terminaison du voyage prouve que le principe de la résolution de plein droit ne correspond à aucun besoin pratique.

Mais lorsque les parties conviennent que, faute par l'assuré de payer la prime au terme convenu, l'assureur cessera d'être responsable des pertes qui survien- dront après l'expiration de ce terme, cette clause devra être considérée comme valable et par suite être rame- née à exécution (4).

---

(1) Stypman, apud Hein., p. 474.

(2) Emerigon, ch. 3, sect. 7. — *Sic* Alauzet. t. 1, n. 175.

(3) Cette résolution est donnée par Pohls. t. 7, p. 475.

(4) Benecke n'admet la résolution de plein droit que lorsqu'elle a été for- mellement stipulée. — Tels sont d'après Pohls, t. 7, p. 512, les principes suivis à Hambourg.

La rareté de cette clause dans les polices d'assurances maritimes, tandis qu'elle est presque de style dans les polices des assurances terrestres, prouve que la résolution de plein droit ne saurait être prononcée, à moins qu'elle n'ait été expressement stipulée.

143. — Les jurisconsultes qui admettaient à l'origine que la prime devait être payée comptant ne pouvaient avoir la pensée de lui attribuer la garantie d'un privilége. De là une lacune qui ne fut pas comblée lorsqu'on déserta les principes qui l'avaient engendrée.

Cependant Emerigon, ch. 3, sect. 9, attribuait un privilége à la prime, sans distinguer entre le navire et les facultés. « On doit considérer, dit-il, que la prime « des assurances est comprise dans les frais d'arme- « ment ou de facture ; elle fait donc en quelque sorte « partie de la chose assurée, qui, par ce moyen, est « présumée valoir davantage. Par conséquent le privi- « lége que l'ordonnance accorde au vendeur et au four- « nisseur de la chose doit être rendu commun à l'assu- « reur, créancier de la prime. »

Les rédacteurs du Code de commerce connaissaient l'opinion d'Emerigon et la manière dont il s'y était pris pour conférer à tout assureur sur navire ou sur facultés un privilége pour avoir paiement de la prime.

Cependant ce code ne renferme sur ce point qu'une disposition contenue dans l'art. 191 C. comm., qui est ainsi conçue :

« Sont privilégiées, et dans l'ordre où elles sont rangées, les dettes ci-après désignées :

1°, 2°, 3°, etc.

10° Le montant des primes d'assurances faites sur le corps, quille, agrès, apparaux, et sur armement et

équipement du navire, dues pour le dernier voyage :
11°.....

Il n'est question dans cet article que des assurances
sur corps. De plus, on peut parcourir tout le Code de
commerce, et on n'y trouvera pas une seule disposition
qui attribue aux primes d'assurances sur facultés un
privilége. De là une longue et difficile controverse, qui
consiste à savoir si, malgré ce silence, ce privilége
existe.

Tous nos auteurs (1), à l'exception d'un seul (2), soutiennent que l'assureur sur facultés a un privilége.
Quoique unanimes dans leur opinion, ils la fondent sur
des motifs différents. Certains soutiennent que la prime
représente des frais faits pour la conservation de la
chose et qu'à ce titre elle doit jouir du privilége consacré par l'art. 2102 du C. civ.; d'autres justifient le privilége en soutenant que l'art. 191 C. comm. doit être
appliqué par analogie aux facultés ; d'autres encore le
fondent sur l'art. 320 de ce même code.

Un jugement du tribunal de Marseille accorde aussi
un privilége pour les assurances sur facultés, et il le
fonde, non sur l'art. 2102 qu'il écarte, mais par analogie sur l'art. 191 (3).

« Considérant, dit ce jugement, que l'art. 2102 est
« inapplicable par la raison que les assurances ne con-
« servent pas la chose et ne l'empêchent pas de périr ;
« que si le législateur avait entendu considérer les as-

---

(1) Pardessus, t. 3, n. 964; Lemonnier, t. 1, n. 150; Vincens, t. 3, p. 258;
Estrangin, p. 175; Boulay-Paty, t 3, p. 346 ; Bernard, p. 133; Frignet,
t. 1, n. 162.

(2) Haghe et Cruismans, n. 91.

(3) 28 octobre 1822. — Mars. (J. M. 3. 1. 353).

« surances comme des frais faits pour la conservation
« de la chose, il ne leur aurait pas assigné dans l'art.
« 191 le privilége au 10e rang ; il aurait été même inu-
« tile d'en faire mention, ce privilége étant déjà réglé
« par l'art. 2102 C. civ. »

D'où le tribunal conclut que le privilége discuté se
rattache à l'art. 191.

Plus tard, ce même tribunal, désertant son ancienne
jurisprudence, décida que la prime des assurances sur
facultés n'avait point de privilége (1). Mais son jugement a été réformé par la cour d'Aix, qui a reconnu
l'existence du privilége qu'elle rattache à l'art. 2102 (2).

Les divers motifs à l'aide desquels on a essayé de
justifier le privilége dans le cas posé, loin de nous con-
vaincre, nous ont affermi dans l'opinion contraire.

Et d'abord, quels sont ces motifs ?

1° La prime représente des frais de conservation.
Elle doit donc jouir du privilége consacré par l'art. 2102
C. civ.

2° Le n° 10 de l'art 191 du C. comm. doit être appliqué par analogie aux facultés ;

3° Aucun de ces articles n'est applicable, mais il faut
appliquer par analogie l'art. 320 du C. comm.

Examen du premier point. — La loi 6, D, *qui pot.
in pig.* motive le privilége attaché aux frais faits pour
la conservation de la chose en ces termes : *Hujus pecunia salvam fecit totius pignoris causam.* — La loi
5 *eod.* démontre que les frais doivent s'appliquer à la
chose elle-même : *Si in rem ipsam conservandam
impensum est.*

---

(1) 29 mai 1856. — Mars. (J. M. 34. 1. 173).
(2) 16 mars 1857.— Aix (J. M. 35. 1. 81).

L'art 2102, qui a trait au privilége relatif aux frais faits pour la conservation de la chose, n'a fait qu'exprimer la pensée de la loi romaine.

1° Comme elle, il veut que les frais s'appliquent à la chose, substantiellement et matériellement comprise *(rem ipsam)* ;

2° Comme elle, il suppose que les créanciers privilégiés sur la chose ont tiré un avantage des frais faits pour sa conservation, ou, en d'autres termes, que ces frais leur ont donné le moyen d'être colloqués.

Ainsi, lorsque, moyennant certains frais, une marchandise est retirée des flots où elle devait infailliblement périr, on a une espèce qui s'adapte parfaitement au cas prévu par l'art. 2102. Mais il n'en est plus ainsi lorsqu'on considère le rôle que joue l'assureur. Celui-ci ne sauve pas, ne conserve pas. Il n'empêche pas les sinistres ; il n'est point chargé d'opérer sur les dommages matériels pour en diminuer l'intensité. Il paie une indemnité, s'il y a lieu, et là se borne son action.

Celui qui sauve une chose, procure aux créanciers, en la sauvant, surtout si elle est exposée à une perte totale, le moyen d'exercer leur privilége sur cette chose. — L'assureur ne fait rien de tout cela, par la raison que le privilége que pouvaient avoir les tiers sur l'objet assuré s'éteint lorsqu'il périt, et qu'il n'est point transporté sur l'indemnité due par cet assureur.

Le paiement de l'indemnité ne garantit que le gage commun des créanciers de l'assuré, et sous ce rapport l'assureur mériterait un privilége si le législateur avait été assez insensé pour en accorder un à tous ceux qui concourent à l'amélioration ou à la conservation des fortunes privées.

A tous ces arguments, il faut en ajouter un autre qui n'est pas le moins décisif. Il se déduit de l'alternative suivante : Ou la marchandise périt, et alors l'assureur, qui a le droit de déduire la prime de l'indemnité, n'a pas besoin d'un privilége; ou bien elle est sauvée, et alors, s'étant conservée d'elle-même, on ne saurait dire qu'elle l'a été par l'assurance, d'où la négation du privilége.

Examen du second point. — Cela posé, nous arrivons au second moyen, qui consiste à soutenir que la disposition de l'art. 191 C. comm., relative au privilége de la prime, doit être appliquée aux facultés.

Pour que ce moyen puisse être accepté, il faut démontrer que lorsqu'il s'agit du privilége, il est logiquement nécessaire, par parité de motifs, d'appliquer aux facultés une disposition qui est cependant limitée au navire et rien qu'à lui.

Or, loin qu'il en soit ainsi, nous allons démontrer qu'aucun des motifs à l'aide desquels on justifie le privilége sur le navire, ne s'applique aux facultés.

1° Les navires sont en quelque sorte des maisons flottantes, que l'on considère à bon droit comme les immeubles du commerce. Aussi la règle qui attribue à la possession d'un meuble la force d'un titre ne leur est pas applicable, et c'est parce qu'elle ne leur est pas applicable qu'ils sont susceptibles du droit de suite, ainsi que le démontrent non-seulement les art. 193 et s. du Code de comm., mais encore la loi du 10 décembre 1875 sur l'hypothèque maritime. Ce droit de suite lui-même est singulièrement facilité par ce fait que le navire a une assiette fixe, que s'il part, voyage, parcourt le monde, néanmoins il revient toujours à son port d'attache, qui lui tient en quelque sorte lieu de domicile.

Rien de tout cela ne s'applique aux facultés. La possession vaut titre à leur égard ; arrivées au lieu de destination, elles y restent pour y être employées ou consommées, et leur mobilité est telle qu'elle rend le droit de suite, sinon impossible, du moins très-difficile.

C'est pour cela que le Code de commerce est hostile aux priviléges sur marchandises. Il n'en accorde guère qu'à ceux qui les détiennent. L'art. 307 en est une preuve. Quelque favorable que soit le fret, cet article déclare que le privilége sur la marchandise qui garantit son paiement est perdu après la quinzaine qui suit le moment où le capitaine s'en est dessaisi.

2° La vente des navires ne s'opère pas sans formalités. L'écriture lui est indispensable et la formalité du transfert qui s'opère en douane équivaut à une transcription. Cette lenteur dans la transmission est essentiellement favorable à l'exercice des priviléges.

La propriété des marchandises se transmet par la simple tradition. Dans les transports maritimes leur transmission s'opère le plus souvent par la cession du connaissement, et lorsqu'il est à ordre, ce qui est le cas le plus ordinaire, par un simple endossement. A l'aide de cette voie si simple et si rapide, la marchandise peut être transmise à un plus ou moins grand nombre de personnes, pendant le voyage qu'elle parcourt. Aucune difficulté dans ce cas lorsque le porteur du connaissement est en même temps porteur de la police, parce que, étant mis alors au lieu et place de l'assuré, il doit payer la prime. Mais s'il n'est porteur que du connaissement, il sera obligé, le privilége étant

admis, à payer la prime qu'il ne doit pas. S'il la paye,
il aura le droit d'agir contre son endosseur en remboursement du montant de cette prime. Cette action mettra
en mouvement une série d'autres actions récursoires
que les endosseurs précédents, disséminés peut-être
en Europe ou en Amérique, exerceront les uns contre
les autres, de sorte que la prime et son privilége seront
ballotés de place en place. Le privilége sur le navire ne
comporte pas de telles complications.

La même situation peut exister, les mêmes difficultés
peuvent se présenter, si au lieu d'un acheteur des facultés, on est en présence d'un consignataire ou d'un
commissionnaire qui, porteur du connaissement, a un
privilége sur la marchandise en raison des avances
qu'il a faites. Qui l'emportera de ce créancier privilégié
et de l'assureur qui prétend, lui aussi, à un privilége
pour la prime qui lui est due? Le premier étant détenteur, admettra-on que le second a contre lui un droit
de suite?

La question étant ainsi posée, il a fallu reculer, reconnaître, comme l'a fait le tribunal de Marseille, que
l'assureur n'a rien à prétendre contre le commissionnaire détenteur de la marchandise à qui elle sert de
gage pour ses avances (1).

Et comme la logique commande, il a fallu aussi décider que l'assureur ne peut pas agir comme créancier
de la prime, en raison du privilége auquel il prétend
contre le tiers porteur d'une traite à laquelle les facultés assurées servent de provision (2).

---

(1) 8 août 1865. — Mars. (J. M. 43. 1. 255).
(2) 3 avril 1865. — Mars. (J. M. 43. 1. 102). — 10 déc. 1867. — Mars. (J.
M. 45. 1, 307).

Mais alors que devient le privilége sur les facultés si, dans le plus grand nombre de cas, il est destitué de toute efficacité.

3° Poursuivant encore la comparaison entre le privilége sur navire et le privilége sur facultés, afin de démontrer que leur nature et leur caractère propres diffèrent totalement, nous ferons observer, et cette observation appartient à Benecke, que lorsqu'il s'agit du navire, l'exercice du privilége n'est pas contesté dans les pays étrangers, bien que la législation de ce pays ne l'admette pas, parce que le navire est soumis, partout où il est, d'après les principes généralement suivis, à la loi du pays auquel il appartient (1). Il en est autrement des marchandises qui, en tant que meubles, sont soumises à la loi qui est en vigueur dans le lieu où elles se trouvent (2).

De là les conséquences suivantes :

1° Des facultés étant chargées à Amsterdam à destination de Bordeaux, l'assureur qui a consenti l'assurance au lieu de départ n'aura pas de privilége pour la prime, puisque la loi hollandaise n'en accorde pas et qu'il faut alors appliquer la règle *locus regit actum*.

2° Si elles sont chargées à Bordeaux, à destination d'Amsterdam, l'assureur qui a consenti l'assurance dans le port de départ a un privilége, *positis ponendis*, si on l'admet, mais il ne pourra l'exercer au lieu d'arrivée, parce que la loi du lieu régit les meubles.

3° Dès lors le privilége pour la prime ne sortira à effet que dans les voyages qui se font d'un port fran-

---

(1) V. Ortolan, Règles internationales et diplomatie de la mer, 1, 208 et s.; Katternborn, 1, 20.

(2) Benecke, t. 4, p. 360.

çais à un port français, tandis que, à l'égard des navires il comportera une application générale.

Nous croyons avoir démontré que l'application par analogie de l'art. 191 est inadmissible.

Examen du troisième point. — Voyons maintenant si l'art 320 aura de meilleures chances.

Posons d'abord l'objection à laquelle il sert de fondement. On dit :

L'art. 320 C. comm., relatif aux prêts à la grosse, accorde un privilége par voie d'affectation à celui qui a prêté sur un navire, et ce privilége a lieu aussi bien pour le capital que pour le profit maritime. — Ce même article reconnaît en ces termes que le prêteur a un privilége sur le chargement : — « Le chargement est « également affecté au capital et intérêts de l'argent « donné à la grosse sur le chargement. »

Ainsi cet article met sur la même ligne le navire et le chargement. Le privilége qu'il accorde à l'un comme à l'autre s'applique au capital *ainsi qu'au profit maritime.* Or, ce profit représente à la fois l'intérêt de la somme prêtée et le prix du risque, *periculi pretium.* Le prix du risque équivaut à la prime, et puisqu'il est doté d'un privilége, ne faut-il pas, par parité de motifs, le reconnaître à la prime due aux assureurs?

Il le faut d'autant plus, ajoute-t-on, que lorsqu'un contrat à la grosse repose à la fois sur le navire et sur les facultés, le privilége s'applique simultanément à ces deux objets, tandis que si une assurance est faite dans les mêmes conditions, et si le privilége ne porte que sur le navire, il faudra nécessairement ventiler la prime.

Telle est l'objection. Voici la réponse.

1° L'assimilation entre un contrat de prêt et un contrat d'indemnité est un non-sens. Inutile d'insister sur ce point.

2° L'art. 191 démontre péremptoirement l'inadmissibilité de cette assimilation. En effet, il accorde le 7e rang sur le navire aux prêts à la grosse qui ont lieu pendant le voyage, le 9e à ceux qui ont lieu avant le départ, le 10e à la prime d'assurances, et dès-lors, ayant ainsi marqué qu'entre ces deux contrats la différence est absolue, il est impossible de les assimiler.

Ce n'est pas tout que d'imaginer un privilége, il faut encore le classer. Rien de plus vague que le langage des auteurs sur ce point. Les uns n'en disent pas un mot (1), les autres renvoient au droit commun (2). D'autres enfin prétendent qu'il faut appliquer l'art. 191, sauf la différence du rang, ce qui ne dit rien (3). Par-dessus seul est plus explicite. D'après lui, la prime doit être primée par le fret et le prêt à la grosse ; elle ne doit pas atteindre le consignataire (nous avons vu que le tribunal de Marseille l'a ainsi décidé) ; bref, elle doit être placée au dernier rang. Inconséquence étrange! Cet auteur fonde le privilége sur l'art. 2102, et il écarte le rang que lui assigne cet article ! Il fait dériver le privilége du droit civil, et il le classe d'après le droit commercial !

Rien n'a manqué à l'appui de la thèse que nous combattons, pas même les raisons de sentiment.

Si on refuse un privilége à la prime, dit Pardessus, on s'expose à de graves inconvénients. D'une part, les assureurs n'accorderont plus de terme, de l'autre, l'on

(1) Vincens, *loc. cit.*
(2) Bernard, *loc. cit.*
(3) Estrangin, Boulay-Paty, Lemonnier, *loc. cit.*

éloignera les étrangers, et l'on s'exposera à ce que des Français fassent préférablement des assurances en pays étranger *où le privilége de la prime est généralement admis.*

Ecartons d'abord la première objection. Le crédit personnel est l'âme du commerce. La pratique des assurances le démontre. La prime est en général payable à terme, souvent plusieurs mois après l'arrivée, ce qui prouve que les assureurs ne tiennent aucun compte du privilége.

Quant à la seconde, elle n'a, en fait, aucun fondement. Pohls fait justement observer que l'existence d'un privilége pour garantir le paiement de la prime est, dans la pratique. des peuples maritimes, une exception et non une règle (1).

Le nouveau code allemand a supprimé tout privilége, tant pour le navire que pour les facultés. En Hollande, tout privilége était inconnu avant le code de commerce (2) qui l'a réduit au navire (L. 2, tit. 1, art. 6, n. 10). Nul privilége à Hambourg (3). En Espagne (art. 596) et en Portugal (art. 1300), il est borné au navire.

Ainsi, nous résumant, nous disons : Tout privilége étant de droit étroit, il faut tirer de l'art. 191 la conclusion qu'il n'en a point été accordé à la prime d'assurances sur facultés. Ni cet article, ni les art. 2102 C. civ. et 320 C. comm. ne justifient la création par voie d'analogie d'un pareil privilége. Et comme le silence du législateur sur ce point indique qu'il a voulu suivre en matière d'assurance la règle qu'il avait généralement

---

(1) Pohls, t. 7, p. 476.
(2) Becker, De periculo quod assec. est, p. 42.
(3) Benecke, t. 4, p. 360.

adoptée à l'égard des marchandises, en supprimant autant que possible les priviléges qui pourraient les grever, il faut en conclure que c'est avec intention qu'il a restreint au navire le privilége qui garantit le paiement de la prime.

144. — Il a été jugé que lorsque l'assurance est consentie pour un temps limité, moyennant une prime embrassant pendant la durée de l'assurance plusieurs voyages, le privilége s'applique à toute la prime, bien que l'article 191 ne l'accorde que pour le dernier voyage (1).

Ce point est délicat.

On dit dans ce sens que la prime ne peut être divisée pas plus que l'assurance ; qu'il y aurait injustice à le faire ; qu'en effet, il faudrait, pour la diviser, tenir compte du temps écoulé entre le point de départ du navire et son entrée dans un premier port, en rapportant ce temps à celui qui détermine la fin de l'assurance ; qu'ainsi, en supposant une assurance limitée à un an, et un voyage qui a duré un mois, on devrait, la division étant admise, limiter le privilége au douzième de la prime stipulée ; mais que ce mode de liquidation serait injuste, parce qu'il pourrait réduire à rien le privilége, par exemple, dans le cas où le premier voyage se serait effectué au bout de quelques jours ; qu'il est dès lors plus simple et plus juste d'accorder le privilége à toute la prime.

Dans le sens contraire on oppose l'art. 191 qui démontre que le législateur n'a pas voulu que le privilége

---

(1) 7 juillet 1829. — Rouen (S. V. 29. 2. 327). — *Sic* Dalloz. n. 271 ; Massé, t. 6, n. 599.

pût porter sur un certain nombre de primes accumu-
lées, pour en conclure que si l'assurance à temps limité
est de longue durée, on aura une seule prime qui sera
l'équivalent de plusieurs, de sorte que l'esprit de la loi
sera faussé.

Cette observation est pleine de force, et je ne vois
qu'un moyen de tout concilier, c'est d'admettre le privilége et de donner aux tribunaux le droit de réduire la
somme pour laquelle il s'exerce, lorsqu'elle est par trop
excessive.

145. — L'application de l'art. 191 aux assurances
mutuelles ne laisse pas que de présenter de sérieuses
difficultés. Pour faire mieux comprendre ce point, je
prends une espèce qui s'est présentée devant le tribunal civil de Marseille.

Le navire *La Belle Perle,* faisait partie d'une société d'assurances mutuelles et son propriétaire devait
à un certain nombre de participants certaines sommes
représentant les pertes que leur navire avait souffertes.
La Belle Perle ayant été vendu et son prix mis en
distribution, ces participants demandèrent à être colloqués par privilége. Ils soutenaient que s'étant obligés
à indemniser le propriétaire de ce navire des pertes
qu'il souffrirait, moyennant un engagement semblable
à celui qu'il avait pris vis-à-vis d'eux, la somme qui
leur était due équivalait à une prime d'assurance. —
Certains créanciers contestèrent cette prétention. Ils
soutenaient que le propriétaire de *La Belle Perle* devait en réalité une indemnité d'assurance, et comme
l'art. 191 s'applique à une créance de l'assureur contre
l'assuré, et non au cas inverse, ils en concluaient que
le privilége n'existait pas.

Tous les deux avaient raison. Les sommes dues par le propriétaire de *La Belle Perle* à ses coparticipants représentaient à la fois une prime et une indemnité d'assurance, et c'est précisément parce qu'elles avaient ce double caractère que le cas prévu par l'art. 191 n'existait pas et que dès lors le privilége devait être écarté.

CHAPITRE V.

MATIÈRE DU CONTRAT. — DU NAVIRE.

MATIÈRE DU CONTRAT.

146. — Notions générales.
147. — Du sens des mots corps et facultés en matière d'assurance.

146. — On peut faire assurer tout ce qui a une valeur et est exposé à un risque, à moins que la loi ne le défende.

L'art. 334 C. comm. indique comme susceptibles d'être assurés le navire et tous ses accessoires, le contrat à la grosse et les marchandises.

L'art. 342 y ajoute l'assurance de l'assurance ou la réassurance, ainsi que l'assurance de la prime et de la prime des primes.

Enfin l'art. 347 est ainsi conçu :

« Le contrat d'assurance est nul, s'il a pour objet :

« Le fret des marchandises existant à bord du navire ;

« Le profit espéré des marchandises ;

« Les loyers des gens de mer ;

« Les sommes empruntées à la grosse ;

« Les profits maritimes des sommes prêtées à la grosse. »

Toutes ces dispositions se rapportent à la matière du contrat qui va être l'objet des chapitres suivants.

Emerigon avait fort étendu ce sujet. Il s'occupe dans le chapitre VIII de son traité des assurances, non-seulement des objets énumérés dans les art. 334, 342 et

347 du C. comm., mais encore : 1° de la vie des hommes ; 2° de la liberté des personnes ; 3° du rachat des
captifs ; 4° du prix des nègres ; 5° des effets de contrebande ; 6° de la solvabilité des assureurs ; 7° de la solvabilité de l'assuré.

Nous ne parlerons pas de l'assurance sur la vie des
hommes, ou de la liberté des personnes qui n'ont rien de
maritime, car l'homme peut perdre sa vie ou sa liberté
sur terre comme sur mer; ni du rachat des captifs dont
il n'est plus question ; ni du prix des nègres, car l'es-
clavage est aboli ; ni des effets de contrebande, parce
que la contrebande se fait sur terre comme sur mer ;
nous nous bornerons à ajouter aux objets énumérés
dans les dispositions du Code de commerce précitées
quelques notions sur l'assurance qui s'applique à la
solvabilité, soit de l'assureur, soit de l'assuré.

147. — La presque totalité des assurances s'applique aux navires et aux marchandises. Dans le langage qui est propre à la matière, on donne au navire
le nom de corps et aux marchandises le nom de facultés. Ainsi l'on dit assurance sur corps ou assurance
sur facultés, suivant que le navire ou la marchandise
sont assurés.

Du Navire.

148. — Division du sujet.

148. — Le navire comprend le corps et quille, ainsi
que les agrès et apparaux, qui sont en général réunis
dans la même assurance.

Au navire s'ajoutent les frais d'armement et les victuailles, ainsi que le fret.

Enfin tout navire a un patron ou capitaine qui le

commande et dont la présence à bord exerce une influence quelconque sur les risques auxquels il est exposé.

De là la division suivante :

§ 1er Assurance du navire.

§ 2. Assurance des frais ou de la mise hors.

§ 3. Assurance du fret.

§ 4. Du capitaine.

§ Ier.

Assurance du corps, quille, agrès et apparaux du navire.

DIVISION.

149. — Il est nécessaire de déterminer le navire, non seulement lorsqu'il est l'objet de l'assurance, mais encore lorsqu'il est porteur des facultés. — Distinction à faire entre ces deux cas.

150. — Dispositions relatives à l'assurance directe du navire. — Division.

151. — Objets compris dans l'assurance du navire.

152. — La machine est comprise dans l'assurance d'un bateau à vapeur.

153. — Indications que doit fournir l'assuré. — Si le navire part vide ou chargé, — armé ou non armé, — sous convoi, — s'il provient de prise, — quel est son pavillon, — de quel bois construit, — sa jauge, — s'il est doublé.

154. — Des cas où ces indications comportent la nullité du contrat.

155. — Des navires armés en pêche.

156. — L'assuré n'est pas tenu de déclarer les marchandises dont le navire est porteur.

157. — Indication du nom du navire. — Est-elle prescrite à peine de nullité ?

158. — Du cas où deux ou plusieurs navires portent le même nom.

159. — De l'erreur de nom.

160. — Désignation du navire. — Exemples.

149. — Le navire est considéré, dans le contrat d'assurances maritimes, tantôt comme l'objet direct de ce contrat, tantôt comme le porteur des facultés assurées.

On l'a considéré sous ce dernier aspect dans l'assurance sur facultés, parce que presque toujours le même sinistre atteint simultanément le navire et le chargement. En effet, lorsque le navire sombre, tout ce qu'il contient est précipité comme lui dans l'abîme et périt comme lui. On exprime cette pensée lorsqu'on dit qu'une marchandise est exposée à périr par tempête, naufrage, échouement, etc.

Par suite de cette solidarité de risques, on admet que, quelle que soit l'assurance, qu'elle s'applique au navire ou aux facultés, le nom et la désignation du navire doivent être mentionnés dans la police.

Cette règle posée, il importe toutefois de distinguer.

La détermination précise du navire, lorsqu'il est l'objet de l'assurance, a un double but :

1° De faire connaître son individualité afin qu'on ne puisse pas, lorsque tel navire non assuré a subi une perte, déclarer que c'est celui-là qui a été l'objet de l'assurance ;

2° De mettre l'assureur à même de connaître l'étendue des risques qu'il court. Or, les navires sont plus ou moins exposés, suivant qu'ils sont vieux ou neufs, en bon ou en mauvais état de réparations.

Si on s'en tient au premier point, on reconnaîtra que la détermination précise du navire est secondaire pour les facultés, puisqu'elles peuvent être déterminées sans

que le navire soit connu. Il en est autrement si on s'en
tient au second, car le mauvais état du navire, qui le
soumet à plus de risques, exerce une influence semblable sur le sort des facultés.

Cette distinction démontre que l'assureur sur corps
a le droit de se montrer plus rigoureux que l'assureur
sur facultés, lorsque le navire n'est ni connu ni déterminé, ou bien s'il est imparfaitement indiqué. Du reste,
on pourra en juger par ce qui sera dit dans le chapitre suivant où il sera question du rôle du navire
dans l'assurance sur facultés.

150. — Cela posé, nous arrivons à l'assurance directe du navire.

On lit dans l'art. 332 :

Le contrat d'assurance énonce..... — le nom et la
désignation du navire ;

Et dans l'art. 334 :

L'assurance peut avoir pour objet : le corps et quille
du vaisseau vide ou chargé, armé ou non armé, seul
et accompagné, — les agrès et apparaux, — les armements, — les victuailles.

Ces deux dispositions appellent une triple division :

1° Objets compris dans l'assurance du navire ;

2° Indication du nom du navire ;

3° Désignation du navire.

151. — *Objets compris dans l'assurance du navire.* — L'assurance sur corps comprend non seulement
la coque, mais encore tous les agrès et apparaux qui
en sont considérés comme les membres (1). Ainsi, de
soi, l'assurance porte sur les mats, les cables, les ver-

_____

(1) Omnia quæ conjuncta navi sunt, veluti gubernacula, malum antenæ,
velum, quasi membra navis sunt (L. 44, D. de Evictione).

gues, les poulies, les canots et ainsi de suite (1), ou comme disent les Anglais *upon the body, tackle, apparel, ordnance, furniture, ammunition, artillery, boat and other furniture*, etc.

Les victuailles et généralement les frais de mise hors font aussi partie du navire.

Tous ces objets, qui sont mentionnés dans l'art. 334, peuvent être assurés séparément.

Bernard affirme que l'assurance faite séparément est rare et ne se présume jamais. Cela est vrai pour la coque, les agrès et les apparaux, mais non pour les victuailles qui donnent souvent lieu à des assurances séparées.

En général les polices d'assurances sur navires sont ainsi conçues : « Par l'entreprise de N..., courtier, aux « conditions générales qui précèdent et à celles parti-« culières qui suivent, moyennant la prime de.... paya-« ble...., les soussignés assurent à.... demeurant à.... « agissant pour compte de qui il appartient, la somme « de.... sur les corps, quilles, agrès, apparaux, *vic-« tuailles,* circonstances et dépendances généralement « quelconques du navire le...., estimé de gré à gré, « *vivres non compris,* etc. »

Les mots que nous avons soulignés, *victuailles, vi-vres non compris,* sont effacés ou maintenus, suivant que la mise hors est ou non comprise dans l'assurance. Si elle y est comprise, on rature les mots *vivres non compris;* si elle n'y est pas comprise, on rature le mot *victuailles.*

---

(1) Emerigon, ch. 8, sect. 6, § 1 ; Alauzet, t. 1, n. 143 ; Dageville, t. 3, p. 133; Boulay-Paty, t. 3, p. 402 ; Lemonnier, t. 1, n. 120 ; Bernard, p. 314.

152. — L'assurance d'un bateau à vapeur s'applique à la fois au navire et à la machine. Cependant, il est d'usage à Hambourg d'assurer séparément la machine. Mais cet usage est particulier à cette place et n'a pas prévalu ailleurs (1).

153. — Les termes de l'art. 334, où on lit que le navire peut être assuré *vide ou chargé, armé ou non armé, seul et accompagné,* indiquent assez que l'assuré doit faire connaître à l'assureur, indépendamment du nom et de la désignation du navire, certaines circonstances particulières qui se rapportent à sa fonction et aux conditions dans lesquelles il doit effectuer le voyage.

Cet article porte que le navire peut être assuré *vide ou chargé,* ce qui est une réponse à l'art. 7 du règlement d'Anvers qui interdisait l'assurance d'un navire partant vide.

On s'est demandé si la circonstance qu'il part vide doit être déclarée par l'assuré?

Malgre l'opinion de Valin, nous croyons que cette déclaration est obligatoire, et cela par trois motifs :

1° Un navire chargé se comporte avec plus de solidité ;

2° Il gagne un fret que l'assureur acquiert dans les cas de délaissement ;

3° Dans l'hypothèse d'une avarie commune, la contribution de la marchandise diminue la perte à laquelle l'assureur est soumis (2).

---

(1) 19 nov. 1862. — Rouen (J. M. 41. 2. 44).

(2) Boulay-Paty, t. 3, p. 357 ; Pohls, t. 6, p. 172. — Ce dernier auteur insiste sur le troisième motif.

L'art. 334 prévoit encore le cas où le navire *est armé ou non armé.*

Cette partie de sa disposition consacre implicitement l'opinion de nos anciens auteurs qui imposaient avec juste raison à l'assuré l'obligation de déclarer si le navire est ou non armé en course, à cause des risques spéciaux auxquels il est soumis dans ce cas (1).

D'après l'usage suivi en Angleterre, l'assuré n'est pas tenu de mentionner cette circonstance dans la police (2).

Enfin, aux termes de l'article 534, l'assuré doit déclarer si le navire est destiné à voyager sous convoi (3).

Les indications fournies par cet article ne sont pas limitatives.

Ainsi il est admis que lorsque le navire provient d'une prise, l'assuré doit le déclarer ;

Qu'il doit de plus désigner le pavillon du navire (4). Ajoutons que ce pavillon ne peut être changé pendant la durée de l'assurance (5).

Presque toutes les législations du Nord imposent à l'assuré l'obligation de déclarer si le navire a été construit en sapin ou en chêne (6). En Suède, il doit encore faire connaître si le navire est ou non chevillé. A Ham-

---

(1) Emerigon, t. 1, p. 163–165.

(2) Arnould, 1. 172.

(3) Boulay-Paty, t. 3, p. 358.

(4) V. Lemonnier, t. 1, n. 120 ; Dalloz, n. 1503 ; Alauzet, t. 1, n. 218 ; Dageville, t. 3, p. 59; Bernard, p. 252.

(5) *Sic* 12 oct. 1814. — Mars. (J. M. 3. 1. 174.

(6) O. Amsterdam, 1775, art. 8 ; Danemarck, O., 1746, art. 6 ; Ord. russe, art. 182 et 183 ; L. pruss., § 2026 à 2030.

bourg, le défaut de déclaration sur ce dernier point fait réduire l'assurance de moitié (1).

Ces règles ne sont pas suivies en France où presque tous nos navires sont construits en bois de chêne.

D'après l'usage établi, l'assuré indique la jauge du navire. Le plus souvent il déclare aussi s'il est ou non doublé en cuivre.

Ces deux circonstances ont une certaine importance, parce qu'elles fixent l'assureur sur le degré de solidité du navire, sur le point de savoir s'il peut effectuer sans trop de risques le voyage, et enfin sur l'exactitude de l'évaluation.

154. — Le défaut de déclaration des circonstances accessoires dont il vient d'être parlé n'entraîne pas de soi la nullité de l'assurance. En thèse générale, on doit supposer que l'assureur n'a pas cru que la déclaration fût nécessaire, et que par ce motif il ne l'a pas exigée. Mais toute déclaration, qu'elle soit exigée ou faite spontanément, doit être exacte. Si elle est entachée d'erreur et si cette erreur a influé sur l'opinion du risque, l'assurance doit être annulée. C'est ce qui sera démontré lorsque nous traiterons de la réticence.

155. — Lorsqu'un navire est armé en pêche, l'assuré doit faire connaître à l'assureur cette circonstance.

Du reste, il s'abstiendra rarement de la déclarer, parce que l'assurance comporte dans ce cas des stipulations spéciales, sans lesquelles elle ne remplirait pas son but. Ces stipulations sont les suivantes :

1° L'évaluation reste invariable, quelle que soit la durée du risque ;

---

(1) Pohls. t. 6, p. 187.

2° L'assuré a la faculté de naviguer dans toutes les mers ;

3° L'assurance porte à la fois sur l'armement et les produits de la pêche ;

4° L'assuré n'est tenu dans aucun cas de délaisser le fret.

Les instruments de pêche ne sont pas de plein droit compris dans l'assurance, lorsque l'assuré n'a pas déclaré que son navire était armé en pêche.

En Angleterre, où il est de règle que l'assurance du navire comprend de plein droit les agrès et apparaux, tels que voiles, cordages, provisions, munitions, etc., on admet que si l'assuré n'a pas déclaré que le navire était armé en pêche, les instruments de pêche doivent être considérés comme marchandises (1). Mais lorsque la nature de l'armement a été déclarée et que le navire est assuré à cette fin, on décide que les instruments de pêche font partie des apparaux (outfit), et qu'à ce titre ils sont compris dans l'assurance (2). La même règle est suivie aux Etats-Unis (3).

Elle doit être aussi suivie en France. En effet, puisque l'assurance s'applique à un navire ayant un armement spécial, elle doit comprendre par cela même tous les objets qui ont servi à former cet armement.

156. – Le propriétaire d'un navire, qui le fait assurer, n'est pas tenu de déclarer à l'assureur la marchandise qui compose le chargement. Cette règle est constante.

On a soutenu, pour l'expliquer, que les parties

---

(1) Parck, p. 97.

(2) Weskett, V⁹ Outfit et Provisions; Hill c. Puten, Rép. 8, 373. — V. aussi Pohls, t. 6, p. 181.

(3) Philipps, 1, 194.

n'ayant traité que du navire, uniquement au point de vue de la navigation, la marchandise doit être considérée comme étrangère au contrat, d'où la conséquence qu'il n'y a pas à s'occuper d'elle et à exiger qu'elle soit déclarée. Or, cette proposition n'est pas fondée, car si elle l'était, il faudrait, par parité de motifs, ne pas indiquer le navire lorsque les facultés sont l'unique objet de l'assurance, ce qui est absolument contraire aux règles établies.

Il ne faudrait pas croire non plus que l'on a considéré la déclaration de la marchandise comme inutile. Une telle proposition serait encore erronée. Il est certain qu'un navire appelé à transporter de la chaux-vive, du charbon, des essences, des allumettes chimiques, de la poudre, est plus exposé que celui qui transporte du café, du sucre ou du cacao ; dès lors, et puisque l'assureur a un intérêt réel à être fixé sur l'étendue des risques, il lui est utile de connaître le risque particulier auquel le soumet la nature du chargement.

Ce n'est donc pas l'inutilité de la déclaration qui l'a fait écarter. On l'aurait exigée si on avait pensé qu'elle fût possible ; c'est parce qu'elle ne l'est point, du moins dans la plupart des cas, qu'on en a affranchi l'assuré.

Pour démontrer à quel point elle est impossible, il suffit d'examiner comment les choses se passent suivant les diverses natures d'assurances.

1° Si l'assurance est à temps limité, par exemple, pour une période d'un an, l'assuré ne sait pas et ne peut savoir quelle sera la marchandise que chargera le navire dans les divers voyages qu'il est appelé à faire

2° Si elle est faite pour un voyage d'aller, la marchandise non spécifiée dans la charte-partie ne pourra être connue que si le navire est assuré après qu'elle a été embarquée.

3° En supposant que cette marchandise ait été déclarée dans la charte-partie, elle peut être remplacée par une marchandise différente au moment de l'embarquement, et c'est ce qui arrivera presque toujours dans le cas où un second affréteur remplacera le signataire de cette charte-partie, qui est libre de renoncer à son expédition.

4° Dans le voyage d'aller et retour, la marchandise de retour sera presque toujours inconnue.

Il est démontré par ces observations que la déclaration du chargement ne peut être faite avec une certitude absolue que lorsque la mise à bord de la marchandise est antérieure à l'assurance. Il fallait donc ne l'exiger que dans ce seul cas pour que l'assurance sur corps fut possible. Mais ainsi réduite, elle n'avait plus aucune importance, et à cause de cela, afin d'établir une règle plus simple, on a admis en principe, et d'une manière générale, que la déclaration ne serait pas exigée (1).

L'assureur ne sera pas néanmoins désarmé pour cela, car il est libre de modifier ses engagements au gré de son intérêt. Il peut exiger, avant la conclusion du contrat, que les marchandises dont le navire sera porteur lui soient déclarées, et stipuler que si le chargement n'est pas conforme, il sera affranchi des risques. Certaines compagnies d'Allemagne imposent une telle

(1) 22 octobre 1833. — Mars. (J. M. 13. 1. 391). — 26 avril 1867. — Trib. Bordeaux (J. M. 45. 2. 159). — 15 nov. 1867. — Bordeaux (J. M. 46. 2. 89).

déclaration lorsque le chargement se compose de sel, de houille, de chaux ou de craie (1).

La déclaration du chargement, lorsqu'elle est exigée, doit être faite avant la conclusion de l'assurance ; si elle était faite après, elle serait sans portée, si l'assureur était obligé de la subir, et si elle lui donnait le droit de discéder du contrat, elle serait en réalité un obstacle à sa formation.

Il est encore loisible aux assureurs. sans exiger une déclaration préalable des marchandises, d'en exclure certaines et de stipuler qu'ils seront libres de tout engagement si elles sont chargées.

Ils peuvent encore n'accepter telle ou telle marchandise que sous la déduction de tant pour cent sur l'indemnité, et en graduer le taux suivant l'importance du risque. Enfin, ils peuvent convenir qu'ils seront *francs d'avaries particulières* lorsque le navire sera porteur de certaines marchandises déterminées.

Ces sortes de conventions sont habituelles dans les assurances sur facultés. Mais alors, d'où vient qu'elles sont inconnues dans les assurances sur corps, alors cependant que les assureurs stipulent une surprime lorsque le navire, libre de naviguer partout, aborde certains parages ?

On a probablement considéré que la présence à bord de marchandises qui exposent le navire à certains risques devait éveiller à un très-haut degré la sollicitude de l'équipage ; que plus le péril serait grand, plus il redoublerait de surveillance, et qu'à tout prendre cette garantie valait mieux que celle que procurerait la

---

(1) Pohls, t. 4, p. 187.

stipulation d'une surprime ou de certaines franchises.

157. — *Indication du nom du navire.* — L'art. 332 veut que *le contrat d'assurance énonce le nom du navire.*

Cette disposition est générale et s'applique aussi bien à l'assurance sur corps qu'à l'assurance sur facultés.

Toutefois, il est certain qu'à l'égard des facultés, l'énonciation du nom n'est pas prescrite à peine de nullité (v. *infra,* ch. VI).

L'est-elle à l'égard du navire assuré ?

Oui, si, faute de l'énonciation du nom, son individualité est incertaine. — Non, lorsque le contraire a lieu.

Exemple : Un négociant de Marseille est avisé par son agent qu'il a acheté au Havre un navire moyennant tel prix, que l'acte de vente a été passé tel jour devant tel notaire, que les formalités pour opérer le transfert sur l'acte francisation ont eu lieu à telle date, que le commandement de ce navire a été confié à tel capitaine, qu'il a été affreté à telle maison, que l'embarquement est terminé, les expéditions délivrées, et que dès lors il importe de faire assurer.

L'agent a dit dans cette lettre tout ce qu'il fallait dire, mais il a *négligé de donner le nom du navire.* Malgré cette omission, le nouveau propriétaire le fait assurer à l'aide des indications qui lui ont été transmises, et l'assureur s'en contente. — Nul doute sur la validité de l'assurance dans ce cas, parce qu'il en a été assez dit pour que l'individualité du navire soit certaine.

158. — Aux Etats-Unis, un grand nombre de navires portent le nom de Washington. Un fait analogue peut se présenter en France, comme si, par exemple,

deux navires s'appellent l'un et l'autre *Le Victorieux.*
— Que faut-il décider dans ce cas ?

L'ignorance de l'assuré étant admise, on validera
l'assurance. — Mais s'il sait que d'autres navires portent le même nom que le sien, et s'il ne l'a pas déclaré
à l'assureur, on examinera si celui-ci a été ou non
trompé sur l'opinion du risque ; on annulera s'il a été
trompé, on validera s'il ne l'a pas été.

L'assurance étant admise comme valable dans ce
cas, il est toujours nécessaire de rechercher quel est,
entre les différents navires qui portent le même nom,
celui qui a été assuré.

Cette recherche sera toujours facile lorsque l'assurance aura été consentie au profit du véritable propriétaire ; mais lorsqu'elle l'a été au profit d'un commissionnaire, il est alors indispensable de déterminer le
navire assuré, au moyen de documents qui se rapportent à l'assurance, tels que l'ordre de faire assurer, l'avis
de la conclusion du contrat, le crédit relatif à la prime,
etc.

159. — La mention du nom du navire dans la police,
lorsqu'il est l'objet de l'assurance, est prescrite par
toutes les législations des peuples maritimes (1). Ce
principe ne cède, comme nous l'avons déjà dit, que
dans certains cas très-exceptionnels.

Il arrive quelquefois que les parties substituent un

---

(1) Guidon de la mer, ch. XI, art. 1; Ord, Midlebourg, art. 9; Rotterdam,
art. 6 ; Amsterdam, 1744, art. 2 ; Burgos, 1538, art. 17 ; Recopilacion de
leyes de la Indias ; L. 9, tit. 9, arg. L. 85 ; Ord. Bilbao, ch 22, art. 1 ;
Prusse, 1727, ch. 6, art 3 et 1766, p. 2, § 6 ; C. esp., art. 841 ; C. holl.,
art. 590 ; Suède, 1750, art. 4, § 2 ; Ord. Hambourg. tit. 1, art. 4, n. 5 ; Danemarck, 1683, L. 4, ch. 6, art. 2. — Telle est aussi la jurisprudence suivie
en Angleterre et aux États-Unis.

nom à un autre, ou qu'elles modifient le véritable nom.
— Que faut-il décider dans ce cas ?

Avant de résoudre cette question, posons d'abord, à titre d'exemple, les espèces qui se sont présentées soit devant nos tribunaux, soit devant les tribunaux étrangers.

. On peut les diviser en quatre catégories :

1° *L'erreur est manifeste.* — Ainsi un navire appelé *La Colombe* fut appelé *Le Louis XIV* (1).

2° *Le nom est changé mais en se rapprochant du véritable nom.* — Ainsi un navire appelé *Marie-Louise* fut dénommé *Les Louises* (2). — Un autre appelé *Anna* fut appelé *Hanau* (3). — Un navire hollandais fut appelé *Catharina Johanna* au lieu de *Catharina Gertruda,* qui était son véritable nom (4). — En Angleterre, un navire qui s'appelait *The Leonard* fut appelé *The Leopard* (5). — Dans une autre affaire, on avait substitué au nom *The President* celui de *The American ship President* (6).

3° *Simple changement d'orthographe.* — Ainsi, à Hambourg, un navire appelé le *Zecrops* fut appelé le *Cecrops* (7).

4° *Traduction du nom d'une langue dans une autre.* — Ainsi, un navire espagnol nommé *Las tres hermanas,* qui fut assuré en Angleterre, fut dénommé

---

(1) 23 mai 1844. — Paris (S. V. 45. 2. 281. — D. P. 44. 2. 158. — P. 44. 1. 673).
(2) 16 juin 1831. — Mars. (J. M. 12. 1. 193*).*
(3) 16 avril 1839. — Aix (J. M. 18. 1. 116).
(4) V J. M, 16. 2. 22).
(5) Hunter v⁴ Molineux in East, 6, Rep. 385.
(6) Lemasurier v⁴ Vaughan, East. 6, 382 et s.
(7) Pohls, t. 6, p. 197.

dans la police *The three sisters* (1). — Un navire suédois, appelé *Le Wilhem* fut assuré en Italie sous le
nom de *Gugliemo Suedesse* (2).

Dans tous ces cas, sauf un, les assurances ont été
validées. — Pourquoi? — Parce qu'il est de principe
que le contrat ne doit être annulé pour erreur de nom
que si l'assureur a été trompé, soit sur l'identité du navire assuré, soit sur l'opinion du risque (3), de sorte
que la question de nullité est entièrement dominée par
les circonstances de fait.

Pothier, qui est aussi de cet avis, n'a pas manqué,
en vrai romaniste, d'invoquer la loi 9, D, de *Contrah.
empt.* aux termes de laquelle : *Nihil enim facit error
nominis, cum de corpore constat.* — Principe vrai
dans les matières de droit commun, mais qu'il ne faut
pas appliquer d'une manière absolue à l'assurance, où
l'opinion du risque a peut-être plus d'importance que
l'identité du navire assuré ou porteur des facultés assurées. Il est vrai que Casaregis pose en principe que
*error nominis non attenditur quando ex aliis con-
jecturis constat de navis identitate* (4), mais pour
corriger ce qu'il y a de trop absolu dans sa formule, il
fait en même temps observer que lorsque l'identité du
navire est constante, il est rare que l'opinion du risque
soit faussée.

---

(1) Claphans, v. Cologau, Campbell, Rep. 382.

(2) Il existe sur ce point une excellente consultation delibérée dans le
sens de la validité de l'assurance par Girod et Clariond. J.M. 16. 2. 17.

(3) Emerigon, t. I, p. 160 ; Valin, sur l'art. 3 ; Pothier, n. 105 ; Boulay-
Paty, t. 3, p. 319 ; Dageville, t. 3, p. 58 ; Bernard. p. 225 ; Pardessus, t. 3.
n. 806 ; Estrangin, p. 163 et 369 ; Dalloz, n 1499 ; Haghe et Cruismans,
n. 44 et 45 ; Massé, t. 4, n. 59.

(4) Casaregis, Disc. 1, n. 159.

Les principes que nous avons posés ci-dessus sont également suivis en Angleterre (1), aux Etats-Unis (2) et à Hambourg (3).

Lorsque l'erreur de nom empêche de constater l'identité du navire assuré, ce qui du reste ne peut être que très-rare, aucune difficulté ; l'assurance est nulle faute d'objet.

L'influence que cette erreur a exercé sur l'opinion du risque dépend, comme nous l'avons déjà dit, des circonstances. Ainsi, dans l'espèce jugée par la cour de Paris, où le navire appelé *La Colombe* fut désigné sous le nom de *Le Louis XIV,* l'assurance fut annulée parce qu'il existait un navire portant ce dernier nom, construit depuis deux ans, tandis que le navire *La Colombe* avait déjà vingt-six ans d'existence. Du reste, on peut poser comme règle que si le nom substitué est celui d'un autre navire, l'assurance devra presque toujours être annulée (4). Il est manifeste, en effet, qu'étant donnée cette espèce, l'assureur qui prendra des renseignements sur le navire qu'on lui propose d'assurer, soit au moyen du registre *Veritas,* soit de toute autre manière, en recevra qui s'appliqueront à un navire pour lequel aucune proposition ne lui est faite. Mais pourquoi raisonner d'une manière générale? L'assureur a pu ne pas se méprendre malgré l'erreur commise, par exemple s'il assure depuis longtemps le navire et si la nouvelle assurance n'est que la continuation de celles qu'il a déjà souscrites. Ainsi, dans une espèce où

---

(1) Lemazurier v⁵ Vaughan. East Rep. 6, 382.
(2) Philipps, t. 1, p. 65.
(3) Pohls, t. 6, p. 195; Benecke, 2, 150.
(4) Dans ce sens Baldasseroni, t. 1, p. 2, t. 2, § 15 ; Benecke, t. 2, p. 150.

le véritable nom avait été communiqué à l'assureur par la correspondance, on estima que l'erreur de nom, imputable au commis du courtier qui avait transcrit la police, n'avait aucune importance, et l'assureur paya volontairement l'indemnité.

L'erreur de nom n'a plus la même gravité lorsque le navire, au lieu d'être l'objet direct de l'assurance, est simplement porteur des facultés assurées. La question d'identité étant, dans ce cas, étrangère à l'assureur, on n'a plus à s'occuper que de l'opinion du risque, et comme le risque ne s'applique pas directement au navire, on doit surtout examiner si l'erreur commise a donné à l'assureur la conviction qu'il était exposé à un moindre péril.

160. — *Désignation du navire*. — L'art. 332 veut que le navire soit désigné dans la police.

Cependant, il est admis que lorsque le navire est dénommé, aucune autre désignation n'est nécessaire ; qu'il suffit de dire qu'on assure tel navire, parce que ce mot s'applique à tout vaisseau, aussi bien à un trois-mâts qu'à une felouque : *Attendendum est,* dit Casaregis, *quod nomen navis, uti genericum, couvenit omnibus nascellis, et sic etiam urcœ et pin quo, licet sint naves minoris armamenti et securitatis* (1).

Malgré cette autorité, on a élevé des doutes sur le point de savoir s'il ne fallait pas insérer dans la police, non seulement le nom du navire, mais encore mentionner s'il est un brick, une corvette, une barque, etc., et on s'est fondé à cet égard sur ce que l'art. 3 de l'ordonnance ne parle que du nom du navire, tandis que l'art.

---

(1) Casaregis, Disc. 1, n. 29.

332 parle du nom et de la désignation du navire. Cependant l'opinion contraire a prévalu parce que, le nom étant donné, si l'assureur n'exige rien de plus, on doit présumer qu'il sait à quoi s'en tenir sur la nature et l'importance du navire (1).

On a même décidé que lorsqu'un navire à vapeur a été transformé en navire à voile, l'assuré n'est pas tenu de déclarer cette circonstance (2).

Quelles que soient ses obligations à cet égard, les déclarations qu'il fait doivent être sincères et complètes. Ainsi il a été jugé que l'assurance était nulle alors que l'assuré avait déclaré que le navire assuré était à vapeur, sans faire connaître en même temps qu'il était simplement un bateau-dragueur (3).

On pourrait croire, à la simple lecture d'un jugement rendu par le tribunal de Marseille, qu'il a décidé que celui qui fait assurer un bateau à vapeur doit indiquer son tonnage et la force de la machine L'examen attentif de ce jugement prouve qu'il n'en est rien. En effet, il s'agissait d'un navire à qui l'assuré avait fait faire un voyage de Nantes au Sénégal, qui n'était en rapport ni avec son tonnage, ni avec la force de sa machine, et comme celui-ci avait gardé le silence sur toutes ces circonstances, l'assurance fut annulée (4).

161. — L'assuré n'est pas tenu de déclarer à l'assureur que le navire, objet de l'assurance, a cessé d'être

---

(1) *Sic* 28 août 1829. — Bordeaux (S. V. 30. 2. 181). — Dans ce sens Estrangin, n. 106 ; Pardessus, t. 3, n. 806 ; Boulay-Paty, t. 3, p. 319 et s.; Alauzet, t. 1, n. 215 ; Lemonnier, t. 1, n. 675. — V. cependant Bédaride, t. 3, n. 1046.

(2) 13 déc. 1858. — Mars. (J. M. 37. 1. 43).

(3) 9 février 1865. — Paris (J. M. 43. 2. 115.

(4) 30 avril 1830. — Mars. (J. M. 19. 1, 312).

coté au *Veritas* ou au *Lloyd's shipping Register*. On a élevé des doutes sur ce point, parce que la révélation de ce fait est de nature à prémunir l'assureur contre une certaine aggravation de risques (1). — Mais on a fait observer avec juste raison qu'il est toujours facile à celui-ci de connaître ce fait, et que par suite il serait par trop rigoureux d'annuler l'assurance (2).

J'ai consulté dans une espèce où l'assuré s'était obligé à justifier que le navire assuré avait au registre *Veritas* une cote déterminée ou bien une cote équivalente sur tout autre registre. Le navire l'avait au moment où l'ordre de faire assurer fut donné, mais elle expira le 30 août et l'assurance ne fut conclue que le 1er septembre. Cette situation ne laissait pas que d'être embarrassante. Je conseillai aux parties de transiger, ce qu'elles firent.

162. – La désignation du navire, quoique n'étant pas absolument obligatoire peut cependant être exigée par l'assureur. De cela qu'il exprime cette volonté, on doit en conclure qu'il ne connaît pas le navire, et dès lors toute fausse désignation, surtout lorsqu'elle est très-grave, comme si l'on appelle un trois-mâts ce qui n'est qu'une barque, doit entraîner la nullité de l'assurance : *Si navis est diversa ab ea quæ cantat contractus.... non valet assecuratio.... si fuit assecurata fregata et erat barca* (3). — Et pourquoi? — *Quia nempe magis tuta sit navigatio cum una quam cum altera specie navis* (4).

---

(1) 19 février 1860. — Paris (J. M. 38. 2. 96).

(2) 8 mars 1866. — Mars. (J. M. 44. 1. 141); 8 octobre 1866. — Aix (J. M. 45. 1. 163).

(3) Casaregis, Disc. 1, n. 29.

(4) Luca, De Credito, Disc. 108, n. 6.

L'annulation de l'assurance ne souffrirait aucun doute si l'assuré avait donné sur le navire soumis à l'assurance des détails susceptibles de dissimuler l'erreur commise : *si per demonstrationes fuit descripta navis* (1).

Mais si on assure comme pinque ce qui est une polacre, ou réciproquement, l'erreur étant alors indifférente, il n'y a pas lieu d'annuler le contrat (2).

§ II.

La mise hors.

163. — Ce qu'on entend par mise hors.

164. — La mise hors peut être assurée séparément du navire. — Dans ce cas l'assurance est exclusivement régie par la police qui lui est propre.

165. — Elle ne peut être assurée séparément lorsqu'elle est déjà comprise dans l'assurance du navire.

166. — On doit assimiler à une assurance de la mise hors la condition par laquelle celui qui a avancé la somme nécessaire pour la constituer convient que cette somme ne sera pas remboursable au cas de perte.

167. — D'après l'usage, la mise hors est assurée franche d'avaries et sous la condition que le délaissement sera remplacé par une réduction sur l'indemnité.

168. — On ne doit pas déduire de l'indemnité, la valeur des vivres consommés.

169, — ...... ni le fret perçu par l'assuré.

163. — On donne le nom d'armement aux dépenses faites pour pouvoir effectuer le voyage. Ces dépenses comprennent les avances que reçoit l'équipage, l'achat

---

(1) Casaregis, Disc. 1, n. 31.

(2) Emerigon, ch. 6, sect. 4, § 3.

des provisions de guerre et de bouche, les frais d'expé- ' dition, de consulat, etc., et généralement tout ce qui a reçu dans la langue des affaires le nom de mise hors.

On ne fait habituellement assurer que les frais de mise hors antérieurs au départ, parce que ceux qui peuvent avoir lieu pendant le voyage sont alors absolument inconnus, et que lorsqu'ils sont faits, il n'est pas toujours possible à l'armateur de les faire assurer.

164. — La mise hors peut être réunie au navire et confondue avec lui dans une seule et même assurance, ou bien elle peut être l'objet d'une assurance distincte, qui lui est exclusivement applicable.

Lorsqu'elle est assurée en même temps que le navire, par une seule et même police, elle en est considérée comme une partie intégrante et ne se distingue pas de lui dans le règlement de l'indemnité. Lorsqu'elle est l'objet d'une assurance distincte et que le navire est aussi distinctement assuré, chacun d'eux est régi par la police qui lui est propre.

Ainsi, dans une espèce où la mise hors et le navire avaient été assurés par deux polices distinctes, dont l'une, celle qui s'appliquait au navire, interdisait le délaissement au cas d'innavigabilité relative, tandis que l'autre ne renfermait pas la même stipulation, le tribunal de Marseille décida, contre la prétention des assureurs, que la mise hors pouvait être délaissée au cas d'innavigabilité relative (1).

165. — Lorsque la mise hors est assurée séparément, on doit rechercher si l'assuré ne l'a pas comprise dans l'assurance du navire, afin d'éviter qu'une double as-

---

(1) 20 mai 1857. — Mars. (J. M. 35. 1. 153).

surance ne porte sur le même objet. Cela importe
d'autant plus, qu'en général les armateurs ont une
tendance marquée à exagérer l'importance de la mise
hors et qu'il n'est pas rare qu'ils la fassent assurer séparément après l'avoir comprise dans la valeur du
navire.

A cette fin, les uns soutiennent que la police relative
au navire qui porte en même temps sur la mise hors,
renferme une évaluation insuffisante et qu'ils la complètent en faisant assurer séparément la partie de la mise
hors qui n'a pas été comprise dans la première police (1).
Les autres font figurer parmi les frais d'armement
certaines dépenses faites pour réparer le navire et obtiennent par ce moyen une évaluation plus considérable
qu'il ne faudrait (2).

D'autres combinaisons sont encore mises en œuvre
pour augmenter ou même doubler le total des dépenses
qui forment la mise hors.

166. — Un des moyens souvent employés dans ce
but mérite d'être signalé.

Un armateur convient avec un tiers que celui-ci
avancera la somme nécessaire pour payer toutes les
dépenses de mise hors, sous la condition que si le navire périt la somme avancée sera perdue pour ce tiers.
— Il va sans dire que cet armateur paie à ce prêteur
une commission qui représente les intérêts, la prime,
plus un bénéfice, et que ce dernier fait assurer le risque
auquel il est soumis.

La validité de cette stipulation ne comporte aucun

---

(1) 8 juin 1859. — Mars (J. M. 37. 1. 191).
(2) 25 juin 1845. — Mars. (J. M. 43. 1. 208).

doute. En effet, il est constant, lorsqu'on la décompose, qu'elle contient à la fois un prêt et une assurance, c'est-à-dire deux contrats parfaitement valables lorsqu'ils sont séparés, et qui ne doivent pas cesser d'être tels, parce qu'ils sont réunis.

Rendons cela sensible par un exemple. Un individu prête par un premier contrat à un armateur la somme nécessaire pour payer toutes les dépenses d'armement, sous la condition que la somme prêtée sera remboursée après l'heureuse arrivée du navire. — Après ce premier contrat, il assure la mise hors pour une somme égale à celle qu'il a prêtée. — Le navire périt, et la compensation s'opère entre la somme prêtée et l'indemnité.

Ces deux contrats sont à coup sûr licites ; dès lors leur réunion n'est qu'une pure affaire de forme et n'en change pas le caractère.

Mais lorsqu'on les a réunis, l'assurance se dégage moins ; elle est presque occulte, ce qui permet de faire assurer une seconde fois la mise hors avec quelque chance d'impunité. Il est vrai que ce moyen est aujourd'hui percé à jour (1) mais il a été déjà remplacé par d'autres.

167. — L'assurance sur la mise hors est en général stipulée *franche d'avaries*. La nature de l'objet assuré le veut ainsi. En effet, des dépenses déjà faites pour avances à l'équipage, courtage, expédition, consulat, etc., sont des êtres de raison qui ne sont pas susceptibles d'une détérioration matérielle. Il est vrai que les provisions de bouche sont susceptibles d'être alté-

---

(1) 19 nov. 1862. — Rouen (J. M. 41. 2. 44).

rées, mais comme elles sont successivement consommées, et que, pour apprécier l'importance de l'avarie, par rapport à elles, il faudrait nécessairement déterminer celles qui existent encore en nature, il a été admis pour plus de simplicité, que la garantie de l'assurance serait bornée à la perte totale ou présumée telle.

Par le même motif, le délaissement est considéré comme illusoire, et il a été remplacé par un prélèvement de tant pour cent sur l'indemnité.

168. — Lorsque la mise hors est assurée et que le navire périt, l'assureur n'a pas le droit de déduire de l'indemnité la valeur des vivres déjà consommés. Cette règle est constante et a été consacrée par deux jugements du tribunal de Marseille (1).

Elle est d'ailleurs conforme aux principes généraux qui sont la base de notre système d'assurance, d'après lequel, la perte survenant, l'assuré doit être placé dans la position où il aurait été s'il n'avait pas entrepris l'opération.

En vertu de ce principe, le navire est estimé d'après sa valeur au lieu de départ, et la mise hors évaluée *vaille plus, vaille moins,* est considérée comme un capital invariable pendant toute la durée des risques. En vain dirait-on qu'il n'est pas admissible que des vivres déjà consommés puissent être atteints par le sinistre. Cette objection serait fondée, si on avait assuré les biscuits, le lard, les légumes, etc., embarqués pour la nourriture de l'équipage. Mais telle n'est pas l'assurance de la mise hors. Elle a uniquement pour objet le dommage auquel l'assuré est exposé lorsqu'il a

(1) 11 octobre 1851. — Mars (J. M. 30. 1. 213); 21 octobre 1851. — Mars (J. M. 30. 1. 257).

fait des dépenses en vue d'une opération de transport qui ne réussit pas. On admet dans cette sorte d'assurance que la perte du navire implique l'insuccès de l'opération, et par suite la perte des dépenses qui ont été faites pour la faire réussir. Dès lors, il importe peu que les vivres soient ou non consommés, car s'ils sont consommés, ils l'ont été en pure perte, et s'ils ne le sont pas, ils doivent être compris dans le délaissement ou, d'après l'usage suivi, dans la réduction de tant pour cent sur l'indemnité qui le remplace.

Ce point ne souffre aucune difficulté lorsque l'assuré ne recouvre pas le fret par suite de la perte du navire, car alors, il est bien constant qu'il ne reçoit pas l'équivalent de la mise hors et qu'elle est réellement perdue pour lui. C'est ce qui arrive dans le cas où le navire périt en même temps que la marchandise. C'est ce qui arrive encore lorsque la marchandise étant sauvée et le navire perdu, l'assuré doit, conformément à l'art. 386 du C. comm., délaisser le fret à l'assureur du navire en même temps que le sauvé.

169. — La difficulté commence lorsque l'assuré de la mise hors prétend avoir le droit, le navire étant perdu, de recevoir l'entière valeur de cette mise hors et de garder en même temps le fret qu'il a perçu.

Ce point a donné lieu à une discussion qui mérite d'être rapportée.

Le navire *Le Gustave,* affrété pour un voyage de Bordeaux à Tampico, était arrivé au terme de sa navigation, lorsque, à Tampico même, il vint se briser contre une barre et reçut de si graves avaries qu'il fut déclaré innavigable. Bien que tel fut l'état de ce navire, la marchandise put être débarquée et remise au destinataire. En conséquence, celui-ci paya le fret.

Dans cette situation, le propriétaire du navire s'a-
dressa à celui qui le lui avait assuré, lui fit le délaissement du sauvé, *mais non du fret,* attendu que par
une clause spéciale il en avait été dispensé. — Ensuite
il s'adressa à l'assureur de la mise hors et lui demanda
la somme assurée pour cet objet, soit 4,000 fr.

Celui-ci refusa de la payer en se fondant sur ce que
la perte de la mise hors n'existait pas pour l'assuré, du
moment où il avait encaissé l'entier fret et qu'il le gar-
dait. Voici comment il raisonnait :

« Les victuailles et les provisions qui sont consom-
« mées pendant le voyage, et qui par suite ne sont pas
« destinées à arriver au lieu de destination, ne peuvent
« être considérées comme étant l'objet de l'assurance.
« — Celle-ci ne s'applique et ne peut s'appliquer qu'au
« succès de l'opération de transport. — Cette opération
« n'est entreprise que pour gagner le fret; si donc il
« est gagné, on doit dire qu'elle a réussi. — Il importe
« peu dès lors que le navire soit perdu, pourvu que le
« fret soit sauvé. — Au moyen du fret, l'assuré a re-
« couvré les dépenses de mise hors, et dès lors il les
« recevrait en pur gain s'il pouvait les demander à
« l'assureur. »

L'assuré répondit :

« D'après l'art. 286 du C. comm., le fret est le fruit
« civil du navire; d'où il résulte qu'il en est l'acces-
« soire indivisible. C'est pour cela qu'il est délaissé
« en même temps que le sauvé lorsque le navire périt.
« — Si moyennant une augmentation de prime l'assu-
« reur consent à ce que le fret ne soit pas compris dans
« le délaissement, l'assurance qui s'applique à la mise
« hors ne doit pas pour cela être modifiée dans ses

« effets. — Il reste toujours que cette mise hors est con-
« sidérée, tout autant que le fret, comme l'accessoire
« indivisible du navire, et qu'elle périt totalement lors-
« que le navire subit une perte totale. — Il en est ainsi
« lorsque le navire et la mise hors sont confondus
« dans une même assurance. On ne saurait admettre
« qu'il puisse en être autrement lorsque chacun d'eux
« a été assuré par police séparée. »

Le tribunal de commerce de Bordeaux donna gain
de cause aux assureurs, mais son jugement fut réformé
par la cour (1).

La même question s'est présentée dans une espèce
où l'assuré avait reçu avant le départ une partie du
fret non remboursable à tout évènement. Le navire
ayant subi une perte totale, l'assureur de la mise hors
soutenait que l'assuré devait imputer sur le montant
de l'indemnité la partie du fret qu'il avait reçue, et il
s'appuyait, pour soutenir cette prétention, sur les motifs qui viennent d'être exposés. Mais la cour de Douai
donna raison à l'assuré (2).

En dehors de la législation positive, et à ne considérer que les principes généraux qui régissent le contrat
d'assurance, l'assureur avait raison dans les deux espèces qui viennent d'être rapportées. En effet, comme
nous le verrons dans le paragraphe suivant, le fret
brut représente l'usure du navire ainsi que tous les
frais de mise hors. Dès lors, ces frais sont sauvés lorsque l'assuré touche ce fret, comme ils sont perdus
lorsqu'il ne le touche pas. Il avait été touché dans

---

(1) 24 février 1837. — Trib. Bordeaux et 9 nov. 1839. — C. Bordeaux (J.
M. 19 2. 124).

(2) 21 janv. 1854. — Douai (J. M. 35. 2. 124).

l'espèce jugée par la cour de Bordeaux ; dès lors l'indemnité n'était pas due.

Tout cela est vrai mais à une condition, c'est que l'assurance du fret brut sera permise. Si alors on le suppose assuré, la mise hors qui y est comprise le sera aussi, d'où la conséquence qu'elle ne pourra être assurée séparément.

Mais non seulement l'assurance du fret n'est pas admise, mais encore on considère le fret comme perdu lorsque le navire subit une perte totale. Or, s'il est perdu, il ne doit pas figurer dans le règlement qui concerne la mise hors.

Cela posé, revenons sur ce qui a été déjà dit et qu'on ne saurait trop redire. Pour placer l'assuré dans la position où il aurait été s'il n'avait pas entrepris l'opération, l'objet assuré est évalué d'après ce qu'il vaut avant le commencement du risque. Si le navire vaut alors 20,000 fr., si les frais d'armement se portent alors à 4,000 fr., l'assureur paiera l'une et l'autre de ces deux sommes. Il ne pourra les réduire bien que la valeur de l'objet assuré ait subi une diminution au moment du sinistre. Tel étant notre système d'assurance, on n'a pas à tenir compte du fret, car au moment où l'évaluation se fait il n'est encore qu'une espérance. Tout est fictif dans ce système. Au point de départ, on ne tient pas compte du fret parce qu'il n'existe pas ; au moment du sinistre, on suppose qu'il est perdu. Qu'importe alors qu'il ait été encaissé par l'assuré. La loi suppose le contraire, ce qui ne permet pas de tenir compte du fait réel.

§ III.

Assurance du fret.

170. — Cas dans lesquels le fret est perdu pour le propriétaire du navire. — Cas dans lesquels il est perdu pour l'affréteur.

171. — Le propriétaire du navire ne peut faire assurer le fret. — Législations étrangères sur ce point. — Critique de la loi française.

172. — De la clause *chargé ou non chargé* en usage aux Etats-Unis.

173. Du cas où le fret étant assuré le chargement n'a pas lieu. — Principes suivis en Angleterre dans ce cas.

174. Lors de la rédaction du C. comm., on proposa de permettre l'assurance du fret.

175. — L'assurance du fret est frappée de nullité absolue.

176. — Assurances du fret conclues dans les pays étrangers où la loi les autorise

177. — Du cas où la perte du fret est due à la baraterie du patron que l'assureur a garantie.

178. — Différence entre le fret brut et le fret net au point de vue de l'assurance.

179. — L'assurance du fret brut, déduction faite du fret net, est-elle permise en France ?

180. — Qu'est-ce que le fret acquis ? — Il ne peut exister à l'égard du propriétaire du navire.

181. — De l'assurance du fret payé d'avance et acquis à tout événement.

182. — L'assurance de ce fret est valable.

183. — En règle générale, lorsque le freteur n'impute pas la partie du fret gagnée sur la somme avancée, l'assureur de l'affréteur est soumis à cette condition,

185. — L'armateur ne peut faire assurer la perte que lui cause l'obligation où il est de faire le délaissement de la somme avancée sur le fret lorsqu'il fait le délaissement du navire.

186. — Le chargeur ne peut faire assurer l'obligation où il est de payer l'entier fret lorsque les marchandises ont subi une avarie.

170. — Le fret peut être perdu ou totalement ou

partiellement. Il l'est partiellement : 1° lorsque le voyage étant en partie effectué et ne pouvant être terminé, le paiement n'en est fait que *pro rata itineris* (Cod. comm., art 296); — 2° lorsque le navire étant affrété pour l'aller et le retour, l'interdiction de commerce force le capitaine à revenir avec son chargement au lieu de départ, auquel cas il n'est dû que le frêt d'aller (C. comm., art. 299); — 3° lorsque le propriétaire ne contribue pas aux frais de rachat du navire capturé, auquel cas le fret n'est dû que jusqu'au lieu de la prise (C. comm., art. 305).

Le fret est totalement perdu lorsque la marchandise a elle-même subi une perte totale (C. comm., art. 302).

Dans les cas prévus par les dispositions qui précèdent, la perte n'est supportée que par le propriétaire du navire.

Mais l'affréteur peut aussi, dans le cas prévu par l'art. 302 subir une perte comme débiteur du fret. — Cet article est ainsi conçu :

« Il n'est dû aucun fret pour les marchandises per« dues par naufrage ou échouement, pillées par des « pirates ou prises par les ennemis. »

« Le capitaine est tenu de restituer le fret qui lui « aura été avancé, s'il n'y a convention contraire. »

Supposez que l'affréteur ait avancé au fréteur la moitié du fret, sous la condition que cette avance ne sera jamais restituable, même dans le cas où la marchandise viendrait à subir une perte totale; si ce cas se réalise, cet affréteur perd la somme avancée, puisque sans son engagement il eût été complètement exonéré du paiement du fret.

171. — Le fret est donc soumis à certains risques,

soit à l'égard du fréteur, soit à l'égard de l'affréteur; il peut dès lors être assuré. Mais l'ordonnance comme le Code de commerce en ont prohibé l'assurance à l'égard du propriétaire du navire.

En effet, l'art. 13 de l'ordonnance porte que le *propriétaire des navires ni les maîtres ne pourront faire assurer le fret à faire de leurs bâtiments,* et l'art. 347 du C. de comm. porte que *le contrat d'assurance est nul s'il a pour objet le fret des marchandises existant* à *bord du navire.*

Il résulte de ces dispositions, des termes qui y sont employés, que la prohibition de faire assurer est limitée au fret, considéré comme le fruit civil du navire, et que par suite elle ne concerne que celui qui est propriétaire de celui-ci.

Sauf l'Espagne (C. comm., art. 895) et le Danemack, toutes les nations maritimes ont permis l'assurance du fret (1). Nous sommes convaincus qu'en s'écartant des principes que nous suivons, elles ont mieux compris les véritables intérêts du commerce.

En effet, on dit pour justifier la prohibition que le propriétaire du navire doit avoir toujours un intérêt à sa conservation ; que ce but ne serait pas atteint s'il lui était permis de se faire garantir, au moyen d'une assurance, de toutes les pertes auxquelles il est exposé; que pour qu'il y reste exposé, il faut, puisqu'on lui a permis d'assurer le navire, lui interdire l'assurance du

---

(1) L'assurance du fret est permise en Angleterre et aux Etats-Unis. — Il en est ainsi en Allemagne (C. all., art. 783. 801 et s.), à Hambourg, tit. 3, art. 1 et plan revisé, § 11 ;—en Suède, 1750, art. 3, § 1 et 2 ;— en Hollande, art. 593 et 616 ; — en Prusse, §§ 1982, 1986 et 1990. — Ce genre d'assurance était permis en Italie. V. Roccus, not. 96 ; Baldasseroni, tit. 1, p. 3, tit. 7, §§ 27 et 28 ; tit 8, § 3.

fret.' — On ajoute que l'assurance du fret avant le départ ne peut se rapporter qu'à une simple espérance ;
qu'en effet le fret n'est que le fruit civil du navire et le
prix d'une navigation heureuse ; qu'il ne peut être assuré avant d'être gagné, puisqu'il n'existe pas,' et qu'il
ne peut l'être après qu'il a été perçu, puisqu'il n'est
soumis à aucun risque (1).

On oppose à ces deux motifs les raisons suivantes :
— On crut, à l'origine du contrat d'assurance, qu'il
importait, pour intéresser le propriétaire du navire à
sa conservation, de ne lui permettre de le faire assurer
que pour une partie de sa valeur. On a fini par comprendre que cette manière de voir était erronée, qu'on
limitait la liberté des transactions sans profit pour
l'intérêt public. Aussi, toutes les nations maritimes,
sauf l'Espagne, ont admis que le navire pouvait être
assuré pour toute sa valeur. En proclamant ce principe,
à l'égard du principal, elles ont du l'admettre, par
parité de motifs, à l'égard de ce qui en est l'accessoire
indivisible. En effet, le fret à faire est au navire ce que
le fruit est au sol lorsqu'il n'en est pas encore détaché.
Donc les nations qui ont prohibé l'assurance du fret
ont commis une inconséquence (2).

On oppose que le fret n'a pas une existence actuelle ;
qu'il sera mais qu'il n'est pas encore.— Autant dé mots
vides de sens. De même que le navire et le chargement
ne cessent pas d'être une propriété, quoique soumis à
tous les risques maritimes, de même le fret, dû en
vertu d'un contrat certain, ne cesse pas d'être une

(1) V. Emerigon. ch. 8, § 2.
(2) Pohls, t. 4, p. 85.

créance quoiqu'il soit exposé aux mêmes risques. Ces risques appellent l'assurance, lui donnent sa raison d'être. Donc le fret peut être assuré.

172. — L'aliment du risque manquerait dans l'assurance du fret s'il était permis, comme aux Etats-Unis, de le faire assurer *dû ou non dû*, que le navire soit chargé ou ne le soit pas (carried or not carried)(1). Dans ce cas, l'assureur restant engagé alors que le navire n'est pas chargé, l'assurance dégénère en gageure lorsque ce cas se réalise.

173. — Les principes fondamentaux seraient encore violés si l'assurance s'appliquait à la perte que subit l'armateur lorsqu'il n'a pu se procurer un chargement. C'est pour cela que les anglais ont posé en principe qu'il faut, pour que l'assurance du fret sorte à effet, que la marchandise soit à bord du navire au moment de la perte (2).

Toutefois, ce principe est modifié lorsque le chargement a été empêché par un fait de force majeure, parce qu'alors la cause qui l'a empêché constitue elle-même un risque (3).

Ainsi, dans l'espèce Montgomery vˢ Eggington, une partie de la marchandise était à bord, l'autre sur le quai prête à être embarquée, lorsque le navire, séparé de ses amarres, fut lancé par la violence de la tempête en pleine mer, où il périt. Ce fait étant constant, on décida que l'entier fret était dû par l'assureur.

Dans l'espèce Warre, vˢ Millar, le navire était affrété

---

(1) Delonguemarre, vˢ Phœnix Insec. Co Johns Rep. 127.

(2) Tonge vˢ Watts, 3 Str. 1251.

(3) Montgomery vˢ Eggington, 3 T Rep. 392; — Truscott vˢ Helson, ibid., 329; — Parcke. vˢ Helson, ibid, 329; — Warre vˢ Millar, 4 B et Cr. 538.

pour un voyage d'aller et retour. Ce navire ayant péri dans le voyage d'aller, et le chargement de retour étant prêt à être livré, on décida que l'assureur du fret pour l'aller et retour devait le payer intégralement (1).

Dans une autre espèce, un navire avait effectué dans le port de départ une partie de son chargement, qu'il devait compléter dans un port intermédiaire, pour se rendre de là au lieu de destination. Le navire périt avant d'arriver dans le port intermédiaire, et l'assuré, qui s'était fait garantir l'entier fret, en demanda le paiement à l'assureur. Malheureusement pour cet assuré, il ne s'était pas fait souscrire de charte-partie et l'assureur se prévalut de cette circonstance pour lui refuser le paiement de l'indemnité. Une instance s'engagea et lord Ellenboroug opina contre l'assuré, bien qu'il parut certain que le chargement lui aurait été livré dans le port intermédiaire. Il se fonda sur ce que n'ayant pas de charte-partie, il était moins certain d'obtenir la livraison (2).

Que faut-il conclure des règles posées par la jurisprudence anglaise? — Que le fret n'offre pas d'aliment à l'assurance toutes les fois que le chargement ne s'est pas effectué, à moins qu'il n'ait manqué par un risque, car alors ce risque est par lui-même un aliment; mais que si le chargement a eu lieu, le fret est alors certain; qu'à la vérité il est soumis à certains risques, mais que c'est là le vrai motif d'en permettre l'assurance.

174. — On discuta longuement lorsqu'on arrêta la rédaction de l'art. 347, sur le point de savoir si les

---

(1) Wiliamson, v⁵ Junes, 8 Bing, 81.
(2) Forbes v⁵ Aspinall, 13 East, 331 ; — Forbes, v⁵ Cowie, 1 Bampb, 520.

principes posés par l'ordonnance seraient conservés.
La grande majorité des tribunaux de commerce et la
Cour de cassation étaient contraires à la prohibition.
Mais au Conseil d'Etat, les commissaires chargés de la
rédaction s'en déclarèrent les partisans résolus. L'exemple de ce qui se fait en Angleterre ne leur parut pas
concluant. Etant convaincus, ainsi qu'ils le déclarèrent,
que l'assurance du fret ne présente aucun avantage et
favorise la mauvaise foi, ils préférèrent la prohiber. On
leur fit observer que plus ils restreindraient la liberté
des assurances, plus ils les feraient refluer dans les
pays étrangers. Ils ne le crurent pas (1).

175. — Les travaux préparatoires du Code de commerce, la discussion qui se produisit dans le sein du
Conseil d'Etat prouvent que l'assurance du fret fut prohibée par des motifs fondés sur les intérêts généraux
du commerce. On a induit de là, avec juste raison,
qu'une telle assurance est nulle, d'une nullité absolue,
qui n'est pas susceptible de ratification (2).

176. — Ce point est indiscutable. Mais les prévisions
qui se manifestèrent lors de la rédaction du C. de commerce se sont pleinement réalisées. Les assurances du
fret se font en général en pays étranger, et les cours
supérieures, réformant impitoyablement les décisions
rendues par les tribunaux consulaires, réagissent tant
qu'elles le peuvent contre cette tendance. Il va sans
dire qu'elles troublent le commerce, mais qu'elles n'empêchent rien.

---

(1) V. Locré, t. 2, 367.
(2) 3 juin 1832. — Rej. (S. V. 32. 1. 321. — D. P. 32. 1. 255); — 8 août
1821. — Mars. (J. M. 3. 1. 40); — 27 nov. 1835. — Mars. (J. M. 15. 1. 348).
— V. *sic* Alauzet, t. 1. n. 255 et Dageville, t, 3, n. 229.

Ainsi, la cour de Bordeaux a décidé que le commissionnaire qui est en faute pour n'avoir pas fait assurer
le fret en pays étranger, alors qu'il s'y est obligé, ne
peut être attaqué en dommages-intérêts devant les tribunaux français, et cela parce que l'art. 347 prohibe
de faire assurer le fret, que l'ordre public est engagé
dans cette prohibition et que tout engagement tendant
à la violation de ce principe est essentiellement nul (1).

Nous ne pouvons que reproduire sur ce point l'opinion que nous avons déjà professée (V. supra, n. 11).

Ajoutons, ce qu'on ne saurait méconnaître, que tout
commerçant français est libre de se faire assurer en
pays étranger, que ce droit étant reconnu, il y aurait
contradiction si l'assurance ne pouvait être stipulée
conformément à la loi du pays où elle est consentie ;
que dès lors le mandat donné à un tiers de faire ce que
le mandant pourrait faire lui-même est licite ; qu'étant
à la fois licite et obligatoire, le droit à des dommages-
intérêts est ouvert lorsque le mandataire n'a pas rempli
ses engagements.

Sans doute, lorsque la loi morale universelle est violée, et elle l'est lorsque l'assurance n'a aucune réalité
et constitue un simple jeu, nos tribunaux doivent résister. Mais la prohibition de faire assurer le fret est un
principe contingent et relatif qui est limité, si on tient
compte des observations déjà faites à la frontière française. Lorsqu'elle est franchie, l'ordre public ne perd
pas pour cela ses droits, car il ne les perd jamais ; mais
comme il a changé de caractère, que les intérêts qu'il
sauvegarde doivent être réglés par les grands princi-

(1) 15 fév. 1839. — Bordeaux (J. M. 37. 2. 73).

pes de droit international privé qui régissent le commerce des nations, il faut proclamer bien haut qu'on jette le trouble dans la grande société commerciale du monde lorsqu'on cesse de respecter les engagements pris dans un pays conformément à la législation qui y est en vigueur.

C'est pour cela que nous ne saurions approuver les décisions qui refusent de valider les assurances du fret passées en pays étranger lorsque la législation de ce pays le permet (1).

177.—On a poussé bien loin l'application du principe qui prohibe l'assurance du fret, lorsqu'on a décidé que l'assureur, responsable de la baraterie du patron, n'était pas tenu de payer le fret, dont la perte était due à une faute de ce patron (2). Cependant cette décision est parfaitement juridique.

178. — Ces principes généraux étant posés, il nous semble utile, pour mieux déterminer les limites qu'il faut assigner à la prohibition d'assurer le fret, d'exposer les règles qui sont suivies dans les pays où l'assurance en est permise.

La distinction entre le *fret brut* et le *fret net* sera le point de départ obligé de cet exposé.

Il convient de rappeler, pour l'intelligence de cette distinction, que le fret représente :

1° Les frais d'armement pour avances faites à l'équipage, achats de victuailles ou de munitions, et généralement tout ce qui constitue la mise-hors ;

---

(1) V. 4 déc. 1862. — Rennes (J. M. 41. 1. 189). — Cet arrêt réforme un jugement du tribunal de commerce du Havre du 13 sept. 1862, qui avait déclaré exécutoire en France une assurance du fret consentie en Angleterre.

(2) 20 septembre 1867. — Mars. (J. M. 45. 1. 319).

2° Le dépérissement graduel du navire pendant le voyage ;

3° Les loyers et la nourriture de l'équipage pendant ce même voyage ;

4° Les dépenses qui doivent être faites dans le lieu d'arrivée ;

5° Le bénéfice, si bénéfice il y a, que réalise l'armateur.

Cela posé, lorsque ces cinq éléments sont réunis, on dit que le fret est *brut* ; — lorsqu'on déduit du fret brut les quatre premiers éléments. ce qui reste, c'est-à-dire le bénéfice que fait l'armateur, constitue le fret *net*.

Ce qui va suivre démontrera l'importance de cette distinction. Pour savoir si l'assurance du fret peut porter sur le *brut* ou sur le *net*, il ne faut pas perdre de vue que l'assurance du navire et du fret peut être faite par un seul et même contrat, ou bien que chacun d'eux peut être l'objet d'un contrat séparé.

Dans le premier cas, il est toujours facile de combiner le règlement de la perte de manière à éviter les doubles emplois qui procureraient à l'assuré un bénéfice.

Il est plus difficile de les éviter lorsque le navire est assuré par une police, le fret par une autre, et que chacune de ces deux polices est souscrite par un assureur différent.

Mais comment et dans quel cas un double emploi ou plusieurs peuvent-ils se produire ?

La réponse à cette question sera plus simple et mieux comprise lorsque nous aurons exposé les trois méthodes en usage pour le règlement de l'assurance sur fret.

Pour plus de clarté, supposons un navire qui a, au lieu de départ, y compris la mise hors, une valeur de.................................... 30,000 fr.

Le fret stipulé par la charte-partie se porte à............................... 10,000

Total............ 40,000 fr.

Supposons que ce fret se décompose comme suit :

1° Mise hors............. 3,000 fr. ⎫
2° Dépérissement du navire. 2,000 ⎪
3° Frais pendant le voyage. 2,000 ⎬ 10,000 fr.
4° Frais à l'arrivée........ 1,000 ⎪
5° Bénéfice.............. 2,000 ⎭

Cela posé, appliquons notre exemple aux trois méthodes qui sont suivies :

PREMIÈRE MÉTHODE

L'assureur paye à l'assuré le fret brut. Celui-ci reçoit donc, y compris le navire, 40.000 fr.

En recevant cette somme, il gagne :

1° La mise hors, c'est-à-dire un des éléments du fret, qui est entrée en même temps dans la somme de 30,000 fr. représentant la valeur du navire soit   3,000 fr.

2° Le dépérissement graduel du navire pendant le voyage, puisque ce navire a été estimé au lieu de départ, et que la somme représentant ce dépérissement entre comme élément dans le fret.............................. 2,000

Total.......... 5,000 fr.

Si la perte est totale et que les dépenses au lieu d'arrivée soient supprimées, il gagne encore................................. 1,000

En tout....... . 6,000 fr.

DEUXIÈME MÉTHODE

L'assureur ne paie que le fret net, soit dans notre
exemple .... 2,000 fr.
Plus la valeur du navire, soit.......... 30,000
_____
Total........... 32,000 fr.

Il est évident que l'assuré perd, lorsque cette méthode est suivie, toutes les dépenses qu'il a faites pendant le voyage, soit..................... 2,000 fr.

A quoi il faut ajouter, suivant le cas, les dépenses
qu'il fait au lieu d'arrivée.

TROISIÈME MÉTHODE

Elle consiste à considérer le navire et le fret comme
un seul objet assuré, et à les régler simultanément de
manière à éviter les doubles emplois.

Ainsi, étant donnée la somme de 40,000 fr. qui représente la valeur du navire au lieu de départ, y compris la mise hors, plus le fret brut, soit ci.   40,000 fr.

On en déduit :

1° La mise hors, comprise simultanément dans l'évaluation du navire et dans
le fret brut, ci...... .... 3,000 fr.

2° La somme qui représente
le dépérissement du navire,
puisqu'il a été estimé d'après
sa valeur au lieu de départ, et   6.000
que cette somme est comprise
dans le fret, soit............. 2,000

3° Les dépenses à faire au
lieu d'arrivée, lorsque l'assuré
ne les supporte pas, ci........ 1,000
_____
et l'assureur paie à l'assuré............. 34,000 fr.

A Hambourg, on suit la première méthode (1). Elle doit être réprouvée, puisqu'elle procure un bénéfice à l'assuré. En effet, dans l'exemple ci-dessus, il bénéficierait des 6,000 fr. que nous avons retranchés en exposant la troisième méthode.

M. Pohls est partisan de la seconde méthode (2). Ainsi que nous l'avons déjà dit, elle ne procure pas à l'assuré la réparation complète de la perte qu'il subit. Cependant elle a été adoptée par certaines compagnies d'assurance de Londres (3).

La troisième méthode est la seule qui soit conforme aux vrais principes de l'assurance. Elle est suivie en Angleterre (4), et le nouveau code de commerce allemand vient de l'adopter.

D'après ce code, lorsque rien n'a été précisé quant au fret net ou au fret brut, c'est le fret brut qui est censé avoir été assuré (5) (art. 802), ce qui n'empêche pas qu'on doive déduire de ce fret les frais d'équipement, les loyers des matelots, les frais d'assurance lorsqu'ils ont été déjà assurés (art. 801).

Aux Etats-Unis, on est dans l'usage, afin d'éviter les calculs et les évaluations que comporte la troisième méthode, de n'assurer que les deux tiers du fret brut et de ne le soumettre à aucune réduction (6). Mais lorsque le fret brut a été assuré dans son entier, on doit, comme à Hambourg le payer intégralement.

---

(1) Nolte, t. 1, p. 871 ; Benecke, t. 1, p. 70.

(2) Pohls, t. 4. p. 65

(3) Benecke, t. 1, p. 76.

(4) Shave vᵗ Falton, 2 East, 109. — V. aussi conforme *Stevens*, p. 190 ; Arnould, 1, 315 ; Benecke, t. 1, p. 60 et s.

(5) Telle est aussi la règle en Angleterre. Forbes vᵗ Espinall, East Rep., 15, 324.

(6) Coolidge vᵗ Glabe Mar. Insec. Co, 15 Mass. Rep, 341.

La loi allemande prévoit le cas où l'armateur fait assurer un fret qui n'est pas déterminé, soit que les parties n'aient rien convenu sur ce point, soit que l'assuré étant à la fois propriétaire du navire et des facultés, il lui ait été impossible de le stipuler, et elle dispose que, dans ces deux cas, le fret sera fixé suivant l'usage (v. art. 620 combiné avec l'art. 801). On admet aux Etats-Unis que l'assuré est libre d'évaluer le fret dans la police, comme il lui convient, et que l'assureur qui accepte cette évaluation ne peut la faire réduire (1).

Jusqu'à présent, nous avons supposé que la perte du fret était totale. Lorsqu'elle est partielle, on est dans l'usage de déduire du fret que l'assuré aurait touché s'il n'avait pas été réduit, le fret qu'il a réellement reçu, et de lui payer la différence (2).

Ainsi, supposons un fret brut de.......	20,000 fr.
sur lequel l'assuré aurait payé au lieu de reste..................................	8,000
de sorte qu'il lui serait resté net........	12,000 fr.
si le fret est réduit à .... 8,000 fr. sur lesquels l'assuré a payé... 5,000	3,000
l'assureur paye à l'assuré.............	9,000 fr.

179. — Un auteur, influencé par les principes suivis dans les pays où l'assurance du fret est permise, soutient que l'art. 347 ne prohibe que l'assurance du fret net, et que dès lors il est permis d'assurer tous les autres éléments du fret.

Presque tous ces éléments, dit-il, peuvent être assu-

---

(1) Philipps, t. 2, p. 28 et s.
(2) Pohls, t. 4, p. 577.

rés. En effet, la mise hors comprend toutes les dépenses de l'armement, achats de provisions, avances faites aux gens de mer, etc. Or, ces dépenses sont représentées par une partie du fret brut. Donc, lorsqu'on assure la mise hors, c'est comme si on assurait une partie de ce fret.

Ce même fret, ajoute notre auteur, représente l'usure du navire; ce représentatif est encore assuré, puisque le navire est estimé d'après sa valeur au lieu de départ.

L'assurance qui porterait sur les dépenses faites pendant le voyage serait licite. Or, ces dépenses complètent les divers éléments qui constituent le fret brut lorsque le bénéfice qu'il procure en a été déduit. Donc, puisque à l'exception de ce bénéfice, tous les autres éléments du fret brut peuvent être assurés pièce à pièce, pourquoi ce fret, qui les centralise, ne le serait-il pas? (1)

Pour démontrer le vice de ce raisonnement nous allons prendre comme exemple les loyers payés aux gens de mer.

Supposons que des avances ayant été faites aux matelots sur leur loyer, la perte du navire et du chargement entraîne la perte du fret. — Aux termes de l'art. 258 C. comm., ces avances ne sont pas restituables. — De là une perte. — Peut-elle être couverte par une assurance?

Non, si on ne considère que les avances en elles-mêmes, car elles ont été faites en vertu d'une convention, et on ne peut se faire exonérer de ses engagements au moyen d'une assurance.

---

(1) Haghe et Cruismans, n. 17.

Non, si on considère que les avances ne constituent une perte que parce que le fret est perdu, car, en les faisant payer à l'assureur, on aboutirait par un moyen détourné à l'assurance d'une partie du fret.

180. — L'art. 6 de la déclaration de 1779, relatif à l'assurance du fret, a donné lieu à de nombreuses controverses. Cet article est ainsi conçu :

« *Le fret acquis pourra être assuré* et ne pourra « pas faire partie du délaissement du navire s'il n'est « expressément compris dans la police d'assurance. »

Sur le fondement de cette disposition, on a distingué entre le *fret acquis* et le *fret à faire,* et on a admis que si le premier peut être assuré, le second ne peut l'être.

Cette distinction faite, on s'est demandé s'il y avait un fret acquis, s'il existait par rapport à l'armateur et si l'assurance en était possible. Il faut bien le dire, dans cette recherche, on a trouvé des mots et point d'idées. C'est ce que Valin et Pothier démontrent admirablement (1).

Le fret, disent-ils, est acquis à l'armateur lorsqu'il lui est dû ; mais alors il n'est soumis à aucun risque ; or, point de risque, point d'assurance.

Tout au plus l'armateur, créancier du fret acquis, peut-il faire assurer la solvabilité de l'affréteur, ce qui n'a rien de commun avec l'assurance du fret.

Cette démonstration est évidente. Emerigon la connaissait, mais plein de déférence pour la déclaration de 1779, il essaya de démontrer, au moyen d'une espèce, que l'art. 6 n'est pas absolument vide de sens. Voici l'espèce qu'il imagina : (2)

---

(1) Valin, sur l'art. 13 ; Pothier, n. 36.
(2) Emerigon, ch. 8, sect. 8.

I   14

Un navire est affrété pour se rendre du Havre à Marseille moyennant un nolis de 60 fr. par tonneau, avec faculté de s'arrêter à Cadix et d'y débarquer la marchandise, auquel cas le fret doit être réduit à 50 fr. — Le navire entre dans ce dernier port. Le capitaine veut y opérer le débarquement, mais sollicité de poursuivre son voyage, il consent à mettre la voile et à se diriger sur Marseille. Il part, mais il n'arrive pas, par suite de la perte du navire.

Étant donnée cette espèce, dit Emerigon, le fret est acquis pour le voyage du Havre à Cadix, tandis qu'il est à faire pour le voyage de ce dernier port à Marseille, et dès lors l'assurance du fret sortira à effet pour le premier voyage et sera annulée pour le second (1).

On avait donc trouvé un fret acquis pour le navire. L'expression resta. On proposa de lui donner asile dans le Code de commerce. On n'en fit rien. Malgré cela nos auteurs discutent encore sur l'espèce posée par Emerigon, et il est sans cesse question du fret acquis dans le monde des affaires. Il s'est donc établi sur ce point une sorte de tradition. Cependant si on demande à ceux qui la maintiennent une exposition claire et nette des idées qu'elle représente, tout s'évanouit, et il ne reste qu'une simple apparence.

L'espèce posée par Emerigon a quelque chose de captieux et produit une certaine illusion. Mais lorsqu'on la serre de près, on arrive, sous une forme différente, au raisonnement de Pothier et de Valin.

---

(1) V. conforme à l'opinion d'Emerigon, Bernard, p. 328 ; Pardessus, t. 3, n. 765 ; Boulay-Paty, t. 3, n. 432 ; Dalloz, n. 1580. — Contra Estrangin, p. 3 et s.; Alauzet, t. 1, n. 232 ; Haghe et Cruismans, n. 18.

Il suffit, pour en être convaincu, de poser l'alternative suivante :

Ou l'affréteur doit le fret correspondant au voyage du Havre à Cadix, parce que telle est la convention, et alors pourquoi faire assurer un risque qui n'existe plus; — ou bien l'entier fret est perdu parce que, d'après la convention, le parcours du Havre à Marseille ne forme qu'un seul et même voyage, et alors l'assurance du fret doit être déclarée nulle.

Il est donc constant qu'un fret acquis, susceptible d'être assuré, ne peut exister à l'égard du propriétaire du navire.

181. — Peut-il exister, comme le prétendaient Pothier et Valin, à l'égard de l'affreteur ? — Incontestablement oui, lorsqu'il est dans le cas prévu par l'art. 302 du C. de comm.

Pour plus de clarté, prenons une espèce. Un affréteur avance à son fréteur l'entier fret, sous la condition qu'il ne sera pas restituable, même au cas de perte totale des marchandises. Celles-ci périssent, et il arrive que cet affréteur, qui aurait été dispensé de payer le fret, l'a payé sans compensation, puisque les marchandises qui l'auraient représenté n'existent plus. Il subit donc une perte, causée par un sinistre de mer, qui peut être l'objet d'une assurance dont la légitimité ne saurait être contestée, parce que l'art. 13 de l'ordonnance ne dispose qu'à l'égard *des propriétaires des navires ou des maîtres,* et que l'art. 347 C. comm. s'est approprié cette disposition. Ajoutons qu'il est très-probable que les auteurs de la déclaration de 1779 ont entendu appliquer l'art. 6 à ce cas, ainsi que plusieurs décisions l'ont proclamé, ce que nous n'osons pas cependant considérer comme constant.

Nous avons supposé dans l'exemple qui précède que l'affréteur avait avancé la totalité du fret. Lorsqu'il n'en avance qu'une partie, les conditions dans lesquelles l'assurance de cette avance peut être faite restent les mêmes, à la somme près ; elles ne changent que lorsque la perte du fret est partielle au lieu d'être totale.

Dans ce dernier cas, tout dépend des conventions faites au sujet de l'avance. En effet, les parties ont pu stipuler :

1º Qu'elle ne sera perdue pour l'affréteur qu'au cas de perte totale du fret, mais que s'il est sauvé en partie, tout ce qui le sera s'imputera d'abord sur cette avance ;

2º Que le fréteur gardera l'avance et touchera le fret sauvé jusqu'à ce qu'il soit rempli de l'entier fret.

Ainsi, soit un fret de 20,000 fr., réduit par une cause quelconque à 10,000, sur lequel le fréteur a touché par avance 5,000 fr.

Dans le premier cas, le fréteur ne touchera sur le fret sauvé que 5,000 fr.; — dans le second, il gardera l'avance et touchera les 10,000 fr., montant du fret sauvé.

Toutefois, à supposer que le fret sauvé se porte à 16,000 fr., l'affréteur ne lui en paiera que 15,000, parce que cette somme, réunie à celle qui a été avancée forme l'entier fret.

182. — D'après un usage généralement suivi, le fréteur qui a reçu une avance non restituable s'oblige à assurer à ses frais, mais cependant pour le compte et au profit de l'affréteur, le risque auquel cette avance est exposée. De plus, et toujours d'après l'usage, ce même fréteur garde la somme qui lui est avancée, le fret fut-il entièrement perdu, et lorsqu'il est partiellement sauvé, il perçoit sur son montant la somme nécessaire pour que, réunie à celle qui lui a été avancée, il arrive à être couvert de l'entier fret.

Cette combinaison, il faut bien le reconnaître, procure au fréteur, par un moyen détourné, l'équivalent d'une assurance directe du fret. Cependant, au point de vue juridique, on ne saurait y voir une assurance, par le double motif que l'avance non restituable est perçue en vertu d'une stipulation qui figure comme condition accessoire dans un contrat d'affrétement, et que l'affréteur débourse la somme avancée, ce qui est incompatible avec la nature propre du contrat d'assurances.

L'application qui est faite de l'art 302, la situation qu'elle procure à l'armateur à qui elle fournit le moyen d'éluder l'art. 347, ont fait penser à un habile jurisconsulte qu'il était juste et légitime de déclarer nulle l'assurance que se fait consentir l'affréteur, en raison des risques auxquels l'avance sur le fret est exposée (1).

Singulier système! On veut protéger l'art. 347 contre les empiétements de l'art. 302. On reconnaît qu'il faut pour cela diriger les coups contre l'armateur, car la prohibition d'assurer le fret ne regarde que lui, et cependant on lui laisse les avances qu'il a reçues! — Et il faut qu'on les lui laisse, car, comme le dit très-bien Valin : *A l'égard du propriétaire, il n'est pas question de faire assurer de sa part ce fret acquis, puisqu'il l'a déjà gagné.... On ne peut faire assurer que*

---

(1) Bédarride, t. 3, n. 1129.

ce qui est en risque, et il n'y a plus de risque en cette partie pour lui....

Mais alors tout est dit ; le mal est fait, et il est sans remède.

Cependant on ne peut se résigner, et puisque l'armateur garde l'avance, que par là l'art. 347 est affaibli, on s'en prend à l'affréteur, et, pour l'atteindre, on lui conteste le droit de faire assurer les risques que court la somme avancée.

La loi toute entière proteste contre cette création d'un agent responsable ; l'art. 302, qui permet à l'affréteur de faire des avances sur le fret ; l'art. 347, qui ne s'applique pas à lui ; les principes généraux qui permettent de faire assurer tout risque. Et alors que reste-t-il ? Simplement la tentative de réduire, à l'aide d'un expédient, l'application de l'art. 302, pour en faire profiter l'art, 347, ce qui n'est pas une solution juridique.

Ajoutons que dans la pratique, la légitimité de l'assurance sur avance non restituable du fret, est considérée comme certaine (1).

183. — Dans une telle assurance, les rapports entre l'assureur et l'assuré sont absolument ceux qui existent entre celui-ci et l'armateur. Ainsi, lorsque ce dernier a le droit d'ajouter à la somme avancée le fret partiellement gagné, l'assureur ne peut prétendre, à moins de convention contraire, qu'il a le droit d'imputer ce fret sur le montant de cette somme.

La question a été ainsi jugée dans l'espèce suivante :

Sprague et Oxnard affrètent à Bonnefoi ainé le navire *La Coquète* pour un voyage de Laguna à Marseille

---

(1) 15 fév. 1855. — Mars. (J. M. 33. 1. 78).

èt lui font une avance sur le fret, payable à tout événement, moyennant une prime d'assurance. Le navire
affrété relâche à la Havane, où il est déclaré innavigable
et vendu aux enchères publiques. — Sprague et Oxnard, qui avaient fait assurer le fret avancé, signifient
le délaissement aux assureurs, qui l'acceptent sous la
condition que le fret proportionnel qui a été gagné
s'imputera sur le montant de la somme avancée.

De là une contestation, qui fut tranchée en ces termes par le tribunal de Marseille :

« Attendu qu'aux termes de l'art. 386 du C. de comm.
« le fret des marchandises sauvées, quand même il
« aurait été payé d'avance, fait partie du délaissement
« du navire, et appartient à l'assureur sur corps ; —
« que les assureurs sur avance du fret sont donc sans
« droit pour réclamer pour leur compte le sauvetage
« du fret, qui, en cas de perte du navire, doit faire
« partie du délaissement de celui-ci, dont il est l'acces-
« soire ; que c'est précisément en vue de la perte du
« navire qu'a eu lieu l'assurance des avances faites au
« capitaine au port de départ, et que les assureurs sur
« lesdites avances n'ont pu ignorer qu'en cas de perte,
« ils auraient à les payer en entier sans espoir de sau-
« vetage, le risque qu'ils en ont pris, ne pouvant par
« sa nature, avoir droit à aucun sauvetage. — Par ces
« motifs, etc. » (1).

La même question s'est encore présentée dans l'espèce suivante :

Bouisson affrète aux sieurs Bruno Rostand et Cⁱᵉ le
navire *San-Iago*, pour un voyage de Marseille à la Ha-

_____

(1) 7 juillet 1856. — Mars. (**J. M.** 34. 1. 223).

vane, aller et retour, pour effectuer un chargement de
sucre dans ce dernier port et le débarquer dans le
premier. — A la Havane, le capitaine reçoit 8,644 fr.
67 c. d'avance sur le fret, non restituable à tout événe-
ment, *moyennant une prime d'assurance de 3 p. 0|0*.
— Le voyage commence, le navire subit des avaries
pendant son cours, une relâche à Charlestown est reconnue nécessaire, et après l'arrivée dans ce port, le
navire est déclaré innavigable.

Il est dû un fret proportionnel *pro rata itineris,* et
une discussion s'élève entre l'affréteur et le propriétaire
du navire. — Le premier soutient qu'il a le droit de
toucher ce fret jusqu'à concurrence de la somme qu'il
a avancée. — Le second soutient qu'il a le droit de
garder cette somme, plus de percevoir le fret partiel ou
proportionnel, attendu qu'après l'avoir perçu, il ne sera
pas encore couvert de l'entier fret.

Ce dernier avait évidemment raison. Cependant le
premier soutenait que, comme affréteur, il n'avait aucun
droit au fret partiel ; mais qu'il était assureur, par rapport à lui-même, ce qu'indiquait la convention, où il
était dit qu'il faisait l'avance *moyennant une prime
d'assurance de 3 p. 0|0 ;* qu'il fallait donc juger la
question comme si un tiers avait consenti l'assurance.

Le tribunal de Marseille suivit l'affréteur dans cette
voie et rendit la décision suivante :

« Attendu que Rustand et Cie concluent subsidiaire-
« ment à retenir, puisqu'ils sont assureurs des avan-
« ces, le prorata du fret qu'ils doivent en raison de la
« partie du voyage effectué de la Havane à Charles-
« town ; — que ce point se résout par l'appréciation de
« l'assurance convenue entre les parties ; — que ce

« n'était ni une assurance du corps, ni une assurance
« de victuailles et mise hors, et qu'elle pouvait exister
« simultanément avec celles-ci ; — que c'était une as-
« surance ayant pour aliment une somme d'argent,
« une part du fret acquise, sauf les risques à courir
« dans le reste du voyage ; part de fret susceptible
« d'assurance par la réunion de ces deux circonstan-
« ces, qui fesaient que c'était tout à la fois un fret ac-
« quis et un fret exposé à un risque de mer ; — que
« cette assurance est autorisée par la loi qui permet de
« stipuler que le fret avancé ne sera pas remboursable,
« et par suite de se garantir du remboursement par
« une assurance ; — que le fret ainsi assuré était ab-
« solument distinct du prorata du fret qui a été gagné
« ultérieurement à raison de la traversée de la Havane
« à Charlestown ; — que si l'assurance du fret à réali-
« ser dans un voyage était licite, on comprendrait que
« les assureurs tenus de tout le fret pussent déduire la
« portion reçue par l'assuré ; mais qu'assureurs seu-
« lement de la partie gagnée à un point donné, le fret
« qui s'acquiert ultérieurement est tout à fait en de-
« hors de leur contrat, et ils n'y peuvent rien prétendre;
« — que ces deux parties du fret ne sont pas un produit
« l'un de l'autre, comme l'est le fret par rapport au
« navire ; — qu'elles ne sont liées que parce qu'elles
« doivent, à la fin du voyage, former un seul tout ;
« mais que dans l'assurance elles sont scindées, l'as-
« surance ne comprenant et ne pouvant avoir pour
« aliment que la première d'entre elles ; — attendu que
« l'assureur sur avances de fret ne court aucun risque
« relativement au fret qui s'acquiert postérieurement,
« qu'il ne court pas le risque du navire qui le gagne ;

« qu'il n'y a donc aucun titre pour que ce fret ultérieur
« lui profite ; — qu'il est vrai de dire, comme l'a dé-
« claré un précédent jugement, qu'il n'y a pas de sau-
« vetage pour les assurances sur avances de fret, parce
« que c'est une assurance contre une éventualité de
« remboursement ; que seulement cette assurance,
« comme toutes les autres, a ses limites, en ce qu'elle
« ne peut pas devenir une occasion de bénéfices, cas
« qui se réaliserait si les avances faites et le prorata du
« fret gagné excédaient le fret convenu ; qu'il y aurait
« lieu en faveur des assureurs à réduction du bénéfice
« qui en résulterait ; que ce cas n'est pas celui de l'es-
« pèce ;

« Par ces motifs, etc.

« Appel. — Arrêt confirmatif (1). »

184. — L'armateur qui a reçu, à titre d'avance, une
partie du fret non remboursable à tout événement, et
qui a en même temps fait assurer son navire, peut-il
faire couvrir par une assurance la somme avancée
pour le cas où il serait obligé de la délaisser à l'assureur du navire ?

Un armateur soutenait que l'assurance était valable
dans ce cas, parce que la somme avancée constituait
un fret acquis.

On lui répondit victorieusement que la nécessité où il
était de le délaisser prouvait qu'il n'était pas acquis.

D'ailleurs, de deux choses l'une : — ou bien l'assurance s'appliquait à l'obligation de délaisser entre les
mains de l'assureur sur corps la somme avancée, et
alors elle n'avait pas de sens ; — ou bien elle avait

---

(1) 18 décembre 1857, — Mars. (J. M. 36. 1. 5). — 7 juin 1858. — Aix
(J. M. 36. 1. 284).

pour objet de faire restituer cette même somme par l'assureur de l'armateur, et alors elle portait directement sur une partie du fret (1).

185. — Une marchandise qui vaut 50,000 fr. est transportée d'un point à un autre moyennant un fret de 5,000 fr. — Elle arrive au port de destination après avoir subi des avaries qui l'ont réduite à une valeur de 25,000. — Malgré cette diminution, le fret reste le même, soit 5,000 fr., d'où il résulte que si la marchandise était arrivée à l'état sain, le fret l'aurait grevée de 10 p. 0/0 de frais, tandis qu'en raison de son état d'avaries, les mêmes frais représentent 20 p. 0/0.

Cela posé, on s'est demandé si l'affréteur pouvait, en prévoyance de ce cas, faire assurer une somme représentant l'excédant de frais dont la marchandise est grevée, relativement à sa valeur, soit dans l'espèce ci-dessus, 2,500 fr.

On dit pour l'affirmative que la moitié du fret est perdue pour l'affréteur, puisqu'au lieu de grever la marchandise dans la proportion de 10 p. 0/0, il la grève de 20 ; que d'ailleurs une telle assurance ne porte pas sur le profit espéré (2).

Nous ne saurions adopter cette opinion, tout en reconnaissant que l'art. 347 ne saurait être invoqué contre elle, attendu que cet article ne prononce la nullité

---

(1) 5 avril 1866. — Mars. (J. M. 44. 1. 162). — V. aussi Cass. Rejet, 4 juillet 1864.

(2) Dans ce sens Haghe et Cruismans, n. 19 ; Pardessus, t. 3, n. 817; Alauzet, n. 253. — D'après le code hollandais, la valeur réelle des objets assurés peut être augmentée du fret, des droits d'entrée et autres frais qui lors de l'heureuse arrivée, doivent être nécessairement payés, pourvu qu'il en soit fait mention dans la police. — A la bonne heure ! Mais alors la loi a parlé.

de l'assurance sur fret qu'à l'égard de l'armateur. Mais la négative résulte de ce point que la valeur de la marchandise doit être fixée, au lieu de départ, d'après le prix courant ou le prix coûtant, d'où la conséquence qu'il faut écarter du règlement de la perte toutes les modifications que cette valeur pourra subir, soit à raison du fret, soit à raison de la fluctuation du marché.

§ IV.

Du capitaine.

186. — Le capitaine qui commande le navire doit être dénommé, mais point à peine de nullité.

187. — L'erreur sur le nom du capitaine n'entraîne pas la nullité de l'assurance.

188. — Le changement volontaire du capitaine entraîne la nullité de l'assurance.

189. — Lorsque le changement du capitaine est forcé et qu'il y a lieu de le remplacer avant le départ, le nouveau capitaine doit être agréé par l'assureur.

190. — Les règles relatives au changement forcé du capitaine s'appliquent au chargeur aussi bien qu'au propriétaire du navire.

191. — Dans quel cas le changement du capitaine doit être considéré comme forcé.

192. — Du cas où le capitaine se démet et abandonne le commandement.

193. — Du cas où l'inconduite du capitaine est notoire.

194. — Le changement forcé du capitaine n'annule pas l'assurance.

195. — De la clause *ou autre pour lui.*

196. — L'assuré n'est pas obligé de dénoncer à l'assureur le changement du capitaine.

197. — L'assuré est responsable des faits du capitaine qu'il a choisi en remplacement de l'ancien, lorsqu'il est notoirement improbe et incapable.

198. — Du cas où le capitaine choisi appartient à une nation belligérante.

199. — Du cas où il n'est pas français.

200. — Du cas où le capitaine désigné dans la police qui contient la clause *ou autre pour lui* ne commande réellement pas le navire au moment où cette police est signée.

186. — L'ordonnance, art 3, et le Code de commerce, art. 332, portent que la police doit mentionner le nom du capitaine. La plupart des législations étrangères contiennent la même disposition (1).

Les motifs qui ont fait admettre cette règle se rattachent aux principes qui viennent d'être posés concernant le navire. S'il importe aux assureurs que celui-ci, soit qu'on le considère comme l'objet direct de l'assurance, soit qu'on le considère comme porteur des facultés assurées, offre des garanties de solidité, il ne leur importe pas moins qu'il soit bien commandé. Ajoutez à cela que le capitaine est le mandataire tant de l'armateur que du chargeur, qu'en cas de sinistre il doit prendre les mesures nécessaires pour atténuer la perte que subissent ou le navire ou les facultés, et que dans cette partie de sa fonction ou de son mandat, il représente en réalité l'assureur. Enfin, le nom du capitaine est un moyen de fixer ce dernier sur l'individualité du navire assuré. Il est même vrai de dire qu'au point où en est la pratique des assurances, c'est là le principal et peut-être l'unique avantage que procure la désignation du capitaine.

Celui qui est propriétaire d'un ou plusieurs navires

---

(1) Ordonnance de Burgos, 1538, art. 2 ; Ord. de Philippe II, 1570, art. 5; Ordonnance de Midlebourg, 1600, art. 9 ; Ord. de Rotterdam, 1635, art. 6 (v. Pardessus, t. 3, p. 154, 171 ; t. 4, p. 105 ; t. 6, p. 162); Loi de Hambourg, tit. 1, art. 4; C. pruss,, § 2074 ; Code espagnol, art. 841 ; C. holl., art. 592; Ord. de Suède de 1667, p. 6, chap. 2ᵉ et de 1750, art. 4. § 2.

ne peut faire assurer que ceux-là, d'où la conséquence qu'il doit les désigner, tandis qu'il a le choix entre tous les capitaines qui sont susceptibles de les commander. De plus, ces derniers n'obtiennent leur brevet du pouvoir qu'après des études préalables, un certain temps de navigation, un double examen sur la théorie et la pratique. On a tenu compte de ces considérations et on a admis que l'assureur est présumé s'en être remis à l'assuré relativement au choix du capitaine, lorsque celui-ci est passé sous silence dans la police, et qu'en conséquence l'assurance n'est pas nulle pour cela (1). Ce principe, qui a prévalu en France, est aussi considéré comme incontestable en Angleterre (2) et aux Etats-Unis (3).

187. — L'erreur sur le nom du capitaine n'entraîne pas la nullité de l'assurance. Ce principe est certain (4). Comme l'erreur en pareil cas tient le plus souvent à ce que le nom est mal orthographié, la plupart des polices d'assurance portent que le nom, tel quel, du capitaine, est accepté, *de quelque manière qu'il soit orthographié.*

188. — Il est de règle dans notre droit que le changement du capitaine désigné, qui n'est pas dû à un cas de force majeure, entraîne la nullité de l'assurance (5).

---

(1) *Sic* Emerigon, ch. VII ; Pothier, n. 106 ; Estrangin, p. 164 ; Pardessus, n. 808 ; Massé, t. 4, n. 66 ; Lemonnier, n. 76; Boulay-Paty, t. 3, p. 325; Dalloz, n. 1513.

(2) V. Marshall, ch. 7, sect. 3, n. 2 ; Parck, ch. 1 ; Weskett, v^is ship. et ship or ships. — V. cependant Benecke, t. 1, p. 64.

(3) Philips, t. 1, p. 64.

(4) Pothier, n. 106 ; Emerigon, ch. VII, sect. 2 ; Bernard, p. 271.

(5) Emerigon, ch. VII, sect. 1, § 2 et section III.

Cette règle est admise en Angleterre (1) et aux Etats-Unis (2).

189. — Lorsque le changement du capitaine est forcé, ce qui a lieu dans les cas qui vont être examinés, on distingue suivant que la nécessité de ce changement se produit avant le départ ou pendant le voyage. Si elle a lieu avant le départ, l'assuré doit en référer à l'assureur pour qu'il accepte le nouveau capitaine. Il est admis que l'acceptation peut être tacite dans ce cas.

190. — Pour apprécier l'influence que peut avoir le changement du capitaine sur le sort de l'assurance, il n'y a pas à distinguer entre l'armateur et le chargeur. Il est vrai que le premier est libre de renvoyer le capitaine ou de le garder, tandis que le second ne peut empêcher son renvoi, d'où l'on pourrait induire qu'il constitue à son égard un cas de force majeure qui ne permet pas de prononcer la nullité de l'assurance. Mais cette induction serait fausse, parce que celui qui assure des facultés s'oblige envers l'assureur à les charger sur un navire déterminé et à ce que ce navire soit commandé par le capitaine désigné.

191. — Comme la règle d'après laquelle l'assurance est nulle lorsque le changement du capitaine est purement volontaire ne souffre aucune difficulté, tandis que la question de savoir si la même solution doit prévaloir lorsque le changement est forcé est controversée, il est important de connaître dans quels cas on doit le considérer comme forcé.

---

(1) Parck, ch. 17 ; Marshall, t. 1, ch. XI, sect. 2 ; Maglue, Lex mercatoria, p. 118.

(2) Philips, t. 1, p. 182.

La mort du capitaine, un état de maladie qui ne lui permet plus de commander, sa capture et autres accidents analogues impliquent son changement et le rendent nécessaire.

192. — La question de savoir si l'on doit porter le même jugement lorsque sa démission est volontaire n'est pas aussi facile à résoudre. Un auteur allemand que nous citons souvent, M. Pohls, la résout en ces termes : ou bien le capitaine a stipulé, lorsqu'il a pris le commandement, qu'il serait libre de se retirer, et alors l'assuré subit un cas de force majeure lorsqu'il exerce ce droit, d'où il résulte qu'on ne peut annuler l'assurance, — ou bien il doit, d'après la convention, terminer le voyage, et alors, comme il y a faute de sa part s'il se retire, l'assureur est dégagé, à moins qu'il n'ait garanti la baraterie du patron (1).

Nous serions plutôt disposé à renverser la distinction. Et en effet, lorsque le capitaine est libre de se démettre et que ce fait n'a pas été déclaré à l'assureur, il est alors incontestable que l'assuré lui a fait une désignation destituée de toute garantie. En précisant ainsi les nuances, on aboutit à une question d'espèce. Ecartons-la, pour ne nous attacher qu'au fait principal, celui qui se rapporte au cas où le capitaine se démet du commandement contre la volonté de l'assuré.

Comme en définitive il n'est pas au pouvoir de ce dernier de forcer le capitaine à commander le navire, car il s'agit d'une obligation de faire qui se résout en dommages-intérêts, on doit voir dans la démission du capitaine un fait de force majeure qui ne peut porter aucune atteinte à la validité de l'assurance.

---

(1) Pohls, t. 6, p. 209.

193. – Lorsque l'assureur a garanti la baraterie du patron et que son inconduite ne permet pas de lui laisser le commandement sous peine de compromettre le navire ou la cargaison, on ne doit pas considérer son changement comme volontaire, mais comme forcé.

194. — Lorsque le changement est forcé, par exemple au cas de mort du capitaine, nul ne conteste qu'il ne soit indispensable d'en choisir un autre. Seulement, on dit que les conditions du risque ne sont plus les mêmes par suite de ce changement, et que dès lors l'assureur est délié (1). — Cette solution est trop extrême. On doit présumer que les parties ne se sont pas fait un jeu du contrat, qu'elles ont prévu les divers événements qui pouvaient entraîner de toute nécessité le changement du capitaine et qu'elles ont admis que lorsque ces événements surviennent et qu'aucune faute n'est imputable à l'assuré, le contrat doit être maintenu (2). Il est entendu, du reste, que ce dernier doit prouver la force majeure, puisqu'il l'invoque (3).

195. — Pour mettre un terme aux controverses qui se sont élevées au sujet du changement forcé du capitaine, on a introduit dans les polices, à la suite de la mention du nom du capitaine, la clause *ou autre pour lui,* ou bien *pouvant être remplacé par tout autre, reçu ou non reçu.*

Cette clause est ancienne. Elle figure dans le formulaire employé à Florence au XVIe siècle ; dans celui d'Ancone, que Straccha commenta à la même époque ;

---

(1) Lemonnier, t. 1, n. 77 ; Pardessus, t. 3, n. 808.
(2) Boulay-Paty, t. 3, p. 325 ; Alauzet, n. 219 ; Dageville, t. 3, p. 261 ; Locré, t. 2, p 326 ; Haghe et Cruismans, n. 49
(3) Benecke, t. 2. p. 161.

dans l'ordonnance d'Anvers de 1563. Elle est actuellement d'un usage général chez tous les peuples maritimes (1).

Il est constant qu'elle doit être expresse, et lorsqu'elle l'est, dit Emerigon, il est permis aux armateurs,
même avant le départ, et sans l'avis ni le consentement
des assureurs, de donner le commandement à tout
autre capitaine que celui qui est expressément désigné
dans la police (2).

On admettait dans le principe que lorsque l'assuré
s'était réservé le droit de changer le capitaine, on ne
pouvait critiquer le choix qu'il avait fait ; que si, par
exemple, il avait choisi un capitaine incapable, infi-
dèle, ou d'une conduite notoirement scandaleuse, l'assurance ne cessait pas pour cela de produire tous ses
effets. On en jugera par le passage suivant de Straccha :

« La désignation du capitaine, dit cet auteur, est
« importante pour l'assureur. Nous vivons dans un
« temps où les marchands sont obligés de se confier à
« des capitaines ignorants, misérables et ivrognes.
« Aussi la conclusion de l'assurance dépend souvent
« du choix du capitaine. Mais comme ce choix donne
« lieu à des difficultés, on a introduit dans ce contrat
« la clause *et qualsi voglia o altra persona*. Pour
« ajouter plus de force à cette clause, on ajoute que le
« capitaine peut appartenir à une nation ennemie,
« ou même peut être choisi parmi les *raïs* turcs, et

---

1) Espagne : Maestro N..., o altro qualquiera que per tal salga con el.
— Italie : O per chi altra lo padroneggiasse... o chi per esso.—Allemagne :
Oder ein auderer fur ihn. — Angleterre : Or whosœver else should go for
master in the said ship ou vassel.

(2 Emerigon, ch. 7, sect. 1.

« cela est bien, parce que cela veut tout dire. Les turcs
« sont indignes de confiance, ce sont des infidèles qui
« implorent le démon et non le rédempteur. J'espère
« que bientôt la main du Dieu tout puissant s'appe-
« santira sur eux et brisera leur domination, afin qu'ils
« ne puissent plus dire : *Ubi est Deus eorum !* » (1)

Les capitaines marins forment aujourd'hui un corps
d'élite, mais enfin ce n'est pas sans un certain mélange.
Il paraît que dans le siècle dernier ils ne méritaient pas
tous une une confiance absolue. C'est pour cela que le
conseil du commerce de Marseille, touché des dangers
que faisait courir aux commerçants la clause *ou autre
pour lui,* proposa de la déclarer nulle, ce que le parlement d'Aix refusa d'admettre. En agissant ainsi,
ce grand corps judiciaire fut mieux inspiré, car l'indé-
pendance des capitaines serait trop forte s'ils savaient
que l'assuré est forcé, quoi qu'ils fassent, ou de les
maintenir, ou de perdre le bénéfice de l'assurance.

La doctrine d'Emerigon, qui entend la clause en ce
sens qu'elle donne à l'assuré le droit de changer le capitaine par sa seule volonté est admise par tous nos
jurisconsultes (2). C'est ainsi qu'elle est entendue en
Italie (3).

A Hambourg, elle a un autre sens. Comme il y est
de principe que le changement du capitaine, même au
cas de force majeure, annule l'assurance, la clause *ou
autre pour lui* n'a d'autre effet que d'apporter une ex-

---

(1) Straccha, Glosse 9.

(2) Valin, sur l'art. 52 ; Boulay-Paty, t. 3, p. 326 ; Estrangin, p. 165 ;
Bernard, p. 270 ; Dalloz, n. 1513 ; Lemonnier, t. 2, n. 390 ; Alauzet, t. 2,
n. 123 ; Haghe et Cruismans. n. 49 et 401.

(3) Baldasseroni, t. 1. p. 167.

ception à cette règle, et non de permettre un changement purement volontaire.

196. — Il est encore admis sur cette place que l'assuré doit, dès qu'il a eu connaissance du changement
du capitaine, le dénoncer à l'assureur (1). — Cette règle
n'est pas suivie en France, et c'est sans doute à cause
du sens différent que l'on donne à la clause *ou autre
pour lui*. Comme à Hambourg, elle ne reçoit d'application qu'au cas de force majeure, le changement du
capitaine est l'indice d'un fait plus ou moins grave que
l'assureur peut avoir intérêt à connaître, tandis que,
en France, il suffit de la simple volonté de l'assuré,
laquelle peut être déterminée par des circonstances
dénuées de tout intérêt pour l'assureur. Aussi, tandis
que dans notre pays le changement du navire, s'il est
autorisé par la police, doit être dénoncé à l'assureur,
on ne suit plus la même règle lorsque le capitaine est
changé.

197. — Après avoir parlé des droits que la clause
ou autre pour lui donne à l'assuré, il importe aussi de
faire connaître les obligations qu'elle lui impose.

On n'a jamais admis en France les principes posés
par Straccha, et quelle que soit la latitude donnée à
l'assuré pour le choix du capitaine, on le considère
comme responsable envers l'assureur lorsqu'il le fait
tomber sur une personne absolument improbe et incapable. Ce n'est pas à dire qu'il faille annuler pour cela
l'assurance, car on peut se trouver en présence de tel
ou tel sinistre qui est absolument indépendant du fait
du capitaine, mais l'on doit du moins affranchir l'assu-

---

(1) Benecke, t. 2, p. 190 et s.; Klesecker, p. 7, p. 443 ; Pohls, t. 6, p. 215.

reur de la baraterie du patron, alors même qu'il l'a garantie.

198. — Dans certains cas, l'assurance devrait être annulée. Tel serait celui où le choix porterait sur un capitaine appartenant à une nation belligérante. La dénonciation par l'assuré du nom et de la nationalité de ce capitaine a paru à quelques auteurs un motif suffisant pour valider l'assurance (1). Ils n'ont pas assez considéré qu'elle ne fait pas disparaître les inconvénients attachés à une telle nomination ; qu'elle peut tout au plus les atténuer en mettant l'assureur à même de se prémunir contre eux.

199. — On s'est encore demandé si l'assuré pouvait choisir un capitaine appartenant à une nation étrangère.

Casaregis examine cette question. Il expose que certains auteurs tenaient pour l'affirmative, en se fondant sur ce que les mots *ou tout autre pour lui (vel quamvis alium)*, ne comportent aucune restriction et que telle était l'opinion de Straccha (2).

Quant à lui, il se prononce pour la négative, parce que le mot *alius* ne donne pas le droit de choisir un capitaine quelconque mais un capitaine ayant une position semblable à celle qu'avait celui qu'il remplace, et que pour admettre une interprétation différente, il fau-

---

(1) *Sic* Benecke, t. 2, p. 158 ; Pohls, t. 6, p. 191.

(2) Dubitari accidit an per verba solita apponi in appodiciis assecurationum, nempe super navi recta per N..., capitaneum, *vel quamvis alium,* assecuratio nihilominus suum effectum sortiri debeat, licet capitaneus non fuerit nationis genuensis, sed alterius nationis ? — Et videbatur affirmative respondendum, propter clausulam appositam ad finem ut sustineretur assecuratio, quatenus contingeret capitaneus esse diversæ nationis ad tradita per Straccham. — Disc. 60, n. 4 et s.

drait supposer que l'assureur ne s'est réservé aucune garantie relativement au choix du capitaine (1).

Emerigon approuve cette solution et Valin la déclare *indubitable*. Elle nous paraît telle aussi, puisqu'il est de règle qu'un navire français ne peut être commandé que par un capitaine français. Mais elle n'est vraie que si le changement est volontaire. Lorsqu'il est forcé, il faut distinguer : l'assuré ou celui qui le représente a-t-il pu choisir un capitaine français, nul doute; l'assurance sera nulle s'il choisit un capitaine étranger. Mais s'il n'a pas le choix, s'il ne peut confier le commandement qu'à un capitaine étranger, il n'y a pas de motif pour annuler l'assurance.

200. — Un arrêt de Bordeaux se rattachant aux principes qui viennent d'être exposés mérite d'être rapporté.

Un navire est assuré *avec la clause ou tout autre pour lui*. Lorsqu'il s'agit de désigner le capitaine, l'assuré indique comme tel un nommé Barbe, qui l'avait antérieurement commandé, tandis qu'au moment de la souscription de la police, le commandement en avait été confié à un nommé Noël fils.

Le navire périt, et les assureurs demandèrent la nullité de l'assurance, sous le prétexte qu'au moment de la rédaction de la police, le capitaine désigné ne commandait pas le navire. Malgré la réponse de l'assuré qui invoquait la clause *ou tout autre pour lui*, comme

---

(1) .... Non solum quia dictio *alius*, ut pote similitudinis notam præ se ferens, ejusdem nationis aliam personam appellat, — sed quia inveressimile est assecurator voluisse in se navigationis periculum assumere, sub rectore omnino navis incerto...., — Ibid.

preuve du peu d'importance qu'avait la désignation du capitaine, la cour annula l'assurance (1).

Cette solution est par trop rigoureuse. Elle repose, à vrai dire, sur un grief purement imaginaire. L'assuré, qui avait indiqué Barre à la place de Noël, avait le droit, après avoir indiqué Noël, de lui enlever le commandement immédiatement après la signature de la police, et de le confier à Barre. Il n'avait donc aucun intérêt à dissimuler le nom du véritable capitaine. A son tour, l'assureur, qui ne pouvait compter sur le maintien du capitaine dénommé, n'avait aucun intérêt à le connaître.

Ajoutons que souvent le nom du véritable capitaine n'est pas indiqué dans l'intérêt de l'assureur, et voici pourquoi. Dans la pratique des assurances, la clause *ou tout autre pour lui* étant devenue générale et en quelque sorte de style, le nom du capitaine n'est plus considéré que comme un moyen d'indiquer le navire. Or, lorsqu'un capitaine l'a longtemps commandé et que ce fait est connu sur la place, il est plus utile de le mentionner, pour faire connaître le navire assuré, que le capitaine qui vient de lui succéder et qui est absolument inconnu. C'est là probablement le motif qui avait déterminé l'assuré à indiquer Barbe dans l'affaire jugée par la cour de Bordeaux. Le même fait se produisit dans une affaire identique que jugea le tribunal de Marseille. Ce tribunal ne s'y trompa point; touché par les considérations qui précèdent, il valida l'assurance (2).

---

(1) 29 mars 1848. — Bordeaux (S. V. 48. 2. 351).

(2) 5 février 1857. — Mars. (J. M. 35. 1. 20).

CHAPITRE VI

DES FACULTÉS

201. — En principe, l'assurance peut porter sur toute espèce de marchandises : *assecurationis contractus potest fieri in quavis re, seu de quavis re, quæ subjacere possit periculo* (1).

Les expressions marchandises, cargaison, chargement, facultés, retour s'entendent, en matière d'assurance, de toutes valeurs ou denrées qui, étant chargées sur un navire pour être transportées, sont ou doivent être exposées aux risques maritimes.

Les facultés sont ou ne sont pas déterminées.

Elles sont déterminées lorsqu'on assure tant de blé, tant de vin, chargé ou à charger.

Elles sont indéterminées lorsque l'assurance porte sur une certaine somme représentant la valeur d'un chargement quelconque.

Dans ce cas, on dit que la police est *flottante,* parce que l'aliment du risque est incertain au moment de l'assurance et qu'il doit être ultérieurement déterminé.

L'assurance peut aussi porter sur des facultés déterminées quant à leur genre et indéterminées quant à leur espèce, ainsi qu'il arrive lorsqu'elle s'applique à un chargement de grains, sans qu'on dise lesquels.

---

(1) Scaccia, § 1, quest. 1, n. 133.

On distingue encore les facultés suivant qu'elles sont plus ou moins susceptibles de détérioration ou de coulage, et l'on dit pour exprimer cette distinction qu'elles sont périssables ou non périssables.

202. — Ainsi que nous l'avons déjà dit, le navire considéré comme porteur des facultés assurées joue un certain rôle dans les assurances qui s'appliquent à celles-ci. De plus, étant ainsi considéré, il est ou il n'est pas déterminé, et lorsqu'il ne l'est pas, on dit que l'assurance est *in quovis*.

Nous aurons aussi à parler du profit espéré.

Enfin l'assurance peut porter à la fois sur corps et sur facultés.

De là la division suivante :

§ 1er. Des facultés, objet de l'assurance.

§ 2. Du cas où le navire, porteur des facultés, est déterminé.

§ 3. Du cas où il est indéterminé, ou de l'assurance *in quovis*.

§ 4. Du profit espéré.

§ 5. De l'assurance sur corps et facultés.

§ Ier.

Des facultés.

203. — Du cas où l'assurance porte sur une marchandise spécialement déterminée.

204. — Du cas où elle porte sur plusieurs espèces de marchandises.

205. — ..... sur une partie du chargement confondue avec une autre partie.

206. — Que faut-il décider lorsqu'une marchandise déterminée est remplacée par une marchandise analogue ou d'une forme différente?

207. — De l'assurance sur facultés indéterminées.

208. — Objets qu'elle ne comprend pas.

209. — Comprend-elle la monnaie d'or ou d'argent?—Les médailles?

210. — Comprend-elle les animaux vivants?

211. — Du cas où le genre de la marchandise est déterminé, mais non l'espèce.

212. — Des marchandises périssables.

213. — De la clause périssable ou non périssable.

214. — Cas dans lesquels l'assuré est dispensé de désigner les marchandises périssables.

215. — Lorsque les marchandises périssables n'ont pas été déclarées, l'assureur est dégagé mais non l'assuré.

216. — Examen des diverses clauses qui obligent l'assuré à déclarer avant le sinistre les marchandises non déterminées.

203. — Lorsque les facultés sont spécialement déterminées, par exemple, lorsque la police porte que le chargement sera composé ou de café, ou de coton, ou de sucre, l'assurance ne s'applique qu'à cette nature de marchandises. L'assureur ne répond pas de toute autre (1).

204. — Lorsque l'assurance porte sur plusieurs espèces de marchandises à charger sur un même navire, il faut distinguer suivant que la police indique la proportion de chacune d'elles, par exemple moitié cacao et moitié café, ou suivant qu'elles y ont été mentionnées comme un tout indivisible, sans indication des quantités afférentes à chacune d'elles.

Dans le premier cas, si la proportion n'a pas été observée, si par exemple les trois quarts du chargement se compose de cacao et l'autre quart de café, l'assureur ne sera responsable que des deux tiers du cacao chargé et du café qui a été aussi chargé.

Lorsque la proportion entre les marchandises assurées n'a pas été indiquée, on doit considérer l'assurance

(1) Emerigon, t. 1, p. 287 ; Marshall, t. 1, p. 22 ; Baldasseroni, t. 1, p. 3, tit. 1, § 20; Nolte, t. 1, p. 555.

comme alternative, c'est-à-dire telle qu'elle serait si on avait assuré des facultés composées de café ou de cacao. Il doit en être ainsi parce que, en ajoutant une livre de café à un entier chargement de cacao, la convention ne serait pas violée.

205. — L'assurance sur facultés peut porter sur une partie du chargement confondue avec l'autre partie, comme si on assure cent sacs de blé et qu'il y en ait deux cents de chargés. — Quelques jurisconsultes décident que l'assureur a dans ce cas le droit d'appliquer le risque sur ce qu'il trouve à propos (1). Cette règle prête trop à l'arbitraire. Aussi est-il admis que l'assurance doit porter sur le tout indistinctement et par proportion (2). Ainsi, dans l'espèce ci-dessus posée, l'assureur serait censé avoir assuré la moitié du chargement.

206. — On s'est demandé si la marchandise spécialement désignée peut être remplacée soit par une marchandise analogue, soit par une marchandise dont la forme diffère de celle qui a été déclarée.

Les marchandises sont analogues lorsqu'elles remplissent à certains égards la même fonction, comme si on a assuré des lingots d'or et qu'on embarque des lingots d'argent, ou bien des blocs de pierre et qu'on embarque des blocs de marbre.

La forme des marchandises diffère lorsque, par exemple, au lieu d'embarquer de la laine on embarque du drap.

Il est admis à Hambourg que des marchandises spé-

---

(1) Roccus, n. 53 ; Sauterna, p 4, n. 56 ; Casaregis, Disc. 1, n. 144.
(2) Emerigon, ch. X, sect. 3 ; Pohls, t. 6, p. 169 ; Benecke, t. 2, p. 98.

cialement désignées peuvent être remplacées par des
marchandises analogues (1). Cette solution ne fait aucun doute lorsqu'elle est justifiée par l'interprétation
de la police. mais en dehors de ce cas, elle est contraire
au principe fondamental de l'assurance, d'après lequel
le risque ne peut jamais être changé. En effet, prenons
le cas le plus simple, celui où à la place de lingots d'or
on a embarqué des lingots d'argent. Si on suppose un
échouement, le sauvetage des objets les plus précieux,
et que ce qu'il a été possible d'enlever soit représenté
par un volume d'argent d'un poids égal à celui qui
aurait représenté les lingots d'or soumis à l'assurance, on aura l'exemple d'une aggravation de risques.

Lorsqu'on a embarqué à la place de l'objet assuré,
ce même objet existant sous une forme différente, on
doit appliquer encore la règle qui vient d'être posée.

Cependant Emerigon propose de suivre une règle
différente. D'après lui, on doit examiner si la chose
embarquée peut revenir ou ne pas revenir à la forme
spécifiée dans la police d'assurance. Ainsi on peut
charger à la place de la vaisselle d'argent des lingots
d'argent, car la vaisselle peut être transformée en lingots, mais on ne peut charger du drap à la place de
la laine, parce que le drap ne peut être converti en
laine (2).

Cette distinction est empruntée aux lois romaines
qui s'occupent de la question de savoir à qui appartient un objet fabriqué avec une matière appartenant à autrui. Il y eut sur ce point de longues discus-

---

(1) Klesecker, t. 7, p. 323.
(2) Emerigon, ch. X, sect. 3. — V. aussi Bernard, p. 446.

sions entre les Proculeiens et les Sabiniens, qui aboutirent à la distinction suivante : ou bien l'objet fabriqué peut revenir à son état primitif, et alors il appartient à celui qui était propriétaire de la matière, ou bien ce retour est impossible, et alors il appartient à celui qui l'a fabriqué (1).

Que peut avoir de commun cette théorie avec la matière des assurances ! Comment comparer sous le rapport de la valeur, et la valeur est un des éléments du risque, un chef-d'œuvre d'orfèvrerie et le métal qui a servi à le former, un bloc de marbre et la statue qui en est sortie !

On chercherait en vain sur notre question une règle précise. Il n'en existe pas. En principe, toute substitution d'objet vicie l'assurance. Seulement, on ne doit pas pousser cette proposition jusqu'à l'absurde ; décider, par exemple, qu'on ne pourra embarquer à la place du sucre de canne du sucre de betterave, à la place de poutres brutes des poutres équarries, et ainsi de suite.

207. — L'assurance sur facultés indéterminées a toujours été considérée comme valable (2).

L'art. 337 de notre Code de commerce la permet (3).

---

(1) V. Inst., De rerum divisione, § 25 ; L. 7. § 7 et L. 14, de acquir rer. dom.

(2) Guidon de la mer, ch. 2, art. 3 ; Coutume d'Amsterdam, art. 17 ; Ord. de Rotterdam, art. 41 ; Midlebourg, art. 7 ; Ord, d'Amsterdam de 1744, art. 9 et 10 ; Ord. de Bilbao, art. 18 ; C. pr., § 2071 ; Ord. Suéde, 1667, p 6, ch. 2 et ord. de 1750, art. 5, § 3 ; Ord. de Hambourg, tit. 4, art. 8. — Le nouveau Code allemand n'en parle pas et c'est sans doute parce que le principe lui a paru indiscutable.

(3) V. Emerigon, ch. 10, sect. 1, § 1 ; Dageville, t. 3, p. 74 ; Boulay-Paty, t. 3, p. 280 ; Pardessus, t. 3, n. 759 ; Estrangin, p. 354 ; Lemonnier, t. 1, n. 126 ; Alauzet, Ass., n. 244 et C. comm., t. 3, p. 303.

En Angleterre et aux Etats-Unis, ce mode d'assurance (upon ani kind of goods and marchandizes) est poussé jusqu'aux plus extrêmes limites (1).

Certaines législations la restreignent au cas où l'assuré ne sait pas, au moment où il contracte l'assurance, de quelles marchandises sera composé le chargement (2).

Le droit de faire assurer des facultés indéterminées est contemporain du contrat d'assurance. En effet, le statut de Florence du 15 juin 1526 est ainsi conçu :

« Il est admis par les règlements qu'on peut faire
« des assurances sur quelques marchandises que ce
« soit, *sans expliquer lesquelles ;* mais ayant égard
« aux inconvénients que l'expérience a démontrés, or-
« donnons que dans cette expression générale ne se-
« ront pas compris les esclaves, fruits, chevaux, grains,
« vins, viandes salées...., l'or et l'argent bruts, travail-
« lés ou monnayés. »

Le statut de Florence démontre que dans le cas où l'assurance porte sur facultés indéterminées, on a toujours supposé qu'il était tacitement convenu entre les parties que certaines marchandises ne devaient être comprises dans cette assurance qu'en vertu d'une stipulation formelle.

208. — C'est ainsi qu'il est admis en Angleterre que les billets de banque, les titres de rente, les actions ou les obligations de chemins de fer, les lettres de change et autres titres analogues ne sont pas compris dans une

---

(1) Benecke, t. 2, p. 62 ; Pohls, t. 6, p. 18 ; Nolte, t. 1, p. 517.

(2) Code espagnol, art. 846 ; C. hollandais, art. 596 ; Ord. russe sur la marine, part. 10, art. 182 et 183.

police flottante (1); — qu'il en est de même des victuailles, qui sont une dépendance du navire, et des habits des matelots et des passagers qu'on ne saurait considérer comme une marchandise (2); — qu'il en est autrement des pacotilles.

La raison de décider dans ces différents cas est fondée sur une juste appréciation et du fait et du droit, et elle doit prévaloir partout où la législation positive ne lui est pas contraire.

209. — La question est plus délicate lorsque l'assuré a chargé des lingots ou de la monnaie d'or et d'argent.

Plusieurs lois. étrangères veulent que l'or et l'argent soient spécifiés dans la police (3). A Hambourg (4), en Prusse (5), en Angleterre et aux Etats-Unis (6), une police flottante peut être appliquée à l'or et à l'argent. — Les anciens jurisconsultes admettaient que ces deux métaux doivent être considérés comme une marchandise (7).

Les uns soutiennent qu'on n'a d'abord imposé à l'assuré l'obligation de déclarer l'or et l'argent que dans les pays où l'exportation en était prohibée (8).— Les

---

(1) Stevens, p. 68.

(2) Rosa v. Thweites, Parck, 23 et Brown v. Stepplton, 41 Bingh. — V. aussi Benecke. t. 2, p. 62.

(3) Guidon, ch. XI, art. 8; Amsterdam, art. 10; Midlebourg, art. 7; Rotterdam, art. 41; C. holl., art. 596; Suède, art. 5, § 3.

(4) Hambourg, tit. 9, art. 4.

(5) Prusse, Ord., p. 4, § 22.

(6) Thomas v. Roy Exch. ass. comp. Man Dig. 164, 1, 5.—Am. Ins. Comp. v. Griswolde, 14 Wend. R. 399. — V. aussi Marshall, 1, 226; Parck, 23.

(7) Casaregis, Disc., 1. 168; Hevia, L. 3, c. 14, p. 27; Sauterna, p. 4, n. 64 et 65; Marquardus, L. 2, c. 13, n. 19.

(8) Baldasseroni, t. 1, p. 261; Magens, ch. XIII, p. 18; Pohls, t. 6, p. 118; Arnould, t. 1, p. 212.

autres prétendent qu'ils doivent être déclarés parce qu'ils peuvent être plus facilement volés (1).

Nous avons condensé dans les lignes qui précèdent tout ce qui a été dit sur la question. Il reste à rechercher comment elle doit être résolue en France.

Nous ne pensons pas que l'or et l'argent monnayés puissent être assimilés à une marchandise. Les économistes, il est vrai, les ont considérés comme tels, en se fondant sur ce qu'ils ont, indépendamment de leur valeur conventionnelle en tant que monnaie, une valeur intrinsèque en tant que métal. Mais dans le langage commercial, et c'est à celui-là qu'il faut se tenir, jamais on n'a considéré comme marchandise la monnaie courante.

Nous n'en dirons pas autant des lingots, des médailles et des pierres précieuses (2). Cependant la loi hollandaise exige que de tels objets soient spécialement désignés. Notre Code de commerce étant muet sur ce point, on doit appliquer à ce cas l'art. 355 du C. comm.

210. — On s'est encore demandé si les animaux vivants doivent être compris dans une assurance sur marchandises indéterminées?

L'ancienne législation prussienne s'était prononcée pour la négative (3). En Angleterre, la jurisprudence, basée sur la coutume, s'est aussi déclarée dans le même sens. Cette même jurisprudence a prévalu aux Etats-Unis où on a décidé que l'assurance sur facultés chargées ou à charger ne peut s'appliquer à un chargement

---

(1) Benecke, t. 2, p. 75.

(2) Nolte, t. 1, p. 554.

(3) Code pruss., 1766, § 28.

de mules pas plus qu'au fourrage destiné à les nour-
rir (1).

Nous ne saurions adopter cette solution en France,
car elle ne serait fondée ni sur un texte de loi ni sur
l'usage.

Toutefois, comme l'assureur répond de la mortalité
des animaux causée par cas fortuit (non des suites
d'une maladie) (2), et que les animaux sont très-expo-
sés en mer, on doit appliquer à ce cas l'art. 355.

211. — Lorsque les marchandises sont déterminées
quant à leur genre et indéterminées quant à leur espèce, toutes les espèces particulières comprises dans le
genre sont assurées. Ainsi l'assurance faite sur des
grains s'applique au blé, à l'avoine, au seigle, à l'orge,
etc. En Angleterre, le mot *korn* comprend les farines,
les légumes, la drèche, etc. (3)

Quelquefois un mot qui a en apparence un sens restreint, peut être considéré comme ayant un sens plus
étendu. C'est ce que démontre l'exemple suivant :

Un négociant grec, résidant à Marseille, fit assurer
50.000 fr. sur des blés chargés ou à charger. — Le chargement fut composé pour les trois quarts de seigle et
pour un quart de blé. — Perte totale à la suite de laquelle les assureurs refusèrent de payer la valeur du
seigle.

Le tribunal de Marseille leur donna raison par le
motif que l'assurance portait sur du blé et non sur

---

(1) Wolcott v⁵ Engle ins. Comp. 4 Pick, 429 ; — Allegrès adm. vᵃ Maryland Ins. Comp. 2 Gill and Johnson, 136.

(2) V. Morel, Encyclop., vᵒ assurance, p. 11.

(3) Parck, p. 112 ; Benecke. t. 2. p. 70.

du seigle (1). — Mais la cour d'Aix réforma parce que le mot blé a deux sens, l'un qui ne s'applique qu'au froment ; l'autre plus large qui s'applique au seigle, au méteil, qui est un mélange de blé et de seigle, quelquefois même à toute espèce de céréale ; — que lorsqu'on veut donner à ce mot un sens général, on l'emploie au pluriel, en disant *les blés,* ce qui avait eu lieu dans l'espèce (2).

212. — L'art. 355 du C. de commerce est ainsi conçu :

« Il sera fait désignation dans la police des mar-
« chandises sujettes par leur nature à détérioration
« particulière ou diminution, comme blés ou sels, ou
« marchandises susceptibles de coulage ; sinon les as-
« sureurs ne répondront point des dommages ou pertes
« qui pourraient arriver à ces mêmes denrées, si ce
« n'est toutefois que l'assuré eut ignoré la nature du
« chargement lors de la signature de la police. »

La règle que contient cet article est suivie par un certain nombre de législations étrangères (3).

Un jurisconsulte étranger la critique en se fondant sur ce que le principe qui affranchit l'assureur du vice propre la rend inutile (4). C'est en mal comprendre la portée que de l'apprécier ainsi. Il est évident, en effet, que lorsque l'eau pénètre par suite d'une violente tempête dans la cale du navire et qu'elle y fond le sucre au

---

(1) 14 déc. 1855. — Mars. (J. M. 83. 1. 365).
(2) 24 juillet 1857. — Aix (J. M. 35. 1. 206).
(3) Prusse, § 2046-49 ; Suède, 1750, art. 5, § 3 et 4 ; Hambourg, tit. 4, art. 8 ; C. esp., art. 862 ; C. holl., art. 592 ; C. port., art. 1689. — Cette règle n'est pas en vigueur en Angleterre. Benecke, t. 2, p. 70.
(4) Pohls, t. 6, p. 163.

point de le réduire en sirop, il n'y a pas de vice propre.

L'art. 355 s'applique à toutes les marchandises périssables, et en cela il est plus complet que l'art. 31 de 'ordonnance, qui se bornait à mentionner celles qui sont sujettes à coulage.

Il est impossible d'énumérer toutes les marchandises sujettes à détérioration. L'art. 355 cite le blé et le sel à titre de démonstration. On peut y ajouter les grains, les graines, les légumes, les farines, les chanvres, les poissons secs, le cacao, la noix de galles, l'anis, la réglisse, la salsepareille, le sel, le savon, la soude, le salpêtre et presque toutes les drogueries. Il est entendu que ces marchandises ne sont indiquées ici qu'à titre d'exemple supplémentaire.

Lorsqu'une même marchandise est plus ou moins périssable suivant sa provenance, on est dans l'usage d'indiquer cette provenance. Ainsi, comme le salpêtre du Pérou se détériore plus facilement que celui de l'Inde, on indique la provenance du salpêtre. Il en est de même du sucre, parce que si on compare celui qui vient du Brésil à celui qui vient de la Havane, le premier est plus susceptible de détérioration (1).

En général, plus une marchandise est périssable, plus les assureurs élèvent le taux de la franchise. De là un auteur conclut que toute marchandise frappée de franchise devait être considérée comme périssable (2). Cette proposition n'est pas plus exacte que la proposition contraire, car une marchandise qui n'a été soumise à aucune franchise peut être cependant périssable.

---

(1) Laffont, p. 76 et s.; Morel. Manuel, p. 57 et Encycl. comm., v° Assurance, p. 125.

(2) Dageville, t. 3, p. 286.

L'art. 355 doit être observé même dans le cas où la marchandise a été assurée franche d'avaries ou de coulage, parce que sa nature peut influer sur l'étendue de la perte au cas de sinistre majeur.

213. — L'assuré qui veut se soustraire à l'application de l'art. 355 peut assurer *périssable ou non périssable*. En Suède une telle stipulation a été déclarée valable par la loi positive (1).

Elle n'est soumise en France à aucune forme particulière. Ainsi il a été décidé, dans une assurance qui portait sur des facultés non déterminées, que la clause *en quoi que le tout consiste ou puisse consister* dispensait l'assuré de déclarer les marchandises périssables (2).

Le vœu de l'art. 355 est rempli toutes les fois que la nature de la marchandise a été déclarée d'une manière générale. Ainsi, il suffit de dire : j'assure des fruits, des légumes, des grains, sans spécifier lesquels (3).

214. — L'art. 31 de l'ordonnance dispensait l'assuré de déclarer les marchandises sujettes à détérioration lorsque l'assurance portait *sur le retour de pays étrangers*. L'art. 355 a étendu cette disposition, en déclarant d'une manière générale que l'assuré est dispensé de déclarer les marchandises périssables *lorsqu'il ignore la nature du chargement lors de la signature de la police.* Il va sans dire que l'assuré doit prouver son ignorance.

215. — Lorsque l'assuré ne s'est pas conformé à

---

(1) Ord. de 1750, art. 5, § 3. — La formule dans ce cas est : Forderswellige och oforderswellige waror.

(2) 28 avril 1830. — Mars. (J. M. 11. 1. 194). — *Sic* Delaborde. n. 63.

(3) Pohls. t. 6 p. 169.

l'art. 355, l'assureur ne répond pas des pertes et dommages qui pourraient arriver *à ces mêmes denrées,* c'est-à-dire aux marchandises non déclarées. Cette disposition ne saurait s'appliquer à celles qui ne sont pas périssables lorsqu'elles ont été chargées en même temps que d'autres qui le sont (1).

L'art. 355 a déchargé l'assureur des risques sans prononcer la nullité de l'assurance, d'où il résulte que l'assuré n'est pas affranchi du paiement de la prime (2).

216. — Pour obvier aux inconvénients que présentent les assurances sur marchandises indéterminées, les assureurs imposent souvent aux assurés l'obligation de déclarer la marchandise composant le chargement dans un délai déterminé, qui est en général de dix jours après que la connaissance lui en est parvenue par la réception de la facture ou du connaissement.

Tantôt on a décidé, par interprétation de l'article de la police qui imposait à l'assuré cette obligation, qu'elle devait être remplie à peine de nullité de l'assurance (3), tantôt que l'assurance ne devait pas être déclarée nulle, mais que si l'assureur avait souffert un dommage quelconque par suite du défaut de déclaration, l'assuré devait le réparer (4). Ces diverses décisions étant toutes basées sur le sens donné à l'article de la police qui était invoqué contre l'assuré, la cour de cassation a constamment rejeté le pourvoi dirigé contre elles (5).

---

(1) Baldasseroni, t. 1, p. 3, tit. 1, § 19.

(2) Dageville, t. 3, p. 286.

(3) 6 mars 1865. — Bordeaux (J. M. 43. 1. 91).

(4) 18 fév. 1867. — Mars. (J. M. 45. 1. 110). — 12 juin 1867. — Aix (J. M. 46. 1. 32).

(5) 27 juillet 1868. — C. Rej. (S. V. 69. 1. 80).

Une grave question a été soulevée dans les espèces
où l'assurance a été déclarée nulle. Elle est la suivante :

Une première assurance, imposant à l'assuré l'obligation de déclarer la marchandise est souscrite. Elle
est suivie d'une seconde consentie dans les mêmes
conditions. — L'assuré ne fait pas au premier assureur
la déclaration prescrite par la police, ce qui entraîne la
nullité de l'assurance. — Mais il la fait au second assureur, et, se fondant sur ce que la première assurance
est nulle, il lui demande le paiement de la somme assurée. — Le peut-il ?

Cette grave question fut écartée dans l'espèce où elle
fut soulevée, parce que la première assurance avait été
souscrite au profit du propriétaire de la marchandise,
tandis que la seconde avait été souscrite au profit du
consignataire, en raison de son privilége. Elle aurait
été certainement posée si la marchandise avait été
doublement assurée par celui qui en était propriétaire,
et elle sera examinée dans ces termes, lorsque nous
parlerons des doubles assurances.

Certaines polices portent que l'assuré courra les risques tant qu'il n'aura pas déclaré la nature du chargement. Il est évident que dans ce cas, la déclaration est
valable et produit tous ses effets lorsqu'elle est antérieure au sinistre (1).

§ II.

De l'assurance sur facultés à charger sur un ou plu-
sieurs navires déterminés.

217. — Les facultés peuvent être assurées avec ou sans désignation
du navire qui en sera porteur.

_____

(1) 12 janv. 1848. — Bordeaux (J. M. 27. 2. 32).

218. — L'assureur est-il déchargé des risques lorsque les facultés ont été chargées sur un navire autre que celui qui a été désigné ?

219. — L'assurance de facultés à charger sur plusieurs navires dénommés peut être divise, conjointe ou alternative.

220. — Assurance de facultés à charger divisement sur plusieurs navires.

221. — Du cas où la marchandise est répartie inégalement sur plusieurs navires et que tous ces navires périssent.

222. — Du cas où la marchandise qui doit être répartie dans plusieurs navires périt alors qu'elle y est transportée par une même allège.

223. — Du cas où les navires sont désignés d'une manière conjointe.

224. — Du cas où ils le sont d'une manière alternative.

217. — Les facultés peuvent être assurées avec ou sans désignation du navire qui en sera porteur. Dans l'un et l'autre cas, plusieurs navires peuvent être porteurs des facultés.

Cela posé, et pour plus de clarté, nous avons divisé la théorie relative aux navires porteurs des facultés en deux paragraphes.

Dans celui-ci, nous parlerons des facultés à transporter sur un navire déterminé ou sur plusieurs ; — dans celui qui le suivra, des facultés à transporter sur un navire indéterminé ou sur plusieurs.

218. — Lorsque la police porte que la marchandise assurée sera embarquée à bord de tel navire nommément désigné, la désignation de ce navire forme une des lois de l'assurance.

Cette loi est violée, lorsque le navire est changé, et il s'agit alors de savoir si, d'une manière absolue, l'assurance doit être déclarée nulle.

Deux opinions sont en présence sur ce point. — D'après l'une, l'assurance doit toujours et dans tous les cas être déclarée nulle ; — d'après l'autre, le point de savoir si la nullité doit être prononcée est subordonné aux circonstances de fait.

Ces deux opinions ont été examinées dans l'espèce suivante :

Assurance de soixante-cinq balles ayant une valeur de 91,125 fr. à transporter par le navire *Marigo ou son plus véritable nom.* — En fait cette marchandise fut chargée sur le navire *Aios Nicolaos.*

De là la question de savoir si l'assurance devait être déclarée nulle.

Le tribunal de Marseille, saisi de la question, se prononça pour la nullité en ces termes :

« Attendu que la désignation du navire dans une « assurance sur facultés a pour but d'attacher à un « corps certain et déterminé, qui doit servir de moyen « de transport, les risques assurés par les assureurs ; « — que cette limitation des risques est conforme à la « nature du contrat d'assurance, soit parce que les « risques varient en raison du navire, soit parce que « l'exécution du contrat offre des difficultés et des dan- « gers quand le navire reste indéterminé ; — que si les « nécessités du commerce l'exigent dans certains cas, « ce n'est qu'une dérogation à une règle naturelle à « l'assurance et elle n'est en général que momentanée « pendant le cours des risques, l'assuré devant, dans « l'usage, fournir, dès qu'il le peut, les désignations « qu'il n'a pas d'abord données ; — attendu qu'il faut « par suite admettre que lorsqu'un navire a été dési- « gné, l'assurance ne peut pas être confondue avec « celle faite sur un navire indéterminé ou *in quovis,* « et qu'elle doit être régie par des règles distinctes ; « — que ce serait changer la loi du contrat que d'as-

« similer la première assurance à la seconde, sans une
« manifestation claire et précise de la volonté des par-
« ties ; — attendu que cette expression de la volonté
« des parties ne pourrait résulter que d'une clause du
« genre de celles où l'on exprimerait que l'assurance
« est faite sur un navire dénommé *ou sur tout autre ;*
« — attendu que la clause de la police dans l'espèce
« est différente ; qu'elle n'a pas ce sens précis et absolu
« qui serait indispensable pour caractériser une assu-
« rance *in quovis ;* etc. » (1)

L'assuré releva appel devant la cour d'Aix. Devant
cette cour, l'affaire fut envisagée à un point de vue
moins théorique, et bien que les motifs des premiers
juges aient été adoptés, néanmoins ils ont dû paraître
insuffisants puisqu'ils ont été complétés par les consi-
dérants qui suivent :

« Attendu qu'il s'agit, dans la cause, d'un contrat
« d'assurance de marchandises embarquées sur un
« navire désigné ; que le seul point à décider est celui
« de savoir *si la désignation faite par l'assuré est*
« *suffisante ou si son irrégularité doit entraîner la*
« *nullité de la police ;* — attendu que les assureurs
« prétendent qu'au lieu d'avoir commis une simple
« erreur dans le nom du navire, l'assuré leur a désigné
« un tout autre navire que celui qui portait les facultés
« assurées ;

« Attendu, en effet, que deux navires différents exis-
« taient dans le port de Constantinople au moment de
« l'assurance : l'un portant le nom de *Marigo,* dont
« la cote au *Veritas* était excellente, et qui est celui

---

(1) 16 décembre 1859. — Mars. (J. M. 37. 1. 350).

« qui a été désigné aux assureurs ; l'autre portant le
« nom d'*Aios Nicolaos,* sur lequel les facultés assu-
« rées avaient été embarquées, inscrit au *Veritas* pour
« une cote bien inférieure ; — ..... — attendu que dans
« l'espèce les assureurs *ont pu se tromper sur l'iden-*
« *tité du navire* qui portait les marchandises assurées ;
« — que cette erreur, prenant sa source dans la dési-
« gnation vicieuse de ce navire faite par l'assuré, doit
« entraîner la nullité de l'assurance..... » (1)

Bien que la décision ait été la même en première
instance et en appel, il nous semble que la cour a mieux
compris de quelle manière la question devait être résolue. Aux motifs de droit adoptés par le tribunal, elle a
ajouté des appréciations de fait tendant à résoudre
deux questions :

1° Y a-t-il eu aggravation de risques ; 2° l'assureur
a-t-il été trompé sur l'identité du navire.

Elle les a résolues affirmativement, et alors elle n'a
pas hésité à déclarer que les principes posés par le tribunal étaient applicables à la cause.

C'est ainsi, croyons-nous qu'il fallait juger.

En effet, en principe, le navire désigné ne peut pas être
changé, et toute infraction à cette règle, doit entraîner
la nullité de l'assurance. Mais une telle sévérité peut-
elle être de mise alors que l'assuré n'a commis qu'une
simple erreur matérielle en donnant à un navire un
nom qui appartenait à un autre, et que l'assureur n'a
pu ni se méprendre sur l'identité du navire, ni être
trompé sur l'opinion du risque ? Poser ainsi la question
c'est la résoudre, parce qu'il ne s'agit pas dans notre

---

(1) 23 février 1862. — Aix (J. M. 40 1. 48).

cas d'une formalité substantielle donnant la vie au contrat, mais d'une question de fond qui doit toujours être ainsi posée : L'assureur a-t-il été trompé sur l'identité du navire et sur l'importance du risque ?

219. — L'assurance sur facultés chargées ou à charger dans plusieurs navires dénommés peut être faite conjointement, divisement et alternativement.

L'assurance est faite divisement lorsqu'on indique plusieurs navires entre lesquels la marchandise doit être divisée, comme si, par exemple, l'on assure cent balles d'étoffe, valeur agréée de 100,000 fr., à charger cinquante sur le navire l'*Orénoque* et cinquante sur le navire *Le Triton*.

Elle est faite conjointement, lorsqu'on stipule que les facultés seront chargées sur plusieurs navires, sans division, par exemple, si l'on assure cent balles d'étoffes à charger sur l'*Orénoque* et sur *Le Triton*.

Elle est alternative, lorsque ces cent balles doivent être chargées sur l'*Orénoque* ou sur *Le Triton*.

220. — Lorsque l'assurance est faite divisement et que les facultés sont réparties entre les navires désignés, suivant·la proportion portée dans la police, aucune difficulté ; chaque navire renferme des facultés qui doivent être considérées, au point de vue de la perte, comme si elles avaient été assurées séparément.

Mais il peut se faire que l'assuré, au lieu de diviser le chargement conformément à la police, le divise d'une manière différente, ou bien même charge toute la marchandise sur un seul navire. Ainsi, il peut, dans l'espèce déjà posée, charger soixante-dix balles sur l'*Orénoque* et trente sur *Le Triton,* ou bien charger les cent balles sur l'*Orénoque.* Si dans ces deux cas l'*O*-

rénoque périt et point *Le Triton,* l'assureur ne devra jamais plus que la valeur agréée de cinquante balles, soit 50,000 fr.

221. — Dans l'hypothèse où les deux navires viendraient à périr, l'assuré pourrait soutenir que la manière dont la marchandise a été répartie importe peu, puisque de quelque manière qu'elle l'eût été, il est certain qu'elle aurait péri en entier.

L'art. 361 C. comm., emprunté à l'art. 32 de l'ordonnance, a écarté cette objection. Il est ainsi conçu :

« Si l'assurance a lieu divisement pour des mar-
« chandises qui doivent être chargées sur plusieurs
« vaisseaux désignés, avec énonciation de la somme
« assurée sur chacun, et si le chargement entier est
« mis sur un seul vaisseau ou sur un moindre nombre
« qu'il n'en est désigné dans le contrat, l'assureur n'est
« tenu que de la somme qu'il a assurée sur le vaisseau
« ou sur les vaisseaux qui ont reçu le chargement,
« nonobstant la perte de tous les vaisseaux désignés ;
« et il recevra néanmoins demi pour cent des sommes
« dont les assurances se trouvent annulées. »

Il résulte de cet article que pour tout ce qui excède la part assignée à chaque navire, l'assurance est ristournée, sous le paiement d'un demi pour cent. Ainsi, à supposer que l'assureur désigne deux navires sur chacun desquels doivent être chargées cinquante balles valant 1,000 fr. chacune, si soixante-dix balles sont chargées sur un seul, l'assurance sera ristournée pour 20,000 fr., et l'assureur recevra 100 fr. comme indemnité.

222. — D'après le Guidon de la mer, ch. 13, la division convenue à l'égard des navires doit être observée lorsque les marchandises sont portées du quai à l'un d'eux au moyen d'alléges. Les commentateurs de l'ordonnance se sont élevés contre cette solution, qui confond deux choses si bien distinctes que souvent des marchandises appartenant à divers sont transportées par une même allége (1).

223. — Lorsque la marchandise doit être chargée sur plusieurs navires sans qu'il ait été dit dans quelle proportion elle sera répartie, on doit la répartir par égales parts.

224. — Lorsque les navires désignés l'ont été sous une alternative, comme si l'on dit : *J'assure telle marchandise à charger sur l'*Orénoque *ou* Le Triton, l'alternative se réalise lorsqu'un seul des navires désignés a reçu la marchandise assurée. Mais il peut se faire qu'elle soit répartie entre tous les navires. Que faut-il décider dans ce cas ? — Emerigon veut qu'on en forme une masse vis-à-vis des assureurs (2). Cette opinion est critiquée par Benecke en ces termes :

« Lorsque l'assurance est ainsi conçue, sur le navire
« A ou sur le navire B, il est hors de doute qu'elle s'ap-
« plique à celui des deux navires qui est chargé. —
« Mais si l'on a chargé sur les deux navires, Emerigon
« dit qu'on doit considérer les deux chargements
« comme une masse. Cette solution ne peut être admise
« que sous une distinction. — Lorsque les marchan-
« dises ont été spécifiées par leur marque ou leur na-
« ture, on ne saurait les distinguer sans violer le con-
« trat. Ainsi lorsqu'une assurance porte sur cent sacs

---

(1) Valin, sur l'art. 32 ; Emerigon, ch. VI, sect. V, § 2.
(2) Emerigon, ch. VI, sect. 6, § 2.

« de café, nᵒˢ 1 à 100, qui doivent être chargés sur le
« navire A ou sur le navire B, l'assurance porte sur
« toute la marchandise, alors même qu'elle aurait été
« chargée sur les deux navires. Mais lorsque l'assu-
« rance s'applique à une marchandise quelconque non
« spécifiée dans la police, et qu'il a été chargé sur un
« des deux navires une certaine quantité de marchan-
« dises, d'une valeur égale à celle de la somme assu-
« rée, on peut dire que l'assurance a reçu une applica-
« tion complète, et l'on ne voit pas pourquoi un char-
« gement, fût-il de même valeur, mis à bord d'un second
« navire, après que le premier a déjà été chargé, de-
« vrait former une masse avec celui-ci. L'assurance
« sur marchandises indéterminées, avec condition de
« les charger sur tel ou tel navire dénommé doit donc
« être assimilée à une assurance *in quovis*, sauf que
« l'assuré est obligé de charger la marchandise sur un
« des deux navires dénommés, de sorte que l'assurance
« devient nulle si rien n'a été chargé sur un de ces
« deux navires pour le compte de cet assuré. » (1)

§ III.

De l'assurance in quovis *sur un ou plusieurs navires.*

225. — Dans quels cas l'assurance est-elle *in quovis* ? — Des polices
d'abonnement.

226. — Précautions prises par les législations étrangères contre l'assurance *in quovis*.

227. — Explication de la partie de l'art. 337 C. comm., relative au
départ du navire.

228. — Désignation du consignataire.

---

(1) Benecke, t. 2, p. 137.

225. — On mande à un commerçant que telle marchandise lui appartenant va être chargée, pour telle destination, sur le premier navire que l'on trouvera. Si cette prévision se réalise, si un navire est affrété et chargé, ce commerçant ne pourra, si on l'oblige à insérer dans la police le nom du navire, faire couvrir par une assurance la marchandise, tant que le navire ne lui aura pas été dénommé et désigné, d'où la conséquence qu'il sera nécessairement exposé aux risques courus depuis le jour du départ du navire jusqu'au jour où ce navire lui sera connu. Pour obvier à cet inconvénient, on a toujours admis (1) que les facultés peuvent être assurées sous la condition qu'il sera permis à l'assuré de les charger sur quelque navire que ce soit. Lorsque cette condition est introduite on dit que l'assurance est *in quovis, sur tout navire que vous voudrez.*

---

(1) Guidon de la mer, ch. XII, art. 1 et 2; Ord. Bilbao, art. 3; Amsterdam, 1744, art. 2; Rotterdam, art. 71; Prusse, 1727, ch. 6, art. 4; 1776, p. 2, § 9.

Les polices d'abonnement, dont l'usage a pris une très-grande extension ne sont autre chose qu'une assurance *in quovis*.

Par de telles polices, les grands armateurs font assurer toutes les marchandises qu'ils expédieront d'un point quelconque à un autre, pendant un temps déterminé, quel que soit le nombre des voyages. Ainsi, un négociant de Bordeaux, qui expédie au Brésil des vins en plusieurs voyages, moyennant un retour en sucre ou en café, peut faire assurer toutes les marchandises qu'il expédiera de tel temps à tel autre, sur quelque navire que ce soit. Une telle assurance est considérée comme légale.

L'art. 4 de l'ordonnance qui réglait l'assurance *in quovis* était ainsi conçu :

« Pourront toutefois les chargements qui seront faits
« pour l'Europe aux Echelles du Levant, aux côtes
« d'Afrique et aux autres parties du monde, être assu-
« rés sur quelque navire qu'ils puissent être, sans dési-
« gnation du maître ni du vaisseau, pourvu que celui
« à qui ils devront être consignés soit dénommé dans
« la police. »

L'art. 337 du C. comm. dispose sur ce point en ces termes :

« Les chargements faits aux Echelles du Levant,
« aux côtes d'Afrique et aux autres parties du monde,
« pour l'Europe, peuvent être assurés sur quelque
« navire qu'ils aient lieu, sans désignation du navire ni
« du capitaine.

« Les marchandises elles-mêmes peuvent en ce cas
« être assurées sans désignation de leur nature et
« espèce.

« Mais la police doit indiquer celui à qui l'expédition
« est faite ou doit être consignée, s'il n'y a convention
« contraire dans la police d'assurance. »

La même faculté doit encore être donnée à l'assuré
lorsqu'il se réserve de faire transborder la marchandise,
une ou plusieurs fois pendant un voyage, dans tel navire
qu'il voudra (1).

226. — Comme aux termes de l'art. 337 l'assuré a
le droit de ne pas indiquer et la marchandise objet de
l'assurance et le navire qui en sera porteur, il s'en suit
que lorsque telle est l'assurance, l'assureur ne connaît
que l'assuré (qui peut même agir pour compte), la
somme assurée et les ports d'expédition et d'arrivée.
Ces indications sont insuffisantes et dans un grand
nombre de cas laissent l'assureur désarmé.

Ainsi Wesket raconte que le taux de la prime ayant
subi une baisse très-marquée pour les voyages de Cuba
à Cadix, les commerçants espagnols qui s'étaient fait
consentir des assurances *in quovis*, pour de tels voyages, à Londres et à Amsterdam, profitèrent des facilités
qu'elles leur donnaient pour déclarer aux assureurs
que le voyage était rompu, et ce afin de se faire consentir de nouvelles assurances moyennant une prime
plus réduite (2).

On peut juger par ce seul exemple des inconvénients
que présente l'assurance *in quovis*. Aussi la plupart
des législations maritimes l'ont entourée de certaines
précautions. — Les unes ne l'ont permise que lorsque
l'assuré ne connaît pas le navire qui doit être porteur

---

(1) Straccha, Gl. 8, n. 3; Emerigon, ch. VI, sect. V, § 2.
(2) Weskett. Art. Ship or Ships, § 10.

des facultés assurées (1). — Le nouveau Code allemand contient à ce sujet la disposition suivante :

« Dans l'assurance de marchandises, sans indication
« du navire ou des navires (navires incertains ou non
« dénommés) l'assuré doit, aussitôt qu'il apprend sur
« quel navire les marchandises assurées ont été char-
« gées, le communiquer à l'assureur. — S'il ne se con-
« forme pas à cette obligation, l'assureur est affranchi
« de tous les dommages survenus aux marchandises
« chargées (art. 821). » — Cette règle est suivie en
Suède.

D'après l'ancien droit prussien, l'assuré devait, à défaut d'indication du navire, mentionner dans la police
le nombre des colis et des futailles, les marques, le
lieu de départ, le nom de l'expéditeur, la date de l'ordre et de l'avis. — Une telle obligation est inconciliable
avec la faculté donnée à l'assuré de faire porter l'assurance sur une marchandise quelconque sans indication
de sa nature.

La loi prussienne imposait à l'assuré l'obligation de
communiquer à l'assureur la date de l'ordre et de l'avis.
La même règle est suivie en Hollande. Elle est très-
sage. Presque toujours, à l'aide de ce document, on
pourra arriver à la connaissance de la marchandise
assurée.

227. — Cela posé, arrivons à l'explication de notre
art. 337.

Il semble que cet article, emprunté dans sa majeure
partie à l'art. 4 de l'ordonnance, ait voulu remédier

---

(1) Loi pr., § 2077 ; Suède, 1750, art. 4, § 2 ; Hambourg, Ord., tit. 4,
art. 15 ; C. holl., art. 595.

aux abus en limitant l'assurance *in quovis* au cas où le point de départ de la marchandise peut faire supposer que l'assuré ne connaît pas le navire qui sera porteur des facultés assurées. Il faut, d'après cet article, que le chargement soit fait en dehors de l'Europe à destination d'un port quelconque de l'Europe.

Mais on a fait observer avec juste raison que si la marchandise est chargée dans un port quelconque des Etats-Unis à destination d'un port quelconque d'Asie ou d'Afrique, la solution doit être la même, ce qui est aujourd'hui universellement admis.

Que faut-il décider lorsqu'une assurance *in quovis* s'applique à un voyage d'un port d'Europe à un autre port d'Europe, soit, par exemple, d'Odessa à Marseille ?

Il faut décider que l'assurance est valable lorsque l'assureur comme l'assuré ont l'un et l'autre voulu que le navire porteur des facultés assurées ne fût ni dénommé, ni désigné. Et en effet, l'art. 337 ne donne qu'un exemple purement démonstratif. Il n'est pas fondé sur des motifs d'ordre public. Il ne limite pas et il n'a pas voulu limiter la liberté des conventions. Il n'a eu qu'un but, celui de déclarer que les parties peuvent faire assurer les facultés sans désigner le navire qui en sera porteur. En l'interprétant autrement, on en arriverait à décider qu'une assurance *in quovis* est valable lorsque le voyage se fait d'Alger à Cadix ou à Marseille, et qu'elle est nulle s'il se fait de Cronstadt à Constantinople. Du reste, dans la pratique, la loi est ainsi comprise.

Est-ce à dire pour cela que l'assurance *in quovis* soit toujours permise. Assurément non. La permettre à un négociant qui fait assurer des facultés qui doivent être chargées dans le lieu où il réside, alors qu'il sait quel est le navire qui en sera porteur, ce serait donner à l'art. 337 une interprétation contraire aux véritables intérêts du commerce.

228. — L'ordonnance avait imposé à l'assuré l'obligation de désigner le consignataire des marchandises couvertes par une assurance *in quovis*. Cependant Valin et Emerigon émirent l'avis que cette condition n'était pas exigée à peine de nullité du contrat ; l'art. 337 veut aussi que le consignataire soit déclaré, *s'il n'y a convention contraire dans la police d'assurance*.

229. — Les assureurs ont pris certaines précautions contre les abus auxquels l'assurance *in quovis* peut donner lieu.

Ainsi ils stipulent, dans la crainte que l'assuré fasse choix d'un mauvais navire, qu'ils ne seront responsables que si le navire porteur des facultés assurées a une cote déterminée au registre *Veritas* (1).

Pour se soustraire autant que possible à l'indétermination du risque, les assurances *in quovis* sont en général souscrites en Hollande à temps limité (2). En France, nos assureurs stipulent souvent qu'ils ne répondront des risques que si les marchandises ont été embarquées entre telle et telle date, par exemple entre le 1er février et le 1er mars, de sorte qu'ils n'en répondent pas si elle est chargée avant ou après (3).

---

(1) Haghe et Cruismans, n. 48.

(2) Benecke, t. 2, p. 110.

(3) 3 déc. 1823. — Mars. J. M. 23. 1. 359.

Nous avons déjà dit que l'art. 821 du C. de comm. allemand oblige l'assuré à dénoncer à l'assureur le nom du navire dès qu'il en a connaissance. Nos assureurs ont en général adopté cette règle. Cependant certaines compagnies, afin d'éviter des contestations sur le point de savoir à quel moment le nom du navire a été connu de l'assuré, ont calculé, d'après la distance, le délai après lequel on doit présumer qu'il l'a connu, et elles l'ont obligé à le déclarer dans ce même délai. Les délais adoptés le plus généralement sont : six mois pour les voyages au-delà du cap Horn et de Bonne-Espérance ; — quatre mois pour les voyages au long cours ; — deux mois pour les voyages au grand cabotage ; — un mois pour les voyages au petit cabotage.

230. — Il est toujours indispensable, dans l'assurance *in quovis*, de déterminer la marchandise qui est soumise au risque, et cela encore que l'assurance porte sur une marchandise déterminée, car, même dans ce cas, il importe de savoir quelle est celle qui est spécialement couverte par cette assurance.

La règle suivie sur ce point, déjà posée par Valin, a été parfaitement résumée par la cour de cassation en ces termes :

« Attendu que si le contrat d'assurance dont la loi
« exige la rédaction par écrit doit, en général, expri-
« mer le nom et la désignation du navire à bord du-
« quel se trouvent les marchandises assurées , cette
« condition n'est plus réclamée quant aux chargements
« faits aux Echelles du Levant, aux côtes d'Afrique et
« aux autres parties du monde pour l'Europe ; que
« dans ce cas, à raison de la difficulté de recevoir à
« temps les informations nécessaires pour donner des

« indications plus précises, la loi a permis de faire as-
« surer sur quelques navires qui existeraient les choses
« prises en risque, sans désignation du navire ni du
« capitaine; — qu'il suit de là que l'assurance dite *in*
« *quovis* est valable et définitive, indépendamment de
« tout fait postérieur, dès l'instant où des marchan-
« dises ont été chargées dans les conditions prévues
« par le contrat; c'est le fait du chargement qui donne
« la vie à l'assurance sans qu'il soit besoin d'aucune
« nouvelle manifestation de la volonté des contrac-
« tants. » (1)

Les motifs que nous reproduisons contiennent tout
ce qu'il faut savoir :

1° Le navire n'étant pas désigné, il est impossible de
connaître à l'avance à quelles marchandises doit s'appliquer l'assurance ;

2° Elle s'appliquera aux premières marchandises qui
seront chargées sur un navire quelconque;

3° Aucune déclaration de la part de l'assuré n'est
nécessaire ;

4° Il faut que les marchandises soient chargées dans
les conditions de l'assurance.

Ainsi supposons une assurance *in quovis* sur marchandises indéterminées qui doivent, d'après la police,
partir de l'île de la Réunion à destination de Marseille.
Dans ce cas, les premières marchandises chargées
dans cette île à destination de Marseille, pour le compte
de l'assuré, seront couvertes par l'assurance.

---

(1) V. 2 février 1857. — C. Rej. (S. V. 57. 1. 657). — V. aussi conforme
25 novembre 1869. — Mars. (J. M. 48. 1. 36). — 15 mai 1870. — Aix (J. M.
48. 1. 212). — V. encore Baldasseroni, t. 1, p. 2. tit. 2, § 18 et Benecke, t. 2,
p. 111, qui, une fois le principe admis, a fléchi sur ses conséquences.

Si la marchandise est déterminée, par exemple si l'assurance porte sur un chargement de sucre, la première expédition de sucre faite par l'assuré sera aux risques de l'assureur.

Le fait seul du chargement produira cet effet, et l'assuré ne sera pas obligé, à moins que la police ne l'y oblige, à dénoncer à l'assureur la nature du chargement et l'embarquement lorsque la marchandise est indéterminée, ou bien l'embarquement lorsqu'elle est déterminée.

Mais si les marchandises ne sont pas dirigées vers le lieu de destination, par exemple, si au lieu de l'être sur Marseille, ainsi que le veut la police, elles sont expédiées à Livourne, l'assurance ne leur sera pas alors applicable.

Il en sera de même si au lieu de charger la marchandise spécifiée dans la police, on en charge d'une autre espèce, par exemple, du café au lieu de sucre.

Lorsque les conditions de l'assurance ne sont pas remplies, le contrat continue à exister à l'état d'attente, jusqu'au moment où le chargement s'effectue dans les conditions convenues (1).

231. — Nous avons dit que dans l'assurance *in quovis,* l'assuré n'avait aucune déclaration à faire, à moins que le contrat ne lui en impose l'obligation.

Encore moins peut-il avoir le droit de choisir entre plusieurs navires chargés celui ou ceux qui seront considérés comme porteurs des facultés dont l'assureur doit répondre. Cependant le contraire a été jugé en Angleterre dans l'espèce suivante :

Un négociant, résidant dans l'Inde anglaise, donna

---

(1) 23 déc. 1867. — Mars (J. M. 46. 1. 64).

l'ordre à son correspondant de Londres de faire assurer pour son compte, en deux assurances, l'une de 6,000 l. s., l'autre de 4,000 l., sur marchandises à charger sur un ou plusieurs navires. — Après la conclusion de l'assurance, l'assuré chargea des marchandises sur le navire *Barker* pour 4,889 l. et sur le navire *Le Gange* pour 4,500. — Après le chargement, il se présenta devant le juge siégeant à Bengale, et lui remit une attestation portant que les marchandises chargées à bord du *Barker* devaient couvrir l'assurance de 6,000 liv.

Le navire *Barker* périt pendant la traversée, tandis que *Le Gange* arriva heureusement au lieu de destination.

Tels étant les faits, l'assuré demanda à l'assureur de 6,000 liv. le montant de la perte, soit 4,889 liv., à quoi celui-ci répondit qu'elle devait être répartie entre lui et l'assureur qui avait assuré la marchandise chargée à bord du navire *Le Gange,* ainsi que le voulait la loi anglaise. — L'assuré ne contestait pas que telle fût la loi, mais il soutenait en même temps que sa déclaration l'avait rendue inapplicable.

Lord Mansfield fut de cet avis. Il admit que la déclaration faite par l'assuré avait assigné à l'assurance un aliment spécial, que cet assuré avait le droit de faire cette déclaration, et qu'en conséquence l'assureur était tenu de payer (1).

On suit en France d'autres principes, et il faut reconnaître, qu'ils sont préférables à ceux qui sont suivis en Angleterre.

232. — L'espèce suivante donne une idée assez

---

(1) Marshall, 2, 380 ; Benecke, 2, 120.

exacte des règles suivies en matière d'assurance *in quovis*.

Un sieur Dor fit assurer, le 27 juin 1854, 58,400 fr. pour un voyage de l'île de la Réunion à Marseille, sur facultés chargées ou à charger à bord d'un ou plusieurs navires *in quovis,* Jaufret assureur. — Le 11 août suivant, il fit assurer 60,000 fr. sur facultés chargées ou à charger sur le navire *La ville d'Oléron,* pour un voyage de l'île de la Réunion à Marseille, Bousquet, assureur. — Le 7 décembre suivant, il fit assurer 37,133 fr., valeur agréée de 1,121 balles sucres sur le navire *La ville d'Oléron,* encore pour un voyage de l'île de la Réunion à Marseille. — Les représentants de l'assuré chargèrent d'abord pour son compte trois navires : *Le navigateur, Le Ceyland, Le Porte-Durand,* dont les chargements réunis se portaient à 164,650 fr. — Le navire *La ville d'Oléron* fut chargé après. — Les trois premiers navires arrivèrent heureusement au lieu de destination, mais le navire *La ville d'Oléron* et la marchandise dont il était porteur, périrent totalement.

Action intentée par Dor contre les deux assureurs Jaufret et Bousquet. Le débat porta entre ces derniers sur le point de savoir lequel des deux était responsable de la perte.

Par une étrange erreur, le tribunal de Marseille mit la perte sur le compte de Jaufret (1). — La cour d'Aix réforma le jugement (2). — Un pourvoi fut dirigé contre l'arrêt rendu par cette cour, mais il fut rejeté par les motifs que nous avons reproduits (3).

---

(1) 28 mars 1855. — Mars. (J. M. 33. 1. 124).

(2) 27 août 1855. — Aix (J. M. 33. 1. 242).

(3) Arrêt de rejet déjà cité.

Les principes posés par la cour suprême, dans cette espèce, sont éminemment juridiques. En effet, étant admis qu'il n'y aurait que désordre et confusion si l'assuré avait le droit de désigner le navire auquel il entend appliquer l'assurance, il faut de toute nécessité, ce navire étant inconnu, qu'il soit déterminé à l'aide d'un fait connu. Ce fait ne peut être autre que l'embarquement de la marchandise. Lorsque l'assuré a le droit de l'embarquer sur plusieurs navires, aucune difficulté ne peut se présenter lorsque les navires qu'il a chargés ne renferment exactement que la marchandise couverte par l'assurance. Mais il arrive souvent que l'ensemble des chargements dépasse les quantités qui ont été assurées. Dans ce cas, au lieu de laisser à l'assuré le droit de déterminer à quel navire s'appliquera l'assurance , on suit l'ordre des embarquements. Le premier navire chargé fournit d'abord l'aliment du risque ; lorsqu'il ne l'épuise pas, on passe au second, et ainsi de suite jusqu'à ce que l'assurance soit entièrement remplie.

Ainsi, soit une assurance de 80,000 fr. applicable à du sucre, chargé ou à charger à l'île de la Réunion sur un ou plusieurs navires quelconques. On charge 40,000 fr. sur le navire A, 30,000 sur le navire B, 30,000 sur le navire C, 30,000 sur le navire D. — Qu'arrivera-t-il dans ce cas ? — L'assureur répondra du sucre chargé sur les navires A et B. Il répondra du tiers du chargement que contient le navire C, conformément aux principes déjà posés. Il sera étranger aux risques que peut courir le navire D, de sorte que si ce dernier périt, il ne répondra pas de la perte.

233. — Benecke n'est pas de cet avis. Il propose de

réunir tout ce qui a été chargé et d'en former une masse indivisible (1). Ainsi, dans l'espèce ci-dessus posée, l'aliment du risque se trouverait dans les navires A, B, C, D, seulement, comme nous avons supposé que ces quatre navires renfermaient pour 130,000 fr. de sucre alors qu'il n'en avait été assuré que pour 80,000, l'assureur ne répondrait, d'après Benecke, que des 80/130e de la perte, tandis que l'assuré serait son propre assureur pour le surplus.

Le côté faible de cette opinion n'est pas difficile à trouver. En effet, lorsqu'une assurance porte sur des marchandises à charger sur un navire dénommé, que nous appellerons le navire A, il est de toute évidence que l'assureur ne répond pas de celles qui sont chargées sur le navire B. Dans l'assurance *in quovis,* le navire A n'est pas connu, mais il finit par l'être à l'aide d'un seul fait, le chargement. Par lui, il est dénommé, et lorsqu'il l'est, aucun autre navire ne peut lui être substitué. On viole donc les principes lorsqu'on réunit à la marchandise chargée sur un premier navire, et représentant l'entier montant de l'assurance qui est alors remplie, celle qui est chargée plus tard sur un second navire, laquelle est absolument étrangère au au contrat, pour former, à l'aide de ce double chargement, une seule masse.

234. — La solution serait autre si la réunion en un tout indivisible des facultés chargées sur divers navires avait été ou explicitement ou tacitement convenue.

On doit la considérer comme tacitement convenue

---

(1) Benecke, t. 2, p. 112.

lorsque l'assurance porte sur toutes les marchandises qui partiront dans un certain temps (1).

On doit encore la considérer comme telle dans l'espèce suivante :

Un commerçant assure 15,000 fr. sur 1,000 balles de sucre valant 30,000 fr., lesquelles balles sont numérotées de 1 à 100 et doivent être chargées sur plusieurs navires indéterminés. Cinquante balles sont d'abord chargées sur le navire l'*Entreprenant ;* plus tard, cinquante autres le sont sur le navire *La ville de Marseille.* — Que faut-il décider dans ce cas ? Faut-il admettre que puisqu'il a été chargé dans l'*Entreprenant* pour 15,000 fr. de marchandises, l'aliment du risque est par cela même rempli? — La négative est certaine par le motif que l'assureur n'a pris à sa charge en valeur que la moitié de chaque balle, et que l'autre moitié reste aux risques de l'assuré, d'où il résulte que l'*Entreprenant* n'a chargé, à l'égard de l'assureur, que pour 7,500 fr. de marchandise et que le surplus, qui complète l'assurance, soit encore 7,500 fr., a été chargé sur *La ville de Marseille.* Et comme, en cas de perte, l'assuré doit participer pour son propre compte, en raison de son découvert, au règlement de l'indemnité, il faut considérer les deux chargements comme formant un tout indivisible.

235. — Enfin, on doit considérer tous les chargements comme une masse lorsqu'ils se sont effectués en même temps. Tel est le cas qui se présentait dans l'affaire Fesquet, qu'Emerigon rapporte en ces termes :

« Un sieur Fesquet se fit assurer 13,000 livres de

---

(1) Benecke, 2, 111.

« sortie de Marseille jusqu'aux îles françaises de l'A-
« mérique, sur les facultés consistant en espèces qui se
« trouveront chargées sur le navire *l'Amphitrite,* ca-
« pitaine Lombardon, et de sortie desdites îles fran-
« çaises jusqu'au port de Marseille ou autre port de
« France, sur les facultés qui se trouveront chargées
« *in quovis,* dans un ou plusieurs bâtiments. »

L'Amphitrite arriva heureusement au Cap. Le capitaine Lombardon chargea :

Sur l'*Entreprenant*.........	L.	4,577
Sur le *St-Pierre et St-Paul*..		2,948
Sur la *Ferme*...............		3,048
Sur le *Duc de Penthièvre*...		7,975
Sur la *Concorde*...........		7,284
Total............	L.	25,832

« Les trois premiers navires arrivèrent heureusement. Les deux derniers furent pris par les Anglais. »

Telle étant l'espèce, et le fait que les cinq navires
avaient été chargés en même temps étant établi, on
procéda au règlement de l'indemnité de la manière suivante :

$$25{,}000 : 13{,}000 :: 100 : x. \quad X = 59 \text{ p. } 0/0$$

ou bien :

$$25{,}000 : 15{,}259 :: 13{,}000 : x. \quad X = 7{,}670 \text{ ou } 59 \text{ p. } 0/0.$$

Cependant Emerigon dit que les assureurs furent
condamnés à payer 54 p. 0/0 des sommes par eux assurées. Marshall et Benecke trouvent, comme nous, 59.
Mais, comme le fait remarquer ce dernier, la différence

s'explique, s'il y avait lieu, ainsi que cela est probable, de déduire certaines franchises (1).

236. — Il arrive souvent que dans les assurances *in quovis* les expéditeurs se font consentir plusieurs assurances. Le même fait se produit aussi en Angleterre.

Dans ce dernier pays, lorsqu'une même marchandise est l'objet de plusieurs assurances sucessives, toutes ces assurances concourent comme si elles étaient à la même date. Aussi, pour régler l'indemnité, on y forme une masse de tout ce qui a été chargé, afin de répartir la perte entre tous les assureurs (2). Avec ce système, il n'y a aucun intérêt à savoir quelle est l'assurance à laquelle s'applique la marchandise chargée dans tel ou tel navire.

En France, on suit une autre règle. Aux termes de l'art. 359 C. comm., la perte incombe d'abord au premier assureur; puis, s'il ne couvre pas l'entière valeur de la marchandise, au second, et ainsi de suite jusqu'à ce que toute la valeur soit épuisée. Il résulte de là que dans l'assurance *in quovis* là première marchandise chargée est au compte du premier assureur jusqu'à . concurrence de la somme assurée, que lorsque cette somme est épuisée, le risque passe au second assureur, et ainsi de suite, de sorte que si plusieurs navires sont chargés, la marchandise que renferme chacun d'eux sera au compte de tel assureur ou de tel autre, suivant l'ordre dans lequel les chargements se seront effectués. Si certains de ces navires périssent, tandis que d'au-

---

(1) **Marshall**, 1, 382 ; **Benecke**, 2, 112.
(2) Magens. Versuch, cap. 14 ; Marshall, 2, 380 et 550.

tres arrivent heureusement au lieu de destination, la responsabilité des assureurs sera fixée par l'application des règles qui viennent d'être exposées. Si, par exemple, le navire A a été chargé le premier et si toute la marchandise qu'il contient est couverte par la première assurance, le premier assureur sera soumis à la perte; si la somme assurée est inférieure à la valeur de la marchandise, le second assureur répondra de la différence. Du reste, l'affaire Dor offre un exemple de la manière dont on doit procéder au règlement. Quant aux questions de détail qui se rapportent à ce point, elles trouveront leur place lorsque nous traiterons de la théorie des doubles assurances.

§ IV.

Du profit espéré.

237 — Idée générale de cette assurance.— Appréciation qu'en a faite le juge anglais Lawrence.

238. — Aux Etats-Unis, l'assuré peut à son gré évaluer le bénéfice et le faire assurer.

239. — En Angleterre et en Hollande l'évaluation doit être conforme au bénéfice qui se serait réalisé si le navire était arrivé au lieu de destination.

240. — Mode de règlement que comporte ce système.

241. — On a adopté en Allemagne un système mixte.

242. — En France, l'assurance du profit espéré est prohibée.

243. — Examen des divers systèmes qui se rapportent à cette assurance.

244. — En France, la nullité qui frappe l'assurance du profit espéré est d'ordre public.

245. — Distinction entre le profit à faire et le profit acquis.

246. — Peut-on faire assurer l'augmentation de valeur acquise pendant la traversée?

237. — Le système d'assurance qui consiste à placer

l'assuré dans la position où il aurait été s'il n'avait subi aucun sinistre, ou, en d'autres termes, de l'indemniser de toute la perte qu'il subit, même de celle qui résulte de la privation des bénéfices qu'il aurait réalisés si la marchandise était arrivée à l'état sain au lieu de destination, compte de nombreux partisans et s'appuie sur les motifs les plus sérieux.

Le juge Lawrence justifiait devant une cour d'Angleterre le principe de cette assurance en des termes qui méritent d'être rapportés (1).

« Le contrat d'assurance, disait-il, n'est qu'un con-
« trat d'indemnité, et on le ferait sortir des limites qui
« doivent lui être assignées, s'il consistait à donner à
« l'assuré le moyen d'être indemnisé d'un préjudice pu-
« rement imaginaire. Mais la privation d'un bénéfice
« qui se serait réalisé est un fait réel. Un commerçant
« qui entreprend une opération craint non-seulement
« de perdre les marchandises qu'il expose aux risques
« maritimes mais encore les bénéfices que lui aurait
« procurés son opération si ces marchandises étaient
« arrivées à destination. Lorsqu'elles n'y arrivent pas,
« il perd et le capital avec lequel il les a achetées, et les
« bénéfices que ce capital aurait pu lui donner s'il l'avait
« employé d'une autre manière. Dès lors, puisqu'on lui
« permet de faire assurer ce capital, on doit lui per-
« mettre, sous peine d'inconséquence, de faire assurer
« les bénéfices qu'il lui aurait procurés. »

238. — Ce principe étant posé, il fallait en déterminer l'application. A cet égard deux systèmes principaux sont en présence; l'un qui a prévalu aux Etats-

---

(1) Barclay v⁵ Consins, 2. East, 544.

Unis, à Hambourg, et qui a été partiellement consacré par le nouveau code allemand ; — l'autre qui est suivi en Angleterre, en Hollande, en Portugal, et qui a reçu l'approbation de la plupart des jurisconsultes étrangers.

Parlons d'abord du premier. Il consiste à soutenir que tout commerçant qui entreprend une opération calcule à l'avance le profit qu'elle pourra lui donner, et qu'il lui est permis de comprendre ce profit dans l'assurance, d'après son évaluation. Ainsi, dans une affaire jugée aux Etats-Unis, l'assuré fit assurer un chargement pour la somme de 25,000 dollars, plus un bénéfice évalué de gré à gré à 25 p. cent, soit 5,000 dollars (1).

Dans cette espèce, les assureurs soutinrent qu'une assurance sur le profit espéré ne pouvait pas être conclue en ces termes. L'affaire fut portée devant la justice, et là le juge Johnston, qui opina en faveur de l'assuré, après avoir constaté en fait que le navire porteur des facultés assurées était parti de Philadelphie à destination de Gibraltar, d'où il devait se rendre à Marseille et dans plusieurs autres ports de la Méditerranée pour y déposer diverses parties de son chargement, tint le langage suivant :

« S'il est vrai que le profit que donne une marchan-
« dise n'est rien moins qu'une augmentation (*excres-*
« *sence*) de sa valeur, on ne saurait admettre que la
« perte de cette marchandise n'entraîne pas celle du
« bénéfice. Si on tient compte de cette observation,
« l'application devient facile, ainsi que le démontre le

---

(1) Patapseo Ins. Co. V᷈ Coulter. 3 Poters. Sup. C. Rep. 222. — V. aussi Philipps, 1, 36 et s.

« cas actuel. En effet, il s'agit dans ce cas d'un voyage
« comportant un parcours de plusieurs mille lieues,
« d'opérations multiples, de comptes divers dont le
« résultat final aurait été influencé par un grand
« nombre de circonstances, si le navire était arrivé à
« destination. A cause des variations de prix qui ont
« eu lieu, l'arrivée plus ou moins rapprochée de ce
« navire, dans tel ou tel port, aurait pu procurer un
« bénéfice ou une perte. Etant donnée cette situa-
« tion, on consulterait en vain le spéculateur le plus
« habile et le plus expérimenté. Il ne saurait dire
« si, en fin de compte, et à supposer que le navire eût
« accompli heureusement son voyage, l'opération
« aurait donné des bénéfices ou des pertes. De ces ob-
« servations, il résulte que l'assuré doit être libre d'é-
« valuer le bénéfice comme il l'entend. »

Dans une autre affaire, les assureurs soutinrent que
l'évaluation du bénéfice *a priori* et par conjecture pouvait faire dégénérer l'assurance en gageure. A cela le
chancelier Kent répondit que si le contrat ne constitue
qu'une gageure, lorsque l'assurance s'applique à une
opération purement fictive, il ne saurait en être de
même lorsqu'elle s'applique à une marchandise réellement existante, car alors il ne s'agit que d'évaluer un
bénéfice dont la réalité peut être supposée par cela seul
que l'assuré a entrepris l'opération (1).

Ces principes furent encore proclamés par le juge
Livingston dans une autre affaire (2).

239. — La grande majorité des jurisconsultes étrangers n'a pas compris ainsi l'assurance du profit espéré.

---

(1) Abott v⁵ Sebor, 3 Johns Cases.
(2) Mamford v⁵ Galett, 1 Johns Cases 439.

A leurs yeux cette assurance n'a pas été instituée pour faire payer à l'assuré un bénéfice quelconque évalué par lui, se crût-il certain de le réaliser ; elle ne peut que lui attribuer le bénéfice qu'il aurait réellement obtenu, si sa marchandise était heureusement arrivée au lieu de destination (1).

Ainsi, lorsqu'elle revient en ce lieu, avec le prix d'achat et tous les frais, à 10,000 fr., et qu'elle peut se vendre, d'après l'état du marché, 12,000, avec un bénéfice de 2,000, l'assurance du profit espéré ne peut dépasser cette dernière somme.

Avec ce système, l'objet assuré ne peut être évalué dans la police, qui, suivant l'expression consacrée, doit rester *ouverte*. La raison en est que le bénéfice étant inconnu au moment où la police est souscrite, il est impossible de dire à l'avance ce qu'il sera (2).

On doit, pour évaluer le bénéfice qui se serait réalisé, déterminer approximativement à quelle époque le navire aurait pu arriver au lieu de destination et fixer ce bénéfice d'après l'état du marché à cette époque (3). Cette sorte d'assurance se distingue de la *sponsio* en ce que, pour nous servir des termes de la loi hollandaise, elle ne saurait sortir à effet lorsque la réalisation d'un bénéfice ne peut pas être prouvée (Code hollandais, art. 615 et Code portugais, art. 1734).

D'où il suit que si, faute d'un bénéfice, l'assurance

---

(1) V. sur l'assurance du profit espéré, Roccus, n. 31; Sauterna, p. 3, n. 40 ; Scaccia, de Gambiis. quest. 1, n. 169 ; Targa, c. 42, n. 5 ; Baldasseroni, t. 2, p. 6 ; Benecke. Système, t. 1, p. 184 et Principes, t. 1, p. 26 et s.; Marshall, Parck, Nolte, Pohls, Philipps, *loc. cit.*

(2) Nolte, t. 1, p. 300.

(3) Pohls, t. 6, p. 697.

ne sort pas à effet, la prime convenue ne peut être exigée par l'assureur (1).

Les Anglais ont adopté cette théorie. Le juge Lawrence l'affirme dans le passage que nous avons cité. Dans une autre affaire, lord Mansfield déclara formellement que l'assureur ne doit à l'assuré qu'un bénéfice certain (Pretty certain) (2). Cependant, en Angleterre, l'application n'est pas toujours conforme à ces principes. Elle se rapproche plutôt de ceux qui sont suivis aux Etats-Unis (3). En Hollande, il en est autrement. La règle qui limite le droit de l'assuré à un bénéfice certain y est appliquée dans toute sa pureté.

240. — L'application de cette règle est très-simple, lorsque le bénéfice peut être déterminé avec quelque certitude. Dans le cas de perte totale, il suffit que l'assureur paie le bénéfice; dans le cas d'avarie particulière, le règlement se fait par différence, et non par quotité.

Un exemple démontrera en quoi consiste ce mode de règlement.

Soit une marchandise valant au lieu de départ, y compris tous les frais jusqu'à la mise à bord   20,000 fr.

Tous les frais faits depuis le départ, plus ceux qui ont été faits au lieu d'arrivée, se portent à.............................   8,000

Total...........   28,000 fr.

D'après l'état du marché, la marchandise peut être vendue..................   32,000

Bénéfice . ...   4,000 fr.

(1) Nolte, t. 1, p. 299
(2) Egre v Glower, 16 East. 218.
(3) V Parck, 267 et s.; Marshall. 1. ch. 3. § 8.

Si cette marchandise est avariée, si, en raison de son état d'avarie, elle ne vaut que 18,000 fr., si on suppose, pour plus de simplicité, que les frais sont les mêmes, soit 8,000 fr., l'assureur paiera la différence entre 32,000 fr. et 18,000, soit 14,000 fr.

Avec le règlement par quotité, on aura la règle de proportion suivante :

$$32,000 : 18,000 :: 20,000 : x. \quad X = 11,250 \text{ fr.}$$

Nous reviendrons plus tard sur ce mode de règlement.

241. — A Hambourg, on peut évaluer à forfait et à l'avance, dans une police taxée, le bénéfice à 10 p. 0/0 (Plan revisé de 1853, 1re partie, tit. 2, art. 11).

Le nouveau C. allemand a adopté en partie la règle suivie par les assureurs d'Hambourg.

D'après l'aricle 805, le bénéfice doit être évalué à 10 p. 0/0 dans deux cas :

1° Lorsque le bénéfice espéré est assuré et qu'il n'a pas été évalué dans la police, comme si l'on dit : J'assure telle marchandise pour 1,000 fr., plus le bénéfice qu'elle pourra donner ;

2° Lorsque la marchandise et le bénéfice sont évalués, mais confondus dans une seule somme, comme si la police porte que telle marchandise est évaluée 1,100 fr., le bénéfice compris. — S'il s'élève dans ce cas une contestation sur l'exactitude de l'évaluation, on devra la tenir pour exacte s'il n'a pas été ajouté à la valeur réelle de la marchandise assurée plus de 10 p. 0/0 de cette valeur.

En même temps, l'art. 797 prévoit le cas où le bénéfice a été l'objet d'une évaluation distincte. Dans ce cas, il est permis à l'assureur de justifier, lorsque l'évaluation est par lui contestée, qu'elle dépasse le profit qu'il était permis d'espérer à l'époque de la conclusion du contrat, d'après de saines appréciations commerciales.

Commê on le voit, le nouveau Code de commerce allemand a adopté un système mixte. Il n'admet pas que le bénéfice puisse être évalué par l'assuré à son gré. Son évaluation peut être réduite ; seulement la réduction, au lieu d'être basée d'après la valeur réelle du bénéfice au lieu d'arrivée, doit l'être d'après sa valeur possible au moment du départ.

242. — En France, l'art. 347 défend l'assurance sur le profit espéré. Cette disposition est empruntée à l'art. 15 de l'ordonnance, qu'Emerigon justifiait en ces termes :

« Le profit dépend d'un événement incertain et d'une « négociation future. Ce profit est un être moral qui ne « se trouve point dans le navire, et qui par conséquent « ne peut pas être assuré. » (1)

Ces raisons, empruntées à la pure métaphysique du droit, n'ont aucune valeur juridique. Elles sont contraires à l'ancienne tradition, consacrée d'ailleurs par l'art. 1130 C. civ., d'après lequel les choses futures peuvent être l'objet d'une obligation. D'ailleurs, ainsi que l'a très-bien fait observer le chancelier Kent, les marchandises sont dans le navire, et dès lors le principe du profit espéré s'y trouve aussi.

243. — Pour savoir si l'assurance du profit espéré doit être admise ou rejetée, il faut rechercher jusqu'à quel point elle est utile, étant d'ailleurs admis, ce qui

---

(1) Emerigon, ch. 8, sect. 9.

est incontestable, qu'elle n'est nullement contraire à
la loi morale.

Si on examine, en se plaçant à ce point de vue,
quelle est la valeur du système américain, on sera
convaincu qu'en permettant à l'assuré de fixer à son
gré le bénéfice, il lui permet indirectement de conclure
un véritable contrat de gageure.

Si on examine ce que vaut le système qui est reconnu
en théorie en Angleterre et qui est franchement pratiqué en Hollande, on reconnaîtra qu'il est difficile de
l'appliquer ; que la constatation du bénéfice qu'aurait
procuré l'opération sans le sinistre, dépend de circonstances très-variables ; que si, par exemple, on fixe l'arrivée du navire entre le 1er et le 15 de tel mois, le marché
peut être soumis pendant ce temps à des mouvements
de hausse ou de baisse très-marqués ; que d'ailleurs la
valeur d'une marchandise est très-relative par rapport
à celui qui l'achète ; que s'il l'a achetée, soit comme
matière première pour la manufacturer, soit pour l'as-
sembler de longue main. soit pour compléter ses appro-
visionnements et la revendre en détail, la perte que lui
cause le sinistre peut résulter pour lui, non plus de
l'état dans lequel se trouve le marché, mais de la privation à laquelle il est soumis pour ne l'avoir pas reçue.

Le système suivi par le nouveau Code allemand n'est
pas non plus à l'abri d'une juste critique. Selon ce
système, l'évaluation du profit se fait d'après l'idée
qu'on peut avoir de ce qu'il sera au moment où l'assurance est consentie. Or, une telle évaluation étant
très-incertaine, peut procurer à l'assuré un bénéfice
qu'il n'aurait pas réalisé si la marchandise était arrivée
à l'état sain au lieu de destination.

Le système que nous suivons n'est pas non plus parfait. En effet, la marchandise étant évaluée d'après sa valeur au lieu de départ, on n'a qu'à supposer une baisse de 50 p. 0/0 sur la place où elle doit être rendue, pour qu'il soit établi que le sinistre procure à l'assureur un bénéfice très-réel.

Si nous avions à choisir entre les divers systèmes qui sont suivis, notre préférence serait acquise à celui qui a prévalu en Allemagne pour les assurances non taxées, système qui permet d'assurer une marchandise d'après sa valeur au lieu de départ, augmenté de 10 p. 0/0 en représentation du bénéfice espéré. Ce système est en parfaite harmonie avec les paroles si sensées que proférait le juge Lawrence devant une cour de justice anglaise. Et en effet, si on considère l'assurance comme un moyen pour l'assuré de recouvrer le capital qu'il a engagé dans une opération qu'un sinistre a compromise, et, en même temps que ce capital, le bénéfice qu'il aurait pu lui procurer s'il l'avait employé d'une autre manière, il faut, de toute nécessité, prendre une moyenne pour fixer ce bénéfice. Or, le taux de 10 p. 0/0 n'a rien d'excessif. Et pourquoi l'assurance ne serait-elle pas ainsi comprise? Pourquoi ne la considèrerait-on pas comme un moyen d'effacer le sinistre en annulant l'opération, ce qui ne peut avoir lieu qu'en restituant au commerçant qui a été victime de ce sinistre, et le capital qu'il a avancé et les bénéfices possibles qu'il aurait pu lui procurer?

Du reste, la pratique des assurances confirme absolument cette manière de voir. Il est fort rare que l'assuré n'ajoute pas au prix coûtant ou courant, augmenté des frais, 5 ou 10 p. 0/0 en vue de la privation du capital qu'il a engagé, et il est encore plus rare que l'évaluation soit contestée par les assureurs lorsqu'elle ne dépasse pas cette limite.

244. — Quoiqu'il en soit, il est certain que contrairement à l'opinion de la cour de cassation et de certains tribunaux de commerce (1), l'art. 347 ne permet pas d'assurer le profit espéré, et que toute assurance qui porte sur cet objet doit être déclarée nulle, d'une nullité d'ordre public, qui par conséquent ne peut être ratifiée (2).

245. — En souvenir de la distinction entre le fret à faire et le fret acquis, on a voulu distinguer entre le profit à faire et le profit acquis, pour en conclure que si un négociant gagne sur une opération une somme quelconque, il peut faire assurer la marchandise qu'il achète avec cette somme (3). L'évidence d'une telle proposition lui donne presque un air de naïveté.

246. — Voici qui est plus sérieux. On s'est demandé si un commerçant qui a fait assurer pour 30,000 fr. une marchandise qui avait cette valeur au moment de l'assurance, peut, dans le cas où cette marchandise a augmenté de valeur à un moment quelconque de la traversée, par exemple, si elle est en hausse de 10,000 fr., faire assurer cette somme ?

Non, répondent à l'envi Pothier, Valin, et Emerigon, et avec eux Merlin, car ce serait faire assurer un *profit espéré*. — Cette opinion est-elle certaine ? Ne faut-il pas, avec d'autres jurisconsultes, embrasser l'opinion contraire ? (4)

L'affirmative, dans ce dernier sens, nous paraît ré-

---

(1) V. Analyses des observations des tribunaux, p. 86.
(2) Pardessus, n. 766 ; Dalloz, n. 1551.
(3) Emerigon, ch. 8, sect. 9 ; Valin, sur l'art. 15 ; Pothier, n. 36.
(4) Pardessus, n. 766 ; Dalloz, n. 1582.

sulter de ce que : 1° il est permis de faire assurer une marchandise en cours de voyage, d'après la valeur qu'elle a au moment de l'assurance ; 2° qu'il est de plus permis, lorsqu'une première assurance ne couvre pas toute la valeur, de faire assurer le découvert au moyen d'une seconde assurance. Or, de quoi s'agit-il dans notre cas? Non pas d'assurer un profit espéré ou à faire, car il est réalisé et certain. Il ne s'agit pas non plus de changer les conditions de la première assurance, qui reste immuable. Il s'agit de faire assurer pendant le voyage une valeur acquise, actuellement existante, qui n'a pas été assurée au moment du départ.

§ V.

De l'assurance sur corps et facultés.

247. — L'assurance sur corps et facultés peut être alternative ou conjointe.

248. — Du cas où elle est alternative.

249. — Du cas où elle est conjointe.

247. — Lorsque le même individu assure le corps et la marchandise sur lesquels il a un intérêt, par deux assurances séparées, on n'a qu'à suivre les règles ordinaires. Mais il peut les assurer par un seul et même contrat, et alors on doit distinguer suivant que l'assurance est alternative ou conjointe.

248. — L'assurance est alternative lorsqu'elle porte sur corps ou sur facultés. — Bernard dit qu'il a vu une telle assurance à St-Malo, qu'elle fut déclarée valable à la condition que l'assuré choisirait avant le sinistre entre les deux objets assurés (1).

---

(1) Bernard, sur Emerigon, p. 427.

249. — L'assurance est conjointe lorsqu'elle porte, pour une même somme, sur corps et sur facultés. Ces sortes d'assurances sont fort rares, si même il en existe. Benecke affirme n'en avoir jamais vu à Hambourg (1). Il ne peut en être autrement. La réunion du corps et des facultés dans une même assurance est si peu en harmonie avec la nature de ce contrat, qu'il a fallu une loi pour régler de quelle manière on les séparerait. — Dans l'ancien droit, les uns soutenaient qu'on devait les séparer par portions égales; que si, par exemple, la somme assurée se portait à 50,000 fr., il fallait attribuer 25,000 fr. au navire et pareille somme aux facultés. — Les autres, parmi lesquels se rangea Emerigon, soutinrent que la séparation devait être proportionnelle à la valeur de chaque objet.

L'édit de 1779 a consacré ce dernier système, qui doit encore être suivi.

Un auteur admet que si dans une assurance conjointe l'assuré ne charge point de marchandises alors qu'il fait voyager le navire, cette assurance ne s'appliquera qu'au navire (2). Cette opinion est parfaitement juste.

---

(1) Benecke, t. 2, p. 102.
(2) Dageville, t. 3, p. 108.

CHAPITRE VII

ASSURANCE DU CONTRAT A LA GROSSE

250. — Quels sont les éléments du contrat à la grosse qui peuvent être assurés. — L'emprunteur ne peut faire assurer le capital.

251. — Le donneur peut le faire assurer.

252. — L'assurance du profit maritime est prohibée. — Critique de cette règle.

253. — La prohibition d'assurer le profit maritime est d'ordre public.

254. — L'assurance qui porte sur le capital et le profit maritime ne doit être annulée que pour le profit.

255. — Celui qui a assuré et payé le profit maritime, peut le répéter.

256. — Division du sujet relativement à l'assurance du capital.

257. — On ne peut faire assurer un capital qui n'est soumis à aucun risque, ou pour lequel le donneur est affranchi des sinistres majeurs.

258. — Du cas où le donneur est affranchi des avaries communes.

259. — On ne peut faire assurer un contrat qui est devenu exigible.

260. — Objet de l'assurance. — L'assureur ne répond ni de la solvabilité de l'emprunteur, — ni de l'efficacité du privilége, — ni de la perte de l'objet affecté. — Il ne répond que de l'extinction de la créance par l'avènement du risque.

261. — La police d'assurance d'un contrat à la grosse doit faire connaître exactement ce dernier contrat.

262. — La circonstance qu'il n'est pas transcrit doit être déclarée à l'assureur.

263. — Une légère différence entre les énonciations du contrat à la grosse et celles de la police ne doit pas faire annuler l'assurance.

264. — Du règlement de la perte. — Observations générales.

265. — Cas dans lequel l'emprunteur paie une part des avaries communes ou particulières.

266. — Des sinistres majeurs et de la manière d'opérer le délaissement du contrat.

267. — Le profit maritime ne doit pas être compris dans le délaissement.

268. — Lorsque le navire a dérouté par la volonté du capitaine, l'as-sureur ne répond pas de la perte totale de l'objet affecté, postérieure au déroutement, même alors qu'il a garanti la baraterie du patron.

250. — L'art. 334 porte : *L'assurance peut avoir pour objet..... les sommes prêtées à la grosse.*

L'art. 347 porte aussi : *Le contrat d'assurance est nul s'il a pour objet.... — les sommes empruntées à la grosse, — les profits maritimes des sommes prê-tées à la grosse.*

Ainsi, il n'est pas permis à l'emprunteur de faire assurer la somme par lui empruntée, et c'est avec juste raison, puisqu'à l'égard de cette somme il n'est soumis à aucune perte. En effet, au cas d'heureuse arrivée, il ne paye que ce qu'il doit, et si la chose affectée, navire ou marchandise, vient à périr, la libération qu'il ob-tient enlève tout intérêt à l'assurance.

Nous n'aurons dès lors à nous occuper que du prê-teur.

Quant à celui-ci, il peut faire assurer la somme par lui prêtée, mais il ne peut faire assurer le profit mari-time.

Nous allons traiter séparément ces deux points.

251. — *Somme prêtée à la grosse.* — Le cas prévu est très-simple. Une somme est prêtée avec affectation sur un navire ou sur une marchandise, sous la condi-tion que si l'objet affecté subit une perte totale ou par-tielle, l'emprunteur sera libéré totalement ou partielle-ment. Lorsque ce cas se réalise et que l'emprunteur est libéré, le prêteur subit une perte qu'il peut faire couvrir par une assurance (1).

---

(1) V. sur ce point Ansaldus, Disc. 70, n. 5 ; Scaccia, n. 503 ; Casaregis, Disc. 15, 70 et 129 ; Emerigon, t. 1, p. 141 ; Valin, sur l'art. 17 ; Pothier, n. 32 et 44.

Cependant, sous l'empire de l'ordonnance, Pouget, lieutenant de l'amirauté, soutint, dans une lettre adressée à Emerigon, qu'il ne devait pas être permis au donneur de faire assurer le capital de sa créance. Il disait :

Le risque auquel est exposé le capital prêté est représenté par le profit maritime, qui serait usuraire si ce risque n'existait pas. Or, l'assurance fait disparaître tout risque. En vain on objecterait que le donneur paie une prime ; il suffit qu'elle soit inférieure au taux du profit maritime, ce qui arrivera presque toujours, pour que le prêt devienne usuraire.

A cela, Emerigon répondit que l'assurance n'est à l'égard du donneur qu'une réassurance, c'est-à-dire un contrat licite. La raison était bonne, mais insuffisante, car il est facile de démontrer, qu'à supposer un certain écart entre la prime et le change maritime, la différence représente le prix de certains risques dont l'assurance n'affranchit pas le donneur. En effet :

1° Celui-ci débourse le capital prêté, ce que l'assureur ne fait pas, et dès lors l'intérêt de terre entre comme élément dans le profit maritime ;

2° La perte du privilége, très-ordinaire dans les contrats à la grosse, parce qu'ils sont souvent primés par les prêts subséquents faits en cours de voyage, jointe à l'insolvabilité de l'emprunteur, exposent la créance à certains périls auxquels les risques maritimes sont étrangers ;

3° A part les avaries particulières, le donneur ne peut restreindre les risques ; il doit les supporter tous tandis que l'assureur a sur ce point une liberté absolue ;

4° Il ne peut non plus restreindre la perte, en stipulant que si elle vient à se réaliser, l'emprunteur ne sera libéré que d'une partie de la créance, tandis que l'assureur peut limiter à son gré ses engagements.

Ces distinctions ne sont pas purement théoriques ; en fait, tout donneur qui se fait assurer reste à découvert après l'assurance, et c'est pour cela qu'il doit lui rester une partie du change maritime, après qu'il a payé la prime.

L'opinion de Pouget ne serait vraie que si l'emprunteur consentait à garantir les risques comme assureur, dans des conditions telles que les deux parties n'auraient qu'à régler, après le sinistre, la différence entre le profit maritime et la prime. Dans ce cas, et à supposer que la différence excédât le taux de 6 p. cent., l'usure serait démontrée (1).

252. — *Profit maritime.* — L'art. 347 prohibe l'assurance du profit maritime, par la raison qu'il constitue un gain.

Nous nous sommes déjà expliqué sur la valeur de ce motif, et nous avons fait observer qu'un bénéfice se rapportant à une affaire déjà engagée peut être l'objet d'une assurance, à la condition toutefois qu'elle ne porte aucune atteinte à la loi morale et à l'ordre public qui se confondent, dans ce cas, avec les intérêts généraux du commerce. Or, cette concession faite, nous croyons qu'il y avait lieu de permettre l'assurance du profit maritime.

D'abord elle est admise en doctrine par les jurisconsultes italiens (2). A l'exception de l'Espagne, du

---

(1) V. Emerigon, ch. 8, sect. 11 ; Pardessus, t. 3, n. 762.

(2) Ansaldus, Disc. 70, n. 30 ; Casaregis, Disc. 1, n. 123, et Disc. 14, n. 12 ; Roccus, p. 141.

Danemarck et de l'Angleterre, toutes les autres · législations étrangères, parmi lesquelles il faut comprendre l'Allemagne (nouveau C. all., art. 807), l'admettent aussi (1).

Il est utile d'indiquer ce qui s'est passé en Angleterre. Une décision judiciaire déclara nulle une assurance sur le profit maritime (2). On sait quel est dans ce pays la force d'un précédent. La règle une fois établie fut maintenue ; mais comme elle contrariait les vues et les intérêts du commerce, elle fut éludée dans la pratique par des conventions uniquement fondées sur la bonne foi. En Angleterre, on chicane volontiers les polices régulières, rarement les polices d'honneur, de sorte que l'assurance du profit maritime y a acquis autant de solidité que si la législation l'avait autorisée. De plus, aux Etats-Unis, où on s'inspire en général des précédents qui tiennent lieu de loi en Angleterre, il est admis que cette assurance est licite. Il en est ainsi à Malte, et enfin, comme si tout devait concourir à la démonstration de notre thèse, le statut 89, ch. 3, de Georges II, relatif au commerce des Indes orientales, déclare licite l'assurance du profit maritime lorsque le contrat à la grosse se rapporte à des expéditions faites dans ce pays.

Un système mixte a prévalu en Russie, où il est permis d'assurer sur le profit, une somme égale à celle que représente les intérêts de terre (C. comm. russe, art. 392).

Au moment où l'on préparait le Code de commerce,

---

(1) Morel, Manuel de l'assuré, p. 820.
(2) Glower v⁵ Black, 3 Burr. 1394. 1 W^m Bl. 405.

le tribunal et le conseil de commerce de Nantes consultés s'exprimèrent en ces termes :

. · « Le prêteur à la grosse, libre de faire assurer son
« capital *et le profit stipulé,* se contentera d'un change
« maritime plus faible. Ce change n'étant fort qu'en
« raison des risques, diminuera nécessairement quand
« il y aura un bénéfice modique mais assuré. »

Ajoutons que lorsque l'assurance, tant du capital
que du profit maritime, est permise, le taux de la prime
devient le régulateur du profit, en ce sens que s'il est
trop élevé, ce taux, qui est en général plus modéré,
tendra à abaisser celui du profit. C'est ce qui arrive
dans les pays où cette assurance n'est pas restreinte
au capital.

M. Alauzet partage cette manière de voir. Mais il
fait observer que si le contrat à la grosse est éminemment utile lorsque l'emprunt a lieu en cours de voyage,
il n'en est plus ainsi lorsqu'il se fait au lieu de départ,
qu'il convient dès lors de distinguer entre ces deux cas,
et de ne permettre l'assurance du profit que dans le
premier (1). Le fait relevé par ce jurisconsulte est exact,
mais ne justifie pas la distinction qu'il propose. Il est
vrai que les emprunts à la grosse faits au lieu de départ sont toujours un signe de ruine (2). Valin le reconnaît dans une lettre écrite à Emerigon, où il dit :
« Quand nous voyons ici un armateur prendre de l'argent à la grosse, nous en concluons qu'il est près de
« manquer. » Les choses ne vont pas autrement de nos ·

---

(1) Alauzet, t 1, p. 490.

(2) V. sur ce point les observations de Dubernad sur Benecke, t. 1,
p. 341.

I   19

jours. Or, cette observation justifie notre thèse. Et, en effet, puisque le contrat à la grosse est en général très-onéreux, il faut, dans l'intérêt même de l'emprunteur, donner au prêteur le moyen de diminuer le risque auquel il est exposé.

253. — Ces observations faites, revenons à la loi positive. L'art. 347 a placé sur la même ligne le profit espéré, le fret à faire et le profit maritime. Dès lors, toute assurance qui porte sur l'un de ces trois objets est nulle, d'une nullité d'ordre public qui est un obstacle à toute ratification ultérieure. La jurisprudence est fixée dans ce sens à l'égard du profit maritime (1), et elle doit être appliquée sans distinguer entre la somme qui représente l'intérêt légal et celle qui l'excède. L'une et l'autre sont indivisiblement soumises à la même prohibition.

254. — Lorsque le donneur assure le capital et le change maritime, le contrat n'est nul que relativement au change. Il en est de ce cas, dit Valin, comme d'une donation qui excède ce que la loi permet de donner, laquelle n'est pas nulle pour le tout, mais seulement réductible (2).

255. — Le tribunal de Marseille a décidé que si une assurance porte à la fois sur le capital et sur le change maritime, l'assureur qui a payé l'un et l'autre est non recevable à répéter de l'assuré le change maritime (3). — Cette décision n'est pas juridique. Lorsqu'une loi prononce la nullité d'une convention par un motif

---

(1) 27 janvier 1859. — Aix (J. M. 38. 1. 77).
(2) Valin, sur l'art. 17 ; Delaborde, p. 101.
(3) 23 juin 1836. — Mars. (J. M. 16. 1. 119).

d'ordre public, c'est surtout son exécution qu'elle a
en vue. Il y a donc lieu d'appliquer à ce cas les principes relatifs au paiement de l'indû et d'admettre la
répétition.

256. — Après cet exposé préliminaire, nous allons
concentrer notre examen sur l'assurance du capital
consenti au donneur. Cet examen portera sur les points
suivants :

1° Conditions voulues pour que l'assurance d'un contrat à la grosse puisse être conclue ;

2° Son objet ;

3° Enonciations que doit contenir la police ;

4° Règlement de la perte entre l'assureur et l'assuré.

257. — *Conditions voulues pour que l'assurance
d'un contrat à la grosse puisse être conclue.* — L'assurance d'un contrat à la grosse n'est possible qu'à
deux conditions : 1° il faut qu'il existe comme tel ; 2° il
faut de plus qu'il soit exposé aux risques.

Il est de principe qu'une chose ne peut être assurée
que si elle existe : *Sunt autem merces in assecurationis contractu adeo necessariæ, ut iis non existentibus, omnino corruat et anihiletur* (1).

D'où la conséquence qu'on ne peut faire assurer un
prétendu contrat à la grosse qui n'en a que l'apparence,
mais qui en réalité n'existe pas, ainsi que cela arrive
lorsque par un ensemble de stipulations le donneur est
affranchi de tous les risques (2).

De ce qu'on ne peut faire assurer un contrat à la
grosse que s'il existe comme tel, il s'ensuit qu'il n'est

---

(1) Marquardus, *Tractatus de jure merc.*, L. 2, cap. XIII, n. 23.
(2) 24 nov. 1860. — Rennes (S. Y. 62. 2. 89). — Bedarride, n. 827.

pas susceptible d'assurance s'il est établi par une simple convention verbale (1).

Un contrat à la grosse dans lequel il est stipulé que
le donneur ne répond pas des sinistres majeurs ne
peut être assuré. Lorsque le donneur est déclaré franc
d'avaries particulières, stipulation que permet l'art. 330,
C. comm., l'assurance du contrat est valable.

258. — Mais que faut-il décider lorsque le contrat
porte que le prêteur sera *franc d'avaries communes?*

Il a été décidé qu'on doit, pour se conformer à l'esprit de l'art. 330, considérer cette stipulation comme
non écrite, et valider, non-seulement le contrat à la
grosse, mais encore l'assurance qui porte sur ce contrat (2).

Le désir de restreindre les nullités a sans contredit
inspiré cette opinion. Mais est-elle bien juridique? —
N'est-elle pas tranchée par l'art. 1172 du C. civ., qui
veut que les conditions contraires aux lois, et certes
celle qui nous occupe a essentiellement ce caractère,
soient déclarées nulles, et avec elles les conventions
auxquelles elles s'appliquent? — Est-il permis d'appliquer au contrat à la grosse un principe qui n'a été admis que pour les contrats à titre gratuit?

Poser de telles questions c'est les résoudre. Dans
tous les cas, elles ne peuvent souffrir un doute à l'é-
gard du contrat d'assurance. Quelle que soit l'influence
de la clause *franc d'avaries communes* sur la validité
du contrat de grosse qui la contient, et à supposer
qu'il soit permis de la déclarer non écrite, on ne sau-

(1) 15 mars 1824. — Mars. (J. M. 5. 1. 38). — 2 février 1825. — Aix (J.
M. 7. 1. 87).

(2) 10 mars 1859. — Mars. (J. M. 37. 1. 178).

rait admettre la même solution à l'égard de l'assureur. A son égard, elle doit être maintenue, car il lui est permis de n'assurer le contrat à la grosse que sous la condition qu'il sera *franc d'avaries communes*, et lorsque ce contrat contient lui-même cette franchise et qu'il est accepté par l'assureur tel qu'il est et non autrement, celui-ci ayant limité par là le risque auquel il a voulu se soumettre, on ne saurait changer la convention sans violer tous les principes.

259. — De ce que le principal fondement de l'assurance c'est le risque, il s'ensuit qu'on ne peut faire assurer un contrat à la grosse qui est devenu exigible, puisque par le seul fait de son exigibilité, il n'est plus soumis à aucun risque (1); — qu'on ne peut non plus le faire assurer lorsqu'il s'applique à un navire qui a été vendu, parce que dans ce cas le contrat devient exigible ; — qu'il en est autrement lorsque la vente a été faite en cours de voyage, parce que alors cette vente est nulle (art. 196) (2).

260. — *Objet de l'assurance.* — Lorsqu'on analyse le contrat à la grosse, on y trouve :

1° La créance, c'est-à-dire l'obligation personnelle de l'emprunteur qui le soumet au paiement lorsque le risque ne s'est pas réalisé ;

2° Le privilége sur l'objet affecté qui garantit le paiement de la créance ;

3° L'objet affecté lui-même, dont la destinée se confond avec celle du contrat ;

4° Le risque, qui libère l'emprunteur lorsqu'il se réalise.

---

(1) 19 déc. 1826. — Mars (J. M. 2. 1. 125).
(2) 22 juillet 1830. — Mars. (J. M. 12. 1. 128).

L'obligation personnelle de l'emprunteur est étrangère à l'assurance du contrat à la grosse. Pour qu'il
en fût autrement, il faudrait que l'assureur eût garanti
non-seulement ce contrat, mais encore la solvabilité
de cet emprunteur. Mais alors on serait en présence de
deux assurances distinctes, quoique réunies dans la
même police, puisque l'une ne peut sortir à effet que si
le risque se réalise, tandis que l'autre n'a sa raison
d'être que s'il ne se réalise pas. — Conformément à ce
principe, il a été décidé que l'assureur ne répond pas
de la perte de l'objet affecté par suite de son vice propre (1).

L'observation qui précède s'applique au privilége,
qui n'a pas besoin d'être garanti lorsque la réalisation
du risque a éteint la créance, de sorte qu'en le supposant assuré, l'assurance qui s'y applique ne peut sortir
à effet que lorsque celle qui s'applique au contrat à la
grosse est éteinte par la cessation du risque.

L'espèce suivante, qui s'est présentée en Angleterre,
aidera à mieux saisir ce point de vue.

Un capitaine embarqua à bord du navire qu'il commandait des marchandises valant 764 l. s., sur lesquelles il contracta un emprunt à la grosse (respondentia). — Le donneur, au lieu de faire assurer le
contrat, fit assurer la marchandise affectée. — Cette
marchandise périt entièrement en cours de voyage par
suite de l'incendie du navire. — Sa perte ayant libéré
l'emprunteur, le donneur, c'est-à-dire l'assuré, demanda
à son assureur le paiement de la créance. — Celui-ci
lui répondit qu'il avait assuré la marchandise sur la-

----

(1) 25 mars 1863. — C. Rej. (S. V. 63. 1. 27).

quelle il n'avait aucun droit, et que le contrat de grosse
sur lequel il en avait n'était pas compris dans l'assurance. — Réplique de l'assuré qui soutint qu'il avait
assuré, non la marchandise *in specie,* mais le droit
réel qu'il avait sur elle, ce qui suffisait. — A cela l'assureur répondit qu'à supposer qu'il en fut ainsi, ce n'est
pas le droit réel, mais le contrat à la grosse qui devait
être assuré.

Lord Mansfield présenta à ce sujet les observations
suivantes :

« Le contrat à la grosse (respondentia) doit toujours
« être assuré comme tel d'après l'usage commercial, et
« à supposer que l'assuré ait eu la pensée de faire as-
« surer un droit réel et qu'une telle assurance eût sa
« raison d'être, il n'est pas possible de l'appliquer à
« un contrat de grosse. » (1)

L'extension que l'assuré donnait à l'assurance dans
cette espèce indique une tendance, très-commune, qui
repose cependant sur une association d'idées absolument contradictoires. Elle tient à ceci. Comme le contrat à la grosse comporte un privilége, on est naturellement amené à penser que l'assureur, par cela qu'il
garantit le contrat, garantit aussi ce privilége. Or, une
telle conclusion, correcte en apparence, est dénuée de
sens. — En effet, de deux choses l'une, — ou la créance
périt, et alors il ne peut être question de privilége
puisque l'assureur la rembourse, — ou bien elle est
sauvée, et alors l'assureur affranchi de toute obligation,
n'a pas à répondre de l'accessoire puisqu'il ne répond
pas du principal. — S'il répondait du privilége dans ce

---

(1) Glover v⁴ Black, 3 Burr, 1394. — V. aussi Marshall, 1, 224.

dernier cas, ce ne pourrait être qu'en vertu d'une assurance spéciale absolument distincte de celle qui s'appliquerait au contrat à la grosse.

On a décidé, en conformité des principes qui viennent d'être posés, que l'assureur d'un contrat à la grosse n'est pas tenu de garantir la perte du privilége causée par les emprunts faits en cours de voyage, postérieurs à ce même contrat (1). — Cette solution est parfaitement juste et ne pourrait être modifiée que si les emprunts avaient été nécessités par des avaries survenues pendant que l'assurance était encore en vigueur.

Mais si par une clause formelle l'assureur a garanti le donneur des pertes résultant de la priorité de rang acquise par un nouveau donneur, alors cependant que l'emprunt n'a pas été causé par un cas d'avarie, l'engagement pris par cet assureur doit sortir à effet (2).

Nous avons exposé par quelles raisons l'assurance du contrat à la grosse ne s'applique ni à la créance ni au privilége qui grève l'objet affecté ; il nous reste maintenant à établir qu'elle ne s'applique pas non plus à cet objet.

On confond souvent dans le langage le risque que court l'objet affecté avec celui que court le contrat lui-même. C'est qu'en effet, tant qu'il s'agit du risque, l'objet affecté et le contrat sont indissolublement unis. Ils ne se séparent que si l'on fixe l'aliment de l'assurance. On voit bien alors qu'elle n'a pas pour objet *la*

---

(1) 26 février 1866. — Mars. (J. M. 44. 1. 95). — 5 février 1867. — Aix (J. M. 45. 1. 178).

(2) 7 août et 31 août 1865. — Mars. (J. M. 43. 1. 373).

conservation de la chose sur laquelle repose le prêt,
mais bien la réparation de la perte totale ou partielle
que subit le contrat. Ainsi, à supposer qu'un même
assureur assure un navire et un contrat à la grosse qui
grève ce même navire, jamais on ne confondra ces
deux assurances.

En résumé, il n'est pas vrai que l'assurance du contrat à la grosse ait pour aliment le privilége ou l'objet
affecté, encore moins la solvabilité de l'emprunteur.
Elle n'a qu'un objet, le maintien du lien de droit entre
le donneur et l'emprunteur, en vue du risque qui peut
le dissoudre. Lorsque ce risque se réalise et qu'il libère
l'emprunteur, qu'on peut dire avec Valin, *sauve qui
peut*, alors, mais alors seulement, le rôle de l'assureur
commence. Il est vrai que la perte de l'objet affecté et
celle du contrat à la grosse sont en général insépara-
bles, mais elles le sont par une idée de relation qui
ne saurait changer le véritable objet de l'assurance.

261. — *Enonciations que doit contenir la police.*
— Le moment est venu de faire connaître les énonciations que doit contenir la police d'assurance lorsqu'elle
s'applique à un contrat de grosse.

La police doit spécifier qu'elle a pour objet un tel
contrat. Il ne suffirait pas de dire, ainsi que l'a très-
bien exposé lord Mansfield dans l'affaire Glover v^s Black,
que l'on assure ou la créance, ou le privilége, ou l'objet
affecté.

L'application de ce principe ne comporterait aucune
équivoque si la police d'assurance contenait une copie
textuelle du contrat de grosse. Mais le plus souvent ce
contrat y est simplement indiqué. Il ne peut naître de
là aucune difficulté lorsque les indications sont suffi-

samment exactes et complètes pour fixer l'assureur sur l'étendue du risque. Mais le contraire peut arriver et alors l'assurance doit être annulée (1). Ainsi il a été décidé que l'assurance était nulle dans un cas où le billet de grosse s'appliquait *aux marchandises et victuailles,* tandis que l'affectation avait été indiquée dans la police comme portant *sur corps, avictuaillement et autres affectations* (2).

262. — On a décidé encore que la circonstance que ·le billet de grosse n'a pas été transcrit au greffe doit être déclarée à l'assureur, à peine de nullité de l'assurance (3). — Ce n'est pas à dire qu'un contrat à la grosse non transcrit ne puisse être assuré, puisque sa non transcription supprime le privilége mais non le risque. Mais l'assureur a intérêt à connaître ce fait, parce que, au cas de délaissement, il est subrogé aux droits du prèteur.—Il a été encore décidé que si le prèteur néglige de faire enregistrer, dans les dix jours de sa date, le contrat à la grosse qu'il a fait assurer, auquel cas il perd le privilége (C. comm., art. 312), il ne peut recourir contre son assureur au cas de perte (4).

263. — Si on doit appliquer ces règles avec quelque rigueur, on ne doit pas cependant s'attacher à de légères différences qui n'ont rien d'essentiel. C'est ainsi qu'il a été décidé que l'assurance d'un contrat à la grosse contenant *soumission à tous les risques* était

---

(1) 19 décembre 1820. — Mars. (J. M. 9. 1. 125).
(2) 9 octobre 1829. — Mars. (J. M. 11. 1. 45).
(3) 28 juin 1829. — Mars. (J. M. 10. 1. 185).
(4) 26 mars 1860. — Cass. (S. V. 60. 1. 311).

valable, bien qu'on eût spécifié dans la police d'assurance quels étaient ces risques (1).

264. — *Règlement de la perte.* — Après avoir ainsi déterminé le caractère de l'assurance d'un contrat à la grosse, il reste à faire connaître les règles qui président au règlement de la perte entre le donneur et l'assureur.

Pour cela il importe de revenir sur ce qui a été dit touchant le caractère de cette assurance, qui ne s'applique ni à la créance, en tant qu'obligation personnelle, ni au privilége, ni à l'objet affecté, mais qui a simplement pour but d'indemniser le donneur de la perte que lui cause l'extinction de l'obligation causée par l'avènement d'un risque maritime.

Les risques maritimes qui peuvent éteindre la créance ne sont autres que ceux qui peuvent atteindre totalement ou partiellement l'objet affecté. Sous ce rapport, il se forme un lien presque indivisible entre cet objet et la créance elle-même. Cette idée est exprimée par le législateur dans différents articles du Code de commerce. C'est ainsi qu'il y est parlé du cas où le donneur *supporte ou ne supporte pas la perte des marchandises* (art. 324); — *de la perte entière des effets* (art. 325); — *des déchets, diminutions et pertes qui leur arrivent* (art. 326); — *de leur perte par naufrage* (art. 327); — *des avaries simples ou communes qu'ils supportent* (art. 330).

Le législateur ne pouvait tenir un autre langage; il devait nécessairement parler des objets affectés et non de la créance, parce qu'un être de raison ne fait pas

---

(1) 25 juin 1827. — Mars. — 18 février 1828. — Aix (J. M. 9. 1. 41).

naufrage, ne subit pas des avaries, etc. Cependant, si on prenait les termes de ces articles à la lettre, on ferait supporter au donneur *la perte des marchandises,* en tant que marchandises, ce qui serait une erreur évidente. En s'exprimant comme il l'a fait, le législateur a voulu dire que lorsque l'objet affecté subit une perte totale ou présumée telle, le contrat à la grosse doit être considéré comme perdu à son tour; que lorsque ce même objet subit une avarie commune, on doit faire payer au donneur une contribution proportionnelle à cette avarie, par exemple le 1/10ᵉ, lorsque la marchandise se porte à 50,000 fr. et le contrat à la grosse qui l'affecte à 5,000.

Il résulte de ce qui précède que ce contrat doit être considéré comme totalement perdu, alors cependant qu'il est totalement sauvé, ainsi que le démontre l'exemple suivant. — Soit un navire valant 100,000 fr. affecté par un contrat à la grosse de 4,000. — Le navire périt, et avec lui ce contrat. — Cependant la vente des effets sauvés donne une somme de 20,000 fr., et le donneur obtient un paiement intégral. — Il est évident que dans ce cas le contrat est considéré comme perdu par suite d'une fiction légale, alors cependant qu'il est intégralement sauvé.

Ce mouvement d'idées abstraites, ce jeu de fictions troublent l'esprit et l'amènent à confondre l'objet affecté et le contrat, et en même temps le disposent à admettre que le premier peut être considéré comme le véritable objet de l'assurance. De là une confusion dans le langage, qui conduit à des erreurs profondes sur le fond. On en jugera par les extraits qui suivent :

« Attendu, dit un jugement du tribunal de Marseille,

« que le but de l'assurance sur argent prêté à la grosse
« *est la conservation de la chose sur laquelle repose*
« *le prêt ;* que, par conséquent, les risques dont les as-
« sureurs se chargent sont ceux *que court la chose*
« *affectée à l'emprunt ;* d'où il suit que tant que cette
« chose n'est pas arrivée au lieu où le paiement doit
« être effectué, le risque des assureurs continue, et la
« perte, si elle arrive, est à leur charge, sauf le cas de
« faute de la part du capitaine. » (1)

« Attendu, dit un autre jugement, que les choses ex-
« posées aux risques de la navigation peuvent seules
« former la matière d'une assurance maritime....., que
« *l'assureur ne garantit que les risques de la navi-*
« *gation* sans garantir la solvabilité de l'emprun-
« teur. » (2)

« Attendu, dit un troisième jugement, que le contrat
« à la grosse est plutôt réel que personnel ; que l'uni-
« que but du donneur en faisant assurer son prêt *est la*
« *conservation de la chose sur laquelle repose l'ac-*
« *tion réelle dérivant de son titre* et sur laquelle la
« loi lui donne un privilége ; que si donc *cette action*
« *et ce privilége* ne peuvent être exercés au temps et
« aux lieux convenus, par suite d'un fait que les assu-
« reurs ont pris à leur charge, il y a perte pour ces
« derniers. » (3)

« On lit encore dans une sentence arbitrale rendue à
« Marseille : que ce n'est point la solvabilité personnelle
« de l'emprunteur que les assureurs prennent à leur

---

(1) 22 juillet 1830. — Mars. (J. M. 12. 1. 128).
(2) 19 déc. 1820. — Mars. (J. M. 2. 1. 125).
(3) 29 mai 1835 — Mars. (J. M. 15. 1. 195).

« charge; *mais la conservation du gage sur lequel*
« *repose l'action réelle dérivant du prêt.* » (1)

265. — Après ces observations préliminaires, arrivons aux trois cas qui engagent la responsabilité de
l'assureur, savoir : les avaries particulières, les avaries
communes et les sinistres majeurs.

Quant aux avaries particulières et communes, l'assureur les règlera avec le donneur comme celui-ci les
aura réglées avec l'emprunteur.

Il va sans dire qu'entre ces deux derniers le règle-
men sera proportionnel.

« Attendu que les prêteurs à la grosse qui, d'après
« leur contrat, ont pris à leur compte tous les risques
« de mer, doivent contribuer à la décharge du navire
« et de la cargaison aux avaries communes et particu-
« lières au prorata de la somme prêtée à la grosse. » (2)
— « Attendu, porte un autre jugement, que si des fa-
« cultés valant 100,000 fr. éprouvent 50 p. 0/0 d'ava-
« rie, le porteur d'un billet de grosse de 10,000 fr. perd
« 5,000 fr., car c'est alors la proportion du capital
« prêté. » (3)

Après le règlement de l'avarie commune que l'assureur doit accepter, lorsqu'il a été fait en justice, celui-ci
devient débiteur de la somme pour laquelle le contrat
à la grosse doit contribuer à cette avarie. — Il en est de
même lorsque l'avarie est particulière, parce que dans
ce cas il doit y avoir aussi un règlement entre l'emprunteur et le donneur pour déterminer la somme que

---

(1) 5 octobre 1830 (J. M. 12. 1. 128).
(2) 29 février 1840. — Mars. (J. M. 19. 1. 233).
(3) 15 mars 1820. — Mars. (J. M. 5. 1. 39).

celui-ci devra ou rembourser ou imputer sur la créance.

266. — Parlons maintenant des sinistres majeurs donnant lieu au délaissement.

« Entre le donneur et l'emprunteur, il n'y a point
« de délaissement, dit Fremery, comme en matière
« d'assurance ; il est inutile et serait sans but ; l'em-
« prunteur, libéré de plein droit de toute obligation,
« ne cesse point d'être propriétaire de la chose ; c'est
« pour son compte que le prêteur en poursuit la ven-
« te (1) ; et si le produit excède la somme prêtée, le
« prêteur n'a aucun droit sur l'excédant ; l'emprunteur
« est fondé à le réclamer. » (2)

Mais ces principes cessent d'être applicables dans les rapports entre le donneur-assuré et l'assureur. Ceux-ci sont liés par une assurance, d'où il résulte qu'il y a lieu à délaissement à leur égard lorsque la perte est totale.

Mais que délaissera le donneur ? — Evidemment la créance, car le délaissement ne peut porter que sur l'objet assuré. C'est ce qu'a très-bien compris le tribunal de Marseille, lorsqu'il s'est exprimé en ces termes : (3)

« Attendu que le cas de délaissement ne peut être
« appliqué qu'à l'objet qui fait la matière directe de
« l'assurance et non à des marchandises qui ne sont
« que le gage du prêt ; que quelque forte que soit la
« réduction du gage, elle ne saurait être confondue
« avec la détérioration relative à la chose même ga-

---

(1) En fait, c'est presque toujours l'emprunteur qui réalise les effets sauvés.

(2) Fremery, p. 279.

(3) 15 mars 1824. — Mars. (J. M. 5. 1. 38.)

« rantie par l'assurance....; que la perte doit toujours
« être calculée sur le capital couvert par l'assurance ;
« que ce n'est que lorsqu'elle arrive aux trois-quarts
« de ce capital que l'abandon peut être fait ; ..... que si
« des facultés valant 100,000 fr. éprouvaient 75,000 fr.
« de perte, il y aurait lieu à délaissement ; mais si ces
« 100,000 fr. n'étaient que le gage d'une perte de
« 10,000, abandonnerait-on les 25,000 fr. restant ? Et
« cependant l'abandon de l'objet assuré ne peut être
« partiel. — Mais l'on objecte que si des facultés valant
« 100,000 fr. éprouvent 50 p. 0/0 d'avarie, le porteur
« d'un billet à la grosse de 10,000 fr. perd 5,000 fr. —
« Oui, sans doute, mais c'est alors la proportion du
« capital prêté ; d'où il faut toujours conclure que la
« perte doit se rapporter au capital fixé par la police
« d'assurance ou proportionnellement représenté par
« les effets affectés aux deniers prêtés à la grosse. »

Ces idées sont exprimées avec une certaine confusion
qui tient à ce que le rédacteur du jugement ne s'est
pas rendu assez compte de la manière dont le délaissement s'opère dans notre cas.

Lorsqu'un sinistre majeur, qui donne lieu à délaissement en matière d'assurances se produit, on doit en
conclure que l'emprunteur est libéré envers le donneur (1). Cette libération équivaut à la perte totale
de la créance, ce qui ouvre la voie au délaissement
contre l'assureur du contrat à la grosse.

Le délaissement fait à ce dernier ne peut porter que
sur ce qui est sauvé. Or il ne peut y avoir de sauvé sur
le contrat que le droit qu'a le donneur de prendre sur

(1) Dans ce sens, 5 décembre 1827.— Aix (J. M. 9. 1. 239).

le sauvetage de l'objet affecté tout ce qu'il pourra légalement en retirer.

La réalisation des effets sauvés peut donner une somme égale ou même supérieure au montant du contrat à la grosse, et alors il peut arriver que l'assureur recouvre l'indemnité qu'il a payée au donneur. Tout cela n'empêche point que le délaissement déjà acquis n'ait pu être fait, car il était fondé sur la rupture certaine du lien de droit formé entre le donneur et l'emprunteur, dont l'assurance garantissait le maintien.

267. — Si la créance doit être délaissée, il n'en est pas de même du profit maritime, puisqu'il n'est pas et ne peut être assuré. De là il résulte que le donneur, qui a le droit de prendre sur les objets sauvés de quoi se payer, s'il le peut, en tout ou en partie, tant du capital que du profit, conserve ce même droit à l'égard du profit après qu'il a délaissé le capital, et comme le privilége s'applique à l'un et à l'autre, l'assuré concourra avec l'assureur, au même rang, dans la distribution du produit qu'aura donné le sauvetage.

268. — Les principes que nous avons posés et leur application à la matière du délaissement nous paraissent avoir été méconnus dans l'espèce suivante :

Un individu assure un contrat à la grosse qui avait été affecté sur un navire, et prend à sa charge la baraterie du patron. — En fait, le capitaine déroute et laisse saisir et vendre le navire dans le port où il s'est refugié. — Le navire étant perdu par ce fait, le droit au délaissement aurait été incontestablement ouvert, la baraterie du patron étant constante, si ce navire avait été l'objet de l'assurance. Mais il s'agissait de délaisser

I

le contrat. — L'assuré prétendait avoir le droit d'en faire le délaissement, ce que l'assureur contestait.

Le tribunal de Marseille donna raison à l'assuré. — La cour d'Aix réforma son jugement. — La cour de cassation cassa l'arrêt de cette cour (1).

La difficulté que soulevait cette espèce se réduisait à des termes très-simples.

Du fait seul, disait la cour d'Aix, que le navire a dérouté, le donneur a cessé d'être passible des risques, et dès lors le contrat à la grosse est devenu exigible. Étant exigible l'assurance qui lui est relative a pris fin. La perte du navire étant postérieure à l'extinction de l'assurance, l'assureur n'a pas à répondre des suites de cette perte, d'autant qu'elle ne peut en avoir si l'emprunteur est solvable, et que s'il ne l'est pas, le risque qui en résulte ne peut être mis à la charge de l'assureur.

A cela la cour de cassation répondit que l'assureur étant responsable de la baraterie du patron, la cour d'appel devait examiner les faits qui étaient postérieurs au déroutement; or, il résultait de ces faits que la faute de ce patron avait enlevé au donneur l'objet affecté et avait par suite totalement compromis son privilége et le recouvrement de sa créance. Dès lors, la perte étant totale, le droit au délaissement était ouvert.

La rédaction de cet arrêt laisse beaucoup à désirer. Le tribunal de Marseille nous paraît avoir mieux accentué la thèse juridique dans un jugement qu'il a rendu en 1835 dans une espèce semblable (2).

---

(1) 29 mai 1850. — Cass. (S. V. 50. 1. 436).
(2) 29 mai 1835. — Mars. (J. M. 15 1. 195). — V. aussi dans ce sens, 15 juillet 1845. — Havre (J. M. 25 2. 153).

On y lit :

« Attendu que cette rupture (de voyage) constitue de
« la part du capitaine Miletich une baraterie dont le
« résultat a été de priver le sieur Hardy du gage qui
« avait été affecté à la sûreté de son prêt, et l'a empê-
« ché d'exercer sur ce gage, au lieu et au temps où le
« contrat serait devenu exigible, le privilége résultant
« de son titre ;

« Attendu que le contrat de grosse est plus réel que
« personnel ; que l'unique but du donneur en faisant
« assurer son prêt, est la conservation de la chose sur
« laquelle repose l'action réelle dérivant de son titre,
« et sur laquelle la loi lui donne un privilége ; que si
« donc cette action et ce privilége ne peuvent être
« exercés au temps et au lieu convenus, par suite d'un
« fait que les assureurs ont pris à leur charge, il y a
« perte pour ces derniers, et, par suite, lieu au délais-
« sement, *bien que la chose n'ait pas réellement*
« *péri.* »

La thèse est très-nettement posée dans ces considé-
rants. Ils sont absolument exacts si l'assureur doit
répondre, non-seulement du maintien du lien de droit,
mais encore, alors que la créance est intacte, de la
conservation du privilége qui lui sert de garantie. —
Ils ne le sont plus si l'assurance n'a rien à faire avec le
privilége, si elle ne s'applique qu'à la créance et aux
risques maritimes qui peuvent la réduire à néant.

La question étant ainsi posée, il convient de la dégager des circonstances de fait qui tendraient à la modifier, comme si, par exemple, l'interprétation des clauses
de l'assurance conduisait à penser que l'assureur, en
garantissant la baraterie du patron, avait entendu répondre des actes du capitaine qui pourraient compro-

mettre le privilége, car alors la solution ne serait plus douteuse. Nous écarterons donc ce cas particulier pour nous en tenir à celui où il s'agit purement et simplement d'une assurance d'un contrat à la grosse qui reste telle, bien que l'assureur ait garanti la baraterie du patron, car alors cette clause ne peut s'appliquer qu'au cas où le capitaine a causé par sa faute la perte de la créance (non du privilége), par exemple, s'il a fait échouer volontairement le navire affecté.

Cette observation faite, la question nous semble résolue par les art. 325 et 327 du C. comm., auxquels on peut ajouter l'art. 330. — En effet, l'art. 325 est ainsi conçu : — « Si les effets sur lesquels le prêt à la « grosse a eu lieu sont entièrement perdus...., *la* « *somme prêtée ne peut être réclamée.* » — L'art. 327 porte : — « En cas de naufrage, *le paiement des som-* « *mes empruntées à la grosse est réduit à la valeur* « *des effets sauvés et affectés au contrat.* »

Voilà bien l'objet de l'assurance : une créance *qui ne peut être réclamée,* dans tel cas donné, ou *qui est réduite à un sauvetage,* qui vaut ce qu'il vaut.

Quant au privilége, il peut aussi être compromis, mais relativement à lui, le donneur est dans la situation d'un créancier ordinaire privilégié, et il peut comme ce créancier le faire assurer par une police spéciale.

Dans l'espèce jugée par la cour d'Aix, l'assurance ne portait que sur le contrat à la grosse, point sur le privilège qui n'était pas mentionné dans la police. Dès lors, pour admettre ou rejeter le délaissement, il n'y avait qu'à se demander si le lien de droit était rompu, si le donneur était resté le créancier de l'emprunteur. En fait, il l'était ; il avait contre lui l'action personnelle, et dès lors le délaissement était non recevable.

C'est ainsi qu'Emérigon comprend l'assurance du contrat à la grosse. — « Je donne à Pierre, dit-il, « mille écus au change maritime de douze pour « cent pour un voyage. Si le voyagé est heureux, « il doit me payer.... Si le navire périt, Pierre est dé- « gagé de toute obligation. *Je suis donc en risque de* « *mon capital...* Rien n'empêche *que je fasse assurer* « *mon capital* par un tiers. »

L'art. 334 ne s'exprime pas autrement lorsqu'il dit qu'on peut faire assurer *les sommes prêtées à la grosse.*

La cour d'Aix avait proclamé ces principes lorsqu'elle avait dit : La créance est devenue exigible; étant sauvée, il en résulte que la responsabilité de l'assureur a pris fin. — La cour de cassation en cassant son arrêt a considéré comme valable le délaissement d'une créance... perdue? — Non... mais entièrement sauvée, d'une créance *qui pouvait être réclamée,* qui *n'était pas réduite au sauvetage.* — Par là, elle a transformé l'assurance d'un contrat à la grosse en une assurance de solvabilité, et en s'appuyant, pour la transformer ainsi, sur la clause relative à la baraterie du patron, elle a oublié que cette clause ne peut s'appliquer, à moins de convention contraire dont il n'y avait pas de trace dans l'espèce, qu'à ce qui est l'objet de l'assurance.

CHAPITRE VIII.

———

DE L'ASSURANCE, SOIT DES LOYERS DES GENS DE MER, SOIT DES EFFETS QU'ILS EMBARQUENT DANS LE NAVIRE.

269. — Division du sujet.

269. — Le Code de commerce s'est occupé des assurances faites par les gens de mer dans les art. 344, 345 et 347, qui sont ainsi conçus :

Art. 344. — En cas de perte des marchandises assurées et chargées pour le compte du capitaine sur le vaisseau qu'il commande, le capitaine est tenu de justifier aux assureurs l'achat des marchandises et d'en fournir un connaissement signé par deux des principaux de l'équipage.

Art. 345. — Tout homme de l'équipage et tout passager qui apportent des pays étrangers des marchandises assurées en France, sont tenus d'en laisser un connaissement dans les lieux où le chargement s'effectue entre les mains du consul de France, et, à défaut, entre les mains d'un français notable, négociant, ou du magistrat du lieu.

Art. 347. — Le contrat d'assurance est nul s'il a pour objet.... les loyers des gens de mer.

Le présent chapitre contient l'explication de ces trois articles. Pour plus de clarté nous l'avons ainsi divisé :

§ 1er De la prohibition d'assurer les loyers des gens de mer.

§ 2. Assurance des marchandises que les gens de mer embarquent dans le navire.

§ Ier.

De la prohibition d'assurer les loyers de gens de mer.

270. — Motifs qui ont fait prohiber l'assurance des loyers des gens de mer. — Législations étrangères sur ce point.

271. — La prohibition s'applique au capitaine comme aux matelots.

272. — Elle s'applique au cas où les loyers sont payés au moyen d'une part dans le chargement.

273. — Elle ne s'applique pas à la part des facultés acquises au capitaine comme subrécargue.

274. — S'applique-t-elle à la marchandise que le capitaine ou les matelots ont achetée avec les avances qui leur ont été faites sur les loyers ?

275. — Le chargeur peut faire assurer les avances sur les loyers payées aux gens de mer.

270. — On appelle loyer des gens de mer le gage qui leur est dû, et qui, d'après un usage général, leur est payé, partie au moment du départ du navire, partie après l'arrivée au lieu de destination. — A Hambourg, on leur paie un mois de loyer avant le départ, et le reste après l'arrivée, lorsque le voyage se fait d'un port de l'Europe à un autre port de l'Europe ; — on leur paie deux mois d'avance lorsque le lieu de destination est en dehors de l'Europe. — En Angleterre, on ne peut payer d'avance plus de la moitié des loyers. — Quoique ce point soit réglé en France par la convention des parties (C. comm., art. 250), en fait, les armateurs restreignent autant qu'ils le peuvent les paiements anticipés de loyers. Ils le font pour intéresser les gens de l'équipage, dont les loyers sont perdus au cas de perte totale du navire, à la conservation de celui-ci.

Ce but ne serait pas atteint s'il était permis aux gens de mer de faire assurer leurs loyers. Le législateur s'est inspiré de cette pensée, lorsque dans l'art. 347, emprunté à l'art. 15 de l'ordonnance, il a prohibé l'assurance des loyers des gens de mer.

Nos anciens auteurs croyaient que cette prohibition était fondée sur ce que le salaire ne forme pas un objet physique qui soit dans le navire, et que de plus il constitue une créance conditionnelle qui dépend du sort de la navigation (1). Je ne sais si les rédacteurs de l'ordonnance et du Code de commerce ont songé à ce motif dont la faiblesse est évidente. Dans tous les cas, il est certain que le besoin d'intéresser l'équipage à la conservation du navire, les a principalement dominés.

Cette même considération a aussi inspiré dans tous les temps les législateurs des peuples maritimes. Aussi, ils ont tous admis que les loyers des gens de mer ne peuvent être assurés (2).

271. — La prohibition de l'art. 347 s'applique aussi bien au capitaine qu'aux matelots. L'art. 272 du C. de comm. les assimile pour toutes les règles qui sont relatives au paiement des loyers, et les expressions générales de l'art. 347 ne permettent pas de les distinguer. Ajoutons qu'au point de vue de la conservation

---

(1) Pothier, n. 36 ; Émerigon, ch. 8, sect. 10.

(2) Ord. d'Anvers, 9 ; Ord. de Philippe II, 1570, art. 21 ; Ord. de Bilbao, 12, ch. 7 ; Suède, 1667, ch. 5 ; Prusse, 1727, cap. 26, art. 10 ; 1766, § 40 ; Code prussien, § 1937 ; Hambourg, tit. 2, art. 4 ; Danemarck, 1683, ch. 5 ; Amsterdam, 1598, art. 11, 1744, art. 18 ; Midlebourg, 1600, art. 6. — Une seule exception paraît exister dans Ord. Rotterdam, art. 26. — V. encore dans le sens de la prohibition, Cod. holl., art. 599 ; Cod. esp., art. 895 ; Cod. port., art. 1784 ; Nouveau Code allemand, art. 784. — Pour l'Angleterre et les Etats-Unis, v. ci-après.

du navire, il est encore plus important d'y intéresser le capitaine que les matelots. Enfin, toutes les législations étrangères les assimilent d'une manière absolue.

272. — Le capitaine ou les matelots ne peuvent faire assurer la part de marchandises qui leur est attribuée à titre de salaire. La question a été ainsi jugée dans une espèce où le chargeur s'était engagé à livrer aux matelots, au lieu d'arrivée, le cinquième du produit de la pêche, à titre de salaire, et où il avait fait assurer cette marchandise pour toute sa valeur. Après sa perte totale et le délaissement qui en fut fait, il fut décidé que les assureurs ne paieraient que les quatre cinquièmes de la perte, attendu que le chargeur n'avait aucun intérêt sur le cinquième restant, lequel représentait les salaires qui ne peuvent être assurés et qui, aux termes de l'art. 258 du C. de comm., étaient entièrement perdus (1).

Le même cas s'est présenté en Angleterre. Un navire transportait des esclaves des côtes d'Afrique à la Havane. Certains matelots qui servaient à bord de ce navire devaient recevoir à titre de gage 5 l. s. par mois, plus trois esclaves livrables après l'arrivée au lieu de destination. L'un de ces matelots donna ordre à un commissionnaire de faire assurer les risques auxquels ces trois esclaves étaient soumis, ce que celui-ci négligea de faire. Cependant les trois esclaves périrent et le matelot assigna le commissionnaire pour le faire déclarer responsable. Son action fut déclarée non recevable par le motif que si l'assurance avait été conclue, on aurait dû la déclarer nulle comme portant sur des

---

(1) 5 janvier 1848. — Paris (Droit, 6 janvier).

objets qui représentaient le loyer qui lui était dû comme marin (1).

273. — La prohibition d'assurer les loyers est limitative. Il suit de là que le capitaine peut faire assurer l'intérêt qu'il a sur la marchandise comme subrécargue (v. *supra*, n. 32).

Il en résulte encore qu'on ne saurait comprendre parmi les gens de mer un chirurgien qui aurait à recevoir comme salaire une part quelconque des objets chargés.

274. — On s'est demandé si les gens de mer peuvent faire assurer les marchandises chargées à bord du navire et achetées avec les fonds provenant des avances qui leur ont été faites sur leur loyer?

Cette question ne fait aucun doute en Angleterre, où il est admis qu'une telle assurance est nulle. On est même allé plus loin dans ce pays. On a décidé que le capitaine qui a touché avant le départ une certaine somme à valoir sur son salaire et qui l'emporte avec lui ne peut la faire assurer (2); qu'il ne peut non plus faire assurer les sommes qui lui ont été remises en acompte sur ses gages, pendant la traversée, par les représentants du chargeur (3).

On suit les mêmes principes aux Etats-Unis. On n'y reconnaît aux matelots le droit de faire assurer les marchandises qu'ils ont embarquées sur le navire dans le voyage d'aller, que s'ils fournissent la preuve qu'elles n'ont pas été achetées avec des sommes provenant de leur salaire (4).

---

(1) Benecke, 1, 84.
(2) Siffken v⁵ Alnutt, Maule et Pull, 1, 39.
(3) Wilson v. Roy. Esch. Ass. Co. Campbell, 2, 644.
(4) Galoway v⁵ Morris, 3 Zentès Rép. 445.

Nolte est aussi de cet avis. Il n'accorde aux matelots le droit de faire assurer les marchandises qu'ils ont chargées sur le navire que si, après avoir été achetées avec les sommes gagnées dans le voyage d'aller, elles sont transportées dans le voyage de retour (1).

La plupart de nos auteurs admettent au contraire que les matelots peuvent faire assurer les marchandises qu'ils ont achetées avec les sommes avancées sur leur salaire (2).

Cette opinion nous paraît juste. Et en effet, en prenant pour point de départ la jurisprudence qui domine aux Etats-Unis, il suffirait, qu'un matelot eût un capital quelconque antérieurement acquis, qu'il l'employât à l'achat de marchandises, tandis qu'il placerait ostensiblement d'une autre manière la somme qui lui serait avancée sur le loyer, pour qu'il eût le droit de faire assurer ces marchandises. Cette possibilité démontre que cette jurisprudence n'a aucune valeur pratique. — L'opinion qui à cours en Angleterre et que suit Nolte, suppose la connaissance de l'origine exacte des deniers et de leur emploi, ce qui n'est pas une médiocre difficulté. Enfin, nous sommes en présence d'un texte, d'une disposition positive, et c'est à elle qu'il faut demander une solution.

Or, 1° l'art 347 prohibe l'assurance des loyers, rien de plus ; — 2° les art. 344 et 345 prouvent que le capitaine comme le matelot peuvent faire assurer les marchandises qu'ils embarquent ; — 3° les loyers payés sont acquis et non restituables. Le matelot qui les a

---

(1) Nolte, t. 1, p. 313.
(2) Dalloz, n. 1584 ; Alauzet, n. 2097.

reçus est libre de ne pas les exposer aux risques ; on ne peut donc, au point de vue de la conservation du navire, compter que sur le fret qui sera payé après l'heureuse arrivée. Dès lors, il n'y a aucune utilité à rendre plus difficile l'achat de marchandises fait par les matelots avec les avances qu'ils ont reçues.

275. — Ces avances sont perdues pour l'armateur lorsque le navire subit une perte totale. Celui-ci peut donc faire assurer ce risque, auquel l'art. 347 est absolument étranger (1).

§ II.

Assurance des marchandises que les gens de mer embarquent dans le navire.

276. — Formalités du connaissement lorsque le capitaine charge des marchandises pour son compte. — Formalités que doit remplir le matelot dans ce cas. — Législations étrangères.

277. — Il n'est pas permis d'ajouter aux formalités prescrites par les art. 344 et 345, à moins de convention contraire.

278. — Les principaux de l'équipage qui signent le connaissement du capitaine ne peuvent être assimilés à des témoins susceptibles d'être reprochés.

279. — Du cas où la marchandise appartient partie au capitaine, partie à un tiers.

280. — Le capitaine qui n'a pas fait signer le connaissement par les deux principaux de l'équipage est-il déchu du droit à l'assurance ?

276. — Dans toute assurance, l'assuré doit prouver la réalité du chargement au moyen du connaissement. Or, comme ce document est l'œuvre du capitaine, on n'a pu le considérer comme ayant la même force pro-

---

(1) Bernard sur Emerigon, p. 349.

bante lorsque ce dernier charge pour son compte, à
bord du navire dont il a le commandement, des marchandises qu'il a fait assurer.

La même objection ne peut pas être opposée lorsque
les marchandises sont chargées par les matelots ou
les passagers. Mais on doit craindre que le capitaine
ne se montre trop facile envers eux (1).

De là les règles exceptionnelles que tracent les art.
344 et 345 du Code de commerce, et qui ont été empruntées aux art. 62 et 63 de l'ordonnance.

L'art. 344 s'occupe du cas où le capitaine fait assurer des marchandises chargées à bord du navire qu'il
commande, et il dispose qu'il doit justifier de leur achat
et produire un connaissement signé par les deux principaux de l'équipage.

A l'égard des matelots et des passagers, l'art. 345
distingue : le chargement se fait-il en France ou dans
les colonies, c'est-à-dire là où les assureurs peuvent
exercer un contrôle plus facile, la loi s'en réfère au
droit commun (2) ; — le chargement se fait-il dans un
pays étranger, le matelot doit laisser à son départ,
dans le lieu où le chargement s'effectue, entre les mains
du consul de France ou entre les mains d'un Français,
commerçant notable, ou du magistrat du lieu, le connaissement relatif à la marchandise qu'il a chargée.

Le législateur a adopté cette disposition parce qu'il
a craint que le matelot, en prévision d'un sinistre et
pour se refaire de la perte de son loyer, n'exagérât l'é-
valuation de la marchandise et n'obtînt du capitaine,

---

(1) Valin, sur les art. 62 et 63 ; Emerigon, ch. XI, sect. 3, § 2.
(2) Pothier, n. 145.

après coup, un connaissement dont les mentions fussent en harmonie avec l'évaluation qu'il aurait portée dans la police.

La plupart des législations étrangères se sont occupées du cas où, soit le capitaine, soit le matelot, se font consentir une assurance. — Le Code de Hollande, (art. 651) et le Code sarde (art. 374), suivent la loi française. — L'ordonnance de Bilbao porte que l'assuré doit laisser entre les mains d'une personne désignée par l'assureur le connaissement ou la facture signés par le pilote ou le contre-maître sous peine de nullité de l'assurance. — Le Code espagnol (art. 853) ne permet pas au capitaine de faire assurer plus que les 9/10ᵉ du chargement. — En Prusse, le capitaine doit désigner le nombre, la qualité et la valeur des marchandises assurées (Ord., 1666, § 177). — A Hambourg (Ord., tit. 13, art. 3), en Suède (Ord., 1750, art. 14, § 4), le capitaine et les gens de l'équipage sont tenus d'affirmer par serment qu'ils sont propriétaires des marchandises qui ont souffert la perte, qu'elles étaient à bord du navire, et déclarer celles qui ont été perdues ou sauvées (1).

277. — Toutes ces dispositions, comme celle de la loi française, limitent les obligations soit du capitaine, soit des matelots, et il n'est pas permis aux tribunaux d'aller au-delà de ce qu'elles prescrivent (2).

Mais les parties sont libres de le faire. Ainsi, il a été jugé que la convention par laquelle le capitaine doit prouver l'existence du chargement par les expéditions de la douane est valable (3).

---

(1) V. sur ce point Benecke, 4. 334.
(2) *Sic* Pohls, t. 7, 719.
(3) 11 juillet 1821. — Mars. (J. M. 2. 1. 188).

La loi contenant deux dispositions distinctes pour le capitaine et pour les matelots et les passagers, il s'ensuit qu'on ne peut imposer au premier l'obligation de se conformer aux dispositions de l'art. 345, et par conséquent exiger qu'il dépose entre les mains d'une tierce personne en pays étranger une copie du connaissement (1), — et que par le même motif on ne peut exiger des matelots qu'ils fassent signer le connaissement par les deux principaux de l'équipage.

Il n'y a pas lieu d'appliquer l'art. 344 lorsque le capitaine assure pour le compte d'un tiers et que la preuve de ce fait est incontestable (2), car l'art. 344 s'applique au cas où le capitaine est assuré et non à celui où il est mandataire. Mais on ne saurait considérer comme un tiers le créancier du capitaine, qui, pour garantir le remboursement de ce qui lui est dû, convient avec ce dernier qu'il fera assurer la marchandise dont il est propriétaire (3).

278. — On a considéré les principaux de l'équipage qui signent le connaissement comme des témoins, et on en a conclu que leur signature est inefficace lorsqu'ils sont parents du capitaine au degré prohibé (4).

— Les partisans de cette opinion poussent trop loin l'analogie. Si on les suivait, on rendrait l'application de l'art. 344 impossible, puisqu'étant admis que la signature des principaux de l'équipage doit être considérée comme non avenue, on ne pourrait la remplacer par celle des gens de mer qui ne sont pas les principaux,

---

(1) 30 octobre 1822. — Mars. (J. M. 3. 1. 352).
(2) 12 novembre 1829. — Mars. (J. M. 19. 1. 1).
(3) 30 janvier 1840.— Aix (J. M. 19. 1. 82).
(4) Dalloz, n. 1765 ; Pardessus, 3, n. 724 ; Dageville, 3, p. 220.

sans violer cet article. De plus, pour être conséquent, il faudrait admettre que le capitaine ne peut délivrer un connaissement au chargeur si celui-ci est son parent à un degré qui ne lui permettrait pas de le faire entendre comme témoin, ce qui est inadmissible.

279. — Lorsque le chargement n'appartient pour partie qu'au capitaine et que l'art. 344 n'a pas été observé, le connaissement fait dans les formes ordinaires peut être invoqué, comme preuve du chargement, par celui qui est propriétaire de cette partie (1). Cette solution est fondée en droit, car toute dérogation au droit commun est essentiellement restrictive. Sans doute, il est étrange qu'un connaissement applicable à deux parties fasse foi à l'égard de l'une et non à l'égard de l'autre. Mais dans l'ordre des preuves cela arrive souvent,

280. — Le capitaine qui n'a pas fait signer le connaissement par les deux principaux de l'équipage est-il déchu du droit à l'assurance ?

On a admis l'affirmative, en se fondant sur les termes de l'art. 344, *le capitaine est tenu,* etc., qui paraissent donner à sa disposition un caractère impératif (2).

Cependant l'opinion contraire nous paraît plus exacte, et c'est ce que nous allons essayer de démontrer.

Le connaissement est le moyen le plus simple de prouver le chargement. Mais la loi n'a pas imposé ce

---

(1) V. 8 août 1828 et 7 juillet 1829. — Bordeaux (J. M. 10. 2. 177).

(2) Boulay-Paty, t. 3, p. 478 ; Alauzet, t. 1, n. 311. — V. aussi dans ce sens, 6 juillet 1829. — Cass. (S. V. Coll. nouv., 9. 1. 325). — V. encore les arrêts de Bordeaux cités *supra*.

mode de preuve à peine de déchéance, et l'assuré, auquel il fait défaut, peut prouver par tous autres moyens, dont la valeur est abandonnée à l'appréciation du juge, que la marchandise a été réellement chargée. Il est donc constant, en règle générale, que l'assurance n'en doit pas moins sortir à effet, bien que le connaissement à qui manquent les formalités voulues soit destitué de sa force probante.

Ces principes permettent de donner à l'art. 344 son véritable sens. Il n'a trait qu'au connaissement ; il doit donc être interprété exclusivement à ce point de vue. Il détermine suivant quelles formes cet acte doit être dressé ; il faut donc se borner à l'appréciation de ce qu'il devient lorsqu'elles n'ont pas été observées.

Or, nous savons que dans ce cas le connaissement est nul. Etant nul, il ne peut valoir comme preuve. Mais de là il ne suit point que le capitaine ne puisse pas prouver selon les règles du droit commun, c'est-à-dire par les factures, la correspondance, etc., la réalité du chargement. (V. infra, L. 2, chap. 1.)

Allons plus loin. L'article 344 ne paraît pas accorder une confiance absolue au connaissement signé par les deux principaux de l'équipage, puisqu'il impose au capitaine l'obligation de prouver l'achat des marchandises qu'il a chargées. De là il résulte que la non existence d'un connaissement, et il n'existe pas lorsqu'il est nul, loin de nuire aux assureurs leur profite. A la place d'un document tenu pour suspect, dont il a fallu se contenter faute de mieux, ils pourront exiger un ensemble de preuves que l'assuré sera tenu de produire, et qu'ils pourront toujours contrôler et contredire. D'où nous concluons que la nullité de l'assurance, fondée sur le défaut de signature des principaux de l'équipage, est aussi contraire à la lettre de la loi qu'à son esprit.

Touché par ces considérations, le tribunal de Marseille a toujours refusé de la prononcer. Il s'est contenté d'écarter le connaissement, en même temps qu'il s'est montré très-sévère sur l'admission des preuves produites par l'assuré (1).

---

(1) 1er octobre 1833. — Mars. (J M. 14. 1. 124). — 2 décembre 1853.— Mars. (J. M. 32. 1. 19).

CHAPITRE IX

———

ASSURANCE DE LA PRIME ET DE LA PRIME DES PRIMES. —
RÉASSURANCE. — ASSURANCE DE LA SOLVABILITÉ, SOIT
DE L'ASSUREUR, SOIT DE L'ASSURÉ.

281. — Division.

281. — L'intitulé de ce chapitre donne la division.
Elle sera la suivante :

§ Ier Assurance de la prime et de la prime des primes.
§ 2. Réassurance.
§ 3. Assurance de la solvabilité soit de l'assureur, soit de l'assuré.

§ Ier.

Assurance de la prime et de la prime des primes.

282. — De l'assurance de la prime et de la prime des prime. — Mode
de calcul qui s'y applique. — Cette assurance est licite.
283. — Elle doit être explicitement ou implicitement stipulée.
284. — Règles qu'elle comporte, à l'égard des marchandises, lorsque
le profit espéré a été assuré, et à l'égard du navire, lorsque le fret brut
ou le fret net l'a été.

282. — L'assuré qui ne fait pas assurer la prime
subit un découvert, en cas de perte, par l'obligation où
il est de la payer.

Ainsi, celui qui fait assurer une marchandise valant
10,000 fr., moyennant une prime de 10 p. cent, soit

1,000 fr., ne reçoit, lorsque cette marchandise périt, que 9,000 fr.

Il peut s'affranchir d'une partie de cette perte en faisant assurer la prime. Nous disons une partie, parce que, s'il borne là son assurance, il doit toujours payer la prime de la prime. Ainsi étant donnée l'espèce ci-dessus, s'il fait assurer la prime qui se porte à 1,000 fr., au même taux de 10 pour cent, il sera en perte de 100 fr.

Il peut, pour éviter encore cette perte, faire assurer la prime de la prime et la prime des primes à l'infini. Ainsi, en nous appuyant sur l'exemple ci-dessus, il opèrera comme il suit :

Prime..............	1,000	fr.
Prime de la prime...	100	
Prime de cette prime.	10	
Prime de cette prime.	1	
Prime de cette prime.	»	10 c.
	1,111	fr. 10 c.

Il arrivera au même résultat, en multipliant le capital par la prime, et divisant le produit par 100 moins le taux de la prime (1). Ainsi

$$1,000 \times 100 = 100,000, \text{ et } 100 - 10 = 90$$

$$\frac{100,000}{90} = 1,111 \text{ fr. } 11 \text{ c.}$$

D'après cela, et tenant toujours cette espèce, l'assuré a la faculté, en payant 1,111 fr. 11 c. de prime, au lieu de 1,000 fr., de recevoir sans déduction l'entier montant de l'indemnité.

_____

(1) V. sur ce point, Benecke, 1, 130-32.

L'art. 342 a exprimé cette opération par une formule très-simple : *L'assureur peut faire assurer le
coût de l'assurance.*

On discutait autrefois sur la question de savoir si
l'assureur du principal peut faire assurer la prime. On
objectait contre cette sorte d'assurance qu'elle ressem-
ble à une vente sans prix, puisque, dans le cas de perte
totale, l'assureur n'a rien à recevoir. On a déjà fait la
réponse. Si l'assureur ne reçoit pas, dans l'espèce ci-
dessus, 1000 fr. au cas de perte totale, c'est parce qu'il
reçoit 1,111 fr. 11 c. au cas d'heureuse arrivée.

283.—Dans la plupart des législations maritimes, la
prime, ainsi que la prime des primes comptent parmi
les frais qu'on ajoute à la valeur intrinsèque de l'objet
assuré pour en fixer l'évaluation totale. Il en résulte
que l'assurance de la prime et de la prime des primes
est présumée. Il n'en est pas ainsi en France où cette
sorte d'assurance doit être formellement stipulée. Toutefois, la stipulation peut être implicite ; elle l'est lorsqu'il est convenu que l'assuré ne payera aucune prime
en cas de perte.

284. — La prime ne peut pas être spécialement assurée, à l'égard des marchandises, dans les pays où il
est permis d'assurer le profit espéré ; elle ne peut l'être
non plus à l'égard du navire, lorsqu'il est permis d'assurer le fret brut (1).

Et en effet, lorsque à l'égard de la marchandise la

---

(1) V. sur ce point une excellente dissertation de Heise et Cropp, dans
leur ouvrage intitulé : Dissertations juridiques et décisions des Cour d'appel
des quatre villes libres de l'Allemagne (Juristiche Abhanblungen und
Eutscheidungen des Oberappellationsgerichts der vier freien stadte Deuts-
chlands), XVII, p. 577 et s.

perte se règle d'après la valeur au lieu de destination, il est clair que cette valeur s'est formée en partie à l'aide de tous les frais accessoires qui ont été faits pour la faire parvenir en ce lieu, et que le coût de l'assurance est compris dans ces frais. Si donc il était assuré en particulier, il y aurait double emploi, partant un bénéfice illicite.

A l'égard du navire dont le fret est assuré, on distingue suivant que l'assurance porte sur le net ou sur le brut.

Lorsqu'elle ne porte que sur le fret net, et que l'entier fret est totalement perdu, il est clair que l'assuré ne reçoit de l'assureur aucune des dépenses qui grèvent cet entier fret; que par suite la prime, qui ne lui est pas payée, peut être assurée.

Lorsque, au contraire, l'assurance porte sur le fret brut, et qu'il est totalement perdu, l'assuré reçoit, non seulement le bénéfice qu'il lui aurait procuré (fret net), mais de plus une somme qui représente tous les frais exposés par l'armateur, y compris la prime, d'où il résulte qu'elle serait payée deux fois à l'assuré, si elle était assurée séparément.

§ II.

De la réassurance.

285. — Définition de la réassurance. — Législations étrangères.

286. — Une assurance nulle ne peut être réassurée.

287. — Un membre d'une société d'assurances mutuelles peut faire assurer les cotisations qui seront mises à sa charge.

288. — Une convention par laquelle une société réassure à l'avance toutes les assurances que fera une autre société ne constitue pas une réassurance proprement dite.

285. — Il est permis à l'assureur de se dégager des risques, dont il est tenu envers son assuré, en traitant avec une tierce personne qui s'oblige à l'indemniser de tout ou partie de ce qu'il sera tenu de lui payer, moyennant une prime égale, moindre ou plus élevée que celle qu'il recevra de ce dernier. Un tel contrat prend le nom de réassurance. Il est énoncé dans l'art. 342 du Code de commerce, emprunté à l'art. 20 de l'ordonnance, en ces termes :

« L'assureur peut faire réassurer par d'autres les effets qu'il a assurés. »

« La prime du réassureur peut être moindre ou plus forte que celle de l'assureur. »

La réassurance a pénétré lentement dans le commerce. Elle est aujourd'hui d'un usage général (1).

En Angleterre les réassurances furent d'abord permises ; mais comme elles donnaient lieu à des spéculations de jeu sur la hausse ou la baisse des primes, elles furent défendues par le statut 19, ch. 38 de Georges II, sauf les cas de mort, d'insolvabilité ou de faillite de l'assureur. (2) Plus tard la jurisprudence a étendu aux étrangers la prohibition portée dans ce statut (3).

Le commerce anglais ne tarda pas à se débarasser des entraves que cette prohibition lui avait imposées. Il introduisit dans les ventes commerciales une clause par laquelle le vendeur garantissait à l'acheteur les risques maritimes, après quoi ce vendeur se fesait assurer contre les risques résultant de cet engagement, ce qui équivalait à une réassurance (4).

Il alla plus loin ; sans s'inquitter de la prohibition de réassurer, il fit des réassurances par des polices d'honneur, toujours respectées, si bien que les principales réassurances venant de l'étranger se font de nos jours sur le marché de Londres (5).

En Amérique, la faculté de se faire réassurer est admise dans certains états, et non dans d'autres. — Ainsi

---

(1) Guidon de la mer, ch. 2, sect. 19 ; Ord. Bilbao, art. 43 ; Prusse 1727, c. 6, art. 17 et Ord. sur les ass. 1766, p. 4, § 36, C. pé. 2017-2032 ; Legge di Venezia, 1771, art. 10 ; Ord. de Suède, 1750, art. 10, § 1 et 2 ; Ord. de Hambourg, Tit. 18, art. 1 et 2 ; C. esp. art. 852 ; Code russe, art. 200 ; Code all. art. 783. — La législation hollandaise et danoise est muette sur ce point, mais son silence y est interprété dans le sens de la liberté des conventions.

(2) V. sur ce point Marshall, 1, 113 ; Parck, ch. 15 ; Benecke, 1, 282.

(3) Andrée V. Fletcher, Term. Rep. 2. 161.

(4) V. Mageus, t. 1, p. 54 et s., 94.

(5) Jugement du Trib. de Paris du 17 mars 1843, dans Lebir, 1843. 1. 157.

la réassurance est valable à New-York, tandis qu'elle
est tenue pour nulle dans l'état de Massachussets (1).

286. — Pour qu'il y ait une réassurance, il faut une
assurance antérieure à laquelle elle s'applique. Si donc
l'assurance qui est réassurée est nulle, comme si par
exemple, elle s'applique au fret, au profit espéré, la
réassurance le sera aussi.

287. — On a décidé que le contrat par lequel l'un des
membres d'une compagnie d'assurance mutuelle se fait
assurer contre les risques auxquels le soumet le paiement des cotisations qui lui seront imposées constitue
une réassurance (2). — On contestait cette solution en
se fondant sur ce que les cotisations que doit l'assureur
dans ce cas équivalent à une prime d'assurance. —
Cette objection n'était pas fondée parce que l'assuré
peut comprendre dans l'assurance la prime et les primes des primes à l'infini, et que l'assureur à son tour
peut, dans ce cas, traiter dans les mêmes conditions
avec un réassureur.

288. — On s'est encore demandé s'il existait une
réassurance dans l'espèce suivante : Il intervient un
traité entre la Compagnie A et la Compagnie B, par lequel la première garantit à la seconde, moyennant
une quote part sur les primes, toutes les assurances
que celle-ci contractera. — La Compagnie B engage
contre la Compagnie A une action par laquelle elle lui
demande le paiement des indemnités qu'elle a déjà
payées. — Celle-ci lui oppose la prescription de cinq ans.

---

(1) Philippe, 1. 39 et s.
(2) 11 août 1860. — Paris (S. V. 61. 2. 217.) — 3 déc. 1860. — Cass. (S. V.
61. 1. 456) — 11 nov. 1862. — Cass. (S. V. 1. 32).

— La Compagnie B répond que la convention conclue entre elle et son adversaire ne constitue pas à proprement parler une réassurance, mais un contrat de droit commun soumis à la prescription de trente ans. — « Vous n'avez pas réassuré, lui disait-elle, telle ou telle « assurance en particulier, mais vous avez pris une part « dans toutes les assurances que j'ai traitées, et à ce « point de vue il y avait quelque chose du contrat de « société dans nos rapports. — En raison de votre part « et puisque j'en avais une aussi, j'assurais partie pour « mon compte, partie pour le vôtre, et dès lors j'étais « votre mandataire. — Nos engagements respectifs « étant mélangés, partie de réassurance, partie de « mandat et de société, qui sont des contrats de droit « commun, la prescription de trente ans est seule ad- « missible. »

Cette défense ne comportait aucun doute et réussit devant toutes les juridictions (1).

289. — Une assurance permise dans le pays où elle est contractée peut-elle faire l'objet d'une réassurance dans un pays où cette assurance est prohibée? — Par exemple, peut-on faire réassurer en France une assurance du fret à faire ou du profit espéré, contractée soit en Angleterre, soit en Allemagne?

Cette question a été traitée par Casaregis (2). — Une assurance fut conclue à Livourne sous la condition de *voto per pieno*, ce qui était autorisé par la législation en vigueur dans ce pays. — L'assureur la fit réassurer à

---

(1) 15 avril 1872. — Montpellier (S. V. 73. 2. 213). — 25 février 1874. — C. Rej. (S. V. 74. 1. 196.)

(2) Casaregis, Disc. XV. — V. surtout les additions qui suivent ce discours.

Gênes où une telle assurance était prohibée. — D'où la question de savoir si la réassurance était valable ou nulle?

L'affaire fut longuement débattue. Casaregis se prononça pour la nullité, mais non sans contradiction : *Videbatur ex nostratis mecum consulentibus in hac causa, assecurationem Genuæ factam valere.*

Pour soutenir la validité de la réassurance, on disait : L'assurance est valable, car elle a été contractée à Livourne. Il y a donc un risque. Or, cela suffit pour que la réassurance doive sortir à effet. Le risque seul forme l'aliment d'une assurance qui porte sur un contrat à la grosse, puisque l'assureur ne garantit pas alors la perte de l'objet affecté. Pourquoi n'en serait-il pas ainsi dans l'espèce? Pourquoi ne pas s'attacher au risque lui-même, abstraction faite de l'objet pour lequel il existe?

Casaregis combattit cette opinion en se fondant exclusivement sur les principes spéciaux consacrés par le statut de Gênes. Il soutenait que ce statut ne considère une assurance comme valable que si elle porte sur un objet réel et non sur un risque, et que dans l'assurance d'un contrat à la grosse on a indirectement et médiatement un objet en nature, qui est la chose affectée.

La spécialité des motifs invoqués par Casaregis affaiblit singulièrement l'autorité de son opinion. Cependant nous l'adoptons, non point par les raisons qu'il donne, mais parce que dans l'espèce qui lui fut soumise la réassurance portait sur un contrat de gageure. Or, ce n'est pas ainsi que nous avons posé la question. Nous avons supposé qu'une assurance sur le profit assuré ou sur le fret à faire, contractée en Allemagne ou en Angleterre, avait été réassurée en France.

Si on admet qu'une telle assurance n'a en France aucune valeur, qu'elle ne donne droit à aucune action, il faudra bien admettre aussi que l'assureur n'a pas besoin de s'affranchir d'un risque auquel il n'est pas exposé, et que par suite la réassurance n'a pas d'objet.

Mais si, comme nous le pensons, et sauf le cas de gageure, les assurances sur le profit espéré, le fret à faire, le profit maritime, contractées dans les pays où elles sont permises, doivent être considérées comme valables en France, il faut admettre, par une conséquence nécessaire, qu'elles y peuvent être réassurées.

La doctrine contraire ne peut avoir d'autre effet que de transporter en pays étranger le commerce des réassurances, et il faut reconnaître que c'est à cela que nous a conduit en partie la jurisprudence qui prévaut au sein de nos cours d'appel.

290. — L'assurance et la réassurance constituent deux contrats absolument distincts. L'assurance peut être valable et la réassurance nulle (1). Leur coexistence ne change pas les rapports juridiques entre les contractants. L'assuré n'acquiert aucun droit contre le réassureur, et réciproquement (2). — Ainsi, au cas de faillite de l'assureur, l'assuré devient créancier de la masse, et la masse créancière du réassureur. — L'assureur ne

---

(1) Pardessus, t. 3, n. 813.

(2) Emerigon, ch. 8, sect. 14, § 2 ; Boulay-Paty, t. 3, p. 430 et s.; Bernard, p. 366; Dageville, t. 3, p. 166; Dalloz, n. 1602 et s.; Haghe et Cruismans, sur l'art. 6. — Même doctrine parmi les jurisconsultes étrangers. — V. Becker, De eo quod peric., p. 85; Pohls, t. 6, p. 99; Benecke, t. 1, p. 282; Nolte, t. 1, p. 211.

peut exciper de l'insolvabilité du réassureur pour refuser à l'assuré le paiement de l'indemnité. — A l'inverse, si remise est faite par l'assuré à l'assureur d'une partie de l'indemnité, ce dernier a toujours le droit de demander au réassureur le paiement intégral de l'indemnité qu'il lui doit.

291. — Mais il est permis de stipuler dans la police de réassurance que le réassureur payera directement l'indemnité à l'assuré (1). Cette convention, fût-elle acceptée par ce dernier, ne suffirait pas à elle seule pour éteindre l'assurance au moyen d'une sorte de novation. L'assuré devrait toujours la prime à l'assureur, et ce dernier la devrait au réassureur. Il faudrait pour qu'il en fût autrement que le réassureur fut entièrement substitué aux droits et aux obligations de l'assureur.

Le nombre des réassurances peut être indéfini. Le réassureur peut se faire réassurer, celui qui l'a réassuré peut user de la même faculté, et ainsi de suite.

292. — La réassurance peut s'appliquer à toute la somme assurée : *ad solvendum omne totum quod primus assecurator solverit* (2) : Elle peut lui être inférieure ; elle ne peut jamais lui être supérieure.

293. — L'assureur peut-il comprendre dans la réassurance la prime ? — Peut-il aussi y comprendre la prime de la prime et les primes des primes jusqu'à zéro ?

Cette question a donné lieu à trois systèmes.

Le premier consiste à soutenir qu'il n'est pas permis

---

(1) Bernard, p. 366.

(2) Casaregis, disc. 1, n. 67.

de comprendre dans la réassurance la prime de l'assurance. Ainsi, celui qui assure des facultés pour une somme de 10,000 fr., moyennant une prime de 10 p. cent, ne peut faire porter la réassurance que sur une somme de 9,000 fr.

D'après le second système, l'assureur peut comprendre dans la réassurance toute la somme assurée, sans en déduire la prime, mais il ne peut y comprendre la prime de la prime, ni les primes des primes, à moins qu'elles ne soient comprises dans l'assurance.

D'après le troisième système, il peut faire réassurer, non seulement la prime, mais encore la prime de la prime et les primes des primes, jusqu'à épuisement.

Dans le sens du premier système, on dit que l'assureur ferait un bénéfice, en cas de perte des effets assurés, s'il comprenait dans la réassurance la prime, puisqu'il la recevrait de l'assuré et ne la payerait pas au réassureur ; qu'on doit appliquer à ce cas les principes qui ont fait prohiber l'assurance du profit maritime (1).

Les partisans du second système, parmi lesquels nous nous rangeons, n'ont pas eu de peine à démontrer que l'opinion contraire repose sur une erreur de calcul (2).

En effet, en excluant de la réassurance la prime de l'assurance, on arrive au résultat suivant :

Soit une assurance sur facultés, pour une somme de 10,000 fr., moyennant une prime de 10 p. cent.

---

(1) Vatin, sur l'art. 20 ; Pothier, n. 35 ; Boulay-Paty, t. 3, p. 256 ; Lemounier, t. 1, n. 118 ; Bernard, p. 368 ; Haghe et Cruismans, p. 6 ; Dalloz, n. 1605 ; Frignet, t. 1, p. 45.

(2) Emerigon, t. 1, p. 253 ; Pardessus, t. 3, n. 802 ; Dageville, t. 3, p. 119 ; Alauzet, t. 1, n. 153. — Un grand nombre de jurisconsultes étrangers ont adopté cette opinion. — Becker, p. 86 ; Benecke, t. 1, p. 284 ; Pohls, t. 6, p. 98 ; Nolte, t. 1. p. 212.

Il est clair qu'au cas de perte totale l'assureur paie
la somme assurée, soit................ 10,000 fr.

   mais qu'il reçoit la prime, soit..... 1,000
                                        _____
                                         9,000 fr.

De sorte qu'il n'est réellement en perte que de la différence, soit 9,000 fr.

Ainsi que le veulent les partisans du premier système, il fait réassurer cette dernière somme, moyennant
une prime de 10 p. 0/0, et dès lors, il reçoit, la perte
totale étant supposée, du réassureur...   9,000 fr.

   , moins la prime qu'il lui doit, soit...   900
                                        _____
                                          8,100 fr.

L'assureur paie donc 9,000 fr., la prime déduite,
par conséquent non encaissée, et il ne reçoit net que
8,100, ce qui le constitue en perte de 900 fr.

Si on suppose au contraire que la prime de l'assurance est comprise dans la somme réassurée, la position de l'assureur, après une perte totale, sera la suivante :

Il paie 10,000 fr. à l'assuré ; il les reçoit du réassureur. — Il reçoit 1,000 fr. de prime de l'assuré, il les
paie au réassureur. — Donc, il n'a aucun bénéfice, et
puisque la réassurance est valable lorsqu'elle relève
l'assureur des pertes auxquelles il est exposé, sans lui
procurer un bénéfice, il s'ensuit que l'assureur peut
faire réassurer la prime.

Mais peut-il faire réassurer la prime de la prime et
les primes des primes?

Sur ce point, il faut distinguer : S'il les a assurées,
oui. — S'il ne les a pas assurées, non.

Et en effet, comme dans le premier cas, il paye toute

la perte et qu'il ne reçoit pas de prime, la réassurance ne le couvrirait pas entièrement de la somme qu'il aurait payée, s'il ne recevait du réassureur que cette même somme, sous déduction de la prime.

Mais si l'assureur n'a pas assuré la prime de la prime et les primes des primes, et si cependant il les fait réassurer, la réassurance lui procure alors un bénéfice et dégénère en gageure.

Ainsi lorsque toutes ces primes ne sont pas comprises dans l'assurance, l'assureur paie, dans le cas de perte totale, en prenant l'espèce déjà posée, 10,000 fr. moins la prime, ou........................   9,000 fr.

Et il reçoit du réassureur, n'ayant pas
à lui payer de prime, la somme nette de..   10,000

Bénéfice certain...   1,000 fr.

Pour obtenir ce bénéfice il a payé 111 fr. 11 c. pour la prime de la prime et les primes des primes, de sorte que la réassurance comprend dans ce cas deux contrats en quelque sorte distincts : l'un par lequel le réassureur paye à l'assureur ce que celui-ci a payé à l'assuré ; l'autre, par lequel cet assureur, qui n'a plus en vue l'assurance puisqu'il est entièrement rempli du débours qu'elle lui impose, s'oblige à payer 111 fr. 11 c. de plus en cas d'heureuse arrivée, pour se faire payer 1,000 fr. en pur gain dans le cas de perte totale. Il est clair qu'une telle convention constitue une gageure.

294. — L'art. 342 porte que *la prime de la réassurance peut être moindre ou plus forte que celle de l'assurance.*

Cette disposition est éminemment juste, car les risques peuvent être moindres ou plus forts au moment de la

réassurance qu'ils ne le sont au moment de l'assurance.
Le soin qu'a pris le législateur de permettre la stipulation d'une prime moindre, ce qui procure un benéfice à
l'assureur, démontre qu'en règle générale la réassurance ne doit pas en procurer.

295. — L'assureur qui se fait réassurer doit indiquer
d'une manière suffisante qu'il fait un contrat de réassurance. Il ne lui suffirait pas de dire qu'il assure les
facultés ou le navire à l'égard desquels il s'est déjà
porté assureur. Le Tribunal de Marseille a plusieurs
fois annulé des polices de réassurance dans lesquelles
il n'était question que des objets compris dans l'assurance primitive. Il s'est fondé sur ce que — « les réas-
« surances inspirent toujours la méfiance et la circons-
« pection de l'assureur ; qu'elles se font toujours à une
« prime plus élevée que les assurances directes ; que
« beaucoup d'assureurs les refusent, surtout lorsqu'il
« s'agit d'assurer un risque pris sur une place étran-
« gère (1). »

Aux États-Unis, la jurisprudence est conforme (2).
Cependant la Cour de Rouen a refusé d'annuler une
police de réassurance dans laquelle il n'était question
que des objets couverts par l'assurance primitive, où
le mot de *réassurance* n'était pas même prononcé, et
cela par l'unique motif qu'il n'y avait aucune différence
entre les deux contrats au point de vue du risque (3).

L'opinion qu'a adoptée le Tribunal de Marseille nous
semble plus juridique. Mais en même temps nous

---

(1) 5 juillet 1843. — Mars. (J. M. 22. 1. 320). — 21 mai 1863. — Mars.
(J. M. 41. 1. 150).

(2) Merry. vᵉ Prince, 2. Mass. Rep. 176.

(3) 12 déc. 1865. — Rouen (S. V. 66. 2. 103.)

I   22

croyons que le point de vue où il s'est placé est contraire aux vrais principes. Il a considéré le silence du réassuré comme une réticence qui était de nature à tromper l'assureur sur l'opinion du risque. Ce motif a permis à la Cour de Rouen de répondre que cette erreur n'existait pas dans le cas qui lui était soumis, parce que le risque garanti par l'assurance était de même nature que celui qui était garanti par la réassurance. — La question ne devait pas être posée ainsi. Une chose est l'assurance, une autre la réassurance. Les deux contrats n'ont ni le même objet, ni la même fin. Si donc, au moment où se forme l'accord des volontés, le réassuré propose une assurance, si le réassureur l'accepte, c'est sur une assurance que porte cet accord. Si plus tard, l'une des parties veut changer la matière du contrat et par suite sa nature, en mettant à la place d'une assurance une réassurance, la chose la plus essentielle manque, le *consensus in idem placitum,* et alors, la conséquence est forcée : il n'y a pas d'assurance, car le réassuré n'en voulait pas, ni de réassurance, parce qu'on ne sait pas si le réassureur en aurait voulu.

296. — Lorsque l'assureur a suffisamment fait connaître au réassureur qu'il entendait traiter avec lui d'un contrat de réassurance, ce dernier est censé connaître les clauses et conditions portées dans la police d'assurance, et il n'est pas nécessaire de les insérer dans celle qui s'applique à la réassurance. Il a été jugé dans ce sens que le réassureur ne peut demander la nullité de la police qu'il a souscrite, en se fondant sur ce que les marchandises auxquelles s'applique l'assurance ne lui ont pas été déclarées (1).

---

(1) 1er mai 1848. — Trib. Bordeaux (Mem. Bord. 1848. 1. 101).

297. — Mais le réassuré doit faire connaître au réassureur tous les faits déclarés par l'assuré en dehors de la police, ainsi que tous ceux survenus entre le moment où l'assurance a été souscrite et celui où la réassurance l'est à son tour, lorsqu'il sont de nature à influer sur l'opinion du risque (1).

298. — L'assureur qui fait réassurer ne peut demander à son réassureur le paiement des sommes qu'il a payées à son assuré que sous la condition de justifier du chargement et de sa perte (2). — Telle est la règle, dit Emerigon (3). — Parmi les auteurs modernes, les uns soutiennent que, même sans pacte spécial, l'assureur n'a rien à prouver, si ce n'est le paiement par lui fait, (4) tandis que d'autres se sont ralliés à la doctrine de Pothier et d'Emérigon (5), et avec juste raison selon nous, car le réassuré qui a payé son assuré et qui le prouve, ne prouve pas pour cela qu'il a fait un paiement valable.

299. — Cette doctrine ayant prévalu, on a introduit dans les polices de réassurance, pour en écarter l'application, une clause par laquelle le réassureur s'oblige à payer le réassuré sur la simple exhibition de la quittance souscrite par l'assuré. L'effet de cette clause est de dispenser le réassuré de la preuve du chargement et de sa

---

(1) 13 novembre 1822. — Aix. — 30 avril 1827. — Bordeaux (Mem. bord., 1848. 1. 101. — Benecke, t. 1, p. 282.

(2) Pothier, n. 153.

(3) Emérigon, t. 1, ch. 18, sect. 9, § 5.

(4) Pardessus t. 3, n. 832 ; Dageville, t. 3, p. 502.

(5) Alauzet, t. 1, n. 310 ; Dalloz, n 1752. — Leur opinion est suivie par le Chancelier américain Kent, t. 3, p. 279.

perte dont il est tenu d'après les principes généraux (1).

Suivant Emerigon (loc. cit.), par l'effet de cette clause, l'assureur, qui est réassuré, devient le mandataire *in rem suam* du réassureur, et celui-ci s'oblige à payer cet assureur, auquel il ne peut, lorsqu'il est de bonne foi, opposer aucune exception (2).

D'autres, au contraire, à l'avis desquels nous nous rangeons, soutiennent que cette clause a pour effet de mettre à la charge du réassureur la preuve qu'il n'y a pas eu de chargement ou qu'il n'est pas perdu, tandis que, sans cette clause, il n'aurait eu qu'à attendre la preuve qu'aurait dû produire le réassuré (3).

Le réassureur, qui prouve qu'il n'y a pas eu de chargement ou que la perte n'a pas existé, est dispensé de payer le réassuré, malgré la production de la quittance que lui a consentie l'assuré. Avec une solution différente, on pourrait exiger l'exécution de purs contrats de gageure.

Le réassuré peut, même alors que le chargement et la perte sont justifiés, compromettre les intérêts du réassureur, en payant l'assuré, bien qu'il puisse lui opposer une légitime résistance. Lorsqu'il le fait, et qu'on ne peut pas prouver qu'il est en faute, le réassureur est en présence d'un mandataire irresponsable, à qui il doit la somme qu'il a payée. Cette observation, qui n'avait pas échappé à Emerigon, a été aussi relevée par Benecke (4).

---

(1) 11 sept. 1834.— Mars. (J. M. 15. 1. 37). — 4 mai 1836. — Aix (S. V. 37. 2. 186. — D. P. 37. 2. 111.)
(2) V. aussi Estrangin, p. 220.
(3) Bernard, p. 503 et 513 ; Dalloz, n. 1752.
(4) Benecke, t. 1, p. 285.

300. — Le réassuré doit-il, au cas de sinistre majeur, faire le délaissement au réassureur ?

L'affirmative ne fait aucun doute, même alors qu'il a été convenu que le droit à l'indemnité serait ouvert *par l'exhibition pure et simple de la quittance délivrée à l'assureur par l'assuré.* — On a cependant soutenu que cette clause avait pour effet de dispenser le réassuré du délaissement. Mais la thèse contraire, fondée sur ce que l'obligation d'effectuer le paiement suivant certaines conditions n'a rien de commun avec le délaissement, prévalut avec juste raison devant le tribunal de Marseille (1).

Le délaissement doit porter sur l'objet assuré. Cet objet n'est autre, dans la réassurance, que l'assurance elle-même. Celle-ci doit donc être délaissée ; or, comme elle comprend en elle les droits transmis à l'assureur par le délaissement des objets assurés que lui a fait l'assuré, en réalité, ces objets sont transmis par voie indirecte au réassureur.

Celui-ci n'a droit au délaissement que s'il a été fait à l'assureur par l'assuré. Lorsque ce dernier, quoique soumis à un sinistre majeur, choisit cependant l'action d'avarie, le réassuré doit intenter une action semblable contre le réassureur.

301. — On s'est posé la question de savoir si le réassuré doit signifier le délaissement à son réassureur dans les délais fixés par l'art. 373 du C. comm.?

L'intérêt de cette question réside en ceci. — L'art. 373 du C. de commerce fixe les délais dans lesquels

---

(1) 11 septembre 1834. — Mars. (J. M. 15. 1. 37). — confirmé par la cour d'Aix.

l'assuré doit faire le délaissement, à peine d'être déchu du droit de le faire. Ces délais courent à partir du jour où l'assuré a reçu la nouvelle du sinistre, et varient suivant que le lieu où le sinistre s'est accompli est plus ou moins éloigné.

Il a été décidé par la cour de cassation que le réassuré devait signifier le délaissement au réassureur dans les délais fixés par l'art. 373, « parce que le réassureur « est l'assureur, le réassuré l'assuré...., et que cet ar- « ticle n'admet aucune exception. » (1)

Ce motif n'est pas contestable. Mais on a fait observer que l'assureur ne peut pas faire le délaissement au réassureur tant qu'il ne lui a pas été signifié par l'assuré, à moins de le faire conditionnel, ce qui serait contraire à l'art. 372 ; que dès lors il dépend de l'assuré, en faisant le délaissement le dernier jour, de mettre son assureur dans l'impossibilité de le signifier à son tour au réassureur. Afin d'obvier à cet inconvénient, certains auteurs accordent à l'assureur le délai le plus court fixé par l'art. 373, à partir du jour où l'assuré lui a signifié le délaissement, de sorte qu'il devrait, dès qu'il a reçu la signification, la signifier à son tour au réassureur dans le délai de six mois (2).

Cette opinion semble plus raisonnable en principe. Elle s'appuie sur la maxime : *Contra non valentem agere,* etc. Mais pourquoi un délai de six mois ? N'est-il pas illogique de l'emprunter à l'art. 373, alors qu'on repousse l'application de cet article.

---

(1) 1er juin 1821. — Rej. (S. 24. 1. 199). — Alauzet, t. 1, n. 397. — Bedarride, t. 4, n. 1135.

(2) Dalloz, n. 2166 ; — Pardessus, t. 3, n. 848.

Comme on le voit, la question est insoluble. A cause de cela on a introduit dans les polices d'assurance une clause par laquelle le réassuré *est dispensé de toutes communications, significations, observations de délais et formalités judiciaires*, ce qui exclut la déchéance prononcée par l'art. 373.

La prorogation de délai que comporte cette clause ne peut dépasser cinq ans, qui est le terme de la prescription en matière d'assurance (C. comm., art. 432). En effet, sans cela, on violerait l'art. 2200 du C. civ., qui ne permet pas de renoncer à l'avance à la prescription (1).

§ III.

Assurance de la solvabilité soit de l'assureur, soit de l'assuré.

302. — L'assurance relative à la solvabilité de l'assureur est permise.

303. — Son caractère. — En quoi elle se distingue du pacte de *ducroire*.

304. — Assurance de la solvabilité de l'assureur après sa faillite.

305. — De la subrogation au profit de l'assureur de solvabilité.

306. — De l'assurance relative à la solvabilité de l'assuré.

302. — L'assuré peut faire assurer la solvabilité de l'assureur. — Ce mode d'assurance, quoique peu usité, si ce n'est dans le cas de faillite, est généralement admis dans tous les Etats de l'Europe (2). — On a émis des doutes sur la validité d'une telle assurance en An-

---

(1) 21 déc. 1847. — Trib. Bordeaux (Mém. Bord. 1848. 1. 22).

(2) Guidon de la mer, ch. II, art. 29 ; Ord. Bilbao, art. 43 ; O. Midlebourg, art. 32 ; O. Amsterdam, art. 25 ; Pruss. Seerecht, 1727, cap. 26, art. 17, et A. O. 1766, p. 12, § 148 ; Suède, art. 1750, art. 10, § 1 et 2 ; C. esp., art. 852.

gleterre, parce qu'on a cru y voir une violation indirecte du statut de Georges II, c. 17, dont il a été déjà parlé (1). Mais on a justement fait observer qu'elle n'avait rien de commun avec ce statut, et qu'en conséquence elle était valable (2).

L'art. 20 de l'ordonnance permettait à l'assuré d'assurer la solvabilité de l'assureur. Le Code de commerce n'a gardé le silence sur ce point que parce que la validité de l'assurance lui a paru incontestable (3).

303. — Ainsi que l'a très-bien démontré Emerigon, l'assurance par laquelle un tiers garantit au profit de l'assuré la solvabilité de l'assureur, n'a rien de commun avec le cautionnement (4). Elle se rapproche plutôt de la stipulation de *ducroire* dont elle diffère cependant en ce que celui qui est *ducroire* est considéré comme un débiteur direct, tandis que l'assureur de solvabilité n'est obligé que s'il est prouvé que l'assureur, à l'égard duquel l'assurance est consentie, est réellement insolvable (5).

Le Guidon de la mer voulait que la preuve de l'insolvabilité fût établie par une sentence du juge, suivie d'une première contrainte. Cette règle est adoptée par tous les jurisconsultes du droit maritime, aussi bien en France qu'à l'étranger (6).

---

(1) Parck, 1, 599.

(2) Benecke, t. 1, p. 286 ; Arnould, t. 1, p. 290.

(3) Bernard, p. 375 ; Alauzet, 1, 149.

(4) Emerigon, ch. 8, sect. 15.

(5) Benecke, *loc. cit.*

(6) Emerigon, ch. 8, sect. 15 ; Bernard, p. 378 ; Locré, t. 4, p. 99 ; Estrangin, p. 42 ; Dageville, t. 3, p. 177 ; Dalloz, n. 1599 ; Boulay-Paty, t. 3, p. 440 ; Alauzet, t. 1, n. 150. — V. aussi dans ce sens, Pohls, t. 6, p. 99 et Benecke, t. 1, p. 286.

304. — Lorsque la solvabilité de l'assureur est assurée après sa faillite, l'assurance s'applique bien plutôt à l'objet soumis au risque qu'à la solvabilité de celui qui a assuré cet objet. En pareil cas, l'assureur de solvabilité ne peut que s'obliger à payer directement l'indemnité en cas de perte, sous la condition qu'après l'avoir payée il aura le droit d'encaisser pour son compte le dividende distribué par les syndics du premier assureur (1).

305. — Il est hors de doute que l'assureur de solvabilité est subrogé, après paiement, aux droits de son assuré contre l'assureur direct (2).

306. — Valin contestait à l'assureur le droit de faire assurer la solvabilité de l'assuré, sous le prétexte que puisque l'assurance du profit maritime est prohibée, l'assurance de la prime doit l'être aussi. Emerigon n'eût pas de peine à démontrer à quel point cette assimilation est erronée (3).

Ce serait peut-être ici le cas de parler de la faillite de l'assureur ou de l'assuré. Cependant il nous semble qu'il sera plus opportun de le faire lorsque nous traiterons de la résiliation du contrat d'assurance.

---

(1) Pohls, *loc. cit.*
(2) Disposition expresse dans ce sens. Ord. Amst. 1775, art. 25.
(3) Valin, sur l'art 20 ; Emerigon, ch. 8, sect. 17.

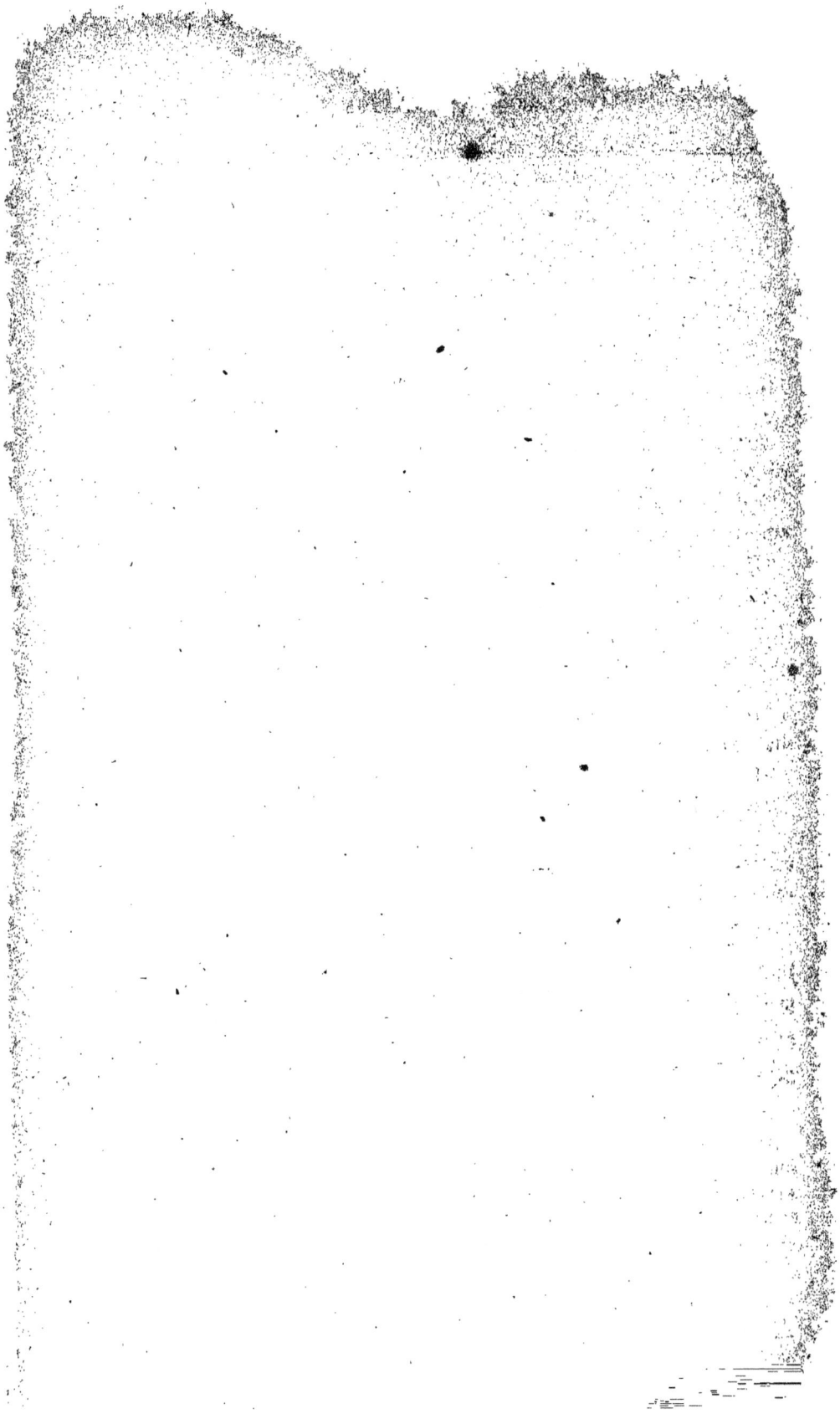

LIVRE SECOND.

CHAPITRE I.

CONSIDÉRATIONS GÉNÉRALES SUR LE RISQUE.

307. — Du risque, de l'intérêt, du péril. — Sens théorique du mot risque.

308. — La théorie du risque est fondée sur la différence entre l'assurance et la gageure.

309. — Il est nécessaire de prouver l'existence de l'objet assuré.

310. — Assurance d'un objet déjà perdu ou arrivé au lieu de reste.

311. — Des doubles assurances.

312. — La théorie de l'évaluation se rattache à celle du risque.

313. — Du cas où la perte est due à une faute de l'assuré.

314. — Les frais dont la marchandise est grevée au lieu de reste ne sont pas à la charge de l'assureur.

315. — Du vice propre et de la baraterie du patron.

316. — De la réticence.

317. — Les anciennes législations voulaient que l'assuré supportât une partie de la perte. — Analyse et historique des dispositions qu'elles contiennent sur ce point.

307. — Tantôt on confond les mots *risque, intérêt, péril,* et on les emploie indifféremment pour exprimer le risque (1); tantôt on les distingue pour assigner à chacun d'eux une signification précise et spéciale, et alors,

---

(1) Principale fundamentum assecurationis *est risicum seu interesse,* sine quo non potest subsistere assecuratio. — Casaregis, Disc. 4, n. 1. — *Periculum* pecunia æstimatur. — Roccus, note 4. — Aversio *periculi* ita dicta, quod aliquis alterius *periculum* in mari æversum it, aut in se recipit, — Locenius, lib. 2, cap. 5, n. 1.

1° Le mot *risque* s'entend de la perte partielle ou totale d'une chose qui enlève à celui qui avait sur cette chose un intérêt tout ou partie de sa valeur ;

2° Le mot *péril* exprime la cause qui a engendré la perte, telle que un naufrage, une prise etc.;

3° Le mot *intérêt,* la relation entre le risque et la personne à qui il incombe : *persona expectans risicum.*

Dans les chapitres II et III du premier livre, nous avons parlé de l'intérêt ; nous parlerons dans un autre livre du péril ; dans celui-ci il sera question du risque.

Le risque futur et incertain existe, en matière d'assurance, toutes les fois que l'assuré est exposé à une perte. En d'autres termes, ce n'est pas la perte en soi, mais le préjudice qu'elle cause à une personne déterminée qui constitue le risque.

« L'assuré, disait le juge anglais Lawrence, doit
« être dans un tel rapport avec la chose assurée, et
« son intérêt doit être tellement lié à la conservation
« de cette chose, que les pertes, les déchets, les dimi-
« nutions que celle-ci subit aient pour effet de léser cet
« intérêt, et donnent à l'assurance, qui a pour but de
« le protéger, sa raison d'être. » (1)

Le risque et l'intérêt sont deux termes corrélatifs sans lesquels l'assurance ne saurait exister. Ainsi il importe peu qu'une chose soit exposée à un risque, si l'assuré n'a sur elle aucun intérêt ; il importe peu qu'il ait sur elle un intérêt, si elle n'est exposée à aucun risque. Il est clair que dans cet ordre d'idées, le mot risque

---

(1) Lucena v. Cranfurt, 2 Bos. et Pull. 269-310.

ne s'entend pas du péril, mais de la perte que le péril peut causer.

Exemple : — Un armateur affecte par un emprunt à la grosse, se portant à 20,000 fr., un navire lui appartenant qui vaut pareille somme. — Après avoir fait cet emprunt, il veut encore couvrir ce navire par une assurance. — Le peut-il ? — Oui, si on ne considère que l'intérêt, car il est propriétaire. — Oui encore, si on ne considère que le péril, car le navire peut être entièrement anéanti par une fortune de mer. — Non, à cause du risque, car si on suppose que le navire est perdu par fortune de mer, sa perte procure à l'emprunteur, en le libérant, l'équivalent exact du préjudice qu'elle lui cause.

Cet exemple démontre qu'on peut avoir un intérêt sur une chose qui est exposée à un péril sans avoir pour cela le droit de la faire assurer.

A ce principe s'en rattachent d'autres qui sont liés à lui, parce qu'ils le modifient et le complètent.

De là un ensemble de règles qui seront exposées dans le présent livre.

308. — Ces règles sont dominées par le principe qui veut que l'on écarte de l'assurance tout ce qui pourrait la faire dégénérer en gageure ; or, c'est ce qui a lieu toutes les fois qu'elle procure un bénéfice à l'assuré : *assecuratus non quærit lucrum, sed agit ne in damno sit.*

L'application de ce principe est très-simple lorsque la gageure se dégage avec netteté, ainsi que cela arrive lorsqu'un individu assure une chose sur laquelle il n'a aucun droit direct ou indirect, et par conséquent aucun intérêt.

309. — Le cas est encore tout aussi simple lorsqu'on assure une chose qui n'existe pas, par exemple un navire purement imaginaire ou une marchandise qui n'a jamais été chargée.

Ainsi un individu qui attend certains effets dont l'envoi lui a été promis, ou qui compte sur un chargement de retour ne peut faire supporter par les assureurs, lorsque le navire qui aurait dû en être porteur périt, le mécompte qu'il éprouve par suite du non chargement de ces marchandises (1).

Ce n'est pas à dire que la marchandise doive être chargée au moment où l'assurance est conclue, car dans les chargements de retour elle n'est souvent pas achetée en ce moment ; mais il faut tout au moins qu'elle soit à bord du navire au moment de la perte (2).

Ce principe étant reconnu, on a dû tracer les règles propres à en prévenir la transgression.

De là l'obligation pour l'assuré de prouver, lorsqu'il réclame l'indemnité, ou que le navire assuré existait ou que la marchandise assurée et perdue a été chargée à bord du navire qui devait la transporter.

310. — Il ne devrait pas être permis de faire assurer une marchandise qui est déjà perdue ou qui est heureusement arrivée, car dans l'un et l'autre cas, il n'y a plus de risque. Cependant nous verrons que par des raisons spéciales, l'assurance est valable dans ce cas, lorsque l'assureur ignore l'heureuse arrivée et l'assuré la perte.

311. — La théorie du risque en matière d'assurance,

---

(1) Knac v° Wood, 1 Campb., 542.
(2) Rind v° Wilkinson, 2 Taunt, 237, Chitty's Pleadings, 2, 105.

a pour objet principal de faire que le règlement de l'indemnité soit toujours en rapport avec la perte que souffre réellement l'assuré.

Celui-ci recevrait plus qu'il ne lui est dû si après que le navire ou les facultés ont été déjà assurées pour toute leur valeur, il pouvait encore se faire consentir de nouvelles assurances et se procurer par là le moyen de doubler, de tripler, ou plus encore, cette valeur et par suite l'indemnité.

Ce n'est pas à dire qu'il ne puisse y avoir plusieurs assurances applicables au même objet, mais il faut qu'elles n'excèdent pas le montant de la perte réelle. Lorsque la valeur réelle est épuisée, toutes les assurances qui portent sur l'excédant doivent être ristournées.

Ce n'est pas assez. Le second assureur peut ignorer que l'assuré s'est fait consentir une assurance couvrant toute la valeur avant de traiter avec lui, et que lorsqu'il exige le paiement de l'indemnité, il l'a déjà reçue ou doit la recevoir du premier assureur. Pour prévenir cette fraude légale, l'on a imposé à cet assuré l'obligation de déclarer toutes les assurances qu'il a faites, fait faire ou simplement ordonnées.

312. — L'assuré pourrait encore se procurer un bénéfice en donnant à l'objet assuré une évaluation exagérée. Ainsi, celui qui évalue un objet 20,000 fr., alors qu'il n'en vaut que 10,000, reçoit, en cas de perte de cet objet, si l'évaluation est maintenue, 10,000 fr. qui représentent le dommage réel, et 10,000 fr. de plus qu'il acquiert en pur gain.

Les anciens docteurs ont examiné ce cas. Casaregis recherche dans le discours VII la différence qui existe entre le jeu et le contrat d'assurance. Il pose en prin-

cipe que toute assurance suppose un objet soumis au
risque (1), tandis qu'il en est autrement dans le contrat
de gageure *(vademonium, scommissa, sponsio)* (2).
— Il en conclut que l'assureur ne doit payer qu'une
somme égale à la perte (3), et que pour cela la chose
assurée doit être exactement évaluée, car toute somme
qui excède sa valeur ne représente rien, se rattache à
un pur néant, de sorte que l'on peut assimiler le cas où
l'assurance manque d'objet et celui où l'évaluation a été
exagérée (4).

De là, la théorie de l'évaluation, qui consiste à tracer
les règles qui ont pour but de proportionner l'indemnité •
à la perte afin que l'assurance ne dégénère pas en gageure, et n'ait d'autre fin que de procurer à l'assuré
une indemnité équivalente à la perte qu'il a subie.

313. — L'art. 352 du Code de commerce est ainsi
conçu : — « Les dommages causés par le fait et faute
« des propriétaires, affréteurs ou chargeurs, ne sont
« point à la charge des assureurs. »

---

(1) Assecurationis contractus non valet quando quis non habet merces,
sed frugit eas habere. — Casaregis, Disc. VII, n. 4. — V. Straccha, p. 3.
n. 8. — Cum sit de substantia contractus assecurationis quæ sustineri ne-
quit absque subjecto rei assecuratæ. Disc. 10, n. 14 et 15.

(2) In vademonio, sine tali oneratione velaliquo risico contractus tenet.
Deluca, Disc. III. n. 5.

(3) Debetur solum damnum ad ratam mercium oneratarum et deperdita-
rum. Casaregis.

(4) Navis vacua vel merces minoris valoris quam pretium assecurationis.
Casaregis, Disc. 7, n. 5. — Securitates non possunt fieri, nisi extet risicum
vel in mercibus, vel in navigiis, et nisi pro quantitate seu valore risici,
sive valoris et estimationis. — Statut de Gênes (16 déc. 1588), liv. 5, ch. 17.
— Si in navi non habeantur merces nullius momenti est. Unde providi
mercatores præter nomen nautæ, navis, ubi onerata sit, quo navigare velit,
solent determinare quantitatem, qualitatem, numerum et mensuram, et quidem sub æstimatione. Non etiam sunt dissimulandæ merces, aut plus quam
revera in navi sunt fingendæ. — Marquardus, liv. 2, ch. 13, n. 23 et s.

On disait autrefois : *Si casus evenit culpa assecu-rati non tenentur assecuratores.*

Il n'est pas permis de déroger à cette règle, car : *pacta non sunt servanda quæ ad deliquendum invitant* (1). — Il est évident que ce motif ne peut être invoqué lors-que l'assureur se charge des fautes commises par les préposés de l'assuré (2).

314. — L'art. 354 porte que *l'assureur n'est point tenu du pilotage, touage et lamanage, ni d'aucune espèce de droits imposés sur le navire et les marchan-dises.*

Il ne s'agit pas dans cet article des droits perçus à la sortie, qui s'ajoutent à la valeur de la marchandise, et qui entrent par suite pour partie dans l'indemnité dont l'assureur répond.

Il ne s'agit pas non plus des fraits faits dans un port intermédiaire, dans le cas où le navire est en état de relâche forcée, car alors tous ces frais font partie de l'avarie.

Notre article ne s'occupe que des droits perçus au lieu de reste, qui grèvent l'opération commerciale, et sont par conséquent étrangers au transport par mer de la marchandise. Il a été jugé, par application de l'art. 354, que la somme payée par l'assuré afin d'ob-tenir à Constantinople un firman pour faire entrer un navire dans la mer Noire, n'est pas à la charge de l'as-sureur (3).

315. — Les risques qui proviennent soit du vice

---

(1) Valin, sur l'art. 17 ; Emerigon, ch. XII, sect. 2, § 2.
(2) 4 mars 1830. — Sent. arbit. (J. M. 12. 2. 53).
(3) 4 mars 1830. — Sent. Arb. (J. M. 12. 2. 53.)

propre, soit de la baraterie du patron, ont été l'objet, en raison de leur caractère mixte, de règles spéciales que nous exposerons.

316. — Enfin puisque le risque est le principal fondement de l'assurance, il importe que les deux parties soient éclairées autant que possible sur les engagements qu'elles prennent à son sujet. De là la théorie de la réticence, qui forme une des parties les plus spéciales du contrat d'assurance, et peut-être celle qui l'éloigne le plus des contrats de droit commun.

Enfin, la théorie du risque serait incomplète si nous n'exposions les règles relatives à son commencement et à sa fin.

317. — Les anciens législateurs ne se bornèrent pas à limiter le contrat d'assurance à la réparation de la perte ; ils voulurent de plus que l'assuré fût intéressé à la conservation de l'objet soumis au risque, et ils exigèrent dans ce but qu'il restât à découvert d'une partie déterminée de sa valeur. Les législateurs espagnols, en général très-prolixes, reviennent sans cesse sur ce motif.

La réduction de tant pour cent sur la valeur réelle de l'objet soumis au risque, qui déterminait la part de perte qui devait rester à la charge de l'assuré, était en général plus élevée pour les navires que pour les facultés. On était parti de cette idée que le propriétaire du navire n'a pas besoin du concours du propriétaire des facultés pour le perdre, tandis que ce dernier avait besoin de la complicité soit de l'armateur, soit du capitaine. C'est pour cela que l'ordonnance de St-Sébastien, du 19 septembre 1682, permettait d'assurer les marchandises pour toute leur valeur, tandis qu'elle ne permettait de faire assurer que les trois quarts du navire.

A l'égard du navire, on distinguait suivant qu'il naviguait sur lest, qu'il était partiellement chargé ou qu'il l'était totalement. L'assurance ne pouvait porter sur toute la valeur que dans ce dernier cas.

Le tableau qui suit donne le taux de réduction admis chez les différents peuples, soit à l'égard des marchandises, soit à l'égard du navire. On remarquera que ce taux est plus élevé à l'égard des marchandises lorsque l'assurance est consentie au profit d'étrangers, ce qui tient aux fausses idées du temps.

MARCHANDISES.

TAUX relatif à la prohibition d'assurer.	LÉGISLATIONS
UN DIXIÈME	Guidon de la mer, ch. 2, n. 11. — Ord. de Burgos (18 sept. 1533). — Ord. de Philippe II pour les Pays-Bas (29 janvier 1549), art. 2. — Code de Charles XI pour la Suède (1667, ch. 5, § 2). — Code danois (1683), ch. 6, art. 6.
UN HUITIÈME	Ord. de Barcelone (1484), ch. 6. — Droit mun. de Malte, § 15 et 16.
UN CINQUIÈME	Ord. de Bilbao (1560).
UN QUART	Ord. de Barcelone (1435).
UN TIERS	Ord. de Barcelone (1458).
UN DEMI	Ord. de Barcelone (1435), à l'égard des étrangers seulement.
TROIS QUARTS	Ord. de Barcelone (1484), à l'égard des étrangers seulement.
UN DIXIÈME lorsque la valeur est inférieure à mille florins.	Ord. de Philippe II, de 1563, tit. 7, art. 8, et 1570, art. 3 et 30.—Ord. Amsterdam (31 janvier 1598), art. 2. — Ord. Midlebourg (30 septembre 1600), art. 3.

NAVIRE.

TAUX relatif à la prohibition d'assurer.	LÉGISLATIONS
UN DIXIÈME	Guidon de la mer, ch. 15, n. 3. — Ord. de Burgos (18 sept. 1538). — Code danois (1683), ch. 6, n. 6.
UN HUITIÈME	Ord. Barcelone (1484), ch. 1.
UN QUART	Ord. Barcelone (1435), art. 2. — Idem (1458). — Ord. Bilbao (1560), ch. 26. — Ord. St-Sébastien (19 septembre 1682), ch. 36.
UN TIERS	Ord. Amsterdam (31 janvier 1598), art. 2. — Ord. Suède (1667), p. 6, ch. 5, § 2.
UN DEMI	Ord. Midlebourg (30 septembre 1600), art. 4. — Lorsque le navire navigue sur lest ou avec moins que demi-charge. Ord. — Philippe II (29 janvier 1549), art. 20, et 1563, tit. 7, art. 11.

En Angleterre, les contractants étaient entièrement libres. Ils l'étaient aussi à Hambourg (1).

On proposa en Italie de mettre le huitième de la valeur du navire à la charge de l'assuré, ainsi que l'avait prescrit l'ordonnance de Barcelone de 1484. La Rote de Gênes entra d'abord dans cette voie, mais elle changea sa jurisprudence sous l'influence des critiques dont elle fut l'objet de la part des jurisconsultes qui avaient le plus d'autorité (2).

L'art. 18 de l'ordonnance de 1681 avait fixé la réduction à un dixième. Mais elle avait permis aux contractants de déroger à cette règle, si ce n'est dans deux cas : 1° à l'égard du navire et des marchandises lorsque

---

(1) Benecke, t. 1, p. 70 et s., p. 97.

(2) Deluca, disc. 107, n. 4 ; Rocus, not. 81, n. 312 ; Ansaldus, disc. 70, n. 27 ; Casaregis, disc. 1, n. 32 et 33.

l'assuré était dans le vaisseau ; 2° à l'égard des marchandises lorsqu'elles étaient chargées sur un navire
dont l'assuré était propriétaire. En fait, on ne tenait
aucun compte de ces deux exceptions (1). — Il en fut
ainsi partout ailleurs. Ricard atteste que dans certaines
parties de l'Espagne, en Hollande et en Suède, on finit
par assurer toute la valeur (2). Une ordonnance dans
ce sens fut promulguée à Amsterdam (23 janvier 1775,
art. 7).

De nos jours, la réduction d'un dixième n'existe plus,
si ce n'est en Espagne (art. 853 et 854). Il est vrai qu'en
Danemarck et dans l'île de Malte la loi qui l'avait établie n'a pas été expressément abrogée, mais elle l'a été
en fait, par voie de désuétude. — Notre Code ne parle
pas de la réduction, et le Code hollandais n'en parle
que pour la proscrire.

---

(1) Valin, sur les art. 18 et 19; Pothier, n. 40 et s.; Emerigon, ch. 8,
sect. 7.

(2) Ricard, t. 2, p. 465.

CHAPITRE II.

***

PREUVE DU CHARGEMENT.

318. — L'assuré doit prouver l'existence du chargement.

319. — Cette règle s'applique au navire et n'est pas limitée aux cas de sinistre majeur.

320. — Preuves relatives à l'existence du navire.

321. — Le chargement se prouve par le connaissement. — Foi due à ce document.

322. — Le connaissement ne prouve pas la qualité et la valeur de la marchandise.

323. — L'assureur est recevable à prouver contre le contenu au connaissement au cas de dol et de fraude.

324. — Le connaissement doit être conforme aux énonciations de la police.

325. — Du cas où le connaissement porte la clause *que dit être*.

326. — Règles se rapportant au cas où le connaissement est irrégulier, par exemple, s'il est antidaté ou s'il n'est signé que par le capitaine.

327. — Preuve du chargement lorsqu'il n'a pas été dressé de connaissement.

328. — Pacte par lequel l'assureur s'oblige à payer l'indemnité sur la simple production de la police.

318. — Il n'y a pas d'assurance sans un objet assuré. Il faut donc que cet objet existe au moment où le risque se réalise : *suscipiens enim periculum, pro iis solum tenetur, quae tempore periculi vel naufragii, in navi fuerunt* (1).

L'assuré étant tenu de prouver la validité de l'assu-

***

(1) Marquardus, lib. 2, cap. 13, n. 25.

rance lorsqu'il exerce les droits qu'elle lui confère, doit par cela même prouver l'existence de l'objet soumis au risque. Cependant il n'est tenu, d'après la loi, de rapporter cette preuve qu'après la perte. En cela le contrat d'assurance diffère des contrats de droit commun. Tandis que dans une obligation de donner ou de faire, chaque partie peut mesurer la portée de ses engagements, dans l'assurance l'assureur n'accepte les déclarations de l'assuré que sous la condition que la réalité leur sera conforme. La nature des choses le veut ainsi. Celui qui assure à Paris ou à Marseille une marchandise qui part de l'île Bourbon ne sait pas et ne peut pas savoir, au moment où il s'engage, si elle est réellement chargée. Tant que l'indemnité ne lui est pas demandée, il n'a pas intérêt à le connaître, mais vienne le moment où l'assuré la demande, cet intérêt naît, car il est alors indispensable de savoir si le contrat est sérieux ou s'il ne constitue qu'une simple gageure (1).

Les observations qui précèdent résument la pensée qu'exprime l'art. 383 C. comm., lequel est ainsi conçu :

« Les actes justificatifs du chargement sont signifiés « à l'assureur avant qu'il puisse être poursuivi pour le « paiement de l'indemnité. »

Cet article s'occupe simultanément du chargement et de la perte. Nous en parlerons séparément pour plus de clarté et dans un intérêt de méthode.

319. — Quoique l'art. 383 ne parle que du chargement, il ne faudrait pas en conclure qu'il ne s'applique pas au navire. Bien qu'il soit placé dans la section III,

---

(1) V. sur ce point Pohls, t. 7, p. 712.

qui est relative au délaissement, il ne faudrait pas en conclure non plus qu'il cesse d'être applicable lorsque l'objet soumis au risque n'a souffert que de simples avaries. L'art. 383, quoique limité à un cas particulier, exprime un principe général, qui doit être appliqué sans restriction.

Ce principe a été longtemps contesté. D'après certains jurisconsultes, l'assurance fait présumer la réalité du chargement, et dès lors c'est à l'assureur à prouver qu'il n'a pas eu lieu (1). Casaregis combattit cette étrange doctrine et n'eut pas de peine à en démontrer la fausseté. — L'assuré, dit-il, affirme l'existence de l'objet assuré par cela qu'il le fait assurer ; il doit donc prouver que son affirmation est vraie (2).

L'art. 383 figure parmi les articles relatifs au délaissement, parce que son application est surtout essentielle lorsque la perte est réellement totale, par exemple dans le cas où, par suite d'un naufrage, la marchandise est ensevelie dans les flots. Comme alors il n'en reste plus rien, que toute constatation est impossible après le sinistre, la preuve de son existence est absolument nécessaire. Elle l'est moins lorsque la perte est présumée totale ou se résout en un simple cas d'avarie, mais elle l'est encore, parce qu'il est indispensable de comparer la totalité du chargement, tel qu'il était avant le sinistre, avec ce qui en reste après qu'il a eu lieu.

320. — Nous avons dit que l'art. 383 s'applique au navire, ce qui revient à dire que l'assuré est tenu de

---

(1) Rocus, not. 10, 97.

(2) Quod merces predictæ reperirentur in navi de tempore assorti sinistri, uti fundamentum intentionis assecurati huic probandi onus incumbit. — Casaregis, disc. XIII, n. 4.

prouver qu'il existait avant le sinistre. Ce principe est admis par tous les peuples maritimes (1).

La preuve de l'existence du navire se fait par l'acte de francisation, le congé, les attestations de la douane et au besoin par l'acte de vente. — La même règle est suivie en Angleterre, où la même preuve peut être établie au moyen des papiers publics (2).

Lorsque l'assuré a négligé de faire mentionner la mutation au dos de l'acte de francisation, ou bien s'il ne peut produire l'acte de vente, tous les autres moyens de preuves lui sont ouverts (3). Par exemple, il sera admis à prouver qu'il a fait réparer le navire, qu'il l'a affrété, qu'il a payé les dettes contractées par le capitaine, soldé les loyers de l'équipage, etc. (4) — L'inscription du navire au registre *Veritas* sera aussi un moyen d'attester son existence.

L'assurance d'un navire qui n'a jamais existé est à la rigueur possible, mais en fait à peu près improbable. Ainsi s'explique la rédaction de l'art. 383. Pratiquement, on tient le navire pour existant par cela même qu'il est assuré, tant il est facile à l'assureur de savoir s'il existe ou s'il n'existe pas. Dans le même ordre d'idées, il a été décidé que l'assurance des vivres et provisions peut être assimilée à l'assurance sur corps, et que par suite la police prouve leur existence à bord (5).

---

(1) V. Pohls, t. 7, § 691.

(2) Cambden v⁵ Anderson, 5 Term. Rep. 599.

(3) Ainsi jugé en Angleterre. — Parie v⁵ Anderson, 4 Tomat Rep. 652. — Robertson v. Francis. 4 East. Rep. 130. — V. aussi Benecke, t. 5, p. 24.

(4) Sic Amery v⁵ Rogers. 1 Esp. Rep. 209.

(5) 12 janv. 1834. — Bordeaux (D. P. 35. 2. 75).

321. — Le connaissement constitue à l'égard des facultés la preuve la plus complète. C'est ce qui ressort des termes de l'art. 283 du C. de comm., qui est ainsi conçu : — « Le connaissement, rédigé dans la forme « ci-dessus prescrite, fait foi entre toutes les parties « intéressées au chargement, *et entre elles et les as-* « *sureurs.* »

La force probante du connaissement ne souffre aucun doute. Mais on s'est demandé s'il comporte la preuve contraire. — La négative est généralement admise. — On s'appuie pour la soutenir sur les termes formels de l'art. 283. On ajoute que cet article présume la bonne foi du capitaine, par suite la parfaite sincérité du titre dont il est le principal auteur ; qu'on ne saurait supposer *a priori* qu'il s'est reconnu détenteur d'une marchandise qu'il n'a pas reçue, dont il serait dans tous les cas responsable à l'égard des tiers ; — que si par impossible il avait, par un concert frauduleux entre lui et le chargeur, signé un connaissement dans lequel des marchandises qui n'auraient jamais été chargées seraient portées comme l'ayant été, alors on serait dans un cas d'exception, et la preuve contraire serait admissible. — Ainsi cette preuve doit être écartée lorsque l'assureur se borne à soutenir que le capitaine a signé sans voir et de confiance, et qu'il a été trompé par le chargeur ; il faut qu'il offre de prouver que les deux parties se sont frauduleusement concertées pour simuler un chargement qui en réalité n'a pas eu lieu (1).

Pardessus s'est élevé contre cette opinion. — « L'as-

(1) Boulay-Paty, t. 4, p. 342 et s.; Lemonnier, t. 2, n. 370 ; Vincens, t. 3, p. 285 ; Haghe et Cruismans, n. 253.

« sureur, dit-il, peut au reste contester la vérité du
« connaissement ou autres documents, puisqu'il n'a
« pas participé à leur confection... Le connaissement
« lui-même, quoique rédigé par le capitaine, qui peut
« inspirer plus de confiance qu'une simple attestation,
« n'est qu'un écrit privé, et ne fait foi que jusqu'à
« preuve contraire (1). »

Cette opinion n'est-elle pas contraire à l'art. 283 ?

Avant de répondre à cette question il convient d'exposer de quelle manière les anciens auteurs l'avaient résolue. — Pour cela, nous nous en tiendrons à la discussion que contient sur ce point le discours X de Casaregis, discours assez difficile à analyser à cause des digressions dont il est hérissé.

Le connaissement, dit cet auteur, sert à prouver la quantité et la nature de la marchandise chargée : Stante apocha, mercium oneratarum quantitas et qualitas (2) remansit justificata (n. 19). — Cependant, il faut distinguer entre les parties contractantes et les tiers. — Entre les contractants, le connaissement forme une preuve complète : Inter contrahentes litteræ oneratoriæ... probant factum, nempe onerationem et earum quantitatem. — A l'égard des tiers, le connaissement n'a plus la même force : Aut verum agitur contra tertium et non probant... (n. 24). — Il est vrai que quelques docteurs soutiennent que le connaissement prouve,

---

(1) Pardessus, t. 3, n. 832. — V. aussi, quoique moins explicite, Alauzet, t. 2, n. 308 et Comm., n. 1547.

(2) Le mot *qualitas* doit s'entendre de la nature de la marchandise, déterminée par le connaissement, par exemple, s'il porte que le chargement se compose de blé, de savon, de sucre, etc., et non de la qualité de ce blé, de ce savon ou de ce sucre.

non plus le chargement, mais seulement la propriété
de la marchandise : Ad effectum probandi dominium
(n. 34). Casaregis s'élève contre cette opinion. — Après
cela il se demande si l'assureur est un tiers par rapport à
l'assuré, et il répond que quelle que soit la qualité qu'on
lui donne, qu'on le considère comme un *fidejussor*...
un *relevator indemnitatis*... un *emptor periculi*...
on ne saurait le considérer comme un tiers, car c'est en
raison du chargement qu'il devient débiteur de la somme
assurée : Nunquam sustineri poterit quod assecurator
sit tertius respectu assecurati, cum sit ex parte debi-
toris eumque representet. Qualitas enim facti erat in eo
considerabilis ante factam onerationem, sed illa stipu-
lata, remansit principalis debitor (n. 39-44). — Mais si
le connaissement prouve le chargement, il ne prouve
pas l'évaluation : Litteræ oneratoriæ ad id non possunt
dici sufficientes. — Il faut d'autres preuves, bien qu'elles
puissent être légères et même conjecturales : leviores
probationes, imo etiam conjecturæ admittuntur (n. 54).

Cette série de principes exprime avec une remarquable exactitude une tradition constante, si bien qu'il
suffit d'en mettre l'exposé en présence de l'art. 283 du
C. de commerce, pour lui assigner son véritable sens.

De plus, il est hors de doute que ni le capitaine ni le
chargeur ne sont recevables à prouver contre le contenu au connaissement. C'est là un principe d'ordre
dans les affaires. Sans lui tout serait livré au hasard.
La responsabilité qui pèse sur le capitaine, les peines
qu'il encourt lorsqu'il se prête à des simulations frau-
duleuses, font présumer que le connaissement est sin-
cère, et que par suite la preuve contraire doit être écartée, sauf articulation de fraude. Or ce qui est vrai entre

lè capitaine et le chargeur, l'est aussi entre ce dernier et son assureur, lequel, d'après une doctrine constante, ne doit pas être considéré comme un tiers.

Toutes les législations admettent cè principe (1). Il est aussi admis en Angleterre, ainsi que l'a reconnu le juge Lée. Dans ce pays, l'assureur qui doute de la sincérité du connaissement n'a qu'un seul droit ; celui de déférer le serment à l'assuré (2). La même règle a également prévalu aux Etats-Unis (3).

La doctrine des anciens docteurs lui est conforme, ainsi que l'atteste une fois encore Casaregis dans le Discours I (4). — Valin (sur l'art. 57), après avoir observé que le connaissement est la pièce absolument probante, et qu'on n'admet aucune preuve contre son contenu ajoute *qu'elle fait foi contre les assureurs, sauf les cas de dol et de fraude.*

322. — Ces principes sont exacts, mais il importe de leur assigner dans l'application la mesure que comporte le véritable caractère du connaissement. Cet acte a été institué pour établir la nature et la quantité (en poids ou en mesure) de la marchandise chargée, et dès lors tout ce qu'il contient sous ce rapport fait foi, et doit être tenu pour vrai. Mais le capitaine n'est point

---

(1) Ord. Barcelone, 1484, art. 9 ; Bilbao, art. 15 ; Burgos, art. 2 ; Sardaigne, 1775, cap. 5, arg., art. 19 ; Hambourg, 1731, tit. 13, art. 1 ; L. pr. § 2286-2292 ; A. O. 16, § 175 ; Danemarck, art. 9, 10 et 14 ; Suède, art. 14, § 3 ; Amsterdam, 1755, art. 54 ; Midlebourg, 1791, art. 1 ; Russie, art. 186. — V. C allemand, art. 888.

(2) Marshall, t. 2, p. 612 ; Benecke, t. 4, p. 530.

(3) Philipps, t. 2, p. 749.

(4) Apocæ oneratoriæ probant existentiam, quantitatem et qualitatem risici, prout in apocis describitur et denominatæ fuerint merces. — Casaregis, Disc. 1, n. 111.

chargé de constater la qualité de la marchandise, et encore moins d'en fixer la valeur vénale, et dès lors toutes les mentions qui se rapportent à ce point ne lient pas l'assureur. Ainsi, lorsque le capitaine déclare qu'il a embarqué 100 balles de café du poids de 100 kilos chaque, le fait doit être tenu pour vrai ; mais s'il ajoute que ce café est de première qualité, l'assureur peut, sans tenir compte du connaissement, prouver qu'il était de qualité inférieure, et qu'en conséquence l'évaluation doit être conforme à cette donnée (1).

323. — Lorsque le connaissement est entaché de dol et de fraude, si par exemple, par suite d'un concert entre le chargeur et le capitaine, il mentionne des marchandises qui n'ont pas été chargées, ou si, alors qu'il en a été chargé, il porte une quantité supérieure à celle qui a été réellement mise à bord, la preuve tendant à établir que ce connaissement n'exprime pas la vérité est admissible, parce que, dans ce cas, l'art. 283 est modifié par l'art. 348, qui prononce la nullité de l'assurance, en cas de réticence, de fausse déclaration, de dol ou de fraude (2).

324. — Il ne suffit pas que le connaissement soit l'expression de la vérité ; il faut de plus que les énonciations de la police lui soient conformes. — Ce principe est posé comme incontestable par nos anciens auteurs. — Le *lien civil existe,* dit Emérigon, *par la relation qui doit se trouver entre la police d'assurance et le*

---

(1) 4 juillet 1866. — Mars. (J. M. 44. 1. 246). — V. aussi 21 juillet 1830. — Bordeaux (D. P. 31. 2. 241). — 27 avril 1831. — C. R. (D. A, vº Droit marit., n. 1637).

(2) 15 février 1826. — Rej. (S. 27. 1. 127). — V. Emérigon, ch. XI, sect. 3, § 5.

connaissement (1). — D'après Valin, *pour que l'assu-*
rance soit bonne, il suffit que le connaissement lui
soit relatif et conforme (2).

Le législateur proclame ce principe dans l'art. 348 C.
comm., où il est dit que toute différence entre le connaissement et l'assurance, qui diminue l'opinion du
risque, ou en change le sujet, annule l'assurance.

L'application de cette règle est très-simple, lorsque
le défaut de relation est évident, par exemple si l'assurance s'applique à du sucre, tandis que le connaissement porte que l'assuré a chargé du café. Mais, comme
le dit très-bien Emérigon, il n'est pas nécessaire que la
relation existe *in forma specifica ;* il suffit qu'elle soit
implicite.

Deux exemples, empruntés à la jurisprudence, donneront une idée suffisante de la manière dont cette
règle doit être appliquée.

Une assurance fut consentie pour un voyage de la
Havane à Marseille. Le connaissement invoqué par
l'assuré portait que la marchandise avait été embarquée
à Matance. — L'assurance fut annulée parce que la
différence entre les deux documents relativement au
point de départ avait changé le sujet du risque (3).

Dans une autre espèce, le nom de l'assuré dans la
police n'était pas celui qu'avait le chargeur dans le
connaissement. L'assureur, se fondant sur cette différence, demanda la nullité du contrat ; mais, comme il
fut démontré que le chargeur avait signé le connais-

---

(1) Emérigon, ch. XI, sect. 4, § 2.
(2) Valin, sur les art. 3 et 61.
(3) 22 août 1838. — Mars. (J. M. 18. 1. 220).

sement au lieu et place de l'assuré qu'il représentait, l'assurance fut validée (1).

325. — Le connaissement qui porte la clause *que dit être* (2), ne peut pas avoir une force probante égale à celle que possède un connaissement dans lequel elle ne figure pas. Cette clause atteste que le capitaine s'en est remis à la déclaration de l'assuré, soit sur la nature de la marchandise, soit sur sa quantité, et qu'il n'en répond pas. Or, comme la garantie que donne à l'assureur l'attestation du capitaine n'existe pas dans ce cas, il n'est pas possible d'attribuer au connaissement la même force probante.

Cependant, le commerce a un tel besoin de règles simples et de preuves rapides qu'il était autrefois de jurisprudence à Gênes que la clause *que dit être, poids à moi inconnu,* ou tout autre de même nature, ne modifiait en rien la foi qui est due au connaissement. A la vérité une jurisprudence contraire avait prévalu à Pise (3), mais la rote romaine décidait dans le même sens que les tribunaux de Gênes, lorsqu'il était établi que la somme assurée et la prime étaient en rapport avec la valeur de la marchandise assurée (4).

Casaregis se déclare partisan de la règle suivie à Gênes, et voici la raison qu'il en donne. La clause *que dit être* (dice essere) a été introduite pour couper court aux difficultés que pourrait soulever le consignataire.

---

(1) 22 avril 1845. — Mars. (J. M. 24. 2. 67).

(2) En Anglais : Contents unknown. — En Allemand, Inhalt mir unbekannt.

(3) Targa, ch. 31, n. 8; — Casaregis, Disc. 10, n. 124. — V. Pohls, t. 7, p. 718.

(4) Baldasseroni, P. 6, p. 223.

Le chargeur la fait figurer dans le connaissement, non plus comme chargeur, mais parce qu'il veut consigner la marchandise à un tiers, et dès lors la force probante qui appartient à ce titre ne doit pas être infirmée (1). — Cette explication n'explique rien. Qu'importe en effet à l'assureur que la clause ne vise que le consignataire, s'il est dépossédé des garanties que l'attestation du capitaine lui aurait procurées !

Il a été toujours admis en France que si le connaissement porte la clause *que dit être*, les assureurs ont le droit de demander communication des factures et autres pièces susceptibles d'établir la nature et la quantité des marchandises chargées. — Telle est l'opinion d'Emérigon (2), et elle n'a rien de contraire à l'art 283 qui suppose un connaissement rédigé *dans les formes ci-dessus,* qui dès lors, en conformité de l'art. 281, exprime, sous la garantie du capitaine, la nature, la quantité, les espèces et les qualités des objets soumis au transport. — L'opinion d'Emérigon est aujourd'hui généralement suivie (3).

326. — Le connaissement qui n'est pas conforme aux art. 281 et 282 n'a pas la force probante qui appartient à celui qui est régulier. L'art. 283 est formel sur ce point.

---

(1) Quantitas rerum assecuratarum probatur litteris oneratoriis... nullatenus obstante clausa *dice essere*... quæ ex propria natura est relativa ad consignantem. — Casaregis, Disc. 10, n. 55 et s.

(2) Emerigon, ch. 2, sect. 5, § 4.

(3) 2 déc. 1834. — Mars. (J. M. 15. 1. 185). — 24 mai 1836. — Aix (J. M. 16. 1. 176). — 21 juillet 1830. — Bordeaux (D. P. 31. 2. 241). — 18 juillet 1849. — Mars. (J. M. 28. 1. 214). — 18 février 1863. — Cass. (S. 63. 1. 498). — *Sic* Bernard, p. 455 ; Laget de Podio, t. 2, p. 313 ; Lemonnier; t. 2, n. 371 ; Pardessus, t. 3, n. 832; Haghe et Cruismans, n. 353; Dalloz, n. 1762 ; Delaborde, n. 133.

Nous nous écarterions trop de notre sujet si nous examinions en détail les cas dans lesquels le connaissement est irrégulier. La jurisprudence contient un certain nombre de précédents sur ce point à l'égard de l'assureur. Ainsi elle a destitué le connaissement de sa force probante lorsqu'il a été établi qu'il portait une date antérieure au chargement (1), tandis qu'elle la lui a reconnue dans une espèce où l'antidate avait été causée par des circonstances qui mettaient le chargeur à l'abri de tout soupçon (2).

D'après un usage établi, le connaissement n'est souvent signé que par le capitaine, et c'est ce qui a fait penser qu'il ne perdait rien de sa force probante lorsque les parties s'étaient conformées à cet usage (3). — Dans le sens contraire, on oppose à l'usage la loi elle même, et la prétention des assureurs qui refusaient de reconnaître au connaissement sa force probante, a été justement admise (4).

Lorsque le connaissement est irrégulier, on applique les règles qui sont suivies lorsqu'il n'en existe pas.

Cependant, il ne faudrait pas assimiler les deux cas. En effet, en l'absence d'un connaissement, l'assuré doit remplacer d'une manière absolue, et par d'autres moyens, la preuve que lui aurait procuré ce document, tandis que lorsqu'il existe, cet assuré a pour lui un titre, qui n'est plus irréfragable, il est vrai, à cause de

---

(1) 31 janvier et 9 août 1823. — Mars. et Aix (J. M. 4. 1. 106). — 15 février 1836. — Mars. (J. M. 16. 1. 1).

(2) 25 juillet 1870. — Mars. (J. M. 48. 1. 245).

(3) 30 août 1833. — Aix (J. M. 13. 1. 322).

(4) 6 juillet 1829. — Cass. (S. 29. 1. 318). — 30 janvier 1840. — Aix (J. M. 19. 1. 80).

son irrégularité, mais qui vaut ce qu'il vaut. Ainsi un connaissement qui n'est signé que par le capitaine vaut tout au moins ce que vaudrait le témoignage fourni par ce dernier.

Il existe encore entre les deux cas une autre différence. Lorsqu'il n'existe pas de connaissement, l'assureur est en droit de demander à l'assuré pour quelle cause il ne l'a pas fait dresser (1), ce qui ne saurait lui être demandé lorsque le connaissement, quoique irrégulier, existe.

327. — Du reste une foule de circonstances peuvent expliquer l'absence d'un connaissement. Pour ne citer que quelques exemples, on n'en dresse pas :

1° Lorsque le voyage est de courte durée ;

2° Lorsque le chargement se compose de pacotilles, d'un seul colis, et plus généralement d'objets qui n'ont aucune valeur ;

3° Lorsqu'il s'agit d'un chargement de retour mis à bord dans un lieu où le commerce se fait par troc ;

4° Lorsque la marchandise est chargée dans un lieu où l'usage du connaissement est inconnu ;

5° Lorsque le voyage s'applique à une opération de contrebande que l'assuré a intérêt à dissimuler.

L'assuré peut-il, lorsqu'il n'a pas de connaissement, prouver par tout autre moyen la réalité du chargement ?

Cette question était autrefois discutée. On disait dans le sens de la négative que l'assurance ayant été consentie sous la condition que l'assuré serait porteur d'un connaissement, celui-ci n'avait pas d'action tant qu'il ne le produisait pas. Cette opinion remonte aux premiers temps

---

(1) V. Pohls, t. 7, p. 719.

des assurances, car Straccha atteste que déjà de son temps, elle était à peu près abandonnée. Cependant elle donna lieu à la clause : *Ou autre sorte d'écriture* (1), d'après laquelle il était permis de prouver le chargement, non seulement par le connaissement, mais par tout autre document.

Il arriva un moment où l'on n'eut pas besoin de cette clause pour pouvoir agir en justice. C'est ce que Luca reconnaît en ces termes : « Lorsqu'on parle de la foi « qui est due au connaissement on affirme quelle est « sa force probante, sans la dénier à tout autre docu- « ment. On dit ce que vaut le connaissement lorsqu'il « existe, sans dire pour cela ce qui doit être fait « lorsqu'il n'existe pas. Or, dans ce cas l'action n'est « pas éteinte, mais seulement le mode de preuve « change (2). »

La même opinion, qu'avaient embrassée Emérigon et Valin (3), est aujourd'hui proclamée par la doctrine et la jurisprudence (4). Et c'est à bon droit, car l'art. 384 permet à l'assuré de signifier tous les actes justificatifs

(1) Straccha, Glosse XI, n. 56.

(2) Ea quæ dicuntur de fide præstanda... apocis scribæ navis bene procedunt affirmative, sed non concludunt negative : uti scilicet credi quidem debeat uti adsunt ; sed si non adsint, non per hoc preclusia via, seu modus aliter probandi. — Luca, De credito, Disc. 106, n. 17. — V. Casaregis, Disc. 1, n. 10.

(3) Emerigon, ch. XI, sect. 6 ; Valin, sur l'art. 57.

(4) 27 janv. 1829. — Bordeaux (J. M. 10. 2. 220). — 10 juillet 1832. — Bordeaux (Dalloz, n. 1756). — 9 août 1836. — Aix (J. M. 16. 1, 16). — 20 juin 1851. — Mars. (J. M. 30, 1. 188). — 20 juin 1851. — Mars. (J. M. 30. 1. 188). — 25 mars 1835. — Rej. (S. V. 35. 1. 804. — D. P. 35. 1. 251). — 10 déc. 1849. — Rej. (S. V. 50. 1. 293). — *Sic* Boulay-Paty, t. 4, p. 345 ; Dageville, t. 3, p. 494 ; Vincens, t. 3, p. 409 ; Pardessus, t. 3, n. 836 ; Lemonnier, t. 2, p. 369 ; Alauzet, t. 2, n. 307 ; Haghe et Cruismans, n. 354 ; Delaborde, n. 134.

du chargement, sans dire lesquels, et comme il n'existe pas de disposition qui limite la preuve au connaissement, il s'ensuit que tout autre genre de preuve est admissible.

Les titres justificatifs du chargement autres que le connaissement sont : les livres, la correspondance, la facture, les expéditions de la douane, le consulat, les attestations des magistrats, des consuls, des négociants notables, etc., et, à défaut de titres écrits, la preuve testimoniale et les présomptions.

La jurisprudence donne sur ce point quelques exemples utiles à consulter. Elle a décidé que le chargement peut être prouvé :

1° Par les factures (1), ou par la correspondance (2) ;

2° Par les procès-verbaux et les expéditions de la douane (3), contre lesquels la preuve contraire est admise sans qu'il soit nécessaire de recourir à l'inscription de faux, mode de preuve qui est uniquement relatif aux contestations entre le trésor et les contribuables (4) ;

3° Il a été décidé que dans les voyages d'aller et retour avec prime liée, la justification du chargement dans le voyage d'aller fait présumer le chargement dans le voyage de retour, attendu qu'on ne doit pas supposer que le navire est reparti sur lest (5);

4° Il a été encore décidé que la production d'un simple compte-courant entre l'assuré et un vendeur quel-

---

(1) 27 novembre 1826. — Mars. (J. M. 7. 1. 335).
(2) 26 avril 1861. — Bordeaux (J. M. 39. 1. 125).
(3) Per dohanæ expeditionem, dit Casaregis, Disc. 1, n. 10.
(4) 4 août 1829. — Rej. (Dev. C. N. 9).
(5) 27 novembre 1826. — Mars. (J. M. 7. 1. 335).

conque ne suffit pas, en l'absence de toute autre justification, pour établir la réalité du chargement (1) ;

5° Même décision lorsque l'assuré ne produit que le
consulat du capitaine (2) ;

6° Dans les pays où le commerce se fait par troc, et
alors surtout qu'il n'existe dans le lieu où la marchandise reçue en contre-échange a été chargée, ni comp-
toir, ni agents diplomatiques, ni aucune autorité, on
doit, en l'absence d'un connaissement, se montrer très-
facile sur l'admission des preuves qui sont produites
pour le remplacer (3) ;

7° Les preuves du chargement produites par l'assuré dans un litige furent rejetées, parce qu'il fut démontré par toutes les circonstances de la cause qu'il
n'était pas en position d'acheter la marchandise qui
composait ce chargement (4) ;

8° Les preuves offertes furent encore rejetées dans
une espèce où il fut établi que l'assuré prétendait avoir
enfermé dans des caisses des marchandises où elles
n'auraient pu contenir (5) ;

9° Il a été jugé que l'assuré était non recevable dans
une demande fondée sur une assurance portant sur
des espèces d'or et d'argent, alors que les attestations qui devaient tenir lieu du connaissement avaient
été délivrées un mois après la perte, et qu'elles éta-
blissaient que les espèces chargées n'avaient séjourné
que temporairement à bord du navire et qu'elles

---

(1) 20 août 1846. — Bordeaux (J. M. 26. 2. 42).
(2) 8 août 1828 — Bordeaux (J. M. 10. 2. 177).
(3) 31 décembre 1821. — Mars. (J. M. 3. 1. 32).
(4) 14 août 1850. — Aix (J. M. 29. 1. 94).
(5) 18 juillet 1849. — Mars. (J. M. 28. 1. 214).

avaient un emploi déterminé qui en excluait le transport (1);

10° Les attestations produites pour remplacer le connaissement furent rejetées dans une espèce où il était établi que les marchandises ne pouvaient contenir dans le navire qui, d'après ces attestations, les aurait transportées (2);

11° Le contraire fut décidé dans une espèce où l'assureur soulevait la même objection, en se fondant pour déterminer la capacité du navire sur la jauge officielle, parce qu'il fut démontré qu'en tenant compte de la différence en plus entre cette jauge et la capacité réelle, et de l'augmentation qu'avait reçue le navire à la suite de récentes réparations, la marchandise pouvait y être contenue (3);

328. — Le pacte qui oblige l'assureur à payer l'indemnité sur la simple production de la police, et qui dispense l'assuré de justifier du chargement, est-il valable?

Cette question est depuis longtemps controversée.

En Italie, le pacte qui dispense l'assuré de la preuve du chargement était tenu pour valable, et Casaregis le tient pour tel, tant qu'il se borne à exposer la coutume suivie à Gênes (4). Mais lorsqu'il cherche à le concilier

---

(1) 9 mai 1848. — Aix (J. M. 27. 1. 176).

(2) 1er juin 1864. — Mars. (J. M. 42. 1. 154).

(3) 1er juillet 1845. — Mars. (J. M. 24. 1. 354).

(4) V. Targa, ch. 51 ; Rote de Gênes, Dec. 62, n. 49, Dec. 78, n. 8. — Et quod valeat pactum quod non teneatur assecuratus ostendere apodicias caricamenti sed stetur simplici assertioni et juramento assecurati. — In jure enim de hujusmodi pacti validitate non contingit dubitare. Casaregis, Disc. 1, n. 12 et 48.

avec les principes généraux de droit. sa validité ne lui
paraît plus aussi évidente (1).

En effet, dit-il, il est de principe que tout contrat dont
l'exécution dépend de la libre volonté de l'une des parties est nul (2). Or, dispenser l'assuré de prouver le
chargement peut équivaloir à la dispense de le soumettre au risque.

Cette objection serait fondée, répond Casaregis, si la
condition potestative s'appliquait à tout le contrat ou à
une de ses parties substantielles : *Nam conclusio pro-
cedit quando totus contractus vel ejus pars substan-
tialis, in voluntatem unius ex contrahentibus remit-
titur.* — Mais il n'en est pas ainsi dans notre cas,
puisque l'on a, par l'accord des parties, les trois éléments
essentiels du contrat d'assurance, savoir : le consentement, la chose et le prix, et que le pacte en question
ne leur est pas contraire : *Non est adversativus dictis
tribus substantialibus ;* qu'il ne constitue en définitive
qu'une clause accessoire : *Ponitur ad suppletionem ;*
et que ce qui est accidentel peut être abandonné à la
libre volonté des contractants : *Accidens potest con-
ferri in liberam voluntatem contrahentium.*

Casaregis argumentait à la façon des docteurs de son
temps, mais au demeurant c'était un vrai juriste, doué
d'un rare bon sens. Après avoir payé son tribut à la
forme quasi scolastique, il la déserte subitement, pose
la question avec une netteté remarquable, et pour ne

---

(1) Ce qui suit est l'analyse du discours 10, n. 72. et 126 et s. — V. encore
sur cette question, Hevia, ch. 24, n. 32.

(2) Illud constat imperfectum esse negotium, cum emere volenti sic venditor dicit, quanti velis, quanti equum pataveris habebis emptum. L. 35,
§ 1, D. De Contrats. empt.

pas se mettre en opposition avec la coutume suivie à Gênes, il se condamne au silence. — « Le risque, dit-il, « est l'élément essentiel du contrat d'assurance. Ce « principe n'est-il pas méconnu lorsque l'assuré a le « droit de ne pas fournir la preuve du chargement sans « lequel le risque n'existe pas (1). »

Valin et Pothier pensent que le pacte par lequel l'assuré est dispensé de fournir la preuve du chargement est nul. Outre, disent-ils, qu'il est contraire à l'art. 57, qui exige la signification des actes justificatifs du chargement, il procure à l'assuré le moyen de tromper l'assureur, et dès lors c'est le cas de dire : *Non valet conventio ne dolus præstatur* (2).

Cependant Valin admet que le pacte peut être déclaré valable lorsque l'assurance porte sur un navire qui a été pris par des corsaires ; par cela seul qu'il faisait cette concession, il aurait dû s'apercevoir que la solution comporte certaines nuances. C'est ce que comprit très-bien Emerigon qui déclara que le pacte est valable lorsqu'il a pour unique effet d'intervertir les rôles, ou, en d'autres termes, d'affranchir l'assuré de l'obligation de rapporter la preuve du chargement, tout en laissant à l'assureur le droit de prouver qu'il n'a pas eu lieu. Ainsi entendu, il est aussi considéré comme valable par la généralité des auteurs (3).

---

(1) Quia cum risicum sit ex substantia contractus assecurationis, videtur probationem remetti non posse in arbitrium totale assecurati.

(2) Valin, sur l'art. 57 ; Pothier, n. 144.

(3) 21 août 1867. — Rouen (J. M. 47. 2. 160). — Sic Delvincourt, t. 2, p. 415 ; Boulay-Paty, t. 4, p. 347 ; Dageville, t. 3, p. 496 ; Lemonnier, t. 2, n. 373 ; Pardessus, t. 3, n. 832 ; Alauzet, t. 1, n. 199 et Comm., t. 3, n. 1550 ; Dalloz, n. 1750 ; Bernard, p. 501 ; Estrangin, sur Pothier, n. 18 ; Haghe et Cruismans, n. 356. — V. cependant Delaborde, n. 181 et Bedaride, t. 4, n. 1539 et s.

Nous admettons aussi sa validité, mais avec cette restriction que le droit de demander à l'assuré la communication de tous les faits connus de lui, qui sont relatifs au changement, sera réservé à l'assureur.

Cette restriction ne modifie en rien le pacte, car elle n'implique pas que l'assuré soit non recevable à demander l'indemnité lorsque les faits qu'il communique ne suffisent pas pour établir la preuve du chargement. • Elle n'a qu'un but, celui de faciliter à l'assureur la preuve contraire.

Cette solution est plus conforme que tout autre au vœu de la loi, parce qu'elle rend la fraude plus difficile et qu'elle oblige l'assuré à se conformer, dans la mesure du possible, à l'art. 386, qui exige la communication de tous les faits tendant à prouver la réalité du chargement.

Si l'assuré refuse cette communication, l'assureur refusera le paiement. — S'il prétend n'avoir aucune preuve, il expliquera pourquoi cela est ainsi. — S'il feint de ne pas en avoir lorsqu'il en a, cette manœuvre équivaudra à un refus.

D'ailleurs, il est impossible que l'assuré soit dans l'ignorance absolue des faits, et la seule déclaration qu'il ne sait rien constituerait un indice très-grave, et pourrait même avoir aux yeux des Tribunaux assez de consistance pour constituer la preuve de la fraude.

A Hambourg, le pacte est ainsi entendu. L'assuré est tenu de fournir, pour régler la perte, tous les titres et documents qui sont en son pouvoir (1).

_____

(1) V. O. Hambourg, tit. 13, art. 2. — Benecke, t. 4, p. 531 et Pohls, t. 7, p. 695.

Emérigon va même plus loin que nous, puisqu'il exige que l'assuré prouve que *lors du sinistre, le chargement assuré était réellement dans le navire pris ou naufragé* (1).

Il est absolument certain que le pacte par lequel l'assureur renonce au droit de faire la preuve contraire est nul (2).

---

(1) Emerigon, *loc. cit.*
(2) Bernard, p. 101.

CHAPITRE III.

———

DE LA PRÉSOMPTION DE LA LIEUE ET DEMIE PAR HEURE ET
DE L'ASSURANCE SUR BONNES OU MAUVAISES NOUVELLES.

329. — Textes de loi relatifs à la présomption de la lieue et demie
par heure et à l'assurance sur bonnes ou mauvaises nouvelles.

330. — Motifs qui ont fait admettre la validité d'une assurance portant sur un objet déjà perdu ou heureusement arrivé, lorsque l'assuré
ignore la perte et l'assureur l'heureuse arrivée.

331. — Lorsque l'évènement est connu l'assurance est nulle.

332. — De la présomption de la lieue et demie par heure.

333. — Législations étrangères sur ce point.

334. — La présomption de la lieue et demie par heure n'exclut pas
toutes les autres preuves tendant à établir la connaissance de la perte
ou de l'heureuse arrivée.

335. — Critique de la présomption.

336. — Des termes *a quo* et *ad quem*, qui se rapportent à cette présomption.

337. — De l'assurance sur bonnes ou mauvaises nouvelles.

338. — Règles relatives à la preuve de la perte ou de l'heureuse
arrivée.

339. — La notoriété publique sur l'un ou l'autre de ces deux faits
constitue-t-elle une preuve ?

340. — Règles relatives au cas où l'assurance est conclue par un
commissionnaire.

341. — Paiement de la double prime au cas de fraude.

329. — Lorsque la chose assurée a cessé d'exister
au moment où se forme le contrat d'assurance, ou bien
qu'elle n'est plus exposée aux risques de mer, l'assu-

rance n'a pas d'aliment et devrait par conséquent être déclarée nulle.

Cependant elle n'est pas toujours annulée dans ce cas, comme le démontrent les articles 365 et suivants du code de commerce, qui sont ainsi conçus (1) :

Art. 365. — Toute assurance faite après la perte ou l'arrivée des objets assurés est nulle, s'il y a présomption qu'avant la signature du contrat l'assuré a pu être informé de la perte, ou l'assureur de l'arrivée de l'objet assuré.

Art. 366. — La présomption existe, si, en comptant trois quarts de myriamètre (une lieue et demie) par heure, sans préjudice des autres preuves, il est établi que de l'endroit de l'arrivée ou de la perte du vaisseau, ou du lieu où la première nouvelle en est arrivée, elle a pu être portée dans le lieu où le contrat d'assurance a été passé, avant la signature du contrat.

Art. 367. — Si cependant l'assurance est faite sur bonnes ou mauvaises nouvelles, la présomption mentionnée dans les articles précédents n'est point admise.

Le contrat n'est annulé que sur la preuve que l'assuré savait la perte, ou l'assureur l'arrivée du navire avant la signature du contrat.

Art. 368. — En cas de preuve contre l'assuré, celui-ci paye à l'assureur une double prime.

En cas de preuve contre l'assureur, celui-ci paye à l'assuré une somme double de la prime convenue.

Celui d'entre eux contre qui la preuve est faite est poursuivi correctionnellement.

330. — Il résulte de l'ensemble de ces dispositions

---

(1) V. Guidon de la mer, ch. 4, art. 1 ; Ord. 1681, art. 38.

que l'assurance d'une chose qui est totalement perdue ou qui déjà est heureusement arrivée au lieu de destination est valable, lorsque la perte était ignorée de l'assuré ou l'heureuse arrivée de l'assureur au moment où cette assurance a été conclue. De sorte que, si la perte totale est antérieure à l'assurance, l'assureur devient, par le seul fait d'avoir signé la police, le débiteur immédiat de l'indemnité, comme à l'inverse, dans le cas d'heureuse arrivée, il gagne la prime sans courir de risque. •

Il paraît étrange au premier abord, qu'on ait pu adopter une règle aussi contraire aux principes généraux de l'assurance, et cependant elle a été consacrée par presque tous les peuples maritimes (1).

On la contesta avant qu'elle n'eût pénétré dans la législation positive. On disait dans ce sens : De même que la vente est nulle lorsque la chose vendue n'existe plus, et bien que les parties l'ignorassent, de même l'assurance doit être déclarée nulle dans ce même cas (L. 15 et 3, D. De contrats. empt.) — Une décision de la rote de Gênes rendue dans ce sens, est entièrement basée sur l'assimilation entre le contrat de vente et celui d'assurance (2).

---

(1) V. Statut de Gênes, L. 4, ch. 17 ; Ord. de Barcelone (1458), ch. 14 ; (1484), ch. 17 ; Ord. Seville, (1556), ch. 33 ; Statut de Florence (1583), art. 7 ; Ord. Philippe II (1570), art. 11 ; Amsterdam (1598), art, 21 ; Rotterdam, art. 9 ; Middebourg (1600), art. 23 ; Regl. d'Amst., art. 20 ; Ord. de Bilbao, art. 20 et s.; Eclit. de Sardaigne (1770), ch. 5, art. 6 et 7 ; Prusse (1727), ch. 6, art. 14, et 1766, § 61 ; Danemarck, art. 5 et 6 ; Suède (1667), ch. 8 ; Code espagnol art. 894 ; Hollandais, 269 et s., 598 ; Malte, Dr. munic.; § 29 ; C. Russe, art. 898, 899 ; Cod. port. 1690 ; Code allemand, art. 789.

(2) Quod contractus assecurationis assimiletur emptioni et venditioni, propter pretium quod datur ratione periculi, sequitur quod quemadmodum venditio rei quæ jam perierat non valet, ita etiam assecuratio facta non teneat si tempore promissionis jam navis erat capta etiam si assecuratus noti-

Ceux qui approuvent l'assurance de la chose déjà perdue soutiennent qu'il est permis de modifier un contrat par une condition se rapportant à un fait passé (1); — qu'il a toujours été admis qu'une condition suspensive peut dépendre d'un évènement actuellement arrivé, mais encore inconnu des parties (C. civ., art. 1181).

Aucune de ces raisons ne nous touche. Il s'agit dans le cas prévu par les art. 365 et s. d'un fait passé qui se rapporte à la matière même du contrat, et il reste toujours constant que ces articles en méconnaissent les principes fondamentaux. Aussi, c'est dans le contrat de gageure (sponsio), qu'il faut en chercher l'explication.

En effet, l'*alea* qui, dans le contrat d'assurance, ne peut s'appliquer qu'à un évènement futur, peut s'appliquer au contraire aux évènements passés dans le contrat de gageure. Pourquoi cela? — Parce que l'assurance a pour principal fondement le risque, c'est-à-dire un préjudice possible dans l'avénir, tandis que le contrat de gageure n'a besoin que d'un fait ignoré et qu'à ce point de vue il importe peu que ce fait soit passé ou futur : *Cum sponsio fieri possit tam de re prœterita quam presenti* (2).

C'est donc à un contrat proscrit par notre législation qu'il faut rattacher les art. 365 et s. du C. de comm. C'est ce que reconnaît Scaccia, et Straccha se rallie à son opinion, parce qu'elle ne contrarie pas l'assimila-

---

tiam non habuisset. — Rote de Gênes, Dec. 36, n. 8 et 9. — Conforme à cette doctrine, Ord. d'Anvers, art. 4 et Kuriche, p. 832. — V. cependant Loccenus, L. 2, ch. 5, n. 8; Wedekopp, § 83 ; Casaregis, Disc. 1, n. 13 et Disc. 6, *passim*.

(1) V. Emerigon, ch. XV, sect. 2 ; Boulay-Paty sur Emerigon, t. 2, p. 15; Vincens, t. 3, p. 254.

(2) Scaccia, § 1, quest. 1, n. 22. — V. Pohls, t. 6, p. 322.

tion entre le contrat d'assurance et le contrat de vente, sur laquelle il s'appuie sans cesse pour faire prévaloir ses opinions : *Incertus namque dubius eventus emitur et periculi pretium in re incerta præstatur* (1).

Les rédacteurs soit de l'ordonnance, soit du Code de commerce ne se sont pas arrêtés à ces raisons secondaires. Ils ont surtout consulté, comme tous les peuples maritimes, pour se déterminer, le *quid utilius,* et voici de quelle manière ils l'ont envisagé. Tant que la perte d'une marchandise n'est pas connue, celui à qui elle appartient la porte au compte de son actif et proportionne son trafic aux ressources que doit lui procurer sa réalisation plus ou moins prochaine. Or, en agissant ainsi il peut être conduit à sa ruine ; par sa ruine, il peut entraîner les commerçants avec lesquels il entretient des relations, et peut-être créer une crise sur la place où il opère.

Il peut se soustraire à ces éventualités, toujours nuisibles à l'intérêt social, en faisant assurer l'objet dont il ignore le sort, qui est peut-être perdu, qui peut-être ne l'est pas encore. Si on eût admis la nullité de l'assurance dans le cas où il aurait été perdu, la situation de l'assuré n'eût pas changé ; elle aurait été toujours précaire. Pour qu'elle ne le fût pas, il fallait s'affranchir de la rigueur des principes, et même se rapprocher du contrat de gageure ; il le fallait au nom de l'utilité sociale. Ce point de vue a prévalu, et a entraîné la presque unanimité des peuples maritimes à se décider pour la validité de l'assurance, lorsque la perte ou l'heureuse arrivée sont inconnus.

---

(1) Straccha, Glose 27, n. 2 et s.

331. — Lorsqu'ils sont connus, l'assurance est entachée de dol : *Quia tunc assecuratio est dolosa* (1). — La partie qui demande la nullité du contrat, en se fondant sur ce que l'autre partie connaissait la perte ou l'heureuse arrivée, doit prouver qu'elle avait cette connaissance ; cette preuve doit être positive (2), car, dans le doute, on doit se prononcer pour la validité du contrat (3). Du reste, tous les moyens de preuve sont admissibles (4).

L'assurance contractée par l'assuré qui croit que l'objet assuré est perdu, ou par l'assureur qui croit à son heureuse arrivée, doit être déclarée nulle, même dans le cas où cette croyance serait erronée, parce que, quoique erronée, elle exclut la bonne foi (5).

332. — La preuve qui a pour objet d'établir qu'un fait a été ou n'a pas été connu de telle personne est très-difficile, puisqu'elle ne peut être obtenue qu'à l'aide de conjectures qui presque toujours laissent le juge incertain (6). — C'est ce qui a donné lieu à la présomption dite *de la lieue et demie par heure,* qui fait l'objet de l'art. 366 du C. de commerce, et dont le principe a été aussi adopté par la majorité des peuples maritimes. Voici en quoi elle consiste :

Une lieue ou un mille représente une heure ou une fraction d'heure. — On fixe la distance entre le lieu du sinistre et celui où l'assurance a été conclue. — On dé-

---

(1) Scaccia, § 1, quæst. 7; Casaregis, Disc. 1, n. 14.
(2) Casaregis, Disc. 6, n. 10; Pothier, n. 13.
(3) Rote de Gênes, déc. 42, n. 5; Roccus, n. 51 et 78.
(4) Scaccia, § 1, quœst. 1, n. 158.
(5) Pardessus, t. 3, n. 785; Dageville, t. 3, n. 350.
(6) Casaregis, Disc. 6, n. 7 à 11; Scaccia, quest. 1, n. 168.

I   25

termine ensuite le nombre d'heures que représente cette distance, et on constate par ce moyen si la perte ou l'heureuse arrivée était connue au moment où l'assurance a été consentie.

A l'époque où fut rédigé le Code de commerce, la lieue étant de 2,500 toises, ou 5,000 mètres, on admit qu'une lieue et demie, ou 7,500 mètres, représente une heure.

Cela posé, si on suppose entre le lieu du sinistre et celui où l'assurance a été souscrite une distance de 7,500 hectomètres, cette distance représentera cent heures, ou bien quatre jours et quatre heures, et dès lors on présumera que la nouvelle du sinistre est parvenue au lieu où l'assurance a été souscrite au bout de ces quatre jours quatre heures. Ainsi, tenant cette espèce, si on suppose encore qu'un sinistre a eu lieu le 1er janvier, à cinq heures du matin, on présumera que l'assuré ne le connaissait pas pendant les quatre premiers jours de ce mois, mais qu'il l'a connu après neuf heures écoulées dans le cinquième jour.

333. — Toutes les législations maritimes n'ont pas admis cette présomption légale; à Hambourg (1), à Florence (2), à Naples (3), en Hollande, en Allemagne, en Suède, en Danemark, en Angleterre et aux Etats-Unis, on se borne à annuler l'assurance lorsqu'il est prouvé que le fait, soit de la perte, soit de l'heureuse arrivée, était connu de l'intéressé.

Indépendamment de ce qui a lieu en France, les lé-

---

(1) Langenbeck, p. 286.
(2) Statut de Florence du 28 janvier 1583, art. 7. — V. sur ce statut Straccha, gl. 27, n. 5 et s.; Scaccia, n. 168.
(3) V. Rote de Gênes, dec 102 n. 4.

gislations qui ont admis la présomption légale sont les suivantes :

UNE LIEUE PAR HEURE. — Barcelone, 1458, ch. 14 ; 1488, ch. 17 ; Ord. de Séville, 1556, ch. 3 ; Recopilacio, L. 7 ; Ord. de Bilbao, art. 25 ; Code espagnol, art. 894.

TROIS MILLES PAR DEUX HEURES. — Ord. de Rotterdam, art. 9 ; de Midlebourg (1600), art. 23 ; Ord. d'Amsterdam, 1598, art. 21 ; 1744, art. 12 ; Ord. de Philippe 2. 1570, art. 11.

DEUX MILLES PAR HEURES. — Statut de Gênes, liv. 4, ch. 17 ; Edit de Sardaigne de 1770, art. 6.

TROIS MILLES PAR HEURE. — Malte, Dr. mun., L. 10, ch. 10, § 29,

Les règles adoptées par les diverses législations maritimes ont cela de commun qu'elles considèrent comme valable l'assurance qui s'applique à un objet déjà perdu ou heureusement arrivé, à la condition toutefois que cette dernière circonstance ne sera pas connue de l'assureur ou de l'assuré.

Mais ces législations se divisent lorsqu'il s'agit de déterminer dans quel cas les parties seront censées connaître le fait qu'elles doivent ignorer. Tandis que les unes, parmi lesquelles figure la France, dégagent le fait inconnu au moyen d'une présomption légale, les autres supposent l'ignorance parce que la fraude ne se présume pas.

334. — Toutes reconnaissent à l'assuré le droit de prouver que l'assureur connaissait l'arrivée, et à ce dernier celui de prouver que l'assuré connaissait la perte. L'art. 366 proclame ce principe, lorsque après avoir parlé de la présomption, il ajoute : *sans préiudice des autres preuves.*

De ces derniers mots, il résulte que l'assureur comme l'assuré peuvent, au moyen de preuves directes, réduire à néant la présomption légale, que si, par exemple, elle établit que l'assuré ignorait la perte, l'assureur peut prouver qu'il la connaissait et faire annuler l'assurance. Mais, en dehors de la connaissance de la perte ou de l'heureuse arrivée, ni l'assureur ni l'assuré ne peuvent faire prévaloir aucune preuve contre la possibilité du fait qu'établit la présomption, parce qu'elle est *juris et de jure*.

335. — On peut juger par là à quel point l'art. 366 relève du droit arbitraire. Il livre au hasard le plus important de tous nos contrats commerciaux. Par une bizarrerie étrange, qui n'est qu'un jeu de l'esprit, avec l'espace il fait le temps. Il en est resté à la regle qu'avait posée le Guidon de la mer (v. ch. 4, art. 1) et après lui l'ordonnance, alors que les bateaux à vapeur sillonnent les mers sur tous les points et que le télégraphe transmet en quelques heures la nouvelle des sinistres qui se sont produits dans les parties les plus éloignées du globe. — Les jurisconsultes étrangers critiquent vivement l'art. 366. Ils ont raison, et il faudrait le faire disparaître, si, en fait, d'autres combinaisons ne le réduisaient, ou peu s'en faut, à l'état de lettre morte.

336. — Quoiqu'il en soit, cet article appartient à la législation positive, et il importe d'en compléter l'explication.

La présomption de la lieue et demie par heure comporte deux termes : le terme *a quo* et le terme *ad quem*.

Le terme *a quo* est le lieu où le sinistre est arrivé. — Certaines législations en fixent le point de départ *d'après l'endroit de la perte*. — D'autres, *d'après le pre-*

mier endroit de la terre où la nouvelle est arrivée. —
L'art. 39 de l'ordonnance porte *l'endroit de la perte.*
Mais Emerigon fit remarquer que dans la pratique, on
avait adopté le premier port de terre ferme où la nouvelle était apportée. — L'art. 366 porte que le point
de départ du terme *a quo* peut être *ou l'endroit de
l'arrivée ou de la perte du vaisseau, ou le lieu où la
première nouvelle en est arrivée.*

Cette alternative devait embarrasser les commentateurs et les diviser. Un auteur la supprime et soutient
que le terme *a quo* doit toujours se déterminer par le
lieu de terre ferme où la nouvelle de l'évènement est
arrivée (1).

D'autres auteurs soutiennent que l'assurance consentie après la perte ou l'heureuse arrivée ne doit pas
être traitée avec faveur, que tel est l'esprit de l'art. 366,
et que dès lors on doit choisir le terme *a quo* qui conduit à son annulation (2).

Nous pensons au contraire que cet article doit être
interprêté conformément aux principes généraux, c'est-
à-dire dans le sens le plus favorable à la validité de l'assurance, et que dès lors le choix du terme *a quo* doit
être conforme à ce point de vue.

La détermination du terme *ad quem* serait toujours
facile si l'heure à laquelle l'assurance a été contractée
était connue ; mais il est rare qu'elle le soit. Lorsqu'elle
ne l'est pas, il faut de toute nécessité en adopter une,
puisque c'est par une réunion d'heures que se forme la
présomption.

_____

(1) Estrangin, p. 26.
(2) Lemonnier, t. 2, n. 325 ; Bédarride, t. 4, n. 1381 et s. — V. aussi
Boulay-Paty, t. 4, p. 192.

Pothier propose, pour résoudre cette difficulté, de donner à la partie qui invoque la présomption le droit de prouver par témoins l'heure où la police a été passée (1). — Cette solution n'est pas admissible, car il est contre toute logique d'admettre la preuve par témoins d'une partie d'un contrat ou d'un fait qui s'y rattache, lorsque ce contrat lui-même ne comporte pas ce genre de preuve. D'ailleurs, aura-t-on toujours des témoins ?

D'après le Guidon de la mer, on doit supposer que le contrat a été passé à midi. — L'art. 332 porte que le contrat d'assurance *est daté du jour auquel il est souscrit, et qu'il y est énoncé si c'est avant ou après midi.* — Comme telle était autrefois la règle, le Guidon de la mer a pris le milieu entre avant et après midi.

D'autes auteurs estiment que l'heure doit être fixée d'après le coucher du soleil, parce que c'est alors que les bureaux se ferment (2). — D'autres choisissent sept heures du matin , parce que c'est alors qu'ils s'ouvrent (3). — D'autres enfin, supposant que la police mentionne que l'assurance a été souscrite avant midi ou après midi, admettent que si c'est avant midi, il faut choisir l'heure de midi, et que si c'est après, il faut choisir l'heure du coucher du soleil (4).

Les polices ne portent pas toujours cette mention, et elles ne sont pas nulles pour cela. La difficulté est à peu près insoluble lorsqu'elles ne la portent pas, et comme il faut en définitive la résoudre, l'heure de midi, qui représente un terme moyen, et qui a d'ailleurs

---

(1) Pothier, n. 23.
(2) Lemonnier, t. 2, p. 288 à la note.
(3) Dageville, t. 3, p. 342.
(4) Dalloz, n. 1803 ; Pardessus, n. 785 ; Bédarride, t. 4, n. 1384.

été adoptée à l'origine du contrat, paraîtra la plus acceptable.

L'impossibilité de fixer, soit le terme *a quo,* soit le
terme *ad quem* ne peut qu'ébranler la confiance qu'a-
vait longtemps inspirée la présomption de la lieue et
demie par heure, et comme, suivant qu'on ajoute ou
qu'on retranche une heure, cette présomption opère ou
n'opère pas, il s'ensuit que loin de dégager sûrement
l'inconnu, elle le laisse au contraire incertain.

337. — Ces considérations ont fait admettre l'assurance *sur bonnes ou mauvaises nouvelles,* c'est-à-dire
une convention par laquelle les parties renoncent à la
présomption légale, et considèrent comme valable l'assurance portant sur un objet déjà perdu ou heureusement arrivé, à moins qu'il ne soit prouvé par l'assureur que l'assuré connaissait la perte, et par ce dernier
que l'autre partie connaissait l'heureuse arrivée (1).

Cette sorte d'assurance est très-ancienne. Aussi loin
que l'on remonte, on la voit figurer dans presque tous
les documents législatifs. Même dans les pays où la présomption de la lieue ou du mille par heure est inconnue, les assurances sur bonnes ou mauvaises nouvelles
sont admises. En Angleterre, on assure *lost or not lost*
(perdu ou non perdu).

Cette clause a été parfaitement comprise par le juge
Parck lorsqu'il a dit d'elle, qu'elle constituait un contrat d'indemnité contre les risques de mer, dans lequel
on fait abstraction de l'objet soumis au risque, pour ne
s'occuper que de l'intérêt qu'a l'assuré sur cet objet (2).

---

(1) 24 avril 1876. — C. Rej. (D. P. 76. 1. 435).
(2) Sutherland, Vˢ Prett, 11 Mees et Vels, 311, 312.

On a décidé en Angleterre que l'assurance devait sortir à effet dans une espèce ou la perte n'était pas encore survenue au moment où l'assureur s'était obligé à garantir les risques et où l'assuré avait payé la prime, mais où elle était connue des deux parties au moment où elles avaient signé l'assurance (1). — Cette décision est irréprochable, parce que la convention peut être complète, bien que l'instrument qui lui sert de preuve ne soit pas signé.

Un grand nombre de jurisconsultes anglais se sont élevés contre la jurisprudence qui déclare valable la clause *lost or not lost*, tandis que les jurisconsultes américains, et plus particulièrement le juge Story et le chancelier Kent, lui donnent leur entière approbation (2).

L'assurance sur bonnes ou mauvaises nouvelles indique que le navire est déjà parti, car s'il est dans le port, elle n'a pas de raison d'être. Elle indique aussi une certaine crainte sur le sort de la marchandise ou du navire. Par elle, dit Casaregis, *aliqua suspicio remanet* (3). Aussi elle exclut toute présomption de réticence relativement à l'époque du départ du navire (4). De plus la crainte qu'elle indique ne saurait être considérée comme la preuve de la connaissance du sinistre (5).

338. — La preuve que l'assuré connaissait le sinis-

---

(1) Mead, V⁵ Davison, 3 Ad et Ell. 318.
(2) Kent, Comm ou american law, t 3, Lect. XLVIII, p. 259.
(3) Casaregis, Disc. 6, n. 11.
(4) 22 juillet 1827. — Mars. (J. M. 8. 1. 64). — 19 avril 1831. — Paris (Dalloz, n. 1812). — 12 nov. 1835. — Mars. (J. M. 15. 1. 304). — 16 sept. 1831. — Mars. (J. M. 15. 1. 104). — 13 juill. 1837. — Mars. (J. M. 17. 1. 85). — 16 mai 1839. Aix (J. M. 18. 1. 122).
(5) 16 déc. 1834. — Mars. (J. M. 15. 1. 94).

tre ou l'assureur l'heureuse arrivée n'est obtenue le plus souvent que d'une manière indirecte et en quelque sorte oblique. Certaines confidences qu'ont faites l'une ou l'autre des parties, l'ordre de faire assurer transmis par un courrier extraordinaire, l'antidate de cet ordre (1), le temps qui s'est écoulé entre une première et une seconde assurance qui concorde avec le moment de la perte et que rien n'explique (2) pourront être admis par les juges, dans certains cas et suivant les circonstances, comme une preuve suffisante.

339. — Les commentateurs de l'ordonnance admettaient que les parties étaient censées connaître un fait qui était rendu public, soit par les journaux, soit par des affiches (3), et le tribunal de Marseille s'est rallié à cette doctrine (4), tout en reconnaissant qu'on ne saurait se prévaloir de cette publicité lorsqu'elle ne s'est produite qu'après la conclusion de l'assurance (5).

Cette opinion est juste. Il serait en effet fort étrange qu'un sinistre ou l'heureuse arrivée au lieu de destination soient inconnus des intéressés alors qu'ils sont l'objet d'une notoriété et d'une publicité générales. C'est en vain que, soit l'assureur, soit l'assuré soutiendraient qu'ils ignorent ce que tout le monde sait, car s'il suffisait de nier pour écarter une preuve qui, par la force des choses, est presque toujours indirecte, la connaissance du sinistre ou de l'heureuse arrivée ne serait jamais prouvée. D'ailleurs, celui qui allègue son igno-

---

(1) Estrangin, n. 33.

(2) 29 juillet 1842. — Mars. (J. M. 21. 1. 301).

(3) Valin, sur l'art. 48 ; Pothier, n. 156 ; Emerigon, ch. XV, sect. 3.

(4) 7 janvier 1829. — Mars. (J. M. 10. 1. 150).

(5) 16 décembre 1830. — Mars. (J. M. 11. 1. 308).

rance dans de telles conditions, s'accuse d'incurie, de négligence, d'un profond mépris de ses propres intérêts et des intérêts d'autrui. Or, une telle attitude est presque, à elle seule, l'indice d'une pensée de fraude.

Cependant, il ne faut pas dépasser le but, faire une question de principe d'une question d'espèce, déclarer que la notoriété publique fait présumer *juris et de jure* la connaissance, et par là ajouter à la loi. — La notoriété publique est un moyen de preuve qu'il est permis de discuter.

Or, supposez que l'assuré soit éloigné de la place où la nouvelle du sinistre est parvenue, qu'il s'adresse à une compagnie d'assurance dont le siége est établi dans une autre place, on pourra admettre, après examen de toutes les circonstances, que cet assuré ignorait le sinistre et que dès lors l'assurance est valable.

340. — Nous avons dit déjà (v. supra, nos 87 et s.) que l'assurance conclue par un commissionnaire est nulle lorsque le commettant connaît le sinistre bien que le premier l'ignore (1) ; qu'elle doit aussi être déclarée nulle dans le cas inverse.

Le commettant est de bonne foi lorsqu'il ignore la perte au moment où il donne l'ordre (2). Si cette perte survient entre ce moment et celui où le commissionnaire l'a exécuté, l'assurance est valable, à moins qu'il ne soit prouvé qu'il aurait pu révoquer l'ordre avant la conclusion du contrat. Il doit, pour le révoquer, employer le télégraphe au lieu de la poste ; s'il ne le fait pas et qu'il soit établi qu'il aurait été révoqué à temps s'il

---

(1) 25 mars 1830. — Mars. (J. M. 11. 1. 201).
(2) 25 janvier 1848. — Mars. (J. M. 27. 1. 65).

avait recouru à ce moyen de transmission, l'assurance doit être annulée (1).

341. — L'assuré qui connaît la perte ou l'assureur qui connaît l'heureuse arrivée, et qui, malgré cela, concluent le contrat d'assurance, commettent une acte très-grave, qualifié par un arrêt de la Cour de cassation d'escroquerie (2). Indépendamment de la peine qu'ils encourent, l'art. 368 du C. de commerce leur en a infligé un autre, à titre de réparation civile, en obligeant le délinquant à payer à celui qu'il a trompé une double prime.

L'assuré, passible de la double prime et qui a payé la prime simple au moment de la conclusion du contrat, ne doit comme complément qu'une somme égale à celle qu'il a déjà payée.

L'assureur qui, étant passible de la double prime, a déjà reçu la prime simple, doit la restituer et payer en sus la double prime.

La partie qui demande la nullité du contrat contre celle à qui il impute d'avoir connu la perte ou l'heureuse arrivée peut déférer à celle-ci le serment. Le refus de le prêter annule l'assurance.

Mais s'ensuit-il que le refusant soit passible de la double prime? — Oui, répond Pothier, parce que son refus constitue la preuve du dol (3). — Non, répondrons-nous, car il peut tenir à des scrupules de conscience, inaccessibles à l'appréciation du juge, qui ne

---

(1) 3 août 1864. — Bordeaux (J. M. 42. 2. 30). — 12 août 1864. — Mars. (J. M. 42. 1. 221). — 8 août 1866. — Mars. (J. M. 44. 1. 299).

(2) 10 juillet 1857. — Cass. (S. V. 58. 1. 553).

(3) Pothier, n. 16.

prouvent pas d'une manière certaine qu'il ait eu la volonté de commettre une fraude (1).

On doit encore décider que lorsque l'assurance est annulée, parce qu'elle tombe sous le coup de la présomption de la lieue et demie par heure, la partie contre laquelle cette annulation est prononcée n'est pas passible de la peine de la double prime, car elle peut ignorer la perte ou l'heureuse arrivée, bien que la loi présume qu'elle la connaît (2).

Enfin, nous ne saurions admettre avec certains jurisconsultes (3) que la peine de la double prime doive être prononcée par les tribunaux correctionnels. L'art. 368 vise dans son dernier alinéa le cas possible d'escroquerie, et non la réparation civile adjugée à la partie qui a été victime de la tromperie (4).

---

(1) Emerigon, ch. XV, sect. 6; Estrangin, p. 20; Lemonnier, n. 397; Haghe et Cruismans, n. 377; Alauzet, t. 3, p. 420.

(2) Emerigon, ch. XV, sect 7; Estrangin, p. 30; Dalloz, n. 1814; Lemonnier, *loc. cit.*; Haghe et Cruismans, *loc. cit.* — Contra Valin, sur l'art. 38. — D'après Pothier, n. 24. tout dépend du temps écoulé.

(3) Pardessus, n. 783; Locré, t. 2, p. 430; Boulay-Paty, t. 4, p. 209.

(4) Dageville, t. 2, p. 291; Estrangin, p. 17; Lemonnier, n. 400; Alauzet, t. 3, p. 421; Haghe et Cruismans, n. 379.

CHAPITRE IV

LA DOUBLE ASSURANCE.

342. — Dans le concours de plusieurs assurances la réduction se fait en commençant par celle dont la date est la plus récente.

343. — En Angleterre et aux Etats-Unis, la réduction se fait proportionnément entre tous les assureurs.

344. — Du cas où une première assurance est faite en Angleterre, une seconde en France ou réciproquement.

345. — La réduction est proportionnelle lorsque tous les assureurs sont conjointement obligés.

346. — L'art. 359 s'applique au navire.

347. — Du cas où deux ou plusieurs polices s'appliquant à un même objet portent la même date.

348. — Le second assureur peut s'obliger à payer avant le premier.

349. — Lorsque l'évaluation est inférieure à la valeur dans une première assurance l'excédant peut être assuré.

350. — Lorsque la première assurance est nulle, la seconde doit sortir à effet. — Application de cette règle aux assurances souscrites par commissionnaire.

351. — L'assuré ne peut se prévaloir de sa renonciation unilatérale à la première assurance pour agir contre le second assureur.

352. — Mais il le peut lorsque, d'accord avec l'assureur, il résilie l'assurance avant le sinistre.

353. — Obligation du second assureur lorsque la première assurance est nulle, faute par l'assuré d'avoir dénoncé dans le délai prescrit la marchandise chargée.

354. — Il n'y a point à distinguer entre l'assurance générale et l'assurance spéciale.

355. — L'art. 359 n'est pas applicable dans le concours de plusieurs assurances sur un même objet lorsqu'elles ont été souscrites au profit d'assurés ayant un intérêt différent.

342. — De ce que l'assurance ne doit pas être une cause de bénéfice, il s'ensuit que l'assuré ne peut, lorsqu'une chose est assurée pour toute sa valeur, la faire assurer encore une fois de plus par un autre assureur, pour tout ou partie de cette même valeur : *Plures assecurationes fieri non possunt super eodem risico. — Ne assecuratus ejusdem rei duplicatum pretium consequatur* (1).

Cette conséquence se déduit des principes généraux de l'assurance, et il est inutile de la rattacher au contrat de vente comme le fait Straccha, qui soutient que l'assuré ne peut pas vendre deux fois le péril et qu'on doit le tenir pour un stellionataire, lorsqu'il le fait (2).

De ce que l'indemnité doit être toujours proportionnée à la perte il s'ensuit :

1° Que si la première assurance couvre tous les risques, pour toute la valeur des objets qui y sont soumis, les assurances subséquentes doivent être ristournées ;

2° Que si la première assurance ne couvre pas tous les risques et ne s'applique pas à l'entière valeur de l'objet assuré, les assurances subséquentes sont valables pour tous les risques non couverts, et jusqu'à concurrence de la valeur non garantie ;

3° Que si toutes les assurances réunies couvrent toute

---

(1) Casaregis, Disc. 1, n. 89 et Disc. 142, n. 48.

(2) Straccha, gl. 3, n. 3 et 4.

la valeur de l'objet soumis au risque, sans la dépasser, elles doivent toutes sortir à effet.

Ces principes sont consacrés par les art. 359 et 360 du C. de comm., qui sont ainsi conçus :

Art. 359. — « S'il existe plusieurs contrats d'assu-
« rance faits sans fraude sur le même chargement, et
« que le premier contrat assure l'entière valeur des
« effets chargés, il subsistera seul.

« Les assureurs qui ont signé les contrats subsé-
« quents sont libérés ; il ne recoivent que demi pour
« cent de la somme assurée.

« Si l'entière valeur des effets chargés n'est pas as-
« surée par le premier contrat, les assureurs qui ont
« signé les contrats subséquents répondent de l'excé-
« dant, en suivant l'ordre de la date des contrats.

Art. 360. — « S'il y a des effets chargés pour le
« montant des sommes assurées, en cas de perte d'une
« partie, elle sera payée par tous les assureurs de ces
« effets, au marc de franc de leur intérêt. »

La règle que posent ces deux articles n'a aucune raison d'être lorsque le contrat de gageure est reconnu valable par la loi. Dans ce cas, ainsi que le fait obser-ver Casaregis, les assurances qui viennent après celles qui couvrent toute la valeur, doivent sortir à effet, car il est permis de les appliquer au contrat de gageure (1).

Mais lorsque ce contrat est interdit, on réduit les as-surances doubles ou multiples à la valeur réelle de l'objet auquel elles s'appliquent.

---

(1) Non est prohibita duplicatio assecurationis quando secundi assecu-ratores scirent aliam fuisse factam assecurationem super eadem valore, vel iisdem mercibus. Ratio est quia secunda assecuratio valeret non uti asse-curatio, sed uti vademonium. — Casaregis, Disc. 1, n. 93.

En France, et partout ailleurs (1), sauf en Angleterre et aux Etats-Unis, les assurances sont réduites d'après leur date, en commençant par la dernière, de sorte que si la première couvre toute la valeur, ou une partie de cette valeur, la seconde est ristournée, pour le tout dans le premier cas, ou pour partie dans le second, tandis que toutes les deux sont valables si, réunies, elles ne dépassent pas la valeur de l'objet soumis au risque. Lorsqu'il existe une troisième, une quatrième assurance, ou plus, on suit les mêmes principes.

Ainsi, soit un objet valant quarante mille francs. — Si une première assurance a été faite pour cette somme, et qu'il en existe d'autres qui lui soient postérieures, toutes celles-là seront ristournées. — Si une première assurance est faite pour 20,000 fr., une seconde pour 10,000, une troisième pour 20,000, la première et la seconde sortent à effet, et la troisième, valable pour 10,000, est ristournée pour pareille somme. — Si la première et la seconde sont faites pour 20,000, toutes deux sortent à effet, tandis que celles qui suivent, en quelque nombre qu'elles soient, sont ristournées.

343. — On suit d'autres principes en Angleterre (2). Lorsque plusieurs assurances s'appliquent à un même objet et en dépassent la valeur, la ristourne est proportionnelle à l'égard de toutes.

Ainsi, lorsqu'un objet, évalué 20,000 fr., est couvert

---

(1) Stat. de Gênes, § Si facta fuerint ; Ord. Philippe II, 1563, ch. 7, art. 14 et 15 ; Ord. d'Amst., art. 24 ; Suède, art. 7, § 7 ; Hambourg, tit. 6, art. 3 ; C. pruss., art. 2100 et 2108 ; C. esp., art. 891 ; C. port., art. 1681 ; C. holl. tit. 9, art. 252 et 253 ; C. allemand, art. 792, 793 et 794.

(2) Newby V⁵ Reis, 1 W. Bl. 416. — Rogers and David V⁵ Gilbart, A. D. 1776. — Marshall, t. 1, p. 140 et 141 ; Parck, p. 601 et 602 ; Benecke, t. 4, p. 317 et s.

par trois assurances, souscrites chacune pour pareille somme, chaque assureur doit le tiers de 20,000 fr.

Ajoutons que, d'après les principes suivis en Angleterre, l'assuré a le droit de s'adresser à un des assureurs et de lui faire payer l'entière somme pour laquelle il s'est engagé, et que, dans ce cas, celui-ci a le droit de recourir contre tous les autres assureurs, pour obtenir d'eux le paiement de la contribution proportionnelle dont ils sont tenus.

On suit la même règle aux Etats-Unis, lorsque la police ne contient sur ce point aucune stipulation. Mais il est rare qu'il en soit ainsi ; presque toutes les polices portent que dans le cas de concours de plusieurs assurances, qui réunies excèdent la valeur, la réduction se fera entre elles dans l'ordre des dates, en commençant par la plus récente, ce qui est conforme à l'art. 359 (1).

344. — Que faut-il décider lorsque deux assurances sur un même objet ont été souscrites l'une en France et l'autre en Angleterre ?

Le cas s'est présenté devant la cour de Bordeaux dont la décision accuse à peine la difficulté (2).

Deux hypothèses doivent être prévues dans ce cas.

Ou l'assurance souscrite en Angleterre est antérieure à celle qui a été souscrite en France, ou elle lui est postérieure.

Dans le premier cas, comme l'assureur anglais ne doit payer qu'au prorata, ou bien qu'il a droit, lorsqu'il paye toute la somme assurée, à un recours que l'assuré doit lui garantir, l'assureur français, quoique s'é-

---

(1) Kent, t. 3, p. 280 et 281 ; Philips, t 2, p. 59-65.
(2) 7 juillet 1858. — Bordeaux (J. M. 36. 2. 118).

I   26

tant engagé après lui, ne saurait refuser ou le concours
ou le recours, par la raison que s'il les refusait l'assuré
recevrait une indemnité incomplète. Or, l'art. 359 impose au second assureur l'obligation de la compléter.

Lorsque l'assureur français a souscrit la première
assurance, le cas est différent. En effet, de deux choses
l'une : ou, après que cet assureur a payé toute la somme
assurée, l'assureur anglais accepte et paye le recours
au prorata, et alors la position du premier devient
meilleure, ce qui exclut toute réclamation de sa part ;
ou bien l'assureur anglais conteste le recours par un
motif quelconque, et alors l'assuré ne saurait en être
déclaré responsable, car lorsqu'il a traité avec l'assureur français il ne s'est pas obligé à souscrire une seconde assurance en Angleterre pour faire la position
de celui-ci meilleure.

345. — Les principes admis en Angleterre sont nécessairement suivis lorsqu'une même assurance est
souscrite par plusieurs assureurs et qu'ils sont tous
tenus au même titre de la perte. Dans ce cas, ils doivent payer au prorata des sommes pour lesquelles ils
se sont engagés (1).

346. — Un auteur, à qui sa grande expérience donne
une autorité incontestable, se fonde sur ce que l'art.
359 ne parle que *du chargement, des effets chargés,*
pour soutenir que le navire, qui n'y est pas mentionné,
n'est pas régi par cet article (2). — Il reconnaît, il est
vrai, que si plusieurs assurances portant sur un même

---

(1) 14 décembre 1847. — Paris (Droit. 7 janvier 1848. — J. M. 27. 2. 81).
— V. aussi Pardessus, n. 1170 ; Boulay-Paty, t. 4, p. 120. — Dans ce sens,
C. holl., art. 278.

(2) De Courcy, p. 404 et s.

navire représentent par leur concours une somme supérieure à la valeur réelle, il y a lieu de réduire, mais en même temps.il soutient que la réduction n'est soumise à aucune règle et dépend absolument des circonstances de fait.

Cette opinion, comme on le voit, ne repose que sur un argument de texte. Or, les arguments de texte sont presque toujours ou décisifs ou absolument erronés. Ils doivent donc être examinés avec soin. Nous allons aborder dans cet esprit celui qui vient d'être formulé.

L'art. 359 s'est formé par la combinaison de l'art. 24 et de la première partie de l'art. 25 de l'ordonnance, dont la seconde est devenue l'art. 360. — A leur tour, les rédacteurs de l'ordonnance suivirent les principes déjà adoptés par un grand nombre de peuples maritimes, dont les législateurs s'inspirèrent des théories professées par les jurisconsultes.

Ceux-ci ont toujours soutenu que les assurances multiples permettent aux assurés cupides de se faire payer au double la perte : *ne assecuratus ejusdem rei duplicatum pretium consequatur ;* qu'il ne peut y avoir plusieurs assurances sur le même risque : *super eodem risico ;* parce que lorsque le risque expire, la gageure commence : *secunda assecuratio valet non uti assecuratio, sed uti vademonium.*

Ces considérations tracèrent la marche aux législateurs qui les premiers soumirent à des dispositions positives la double assurance. Comme les jurisconsultes, ils déclarèrent qu'après l'épuisement du risque par les premières assurances, celles qui suivent portent dans le vide et aboutissent à la gageure, d'où ils conclurent que les premières doivent sortir à effet, et que celles qui les suivent sont de nulle valeur.

C'est là ce que les législateurs proclamèrent, et certes si on leur eût dit qu'il fallait distinguer entre le navire et les marchandises, considérer une seconde assurance sur un navire comme valable ou susceptible d'être exécutée alors qu'il était déjà couvert par une première pour toute sa valeur, ils auraient répondu en empruntant aux jurisconsultes de tous les temps les principes qu'ils avaient proclamés, que le navire était soumis aux risques comme les facultés, qu'il ne peut y avoir deux assurances sur le même risque, et que dès lors la distinction proposée est contraire à une saine logique, que d'ailleurs, en fait, cette distinction n'avait pas prévalu.

C'est qu'en effet, le système suivi en France, comme en Allemagne, en Hollande, en Italie, en Espagne, n'est que la déduction naturelle et rationnelle des principes généraux, tandis que le système suivi en Angleterre et aux États-Unis procède du droit arbitraire. Il en procède parce qu'il met sur un pied d'égalité des assurances qui diffèrent du tout au tout, puisque les unes sont consenties alors que le risque existe, tandis que les autres le sont alors qu'étant déjà couvert il n'existe plus.

Cependant il faut opter entre le système français et le système anglais, et comme on ne peut faire porter le choix sur ce dernier à défaut d'une disposition expresse, parce qu'il est contraire aux principes généraux du contrat, il faut logiquement et de toute nécessité adopter le premier. D'ailleurs, on serait mal venu à le déserter au moment où les États-Unis, touchés des inconvénients que présente le système légal qui est chez eux en vigueur, reviennent en fait aux principes posés par l'art. 359.

Il est donc démontré que l'argument uniquement fondé sur le texte de la loi n'a aucune valeur. Cela dit, la réfutation de cet argument, pris en lui-même, complètera la démonstration au point de la rendre décisive.

Par un hasard singulier, l'art. 359 est placé entre les articles 357, 358 et 360, qui ne parlent que des *effets chargés,* et qui cependant s'appliquent incontestablement au navire. Bien plus, et ceci est remarquable, les art. 357 et 358 ne sont que le développement de l'art. 336, qui parle des *effets assurés,* expression générale qui s'applique toujours, lorsqu'elle est employée par le législateur, au navire et aux facultés. En est-ce assez pour démontrer que les raisons de décider fondées uniquement sur le texte, n'ont pas en général une grande portée. La preuve en est, qu'à prendre à la lettre les art. 357 et 358, il faudrait admettre que si la surestimation du navire est frauduleuse, le contrat ne doit pas être annulé, et que si elle est involontaire l'évaluation ne doit pas être réduite. En raisonnant ainsi, on pourrait tout aussi bien soutenir, en se fondant sur la lettre des art. 359 et 360, qu'il n'est pas permis de réduire la surestimation lorsqu'elle porte sur plusieurs assurances applicables à un navire, pas plus qu'on ne doit faire participer tous les assureurs à la perte partielle.

Il est vrai que par une étrange contradiction, on ne va pas jusque là ; on admet la réduction, mais en même temps on soutient que, comme elle n'est soumise à aucune règle, elle peut être faite suivant différents modes, en raison des circonstances. Pour démontrer l'exactitude de cette proposition, on prend deux exemples :

Premier exemple. — Un navire évalué 45,000 fr.

est assuré par un premier assureur pour 10,000, par un second et un troisième pour pareille somme, par un quatrième pour 15,000. — Après la perte, l'évaluation est contestée, et le tribunal de Marseille rend le 12 mai 1876 un jugement par lequel il la réduit de 45,000 fr. à 20,000. En même temps, il ordonne que cette dernière somme sera payée par tous les assureurs au prorata de leurs souscriptions.

A l'appui de sa décision, le tribunal considère que les trois premiers assureurs avaient garanti chacun les 10/45 du navire, et le quatrième les 15/45, et il en conclut qu'il n'y avait pas lieu de se conformer à l'art. 359.

On a pu discuter sur le fait dans cette espèce, mais étant admis que chaque assureur n'avait garanti qu'une portion déterminée du navire, il est clair que l'art. 359 n'était pas applicable.

Et en effet, lorsqu'un premier assureur assure le tiers (ou les 10/45) d'un navire, un second, un troisième chacun l'autre tiers, on est en présence de trois assurances distinctes, c'est-à-dire dans un cas tout opposé à celui prévu par l'art. 359, qui suppose des assurances confusément applicables à un même objet. — Dans un tel état de fait, la réduction que subit l'évaluation applicable à tout le navire porte sur chacune des parties qui en sont divisément assurées, et profite alors divisément et particulièrement aux divers assureurs de chacune de ces parties.

Mais cela est tout aussi vrai dans les assurances de marchandises. Qu'on suppose cent balles de café portant les numéros de 1 à 100, et qu'un premier assureur assure 25 balles, de 1 à 25, un second 50 balles, de 26 à 75, et un troisième les 25 dernières balles de 76 à 100.

Pourra-t-on dire que ces trois assureurs ont assuré confusément les cent balles? — Non, cela est certain, et si, en pareil cas, l'évaluation des cent balles est réduite, chacun des trois assureurs en profitera au prorata de la part qu'il aura acceptée.

Deuxième exemple. — Soit un navire valant 45,000 fr. — Il est assuré pour la totalité de cette somme dans l'intérêt de cinq portionnaires, à qui il appartient, par trois assureurs successifs, qui souscrivent chacun pour 15,000 fr. — Le navire périt, et lorsqu'il s'agit de régler l'indemnité, l'un des cinq portionnaires déclare, chose rare, qu'il n'a pas donné l'ordre de faire assurer sa part, qu'il aurait refusé de payer la prime et qu'il refuse de recevoir la somme assurée.

Question de savoir à qui doit profiter la réduction de 9,000 fr. représentant la part du défectionnaire?

A tous, dit-on, parce que l'art. 359 n'est pas applicable au navire. — A tous, oui, si chacun des assureurs a assuré le tiers du navire, car alors chacun a assuré le tiers de chacune des cinq portions. — Au dernier, s'il n'en est pas ainsi, parce que lorsque l'assurance a été consentie, l'assuré, qui agissait en dehors de l'intérêt qu'il avait ou qu'il représentait, ne pouvait assurer qu'une valeur de 6,000 fr., et que dès lors cette assurance était nulle et de nul effet pour le surplus.

347. — Lorsque deux polices portent la même date, et qu'il est impossible de déterminer celle qui a été souscrite la première, les deux assureurs doivent payer au prorata, mais lorsque la question de priorité est résolue, le premier assureur doit payer avant le second (1).

---

(1) Kent, t. 3, p. 281.

348. — L'assuré peut convenir avec le second assureur que celui-ci sera tenu de payer l'indemnité en cas
de sinistre, nonobstant l'existence d'une première assurance. Il peut avoir un intérêt réel à cette substitution, par exemple, s'il doute de la solvabilité du premier assureur, ou s'il veut se prémunir contre les
exceptions de nullité ou autres que celui-ci pourrait lui
opposer. — Mais comme cette convention n'empêche
pas la première assurance de subsister, et que le fait
de son existence permet à l'assuré de se procurer un
bénéfice, l'engagement du second assureur ne doit être
déclaré valable que si l'assuré lui cède toute l'utilité de
la première assurance. Le Code de commerce allemand
contient sur ce point une disposition formelle (art. 792).

La Compagnie des Messageries nationales a fait un
traité avec un certain nombre de Compagnies d'assurances qui lui donne le droit d'assurer, par ses agents,
les marchandises qu'elle charge. Dans ce cas, une simple mention au connaissement tient lieu de police d'assurance. Cette assurance se forme sous la condition
que la prime sera acquise à la Compagnie des Messageries dans tous les cas, même alors que des assurances antérieures donneraient droit à la ristourne de celle
qu'elle a consentie. En stipulant cette clause, celle-ci
s'oblige à ne pas se prévaloir de l'existence d'une assurance précédente pour se soustraire au paiement de
l'indemnité. Il en résulte qu'en fait elle effectue ce paiement, et qu'elle en exonère le premier assureur. Cette
manière de procéder est contraire à l'art. 359. Mais il
est rare que les assurés exigent l'exécution de cet article (1).

---

(1) V. de Courcy, Question de droit maritime, p. 371.

349. — L'évaluation convenue dans la première assurance fixe la valeur entre les deux contractants. Mais lorsqu'elle est inférieure à la valeur réelle, il est permis à l'assuré de faire couvrir ce découvert par une seconde assurance. Dans ce cas, il n'y a point de double assurance, mais deux assurances successives, indépendantes l'une de l'autre, dont chacune couvre une partie de la valeur réelle.

Ce point reviendra lorsque nous parlerons, soit de l'évaluation, soit du délaissement.

350. — Lorsque la première assurance est nulle, la seconde doit sortir à effet.

On doit assimiler à ce cas, celui où la première assurance a été faite par un commissionnaire à qui elle n'avait pas été ordonnée, et alors qu'elle est refusée par celui pour le compte duquel il a agi (1). L'art. 794 du nouveau Code allemand contient sur ce point une disposition formelle.

Il en serait autrement si le commissionnaire avait agi en vertu des ordres que lui a donnés l'intéressé. Celui-ci ne pourrait prétendre qu'il ignorait la première assurance au moment où il s'est fait souscrire la seconde (2).

On doit assimiler le commissionnaire qui agit en vertu d'un mandat virtuel à celui qui agit en vertu d'un ordre, et dès lors l'assurance souscrite par un tel mandataire, lorsqu'elle est la première, doit, dans le concours de plusieurs assurances, sortir à effet (3).

---

(1) 26 juin 1850. — Mars. (J. M. 30. 1. 18).
(2) 12 juin 1845. — Mars. (J. M. 24. 1. 280).
(3) 25 septembre 1843. — Paris (J. M. 23 2. 1).

Une assurance souscrite par ordre et sauf ratification doit sortir à effet, préférablement à celles qui l'ont suivie, quoiqu'elles soient antérieures à la ratification, à cause de l'effet rétroactif qui est attaché à ce dernier acte (1).

351. — Celui qui a fait couvrir l'entière valeur de l'objet soumis au risque ne peut pas agir contre un second assureur qui l'a aussi couvert, sous le prétexte qu'il renonce par sa seule volonté à la première assurance, pour faire valoir la seconde, car les contrats ne peuvent être dissous que du consentement des parties qui les ont formés (2).

352. — Mais il en est autrement lorsque ce consentement existe, ou, en d'autres termes, lorsque la première assurance a été résiliée d'un commun accord entre l'assureur et l'assuré (3). Dans ce cas, le second assureur ne peut s'élever contre cet accord, parce que la première assurance lui est absolument étrangère. C'est ce qui résulte des art. 359 et 379 C. comm. combinés, d'après lesquels les assureurs multiples n'ont entre eux aucune relation jusqu'au sinistre (4).

Mais après le sinistre toutes les positions sont fixées. Le premier assureur (supposition faite qu'il soit obligé pour tous les risques et pour l'entière valeur) doit l'indemnité ; les assureurs subséquents ne doivent rien.

---

(1) 20 mars 1832. — Mars. (J. M. 13. 1. 91). — *Sic* Bédarride, t. 4, n. 1341. — Contra. — 25 avril 1847. — Paris (D. P. 47. 4. 25).

(2) 9 janvier 1827. — Aix (J. M. 27. 2. 219. — D. P. 35. 2. 154).

(3) 27 janv. 1829 (J. M. 10. 2. 220). — 18 avril 1839. — Bordeaux (J. M. 18. 2. 164. — S. V. 41. 2. 138. — D. P. 39. 2. 194). — 22 déc. 1874. — Cass. (S. V. 77. 1. 365). — *Sic* Alauzet, t. 3, n. 1470 ; Bédarride, t. 4, n. 1344 ; Massé, t. 3, n. 1558.

(4) D'après l'art. 795 du n. C. all. et l'art. 279 du C. holl., l'assuré ne peut pas renoncer à la première assurance.

Dès lors toute convention par laquelle l'assuré éxonère-
rait du paiement le premier assureur est un acte de libération. Or, celui qui peut libérer et qui libère est créancier et agit à ce titre, et s'il l'est pour l'entière valeur de
l'objet soumis au risque, il n'a aucun droit contre les
assureurs subséquents.

353. — Peut-on assimiler à ce cas celui qui a été indiqué *supra,* p. 246, dans l'espèce suivante :

Une première assurance imposant à l'assuré l'obligation de déclarer à peine de nullité à l'assureur la
marchandise chargée, alors qu'elle n'a pas été déterminée dans la police, est souscrite. Elle est suivie d'une
seconde. — L'assuré ne fait pas la déclaration dans le
délai convenu, et dès lors la première assurance est
nulle. — Cet assuré peut-il agir contre le second assureur ?

Non, répond la Cour de Paris, car on ne saurait assimiler ce cas à celui où la première assurance est résiliée d'un commun accord entre l'assuré et le premier
assureur. — La non dénonciation de la marchandise chargée dans le délai convenu est un acte propre à l'assuré,
auquel le premier assureur ne participe pas, bien qu'il
ait le droit de s'en prévaloir. — Cela est si vrai qu'il
touche la prime, ce qui démontre qu'à son égard l'assurance n'est pas absolument ristournée. — Enfin ,
après le sinistre, les droits respectifs sont fixés et ne
peuvent être changés ; or, comme le jugement qui prononce la nullité de la première assurance est toujours
postérieur au sinistre, il en résulte que cette nullité ne
peut pas être opposée au second assureur (1).

---

(1) 19 janv. 1847. — Paris (J. M. 26. 2. 76). — *Sic* Bedarride, t. 4, n,
1346 et s.

La Cour d'Orléans a décidé le contraire, et avec juste raison, selon nous (1). Seulement, son arrêt est absolument dénué de motifs. Il faut donc aborder en dehors de lui la discussion.

Or, d'où vient dans notre cas la nullité de la première assurance? — D'une stipulation convenue entre l'assureur et l'assuré. — Dès lors on ne saurait assimiler ce cas à celui qui se présente lorsque l'assureur n'est pas partie dans la renonciation. — Et en effet qu'y a-t-il de commun entre une renonciation qui peut être retractée et une nullité qui est irrévocable.

Mais, dit-on, elle n'est pas irrévocable, puisque le premier assureur peut exiger la prime.

Cette raison n'a aucune portée, parce qu'il est de principe que la prime est due lorsque l'assureur a couru les risques ; or, il les a courus, puisqu'il dépendait de l'assuré, en dénonçant la marchandise chargée, de le rendre responsable de la perte.

On objecte encore qu'après le sinistre les positions sont irrévocables ; que la nullité de la première assurance ne peut être demandée que lorsque le sinistre a déjà causé la perte, et que lorsqu'elle est prononcée, le second assureur est déjà libéré.

Erreur, car les jugements ne créent par les droits ; ils les proclament. Cette objection ne tendrait à rien moins qu'à empêcher l'assuré d'utiliser la seconde assurance lorsque la première est nulle, et cela dans presque tous les cas, car en général les nullités sont prononcées après le sinistre.

On objecte encore que l'art. 359 a été édicté dans

---

(1) 7 janvier 1845. — Orléans (J. M. 24. 2. 36. — D. P. 48. 2. 34).

l'intérêt des assureurs subséquents, qui dès lors doivent être traités avec faveur.—Erreur encore. L'art. 359 vise et protége le principe fondamental de l'assurance. Peu importe dès lors qui du premier assureur ou du second paye, pourvu qu'ils ne payent pas tous les deux le montant de la perte.

Et maintenant arrivons au véritable motif de décider. Si la loi avait voulu protéger le second assureur, elle aurait prohibé, comme les lois allemande et hollandaise, la résiliation volontaire de la première assurance. Loin de là, l'art. 379 du C. comm. prouve que les assureurs multiples n'ont entre eux jusqu'au sinistre aucun rapport juridique. De ce que la loi suppose, sans le prohiber, qu'après une première assurance, une seconde, une troisième et plus encore peuvent être souscrites, elle admet que tous les assureurs qui viennent après le premier peuvent être passibles de la perte. Ils le sont au cas de résiliation volontaire de la première assurance. Or quelle différence y a-t-il entre cette résiliation et le cas où, les parties ayant convenu à l'avance que l'assurance serait nulle faute par l'assuré de déclarer à un moment donné la marchandise chargée, celui-ci, s'appuyant sur cette convention, ne fait pas la déclaration et transmet à l'assureur un droit irrévocable accepté à l'avance par celui-ci?

Ajoutons que l'opinion contraire pourrait être dans certains cas très-préjudiciable à l'assuré. Supposez en effet que celui-ci ait conclu une seconde assurance, dans la crainte de ne pouvoir faire à temps au premier assureur la déclaration, ou parce qu'il a intérêt à ne pas la faire. Qu'en résulterait-il? — Que la première assurance serait nulle et la seconde ristournée; de sorte qu'avec deux assurances la perte serait pour le compte de cet assuré.

354. – Il n'y a point à distinguer dans l'application de l'art. 359, entre les assurances générales et les assurances spéciales. Ainsi supposez une première assurance souscrite sur marchandises indéterminées, qui s'applique, après qu'elles sont déterminées, à un chargement de sucre, et une seconde assurance spécialement souscrite pour le même sucre, la perte sera supportée par le premier assureur. La jurisprudence sur ce point est constante (1).

355. – L'art. 359 n'est pas applicable lorsque les assurances multiples sont consenties au profit de divers assurés ayant un intérêt différent. Ainsi lorsqu'une première assurance sur marchandise est souscrite au profit du propriétaire et une seconde au profit d'un créancier, à raison du privilège qu'il a sur celle-ci, ces deux assurances doivent être exécutées distinctement, en raison de l'intérêt qui appartient à chacun des assurés, et suivant les principes que nous avons déjà exposés. La circonstance qu'elles sont à des dates différentes ne doit être d'aucune considération.

356. – L'art. 359 n'est pas applicable lorsque les diverses assurances qui se sont succédées à des dates différentes ne couvrent pas les mêmes risques (2).

---

(1) 13 janvier 1847. — Paris (J. M. 26. 2. 78). — 13 août 1853. — Bordeaux (J. M. 31. 2. 100); — 12 juillet 1860. — Mars. (J. M. 38. 1. 278.); — 12 juin 1867. — Aix (J. M. 46. 1. 32); — 25 déc. 1867. — Mars. (J. M. 46. 1. 64).

(2) Item adverte quod prohibita non est pro eisdem mercibus, eodemque valore vere duplicatio assecurationis, quoties accedat diversitas itineris vel periculi. — Casaregis, Disc. 1, n. 191 et 192. — V. Luca, Disc. 106. n. 12 ; Ansaldus, Disc. 70, n. 23.

L'application de ce principe a lieu lorsque les différences se rapportent :

1° Aux risques eux-mêmes ;
2° Aux objets qui y sont soumis ;
3° Au temps pendant lequel il a lieu.

Premier point. — Lorsqu'une première assurance ne couvre pas tous les risques, l'assuré peut faire couvrir par une seconde assurance ceux auxquels elle ne s'applique pas. Ainsi, lorsque les risques de guerre, la baraterie, le vice propre sont exceptés de la première assurance, l'assuré peut se faire garantir par un second assureur ces mêmes risques. Même solution pour le cas où le premier assureur est franc d'avaries particulières. Dans ce cas on a deux assurances distinctes, dont l'objet est différent, qui dès lors ne tombent pas sous le coup de l'art. 359.

Second point. — Nulle difficulté lorsque les marchandises sont différentes, si par exemple, l'une s'applique à du sucre, l'autre à du café.

Mais elles peuvent être semblables, avec une différence dans les conditions d'emballage.

Ainsi, soit une première assurance portant sur du blé en sac et une seconde sur du blé en grenier. Si le blé est chargé en grenier, la seconde assurance sera seule valable, bien que du blé soit assuré par les deux assureurs, parce que le chargement en grenier change le risque à l'égard du premier assureur et ne le change pas à l'égard du second.

A l'inverse, si la première assurance porte sur du blé en grenier, et la seconde sur du blé en sac, le premier assureur ne sera pas déchargé si ce blé est chargé en sac, parce que le risque n'est pas aggravé, mais atténué.

Si, dans la première hypothèse, le chargement se compose de 1,000 hectolitres, compris dans chacune des deux assurances, dont 500 en grenier et 500 en sac, le premier assureur répond de ceux qui sont en sac, et le second de ceux qui sont en grenier (1).

On doit aussi considérer si, dans une masse indivisible, l'assurance du tout comprend toutes les parties de ce tout.

Ainsi, lorsqu'une marchandise, assurée pour toute sa valeur, a été l'objet entre l'assurance et l'embarquement, de mélanges ou de bonifications qui en ont augmenté le prix, rien n'empêche d'assurer par un contrat distinct le surcroît de valeur qu'elle a acquise.

Les assurances distinctes qui s'appliquent au navire et à la mise hors confirment cette règle. Mais il est évident que la mise hors ne peut être l'objet d'une assurance distincte, lorsqu'elle a été comprise dans l'assurance du navire (2).

Troisième point. — Lorsque deux assurances successives portent sur un même objet, il faut pour que l'art. 359 soit applicable, qu'elles couvrent le risque dans le même lieu et dans le même temps.

Ainsi on a deux assurances distinctes, lorsque la première couvre les risques dans le voyage d'aller, et la seconde dans le voyage de retour (3), ou bien lorsque pour un voyage simple, la première couvre les risques

---

(1) 17 juillet 1838. — Mars. (J. M. 17. 1. 224).
(2) 8 juin 1859. — Mars. (J. M. 37. 1. 193).
(3) V. cependant Boulay-Paty, sur Emerigon, t. 2, p. 662.

de tel à tel point, et la seconde de ce dernier point au lieu de reste. En pareil cas il n'y a qu'à bien déterminer le terme *ad quem* de la première partie de voyage (1). Lorsqu'une première assurance d'un navire est consentie le 1er janvier pour un an, et qu'une seconde, applicable à ce même navire, commence le 1er juillet de la même année, aussi pour un an, les deux assurances doivent sortir à effet, parce que la première est valable pour un an et la seconde pour six mois (2).

Une première assurance d'un navire pour un an est faite sous la condition que si, à l'expiration de l'année, le navire n'est pas arrivé au port de destination, les effets de cette assurance seront prorogés jusqu'à ce qu'il y arrive. — Puis l'assuré se fait consentir une seconde assurance qui doit commencer à partir de l'expiration de l'année pendant laquelle le navire est couvert par la première. — Lorsque l'année est expirée, le navire est encore en cours de voyage. — On a décidé avec juste raison, dans cette espèce, par application de l'art. 359, que les risques sont à la charge du premier assureur jusqu'à ce que le navire soit arrivé au port de destination, parce que ce n'est qu'alors que l'assurance dont il est tenu prend fin (3).

357. — On applique l'art. 359 aux contrats à la grosse comme aux assurances, ou lorsque ces deux contrats se combinent entre eux.

Ainsi le propriétaire d'un navire de 20,000 fr., qui a emprunté à la grosse pareille somme sur ce navire, ne

---

(1) 3 août 1830. — Aix (J. M. 14. 1. 65).
(2) 4 novembre 1846. — Bordeaux (J. M. 46. 2. 85).
(3) 12 mars 1862. — Rennes (J. M. 41. 2. 25).

peut plus ni l'affecter par un autre contrat à la grosse, ni le faire assurer (1).

Mais celui qui a fait assurer un objet pour toute sa valeur, peut-il, après l'assurance, emprunter à la grosse avec affectation sur ce même objet ?

M. de Courcy s'exprime ainsi sur ce point :

« Si l'ordre des dates devait être suivi, l'armateur « d'un navire assuré en totalité ne pourrait plus em- « prunter à la grosse, puisque son emprunt, qui est « une assurance, serait postérieur en date. Cependant « on ne lui a jamais contesté la faculté d'emprunter. « L'emprunt annule au contraire les assurances anté- « rieures, jusqu'au montant de la somme empruntée.... « Je serais en peine de découvrir un motif pour qu'il « en fût autrement (2).... »

Oui, sans aucun doute, il n'y a pas de motif pour qu'il en soit autrement, parce que les motifs pour qu'il en soit ainsi, sont on ne peut plus décisifs.

Et en effet de ce que une assurance existe, on ne saurait en induire que l'assuré ait perdu le droit de contracter un emprunt par les moyens que la loi met à sa disposition. La contradiction serait donc flagrante si après avoir admis cette proposition on déclarait en même temps que l'emprunt à la grosse doit être ristourné dans notre cas.

Il est vrai que si deux contrats à la grosse, affectant chacun le même objet pour toute sa valeur, ont été successivement consentis, la ristourne de l'un d'eux est inévitable. Mais comme elle produit le même effet à

---

(1) 30 août 1827. — Mars. (J. M. 10. 1. 182).

(2) De Courcy, loc. cit., p. 463.

l'égard de l'un et de l'autre, il est préférable de s'en tenir à la règle posée par l'art. 359, et par suite de ristourner le second plutôt que le premier.

Cette considération n'existe pas lorsqu'un contrat à
la grosse succède à une assurance qui l'exclut, parce
qu'elle couvre toute la valeur de l'objet. Dans ce cas, la
ristourne produit sur chacun de ces contrats des effets
si différents que toute assimilation entre eux est impossible.

En effet, lorsque la ristourne atteint l'assurance, les
intérêts de l'assureur ne sont pas pour cela compromis.
Outre qu'il cesse d'être responsable des pertes à compter du jour de l'emprunt, il n'en touche pas moins l'entière prime lorsqu'il a couru les risques pendant le
temps qui s'est écoulé entre l'assurance et le contrat,
ce qui est le cas le plus ordinaire. S'il ne les a pas courus, il est dégagé de toute responsabilité, et reçoit une
indemnité d'un demi pour cent.

Telle n'est pas la position du donneur à la grosse. La
ristourne ayant pour effet de détacher du contrat qui
lui a été consenti l'élément aléatoire sans lequel il
n'existe pas, le donneur perd du même coup, par elle,
le profit maritime et le privilége. Passe encore pour le
profit maritime puisqu'il n'y a plus de risques. Mais la
perte du privilége est toujours pour lui chose grave;
comme il verse entre les mains de l'emprunteur le capital prêté, lorsque ce dernier lui signe le billet de grosse
et que ce capital est immédiatement remboursable, à
cause de la suppression du risque, il s'ensuit que le
recouvrement n'en peut être opéré que si l'emprunteur
est solvable. Or, comme le donneur a prêté sur la
chose et qu'il a pu ne pas prendre en considération la

solvabilité de ce dernier, il peut en résulter que si par hasard il n'a aucun fond à faire sur lui, la ristourne ait pour effet de lui enlever le capital prêté.

Y a-t-il une conciliation possible entre deux situations aussi différentes? — Faut-il leur appliquer l'art. 359 qui suppose le concours de deux ou plusieurs assureurs ayant des droits égaux? — Ne faut-il pas au contraire éviter au prêteur la ristourne, pour la faire porter sur l'assurance, bien qu'elle soit la première en .date ?

L'affirmative sur ce dernier point nous semble démontrée par les considérations suivantes :

Un emprunt à la grosse qui succède à une assurance déjà consentie peut avoir lieu, ou par suite d'un risque qui est à la charge de l'assureur, ou par suite de besoins ou de risques auxquels celui-ci est étranger.

Dans le premier cas, aucune difficulté. — Si le navire qui a souffert des avaries a besoin de réparations, si la marchandise exige un travail quelconque de bonification pour arrêter la marche ou le développement des vices dont elle est atteinte par un fait de force majeure, s'il faut emprunter à la grosse pour parer aux dépenses qu'exige cet état de choses, on ne saurait ristourner au nom de l'assurance un contrat qui a pour but de prévenir les pertes qu'elle garantit, et qui a été fait en quelque sorte pour elle.

Un contrat à la grosse qui n'est pas à la charge de l'assureur a nécessairement pour objet (en dehors du cas ou l'assuré, complétement ruiné, emprunte de toutes façons, coûte que coûte) de remédier aux avaries qui sont le résultat ou du vice propre ou d'un accident de mer dont l'assureur ne répond pas, ou bien de parer 'soit avant le départ, soit pendant le cours du voyage à certaines dépenses.

S'il s'agit de dépenses à faire avant le départ, par exemple pour compléter l'armement, l'emprunt qu'elles nécessitent n'est pas étranger à l'assureur, puisque sans cet emprunt le départ pourrait être impossible, ce qui entraînerait la ristourne de l'assurance et substituerait par suite au paiement de la prime l'indemnité de demi pour cent. — L'assureur n'est pas non plus absolument désintéressé, lorsque les dépenses s'imposent en cours de voyage par suite d'avaries dont il ne répond pas, car si, par le fait que l'emprunt est impossible, les réparations sont incomplètes, et si par suite l'objet assuré offre moins de résistance à l'action d'un cas fortuit survenant après qu'elles ont été faites, l'assureur, dans le cas où il serait responsable de ce cas fortuit, devrait prouver l'existence du vice propre résultant de l'insuffisance des réparations ; or, l'expérience démontre qu'une telle preuve n'est pas toujours facile.

On le voit, la solution d'après laquelle il est admis que l'emprunt à la grosse ristourne l'assurance *pro parte qua,* bien qu'il lui soit postérieur, est fondée sur les plus puissantes considérations.

Cependant, elles ne constituent pas elles seules le véritable motif de décider, lequel est fondé sur ce que l'assurance irait contre son but, qui est la conservation de la chose assurée, si elle empêchait cette chose d'être conservée. Or, le contrat à la grosse est dans certains cas si nécessaire, que sans lui tout serait perdu. Souvent même, il complète l'assurance, à ce point que, sans lui, elle ne produirait aucun effet. Dès lors, c'est le cas d'admettre que toute assurance est consentie sous la condition que l'assuré sera libre d'emprunter à la grosse. Or, il n'aurait pas cette liberté, si, par le fait qu'une assurance existe, ce contrat doit être ristourné.

358. — L'art. 359 n'exonère l'assuré de l'obligation de payer la prime que s'il existe plusiéurs assurances faites sans fraude. Dès lors le fait qu'elles existent ne prouve pas que la fraude existe aussi. Elle ne peut exister, comme le dit très-bien la Cour de Bordeaux, que si l'assuré a eu l'intention de se faire payer, au moyen d'assurances multiples, une somme quelconque en sus de celle qui lui est réellement due (1), et comme la fraude ne se présume pas, cette intention doit être spécialement prouvée.

359. — Pour compléter l'art. 359, l'art. 360 dispose que la perte partielle doit être supportée par les assureurs multiples au marc le franc de leur intérêt, de sorte que si un navire qui vaut 40,000 fr. est assuré, pour toute sa valeur, par un premier assureur pour 20,000, par un second et un troisième chacun pour 10,000, une avarie se portant à 10,000 fr. sera payée 5,000 par le premier assureur, 2,500 par le second et 2,500 par le troisième. L'évidence de ce mode de règlement prouve que l'art. 360 aurait pu être supprimé sans inconvévient.

---

(1) 7 juillet 1858. — Bordeaux (J. M. 26. 2. 118).

CHAPITRE V.

DE L'ÉVALUATION.

360. — Division du sujet.

360. — Ce chapitre sera divisé en cinq paragraphes, savoir :

§ 1er. Principes généraux sur la valeur des choses.
§ 2. Evaluation du navire.
§ 3. Evaluation des marchandises.
§ 4. De l'évaluation conventionnelle et de ses effets.
§ 5. Règles à suivre lorsque la somme assurée a été stipulée en monnaie étrangère ou que l'objet assuré a été acquis par troc.

§ Ier.

Principes généraux sur la valeur des choses.

361. — Le jurisconsulte et l'économiste n'envisagent pas de la même manière la notion de la valeur.
362. — Du *justum pretium* des romains.
363. — La valeur des choses varie suivant le temps et le lieu.
364. — Elle n'est pas toujours déterminée par le prix qu'elle a coûté.
365. — Ni par les ventes antérieures.
366. — Le prix courant résultant de l'état du marché est un moyen de la déterminer.
367. — Mais, à un certain point de vue, il faut tenir compte du pr. coûtant, d'où deux moyens de déterminer la valeur : le prix coûtant et le prix courant.

361. — Les règles qui servent à déterminer la valeur des choses ont été exposées par les jurisconsultes

et les économistes. Mais, tandis que ceux-ci rapportent la notion de la valeur à la richesse en général,
le jurisconsulte l'applique à l'espèce, à telle marchandise en particulier, considérée comme la matière d'une
convention. Ces deux points de vue n'ont pour ainsi
dire rien de commun. Et en effet, qu'importe à l'avocat
qui consulte ou au magistrat qui décide, que la valeur
consiste pour Smith dans la matérialité et la durée,
pour Say dans l'utilité, pour Ricardo dans le travail,
pour Senior dans la rareté, pour Storch dans le jugement, etc. Il faut d'autres règles pour apprécier ce que
vaut un chargement de blé ou de savon.

L'évaluation des choses, toujours nécessaire dans les
contrats d'assurance, l'est aussi dans les matières de
droit civil, par exemple, dans les demandes en resci-
sion, dans les restitutions d'objets déterminés, qu'il faut
évaluer parce que la partie qui doit la restitution ne la
fait pas, dans les redditions de fruits et dans une foule
d'autres cas.

362. — Pour les jurisconsultes romains, la valeur
d'une chose n'est autre que le *justum pretium* (1), lequel est déterminé par le prix qu'on en retirerait si elle
était vendue : *Res tantum valet quantum vendi potest, — quanti venire potest* (2). — On sait ce qu'elle
peut être vendue en consultant l'opinion commune, en
se demandant : *quanti omnibus valeret* (3). En effet,

---

1 V. L. 36, D. de Don. inter virum et uxorem. — L. 2. C. de resc. venditione.

2 V. L. 18, § 3, D. de mortis causa don. — L. 14, D. de cond. furtiva.—
L. 1, § 16, D. ad senatusc. Trebellianum. — L. 45, § 1, L. 73, § 1, D. Ad
legem aquiliam.

(3) V. L. 33, D. Ad legem aquiliam.

la valeur d'une chose ne dépend ni du prix d'affection que lui donne un simple individu, ni d'un besoin momentané : *Pretia rerum non ex affectu nec utilitate singulorum, sed communiter funguntur* (1).

363. — La valeur varie suivant les lieux, les temps et les circonstances. Ainsi, l'huile ne peut valoir en Espagne ce qu'elle vaut à Rome, pas plus qu'elle ne peut valoir à Paris ce qu'elle vaut à Marseille, ni conserver la même valeur que la récolte en soit abondante ou très-faible : *Nonnullam tamen pretio varietatem, loca, temporaque adferunt : nec enim totidem Romœ in Hispania oleum œstimabitur, nec continuis sterilitatibus, quam secundis fructibus* (2). — Benecke ne tient pas un autre langage lorsqu'il dit : « L'idée du « mot valeur est en soi-même fort incertaine. On ne « peut regarder comme la valeur d'une chose celle « imaginaire que lui attribuent souvent le caprice ou « l'intérêt de celui à qui elle appartient. La valeur des « articles de commerce est subordonnée à des varia- « tions résultant des temps, des lieux et des circons- « tances, et peut sur la même place et bien plus encore « sur des places différentes, être beaucoup au-dessus « ou au-dessous de son cours primitif. » (3)

364. — On s'est demandé si la valeur d'une chose peut être déterminée d'après ce qu'elle a coûté ? — Dumoulin répond affirmativement. Si, dit-il, l'acheteur n'a pas été abusé par une fraude *(sine fraude)* ; — s'il a connu toutes les qualités, bonnes ou mauvaises, de la chose *(omnes conditiones bonnas et malas rei)* ; —

---

(1) V. L. 63, D. Ad legem falcidiam
(2) L. 63, § 2, D. Ad legem falcidiam.
(3) Benecke (Trad. fraç.), t. 1, p. 350.

s'il n'y attachait pas un prix d'affection *(sine affectione rei)*; — s'il n'a pas voulu être utile au vendeur *(sine affectione vendentis ductus)*, on peut considérer le prix comme la représentation de la valeur (1).

Dumoulin a cependant oublié que, dans une vente, l'un des contractants peut être trompé sur la véritable valeur de la chose vendue, et qu'il peut l'être le plus souvent sans qu'il y ait fraude. Et en effet une loi romaine trace en ces termes le tableau de ce qui a lieu dans un contrat de vente, lorsque chaque partie défend pied à pied ses intérêts : — « L'acheteur, dit-elle, veut « acheter bon marché, le vendeur veut vendre cher. « L'un et l'autre débattent le prix avec animation. Ils « ne peuvent se rapprocher. Mais bientôt le vendeur « diminue ses prétentions, l'acheteur ajoute à son offre, « et enfin ils tombent d'accord (2). »

Lorsqu'après un long débat la vente est conclue, qu'elle est la part de l'esprit de ruse et de la ténacité de l'un, de la faiblesse de caractère et du défaut d'intelligence de l'autre? — La loi leur en fait une par sa tolérance. « Non-seulement, dit-elle, il est permis de « vendre une chose plus qu'elle ne vaut ou de l'acheter « moins, mais même chaque partie peut, dans ce but, « déployer une certaine ruse (3). » — Aussi ce n'est

---

(1) Dumoulin, Tract. contract. usur., Quest. 14, n. 170 et 171.

(2) .... Et quod emptor viliore comparandi, venditor cariore distrahendi votum gerentes, ad hunc contractum accedant, vixque post multas contentiones, paulatim venditore de eo quod petierat detrahente, emptore autem de eo quod obtulerat addente, ad certum consentiant pretium... L. 8, C., De rescind. venditione.

(3) In vendendo et emendo naturaliter concessum est, quod pluris sit minoris emere, quod minoris sit pluris vendere, et ita invicem se circumscribere. — L. 22, D. Locati. — In pretio emptionis et venditionis naturaliter licere contrahentibus se circumvenire.—L. 71, D., De contrac. empt.

pas le montant du prix, ce sont les circonstances de fait qui servent à établir le dol : *Dolus emptoris qualitate facti non quantitate pretii æstimatur* (1).

365. — A un autre point de vue, les ventes antérieures doivent être consultées avec circonspection, car une chose ne peut pas valoir lorsqu'elle est détériorée ce qu'elle aurait valu à l'état sain. En outre, le plus souvent on ignore quel était l'état des marchandises antérieurement vendues. — Cette idée est encore exprimée par une loi romaine en ces termes : — « Un rescrit impérial a ordonné aux agents « du fisc, lorsqu'ils sont chargés de vendre les choses « qui en dépendent, de les estimer avec prudence et « droiture, de ne pas fixer les prix d'après les ventes « antérieures, mais d'après une estimation directe et « actuelle, car les héritages bien cultivés se vendent « nécessairement à plus haut prix que ceux qui sont « négligés (2). » — « On ne peut pas, dit Casaregis, « se baser sur un prix fixé depuis un certain temps « pour en conclure qu'il doit rester le même au moment « présent, pas plus qu'on ne peut procéder en sens « contraire, et cela est surtout vrai lorsqu'on estime « les choses mobilières, dont l'usage est presque tou- « jours immédiat, qui sont sujettes à détérioration, et « dont la valeur est très-variable (3). »

366. — Mais si une vente unique ne peut pas servir

---

(1) L. 4 et 10, C. De rescindenda venditione.

(2) Divi fratres rescripserunt in venditionibus fiscalibus fidem et diligentiam a procuratore exigendam, et justa pretia non ex præterita emptione, sed ex præsenti æstimatione constitui. Sicut enim diligenti cultura pretia prædiorum ampliantur, ita si negligentius habita sint, minui ea necesse est. — L. 3; § 5, D. De jure fisci.

(3) Casaregis, Disc. 143, n. 149 et s.

de régulateur lorsqu'il s'agit de fixer la valeur d'une denrée, il en est autrement lorsque les ventes conclues sur un même point et au même moment sont très-fréquentes, et qu'on les consulte toutes. Casaregis s'exprime sur ce point en ces termes :

« La vente du pain, du vin, du froment, de l'huile
« est valable, bien que le prix n'ait pas été convenu,
« lorsque le cours en est fixé sur le marché. Il en est de
« même de toutes autres denrées ou choses mobilières
« qui sont l'objet de transactions fréquentes, dont la
« valeur est publiquement fixée, avec très-peu de varia-
« tions en plus ou en moins résultant de la qualité, de
« sorte qu'une vente dont le prix doit être ultérieure-
« ment fixé, est censée faite d'après le cours du mar-
« ché (1). »

Le cours du marché forme donc le prix courant, qui n'est rien moins que le *justum pretium* des Romains (2).

367. — Ce cours est quelquefois incertain, et alors que les courtiers et les commerçants notables l'ont porté à un certain chiffre, il se fait des ventes dont le prix s'en éloigne en plus ou en moins avec des écarts très-sensibles. Il arrive souvent, en effet, que lorsque

---

(1) .... Quod indubitatum sicuti est in pane, vino, tritico, oleo, etiamsi nullum fuerit constitutum pretium, valere venditionem, quando in civitate eorum pretium est determinatum, ita hoc procedere nedum in ceteris aliis victualibus, sed etiam mercibus, ac bonis, rebus, in communi et quotidiano commercio existentibus, præcipue in nostro gennensi emporio; cum hæc ob quotidianam ac frequentem contractationem quandam certam ac generalem pretii determinationem, vel saltem parum variabilem habere videantur, factam a publico foro, negotiantium usu, cum modica alteratione a meliori vel inferiori qualitate resultante ; idcirco venditio ita concepta sub incerto pretio, illud implicite continere videtur relative ad illud quod communi usu de facili certificari possit. Casaregis, Disc. 34, n. 44 et s.

(2) Thol, Droit commercial Handels recht, 1, § 64.

le marché est clôturé, que le cours a été fixé, certains commerçants achètent des quantités considérables et provoquent, en dehors de ce cours, une hausse qu'ils subissent. C'est ce qui a lieu dans les spéculations à long terme, surtout lorsque la marchandise doit être exportée, et que celui qui l'a acquise n'a en vue que le cours au lieu de destination. Dans ce cas, cette marchandise vaut pour ce spéculateur le prix qu'il en a donné.

De ce qui précède il faut conclure qu'il existe deux sortes de prix : le prix courant et le prix coûtant, et que l'évaluation peut se faire d'après l'un ou l'autre, suivant les circonstances.

Cette distinction est un des principaux fondements de la théorie de l'évaluation, et nous la retrouverons sans cesse dans le cours de l'exposé qui suit.

§ II.

Evaluation du navire.

368. — Les navires n'ont pas de prix courant.

369. — L'évaluation du navire se fait d'après sa valeur au lieu de départ lorsque le fret n'est pas assuré, et lorsqu'il l'est d'après sa valeur au lieu d'arrivée.

370. — Ni le prix coûtant ni le montant de la construction d'un navire ne sont pas une base certaine de son évaluation.

371. — Du LLoyd's Registry of shipping et du Bureau-Veritas.

372. — L'évaluation du navire dans la police n'est pas obligatoire.

368. — Le Code de commerce est muet au sujet de l'évaluation du navire. Cependant, puisqu'il doit être estimé, il importe de tracer les règles qui président à son évaluation.

Les navires n'ont pas de prix courant. En effet,

chacun d'eux a une valeur propre, et ce n'est que par
exception qu'ils sont destinés à être vendus. Ils n'ont
pas même de prix coûtant, car le prix qu'un navire a
coûté ne correspond pas longtemps à sa·véritable valeur, puisqu'elle diminue successivement par l'usage, et
qu'elle peut même augmenter lorsqu'il reçoit des réparations importantes.

369. — Il est difficile d'arrêter un système rationnel
d'évaluation à l'égard d'un objet dont la valeur varie
sans cesse.

Un seul peuple a adopté comme base de l'évaluation
du navire la valeur qu'il a au moment du sinistre (1).
Mais il n'a pas été suivi (2).

Les règles actuellement en vigueur sont les suivantes :

Évaluation du navire d'après sa valeur au lieu de
départ, lorsque le fret brut n'est pas assuré ;

Évaluation d'après sa valeur au lieu d'arrivée lorsque
ce fret est assuré.

L'évaluation d'après la valeur au lieu de départ est
généralement admise par tous les peuples qui considèrent comme nulle l'assurance sur le fret brut ou net.

Les auteurs italiens (3), veulent que l'évaluation du
navire soit faite d'après la valeur qu'il aurait eue au

---

(1) C. Suède, 1667, 6, ch. XIV.

(2) Guidon de la mer, ch. XV, n. 3 ; Ord. de Barcelone, 1435, art. 2, 5 et
1458, art. 3 ; Ord. de Philippe II pour les Pays-Bas, tit. 7, art. 10 ; Amsterdam, 1606, et 28 janvier 1775 (V. Ricàrd, t. 2. p. 466). — Code hollandais,
art. 619 ; Nouveau Code Allemand, art. 799. — La même règle est suivie en
Angleterre. — V. Felton, 2 East 109. — Arnould, t. 1, p. 315 ; Stevem,
p. 190.

(3) Navis assecurata si damnum patiatur.... damnum est reficiendum
secundum pretium civitatis, ad quam salvam dictam navim traducendam
promissum fuit ab assecuratoribus. Casaregis, Disc. 1, n. 134. — V. aussi
Ansaldus de Ansaldis, Disc. 70, n. 32.

lieu d'arrivée, sans distinguer si le fret est ou n'est pas compris dans l'assurance. Leur opinion est insoutenable, parce qu'elle est trop absolue. (V. supra, p. 194 et s.)

L'évaluation du navire au lieu d'arrivée comporte l'estimation de l'usure qu'il a subie pendant le voyage. — « Cette estimation, dit Benecke, ne saurait à la vérité « être poussée jusqu'au dernier degré d'exactitude. « Cependant un armateur expérimenté pourra toujours « faire une estimation juste, et telle que la comporte le « contrat, s'il tient suffisamment compte de l'âge du « navire, de son genre de construction, de la durée du « voyage et de l'époque de l'année où il s'accomplit. Ce « qui sera incertain après une estimation ainsi faite, « peut être abandonné au hasard sans aucun incon- « vénient (1). »

En France. où l'assurance du fret est prohibée, l'évaluation du navire se fait d'après la valeur au lieu de départ.

Cette base d'évaluation semble contrarier les principes de l'assurance, car elle met à la charge de l'assureur le dépérissement graduel du navire, alors qu'il ne peut être imputé à une fortune de mer. Cette observation n'avait pas échappé aux jurisconsultes qui ont établi ou expliqué la règle. Ceci est digne de remarque, c'est à cause de la relation qui existe entre l'assurance du navire et celle du fret, qu'ils ont admis que le navire doit être évalué d'après sa valeur au lieu de départ.

Cette relation est constatée par Emerigon et Valin en ces termes : — « L'assurance, dit le premier, n'est

_____

(1) Benecke, t. 1, ch. 4, partie 2.

« pas un contrat lucratif ; elle a pour objet de mettre
« l'assuré à couvert des pertes ; dans le cours du voya-
« ge la valeur réelle du navire diminue ;..... c'est le
« fret qui lui conserve sa valeur primitive ; ce qu'il
« perd d'un côté, il le conserve de l'autre par le no-
« lis (1). » — « Il serait contre toute équité, dit Valin,
« que l'assuré exigeât la valeur donnée à son navire,
« qui a nécessairement diminué de prix, par le temps
« qu'il est resté en voyage, sans qu'il fût obligé de faire
« raison du fret (2). »

Il est évident en effet que si le fret ne procurait pas,
indépendamment du bénéfice possible, l'équivalent de
la perte que cause à chaque voyage l'usure du navire,
le propriétaire de ce navire perdrait à la longue son
capital. Lors donc que, par suite d'un sinistre, il perd
à la fois le navire et le fret, la perte se porte au montant
de la valeur qu'avait le navire au lieu de départ, tandis
que s'il sauve le fret, elle est bornée à la valeur qu'il
aurait eue au lieu d'arrivée. Lorsque le fret est assuré,
l'armateur est toujours dans ce dernier cas. Mais il ne
peut y être en France où l'assurance du fret est inter-
dite. Aussi perd-il réellement la valeur au lieu de départ,
lorsqu'il perd le fret, ce qui arrive presque toujours, et
lorsqu'on lui permet d'assurer cette valeur, c'est comme
si on lui permettait d'ajouter à l'assurance du navire
celle de la partie du fret qui représente son dépérissement graduel.

A la vérité, il peut arriver que le navire périsse et que
le fret soit sauvé (v. supra, n. 169). L'évaluation d'après

---

(1) Emérigon, ch. 17, sect. 9.
(2) Valin, sur l'art. 15,

la valeur au lieu de départ cesse d'être juste dans ce cas. Mais comme ce fait se présente très-rarement, le législateur n'en a tenu aucun compte.

370. — Le prix coûtant, ou bien la somme qui représente les frais de la construction d'un navire ne peuvent pas être toujours la base de son évaluation, car si un certain temps s'est écoulé depuis qu'il a été acheté ou construit, et s'il n'a pas été réparé, il a nécessairement diminué de valeur. Aussi, l'art. 619 du C. holl. porte que la valeur estimative du navire peut être réduite, lorsqu'il a été estimé dans la police selon le prix d'achat et de sa construction, et qu'il a diminué de valeur par vétusté et par suite des voyages qu'il a faits.

Au contraire le prix coûtant sera inférieur à la véritable valeur du navire, si, après qu'il a été acheté, son nouveau propriétaire l'a soumis à des réparations considérables (1).

371. — L'évaluation d'un navire ne peut pas être contrôlée ainsi que cela a lieu pour les marchandises. Aussi les assureurs seraient désarmés ou soumis à des recherches très-longues et souvent impossibles, si des sociétés instituées à cette fin ne s'étaient pas chargées de les leur rendre faciles.

La difficulté d'apprécier la valeur d'un navire tient à plusieurs causes. Ils sont vieux ou neufs, bien ou mal construits, le bois employé à leur construction n'est pas le même.

Certains navires sont construits en sapin, en chêne, en cèdre, en fer. Il va sans dire que la nature

_____

(1) 22 déc. 1848. — Aix (J. M. 27. 1. 307).

du bois employé concourt dans une large mesure à leur état de solidité. On cite comme preuve de cette observation, le navire *l'Indus,* construit dans l'Inde en bois de teck, qui a duré plus d'un siècle, et le navire norvégien *le Petrus,* qui construit en 1784, entrait encore dans nos ports, il y a de cela quelques années. — La convention de 1746, pour le Danemark, porte dans son article 6, que l'on doit exprimer dans la police d'assurance si le navire est en chêne ou en sapin. L'ordonnance d'Amsterdam du 28 janvier 1775, art. 8, contient une disposition semblable. —Certains navires ont un bordage double, d'autres l'ont simple. Les uns sont doublés en cuivre, les autres ne le sont pas. Dans ceux-ci la membrure, les courbures sont solides et en nombre suffisant, dans ceux-là les pièces ne sont ni assez nombreuses, ni assez fortes. La coque de certains navires, d'une construction très-vicieuse dans l'ensemble, s'est ouverte par suite de la liaison défectueuse des pièces principales. Il en est d'autres, au contraire, qui tiennent la mer pendant un certain nombre d'années sans éprouver de notables avaries.

La différence dans les conditions de durée et de solidité existe aussi de pays à pays. Tandis que les navires russes ne durent pas au-delà de sept à huit ans, les navires espagnols durent de 15 à 20 ans. Les constructions faites en France sont plus solides que celles faites en Angleterre. On estime que les sinistres soufferts par les navires anglais pour vice de construction, sont aux sinistres soufferts par les navires français pour la même cause, comme 2 est à 0,75. Les navires américains qui ne sont pas de toute première classe méritent peu de confiance. Leur construction, en général conçue dans le but de leur permettre une grande et rapide marche, est faible et les expose à des avaries considérables.

Si on tient compte de ce fait que plus de cent mille navires sillonnent les mers on aura une idée exacte des difficultés qu'auraient rencontrées les compagnies d'assurance, quelle que soit leur puissance, si elles avaient été livrées à leurs propres ressources.

Il s'établit à Londres, vers le milieu du 18me siècle, pour parer aux difficultés qui viennent d'être signalées, une société composée de négociants, d'armateurs et d'assureurs, sous le nom de *LLoyd's Registry of shipping*. Cette société a créé pour les navires une sorte d'état civil. Elle les divise suivant leur valeur, qu'elle fixe au moyen d'un langage de convention que lui fournissent les lettres A E I O, pour la coque du navire, et les chiffres 1, 2, 3, pour son gréement.

La première classe, représentée par les lettres A I, comprend les navires construits depuis moins de huit ans. — La seconde, représentée par les lettres E I, comprend ceux qui sont construits depuis plus de 8 ans et depuis moins de 12. — La troisième, représentée par les lettres I I, comprend ceux qui sont construits depuis plus de douze ans, mais que l'on considère comme propres au service, à la condition de ne pas transporter des marchandises sujettes à avaries. — Enfin, la quatrième, représentée par la lettre O, comprend les navires impropres au service.

Ce mode de classification suppose à tort que la connaissance de l'âge d'un navire suffit pour en fixer la valeur. L'expérience démontra bientôt l'erreur dans laquelle on était tombé (1). En 1824, une enquête fut

---

(1) V. sur ce point, Revue Britannique de février 1835, un article relatif à la cause des naufrages.

ouverte sur ce point ; elle était dirigée par une réunion de capitalistes et de capitaines. Elle fut suivie en 1826 d'un rapport qui proposait l'abandon du mode de classification adopté par le LLoyd anglais.

Une nouvelle société s'établit à Anvers, en 1828, pour le réformer. Elle fut transférée à Paris, en 1831, sous le nom de *Bureau-Veritas*.

Disons, pour abréger, que cette société a recensé, autant qu'elle l'a pu du moins, les navires français et étrangers ; qu'elle les a enregistrés par ordre alphabétique avec mention de la date de leur construction, de leur tonnage et des réparations qu'ils ont reçues. De plus, ils sont classés individuellement après qu'ils ont été soumis à la visite d'experts capables, qui doivent tenir compte, non seulement de l'âge du navire, mais encore de son état, surtout si par vice de construction, ou par suite d'avaries antérieures, il est très-défectueux.

Des signes particuliers indiquent le degré de confiance que mérite chaque navire. Ainsi :

3 T (3/3) signifie une première confiance.
5 S (5/6)   une confiance moindre.
3 Q (3/4)   moins de confiance encore.
2 T (2/3)   —
M (1/2)   —
T (1/3)   —
Q (1/4)   —
S (1/6)   —
O   confiance nulle.

A côté des navires qui n'ont pas été visités par suite du refus des propriétaires, figure la mention : *visite refusée*.

L'état du gréement est indiqué, comme dans le LLoyd anglais par les chiffres 1, 2, 3.

Le registre *Veritas* est remanié et publié chaque année. Les changements que subit tel ou tel navire dans le courant de chaque exercice sont signalés dans des suppléments qui font corps avec le registre.

Les registres, soit du LLoyd, soit du Bureau-Veritas, sont acceptés, comme dignes de la plus entière confiance, par les magistrats anglais et français. En Angleterre, on tient les faits qu'ils constatent comme exacts (1), et l'on n'a qu'à parcourir nos recueils d'arrêts pour voir que la même règle est suivie en France. (V. supra n. 218). C'est à l'aide du registre du Bureau-Veritas que l'on fixe en France l'évaluation des navires, et que les assureurs acceptent ou refusent celle qui est présentée par l'assuré.

Nous exposerons plus tard comment on est parvenu, dans le règlement des avaries, à ramener, par la déduction de la différence du vieux au neuf, l'évaluation des navires à leur véritable valeur.

372. — L'évaluation de l'objet assuré n'a jamais été obligatoire qu'à l'égard du navire.

Parmi les documents législatifs qui exigent son évaluation, l'ordonnance de Barcelone de 1435 (art. 4 et 5), est le plus ancien. — La règle qu'elle avait posée avait uniquement pour but de prévenir les évaluations exagérées. C'est ce que démontre l'ordonnance de 1458 (art. 3) qui ordonne de faire estimer le navire par les Consuls de mer avant l'assurance. L'ordonnance de Philippe II de 1563, connue sous le nom d'ordonnance

---

(1) Mackintosch V⁵ Marshall, 11 Mees et Wels, 116 et 120.

d'Anvers, ordonna aussi de le faire estimer par experts.

Les jurisconsultes allemands et suédois considéraient cette règle comme obligatoire (1), et c'est sans doute à cause de cela qu'on inséra dans l'ordonnance d'Hambourg, de 1731, une disposition expresse qui laisse aux parties l'entière liberté d'estimer ou de ne pas estimer le navire dans la police (Tit. 1, art. 5).

Les jurisconsultes italiens n'admettent pas que l'évaluation préalable soit nécessaire. Le Guidon de la mer. ch. II, n. 13 et ch. XV, n. 3, contient sur ce point une disposition conforme.

Cependant l'art. 8 de l'ordonnance est ainsi conçu : — « Si l'assurance est faite sur le corps et quille du « vaisseau, ses agrès et apparaux, armement ou avic- « tuaillement, ou sur une portion, *l'estimation en sera* « *faite par la police.* » — Mais les commentateurs déclarèrent que l'évaluation du navire n'était pas prescrite à peine de nullité, et que, par suite, elle n'était pas obligatoire (2).

Le Code de commerce, ne contient pas de disposition semblable à celle de l'art. 8. De son silence on a induit que l'évaluation préalable n'est pas nécessaire (3).

§ III.

Évaluation des marchandises.

373. — L'art. 339 prévoit deux cas : celui où la marchandise est évaluée dans la police, celui où elle ne l'est pas.

---

(1) Stypman, p. 4, tit. 7, n. 344; Kuricke, p. 383; Locenius, p. 982; Marquardus, 1, 344; Waderkopp, p. 134.

(2) Emerigon. ch. 9, sect. 3 ; Valin, sur l'art. 8; Pothier, n. 112.

(3) 29 avril 1823. — Aix (J. M. 4. 1. 176). — 28 août 1820 (S. V. 9. 2. 344). — Sic Boulay-Paty, t. 3, p. 394; Bernard, p. 397; Alauzet, t. 2, n. 227.

374. — L'évaluation non portée dans la police se fait d'après le prix coûtant.

375. — Lorsque l'évaluation y est portée, les parties peuvent choisir ou le prix courant ou le prix coûtant.

376. — Le prix courant est celui qui existe au temps et au lieu du chargement.

377.— Dans certains cas, cette règle doit être appliquée au prix coûtant.

378. — Le prix coûtant n'est pas toujours déterminé par la facture.

379. — Tous les frais jusqu'à la mise à bord doivent être ajoutés au prix coûtant ou au prix courant.

373. — Le Code de commerce contient sur ce point la disposition suivante :

Art. 339. — Si la valeur des marchandises n'est point fixée par le contrat, elle peut être justifiée par les factures ou par les livres ; à défaut, l'estimation en est faite suivant le prix courant au temps et au lieu du chargement, y compris tous les droits payés et les frais faits jusqu'à bord.

Cet article prévoit deux cas, savoir :
1° Celui où l'évaluation a été faite dans la police ;
2° Celui où elle n'a pas été faite.

Nous allons les examiner successivement.

374. — A l'origine du contrat d'assurance, le prix coûtant qui repose sur un contrat, c'est-à-dire sur un fait positif, fut considéré comme la plus sûre base d'évaluation. On le préféra au prix courant qui est quelquefois incertain et susceptible de certaines variations (1).

---

(1) Ord. Barcelone, 1458 et 1484, ch. 1; Ordonnance de Séville, 1556, ch. 35 ; C. Suède, 1667, 6, 6, § 2 ; Ord. Philippe II, 1553, tit. 7, art. 11 ; Ord. Amsterdam, 31 janvier 1598, art. 2 ; Ord. Midlebourg, 30 sept. 1600, art. 3 ; C. pr., 5 février 1794, § 1987 et 1988 ; Ord. de Burgos, 18 sept. 1538 ; Philippe II, 1570, pour les Pays-Bas, art. 3 ; statut d'Albinga révisé en 1484.

L'estimation de la marchandise, dit le Guidon de la mer, doit être réduite *à ce qu'elle couste.... ou à ce qu'elle a cousté lors de l'achat, soit à temps ou argent comptant.*

L'art. 62 de l'ordonnance reproduit la même règle. Elle a été consacrée par l'art. 339.

Malgré l'opinion de Casaregis, qui fixait l'évaluation d'après la valeur au lieu d'arrivée, la règle qui la fixe d'après le prix coûtant finit par prévaloir (1). Cette règle est encore suivie en Angleterre (2), en Allemagne et en Espagne (3).

En Hollande et aux Etats-Unis (4), le prix courant a été préféré.

375. — La chose soumise au risque est évaluée d'après le prix coûtant, lorsque les parties n'ont rien convenu sur ce point, et il n'est dérogé à cette règle dans ce cas, que lorsque ce prix n'existe pas.

Il peut encore y être dérogé par les parties lorsque l'évaluation est conventionnelle, celles-ci étant libres de choisir entre le prix coûtant ou le prix courant, ainsi que l'atteste Emerigon (5).

Fremery va encore plus loin. Suivant cet auteur, l'assuré peut avoir payé la marchandise plus ou moins qu'elle ne vaut au moment de la perte de la marchan-

---

(1) Casaregis, Disc. 7, n. 10 et s., et Disc. 10, n. 63 et 65. — Baldasseroni, t. 1, p. 4, et t. 4 p. 356.

(2) Usher v⁵ Noble. East. Rep. 12, 640.—V. aussi Parck, p. 166 ; Benecke. 1, 390.

(3) V. pour l'Allemagne, Ord. de Hambourg, tit. 21, art. 4 ; Nouveau C. allemand, art. 803 — V. pour l'Espagne, C., art. 859.

(4) V. pour la Hollande, art. 612 C. c., — pour les Etats-Unis, v. Collin, v⁵ Newburyport Mar. Ins 9, Mass. Rep. 436 et Philipps, 1,322.

(5) Emerigon, ch. 9, sect. 1, § 3.

dise, et dès lors il ne peut prétendre que c'est toujours le prix par lui payé qui doit être la base de l'indemnité. D'où il conclut que le prix réel d'achat doit être considéré comme la valeur mise en risque, quand il est à peu près conforme au prix courant dans le temps du départ; mais dans la rigoureuse application des principes, c'est ce prix courant, augmenté des frais faits jusqu'à bord, qui doit être la base conventionnelle de l'indemnité, celle que le législateur a entendu prescrire (1).

Cet auteur raisonne comme si nous étions sous l'empire de la loi hollandaise ou de la coutume qui a prévalu aux Etats-Unis. De là une confusion d'idées qui lui fait méconnaître les principes posés par l'art. 339 du C. de commerce. En effet, puisque cet article déclare que le prix coûtant doit prévaloir à défaut de convention, et le prix courant à défaut de prix coûtant, il s'ensuit que ces deux bases d'évaluation sont également admissibles, et puisque les parties sont libres d'estimer l'objet assuré, il est impossible de leur interdire le prix coûtant qui est un mode d'évaluation dont la loi a reconnu la légitimité. De plus, les art. 357 et 358, réduisent l'évaluation lorsqu'elle excède *la valeur* de l'objet soumis au risque. Or, il serait étrange que la *valeur* ne pût se rapporter, tantôt au prix coûtant, tantôt au prix courant, alors que la loi les considère l'un et l'autre comme pouvant en être l'expression.

Ces principes ont été proclamés par la cour de cassation en ces termes :

« La loi abandonne aux parties le droit d'estimer la

---

(1) Fremery, p. 285 et 338. — Comparez dans un tout autre sens Delaborde, p. 76 et 91.

« valeur des marchandises assurées ; elle ne détermine
« aucune base ou règle générale de leur évaluation et
« elle ne fixe le mode de leur estimation que pour le
« cas où les parties n'ont pas déterminé cette va-
« leur (1). »

On objecte qu'il peut y avoir entre les deux prix,
lorsque la marchandise a subi de profonds mouvements
de hausse ou de baisse depuis son achat, des différences plus ou moins considérables, et que si on suppose
une baisse de cinquante pour cent, on en arrive à permettre l'évaluation à cent d'une marchandise qui n'en
vaut que cinquante.

Mathématiquement, cette objection est vraie; elle a
même prévalu en Hollande et aux Etats-Unis. Mais
notre législateur s'est placé à un autre point de vue.

1° Il a considéré que s'il accordait aux parties la
liberté d'évaluer à leur gré l'objet assuré, le contrat
pourrait dégénérer en gageure ; qu'il suffisait, pour
prévenir ce résultat, de leur laisser le choix entre deux
bases d'évaluation qui assignent à la fixation de la valeur des limites à peu près précises.

2° Le prix coûtant représente l'opération, et par suite
une valeur qui se rattache à un trafic futur sur un point
plus ou moins éloigné, opération à laquelle le prix courant au lieu d'expédition peut être plus ou moins étranger. — Dans le cas où le prix courant est inférieur au
prix coûtant, la situation de la place au lieu de reste,
le genre de trafic de l'assuré, ses relations particulières
peuvent lui donner la certitude qu'il réalisera un béné-

---

(1) 8 mai 1839. — Cass. (S. V. 39. 1. 358). — 11 mars 1840. Aix (J. M. 19.
1. 111).

fice. Dès lors, en ce qui le concerne, le prix coûtant peut représenter une valeur certaine. De plus, qui peut savoir les mouvements de hausse ou de baisse qui se produiront entre le départ et l'arrivée?

3° Quant au prix courant, il est toujours juste, car l'assuré pourrait réaliser immédiatement la marchandise moyennant la somme pour laquelle il l'assure.

Ces considérations mises en balance, le législateur s'est arrêté au parti le plus sage. Certain que le contrat d'assurance ne pourrait dégénérer en gageure, il a permis aux parties de choisir en toute liberté entre le prix courant et le prix coûtant, sans s'arrêter à l'écart qui peut exister entre l'un et l'autre.

376. — Lorsque l'assuré choisit le prix coûtant, il n'y a pas à se demander quel est le lieu qu'il faut prendre en considération. Mais il en est autrement du prix courant qui peut différer suivant que l'on choisit le cours du lieu de départ, du lieu d'arrivée, ou des lieux intermédiaires.

Le choix du lieu qui doit fournir le cours était vivement discuté avant l'avénement du contrat d'assurance, lorsqu'il s'agissait d'estimer la valeur des marchandises qui contribuent aux avaries communes (1). La diversité des opinions sur ce point se fit jour à l'origine de ce contrat, au moment où l'on essaya de fonder les règles relatives à l'évaluation des objets assurés.

Santerna, qui a écrit l'un des premiers sur les assurances, proposa le cours du lieu de l'embarquement

---

(1) V. sur ce point, L. 2, § 4, D., De lege Rhodia, et sur cette loi Straccha, Glosse, 6, n. 2. — Assises de la Cour des bourgeois, ch. 45 (Ed. Beugnot, t. 2, p. 44); — Rôles d'Oléron, art. 8: Statut de Pise, ch. XIII ; — Statuts de Marseille, Liv. IV, ch. 31 ; — Consulat de mer, ch. 52.

en principe, sauf à régler l'indemnité d'après le cours
au lieu de débarquement, lorsque l'assureur a garanti
l'heureuse arrivée (1).

D'autres auteurs proposèrent le cours au lieu de la
perte, sans considérer que le navire peut se perdre sur
une côte déserte où il n'y a pas de cours.

Pour concilier ces opinions divergentes, le statut de
Gênes distingue suivant que le navire s'est perdu en
deçà ou au delà de la moitié de la route qu'il doit parcourir. — Dans le premier cas, l'évaluation doit avoir
pour base le prix coûtant, dans le second, le cours au
lieu de débarquement (2).

D'après Casaregis, le cours au lieu de débarquement
doit être la base de l'évaluation, surtout lorsque l'assuré a vendu la marchandise au lieu de destination
avant son départ (3).

En dehors de ces opinions, on distingue suivant que
l'assureur a ou n'a pas garanti le profit.

Dans le premier cas, la marchandise doit être évaluée d'après le cours au lieu de destination, au moment
où le navire y serait parvenu, s'il n'avait pas été atteint
par le sinistre (v. supra, p. 27 et s.).

Dans le second, on suit *le prix courant au temps et*

---

(1) V. sur ce point, Pardessus; Lois maritimes, t. 3, p 383.

(2) Si inter partes non fuerit appositum pretium mercibus vel aliis asse-
curatis, intelligitur pretium, si casus advenerit ante medietatem itineris
confecti, consteum ipsorum cum expensis usque ad eorum onerationem, si
vero ultra medietatem itineris confecti casus evenerit, intelligitur pretium
illud quo valeret in loco ad quem fuissent destinatæ. Statut de Gênes,
1558, L. 5, ch. 17, De securitatibus.

(3) Sine aliqua distinctione tenendum est quod valor mercium perdita-
rum attentendus est ad rationem loci ad quem erant destinatæ... precipue
si assecurati de aliquo partito formato, seu venditione facta cum mercato-
ribus loci destinati, quia tunc per talem venditionem eum dicitur lucrum
redactum ad actum ac verum damnum, quia damnum et lucrum radicatum
a pari procedunt. Casaregis, Disc. 1, n. 135 et 136.

au lieu du chargement, ainsi que le prescrit l'art. 339 du C. de comm., ainsi que l'ont prescrit ou le prescrivent toutes les législations des peuples maritimes (1).

Ce mode d'évaluation peut procurer un bénéfice à l'assuré au cas de perte, lorsque le cours au lieu de destination est très-inférieur à celui qu'avait la marchandise assurée au lieu de départ, mais comme le dit très-bien la cour de cassation : « La différence entre « l'estimation dans la police des objets assurés et leur « prix inférieur d'après le cours au lieu de destination « ne constitue pas le profit espéré énoncé dans l'art. « 347 ; il n'y a, en effet, dans le sens de cet article, de « profit espéré dont l'assurance soit prohibée que lors- « que, aux frais d'achats et aux droits et frais accessoi- « res mentionnés dans l'art. 339, on ajoute une plus « value représentant le bénéfice ou le profit que l'on « espère se procurer par la vente des choses assurées « après leur heureuse arrivée (2). »

Le prix coûtant n'existe pas lorsque les marchandises ont été fabriquées ou assemblées de longue main. Il est évident qu'on ne peut pas dans ce cas recourir à la facture pour fixer l'évaluation et qu'il faut s'en tenir au prix courant (3).

---

(1) Guidon de la mer, ch. 2, n. 9 et 13 ; Ord. Barcelone, 1458, art. 3, et 1484, ch. 1 ; Ord. Séville, 1556, ch. 35 ; Ord. Philippe II pour les Pays-Bas, 1563, tit. 7, art. 2 et 11, et 1570, art. 3 ; Ord. Amsterdam, 31 janvier 1598, art. 2, et de Midlebourg du 30 septembre 1600, art. 3 ; Code marit. de Suède de 1667, 6ᵉ partie, ch. 5, § 2 ; Ord. pour la Suède de 1750, § 2 et 3. — Code espagnol, art. 855 ; Code holl., art. 612 et 613 ; Code portugais, art. 1730 ; Code russe, art. 889 et 895 ; Code pruss., § 1984 ; Nouveau Code allemand, art. 803. — V. aussi Benecke, t. 1, p. 390 et Baldasseroni, t. 1, p. 4, et t. 4, p. 356.

(2) 9 fév. 1852. — C. Rej. (S. V. 52 1. 216).

(3) Guidon de la mer, ch. 2, n. 14 ; Valin, sur l'art. 64 ; Pothier, n. 151 ; Delaborde, n. 86.

377. — On arrive aussi au prix courant lorsque la vente est très-ancienne et que des circonstances extraordinaires ont amené une baisse très-marquée.

Exemple. — Pendant que la guerre civile régnait aux Etats-Unis, un grand nombre de négociants français expédièrent en ce pays des objets destinés à l'usage des troupes. — Après la cessation de la guerre, certains de ces objets subirent une énorme baisse. Les draps surtout furent dans ce cas, et les expéditeurs prirent le parti, ne voulant pas les vendre à trop bas prix, de les réexpédier en France. — L'un d'eux, qui en réexpédia une certaine quantité, les fit assurer d'après le prix de la facture originaire, qui était de beaucoup inférieur à la valeur réelle qu'ils avaient au moment où l'assurance fut conclue. — Après la perte, les assureurs contestèrent l'évaluation que l'assuré voulait faire prévaloir et ils firent décider que la marchandise devait être assurée, non d'après le prix coûtant, qui ne correspondait plus à la véritable valeur, mais d'après le cours du lieu d'expédition (1).

Que conclure de là, si ce n'est que la loi comme la coutume ont surtout en vue le prix coûtant qui se rapporte à l'expédition maritime, par exemple dans cette espèce, le prix payé par l'assuré pour acquérir une partie de drap qu'il devait expédier aux Etats-Unis, s'il avait fait assurer ce drap au moment où il l'y expédiait, prix qu'il ne pouvait plus invoquer lorsqu'il l'embarquait pour être réexpédié en France.

Un fait analogue à celui qui vient d'être signalé se produisit lors de la guerre de Crimée. La paix ayant

---

(1) 31 août 1866. — Mars. (J. M. 44. 1. 293).

été conclue entre la France et la Russie, les commerçants français qui avaient accumulé de grands appro-
visionnements de vivres et surtout de boissons sur le
théâtre de la guerre, ne purent leur trouver un débou-
ché après le départ des troupes. Il en résulta que ces
marchandises n'eurent aucune valeur et qu'il fallut les
réexpédier en France ou en Algérie. De là des assurances. Lorsqu'on voulut évaluer les objets assurés, on
n'eut ni un prix coûtant, parce que celui qui avait existé
n'avait plus aucune raison d'être, ni un prix courant,
car on aurait cherché en vain sur les plages qu'occu-
paient nos troupes un centre commercial, et l'on fut
obligé de s'arrêter à la valeur spéciale que leur donnait
au lieu d'embarquement la possibilité de les réexpédier
en un autre lieu où, coûte que coûte, la vente en était
possible.

378. — En général, le prix coûtant est déterminé
par la facture. Aussi on l'appelle *prix de facture*.
Mais il est des cas où cette pièce ne suffit pas pour déterminer le prix. C'est ce qui arrive, lorsque la marchandise est vendue dans un certain état de détérioration, et que celui qui l'a achetée fait des dépenses plus
ou moins considérables pour la mettre à l'état de neuf.
Il est clair que ces dépenses doivent être ajoutées au
prix d'achat.

Cette observation s'applique aussi, à un autre point
de vue, au trafic que comportent, dans certains cas,
les voyages d'aller et retour.

« Il arrive souvent, dit Pardessus, surtout pour le
« commerce dans les mers très-éloignées, qu'une expé-
« dition d'aller est sans profit ou même très-onéreuse,
« et que l'assuré fait des dépenses pour se rendre dans

« les lieux où il achète son retour. S'il paraît que l'ex-
« cès d'évaluation donnée aux marchandises compa-
« rativement au prix d'achat résulte de ces dépenses
« extraordinaires, nous ne voyons aucun motif pour
« refuser à l'assuré le droit de les considérer comme
« faisant partie de ses achats (1). »

Cette doctrine est reproduite dans une sentence arbitrale où cet auteur figure comme arbitre (2). On y lit :

« Que les contrées situées dans les mers des Indes et
« de la Chine, tant par leur éloignement que par la
« nature particulière du pays et des habitants, offrent
« de grandes difficultés pour le succès des opérations
« qu'y veulent faire les armateurs et commerçants
« français ; qu'on est exposé et réduit souvent à s'y ren-
« dre en quelque sorte sur lest ou à n'y porter que de
« faibles cargaisons, qui, la plupart du temps, donnent
« de la perte à la vente ; tout espoir de récupérer est
« dans le retour. Il est donc vrai que tous ces retours
« coûtent, non-seulement tout ce qui a été déboursé
« pour leur achat, transport et commission, mais en-
« core ce que l'expédition d'aller a exigé de sacrifices
« et de pertes ; si les parties ne prenaient pas, par le
« moyen d'une évaluation amiable, la précaution de
« déterminer la valeur des choses assurées, il faudrait
« entrer dans une multitude de détails et de calculs qui
« obligeraient souvent l'assuré à révéler le secret des
« diverses opérations intermédiaires qu'embrasserait
« son expédition. »

Cette doctrine est exacte. Le prix coûtant se déter-

---

(1) Pardessus, t. 3, n. 817.
(2) 13 août 1824. — Sent. arb. (D. P. 39. 1. 189). — V. Alauzet, t. 1, n. 224.

mine par la facture lorsqu'elle suffit pour l'établir, mais on doit y ajouter toutes les dépenses que fait l'assuré pour donner à la marchandise la valeur qu'elle a au moment où elle est couverte par l'assurance, dépenses qui, réunies au prix d'achat, constituent ce que les commerçants appellent *le prix de revient*.

La sentence arbitrale ci-dessus rapportée fut frappée d'appel. Le croirait-on ? La cour de Paris la confirma parce que *la valeur pour l'assuré... consiste dans le prix réel de la marchandise* AU MOMENT DE LA PERTE, *prix dont l'assureur lui-même profiterait en cas de sauvetage après le délaissement*.

379. — L'art. 339 permet à l'assuré d'ajouter, soit au prix courant, soit au prix coûtant, *tous les droits payés et les frais faits jusqu'à bord*.

Ces frais sont énumérés dans un certain nombre de lois. Ainsi, d'après le Guidon de la mer (ch. 2, art. 9), ils comprennent les emballages, enfonçages, charriages, droits avec provision de celui qui adresse la cargaison, le coût de l'assurance. — L'ordonnance d'Amsterdam du 31 janvier 1598 porte qu'il faut ajouter au coût les frais d'emballage, les droits de sortie, les frais d'expédition, les primes d'assurance. — L'ordonnance de Philippe II (1570) porte qu'il y sera ajouté les frais d'emballage, de douane, de commission, de transport et d'assurance.

Presque toutes les nations maritimes admettent que la prime et la prime des primes sont comprises de droit dans les frais (1).

---

(1) V. Ord. Barcelone, 1458, art. 3, 1484, ch. 1 ; Ord. de Séville de 1556, ch. 35. — V. aussi Nolte, t. 1, p. 825 et s.

Nous avons déjà expliqué pourquoi nous suivons des principes différents.

L'ordonnance d'Anvers, art. 11, ne permet pas de comprendre dans les frais les droits de sortie. Certains jurisconsultes approuvent cette doctrine (1). Mais les commentateurs de l'ordonnance soutiennent qu'ils doivent être ajoutés, et avec juste raison. En effet, la marchandise ne pourrait pas être expédiée sans l'acquittement des droits de sortie, et dès lors ils ajoutent à sa valeur (2).

On doit comprendre dans les frais faits jusqu'à bord, les droits de courtage et de commission. Tel est l'usage commercial.

L'évaluation des frais accessoires a donné lieu à quelques observations de détail, bonnes à consulter. W. Benecke les a exposées avec cet esprit pratique qui le distingue à un si haut degré, principalement dans le traité sur les assurances qu'il a publié en Allemagne (3).

§ IV.

De l'évaluation conventionnelle et de ses effets.

380. — Dispositions relatives à l'évaluation conventionnelle.

381. — Elle est présumée juste, mais peut être réduite si l'excès est prouvé.

382. — Jurisprudence anglaise sur ce point.

383. — Systèmes divers suivis dans différents pays sur la manière de réduire une évaluation excessive.

---

(1) Stypman, p. 459; Kuricke, p. 384.

(2) Emerigon, ch. 9, sect. 6, § 1; Pothier, n. 149.

(3) V. Benecke (trad. franç.), t. 1, p. 353, et dans l'ouvrage en allemand, t. 1, p. 430 et s.

384. — Idées des commentateurs de l'ordonnance sur ce point.

385. — Sous le code de commerce, l'assureur doit prouver que l'évaluation n'est pas juste.

386. — La clause vaille ou non vaille, etc., ne modifie pas cette règle.

387. — Lorsque les deux parties sont d'accord pour surestimer la marchandise, le contrat est nul.

388. — L'assuré ne peut faire réduire l'évaluation.

389. — L'assurance est nulle en cas de fraude. — La réduction ne prouve pas la fraude. — Elle doit être prouvée par l'assureur.

380. — Les articles 336, 357 et 358 du C. de commerce s'appliquent au cas où l'évaluation de l'objet assuré a été portée dans la police. Ils sont ainsi conçus :

Art. 336. — En cas de fraude dans l'estimation des effets assurés, en cas de supposition et de falsification, l'assureur peut faire procéder à la vérification et estimation des objets, sans préjudice de toutes autres poursuites, soit civiles, soit criminelles.

Art. 357. — Un contrat d'assurance ou de réassurance consenti par une somme excédant la valeur des effets chargés est nul à l'égard de l'assuré seulement, s'il est prouvé qu'il y a dol ou fraude de sa part.

Art. 358. — S'il n'y a ni dol ni fraude, le contrat est valable jusqu'à concurrence de la valeur des effets chargés, d'après l'estimation qui est faite ou convenue. — En cas de perte, les assureurs sont tenus d'y contribuer chacun en proportion des sommes par eux assurées. — Ils ne reçoivent pas la prime de cet excédant de valeur, mais seulement l'indemnité de demi pour cent.

Les observations qui suivent sont le commentaire de ces articles.

381. — Lorsqu'une chose assurée, navire ou marchandise, est évaluée dans la police, les droits de l'assuré sont fixés. Cette pensée est exprimée par l'ancienne maxime : *Stante conventionalis taxa, fundata est intentio actoris.*

Cependant si l'évaluation conventionnelle était irrévocable, le contrat d'assurance pourrait dégénérer en gageure. Certains jurisconsultes italiens en étaient si bien convaincus qu'ils considéraient comme illégal ce mode d'évaluation. Mais Casaregis s'éleva contre cette doctrine, parce que, suivant lui, les principes fondamentaux de l'assurance ne sont pas violés par cela qu'il est permis à l'assureur de faire réduire l'évaluation lorsqu'elle est excessive (1). Telle est la théorie qui a prévalu chez presque tous les peuples maritimes (2).

382. — Je ne sais sur quels documents Valin s'est fondé pour soutenir qu'en Angleterre, l'évaluation conventionnelle est toujours maintenue quelque exagérée qu'elle soit. Rien n'est moins exact. Il y eut un moment d'hésitation en Angleterre au sujet de la force légale de l'évaluation conventionnelle, et voici à quoi elle tint.
— Lord Mansfield ayant dit, dans l'affaire Erasmus Vˢ Bancke (3), que l'avarie particulière ouvre la police *(an average loss opens the policy)*, on en conclut, en

---

(1) Si summa assecurata excederet valorem sinistri seu risici, ad hunc excessum non teneretur assecurator, sed tantum ad veram valorem, seu importantiam mercium peramptarum, quia iste casus est contractus assecurationis. — Casaregis. Disc. 7, n. 10.

(2) Ord. Barcelone, 1435, art. 5 et 1458 ; Statut de Gênes, Liv. 5, ch. 17 ; Hambourg, plan revisé ; Prusse, § 1983 et 2087 ; Suède. Ord., art. 3, § 2 . Danemarck, Police de Copenhague, art. 2 ; Amsterdam, art. 7 et 22 ; Code espagnol, art. 856-858 ; Hollande, art. 612 et 615 ; Nouveau C. allemand, art. 790.

(3) Shaw, Vˢ Felton, 2 East. 113.

prenant à la lettre cette observation, que si la taxe doit être maintenue dans le cas de perte totale, on doit, dans le règlement des avaries particulières, considérer la police comme n'étant pas taxée, et dès lors procéder à une nouvelle évaluation, sans tenir compte de celle qui a été convenue.

La réflexion démontra que l'on avait donné aux paroles du savant magistrat une portée qu'elles n'avaient pas. — C'est ce qu'explique très-bien Arnould qui s'élève contre toute distinction entre la perte totale et la perte partielle (1). Aussi, il résulte d'une jurisprudence constante que l'évaluation convenue, lorsqu'elle est conforme à la valeur réelle, doit être dans tous les cas la base du règlement (2).

Cette jurisprudence a du reste son fondement dans le statut 19 de Georges II, ch. 37, qui prohibe tout contrat de gageure. — Aussi Lord Mansfield, faisant allusion à cette disposition, s'exprime en ces termes : — « Il faut que l'évaluation ait été faite de « manière à ce que l'assuré n'y trouve qu'une indem- « nité.... Si au contraire elle excède de beaucoup la « valeur, on doit supposer que l'intention est fraudu- « leuse, et que l'assuré a eu pour but de faire, non un « contrat d'assurance, mais un contrat de gageure (3). »

Il faut le reconnaître cependant, en Angleterre la pratique n'est pas absolument conforme aux principes. L'évaluation conventionnelle n'est réduite que lorsqu'elle est excessive ou entachée de fraude (4). — « Je ne pour-

---

(1) Arnould, t. 1, p. 304 et s.

(2) Forbes V⁴ Espinall. 13. East. 327. — V. aussi Benecke, Principies of indemnity, etc., p. 152 et s.

(3) Marshall, t. 1, p. 394 ; Benecke, t. 1, p. 398.

(4) Stevens, p. 283.

« rai me décider à porter atteinte à l'évaluation con-
« venue (disturb the evaluation), disait dans une affaire
« lord Ellenborough, que lorsque la preuve de la fraude
« sera manifeste (1). »

Ces tendances ne sont pas seulement propres à l'Angleterre ; elles existent aussi en France, où on tolère un
certain excès dans l'évaluation (2).

383. — Les principes qui régissent de nos jours l'évaluation conventionnelle faisaient autrefois difficulté.

Certains jurisconsultes considéraient l'évaluation
conventionnelle, même excessive, comme irrévocable.
Cette opinion prévalut en Portugal (3), ce qui, par
réaction, a inspiré aux rédacteurs du Code de commerce qui régit cette nation, l'art. 1728, d'après lequel
l'évaluation conventionnelle ne fait foi que lorsqu'elle
a été faite par des experts que les parties ont choisis.

D'autres jurisconsultes pensèrent qu'il fallait tolérer
l'erreur dans une certaine mesure, et qu'il suffisait d'en
limiter l'abus. Le Guidon de la mer, ch. 2, art. 13, con-
tribua pour une large part à la propagation de cette
étrange théorie. — On en arriva à n'admettre les récla-
mations de l'assureur que si l'évaluation dépassait de
50 pour cent la valeur réelle : donec appareat lesionem
ultra demidiam factam esse (4).

L'art. 10 de l'ordonnance d'Anvers porte que l'éva-

---

(1) Marshall, Vˢ Parker, 1. Camp. Rep. 69. — V. aussi sur ce point Arnould, t. 1, p. 309.

(2) Fremery, p. 292 et 338 ; Delaborde, p. 88 et 91 ; Morel, Manuel de
l'assuré, p. 670.

(3) Pereira de Castro, Desc. 56, n. 8.

(4) Greuweg, Ad Grotium, L. 3, ch. 24. — Même doctrine dans une thèse
sur les assurances soutenue à Heidelberg, en 1693, par le professeur Abas-
chen, p. 22.

luation peut être contestée par l'assureur s'il prouve qu'elle a été faite par faveur, collusion, dol ou autres moyens frauduleux. Cet article fut considéré par les jurisconsultes du Nord comme l'expression des vrais principes, et ils admirent en conséquence que l'évaluation conventionnelle ne peut être réduite qu'au cas de fraude (1).

384. — Emerigon essaya de donner un autre sens à l'article 10 de l'ordonnance d'Anvers, à l'aide d'une traduction qui remplaçait les mots : *ou par tous autres moyens frauduleux,* par ceux-ci : *ou autrement.* Il le fit pour écarter les conséquences qu'on aurait pu tirer du rapprochement de cet article avec l'art. 8 de l'ordonnance de 1681, qui donne à l'assureur le droit de faire procéder à une nouvelle estimation *en cas de fraude.* — Mais le texte de l'ordonnance d'Anvers est très-clair, et celui de l'ordonnance, quoique corrigé par les art. 22 et 23, avait trahi la pensée du législateur.

L'art. 336 du C. de comm., que les art. 357 et 358 rendent absolument inutile, est rédigé comme l'art. 8 de l'ordonnance. Il n'est donc pas inutile de connaître les controverses auxquelles celui-ci donna lieu.

Valin, dérouté par la rédaction de cet article, essaya d'assigner des limites à la surestimation ; il la fixa au quart, au tiers, et finit par conclure que l'évaluation ne doit être réduite qu'au cas de fraude (2). — Pothier s'éleva contre cette opinion et n'eut pas de peine à démontrer à quel point elle était contradictoire (3). Éme-

---

(1) Kuriche, p. 833 ; Loccenius, p. 981 ; Stypman, p. 459 ; Marquardus, t. 1, p. 334 ; Wedderkopp, p. 133 ; Grotius, Introd. in jurisprud. Holl., p. 155.

(2) Valin, sur l'art. 8.

(3) Pothier, n. 159.

rigon admit que l'évaluation doit être réduite lorsqu'elle ne correspond pas à la valeur réelle, sauf à ne pas tenir compte de légères différences, à cause de l'incertitude sur la valeur des choses, et pour ne pas multiplier les procès (1). Réflexion fort sage, que Dumoulin avait déjà exprimée en ces termes: In commerciis commutativis æqualitas consistit in puncto indivisibili et in quadam latitudine...... æqualitas non est mathematica sed moralis (2).

En même temps, Emerigon soutint que le mot *fraude* a dans l'art. 8 un sens spécial, en ce qu'il comprend le dol réel, qui s'applique à tout excès d'évaluation.

385. — Cette interprétation, qui fut généralement adoptée, assigne à l'art. 336 son véritable sens et n'implique aucune contradiction avec celui qui appartient aux articles 357 et 358. Ces deux articles distinguent suivant que l'excès d'évaluation est dû à l'erreur ou bien à la fraude, distinction importante d'ailleurs, puisque dans le premier cas l'évaluation doit être réduite, tandis que dans le second l'assurance doit être annulée.

Parlons d'abord du premier cas.

En principe, l'évaluation est présumée juste, et c'est à l'assureur à prouver qu'elle ne l'est pas (3): assecuratori incumbit onus probandi, quia præsumendum

---

(1) Emerigon, ch. 9, sect. 5, § 4.

(2) Dumoulin, Trait. contract. usur. quest. 44, n. 179.— Mais Sauterna, qui s'est inspiré de ce principe, va trop loin, lorsqu'il dit : Assecurator tenetur ad magnam estimationem in adventus periculi. — De assec. p. 805, n. 50.

(3) 28 mars 1853. — Mars. (J. M. 33. 1. 109). — 20 novembre 1858. — Aix (J. M. 37. 1. 122); — 14 mai 1861.— Rouen (J. M. 41. 2. 14.); — 23 août 1865. — Nantes (J. M. 44. 2. 27). — 2 juin 1870. — Rouen (S. V. 70. 2. 270). — 20 février 1872. — Cass. (S. V. 73. 1. 67).

sit quod assecuratio facta fuérit eo modo quo fieri debuit (1). — Jugé même qu'en cas de perte, par suite du sinistre, de tous les documents propres à faire cette preuve, l'assureur ne peut imposer à l'assuré l'obligation de prouver l'exactitude de l'évaluation (2).

On ne saurait méconnaître que la situation faite à l'assureur est pleine de difficultés. Il se confie en tout, comme le dit le Guidon de la mer (ch. 2. art. 15) *en la prud'homie de son assuré,* et il lui serait impossible de faire autrement, alors qu'il lui arrive souvent d'accepter dans un même quart d'heure, de dix à vingt assurances (3). Mais d'un autre côté, il importe à l'intérêt général que les contrats aient une certaine fixité, et pour la leur donner, l'exactitude de l'évaluation doit être présumée, sauf la preuve contraire.

386. — On essaya en Italie d'enlever à l'assureur le droit de faire réduire l'évaluation au moyen de la clause : *Vaglia o non vaglia, con il patto di non esse tenuto a dare altre prove che quella del sinistro et la polizza* (4). — On imita cet exemple en France, où on adopta la clause suivante : *Evaluation convenue de gré à gré, vaille ou non vaille, pour tenir lieu de capital en tout temps, en tout lieu, du consentement des parties.* — Un arrêt du Parlement de Paris de 1672 décida que cette clause enlève à l'assureur le droit de faire réduire l'évaluation (5). Émerigon approuve cette doctrine, et un auteur moderne, ne pouvant se figurer que la clause puisse être destituée d'effet, prend un moyen terme, et

---

(1) Casaregis, Disc. 7, n. 12.

(2) 10 décembre 1849. — C. Rej. (S. V. 50. 1. 293. — D. P. 50. 1. 76).

(3) Morel, Manuel de l'assuré, p. 609.

(4) Baldasseroni, t. 1, p. 4, tit. 1, § 16 et 19 et t. 4, p. 302, n. 4.

(5) Journal des audiences, t. 3, liv. 6, ch. 21.

soutient qu'il n'y a lieu de réduire l'évaluation que si l'assureur prouve la fraude (1).

La vraie doctrine est contraire à ces moyens termes. Émerigon, qui a en quelque sorte pris soin de se réfuter, la justifie en ces termes : « Dès que l'assuré veut qu'un « sinistre tourne à son avantage, et recevoir au-delà de « ce qu'il avait exposé en risque, la bonne foi qu'il au- « rait eue dès le principe se convertit en une fraude « véritable (2). » — Dès lors toute renonciation au droit qu'a l'assureur de faire réviser l'évaluation lors-qu'elle est excessive est nulle et de nul effet (3). Mais de ce principe, il ne résulte pas qu'après que l'indemnité est réglée et payée, l'assureur puisse demander à l'as-suré une partie de la somme qu'il a reçue, sous prétexte que l'évaluation est excessive (4).

387. — Lorsque la surestimation donnée à la valeur est connue des deux parties au moment de la formation du contrat, et qu'elles l'ont réciproquement et volontai-rement convenue, ce contrat doit être déclaré nul à l'égard de l'une et de l'autre (5), car il est alors établi qu'elles ont voulu faire un pur contrat de gageure (6).

---

(1) Boulay-Paty, t. 3, p. 339.

(2) Emerigon, ch. 9, sect. 5, § 3.

(3) 31 janvier 1823. — Mars. (J. M. 4. 1. 122). — 9 janv. 1840.— Mars. (J. M. 19. 1. 32). — 1er mars 1842. — Mars. (J. M. 21. 1. 169). — 24 mars 1830. — Aix (J. M. 11. 1. 75. — 11 mars 1840. — Aix (J. M. 19. 1. 111). — 2 mai 1870.— Rennes (S. V. 71. 2. 28). — *Sic* Pothier, n. 159; Bernard, p. 407; Delaborde, n. 86; Morel, p. 676 à 678. — Valin sur l'art. 8, est dou-teux.

(4) 6 sept. 1824. — Mars. (J. M. 5. 1. 216).

(5) Pardessus n. 877; Dalloz, n. 1662.

(6) Contractus sponsionis ille dicitur, quando stipulatur aliqua certa sum-ma in casu cujuscumque sinistri, et non estimatio vel valor mercium, quia tali casu principalis intentio contrahentium vertitur, et respectum sim-pliciter habent ad casum sinistrum, qui accidere possit super mercibus, et isto casu tota summa debetur. — Casaregis, Disc. 7, n. 9.

388. — L'assuré ne peut demander que l'évaluation soit réduite, pour faire réduire la prime (1). Emerigon se fonde, pour soutenir cette opinion, sur ce que l'assuré doit porter la peine de son inadvertance. Je croirais plutôt que son intérêt étant toujours bien moindre que celui de l'assureur, on a pensé qu'il convenait de n'en tenir aucun compte, afin de ne pas multiplier les litiges.

Lorsque l'assurance est réduite, l'assureur reçoit à titre d'indemnité demi pour cent de la somme assurée.

389. — Les articles 357 et 358 prononcent la nullité de l'assurance en cas de fraude, c'est-à-dire dans le cas où l'assuré a surélevé l'estimation dans le but de se procurer un bénéfice.

Mais qui doit faire la preuve de la fraude, alors que l'exagération de l'évaluation convenue est constante? — En d'autres termes, cette exagération fait-elle présumer la fraude, sauf à l'assuré à prouver qu'elle n'existe pas? — Ou bien, la présomption de fraude étant écartée, la preuve de son existence incombe-t-elle à l'assureur?

Les uns soutiennent que la fraude n'est pas présumée (2) ; — les autres qu'elle l'est (3) ; — d'autres enfin qu'elle doit être présumée, lorsque l'exagération étant constante, l'assuré veut se faire payer toute la somme; qu'elle ne doit pas l'être lorsqu'il réduit sa demande à la juste valeur de l'objet assuré (4).

---

(1) 3 août 1848. — Mars. (J. M. 28. 1. 70). — *Sic* Delaborde, n. 87 ; Dalloz, n. 1642 et 1660 ; Bernard, p. 412.

(2) Valin, sur l'art. 28 ; Pothier, n. 78 ; Bernard, p. 394.

(3) Pardessus, n. 876.

(4) Emerigon, ch. 9, sect. 5.

La jurisprudence a suivi les vrais principes; elle a déclaré qu'il n'y avait aucun motif pour s'écarter de la règle d'après laquelle la fraude ne se présume pas, qu'il serait souvent difficile à l'assuré d'écarter la présomption au moyen de la preuve contraire, ce qui, dans un grand nombre de cas, aurait pour effet d'effacer la distinction admise par les art. 357 et 358 (1). — Mais en même temps il a été décidé que la fraude doit être présumée lorsque l'exagération de l'excès ne se peut expliquer par une erreur involontaire, et que c'est alors à l'assuré à prouver que l'erreur a ce caractère (2).

§ ·V.

Règles à suivre lorsque la somme assurée a été stipulée en monnaie étrangère ou que l'objet assuré a été acquis par troc.

390. — Dispositions relatives à ces deux cas.

391. — L'art. 11 de la déclaration de 1779 n'a trait qu'à la conversion des monnaies étrangères en monnaie française.

392. — Différence entre cet article et l'art. 388.

393. — La conversion doit se faire d'après le cours au moment de la signature de la police.

394. — Pour fixer ce cours, on ne doit pas tenir compte du change.

395. — Du commerce par troc.

396. — Manière d'évaluer la marchandise acquise par ce moyen.

390. — Les articles 338 et 340 du C. de comm. sont ainsi conçus :

Art. 338. — Tout effet dont le prix est stipulé dans

---

(1) 2 juillet 1826. — Aix (S. V. 27. 2. 177. — D. P. 28. 2. 173). — 24 mars 1830. — Aix (S. V. 30. 2. 115. — D. P. 30. 2. 173). — 20 août 1835. — Bordeaux (S. V. 36. 2. 111. — D. P. 38. 2. 3).

(2) 6 janv. 1841. — Aix (J. M. 20. 1. 26). — 31 août 1841. — Mars. (J. M. 20. 1. 266). — 28 janv. 1844. — Mars. (J. M. 28. 1. 133).

le contrat en monnaie étrangère est évalué au prix que la monnaie stipulée vaut en monnaie de France, suivant le cours à l'époque de la signature de la police.

Art. 340. — Si l'assurance est faite sur le retour d'un pays où le commerce ne se fait que par troc, et que l'estimation des marchandises ne soit pas faite dans la police, elle sera réglée sur le pied de la valeur de celles qui ont été données en échange, en y joignant les frais de transport.

391. — Lorsque le prix des objets assurés a été stipulé en monnaie étrangère, on doit, pour l'évaluation de ces objets, convertir cette monnaie en monnaie française, d'après le cours à l'époque de la signature de la police. Telle est la règle posée par l'art. 338.

L'art. 11 de la déclaration de 1779 réglait aussi ce point. Il doit son origine à un abus qui s'était introduit dans le commerce qui se faisait avec les colonies françaises. La livre valait dans ces colonies un tiers de moins que la livre de France, et cependant les commerçants qui y avaient acheté des marchandises ne tenaient aucun compte de cette différence et surélevaient par ce moyen l'évaluation (1). Pour mettre un terme à cet état de choses, on ordonna la conversion des deux monnaies selon leur valeur respective.

392. — Il existe certaines différences entre l'art. 338 du C. comm. et l'art. 11 de la déclaration de 1779. — 1° Tandis que l'art. 338 dispose que la conversion doit se faire d'après le cours au moment de la signature de la police, l'art. 11 est muet sur ce point. — 2° Ce dernier article fait défense de déroger aux dispositions

---

(1) Emerigon, ch 9, sect 8; Pothier, n. 146. — Le même abus existait en Angleterre. Benecke, t. 1, p. 374.

qu'il contient, à peine de nullité ; l'art. 338 n'en fait pas mention.

Cette mention figurait dans le projet du C. de comm. en ces termes : *nonobstant toutes conditions contraires.* Le tribunal de Rouen proposa d'y substituer une disposition en sens inverse par l'addition des mots : *à moins de convention contraire.* — Lors de la rédaction définitive, l'une et l'autre de ces deux dispositions finales furent supprimées.

393. — On s'en est prévalu pour soutenir qu'on pouvait prendre un autre cours que celui existant au moment de la signature de la police (1). — Cette opinion est contraire au texte formel de l'art. 338. — Ainsi, il suffit de supposer un chargement fait en Turquie, où la piastre, qui valait 3 fr. vers le milieu du dernier siècle, est descendue de nos jours à 27 centimes, et l'on pourra arriver, en fixant le cours à un moment quelconque avant le règlement de l'indemnité, aux plus graves abus.

394. — Un jugement du tribunal de Marseille a décidé que l'évaluation doit se faire d'après l'état du change, et non d'après le cours (2). — Cette opinion ne saurait prévaloir, car elle ajoute à la loi. Ainsi, supposons qu'au moment de la signature de la police, le florin vaille en Hollande 2 fr. 12 c., ou le dollar aux Etats-Unis 5 fr. 42, on saura ce qu'il est nécessaire de savoir pour appliquer l'art. 338. — Mais s'il arrive que, par suite des conditions du change, qui d'un moment à l'autre peuvent changer, le dollar vaille 5 fr. 50 ou le

---

(1) Alauzet, t. 1, n. 235 ; Dalloz, n. 1645.
(2) 27 août 1840. — Mars. (J. M. 20. 1. 191).

florin 2 fr. 20. il n'y a aucun motif pour faire subir à l'assuré le contre-coup d'un fait qui peut être étranger à son opération, et qui entraînerait, contre son intérêt, la réduction de la somme assurée.

395. — Le commerce se fait nécessairement par troc dans les pays où il n'y a pas de monnaie, et où, suivant l'expression de Montesquieu, chaque partie de marchandise est monnaie de l'autre.

Dans certains pays, le commerce se fait par troc, parce qu'il n'y a aucune monnaie. — Dans d'autres, la monnaie employée est irréductible, ainsi que cela a lieu dans les parties de l'Afrique où les coquillages qu'on appelle *coris* tiennent lieu de monnaie. — Dans d'autres, il existe une monnaie, mais le commerce a lieu principalement par troc. Ce fait se produit dans les échanges entre les Russes et les Lapons.

Les cas où l'assuré se procure la marchandise au moyen d'un troc étaient plus fréquents à l'origine du contrat d'assurance que de nos jours. — Ainsi, il résulte de l'ordonnance de Barcelone de 1484 que les commerçants espagnols ne pouvaient se procurer des marchandises dans le port d'Alexandrie qu'au moyen d'échanges. — D'après l'ordonnance d'Amsterdam du 19 mai 1614, ce genre de commerce s'appliquait dans d'autres pays à un grand nombre de marchandises, et notamment au sucre. — L'exposé fait par Savary des opérations auxquelles se livrait la Compagnie du Sénégal, fondée en 1718, démontre que le troc y jouait le principal rôle (1). Nous sommes à peine séparés du temps où cet état de

---

(1) Savary, Dictionnaire général du commerce, t. 1, p. 371 et s. — Valin, sur l'art. 65, et Pothier, n. 147, avaient donc tort lorsqu'ils soutenaient qu'il n'y avait plus de commerce par troc.

choses existait encore (1). Le commerce par troc n'a pas disparu de nos jours, mais comme il est entre les mains de commerçants établis dans le pays, qui se procurent par ce moyen les marchandises qu'ils vendent à ceux qui les soumettent à des expéditions maritimes, les règles posées par l'art. 340 du C. de comm. n'ont presque plus aucune importance.

396. — Malgré cela, nous allons expliquer cet article.

La manière de régler l'évaluation dans le cas où la marchandise a été acquise par troc, a donné lieu à trois systèmes :

1° L'évaluation en doit être faite d'après la valeur au lieu de déchargement (C. portugais, art. 1731), ce qui implique l'assurance du profit espéré.

2° L'évaluation doit être faite *arbitrio boni viri* au moment où l'indemnité se règle (Ord. de Barcelone et d'Amsterdam déjà citées) ;

3° On évalue la chose donnée en échange, et on y ajoute tous les frais du voyage d'aller. Tel est le système adopté par l'art. 340, qui est conforme à celui qu'avaient consacré le Guidon de la mer, ch. 2, art. 13, et l'ordonnance de 1681, art. 65 (conforme C. holl., art. 620).

Ce dernier système ne tient aucun compte de l'augmentation de valeur qu'a pu acquérir la marchandise, ce qui n'empêchait pas les commentateurs de l'ordonnance de reconnaître que l'assuré avait le droit de l'a-

---

(1) V. un article de Cottin sur le Sénégal, Revue des Deux-Mondes, 1845, t. 1, p. 347.

jouter. C'est aussi ce que pensent les commentateurs de notre code (1).

Du reste, l'art. 340 permet aux parties de fixer elles-mêmes de gré à gré l'évaluation. Elle serait certainement maintenue par nos tribunaux, si, par impossible, il y avait lieu d'appliquer cet article.

(1) Emerigon, ch. 9, sect. 7 ; Valin, sur les art. 15 et 47 ; Dageville, t. 3, p. 152 ; Dalloz, n. 1651. — V. aussi Benecke, t. 1, p. 374.

CHAPITRE VI.

SOMME ASSURÉE.

397. — Différence entre l'évaluation et la somme assurée.

398. — Lorsque la somme assurée n'est pas mentionnée dans la police, l'assurance porte sur toute la valeur de la chose assurée.

399. — Clause qui met l'assureur à la place de l'assuré, *comme si assuré ne fut.*

400. — L'assureur peut-il être tenu de payer au-delà de la somme assurée ?

401. — Cas dans lesquels la question ne peut pas être posée.

402. — Examen de cette question, abstraction faite des clauses de la police qui s'y rapportent.

403. — Examen des principes suivis en Allemagne, en Angleterre et aux Etats-Unis.

404. — Cas dans lesquels les clauses de la police obligent l'assureur à payer, en sus de la somme assurée, le coût des réparations résultant d'avaries antérieures.

405. — Cas où les clauses de la police ne comportent pas un tel engagement.

406. — Lorsque la somme assurée est inférieure à la valeur, l'assureur paye au prorata.

407. — Dans les assurances mutuelles, les obligations des participants sont indéfinies.

397. — On lit dans l'art. 332 : « La police exprime :
« ... La nature et la valeur *de l'estimation* des mar-
« chandises ou objets que l'on fait assurer ; ... *la*
« *somme assurée.* »

Il existe donc une différence entre l'évaluation et la fixation de la somme assurée.

Et en effet, il ne suit pas de ce que l'objet assuré est estimé à une somme quelconque, que l'assureur soit toujours tenu de le garantir pour toute sa valeur. Il peut, après qu'une chose a été estimée 100,000 fr., réduire l'assurance à une somme de 20,000.

Ces 20,000 fr. représentent dans ce cas la somme assurée.

398. — L'indication de cette somme dans la police n'est pas prescrite à peine de nullité, Lorsqu'elle n'y figure pas et que l'assureur se borne à déclarer qu'il assure tel objet, il est admis que l'assurance s'étend à toute sa valeur (1).

399. — A l'origine, le contrat d'assurance constituait une convention spéciale, en vertu de laquelle l'assureur se mettait au lieu et place de l'assuré, *comme si assuré ne fut,* ce qui signifiait qu'il répondait de toutes les pertes causée par les fortunes de mer qui pourraient survenir. Par là, l'assurance était illimitée. La clause qui vient d'être reproduite figurait dans toutes les polices en usage au temps où écrivait Emerigon (2). Mais déjà, à cette époque, on avait le soin, tout en employant l'ancienne formule, de limiter le risque à une certaine somme. D'où une contradiction que les commentateurs de l'ordonnance essayèrent d'expliquer en soutenant que l'assureur qui déclare se mettre au lieu et place de l'assuré, n'a en vue que le cas possible de délaissement.

400. — On s'est posé la question de savoir si la mention dans la police de la somme assurée limite les

---

(1) Pothier, n. 75; Lemonnier, t. 1, n. 141 et s.; Boulay-Paty, t. 3, p. 350; Alauzet, t. 1, n. 229.

(2) Emerigon, ch. 12, sect. 1, § 2.

obligations de l'assureur à cette somme, quelle que soit l'étendue de la perte.

Cette question sera mieux comprise à l'aide d'un exemple.

Assurance d'un navire évalué 50,000 fr. pour toute sa valeur. — Pendant le cours du voyage assuré, une avarie survient qui nécessite une dépense de 20,000 fr. Elle est faite, et l'assuré la paye, après quoi le navire reprend la mer et subit une perte totale ou présumée telle.

L'assuré fait le délaissement et demande à l'assureur, non-seulement le montant total de la somme assurée, soit 50,000 fr., laquelle lui est incontestablement due, mais encore, et en sus, la somme de 20,000 fr. dépensée pour faire les réparations qui ont précédé la perte totale.

Le peut-il?

Cette question s'applique aux marchandises comme au navire, par exemple s'il est nécessaire de débarquer celles-ci dans un port intermédiaire afin de les soumettre aux manipulations que nécessite leur état d'avarie.

401. — Cette question ne peut être posée lorsque l'avarie particulière qui a précédé la perte totale n'a été l'objet d'aucune dépense, car, dans ce cas, l'assuré recevrait en pur gain le montant de cette avarie, s'il lui était payé en même temps que la valeur totale de l'objet assuré (1).

Elle ne peut se présenter dans aucun cas, lorsque l'assureur est *franc d'avaries particulières*.

402. — Cela dit, la question ci-dessus posée se pré-

---

(1) Pohls, t. 6, p. 292; Nolte, t. 2, p. 186 et s.

senta devant la cour de Rouen en 1790. Cette cour décida que l'assureur ne devait que la somme assurée.

Lors des travaux préparatoires du Code de commerce, la cour de cassation indiqua la question et, sans prendre un parti, demanda une solution. Le tribunal de commerce de Pampol émit l'avis qu'il fallait soumettre l'assureur à payer, non-seulement la somme assurée, mais encore, et en sus, le coût des réparations dû à raison des avaries antérieures. Le tribunal du Hàvre s'éleva contre cette opinion et proposa de limiter l'obligation de l'assureur au paiement de la somme assurée.

La question fut encore agitée par les rédacteurs du C. de commerce lors de la discussion des art. 389 et s. — « Le dernier paragraphe de l'article (celui qui cor- « respondait à l'art. 389), disait l'un des commissaires, « en rendant l'assureur garant des avaries et frais « pour sauver la marchandise, exigeait une restriction « que nous avons ajoutée ; elle est conforme à ce prin- « cipe que l'assureur ne peut être tenu au-delà de la « somme assurée et dont il a reçu la prime. »

Malgré cette déclaration, la question a été posée après la promulgation du C. de commerce.

Elle l'a été à trois points de vue différents, savoir :

1º D'après la loi et abstraction faite de toute clause qui lui fut relative ;

2º Lorsque l'assuré se fonde sur certaines clauses de la police pour soutenir que l'assureur doit et la somme assurée et le montant des réparations ;

3º Lorsque l'assureur excipe du même moyen pour soutenir qu'il ne doit que la somme assurée.

Premier point. — Pour soutenir que l'assureur ne doit que la somme assurée, on invoque la tradition, les déclarations qui furent faites lorsque le Code de commerce fut rédigé ; l'art. 332 d'après lequel la police doit énoncer la somme assurée, énonciation qui n'aurait pas de sens si elle n'était pas le régulateur du paiement de l'indemnité ; l'art. 378 dans la partie qui est relative à la sommation faite par l'assuré à l'assureur *de payer la somme assurée ;* l'art. 383 qui parle de poursuites pour obtenir *le paiement des sommes assurées ;* l'art. 384 qui s'occupe *du paiement provisoire de la somme assurée ;* et enfin l'art. 393 qui, dans le cas où la marchandise a été chargée sur un navire autre que celui qui était porteur des facultés assurées, parce que ce navire a été reconnu innavigable, s'exprime en ces termes :

« L'assureur est tenu, en outre des avaries, frais de
« déchargement, magasinage, embarquement, de l'ex-
« cédant du fret, et de tous autres frais qui auront été
« faits pour sauver les marchandises, *jusqu'à concur-*
« *rence de la somme assurée.* »

On induit de cet article que puisque le législateur a voulu maintenir à l'assureur, après le chargement de la marchandise sur le second navire, une position semblable à celle qu'il aurait eue si le premier avait continué la navigation, on en induit, dis-je, qu'il n'est jamais tenu de payer au-delà de la somme assurée (1).

On invoque dans le sens contraire, l'art. 350 qui oblige l'assureur à payer toutes pertes et dommages ; les art. 395 et 396 desquels il résulte que si après la

<hr/>

(1) 8 janvier 1823. — Cass. (S. 7. 1. 177). — Pardessus, t. 3, n. 862 ; Delaborde, n. 206 ; Lemonnier, t. 1, n. 137 et passim ; Boulay-Paty, t. 4, p. 272 ; Fremery, p. 333 ; Dalloz, n. 2232 ; Favard de Langlade, vᵒ Assurance, § 6 ; Bédaride, t. 4, n. 1613.

prise de l'objet assuré l'assureur paie le prix du rachat, il continue à courir les risques qui peuvent survenir après ce paiement jusqu'à concurrence de la somme assurée, d'où la conséquence que ces articles expriment un principe général, d'après lequel les obligations de cet assureur ne sont pas limitées à la somme assurée (1).

On oppose à ces deux arguments que l'art. 350 s'occupe du risque et non du règlement de l'indemnité, et que les art. 395 et 396 ne prouvent rien, puisque l'art. 396 donne à l'assuré qui renonce à prendre à son compte la composition, le droit de s'affranchir des risques en payant la somme assurée, ce qui démontre qu'il ne doit que cette somme.

Cette réponse nous paraît sans réplique.

Et elle devait être telle, car l'opinion de ceux qui soutiennent que l'assureur ne doit rien de plus lorsqu'il a payé la somme assurée, se fonde sur une tradition constante qu'attestent à la fois Pothier, Emerigon et Valin, et enfin sur l'art. 393 dont la portée est décisive.

Avec le système contraire, les engagements des assureurs seraient absolument indéterminés et ces assureurs seraient exposés, alors que la prime ne reçoit aucune augmentation, à payer 40, 50 p. cent, et plus encore, en sus de la somme pour laquelle ils se sont obligés.

Un exposé rapide de la solution qu'a reçue dans les pays étrangers la question, démontrera que lorsqu'on a voulu faire payer à l'assureur plus que la somme assurée, on a tempéré l'extrême rigueur de ce principe en en limitant l'application.

---

(1) Locré, t. 4, p. 305 ; Alauzet, t. 2, n. 297.

403. — En Allemagne, l'art. 116 du plan relatif aux
assurances, en vigueur à Hambourg, contient la disposition suivante :

« L'assuré qui est obligé d'employer une certaine
« somme à la réparation d'avaries survenues au navire
« ou à la marchandise avant l'arrivée au lieu de desti-
« nation, doit aussitôt qu'il en est prévenu faire assu-
« rer les risques qni résultent de cette dépense pour le
« compte de l'assureur et à ses frais, et lorsqu'il néglige
« de le faire, ce dernier n'est pas responsable des ava-
« ries, si plus tard le navire subit une perte totale. Si
« cependant l'assurance ne peut pas être faite sur les
« lieux, ce qui doit être constaté par les attestations
« des courtiers, l'assuré doit en avertir l'assureur et en
« même temps faire tout son possible pour la faire
« consentir sur une autre place, et s'il ne le peut, l'as-
« sureur est responsable. »

Le Nouveau Code de commerce allemand s'est inspiré
des règles déjà posées à Hambourg. En effet, l'art. 844,
après avoir posé en principe que l'assureur n'est tenu du
dommage que jusqu'à concurrence de la somme assurée, dispose qu'au cas de perte totale, il doit, en sus de
cette somme, les frais de sauvetage déboursés par l'assuré, plus tous les frais nécessités par la constatation
de la perte. — Puis, supposant que des avaries communes ou partielles qui ont causé à l'assuré le débours
d'une certaine somme sont suivies d'une perte totale, il
déclare que l'assureur est tenu de payer le montant de
la somme assurée, indépendamment des sommes dé-
boursées par l'assuré en raison des avaries antérieures.

Ce que ce principe a de trop absolu est corrigé par

les articles 845 et 846 qui imposent à l'assuré l'obligation d'avertir l'assureur des pertes qui surviennent pendant le cours de l'assurance, et permettent à ce dernier, lorsque dans les trois jours qui suivent l'avertissement il offre de payer la somme assurée, de s'affranchir de tous les risques ultérieurs.

En Angleterre, lorsque la somme déboursée par l'assuré l'a été dans les conditions de la police de Londres, c'est-à-dire *pour réparer, conserver, mettre en sûreté l'objet assuré, navire ou marchandise, pour en poursuivre le recouvrement par voie de justice,* et que la perte totale survient après, l'assureur doit, indépendamment de la somme assurée, le montant des dépenses faites à raison des avaries particulières.

On suit les mêmes principes aux Etats-Unis, lorsque l'assuré rapporte la preuve que les dépenses causées par les avaries particulières étaient nécessaires et inévitables.

Ainsi, un navire ayant été capturé, l'assuré alloua un dollar par jour au capitaine pour en poursuivre le rachat. Mais comme il ne put être racheté, et que l'assureur dut par suite du délaissement payer la somme assurée, on décida qu'il ne devait pas la somme allouée au capitaine, parce que l'engagement pris envers lui ne constituait pas *une dépense nécessaire* (1).

Dans une autre circonstance où, à la suite d'un embargo, le navire avait été délaissé et acheté plus tard par l'assuré, on décida que les sommes employées par ce dernier pour payer les gages de l'équipage ne constituaient pas une dépense nécessaire, que par suite elles

---

(1) Watson v⁵ Marine Ins. Comp. 7 Johnson's Rep. 57.

ne devaient pas être payées par l'assureur en sus de la somme assurée (1).

Au contraire, il est de jurisprudence que toutes les sommes payées à titre de contribution à une avarie commune antérieure à la perte totale, doivent être payées à l'assuré en sus de la somme assurée (2).

Le rapide exposé qui précède démontre que si les rédacteurs du C. de commerce avaient eu la pensée d'y introduire les principes qui sont en vigueur en Allemagne, en Angleterre et aux Etats-Unis, ils auraient formellement exprimé leur volonté, et que de plus par une disposition précise ils auraient limité les obligations de l'assureur.

404. — *Deuxième point.* — Cependant rien n'empêche les parties de convenir que l'assureur paiera en sus de la somme assurée toutes les dépenses faites par l'assuré antérieurement au sinistre majeur.

Cette obligation pourrait même être implicite. On l'a considérée comme telle dans une espèce où l'assureur avait pris à sa charge *tous les risques et périls généralement quelconques, qui pourraient advenir audit bâtiment, en quelque manière que ce puisse être ou que l'on pût imaginer, se mettant en tout au lieu et place de l'assuré* (3).

Seulement les rédacteurs du jugement et de l'arrêt de la cour de Bordeaux qui l'ont ainsi décidé ont eu le tort de ne pas se fonder exclusivement sur le motif

---

(1) Mc Bride v' Marine Ins. Comp., 7 Johnson's Rep., 483.

(2) Barcker v' Phœnix Ins. Comp. 7 Johnson's Rep., 245. — V. aussi dans ce sens Philipps, t. 2, p. 466.

(3) 3 déc. 1827. — Bordeaux (S. 28. 2. 69. — J. M. 9. 2. 13). — 15 décembre 1830. — C. Rej. (S. V. 31. 1. 16. — D. P. 31. 1. 17).

spécial que leur fournissait la clause de la police. En
y insérant des considérations générales pour établir
que, même sans cette clause, l'assureur aurait été
tenu de payer en sus de la somme assurée les dépenses
faites avant la perte totale, ils ont affaibli la décision
qu'ils étaient chargés de motiver.

405. — *Troisième point.* — Les assureurs se sont
prémunis contre de telles tendances, et dans ce but ils
ont introduit dans les polices une clause qui est ainsi
conçue :

« Les sommes souscrites par les assureurs sont la
« limite de leurs engagements ; ils ne peuvent être te-
« nus dans aucun cas de payer au-delà de la somme
« assurée. »

Il a été décidé, dans un cas où cette clause avait été
stipulée, que les assureurs ne sont tenus de payer,
lorsque l'objet soumis au risque est totalement perdu,
que la somme assurée, quelles qu'aient été les dépenses faites avant la perte totale, à raison des avaries
particulières souffertes par l'objet assuré (1).

Il a été décidé encore, dans un cas où ces dépenses
avaient été payées par l'assureur, que celui-ci avait le
droit de les déduire de la somme assurée au cas de
perte totale (2).

La clause ci-dessus figure aujourd'hui dans toutes
les polices. Dans certaines on y a ajouté les mots :
même dans les risques à terme.

On a voulu induire de là que la clause n'était pas

---

(1) 10 mars 1859. — Douai (J. M. 38. 2. 125). — 25 mai 1859. — Douai (J.
M. 37. 2. 151).

(2) 8 mars 1843. — Douai (S. V. 43. 2. 972).

applicable *aux voyages à prime liée*. — Il va sans dire que cette étrange prétention a été repoussée (1).

Dans une autre espèce, où la police portait la même clause, on voulait induire de ce que l'assurance était à temps limité, avec la stipulation spéciale *que les avaries seraient réglées à chaque voyage,* que l'assureur était indéfiniment obligé, pourvu que chaque règlement ne dépassât pas la somme assurée. — Cette prétention fut repoussée ; elle était d'ailleurs insoutenable (2).

406. — Lorsque la somme assurée est inférieure à la valeur réelle de l'objet assuré, l'assuré est son propre assureur pour la différence : *Dominus mercium dicitur, aut ipsius assecurator, vel assecurationis socius* (3).

Dans ce cas, la perte doit être répartie au prorata entre l'assureur et l'assuré.

407. — Dans les sociétés d'assurance mutuelle, il n'y a de somme assurée pour les participants que lorsqu'ils se font payer les pertes qu'ils ont subies. Mais lorsqu'ils doivent les payer, leurs obligations sont indéfinies.

---

(1) 16 mai 1856. Mars. (J. M. 34. 1 160).
(2) 12 février 1856. — Trib. Bordeaux (J. M. 34. 2. 113).
(3) Deluca, Disc. 106, n. 9.

CHAPITRE VII

DU VICE PROPRE.

408. — Division du sujet.

408. — Le présent chapitre sera divisé en trois paragraphes savoir :

§ 1er. Considérations générales sur le vice propre.

§ 2. Du vice propre des facultés.

§ 3. Du vice propre du navire.

§ Ier.

Considérations générales sur le vice propre.

409. — Définition du vice propre.

410. — Raisons pour lesquelles le vice propre n'est pas à la charge de l'assureur.

411. — Le vice propre peut exister, bien que la perte soit due à l'action d'un agent extérieur.

412. — Manière dont les peuples maritimes expriment l'idée de vice propre.

413. — Le pacte qui met le vice propre à la charge de l'assureur est valable.

409. — On entend par vice propre, celui qui est inhérent à la chose, qui en altère ou corrompt, en détériore, diminue ou anéantit par lui-même la substance. Ainsi, lorsque pendant le cours du voyage, sans le concours d'aucun agent extérieur, si ce n'est celui que contient une chose, celle-ci subit une diminution ou une altération plus ou moins prononcée ; si, par exemple, le vin s'aigrit, le fruit se pourrit, le blé s'échauffe, on doit attribuer ces accidents au vice propre.

L'art. 352 du C. de commerce qui statue sur ce point, est ainsi conçu :

« Les déchets, diminutions, pertes, qui arrivent par
« le vice propre de la chose... ne sont point à la charge
« des assureurs. »

410. — Ce principe est commun à toutes les législations maritimes (1). — Mais il ne suffit pas de constater son existence, il importe de rechercher les raisons juridiques sur lesquelles il est fondé.

Casaregis en donne deux. — « Les assureurs, dit-il,
« sont tenus d'un dommage futur dont la cause doit
« exister dans l'avenir ; mais ils ne peuvent être sou-
« mis à un dommage passé. Dès lors ils sont affran-
« chis du vice propre qui existe au moment où le con-
« trat se forme. — Il ajoute, de plus, que l'assurance
« est une vente. Or, dit-il, de même que le vice caché
« de la chose vendue annule ce contrat, de même le
« vice propre de la chose assurée ne peut pas être
« mis à la charge de l'assureur : *quod est contractus*
« *emptionis iisdem reguletur* (2). » — Marquardus
adopte aussi les raisons données par Casaregis (3).

---

(1) Guidon de la mer, ch. 5, art. 8 ; Ord. de 1681, art. 29 ; Ord. de Burgos, art. 29 ; Ord. de Bilbao, ch. 22, art. 18 ; Edit de Sardaigne, art. 14; Ord. Pruss., § 2222-2225 ; Hambourg, tit. 5, art. 7 et 8 ; C. holl., art. 643, 644 ; C. portugais, art. 1701, 1762, 1763 ; C. espagnol, art. 862 ; Code sarde, art. 382 ; Nouveau C. allemand, art. 789 et 825.

(2) Assecuratores tenentur solum de periculo futuro vel habentem causam de futuro, secus habente causam de præterito et a vitio rei assecuratæ de tempore contractus. — Casaregis, Disc. 142, n. 28-33.

(3) Assecurans periculum in se videtur futurum, non etiam præteritum... deficit contractus in casus hujusmodi. — Marquardus, lib. 2, cap. 13, n. 27.

Mais il ajoute : On doit présumer que le consentement des parties n'a pas porté sur le vice propre.

Ainsi, en écartant l'assimilation entre l'assurance et le contrat de vente, les anciens auteurs assignent à la règle qu'a consacrée l'art. 352, deux motifs principaux :

1° L'assurance a été instituée pour garantir les pertes futures et dès lors elle exclut le vice propre dont la cause existe au moment où elle est consentie ;

2° On doit présumer que l'assureur n'a pas voulu garantir le vice propre.

Ce dernier motif est seul soutenable. — Avec le premier, il faudrait admettre que les risques de guerre ne sont jamais à la charge de l'assureur lorsque les hostilités ont commencé au moment où l'assurance est consentie. En effet, dans ce cas, ces risques *habent causam de præterito*.

C'est avec raison, selon nous, que pour exclure le vice propre de l'assurance, on se fonde sur le défaut de volonté de l'assureur. La raison en est que les pertes qui en sont la suite dépendent le plus souvent, non plus du transport de la marchandise, mais de l'opération commerciale et des chances qu'elle comporte. Or, comme les pertes dues à cette dernière cause ne sont pas comprises dans l'assurance, on doit présumer, à moins de stipulation contraire, que l'assureur n'a pas voulu en répondre.

411. — Au premier abord, l'idée de *vice propre* paraît très-simple; on pourrait croire qu'il suffit, pour la posséder, de distinguer, entre les différentes causes de perte, celles qui existent par l'action d'un agent extérieur, tel que la tempête, l'échouement, le naufrage, etc., de celles qui sont inhérentes à la chose elle-même et qui proviennent *ex ipsa re, ex intrinseca ejus natura.* Du reste, c'est ainsi que parlent presque tous nos auteurs. Cependant, cette distinction, quoique vraie dans la plupart des cas, n'est pas toujours exacte. Elle est exacte lorsque la marchandise se détériore et que le vice propre peut seul expliquer pourquoi il en est ainsi. Elle ne l'est plus, suivant les cas, lorsque la perte peut être attribuée à l'action de l'eau qui cerne le navire de toutes parts. Supposez, ce qui est arrivé, qu'un chargement d'oranges arrive au lieu de reste dans un état complet de pourriture et qu'il se trouve dans cet état parce que le navire n'était pas tout-à-fait étanche au moment où ces oranges ont été embarquées, vous aurez alors une perte par vice propre, bien qu'elle soit due à un agent extérieur. Il faut donc, pour avoir une idée exacte du vice propre, lui opposer, dans les cas difficiles, l'idée contraire, qui est la fortune de mer.

412. — Les peuples maritimes expriment sous différentes formes l'idée de vice propre. Ainsi on dit : — en Angleterre, *damage occasioned by the defects of the thing assured ;* — en Allemagne, *Innerer verderb ;* — en Espagne, *Mercaderias que se danan per si mismas ;* — en Italie, *vizio intrinseco della cosa assecurata.*

413. — L'art. 353 C. comm. met la baraterie de patron à la charge de l'assuré; *s'il n'y a convention contraire.* La faculté de déroger au principe posé par l'art. 352 à l'égard du vice propre n'est pas écrite dans cet article. Cependant son existence n'a jamais fait l'objet d'un doute (1), et c'est avec juste raison, car le

---

1. Emerigon, ch. XII. sect. 9.

vice propre est un risque. Sans doute, ce risque n'est pas absolument maritime ; il est plutôt une des chances de la spéculation. Mais comme la chance suppose le risque, et le risque la possibilité d'une perte, le vice propre contient tous les éléments d'un contrat d'assurance. Un vendeur qui s'oblige à livrer de tel point à tel autre une marchandise à l'état sain, garantit en réalité le vice propre et peut faire assurer ce risque. On ne voit pas dès lors pourquoi le propriétaire d'une marchandise n'aurait pas le même droit.

§ II.

Vice propre de la marchandise.

414. — La théorie du vice propre se meut dans trois cas. — Vice propre certain. — Fortune de mer certaine. — Action de l'un et de l'autre.

415. — L'application de cette théorie gît presque toujours en fait.— Exemples.

416. — Chargement de morues vendu dans un port intermédiaire par ordre des autorités locales.

417. — De l'humidité chaude et de son action.

418. — Vice propre des fruits. Ils sont en général assurés *francs d'avaries particulières.*

419. — Du transport des animaux vivants.

420. — Dommage causé à la marchandise par les rats.

421. — Lorsque l'action de la force majeure est constante, il importe peu que la nature de la marchandise ait rendu la perte possible.

422. — La combustion spontanée de la marchandise constitue-t-elle un vice propre?

423. — Le développement du vice propre causé par le retard qui résulte des vents contraires n'est pas à la charge de l'assureur. — Il en est autrement de la perte résultant d'une relâche forcée.

424. — La perte qui est due à la fois au vice propre et à la force majeure doit être répartie entre l'assureur et l'assuré.

425. — L'assureur n'est pas responsable du développement du vice propre causé par un cas fortuit dont il ne répond pas.

426. — Du coulage des liquides et de la clause *franc de coulage*.

427. — Le chargeur répond du vice propre du navire.

428. — Le défaut de certificat de visite peut lui être imputé.

429. — Il peut convenir qu'il ne sera point responsable du défaut de certificat de visite et du vice propre du navire.

430. — On doit présumer le vice propre, lorsque le fait de force majeure n'est pas entièrement prouvé.

414. — Les circonstances dans lesquelles se meut la théorie du vice propre sont très-diverses et comportent trois hypothèses.

Première hypothèse. — Alors que le temps le plus calme a régné pendant toute la traversée, que le navire est parvenu sans accident au lieu de destination, la marchandise qui compose la cargaison est plus ou moins avariée ; le vin s'est aigri, les oranges ne sont que pourriture, le charençon a envahi le blé. Dans tous ces cas, la cause qui a engendré la perte n'est pas difficile à déterminer ; elle doit être attribuée au vice propre.

Seconde hypothèse. — Pendant la route, le navire a été assailli par le mauvais temps ; battu par la tempête, secoué avec violence, ses membrures se sont disjointes, l'eau a pénétré dans la cale ; le chargement était composé ou de sucre qui s'est changé en sirop, ou de farine que la mouillure a altérée ou corrompue. Nul doute. Le vice propre est étranger à la perte ; elle doit être attribuée à la force majeure.

Troisième hypothèse. — Le chargement se composait de fruits ; quelques-uns étaient gâtés, mais le reste était sain. L'eau ayant pénétré dans la cale à la suite d'une violente tempête, la pourriture a tout envahi, tout détruit. Dans ce cas, la perte doit être attribuée, — partie au vice propre, puisque, avant la tempête, il avait déjà produit ses effets, — partie à la force majeure, puisqu'elle a complété l'œuvre de destruction que le vice propre avait commencé.

Entre l'action du vice propre et celle de la force majeure, entre ces deux pints extrèmes que de points intermédiaires, que de nuances! A quelles incertitudes le juge n'est-il pas soumis lorsque le vice propre paraît certain, et que cependant quelques phrases du rapport de mer, quelques-unes de ces phrases qu'on dirait stéréotypées lorsque l'intérèt du chargeur l'exige, laissent supposer que le cas fortuit a eu aussi une certaine action, et que s'il n'est pas l'unique cause de la perte, il l'a du moins complétée.

415. — Lorsqu'on aborde la théorie du vice propre, le plus difficile n'est pas d'exposer les principes qui la constituent, mais de bien dégager les diverses applications que ces principes comportent. Pour cela il faut des exemples. Nous allons essayer d'en présenter en assez grand nombre pour qu'ils servent de type aux différentes espèces qui pourraient se présenter.

Ainsi, un chargement se compose de lard en baril. Ce lard se corrompt et devient de nulle valeur. Si aucune cause extérieure ne peut expliquer l'état dans lequel il se trouve, on dira que la perte est due au vice propre, car le lard est susceptible de se corrompre. — Si, au contraire, l'introduction de l'eau dans le navire, due à un cas de force majeure, explique l'avarie, on en conclura que le vice propre ne peut être invoqué et que l'assureur est responsable.

Les morues sont susceptibles de se corrompre. Cependant, dans une espèce où il fut établi qu'elles étaient dans un état de putréfaction par suite de l'introduction de l'eau dans la cale causée par le mauvais temps, on décida que les assureurs étaient responsables de la perte (1).

416. — Un exemple relatif à un chargement de morues démontre avec quel soin les questions de fait qui se rapportent au vice propre doivent être traitées. — Un navire, porteur de morues sèches, fut obligé par suite du mauvais temps d'entrer dans un port intermédiaire dépendant d'un pays alors affligé d'une grave épidémie. Les autorités, qui avaient pris certaines mesures sanitaires, pensèrent que l'odeur particulière qu'exhale la morue sèche pouvait être nuisible, et obligèrent le capitaine à se défaire du chargement. De là une perte qui donna lieu à une action dirigée contre les assureurs. Ceux-ci soutinrent qu'il résultait de la mesure prise par les autorités locales que la perte des morues était due à leur vice propre. Mais leur exception fut rejetée, parce que l'odeur particulière qu'exhalent les morues existe aussi lorsqu'elles sont à l'état sain (2).

417. — Les espèces ne sont pas toujours aussi simples. Il arrive souvent, surtout dans les régions tropicales, que le vice propre éclate ou se développe par suite de la chaleur humide qui se dégage dans la cale du navire. Lorsque le navire a subi quelques jours de mauvais temps pendant la traversée et qu'il a fatigué, une grave incertitude plane sur la véritable cause à laquelle la perte doit être attribuée. Est-elle due à l'hu-

---

(1) 30 mai 1864. — Paris (J. M. 42. 2. 144).
(2) 18 novembre 1869. — Rennes (J. M. 17. 2. 127).

midité chaude ou bien à l'action de la tempête? Ce sont
là des questions de fait qu'il n'est pas toujours facile de
résoudre.

418. — Il existe aussi des marchandises qui ne peuvent faire une traversée, même courte, sans subir à un
degré quelconque les atteintes du vice-propre. Telles
sont les oranges. Lorsqu'elles sont débarquées, on voit
flotter autour du navire celles qui sont jetées à l'eau à
cause de leur état de pourriture, et l'on peut remarquer
le travail des douaniers qui, attentifs, prennent note
de ce sacrifice, afin que les droits d'entrée soient dimi-
nués d'autant. La même observation s'applique en général à tous les fruits, et c'est pour cela qu'il est d'usage
de ne les assurer qu'à raison des pertes auxquelles les
exposent les sinistres majeurs.

419. — Il y a lieu d'appliquer les principes du vice
propre au transport des animaux. Il est certain que
lorsque leur mort est due à une maladie, les assureurs
n'en sont pas responsables (1). Mais il n'en est pas de
même lorsque par l'effet d'une violente tempête ils sont
fortement secoués, précipités contre les bords du navire
et que par suite des chocs réitérés auxquels ils sont
soumis, ils reçoivent des blessures qui causent leur
mort ou leur procurent des infirmités qui les rendent
invendables ou de moindre valeur.

420. — Le dommage causé par les rats à la mar-

---

(1) 18 janvier 1844, — Mars. (J. M. 23. 1. 133). — *Sic* Emerigon, ch. 12,
sect. 9, § 4; Alauzet, t. 3, p. 385; Pardessus, t. 3, n. 773. — V. aussi dans
ce sens, Benecke, t. 3, p. 275; Pohls, t. 6, p. 321. — Emerigon parle
aussi de l'assurance des esclaves (ch. 12, sect. 10). Il existait sur ce point en
Angleterre plusieurs statuts rendus sous le règne de Georges III, qui sont
aujourd'hui dénués d'intérêt pratique.

chandise doit-il être attribué au vice propre ou au cas fortuit ?

L'art. 825 du nouveau Code allemand affranchit l'assureur des dommages causés par les rats et les souris *(Oder.... durch Ratten oder Mausse verursacht wird)*. Une décision de la haute cour de Pensylvanie consacre la même règle (1).

En France, l'on estime au contraire que l'assureur répond du dommage causé par les rats, et c'est avec juste raison, car cette cause de perte, loin d'être inhérente à l'objet assuré, lui est extérieure. De plus, elle provient d'une fortune de mer, attendu que la présence des rats dans les navires n'est pas un fait absolu. — On objecte que ces animaux ont plus d'attrait pour certaines marchandises que pour d'autres, et que par ce motif on doit attribuer au vice propre les dommages qu'ils causent ; mais à ce compte, et par la même raison, il faudrait admettre que toute marchandise qui se détériore au contact de l'eau, subit les effets du vice propre, même dans le cas où cette cause de détérioration est due à un cas fortuit, car il peut être allégué qu'elle ne se serait pas détériorée si elle avait été de celles qui, comme la pierre, peuvent être soumises impunément à ce contact.

S'il était démontré que les rats étaient dans les ballots qui ont été embarqués, la perte serait due au vice propre, car alors la cause de la détérioration soufferte par l'objet assuré proviendrait du fait de l'assuré qui aurait introduit les rats dans le navire.

La preuve de ce fait serait à la charge de l'assureur.

---

(1) Philipps, p. 251. — V. aussi Pohls, t. 6, p. 357.

La question était ainsi comprise dans une espèce où les parties discutaient sur le point de savoir si les rats qui avaient endommagé la marchandise étaient dans le navire ou bien s'ils y avaient été introduits avec les ballots de galles de noix qui composaient le chargement. L'assuré opposait à l'assureur, dans une consultation délibérée par Mᵉ Senard, une démonstration saisissante (1). Il y était dit, entre autres choses :

« Ce n'est pas, en effet, le manque d'air et l'impossibi-
« lité de se mouvoir qui feraient périr les rats qu'on
« supposerait enfermés. Ils seraient immédiatement
« broyés dans le tassement et la pression que le grain
« subit au moment de la formation des ballots. »

Ce raisonnement était inébranlable, et la cour de Paris condamna les assureurs (2).

421. — Souvent, les assureurs soutiennent, alors que l'action de la force majeure est constante, qu'ils ne doivent pas supporter toute la perte, parce qu'une partie doit en être attribuée au vice propre. — Deux causes, disent-ils, ont concouru à la perte : le vice propre et le cas fortuit qui en a déterminé le développement et l'intensité. Dès lors, il faut tenir compte de l'une et de l'autre, et mettre une partie de la perte à la charge de l'assuré.

Le tribunal de Marseille a toujours repoussé cette prétention par des motifs qui méritent d'être rapportés (3).

« Il ne suffit point, dit-il, que l'objet assuré puisse se

(1) V. Morel, Manuel de l'assuré, p. 611.

(2) 21 décembre 1843. — Paris (S. V. 44. 2. 200. — D. P. 44. 2. 118. — P. 41. 1. 82).

(3) 13 août 1839. — Mars. (J. M. 18. 1. 352). — 14 février 1848. — Mars. (J. M. 27. 1. 123).

« détériorer par le vice dont il porte le germe pour que
« les assureurs puissent invoquer l'art. 352, il faut en-
« core que le vice propre ne doive point son dévelop-
« pement et son intensité à des évènements qui sont à
« la charge des assureurs. » — Dans une espèce où
l'eau avait pénétré, par un fait de force majeure, dans
la cale, et avait mouillé le blé que le charençon avait
détruit, ce tribunal ajoutait : — « que si les principes
« ci-dessus ne devaient pas prévaloir, les assurances
« sur les blés seraient presque illusoires, puisqu'il est
« établi que le charençon existe en germe dans toute
« espèce de blé, jeune ou vieux, et que le blé le mieux
« conditionné à l'embarquement peut s'échauffer et se
« charençonner par le seul contact d'une partie mouil-
« lée qui est en fermentation. »

422. — Il est notoire que certaines marchandises,
telles que le foin, la paille, le coton, les chiffons, le
charbon, etc., sont susceptibles de combustion spontanée, ou, en d'autres termes, de brûler d'elles-mêmes et
par elles-mêmes, sans le concours d'aucun agent extérieur. Lorque la perte peut être attribuée avec certitude
à cette cause, il faut de toute nécessité admettre le vice
propre.

Mais comme l'art. 350 du C. de comm. met à la charge
des assureurs toutes pertes et dommages *qui arrivent
aux objets assurés par le feu,* tout incendie qui éclate
à bord du navire est présumé fatal, à moins que l'assureur ne prouve qu'il est dû à la combustion spontanée
du chargement. Or, cette preuve est si difficile, que
presque toujours l'assureur devra supporter la perte. —
Cependant, j'ai vu décider contre l'assuré, dans une
espèce où il s'agissait de savoir si un chargement de

foin avait péri par suite de sa combustion spontanée, que l'incendie dérivait du vice propre.

On a toujours remarqué que les chargements de charbon étaient soumis à des incendies qu'aucune circonstance, si ce n'est la combustion spontanée, ne pouvait expliquer. Ils sont devenus si fréquents de nos jours, qu'en 1875 on forma en Angleterre une commission chargée de rechercher la cause de leur fréquence. Cette commission déposa son rapport le 18 juillet 1876. Elle y consigna que souvent les incendies à bord des navires chargés de charbon étaient dus à la présence des substances sulfureuses, et plus spécialement de pyrites de fer composés de fer et de soufre ; que ce corps se combinait avec l'oxygène de l'air, de manière à oxider le soufre, d'où il résultait un dégagement de chaleur, capable par son intensité de déterminer la combustion.

Depuis que la commission anglaise a donné cet avis, les tribunaux de commerce de Marseille (3 mars 1875) et de Paris (22 décembre 1875), dont les jugements ont été confirmés en appel, n'ont pas hésité à déclarer que la combustion spontanée du charbon renfermé dans un un navire pouvait être attribuée au vice propre (1).

423. — Le retard que subit l'arrivée du navire au lieu de destination par suite des vents contraires ne constitue pas par lui-même une fortune de mer. Dès lors, si ce retard met en action ou développe le vice propre de la marchandise et en cause la perte, l'assureur n'en est pas responsable (2).

_____

(1) V. sur ce point les excellentes observations de de Courcy, p. 347 et s.

(2) 10 janvier 1842. — Bordeaux (S. V. 42. 2. 150. — D. P. 40. 2. 61). — 21 juillet 1848. — Paris (J. M. 27. 2. 181). — _Sic_ Pardessus, n. 856 ; Lemonnier, t. 1, n. 164 ; Alauzet, t. 3, p. 386 ; Bédarride, t. 4, n. 1264.

Il en est de ce cas comme de celui où l'assuré subit un dommage tenant à ce que la marchandise n'est pas arrivée au lieu de reste au moment le plus favorable pour la vente, alors qu'elle aurait pu y arriver si le navire n'avait pas été retardé dans sa marche.

La solution doit être tout autre et l'assureur est responsable lorsque les détériorations que cause le vice propre sont la suite du séjour prolongé du navire dans un port de relâche, où on a dû le faire entrer pour réparer les avaries dues à une fortune de mer. Il y aurait contradiction dans ce cas, si, étant reconnu que sans le fait de force majeure la marchandise serait arrivée à l'état sain, on n'admettait pas que c'est à une fortune de mer qu'il faut attribuer l'action du vice propre et la perte qui en a été la suite (1).

Sans doute, cette conclusion suppose que la question de savoir si la marchandise serait arrivée à l'état sain est résolue. Or, une telle question comporte un examen conjectural, qui, malgré l'habileté des experts, ne permettra pas toujours d'arriver à une certitude suffisante. Mais, quel que soit l'embarras des juges à raison du caractère de l'expertise, ils oublieraient leur devoir si, pour échapper à l'examen du fait, ils prenaient parti, soit pour l'assureur, soit pour l'assuré, et livraient tout au hasard.

424. — Entre les deux cas où il est prouvé que la perte de la marchandise est la suite, soit de la seule action du vice propre, soit d'une fortune de mer, il en existe d'autres où ces deux causes concourent simultanément, et où il est permis de déterminer distinctement,

---

(2) De Courcy, p. 341.

à l'aide de présomptions suffisantes, ce qui appartient à l'une et à l'autre. Dans ce cas, la perte doit se répartir en proportion de l'effet produit par chacune d'elles (1).

425. — Il faut encore, pour que la perte soit à la charge de l'assureur, que le fait de force majeure qui a créé l'action du vice propre ou qui l'a développée, fasse partie des risques dont celui-ci est tenu.

Ainsi lorsque l'assureur est *franc d'avaries particulières,* l'assureur ne répond pas du vice propre, qui ne doit son action qu'à une avarie particulière (2).

De même lorsque l'assureur ne répond pas de la baraterie de patron, si le vice propre a agi ou s'est développé par suite d'une faute imputable à ce dernier, l'assuré doit supporter la perte (3).

426. — Le coulage des liquides est ordinaire ou extraordinaire. — Celui qui est ordinaire n'est pas à proprement parler un vice propre, tant il est inévitable, mais une charge de la spéculation.

Il varie suivant la nature du liquide, le plus ou moins de longueur de la traversée, et même suivant la saison pendant laquelle le voyage s'effectue. En général, l'usage a déterminé la quotité du coulage correspondant à chaque nature de liquide. Il est de 2 p. cent pour le petit cabotage, de 4 p. cent pour le grand cabotage, et pour les voyages au long cours, de 10 p. cent pour les vins, eaux-de-vie, liqueurs et huiles ; de 10 à 15 p.

---

(1) 16 juin 1840. — Aix (J. M. 19. 1. 306. — D. P. 40. 2. 699). — 7 juin 1841. — Bordeaux (Mém. Bord. 8. 1. 204). — 26 nov. 1844. — Mars. (J. M. 24. 1. 86). — 10 juillet 1848. — Aix (J. M. 27. 1. 134). — 21 janvier 1875. — C. Rej. (S. V. 75. 1. 160). — *Sic* Alauzet, t. 3, p. 387 ; Dalloz, n. 1912.

(2) Benecke, t. 3, p. 342.

(3) Conférez Marquardus, L. 2, c. 13, n. 48 et s.; Sauterna, pars. 4, n. 31 et s.

cent pour les indigos ; de 13 p. cent pour les sucres bruts.

Lorsque le coulage excède la quotité admise par l'usage, on dit qu'il est extraordinaire.

Dans ce cas, il peut être causé par le mauvais conditionnement des fûts, et alors il résulte du vice propre ; ou bien par une fortune de mer dont l'assureur répond encore ; ou par la baraterie du patron, c'est-à-dire par un risque qui n'est à la charge de l'assureur que s'il s'y est expressément obligé (1).

La cause du coulage extraordinaire est souvent difficile à connaître. Aussi a-t-on imaginé, pour en supprimer la recherche, de n'assurer que *franc de coulage*.

Par l'effet de cette clause, l'assureur ne répond pas du coulage extraordinaire qui serait à sa charge sans elle.

« Considérant, dit un jugement de Marseille, que si
« la contestation devait être jugée d'après les principes
« du droit commun, il n'est pas douteux qu'on devrait
« mettre à la charge des assureurs, la perte résultant
« du coulage considérable éprouvé par les barriques
« d'huile dont s'agit, sous la bonification toutefois du
« coulage ordinaire et naturel procédant du vice pro-
« pre de la chose, et dont les assureurs ne sont jamais
« tenus aux termes de l'art. 352 ;.... mais considérant
« que dans l'espèce les parties ont dérogé par un pacte
« spécial au droit commun, en stipulant dans la po-
« lice que les assureurs ne répondent pas du coulage
« sur les liquides ; que cette clause est expresse, gé-

(1) Emerigon, ch. 12, sect. 9 ; Pothier, n. 66 ; Pardessus, t. 3, n 773. —
Il en est ainsi en Angleterre. V. Weskett, v° *Leccage*

« nérale et absolue et affanchit les assureurs *de tout*
« *coulage,* même de celui qui arrive par tempête ou
« autre accident de mer ;.... qu'il en est effectivement
« de la clause *franc de coulage* comme de la clause
« *franc d'avaries particulières ;* que l'une et l'autre
« ont toujours été entendues dans un sens absolu et ne
« sont susceptibles de modification que dans le cas de
« sinistres majeurs ou lorsqu'il s'agit de pertes et
« dommages volontairement soufferts pour le salut
« commun (1).... »

Ainsi que l'indique ce jugement, la clause franc de
coulage ne s'applique qu'au cas où les liquides subissent une avarie particulière. Dès que la perte qui résulte du coulage extraordinaire est due à un sinistre
majeur ou bien à une avarie commune, ce qui arrive
lorsque, pour le bien et salut commun, les futailles sont
défoncées pour alléger le navire, l'assureur répond de
la perte.

La clause *franc de coulage* peut être réduite à une
certaine quotité, par exemple à 10 p. cent. Dans ce cas
on déduit du coulage qui a été constaté : 1° le coulage
ordinaire; 2° 10 p. cent en plus. Ce qui excède après
cette déduction est à la charge des assureurs.

Les détériorations que subissent les liquides ne doivent pas être confondues avec le coulage, et l'assureur
en est responsable malgré la clause qui l'affranchit de
ce dernier risque. Il en est ainsi lorsque le vide produit

---

(1) 5 mai 1818. — Mars. (J. M. 3. 1. 183). — 23 novembre 1818. — Aix
(S. V. C. N. 5. 2. 427). — 8 juillet 1822. — Mars. (J. M. 5. 1. 248). — 14
mars 1823. — Aix (S. V. C. N. 7. 2. 181). — 9 juin 1828. — Mars. (J. M. 9.
1. 328). — *Sic* Emerigon, ch. 12, sect. 9, § 2; Lemonnier, t. 2, n. 443;
Alauzet, t. 2, n. 330.

par un coulage extraordinaire est rempli par l'eau
qu'une violente tempête a fait pénétrer dans la cale du
navire (1).

Lorsque l'assureur est franc de coulage, les frais qui
lui sont relatifs doivent être supportés par l'assuré (2).
Il en est autrement de ceux qui sont faits pour sauver
la marchandise des suites d'un sinistre majeur, dont
l'assureur répond (3). Lorsque le coulage est partie à
la charge de l'assureur, partie à la charge de l'assuré,
les frais doivent être répartis entre eux proportionnément à leur intérêt.

427. — L'art. 352, qui met à la charge de l'assuré
les pertes résultant du vice propre, ne distingue pas
entre la marchandise et le navire qui en est porteur. Si
donc la marchandise périt par le vice propre du navire, l'assureur n'est pas responsable de la perte. Ce
principe est constant (4). Une règle différente domine
en Angleterre ; mais elle n'y a été admise que sur le
fondement d'une fiction, par laquelle on suppose que
les parties ont convenu que la perte résultant du mauvais conditionnement du navire affrété par l'assuré
serait à la charge de l'assureur (5).

428. — Ainsi que nous l'exposerons dans le paragraphe suivant, Emerigon pensait que l'assuré ne pouvait se soustraire à l'exception de vice propre lorsqu'il

---

(1) 9 mars 1829. — Mars. (J. M. 10. 1. 129).

(2) *Sic* Parère délibéré à Marseille le 1ᵉʳ février 1821 (J. M. 5. 2. 181).

(3) Sentence arbitrale rendue à Marseille le 8 juin 1839 (J. M. 18. 2.
145).

(4) V. Lemonnier, t. 1, n. 219 ; Pardessus, t. 3, n. 866 ; Locré, t. 2, p. 498;
Boulay-Paty, t. 4, p. 269 ; Haghe et Cruismans, n. 182. — V. cependant
Alauzet, Ass., n. 351 et Comm., n. 1559.

(5) Benecke, t. 3, p. 371.

n'avait pas fait visiter son navire. Aussi, la question de savoir si la même règle était applicable au chargeur présentait de son temps un intérêt sérieux.

Emerigon hésitait sur ce point. Il disait, dans l'intérêt du chargeur, que l'art. 4 de la déclaration de 1779 ne parle que du délaissement des corps, quille, agrès et apparaux, ce qui exclut les facultés;—que les déchéances sont de droit étroit, et que les chargeurs peuvent ignorer de bonne foi le défaut de visite du navire. — « Il « faut cependant avouer, ajoutait-il, que ce point est « susceptible de doute, attendu que l'assuré, quoique « simple chargeur , répond de la faute du maître (art. « 18), et par conséquent de celle des armateurs (sauf « sa garantie contre qui de droit). »

Aujourd'hui ce point ne fait aucun doute. Le chargeur est passible du défaut de certificat de visite et des exceptions que l'assureur peut opposer, lorsqu'il manque, au propriétaire du navire, d'où il résulte qu'il est aussi soumis à l'application des règles qui seront exposées dans le paragraphe suivant.

429. — Cependant, les principes qui régissent le chargeur ne sont pas aussi rigoureux que ceux qui régissent le propriétaire du navire. En effet, tandis que le premier peut stipuler qu'il ne sera pas tenu de produire le certificat de visite du navire, le second ne le peut pas, parce que par rapport à lui une telle condition serait contraire aux lois (1). Par suite de cette distinction, il a été décidé que la clause par laquelle le chargeur qui s'est fait assurer est dispensé de produire le certificat de visite, doit être tenue pour nulle et de nul

---

(1) Pardessus, *loc. cit.*

effet lorsqu'il est en même temps propriétaire du navire (1). Il est permis encore au chargeur de stipuler
que, quoiqu'il réponde du vice propre de la marchandise, il ne répondra pas de celui qui sera afférent au
navire porteur de celle-ci, qu'en conséquence, toutes
les pertes causées à la marchandise par suite du mauvais état du navire seront à la charge de l'assureur.
On a décidé qu'une telle stipulation était implicitement
contenue dans la clause d'une police ainsi conçue:
*L'assureur n'est déchargé que des pertes occasion-
nées par le vice propre de la marchandise* (2).

430. — La perte qu'a subie une marchandise est-elle
présumée fatale, sauf à l'assureur à prouver que le vice
propre l'a causée? — Ou bien faut-il présumer l'action
du vice propre, sauf à l'assuré à prouver que la perte
est due à une fortune de mer?

Casaregis résolvait cette question contre l'assuré,
parce que, disait-il, le vice propre existait en germe au
moment du contrat, d'où la conséquence que c'est à ce
vice propre qu'il faut attribuer la perte qui est survenue dans la suite. En pareil cas, *de presenti præsumitur ad futurum* (3).

Sous l'empire de l'ordonnance, comme sous le Code
de commerce, le même principe a prévalu.

« Attendu, dit la cour de Rouen, qu'il faut que l'ava-
« rie ou la détérioration provienne uniquement d'évè-
« nements de mer, et non d'aucune autre cause; que
« la seule possibilité que la mer n'a pas occasionné le

---

(1) 11 mai 1868. — Bordeaux (J. M. 47. 2. 89).
(2) 29 janvier 1834. — Bordeaux (S. V. 35. 2. 15).
(3) Casaregis, Disc. 142, n. 18.

« sinistre suffit pour jeter au moins du doute et de l'in-
« certitude sur la cause réelle de la perte de la chose
« assurée ; que dans cet état d'incertitude, c'est à l'as-
« suré qu'il incombe de fournir la preuve irrécusable
« que c'est une autre cause que celle résultant de la
« nature de la marchandise qui a déterminé la perte ;
« que tant que cette preuve n'est pas produite, la res- •
« ponsabilité des assureurs ne saurait être atteinte ;
« que si en l'absence de preuves on en est réduit à ju-
« ger sur des présomptions, les présomptions basées
« sur la nature même de la marchandise doivent l'em-
« porter (1). »

L'opinion que la cour de Rouen a embrassée nous
paraît essentiellement juridique. Toutefois, elle est
principalement fondée sur ce que l'on doit, dans le
doute, présumer que la perte est due au vice propre.
Or, rien ne démontre la vérité de ce principe. L'art. 352
ne l'énonce pas. Loin de là, en mettant sur la même
ligne le vice propre et la faute de l'assuré, cet article
démontre, la faute de l'assuré ne pouvant dans aucun
cas être présumée, que le vice propre ne doit pas être
présumé non plus.

A nos yeux, le vrai motif de décider est plus net et
moins compliqué. Il se déduit des considérations suivantes.

De ce que l'assureur ne garantit que les risques de la
navigation, c'est à l'assuré à prouver que la perte est

---

(1) 9 février 1847. — Rouen (S. V. 48. 2. 428). — 27 septembre 1860. —
Mars. — 29 décembre 1860. — Aix (J. M. 38. 1. 342). — *Sic* Emerigon, ch.
12, sect. 9, § 4 ; Pardessus, t. 3, n. 713 ; Lemonnier, t. 1, n. 210 : Bédarride,
t. 4, n. 1468 ; Alauzet, t. 3, n. 386 ; Haghe et Cruismans, n. 179. — *Sic* encore Benecke, t. 3, p. 136.

due à un risque ayant ce caractère. Or, s'il ne peut le prouver, parce que le vice propre est tout aussi possible que la fortune de mer, il ne doit pas être considéré comme le créancier certain de l'assureur.

§ III.

Vice propre du navire.

430. — L'assureur ne répond pas de l'usure naturelle du navire ou des détériorations auxquelles l'exposent les manœuvres ordinaires.

431. — Il ne répond que des dommages causés par un cas fortuit.

432. — Il est de principe en Angleterre et aux Etats-Unis que le navire doit être en bon état de navigation.

433. — Le vice propre du navire doit être apprécié relativement au voyage qu'il fait.

434. — Les avaries causées au navire par la piqûre des vers sont à la charge des assureurs.

435. — Il en est de même de celles qui résultent de son long séjour dans un port de relâche lorsqu'il est nécessité par un cas fortuit.

436. — De la rupture de l'arbre d'hélice d'un bateau à vapeur.

437. — L'assuré a le droit de substituer l'emploi des voiles à celui de la machine à vapeur.

438. — L'avarie causée au navire, partie par le vice propre, partie par fortune de mer, doit être répartie entre l'assureur et l'assuré.

439. — En principe, l'avarie que souffre le navire est présumée provenir du vice propre. — La jurisprudence anglaise a confirmé ce principe. — Il a été d'abord admis en France.

440. — La déclaration de 1779 l'a modifié. — Texte de cette déclaration. — Articles de la loi de 1791 relatifs à la visite du navire. — **Art.** 225 C. commerce.

441. — Doctrine professée par Émerigon au sujet de cette modification.

442. — La déclaration de 1779 est-elle ou non abrogée?

443. — Le certificat de visite fait présumer que la perte est due à une fortune de mer.

444. — L'assureur peut prouver, pour détruire cette présomption, que la perte est due au vice propre du navire.

445. — Le peu de temps qui s'est écoulé entre le départ et la perte est un moyen de prouver le vice propre.

446. — La vétusté du navire ne doit pas être toujours considérée comme un vice propre.

447. — L'assuré qui n'a pas fait visiter le navire peut cependant prouver que la perte provient d'un cas fortuit.

448. — Exposé des règles relatives à la visite des navires.

449. — La visite n'a pas été seulement exigée pour le cas d'innavigabilité, mais encore en vue de tout sinistre majeur, et même du cas d'avarie.

430. — Le navire peut être impropre à la navigation par suite de l'état de détérioration dans lequel il se trouve au moment de l'assurance, et comme dans ce cas il est infecté de vice propre, l'assureur ne répond pas de la perte (1).

Les navires s'usent graduellement et il est difficile de savoir si leur perte doit être attribuée à ce fait ou bien à une fortune de mer (waar and tear and ordinary expense) (2). Il ne faut jamais perdre de vue cette distinction. Il importe peu que le vice propre vienne de l'usure ou de tout autre cause lorsque l'état de détérioration dans lequel se trouve le navire existe au moment où l'assurance est conclue. Mais nous verrons que s'il est exempt de vice propre en ce moment, et si la preuve en est faite par le certificat de visite, on présume que les avaries dont il est atteint pendant le cours du voyage proviennent d'une fortune de mer, sauf à l'assureur à prouver le contraire.

---

(1) V. Valin sur les art. 29 et 86 ; Pothier, n. 60 ; Baldasseroni, t. 2, p. 5, tit. 5, § 18 ; Pohls, t. 6, p. 316 ; Benecke, t. 3, p. 161.

(2) V. Nolte, t. 2, p. 365.

Mais il est des cas où il est impossible de ne pas admettre que la perte ne soit due à l'usure du navire.
C'est ce que Valin a péremptoirement démontré. —
« Ce n'est pas un dommage arrivé par fortune de mer,
« dit-il, que la perte d'une ancre causée par le frotte-
« ment du cable sur les rochers qui l'ont rompu et
« coupé. C'est là une suite du service des choses desti-
« nées à l'usage du navire. Et de même qu'on ne peut
« demander aux assureurs ce que le navire a perdu de
« sa valeur pour avoir plus de services qu'il n'en avait,
« ou parce que les cordages ou les voiles sont usés, de
« même, le navire étant à l'ancre, si les cables auxquels
« les ancres sont attachées s'usent, rompent ou sont
« coupés par l'effet seul des courants ou du tangage
« du navire, les assureurs ne sont pas tenus de cette
« perte. Autre chose serait si la violence des coups de
« vent ou de mer obligeaient de filer les cables ou en
« causent la rupture, et de même si quelque coup de
« vent emportait une voile, une vergue, et que le tout
« fût bien constaté (1).

431. — Les principes posés par Valin sont éminemment juridiques. Il est évident que la perte du navire
ne suffit pas à elle seule pour donner à l'assuré le droit
de réclamer l'indemnité. Il faut que cette perte procède
d'un cas de force majeure, d'une fortune de mer. Lors
donc qu'une avarie est constatée, par exemple, si une
voie d'eau se déclare dans un navire par le temps le

---

(1) Ce passage a été traduit par Benecke, t. 3, p. 252, comme l'expression
des vrais principes. — Le Code de commerce allemand (art. 825) porte
aussi que l'assureur ne répond pas du dommage arrivé au navire et aux
agrès et apparaux qui n'est que la conséquence de l'usure due au service
ordinaire.

plus calme, qu'aucun cas fortuit n'est prouvé, mieux que cela, qu'il est établi qu'il n'en a pas existé, l'avarie ne peut être mise à la charge de l'assureur. Mais en cette matière, les principes essentiels de l'assurance et les applications directes qui s'y rattachent ont été sensiblement altérés par l'importance qu'on a attribuée au certificat de visite. Sous prétexte qu'il exclut le vice propre et fait présupposer le cas fortuit, sauf à l'assureur à faire la preuve contraire, on a mis la preuve du vice propre à la charge de ce dernier. Il en est résulté, ainsi que nous le démontrerons, que les tribunaux et les cours ont étendu les effets dérivant du certificat de visite jusqu'au point de faire payer l'indemnité aux assureurs lorsque rien ne prouvait que la perte fût le résultat d'un cas fortuit.

432. — En Angleterre, l'obligation qui est imposée à l'assuré d'avoir un navire en état de faire le voyage est toujours sous-entendue dans la police (There is in very policy and implied warranty that the ship shall be seaworthy), et l'assurance est nulle lorsque cette garantie n'existe pas (1).

Pour que le navire réalise les conditions de sécurité (saaworthines) qu'il doit avoir, il faut qu'il ait été construit conformément aux règles de l'art, que sa coque ait toute la force nécessaire, que ses parties soient solidement liées, et que, de plus, il soit muni de tous les agrès et apparaux que comporte son tonnage (2).

---

(1) Marshall, t. 2, p. 368 et s.; Parck, p. 221; Benecke, t. 3, p. 261.

(2) Douglas, vᵉ Scongall, Dow Rep. 4, 260; Eden vˢ Parkinson Douglas Rep. 732; Wedderbonn vˢ Bell, Campbell, Rep. 1; Wolff vˢ Clagget, Espinasse Rep. 3, 257. — V. aussi Marshall, 2, 367; Benecke, t. 3, p. 271, et t. 5, p. 131; Engelbrecht, 3, 382.

On admet aussi aux Etats-Unis que le navire doit être depuis le départ jusqu'à l'arrivée en bon état de navigation. De plus, l'assuré est tenu de lui faire, pendant la durée de l'assurance, toutes les réparations nécessaires pour le maintenir dans cet état (1).

433. — Le vice propre du navire doit être considéré au point de vue de la navigation. Tel navire qui est en état de naviguer pour un voyage déterminé ne l'est pas pour un autre. La jurisprudence anglaise offre de nombreux exemples de l'application de ce principe (2). Tel navire, disait lord Ellemborough, qui est exempt de vice propre dans le port peut ne l'être point lorsqu'il est en pleine mer (3).

Par application de ce principe, il a été décidé en France que l'assureur n'est pas responsable de la perte lorsque l'assuré a fait faire un voyage en mer à un navire qui, quoique exempt de vice propre, ne pouvait être employé qu'à la navigation fluviale (4).

434. — Souvent le navire qui stationne dans les régions intertropicales devient innavigable par suite de la piqûre des vers. — On s'est demandé si cette perte doit être mise à la charge des assureurs?

Le Nouveau Code allemand (art. 825) dispose au sujet de ce risque que les dommages causés par la piqûre des vers (wurmfrass) restent pour le compte de

---

(1) Tayler v⁵ Lowel. Mass. 347, Rep. — Steinmetz v⁵ United States Ins. Comp. Serg et Rawle, 296. — Brandegi, v⁵ Nat. Ins. Comp. 20, Johnson Rep. 328. — Rogers, v⁵ Niagara Ins. Comp. C. Hall's, Ny. Rep. 86.

(2) Hibbert v⁵ Martin, Aunau v⁵ Woedman, 3 Taunt, 329.—Hask v⁵ Thorton, Halt, 30. — Weis v⁵ Aberdeen, 2 Barnevall at Ald. 320.

(3) Forbes v⁵ Wilson, Parck, 344.

(4) 30 avril 1840. — Mars. (J. M. 19. 1. 312). — 24 novembre 1840. — Bordeaux (S. V. 41. 2. 251).

l'assuré. Une décision conforme a été rendue en Angleterre conformément à l'opinion de lord Kenyon (1).

La cour de Bordeaux qui a été appelée à se prononcer sur ce point a décidé en sens contraire (2).

Les motifs sur lesquels elle est fondée sont les suivants.
— Les pertes que l'assureur doit supporter ne sont
pas limitées à l'action du mauvais temps et de la mer ;
la preuve en est que les assureurs répondent de la
perte par incendie. Or, la piqûre des vers est un fait
contingent dont l'action varie suivant les latitudes intertropicales, le temps, les saisons, l'état de la mer, et
qui est plus ou moins intense, suivant que la ligne de
flottaison est plus ou moins élevée. Enfin, le navire ne
comporte pas par lui-même cette perte, puisqu'elle
suppose l'action d'un agent extérieur.

Cette décision nous semble irréprochable. Ainsi que
nous l'avons déjà fait observer, ce n'est pas parce qu'un
objet est apte à s'avarier sous l'influence d'un agent
extérieur que le vice propre existe. Il n'existe que si
l'objet qui en est atteint se détériore de lui-même. Le
fruit qui se pourrit sans qu'on sache pourquoi, le cor-
dage qui s'use par l'usage ordinaire subissent les effets
d'une loi nécessaire. Or, l'action du ver qui ronge le
navire n'a pas un tel caractère. Un navire n'est pas
construit pour être livré aux vers. Le dommage qu'ils
lui causent, loin d'être inévitable, est au contraire un
fait contingent, aléatoire, et remplissant dès lors toutes
les conditions qui donnent à l'assurance sa raison
d'être.

---

(1) Roll, vᵉ Parr. N. P. Esp. 1, 444.
(2) 14 avril 1856. — Bordeaux (J. M. 34. 2. 71). — 19 août 1862. — Bordeaux (J. M. 40. 2. 97. — S. V. 62. 2. 352).

435. — Lorsque le navire dépérit par suite de son long séjour dans un port que la force majeure rend nécessaire, par exemple lorsque ce port est bloqué, la perte est à la charge de l'assureur (1).

436. — L'arbre d'hélice d'un bateau à vapeur est souvent rompu. Lorsque cela arrive, il est difficile de déterminer si ce cas particulier d'avarie doit être attribué à un accident de mer ou à un vice de construction (2).

Dans une espèce où rien n'établissait la cause qui avait déterminé la rupture de l'arbre d'hélice, le tribunal de Marseille comme la Cour d'Aix décidèrent qu'elle pouvait être attribuée à un vice de construction, et qu'en conséquence la perte devait être supportée par l'assuré (3).

Dans d'autres circonstances ce genre d'avarie a été mis à la charge des assureurs, parce qu'elle paraissait se rapporter à l'action de la tempête ou à tout autre cas de force majeure (4).

Cependant, à moins que la relation entre la fortune de mer et la rupture de l'arbre d'hélice ne soit évidente, la question de savoir à qui doit incomber la perte, ne laisse pas que de présenter de sérieuses difficultés. En effet M. Dupuy de Lôme attestait dans un procès où cette question était agitée « qu'un arbre d'hélice peut éprou-
« ver pendant une tempête un effort de torsion qui

---

(1) Benecke, t. 3, p. 357.

(2) V. sur ce point de Courcy, p. 327.

(3) 2 octobre 1867.— Mars. et 17 février 1868. — Aix (J. M. 47. 1. 172).— 9 déc. 1868. — Mars. (J. M. 47. 1. 56).

(4) 10 mars 1865. — Mars. (J. M. 43. 1. 537). — 12 mai 1869. — Aix (J. M. 47. 1. 172).

« produit une désagrégation moléculaire partielle
« n'empêchant pas l'arbre de continuer à fonctionner
« sans avarie apparente, mais par suite de laquelle il
« s'affaiblit peu à peu jusqu'à ce que, le mal s'aggra-
« vant, l'arbre se brise au milieu de circonstances de
« navigation les plus favorables. »

Ce langage démontre que les assureurs sont exposés
à répondre d'avaries antérieures à l'assurance. C'est ce
qui peut arriver lorsque l'arbre de couche a été fortement secoué dans un précédent voyage pendant une
tempête, et a été soumis alors à un mouvement de torsion dont l'effet se manifeste dans le cours du voyage
qui correspond à l'assurance.

Les juges ne sauraient trop protéger les assureurs
contre une telle injustice.

437. — Le capitaine d'un bateau à vapeur est souvent obligé, lorsque sa machine est avariée à mettre à
la voile pour pouvoir continuer sa route. Lorsqu'il en
est ainsi, ce bateau ne peut opposer à l'action de la force
majeure, la même résistance. Il semble dès lors, que
s'il est assuré, l'assureur a le droit de s'en plaindre, mais
ce serait à tort, car l'assuré n'est pas tenu de se servir,
quoi qu'il advienne, de la machine pendant toute la
durée du voyage.

438. — Lorsque par suite d'une avarie particulière,
il y a lieu de réparer le navire, et que les réparations
sont devenues nécessaires, partie par suite de son vice
propre, partie par suite de l'effet produit par l'action de
la force majeure, les dépenses doivent être réparties
entre l'assureur et l'assuré en proportion de l'effet produit par chacune de ces deux causes (1).

---

(1) 26 juin 1860. — Bordeaux (J. M. 38. 2. 105).

439. —Nous avons déjà dit, en parlant des marchandises, que dans le doute on doit supposer que la perte dérive du vice propre, et que c'est à l'assuré à prouver qu'elle est due à un cas de force majeure. — Casaregis admet aussi l'application de ce principe au navire: Referendum sit potius causæ naturali vicii navis quam causæ accidentali (1). — Son opinion est suivie en Angleterre (2).

En France, tout ce qui se rapporte à la présomption de vice propre à l'égard du navire est régi par des règles spéciales, qui relèvent absolument du droit arbitraire. Nous allons les exposer.

On soutenait après la promulgation de l'ordonnance de 1681, que l'innavigabilité doit être attribuée au vice propre, tant qu'il n'est pas prouvé qu'elle a été causée par une fortune de mer. Et en cela, on ne fesait que reproduire les principes professés par les principaux jurisconsultes, et surtout par les docteurs italiens (3).

Valin en était, en France, l'organe convaincu. Il déclare, dans son commentaire sur les art. 29 et 46, que la preuve de l'innavigabilité ne suffit pas pour que l'assureur soit tenu de payer l'indemnité ; que c'est à l'assuré à prouver que le navire a été mis dans cet état

---

(1) Casaregis, Disc. 142, n. 23. — V. aussi Baldasseroni, p. 5, tit. 5, § 22.

(2) Marshall, t. 2, p. 267 ; Benecke, t. 3, p. 265. — V. Lee vˢ Beach, Parck, p. 312 ; Watson vˢ Clark, Dow. Rep. III, 386 ; Munzo vˢ Vandam, Parck 333 not. — V. cependant Parkeo Vˢ Polts, Dow., *loc. cit.* 23.

(3) Sola possibilitas in contrarium sufficit ad hoc ut probatio non dicatur sufficiens : præsertim quia hic per sententiam consulis fuit declarata navis innavigabilis, nulla facta mentione de infortunio navis, et nullo precedente consulatu ; propterea solummodo lata præsumitur sententia declaratoria innavigabilitatis, et non ex causa adversitatis maris, de qua nulla fuit mentio. Casaregis, Disc. 142, n. 136 et s., qui cite une décision dans ce sens de la Rote de Florence du 31 juillet 1776.

par une fortune de mer. — « La présomption, dit-il, est
« que le mauvais état du navire vient de son vice pro-
« pre, et que le système contraire favoriserait trop la
« fraude, en faisant payer aux assureurs les navires
« vieux pour neufs. »

Emerigon, sans trop critiquer cette manière de voir,
fesait cependant observer que le système opposé, d'après
lequel la perte est présumée fatale, sauf à l'assureur à
prouver qu'elle doit être attribuée au vice propre, était
plus simple et surtout plus conforme aux intérêts du
commerce (1).

440. — Cette controverse s'agitait dans le vide. Elle
se rattachait au cas où le navire est innavigable ; or
l'ordonnance de 1681, n'avait pas parlé de ce cas. Les
commerçants, les assureurs, les jurisconsultes, en un
mot tous ceux qui prenaient intérêt à la matière des
assurances signalèrent cette lacune au gouvernement,
qui résolut de la faire disparaître. A cet effet, il con-
sulta à Marseille, ainsi que l'atteste Emerigon, les jurisconsultes les plus autorisés, ce qu'il dut faire aussi
dans tous les autres ports, et, après ce travail préliminaire, il promulgua la déclaration du 17 août 1779,
qui est ainsi conçue :

Louis.... — Les assurances, en multipliant les fonds
versés dans le commerce, contribuent utilement à son
extension et forment elles-mêmes une nouvelle branche
du commerce dont les risques divisés augmentent l'ac-
tivité et préviennent les inconvénients ; elles ont toujours mérité la protection des lois qui, en assurant la
bonne foi mutuelle par des clauses nécessaires dans les

---

(1) Émerigon, ch. XII, sect. 38, § 3.

contrats ou polices d'assurances, laissent au surplus aux parties la liberté d'y ajouter toutes les conditions dont elles veulent convenir ; telles sont les dispositions de l'ordonnance du mois d'août 1681, dont la sagesse a été universellement reconnue ; mais le temps où elle a paru n'était presque encore que l'enfance d'un commerce renaissant. Un siècle d'expérience a découvert de nouveaux faits, sur lesquels elle n'avait rien statué; les variations ordinaires du commerce ont demandé plus de clarté dans une partie de ses dispositions ; l'intérêt personnel, en cherchant à se soustraire à l'exécution de la loi, a donné lieu à des usages abusifs ; en remédiant à cet inconvénient, nous donnerons au commerce de nouvelles preuves de notre protection.

I. Aucun navire marchand ne pourra prendre charge dans tous les ports de notre domination, avant qu'il ait été constaté que ledit navire est en bon état de navigation, suffisamment armé et muni de pièces de rechange nécessaires, eu égard à la qualité du navire et à la longueur du voyage ; à l'effet de quoi sera dressé procès-verbal du tout, en présence de deux principaux officiers du navire, par trois experts, dont un sera capitaine ou officier de marine, l'autre constructeur, et le troisième charpentier du port de départ, ou, à leur défaut, par trois autres experts, tous lesquels experts seront nommés d'office par les officiers de l'amirauté; lequel procès-verbal, présenté devant un des officiers de l'amirauté, et affirmé, tant par lesdits officiers de navire que par les experts, demeurera annexé comme pièce de bord ou congé ordonné par l'article 1 du titre des congés de l'ordonnance de 1681, lequel congé ne pourra être délivré que sur le vu dudit procès-verbal.

II. Seront tenus lesdits officiers de navire et experts nommés par le juge, de travailler sans délai à la rédaction dudit procès-verbal ; leur enjoignons d'y procéder avec exactitude et fidélité, sous peine d'interdiction pour déux ans, et même de déchéance totale, s'il y écheait, contre lesdits officiers, et de 300 livres d'amende contre chacun des experts, sauf à prendre la voie extraordinaire, si le cas le requiert.

III. Lorsque le navire sera prêt à recevoir son chargement de retour, il sera procédé à une nouvelle visite dans la même forme et par les personnes du même état que celles ci-dessus dénommées ; lors duquel procès-verbal les officiers du navire seront tenus de représenter le procès-verbal de visite fait dans le lieu du départ pour être récolé, et à l'effet de constater les avaries qui pourront être survenues pendant le cours de voyage, par fortune de mer ou par le vice propre dudit navire, et à l'égard des navires faisant le cabotage, et de ceux qui font la caravane dans l'archipel et les échelles du levant, les propriétaires, capitaines ou maîtres ne seront tenus de faire procéder audit second procès-verbal qu'un an et jour après la date du premier.

IV. Dans le cas où le navire, par fortune de mer, aurait été mis hors d'état de continuer sa navigation, et aurait été condamné en conséquence, les assurés pourront faire délaissement à leurs assureurs du corps et quille, agrès et apparaux dudit navire, en se conformant aux dispositions de l'ordonnance du mois d'août 1681 sur les délaissements ; ne seront toutefois les assurés admis à faire ledit délaissement qu'en représentant les procès-verbaux de visite du navire, ordonnés par les articles 1 et 3 de la présente déclaration.

V. Ne pourront aussi les assurés être admis à faire le délaissement du navire qui sera échoué, si ledit navire relevé, soit par les forces de son équipage, soit par des secours empruntés, a continué sa route jusqu'au lieu de sa destination, sauf à eux à se pourvoir ainsi qu'il appartiendra, tant pour les frais dudit échouement, que pour les avaries soit du navire, soit des marchandises.

VI. Le fret acquis pourra être assuré et ne pourra faire partie du délaissement du navire, s'il n'est expressement compris dans la police d'assurance ; mais le fret à faire appartiendra aux assureurs comme faisant partie du délaissement, s'il n'y a clause contraire dans la police d'assurance : sans préjudice toutefois des loyers des matelots et des contrats à la grosse aventure, à l'égard desquels les dispositions de l'ordonnance du mois d'août 1681 seront exécutées suivant leur forme et teneur.

VII. Lorsque le navire aura été condamné comme étant hors d'état de continuer sa navigation, les assurés sur les marchandises seront tenus de le faire incessamment signifier aux assureurs, lesquels, ainsi que les assurés, feront leurs diligences pour trouver un autre navire, sur lequel lesdites marchandises seront chargées, à l'effet de les transporter à leur destination.

VIII. Dans le cas où il ne serait pas trouvé de navire pour charger lesdites marchandises et les conduire au lieu de leur destination dans les délais portés par les art. 49 et 50 du titre des assurances de l'ordonnance du mois d'août 1681, les assurés pourront en faire le délaissement, en se conformant aux dispositions de ladite ordonnance sur les délaissements.

IX. Dans le cas où lesdites marchandises auraient été chargées sur un nouveau navire, les assureurs courront les risques sur lesdites marchandises jusqu'à leur débarquement dans le lieu de destination ; et seront, en outre, tenus de supporter, à la décharge des assurés, les avaries de marchandises, les frais de sauvetage, de chargement, magasinage et embarquement, ensemble les droits qui pourraient avoir été payés, et le surcroît de fret, s'il y en a.

X. Dans le cas où le navire et son chargement seront assurés par la même police d'assurance et pour une seule somme, ladite somme assurée sera répartie entre le navire et son chargement, par proportion aux évaluations de l'un et de l'autre, si elles ont été portées dans la police d'assurance ; sinon la valeur du navire sera fixée par experts, d'après lesdits procès-verbaux de visite de navires et le compte de mise hors de l'armateur et la valeur des marchandises, suivant la disposition de l'ordonnance de 1681, concernant l'évaluation du chargement.

XI. Tout effet dont le prix sera porté dans la police d'assurance en monnaie étrangère ou autres que celles qui ont cours dans l'intérieur de notre royaume, et dont la valeur numéraire est fixée par nos édits, sera évalué au prix que la monnaie stipulée pourra valoir en livres tournois. Faisons très-expresses inhibitions et défenses de faire aucune stipulation à ce contraire, à peine de nullité.

XII. Seront, au surplus, nos ordonnances, édits, déclaration, lettres patentes, arrêts et règlements, exécutés en tout ce qui n'est pas contraire aux dispositions de la présente déclaration.

Le titre III de la loi de 1791 porte, à l'égard de la visite des navires, les dispositions qui suivent :

Art. 12. Lorsqu'un capitaine ou armateur voudra mettre un navire en armement, il sera tenu d'appeler deux officiers visiteurs, qui, après avoir reconnu l'état du navire, donneront leur certificat de visite, en y exprimant brièvement les travaux dont le navire leur aura paru avoir besoin pour être en état de tenir la mer.

Art. 13. Lorsque l'armement sera fini et que le navire sera prêt à prendre charge, il sera requis une seconde visite ; le procès-verbal de la première sera représenté et le certificat devra exprimer le bon et dû état dans lequel se trouve alors le navire.

Art. 14. Ne seront assujettis à ces formalités que les navires destinés au voyage de long cours, et au moyen de ces dispositions toutes autres visites ordonnées par les précédentes lois seront supprimées.

Enfin, l'art. 225 du C. de commerce porte ce qui suit :

Art. 225. Le capitaine est tenu, avant de prendre charge, de faire visiter son navire aux termes et dans les formes prescrites par les règlements.

441. — Dès que parut la déclaration de 1779, Émerigon déclara que son opinion avait prévalu ; que dès lors, du moment où l'assuré rapportait le certificat de visite, le sinistre était présumé fatal ; que néanmoins ce n'était là qu'une présomption que l'assureur pouvait écarter en établissant que le sinistre était dû au vice propre du navire.

Émerigon ajouta que l'absence d'un certificat de visite crée une présomption *juris et de jure,* que la perte est due au vice propre, et que l'assuré est non recevable à prouver que l'innavigabilité provient de fortune de mer.

442. — Depuis la promulgation du C. de comm., on a soulevé la question de savoir si la déclaration de 1779 est ou non abrogée ?

Tout d'abord la jurisprudence admit l'abrogation. Elle se fonda sur ce que les anciennes lois sur lesquelles il est statué par le Code de comm. ont cessé d'être en vigueur. Cette considération parut d'autant plus décisive que les art. 4 et s. de la déclaration ont été en partie passés sous silence, en partie fondus dans le Code de commerce (1).

Plus tard, un examen approfondi de la question démontra que son intérêt pratique était à peu près nul. — Et en effet, la pénalité rigoureuse dont Emerigon frappait l'assuré qui avait négligé de faire visiter le navire en mettant la perte à sa charge par une présomption *juris et de jure* de vice propre, a été contestée comme on a contesté que le certificat de visite fît présumer que la perte était due à une fortune de mer.

443. — Sur ce dernier point, Estrangin s'éleva contre l'opinion d'Emerigon et se fonda sur les motifs suivants : (2)

1º Il est de règle que l'assuré doit justifier, non-seulement de la perte, mais des causes qui l'ont amenée. L'innavigabilité doit procéder d'une fortune de mer (art. 4 de la déclaration de 1779). L'assuré doit donc prouver qu'elle en procède. Jamais la déclaration n'a dispensé l'assuré de prouver le sinistre ; or, il serait

---

(1) 9 septembre 1825. — Mars. (J. M. 7. 1. 304). — 23 mai 1828. — Mars. (J. M. 9. 1. 100). — 27 février 1826. — Bordeaux (S. V. 26. 2. 261. — D. P. 26. 2. 233). — V. cependant 22 janvier 1839. — Mars. (J. M. 15. 1. 129).

(2) **Estrangin**, p. 488. V aussi Dageville, t. 3, p. 376 et s.

I   33

contre toute raison d'admettre que le sinistre puisse être prouvé par le certificat de visite.

2° Le fait que les experts ont reconnu le bon état du navire ne prouve rien. — En effet, l'innavigabilité qui se déclare en cours de voyage peut procéder de l'une de ces trois causes : — de quelque vice caché qui n'aura pas été apperçu par les experts ; — de l'usage et du dépérissement qui est arrivé à son point extrême pendant le voyage ; — d'un évènement causé par une fortune de mer. — Or, le procès-verbal de visite ne donne pas le moyen de faire un choix entre l'une de ces trois causes.

3° Non-seulement la déclaration de 1779 ne crée pas la présomption imaginée par Emerigon, mais encore elle paraît dire le contraire, puisqu'elle exige *la vérification des avaries qui pourront être survenues dans le cours de voyage par fortune de mer ou par le vice propre,* puisqu'elle n'admet le délaissement *que lorsqu'il y a innavigabilité* par fortune de mer.

A cela on répond :

Le navire doit être visité. La loi de 1791 (celle-là sûrement non-abrogée), les art. 225 et 228 du Code de commerce ne laissent aucun doute sur ce point. Dès lors, en admettant que la déclaration de 1779 soit abrogée, ou que, étant encore en vigueur, il soit démontré qu'elle n'a pas attribué au certificat de visite une force probante telle qu'il puisse faire considérer la perte comme fatale, il n'en est pas moins certain que ce certificat constate que le navire est exempt de vice propre. Quelque idée qu'on se fasse de la valeur de ce document, il vaut ce que valent, dans un autre ordre d'idées, un procès-verbal qui décrit des lieux, un inventaire, un état descriptif et estimatif. Voulu par le législateur, il constate que des hommes préposés par l'autorité publique, ont reconnu que le navire était en bon état de navigation. Tel étant son état au départ, la présomption de vice propre n'est plus possible. On ne pourrait l'admettre que s'il était démontré que pendant le cours du voyage, le navire a subi un changement quelconque. Ce changement ne pouvant pas être présumé, c'est à l'assureur, qui veut s'en prévaloir contre l'assuré, à le prouver. En d'autres termes, lorsque la perte ou l'avarie sont certaines, il faut choisir entre le vice-propre et la fortune de mer, et du moment où le vice propre doit être prouvé, que la fortune de mer est certaine, le vice propre ne peut être admis qu'à titre d'exception (1).

444. — La force probante du certificat de visite étant réduite à ces termes, on en a conclu que puisque, en règle générale, la preuve d'un fait comporte la preuve contraire, il n'y avait aucun motif pour ne pas suivre cette règle dans notre cas, qu'en conséquence l'assureur avait le droit de prouver, contre le contenu au certificat, que le navire était atteint de vice propre au moment du départ.

---

(1) 1er mars 1828. — Bordeaux (J. M. 10. 2. 23). — 22 septembre 1831. — Mars, (J. M. 12. 1. 276). — 9 juillet 1833. — Mars. (J. M. 14. 1. 96). — 10 janvier 1834. — Mars. (J. M. 14. 1. 167). — 16 mai 1834. — Mars. (J. M. 14. 1. 135). — 29 avril 1835. — Bordeaux (J. M. 15. 2. 280. — S. V. 36. 2. 111). — 18 avril 1837. — Rouen (J. M. 17. 2. 21). — 2 mars 1841 — Bordeaux (J. M. 20. 2. 140). — 8 mars 1841. — Bordeaux (S. V. 42. 2. 97). — 20 avril 1841. — Paris (J. M. 20. 2. 143). — 18 octobre 1851. — Hâvre (J. M. 30. 2. 129). — 10 Mars 1857. — Aix (S. V. 57. 2. 683). — 4 juillet 1859. — Bordeaux (S. V. 60. 2. 13). — *Sic* Boulay-Paty, t. 4, p. 262 et s.; Pardessus, t. 3, n. 856 ; Lemonnier, t. 1, n. 215, et t. 2, n. 270 ; Bédarride, t. 4, n. 1330 et s.

La jurisprudence s'est encore ralliée à cette opinion (1). Mais il faut que la preuve contraire repose sur des faits réels (2).

Ainsi deux principes, qu'une jurisprudence constante a rendus incontestables, dominent la théorie du vice propre. — D'après l'un, l'évènement est présumé fatal lorsque l'assuré est porteur du certificat de visite ; — d'après l'autre, l'assureur est recevable à détruire cette présomption par la preuve contraire.

445. — Il faut mettre en première ligne, parmi les faits qui attestent le vice propre d'un navire, le peu de temps qui s'est écoulé entre sa sortie du port et sa perte : *Stante brevitate temporis quod intervenit a die suscepti itineris ad diem sinistri* (3). La jurisprudence a consacré cette règle (4). Ainsi, elle a admis le vice propre dans une espèce où une voie d'eau s'était déclarée dans un navire, alors que 24 heures ne s'étaient pas écoulées depuis son départ et qu'il n'existait aucun fait de force majeure (5). Elle l'a admis aussi dans une autre espèce où le navire avait péri après deux jours de stationnement dans une rade (6). Cependant les

---

(1) 4 décembre 1820. — Mars. (J. M. 2. 1. 21). — 11 juillet 1834. — Mars. (J. M. 15. 1. 114). — 20 avril 1840. — Paris (S. V. 41. 2. 224). — 11 juillet 1855. — Mars. (J. M. 33. 1. 291). — 23 décembre 1857. — Mars. (J. M. 36. 1. 30). — 26 octobre 1858. — Mars. (J. M. 37. 1. 15). — 18 février 1859. — Mars. (J. M. 37. 1. 122). — 11 mars 1859. — Mars. (J. M. 37. 1. 153). — 4 juillet 1859. — Bordeaux (S. V. 60. 2. 13). — *Sic* Boulay-Paty, t. 4, p. 267 ; Pardessus, t. 3, n. 841 ; Alauzet, t. 3, p. 497 ; Lemonnier, t. 1, p. 286 et s. ; Massé, t. 6, n. 218 ; Bédarride, t. 4, n. 1350 et s.

(2) 19 décembre 1853. — Aix (J. M. 31. 1. 163).

(3) Casaregis, Disc. 142, n. 20.

(4) 15 juin 1866. — Rouen (J. M. 44. 2. 135).

(5) 23 décembre 1857. — Aix (J. M. 36. 1. 30). — 20 novembre 1858. — Aix (J. M. 37. 1. 122). — 16 février 1863. — Mars. (J. M. 41. 1. 77).

(6) 16 février 1860. — Mars. (J. M. 38. 1. 5).

tendances de la jurisprudence sont loin d'être unifor-
mes. Dans une foule de cas, où une voie d'eau s'est
déclarée peu après le départ sans qu'il fût possible de
l'attribuer à une autre cause qu'au mauvais état du navire, les tribunaux, comme les cours d'appel, ont repoussé l'exception de vice propre et mis la perte à la
charge des assureurs (1). Dans certaines espèces, ils
ne se sont décidés en faveur des assureurs que lorsque
les experts chargés de déterminer les réparations que
nécessitait le mauvais état du navire, ont déclaré que
son vice propre les rendait impossibles (2).

Il suffit de consulter les différentes espèces dans lesquelles les magistrats se sont prononcés contre les
assureurs pour être convaincu que les intérêts de ces
derniers ont été souvent sacrifiés. Alors que la force
majeure, pour si minime qu'en fût l'action, ne pouvait
pas être alléguée, on les a obligés à indemniser l'assuré
d'une perte qui n'avait d'autre cause que l'imprudence
qu'il avait commise en faisant naviguer un navire infecté de pourriture et hors d'état de tenir la mer. J'ai
consulté dans une espèce où la perte fut mise à la
charge de l'assureur, alors qu'une voie d'eau s'était déclarée, par le temps le plus calme, deux heures après le
départ.

446. — La jurisprudence met à la charge de l'assureur le vice propre résultant de l'état de vétusté du

---

(1) 10 mars 1857. — Aix (J. M. 32. 1. 76). — 8 décembre 1856. — Hàvre
(J. M. 35. 2. 27). — 19 mai 1858. — Aix (J. M. 37. 1. 57). — 10 février 1864.
— Aix (J. M. 42. 1. 46). — 2 mars 1865. — Aix (J. M. 43. 1. 67). — 23 août
1865. — Nantes (J. M. 44. 2. 27). — 26 juin 1866. — Hàvre (J. M. 43. 2.
117).

(2) 7 février 1859. — Caen (J. M. 37. 2. 45).

navire (1). Cette jurisprudence est fondée sur un consentement tacite, par lequel l'assureur qui a accepté l'assurance d'un navire qu'il savait vieux est censé avoir renoncé à exciper de son état de vétusté, d'où la conséquence qu'il s'est soumis au paiement des pertes occasionnées par cas fortuit, abstraction faite de cet état et qu'il est non recevable à soutenir que si la vétusté eût été moindre, ce navire aurait pu résister et être sauvé.

447. — Nous avons dit que le certificat de visite crée au profit de l'assuré une présomption de perte fatale, mais que cette présomption n'est pas *juris et de jure* et que l'assureur est recevable à prouver que la perte provient du vice propre. Lorsque le navire n'a pas été visité, l'assuré, qui ne peut plus invoquer cette présomption n'est pas pour cela déchu du droit de prouver que la perte est due à une fortune de mer (2). La raison de décider ainsi se fonde sur les considérations suivantes :

En principe, on doit présumer que la perte est due au vice propre. Le certificat de visite crée une présomption inverse d'après laquelle le fait qui a engendré la perte doit être considéré comme fatal, sauf la preuve

---

(1) 1er mars 1828. — Bordeaux (S. V. 28. 2. 155). — 20 janvier 1834. — Mars. (J. M. 14. 1. 336). — 17 décembre 1834. — Aix (J. M. 14. 1. 336). — 21 janvier 1857. — Aix (S. V. 57 2. 683). — 2 mars 1865. — Aix (J. M. 43. 1. 67). — 28 mars 1865. — Aix (J. M. 43. 1. 60). — 23 août 1865. — Nantes (J. M. 44. 2. 27). — 11 février 1866. — Mars. (J. M. 44. 1. 63). — 25 janvier 1867.—Paris (J. M. 47. 2. 137). — 15 mars 1869. — Cass. (S V. 69. 1. 268). — 27 janvier 1975. — Cass. (S. V. 75 1. 160).

(2) *Sic* 11 décembre 1843. — Rouen (J. M. 23. 2. 16). — 11 août 1858. — Bordeaux (J. M. 37. 2. 22). — 13 décembre 1848. — Mars. (J. M. 37. 1. 43). — 22 décembre 1865. — Paris (J. M. 44. 2. 147). — Dans ce sens, Boulay-Paty, t. 4, p. 264 et s.; Pardessus, t. 3, n. 866; Lemonnier, t. I, p. 287.

contraire. Lorsque le certificat manque, la présomption de vice propre renait. Mais il ne suit pas de là que l'assuré ne puisse pas détruire cette présomption par la preuve contraire. Il ne pourrait être déclaré irrecevable à faire cette preuve que si le législateur l'avait positivement exclue ; or, c'est ce qui n'a pas eu lieu.

448. — Les textes que nous avons cités établissent une distinction entre les voyages au long cours et ceux qui se font au cabotage. Pour ces derniers, il suffit que la visite se fasse tous les ans et non à chaque voyage (1), ce qui est même controversé (2).

L'art. 3 de la déclaration de 1779 n'exigeait la visite avant le départ pour le voyage de retour que lorsque le navire avait souffert des avaries pendant le voyage d'aller. La cour de cassation a décidé que cette règle est encore en vigueur, et que, s'il n'y a pas d'avaries, le voyage d'aller et retour ne doit être considéré que comme un seul voyage ne comportant qu'une seule visite (3).

Le tribunal de Marseille a décidé au contraire que le certificat de visite était nécessaire à l'aller comme au retour, même lorsque le navire n'a souffert aucune avarie dans le voyage d'aller (4). — Il s'est fondé sur l'art. 13 de la loi de 1791, qui ordonne la visite *lorsque l'armement sera fini et que le navire sera prêt à prendre charge,* et sur l'art. 225 du C. de comm., qui prescrit la visite *avant de prendre charge.* — Il se fonde encore

---

(1) 14 mars 1839. — Mars. (J. M. 18. 1. 207).

(2) 27 février 1826. — Bordeaux — Beaussant, t. 1, p. 203.

(3) 3 juillet 1839. — Rej. (S. V. 39. 1. 849. — D. P. 39 1. 285).

(4) 18 mars 1822. — Mars. (J. M. 3. 1. 110). — 22 janvier 1839. — Mars. (J. M. 17. 1. 118).

sur ce qui est pratiqué par tous les capitaines de Marseille voyageant au long cours.

Ces raisons ne nous touchent pas. La loi de 1791, en disant que le navire doit être visité *avant de prendre charge* se sert des termes employés dans les articles 1 et 2 de la déclaration de 1779. Or l'art. 3 qui les suit n'en considère pas moins le voyage d'aller et retour comme un seul et même voyage.

Mais la visite doit être faite au retour lorsque le navire a souffert des avaries dans le voyage d'aller, et peu importe à cet égard qu'elles soient dues à un fait de force majeure ou au vice propre (1).

On admet aussi en Angleterre que l'aller et retour ne font qu'un seul voyage, pour lequel une seule visite suffit, à moins que le navire n'ait souffert des avaries dans le voyage, car alors la visite est nécessaire dans le voyage de retour, quelque minimes qu'aient été ces avaries (2).

La cour de cassation a jugé que si le chargement de retour se fait dans un pays où il n'est pas possible de procéder à la visite, on ne saurait se prévaloir contre l'assuré de ce qu'elle n'a pas été faite (3). Cette décision est certes équitable, mais elle n'a au fond aucune valeur pratique. En effet, dans ce cas l'assuré ne peut invoquer la présomption de perte fatale et l'opposer à l'assureur, par la raison que l'impossibilité de faire visiter le navire n'étant pas un risque dont ce dernier soit tenu, cette impossibilité ne peut pas lui être oppo-

---

(1) 16 mai 1837. — Aix (J. M. 17. 1. 118). — 24 novembre 1840. — Bordeaux (S. V. 41. 2. 531).

(2) Dublois v⁺ Ocean Ins. Comp. 16, Picke, 303.

(3) 2 août 1808. — Rej. (S. V. 2. 1. 562).

sée pour lui faire subir une présomption qui n'existe pas lorsque le certificat de visite n'est pas rapporté.

Si la contestation entre les parties ne porte que sur les dommages éprouvés pendant le voyage d'aller, l'assureur ne peut exciper de ce que le navire n'a pas été visité dans le voyage de retour (1).

Lorsque le navire qui a souffert des avaries dans le voyage d'aller revient d'un pays où le capitaine n'est pas tenu de se faire délivrer un certificat de visite, celui-ci doit tout au moins, avant de prendre charge, faire constater l'état du navire selon les règles suivies dans ce pays (2).

Dans ce cas les tribunaux apprécieront si le mode employé pour constater l'état du navire offre assez de garanties pour équivaloir à un certificat de visite. Le tribunal de Marseille est allé trop loin en décidant dans notre cas que la déclaration du capitaine touchant le bon état du navire suffit (3).

449. — La déclaration de 1779 avait pour principal objet de poser certaines règles relativement au cas d'innavigabilité, que l'ordonnance de 1681 avait passé sous silence, et en vue de ce cas elle avait imposé aux armateurs et propriétaires de navires l'obligation de les faire visiter. De là on avait conclu que la présentation du certificat de visite ne modifiait pas les règles jusque là suivies lorsque la perte était la suite de sinistres majeurs autres que l'innavigabilité, pas plus qu'elle ne les modifiait lorsqu'elle était la suite d'une avarie particulière.

---

(1) 29 juillet 1825. — Mars. (J. M. 7. 1. 269).
(2) 29 janvier 1834. — Bordeaux (S. V. 35. 2. 15. — D. P. 34. 2. 210).
(3) 11 mai 1837. — Mars. (J. M. 17. 1. 14).

Mais depuis la déclaration de 1779, la loi de 1791 a imposé la visite, non plus en vue d'un cas particulier, mais dans l'intérêt général, d'où l'on a conclu, avec juste raison qu'elle est exigée, non seulement pour le cas d'innavigabilité, mais encore pour toutes les pertes totales ou partielles qui peuvent atteindre le navire (1).

Cependant l'on ne peut méconnaître que le certificat de visite est beaucoup plus utile lorsque le navire est déclaré innavigable ou qu'il est naufragé, que lorsqu'il est soumis à tous les autres sinistres majeurs ou bien à une avarie particulière.

En effet, lorsque le navire est innavigable la cause ne se distingue pas toujours de l'effet. Il arrive souvent qu'une voie d'eau se déclare dans un navire, sans qu'on sache pourquoi et comment, et on en arrive à dire qu'il est innavigable parce qu'il est innavigable. Cette voie d'eau peut entraîner la submersion du navire, et alors on peut dire encore qu'il a fait naufrage parce qu'il a fait naufrage. Cependant la perte du navire est certaine, et puisque la cause à laquelle il faut attribuer la voie d'eau est entourée de mystère, il est indispensable, pour dégager cet inconnu, de faire remonter les recherches jusqu'au moment du départ du navire, de s'assurer si en ce moment il était ou non en état de naviguer.

Lorsque le navire s'est échoué, qu'il gît sur la côte avec ou sans bris, il est moins utile de savoir quel était son état au moment du départ.

Lorsqu'il a été capturé, le certificat de visite ne peut avoir qu'une utilité très-secondaire.

---

(1) 6 décembre 1848. — Aix (J. M. 27. 1. 250). — Lemonnier, t. 1, n. 218, et t. 2. n. 270 ; Boulay-Paty, t. 4, p. 280.

Ces observations ne font pas que le certificat de visite ne soit exigé dans tous les cas et d'une manière générale. Le navire peut s'être échoué parce qu'en raison de son mauvais état, le capitaine a été obligé de ne pas s'éloigner de la côte : il peut avoir été capturé, parce que, par suite de son vice propre il a été impossible de le soustraire aux recherches et aux poursuites de l'ennemi.

Il est d'ailleurs inutile de tant insister sur le degré d'utilité que peut avoir, suivant les cas, le certificat de visite. La loi a voulu que le navire fût visité, et cela suffit.

CHAPITRE VIII.

***

DE LA BARATERIE DE PATRON.

l'assuré commande le navire comme capitaine. — *Quid* du cas où il n'est que copropriétaire.

464. — *Quid* de celui où le capitaine est le fils de l'assuré? — Que faut-il décider lorsque l'assuré est à bord du navire?

465. — *Quid* du cas où le capitaine n'a agi que par ordre de l'assuré?

466. — L'assureur ne répond pas des fautes des préposés de l'assuré ni de celles du capitaine qui agit comme subrécargue.

467. — L'assurance de la baraterie de patron doit être réglée en cas de perte comme si cette perte était due à la force majeure.

468. — Principales divisions que comporte l'application de ce principe.

469. — Ainsi, la responsabilité de l'assureur est limitée à l'objet assuré. — Par suite, la perte de la marchandise causée par une faute du capitaine n'incombe pas à l'assureur sur corps.

470. — Examen d'une espèce examinée par Casaregis où il s'agissait de savoir si l'assureur sur facultés doit répondre du détournement d'une somme d'argent imputable au capitaine, lorsque cette somme n'est autre que le prix de vente de la marchandise assurée.

471. — Lorsque le navire assuré aborde un navire et lui cause un dommage, l'assureur ne répond pas de ce dommage (v. supra, n. 454).

472. — L'assurance de la baraterie est limitée aux risques prévus dans le contrat.

473. — Elle est aussi limitée au temps et au lieu du risque.

474. — La perte résultant de la baraterie devant être réglée comme si elle provenait de la force majeure, il s'ensuit qu'il faut déduire de l'indemnité le montant des franchises convenues.

475. — L'art. 369 C. comm., qui énumère les cas de délaissement, s'applique aux pertes causées par la baraterie de patron.

476. — Du droit de recours qui appartient à l'assureur, soit contre le capitaine, soit contre le propriétaire, dans le cas où la perte est due à la baraterie de patron.

477. — De la baraterie résultant des faits des matelots. — Du recours contre le capitaine ou le propriétaire du navire qui appartient dans ce cas à l'assureur.

450. — Une expédition maritime peut être compromise par la fraude ou même par les simples fautes du capitaine. Cette cause de perte, qui est considérée comme une fortune de mer, a reçu le nom de baraterie de patron.

Le risque auquel l'assuré peut être exposé par le fait du capitaine est d'autant plus grave qu'il ne peut être évité. Il faut, en effet, que les gens de mer soient commandés par un chef. Or, outre que ce chef ne peut presque jamais être surveillé, il faut encore, à cause de l'incertitude et de l'extrême variété des évènements, lui laisser une grande liberté d'action.

La baraterie de patron étant un risque, l'assureur devrait le garantir. Aussi, certaines législations, conformes en cela à la doctrine de quelques auteurs (1), ont mis de plein droit ce risque à sa charge.

On lit, en effet, dans l'ordonnance d'Hambourg de 1731, tit. VII :

« I. Tout dommage causé aux navires ou aux marchandises par la faute, la négligence ou la fraude du capitaine, des timoniers, des gens de mer, de quelque manière qu'il ait eu lieu, est à la charge des assureurs qui doivent le réparer. Il leur est accordé un recours (regress), qui doit être réglé d'après les circonstances de fait contre lesdits capitaine, timoniers et gens de mer. »

« II. Par suite, si par un vice d'arrimage, il arrive quelque dommage aux marchandises, les assureurs, lorsque le fait est prouvé, sont tenus de réparer ce dommage ; mais l'assuré doit, avant de recourir contre eux, faire tout le possible pour se faire indemniser, en exerçant ses droits, soit sur le navire, soit sur le fret,

---

(1) Kuricke, Diat , p. 841 ; Sauterna, part. 3, n. 68.

et s'il ne peut y parvenir ou n'en peut rien tirer, les assureurs sont alors tenus de payer l'indemnité. »

Le Code prussien, § 2216, le nouveau C. allemand,
art. 824, § 6, l'ordonnance de Suède, art. 6, § 14, mettent aussi la perte résultant de la baraterie de patron
à la charge des assureurs.

Cependant, à cause de la spécialité de ce risque, qui
est la suite non d'un cas fortuit mais d'une faute personnelle, on a admis dans certains pays que les assureurs ne doivent pas répondre de plein droit de la baraterie de patron et qu'il faut, pour qu'ils en soient
responsables, une stipulation formelle (1).

Entre ces deux solutions extrêmes, une distinction a
prévalu dans certains pays. On y a distingué entre le
propriétaire ou l'armateur du navire et le propriétaire
de la marchandise ou l'affréteur. Comme le premier
choisit le capitaine, on a pensé qu'il devait répondre
de plein droit des fautes commises par celui-ci et qu'il
faut, pour que l'assureur du navire en soit responsable,
une stipulation formelle ; que dans l'assurance sur
marchandises, au contraire, la baraterie de patron est
de plein droit à la charge des assureurs (v. Code hollandais, art. 636 et 640 combinés).

On a encore distingué entre la baraterie frauduleuse
et celle qui est le résultat d'une simple faute.

Les jurisconsultes italiens pensaient que la baraterie
n'existait qu'au cas de fraude, c'est-à-dire lorsque le

---

(1) Recop. de Ley de las Indias, L. 42 in fine ; Statut de Gênes, L. V, ch.
17 ; Ord. de Philippe II de 1570, art. 7 ; Code sarde, art. 383. Sic Ansaldus,
Disc. 70, n. 17 ; Casaregis, Disc. 1, n. 124 ; Marquardus, L. 2, c. 13, n. 44 ;
Loccenius, p. 984.

capitaine avait commis une faute dans le but de se procurer un bénéfice (1). Cette doctrine, que Casaregis repoussa, fut peu à peu abandonnée (2).

La police officielle de Copenhague distingue sur ce point entre le navire et les marchandises. Dans l'assurance sur facultés, tout acte du capitaine ou de l'équipage, qu'il soit frauduleux ou qu'il constitue simplement une faute, est à la charge de l'assureur. Dans l'assurance de navire, l'assureur ne répond que de la négligence du capitaine, tandis que si la perte est imputable aux gens de l'équipage, il répond à la fois de la fraude et de la faute.

La baraterie de patron n'a pas toujours été comprise en Angleterre de la même manière. On admit d'abord que les assureurs n'étaient passibles de ce risque que lorsque le capitaine avaient commis une tromperie ou une fraude (3). Plus tard, on décida que la baraterie peut résulter de la négligence ou de l'imprévoyance du capitaine (4). Cependant cette règle subit une restriction importante, fondée sur ce que l'ignorance ou le défaut d'expérience doivent être appréciés, d'après l'aptitude ou la capacité de celui à qui on les impute; qu'en d'autres termes, on doit toujours se demander si le capitaine avait assez de connaissances et d'expérience pour éviter la faute qu'il a commise (5). — D'après

---

(1) Luca, Disc. 106, n. 126 , Ansaldus, Disc. 70, n. 19, 70 et s.; Rocca, cap. 97, n. 15 et s ; Hevia (jurisc. port.), L. 3, c. 11, n. 5.

(2) Baldasseroni, t. 4, p. 399.

(3) Marshall, t. 2, p. 446.

(4) Carle vˢ Rowcroft, 8, East. 139 ; Lowen, vˢ Suasso, Postlewait's Dict., tit. 177, Assurances.

(5) Phin vˢ Roy. Exch. ass, Co. 7, Term. Rep. 205; Botomby vˢ Borril, 5, B et Cr. 212.

Arnould, toutes tromperies ou escroqueries pratiquées par le capitaine, dans son propre intérêt et au préjudice de l'armateur, toute négligence volontaire et fautive, toute violation des lois et des règlements, tous actes de mauvaise foi qui ont pour effet de causer une perte, soit à l'armateur, soit à l'affréteur, constituent la baraterie (1).

451. — Le cas de baraterie était prévu par l'ordonnance de 1681 en ces termes :

Art. 28. — Ne seront aussi tenus les assureurs des pertes et dommages arrivés aux vaisseaux et marchandises par la faute des maîtres et mariniers, si, par la police, ils ne sont chargés de la baraterie de patron.

L'art. 353 du code de Commerce est ainsi conçu : L'assureur n'est point tenu des prévarications et fautes du capitaine et de l'équipage, connues sous le nom de baraterie de patron, s'il n'y a convention contraire.

452. — Cet article, comme l'art. 28 de l'ordonnance, ne distingue pas entre le navire et la marchandise. — Il ne distingue pas non plus entre la fraude et la faute. Dès lors, toute faute, qu'elle soit entachée de fraude on exempte de toute intention frauduleuse, oblige l'assureur. C'est ainsi que la baraterie de patron était comprise sous l'empire de l'ordonnance (2). Les rédacteurs du Code de commerce, n'avaient parlé dans le projet de rédaction de l'art. 353 que de *la prévarication*. Sur

---

(1) Arnould, t. 2, p. 821.

(2) Emerigon, chap. XII, section XI, § 1 ; Valin, sur l'art. 28 ; Pothier, n. 65.

les observations de la Cour de Rennes, le mot *faute* fut ajouté (1).

Ainsi, d'après l'art. 353, la baraterie de patron existe, lorsque, soit par fraude, soit par ignorance ou imprévoyance, le capitaine a causé on n'a pas empêché la perte totale ou partielle, soit du navire, soit du chargement (2).

Il importe peu que la faute ait été commise *in committendo aut in omittendo*. L'opinion d'un grand jurisconsulte qui ne reconnaît l'existence de la baraterie que lorsqu'elle résulte d'un fait actif (3), n'est pas fondée en raison.

S'il n'y a pas à distinguer entre la fraude et la faute au point de vue du droit privé, il n'en est pas ainsi au point de vue du droit pénal commun ou de l'action disciplinaire. On pourra consulter sur ce dernier point la loi du 10 avril 1825 et le décret du 24 mars 1852.

Les devoirs du capitaine sont très-multiples, et par suite il est exposé à de nombreuses fautes. Comme celles qu'il peut commettre reposent sur des faits, la cour de Cassation a décidé que leur appréciation appartient au pouvoir souverain du juge (4).

453. — Il est impossible d'énumérer tous les cas dans lesquels on rencontre la baraterie de patron. Mais l'application et l'expérience en ont révélé un grand nombre, parmi lesquels nous allons faire un choix.

Ainsi, le capitaine commet une baraterie :

1° Lorsqu'il surcharge outre mesure son navire ;

---

(1) Locré, t. 4, p. 138.
(2) V. 24 juin 1843. — Paris (J. M. 22. 2. 120).
(3) Bynkers hoeck, t. 2, p. 446.
(4) 14 mai 1824. — C. R. (S. C. N. 7. 1. 464). — Alauzet, t. 3, p. 388.

2° Lorsqu'il ne fait pas un bon arrimage (1).... alors même qu'il aurait employé un arrimeur-juré, ainsi que l'a décidé, peut-être à tort, la Cour de Rouen (2) ;

3° Si, partant à vide, il a mal lesté le navire (3) ;

4° S'il tarde à sortir du port, et expose ainsi le navire à un certain danger (4) ;

5° S'il part par un mauvais temps (5) ;

6° S'il rompt le voyage (6) ;

7° S'il change la route qu'il doit parcourir (7) ;

8° S'il s'arrête en route, sans nécessité, par exemple, dans le but de se livrer, dans son propre intérêt, à un trafic quelconque (8) ;

9° Si, pour ne pas acquitter les droits de douane, il expose le navire et la cargaison à être confisqués (9) ;

---

(1) V. L. Hambourg, 1731, tit. 7, art. 2. — V. encore Emérigon, ch. 12, sect. 4, § 4; Delaborde, p. 56; Haghe et Cruismans, n. 166; Pardessus, t. 3, n. 171. — V. Cassation, 9 août 1826.

(2) V. Rouen, 14 déc. 1820.

(3) Pardessus et Haghe et Cruismans, *loc. cit.*

(4) Boulay-Paty, t. 4, p. 64; Delaborde, p. 58. — V. aussi Marquardus, L. 8, cap. XIII, n. 50; Nolte, t. 2, p. 336 et C. holl., 640 et 641.

(5) Marquardus, *loc. cit.*, n. 48; Vederkopp, § 89, — Ainsi jugé en Angleterre. Hayman V⁵ Parish. Campb. 2, 149.

(6) 14 mai 1844. — Cass. (J. M. 23. 2. 55. — S. V. 44. 1. 388).

(7) 24 août 1841. — Mars. (J. M. 20. 1. 303). — 15 juillet 1845. — Hâvre (J. Hâvre. 1845. 1. 158). — V. aussi consultation (J. M. 23. 2. 179).

(8) Ainsi jugé en Angleterre, Ross V⁵ Hunter, Term. Rep. 4, 33.

(9) 5 novembre 1860. — Mars. (J. M. 48. 1. 24). — Ainsi jugé en Angleterre, Knight vˢ Cambrige, 8 East, 136 et aux Etats-Unis. Suckley vₛ Delafield. — *Sic* Pardessus, t. 3, n. 171; Boulay-Paty, t. 4, p. 67. — Les anciens jurisconsultes italiens n'admettent pas que le non paiement des droits de douane constitue à lui seul la baraterie. Il faut le dol du capitaine, qu'il ait eu l'intention de nuire ou de se procurer un bénéfice. — Rocca, cap. 17, n. 21; Straccha, quest. 31; Casaregis, Disc. 10, n. 10 et Disc. 1, n. 120 et 121.

10° S'il néglige de prendre à bord un pilote lorsqu'il est nécessaire d'en prendre un (1) ;

11° S'il fuit avec le navire (2) ;

12° S'il dissipe la marchandise ou la vend sans motif (3) ;

13° S'il fait échouer le navire volontairement et sans nécessité (4) ;

14° S'il abandonne le navire, bien qu'il puisse être réparé (5) ;

15° Si, reconnaissant des symptômes de feu à bord, il continue la navigation, bien qu'il soit à proximité d'un port où il aurait pu relâcher (6) ;

16° S'il fait jet sans nécessité de tout ou partie des marchandises (7) ;

17° S'il néglige de provoquer en temps utile un règlement d'avaries communes (8) ;

18° Si, lorsque le navire ne peut pas être réparé au lieu de reste, il ne le conduit pas dans le port le plus voisin où la réparation est possible, tandis qu'il va mouiller dans un port plus éloigné et moins commode, et ajoute à la perte par cette fausse direction (9) ;

---

(1) 16 mai 1855. — Rouen (J. M. 34. 2. 16). — Ainsi jugé en Angleterre, Moss Vs Byron, Term. Rep., 6, 379.

(2) Straccha, Gl. 31 ; Casaregis, tout le discours 141. — V. aussi l'art. 42 de la loi de 1825 et l'art. 90 du décret de 1852.

(3) Marquardus, loc. cit., n. 49. — 4 décembre 1843. — Bordeaux (Dalloz, n. 2041). — V. aussi L. 1825, art. 13 et décret de 1852, art. 91.

(4) Ainsi jugé en Angleterre. Suarez Vs Thomton, 7, Taunt, 627. — V. encore les lois précitées.

(5) 19 avril 1830. — (J. M. 11. 1. 202). — 18 août 1845. — Mars. (J. M. 24. 1. 243). — 5 janvier 1844. — Aix (J. M. 23. 1. 1).

(6) 27 mars 1844. — Paris (S. V. 44. 2. 294. — P. 44. 1. 575).

(7) 19 déc. 1828. — Bordeaux (Dalloz, n. 2136). — Sic Haghe et Cruismans, n. 166.

(8) Marquardus, loc cit.. n. 52.

(9) 27 juin 1851. — Bordeaux (J. M. 30. 2. 25).

19° S'il quitte mal à propos l'escorte (1) ;

20° S'il opère des prises contrairement à la volonté du propriétaire ou de l'armateur (2) ;

21° S'il ajoute aux risques de guerre, par exemple en attaquant l'ennemi, au lieu d'éviter sa rencontre (3), surtout s'il ne le fait que dans son propre intérêt (4) ;

22° S'il mouille sans nécessité dans un port ennemi (5) ;

23° S'il viole un blocus (6) ;

24° S'il charge contre la volonté de l'assuré des marchandises sujettes à contrebande, et est cause par ce fait de la saisie du navire (7).

454. — Les principes relatifs à la baraterie de patron sont applicables dans trois cas aux avaries qui résultent de l'abordage.

1° Lorsque le navire assuré les a subies par suite de l'abordage d'un autre navire, avec cette circonstance qu'il a été abordé par la faute du capitaine, l'assureur qui a garanti la baraterie de patron doit être déclaré responsable (8). Ce point est certain.

2° Mais que faut-il décider lorsqu'il y a doute sur le point de savoir si une faute est imputable à l'un et l'autre patron, et qu'il y a lieu d'appliquer l'art. 407,

---

(1) Pardessus, t. 3, n. 271.

(2) Ainsi jugé en Angleterre. — Moss. v⁴ Byron. Term. Rep. 6, 379.

(3) Pardessus, t. 3, n. 171 ; Haghe et Cruismans, *loc. cit.;* Boulay-Paty, t. 4, p. 66.

(4) Ainsi jugé en Angleterre. Earle vᶜ Rowcroft, East 8, 126.

(5) Goldsmith vˢ Withmore, Taunt, 3, 508.

(6) Robertson, vᵉ Ewer. Term. Rep. 1, 127.

(7) 19 octobre 1843. — Mars. (J. M. 21. 1. 68).— Même jurisprudence en Angleterre. Pipon vˢ Cole, 1 Campbell, 434.

(8) Pardessus, t. 3, n. 171; Boulay-Paty, t. 4, p. 65.

aux termes duquel le dommage doit être réparé à frais communs ? Comme on ne peut pas exciper dans cette espèce d'une faute imputable au capitaine du navire assuré, l'assureur est responsable, et doit concourir à la contribution, qu'il ait ou n'ait pas garanti la baraterie de patron, parce que cette contribution est assimilée à une avarie commune (1).

3° Le troisième cas est celui où le propriétaire du navire assuré doit réparer le dommage causé à un autre navire par un abordage dû à la faute du capitaine. — V. sur ce point, *infra,* n. 471.

455. — La baraterie existe lorsque le patron néglige de constater, suivant les formes légales, le sinistre ou la perte. Mais comme l'assuré doit, pour démontrer la baraterie dans ce cas, prouver l'existence du sinistre (2), la preuve qui en est faite donne une action contre l'assureur, qui rend inutile celle qui serait fondée sur la faute du capitaine. Seulement, comme par suite de cette faute la preuve du sinistre peut être plus difficile, les dépenses ou les frais extraordinaires qu'elle nécessitera, pourront être mis à la charge de l'assureur.

456. — Le capitaine qui laisse vendre le navire déclaré innavigable par le consul bien qu'il pût être réparé, commet-il un acte de baraterie dont l'assureur doive répondre ?

La négative est généralement admise par la jurisprudence, qui se fonde sur ce que la décision des con-

---

(1) V. Sébille, Traité de l'abordage, n. 447 ; Boulay-Paty, t. 4, p. 15. — V. cependant Frignet, t. 1, n. 104.

(2) Lemonnier, n. 178 ; Hagbe et Cruismans, n. 167; Dageville, t. 3, p. 282.

suls en cette matière ne lie pas les Tribunaux de commerce et sur ce que le capitaine, qui fait vendre le navire, n'agit plus comme capitaine, mais comme mandataire direct du propriétaire (1) du navire, de sorte que la vente est censée faite par ce dernier.

La jurisprudence s'est décidée en sens contraire en Angleterre (2), et je crois que c'est avec juste raison, si on tient compte des distinctions qui suivent.

La vente du navire peut se rattacher à l'une de ces trois causes :

1° Sans motif aucun, le capitaine le vend pour s'en approprier le prix. Nul doute, la baraterie est alors constante.

2° Les réparations que nécessite l'état du navire sont la suite de son vice propre. — Dans ce cas, l'assureur ne répond pas plus des réparations que de la vente.

3° La nécessité de réparer le navire est la conséquence d'avaries résultant d'une fortune de mer. — Dans ce cas, l'assureur doit la somme représentée par les frais de réparation. Mais lorsque le capitaine procède à la vente du navire, bien qu'il puisse être réparé, en quoi il commet une faute, il faut distinguer suivant que l'assureur a ou n'a pas garanti la baraterie de patron. — Lorsqu'il l'a garantie, il doit le montant de la perte qu'a causée la vente. — Dans le cas contraire, il ne doit que le montant de l'avarie, ou bien la somme que la réparation aurait coûtée si elle avait été faite.

_____

(1) 2 mars 1865. — Haure (J. M. 43. 2.126). — 2 mars 1859. — Bordeaux (J. M. 37. 2. 76). — 23 déc. 1868. — Nantes (J. M. 48. 2. 120). — 21 janvier 1869. — Rennes (J. M. 43. 2. 155). — V. aussi Dageville, t. 3, p. 182 et Haghe et Cruismans, n. 166 et 168.

(2) Hibbert vᵉ Martin, 1 Campbell, 538.

Pour soutenir qu'il ne doit dans l'un et l'autre cas que le montant de l'avarie, et non la perte causée par la vente, c'est-à-dire la différence entre la valeur du navire et le produit que cette vente a procuré, on dit que le capitaine n'a agi, lorsqu'il a vendu, que comme le mandataire de l'assuré, et que, dès-lors, ce dernier n'a pas d'action car il ne peut attaquer un acte qui est censé émaner de lui. — Nous pensons que cette proposition est erronée, et voici pourquoi. — L'assureur qui est responsable de l'avarie répond par cela même de l'innavigabilité lorsqu'elle en est la suite. Dès lors, le capitaine qui prend les mesures voulues pour atténuer la perte, qui, dans ce but, choisit entre la réparation ou la vente du navire, agit dans une certaine mesure pour le compte de l'assureur. Si en se décidant mal à propos pour la vente, il compromet les intérêts tant de l'assuré que de l'assureur, c'est le cas d'appliquer l'art. 353 (non l'art. 352), c'est-à-dire de rendre ce dernier responsable du préjudice que la vente a causé ou de l'en exonérer, suivant qu'il répond ou non de la baraterie de patron.

457. — Le capitaine qui ne fait pas visiter le navire commet-il un acte de baraterie ? Les uns soutiennent l'affirmative (1). — D'autres, se fondant sur ce que le capitaine n'est pas tenu de faire visiter le navire, soutiennent la négative (2). — D'autres enfin, distinguent entre le voyage d'aller et le voyage de retour. Ils admettent que l'assuré est tenu de faire visiter le navire avant le départ dans le voyage d'aller, et que par

---

(1) Vincens, t. 3, p. 268.
(2) Lemonnier, n. 220.

suite le capitaine qui ne l'a pas fait visiter n'est pas en faute, mais que s'il y a lieu de faire procéder à la visite avant le voyage de retour, le capitaine doit y pourvoir, et qu'il commet une faute s'il ne le fait pas, d'où il résulte que l'assureur qui a garanti la baraterie est responsable dans ce cas (1).

Nous approuvons cette distinction , tout en reconnaissant qu'elle présente dans l'application de très-graves difficultés. — En effet, si, malgré le défaut de visite, l'assuré prouve le bon état du navire, et fait disparaître la présomption de vice propre, il est clair que le fait imputé au capitaine ne peut être la cause d'un dommage. — S'il est prouvé que le navire étàit en mauvais état, il importe peu que la visite n'ait pas été faite. — La question de responsabilité ne peut surgir que si l'état dans lequel se trouvait le navire au moment du départ est inconnu. Or, il est impossible de dégager le chiffre des dommages dans ce cas, puisque le point de savoir s'il en existe dépend de l'état dans lequel se trouve le navire, et que cet état n'est pas connu. — Concluons. La décision des tribunaux sera toujours approximative lorsque le capitaine aura négligé de faire visiter le navire.

458. — Nous ajouterons, pour compléter les observations qui précèdent : ·

1º Que l'assurance de la baraterie de patron doit être formellement stipulée, car elle déroge au principe posé par l'art. 353 ; — qu'ainsi, il a été justement décidé que l'assurance consentie *pour tous risques* ne comporte pas celle de la baraterie de patron (2) ;

---

(1) Haghe et Cruismans, n. 184.
(2) 11 nov. 1829. — Mars. (J. M. 11. 1. 93).

2° Que l'assureur qui excipe de la baraterie de patron doit la prouver, parce que lorsqu'il n'en répond pas, on doit présumer que la perte est due à un événement fatal (1).

459. — Il n'est pas permis à un intéressé de se faire assurer contre les pertes résultant de ses propres fautes ou des fautes de ceux qui le représentent. De ce principe, qui a toujours prévalu, on conclut à l'origine que le propriétaire d'un navire, qui est représenté par le capitaine, ne peut se faire assurer contre les fautes commises par celui-ci (2).

Les termes si précis de l'art. 28 de l'ordonnance et de l'art. 352 du C. de commerce excluent absolument une telle opinion.

460. — Cependant un auteur moderne, tout en reconnaissant que le propriétaire du navire a le droit de faire assurer la baraterie de patron, se fonde sur ce que l'assureur qui l'a garantie a une action récursoire contre ce patron, pour en conclure qu'il l'a encore contre le propriétaire, qui est, lui aussi, responsable des fautes du premier, et que comme ce propriétaire ne peut se soustraire à l'action en responsabilité qu'en abandonnant le navire et le fret, il s'ensuit qu'il ne peut agir contre l'assureur qu'à la condition de faire cet abandon (3).

Cette opinion n'est pas soutenable parce qu'elle est contraire au principe qui veut que le débiteur ne puisse jamais faire obstacle au paiement dont il est tenu,

---

(1) Casaregis, Disc. 1, n. 80 ; Ansaldus, Disc. 70, n. 18 ; Savary, Parère, 60 ; Boulay-Paty, t. 3, n. 70.

(2) Roccus, n. 44. — V. encore sur ce point Benecke, t. 3, p. 211.

(3) Dageville, t. 3, p. 281.

même alors qu'il pourrait exciper d'un droit incontestable. Ainsi, celui qui est obligé avec un autre ou pour un autre à payer à un tiers une certaine somme, ne peut pas concourir avec ce dernier, eût-il un droit de priorité, lorsque par ce concours il empêche ce tiers d'être payé. Par parité de motif, il faut aussi admettre que l'assureur ne peut exercer contre l'assuré une action recursoire qui lui permettrait de se faire payer une somme égale à celle qu'il serait tenu de donner, si bien que son engagement serait en définitive de nulle valeur.

461. — On a encore distingué suivant que le propriétaire a ou non choisi le capitaine. Lorsqu'il l'a choisi, dit-on, l'assureur n'est pas responsable : *Non tunc assecurator debet sibi imputare quod talem præpositum eligerit, et assecurator non tenetur* (1). — Straccha n'admet ce principe qu'avec une sous-distinction. Il faut, dit-il, déclarer l'assureur responsable, bien que le capitaine ait été choisi par l'assuré, lorsque ce capitaine a été dénommé dans la police, ou bien si sa bonne conduite antérieure ne permettait pas de supposer qu'il fût capable de commettre la faute qui donne lieu à l'action en paiement de l'indemnité (2).

462. — Une autre distinction a été encore admise par les polices suivies à Anvers et à Paris. Il y est stipulé que l'assureur n'est pas responsable *lorsque le capitaine est choisi par l'assuré, et que la baraterie*

---

(1) Caseregis Disc. 10, n. 14. — Voir aussi dans ce sens Emerigon, t. 1, p. 367; Favard, v° Baraterie. — V. encore C. pruss. §§ 2216-2219 et Rotterdam, 1604 et 1636, art. 5.

(2) Straccha gl. 1, n. 4.

est frauduleuse (1). — On est parti de l'idée que
tous les capitaines peuvent se tromper, mais que tous
ne cherchent pas à tromper, et que s'il est impossible de se procurer un capitaine infaillible, on peut du
moins, avec beaucoup de précautions, ne pas choisir
un fripon avéré.

463. — Toutes ces distinctions, l'embarras qu'elles
trahissent prouvent qu'il faut s'en tenir, à moins de
convention contraire, à l'application pure et simple de
l'art. 353. Cet article aurait été autrement rédigé, si le
législateur avait voulu, à l'égard des assurances sur
corps, en restreindre l'application au seul cas où l'assuré n'a pas choisi lui-même le capitaine. Comme il le
choisit presque toujours, la baraterie de patron ne serait presque jamais possible dans ces assurances, ce
qui aurait été à coup sûr indiqué par le législateur.

D'ailleurs, bien que le capitaine ait été choisi par le
propriétaire, n'est-il pas juste de lui permettre de se
faire assurer contre des fautes dont la gravité pourrait
causer sa ruine, fautes qu'il lui serait presque toujours
impossible de prévoir ou d'empêcher. — Aussi la généralité de nos auteurs (2), et avec eux les jurisconsultes
étrangers (3), refusent de distinguer entre le cas où
le capitaine a été choisi par l'assuré et celui où il ne l'a
pas été, et se décident dans l'un et dans l'autre pour
la validité de l'assurance.

---

(1) Jugé que cette clause s'applique au cas où la marchandise a été
chargée par l'assuré, propriétaire du navire, lorsque la baraterie frauduleuse du patron a causé un dommage à cette marchandise. — 8 avril 1839
(Dalloz, n. 1925). — *Sic* Lemonnier, n. 222; Haghe et Cruismans, n. 175.

(2) Boulay-Paty, t. 4, p. 74; Haghe et Cruismans, n. 173; Dalloz,
n. 1927; Alauzet, Ass., t. 2, p. 175 et Comm., t. 3, p. 389; Lemonnier, n.
182; Pardessus, 3, 171.

(3) Pohls, t. 6, p. 309; Benecke, t 3, p. 215.

Tout au plus pourrait-on admettre, dans le cas où l'assuré a confié le commandement du navire à un homme incapable et improbe, qu'il a commis une tromperie envers l'assureur, parce qu'il ne s'est fait assurer que pour s'affranchir des dommages que le choix qu'il a fait rendait très-probables. Mais qui ne voit que cette hypothèse ne se réalisera presque jamais.

463. — Lorsque le propriétaire des marchandises assurées commande en même temps comme capitaine le navire qui en est porteur, la baraterie de patron ne peut être assurée (1). Cela est de toute évidence.

Lorsque ce capitaine n'est propriétaire que d'une partie du chargement, ceux à qui appartient l'autre partie peuvent la faire assurer.

La solution est plus délicate, à l'égard des assurances sur corps, lorsque le navire assuré appartient à plusieurs, parmi lesquels figure le capitaine qui le commande, car celui-ci peut être considéré comme leur préposé. — En Angleterre et aux Etats-Unis on décide dans ce cas que l'assurance sera nulle ou valable pour le tout, suivant que la part du capitaine est considérable ou très-minime (2). On le décide ainsi, parce que, dit-on, le navire est indivisible. Cette proposition n'est vraie que dans une certaine mesure. En effet, le navire est certainement indivisible au point de vue de la navigation, car il navigue tout entier, mais il est essentiellement divisible au point de vue de l'intérêt, puisqu'il peut appartenir et qu'il appartient en général à

---

(1) 26 juin 1828. — Mars. (J. M. 18. 1. 991).

(2) Ross vˢ Hunter, 4 Term. Rep. 33. — Et, pour les Etats-Unis, Barris vˢ Louisiana Jus. Comp., Martin N. S. 11. 630. — V. aussi Philipps, t. 2, p. 618.

plusieurs. Or, c'est l'intérêt qu'il faut surtout considérer en matière d'assurance, et comme il est distinct à l'égard de chaque portionnaire ou quirataire, quoique le navire soit un, et que rien ne s'oppose à ce que chacun d'eux fasse assurer sa portion, on ne voit pas pourquoi ils ne pourraient pas faire assurer pour cette même portion la baraterie de patron.

464. — La règle d'après laquelle il n'est pas permis au capitaine de faire assurer comme propriétaire le navire qu'il commande doit être limitée à ce cas. Aussi Valin admettait-il que le propriétaire d'un navire qui en a confié le commandement à son fils, peut cependant faire assurer la baraterie de patron (1).

Il est de règle aux Etats-Unis que les assureurs ne garantissent pas la baraterie de patron, bien que l'assuré ne soit pas capitaine, lorsqu'il a pris place à bord pendant la traversée. Cette règle ne saurait prévaloir dans notre droit, à moins d'une stipulation formelle. Cependant la présence de l'assuré à bord du navire peut exercer une certaine influence sur la responsabilité de l'assureur. Ainsi lorsque la visite du navire est nécessaire avant le retour, par suite d'avaries survenues dans le voyage d'aller, l'assureur peut se prévaloir de ce qu'elle n'a pas été faite, bien qu'il ait garanti la baraterie de patron, parce que l'assuré aurait pu, étant présent, la faire faire lui-même. C'est ainsi qu'il a été jugé que si des réparations nécessaires n'ont pas été faites au navire, ce qui en a causé la perte, l'assureur n'est pas responsable de cette perte, eut-il garanti la baraterie de patron, lorsque l'assuré

_____

(1) Valin, sur l'art. 28.

est présent, parce que dans ce cas, il peut exiger que les réparations soient faites, ou les faire faire (1).

465. — L'assureur est exonéré de la perte résultant de la baraterie qu'il a garantie lorsque le capitaine n'a agi que par ordre de l'assuré, parce que dans ce cas cet assuré a participé à la faute et qu'il peut même, suivant les circonstances, en être considéré comme le principal auteur : *ubi assecuratus doli aut baratariæ magistri navis esset particeps* (2).

Pour que cette règle soit applicable il faut que la participation de l'assuré lui soit imputable. Ainsi, il a été décidé, dans une espèce où le chargement appartenait à divers, que la participation de l'un des chargeurs aux fautes commises par le capitaine, ne pouvait pas être opposée à ceux qui n'y avaient pas participé (3).

C'est à l'assureur à prouver que l'assuré a participé à la faute du capitaine, car la faute, pas plus que la fraude, ne doivent se présumer. Il faut de plus, lorsque l'assureur prétend que le capitaine n'a agi qu'en vertu des ordres de l'assuré, qu'ils aient été donnés de telle manière qu'une faute dût s'ensuivre. Ainsi l'insistance du chargeur auprès du capitaine pour qu'il parte promptement ne le rend pas responsable du fait que le capitaine est parti par un mauvais temps, ce qui a

---

(1) 26 juin 1838. — Mars. (J. M. 18. 1. 191).

(2) Straccha, Gl. 31, n. 4. — Voir aussi dans ce sens 7 janvier 1823. — Aix (J. M. 4. 1. 305). — 1er décembre 1860. — Rouen (J. M. 39. 2. 130). — *Sic* Dageville, t. 3, p. 281. — Ainsi jugé en Angleterre. Stamma v⁵ Brown, 2 Str. 1247. Hobbs v⁵ Hannam, 3 Campb. 93. — Bontflower v⁵ Wilmer, Sels et P., 976.

(3) 6 juillet 1843. — Mars. (J. M. 22. 1. 330.)

causé la perte du chargement, car l'assuré qui presse le départ du capitaine ne lui donne pas pour cela l'ordre de partir quand même, dût-il mettre la cargaison en péril (1).

Il faut encore que l'ordre donné par l'assuré soit cause de la perte. — Exemple : Un capitaine qui devait se rendre à Livourne et qui y était parvenu, est pressé par les consignataires de transporter les marchandises de ce dernier port à Gênes. Il refuse. C'était son droit. Mais au lieu de se rendre à bord, pour ordonner les manœuvres nécessaires afin que le navire qui était dans la rade pût entrer dans le port, ce qui était alors facile, il prolonge son séjour à terre. Pendant qu'il y séjourne, le navire, assailli par le mauvais temps, périt dans la rade. Les assureurs assignés opposent à l'assuré, comme cause du sinistre l'ordre donné au capitaine de se rendre à Gênes. Leur exception fut rejetée, par le motif que la prolongation de séjour à terre par le capitaine, qui avait été la cause réelle du sinistre, n'était pas due aux pourparlers qu'il avait eus avec les consignataires (2).

466. — L'assuré répond, comme toute personne, du fait de ses préposés (C. civ., art. 1384). Dès-lors, l'assureur qui a garanti la baraterie de patron n'est pas responsable des pertes causées par la faute des agents de l'assuré (3) ou de son consignataire (4).

Cet assureur ne répond pas non plus des fautes commises par le capitaine lorsqu'elles sont la suite des

---

(1) 16 février 1826. — Mars. (J. M. 7. 1. 64.)
(2) 11 janvier 1846. — Mars. (J. M. 25. 1. 325.)
(3) 17 janvier 1833. — Mars. (J. M. 13. 1. 357.)
(4) 23 février 1837. — Mars. (J. M. 16. 1. 323.)

actes qu'il a faits comme subrécargue (1). La raison
en est que la garantie est limitée aux fautes qui émanent du capitaine pris en cette qualité, et que ce serait
l'étendre au-delà de son véritable sens que de la faire
porter sur des actes que l'assuré aurait dû faire lui-
même et que le subrécargue a été chargé de faire à sa
place.

467. — La clause par laquelle est garantie la baraterie de patron n'est qu'accessoire au contrat d'assurance, et doit être limitée à ce qui fait l'objet de ce contrat. De plus, comme cette clause en est une partie
intégrante, il faut admettre que, à moins de dérogation
formelle ou d'incompatibilité, toutes les autres clauses
de ce contrat régissent le cas de baraterie.

Ainsi garantir la baraterie de patron, c'est dire :

1° Que cette garantie ne s'applique qu'à ce qui fait
l'objet de l'assurance ;

2° Que les risques convenus qui peuvent causer un
dommage à l'objet assuré seront à la charge de l'assureur, sans distinguer entre le cas où la perte résulte
de la force majeure et celui où il résulte de la faute du
capitaine ;

3° Que dans le cas où la perte résulte de la baraterie, l'indemnité doit être réglée comme elle le serait
au cas de force majeure.

Ainsi, soit une police d'assurance sur corps, qui fixe

---

(1) Assecuratores non teneri pro culpa navarchi quando est præpositus,
vulgo *supra carico*. Casaregis, Disc. 1, n. 76. — Dans ce sens, 12 nov.
1860. — Hàvre (J. M. 39. 2. 73). — *Sic* Emérigon, ch. 12, sect. 3, § 2 ;
Dalloz, n. 1927 ; Haghe et Cruismans, n. 65 ; Boulay-Paty, t. 4, p. 76 ;
Alauzet, t. 3, p. 389. — V. encore conforme, Pohls, t. 6, p. 315 ; Benecke.
t. 3, p. 198. — En sens contraire, 18 mai 1832. — Bordeaux (J. M. 14,
2. 24).

la valeur du navire, porte la somme assurée, exclut certains risques ou bien les limite, assigne à l'assurance une certaine durée, et ainsi de suite, on dira que la clause par laquelle l'assureur garantit la baraterie de patron ne s'applique qu'au navire assuré, pour la valeur qui lui a été assignée, qu'elle cessera de produire ses effets après que l'assurance aura pris fin, et ainsi de suite.

Cependant la jurisprudence est loin d'avoir sur ce point une direction fixe et certaine. Souvent, elle considère la clause relative à la baraterie de patron comme une assurance en quelque sorte indépendante du contrat principal auquel elle se rattache. Cette étrange théorie a été presque toujours la source de profondes erreurs, parmi lesquelles nous allons signaler les principales.

468. — Dans ce but, nous suivrons la clause relative à la baraterie de patron, dans les diverses applications qu'elle comporte.

Cette clause peut être examinée :

1° relativement à l'objet assuré ;

2° ... à l'étendue ou à la limitation des risques ;

3° ... au temps et au lieu du risque ;

4° ... au règlement de l'indemnité ;

5° ... aux cas où il y a lieu à délaissement.

469. — 1° Objet assuré. — Il est certain que l'assureur ne doit indemniser l'assuré qu'en raison de la perte que souffre l'objet assuré. Ainsi, celui qui assure le navire ne doit rien dans le cas où la marchandise est perdue.

Cela posé, supposons une assurance sur corps. Un incendie causé par la faute du capitaine éclate à bord du navire, et détruit partiellement les facultés. L'assuré est responsable envers les chargeurs, sauf abandon du navire et du fret (nous supposons le navire sauvé, mais avarié). Etant responsable, ce qu'il ne saurait contester, il agit contre l'assureur, qui a garanti la baraterie, et lui demande l'avarie soufferte par le navire, ce qui lui est accordée. Mais de plus, il demande la somme due au chargeur pour les dommages que la marchandise a soufferts. L'assureur repousse cette demande.

La question fut posée devant le Tribunal de Marseille, qui décida en ces termes (1) :

« Attendu qu'il est de principe, posé par l'art. 350 du
« Code de commerce, que l'assureur ne répond que des
« dommages ou pertes arrivés à l'objet assuré par for-
« tune de mer ; — Que par cette disposition on doit en-
« tendre les pertes ou dommages soufferts directement
« et matériellement par l'objet assuré, et non ceux qui
« peuvent atteindre le propriétaire du navire comme
« civilement responsable des faits de son capitaine ; —
« que la clause par laquelle les assureurs se sont sou-
« mis, comme dans l'espèce, de prendre à leur charge
« la baraterie de patron, ne saurait échapper à ce prin-
« cipe et mettre à la charge de ceux-ci des dommages
« arrivés à la marchandise par la faute du capitaine,
« bien que la réparation de ces dommages donne en
« définitive au propriétaire des marchandises une ac-
« tion en garantie contre le propriétaire ou armateur

---

(1) 11 janvier 1831. — Mars. (J. M. 12. 1. 26). — V. aussi, dans ce sens, Haghe et Cruismans, n. 17.

« du navire, et par suite une action réelle sur le navire ;
« que, s'il en était autrement, la clause que l'on insère
« presque tous les jours dans les polices, et par la-
« quelle les assureurs sur facultés répondent de la
« baraterie de patron, deviendrait sans objet, puisque
« en définitive ce seraient les assureurs sur corps qui
« devraient en supporter tout le poids... »

Nous nous bornons pour le moment à recueillir ces
motifs. Nous verrons ensuite ce qu'il faut y ajouter.

470. — Le principe qu'a appliqué le Tribunal de
Marseille fut encore en jeu dans une espèce que Casaregis a examinée (1).

Un commerçant embarque un chargement d'huile
pour être transporté de Gênes à Venise. — Le capitaine
est chargé de le vendre dans ce dernier port, sous la
condition d'employer le prix provenant de la vente à
l'achat d'autres marchandises qu'il est tenu de transporter à Gênes dans un voyage de retour.

Le chargeur fait assurer la marchandise pour les
voyages d'aller et retour, et il comprend dans l'assurance la baraterie de patron.

Après son arrivée à Venise, le capitaine vend la marchandise, fuit avec son navire et emporte le prix de la
vente.

Action dirigée par le chargeur contre son assureur.
Celui-ci s'oppose à la demande, et fait valoir trois motifs : — 1° L'assuré est responsable des faits du capitaine parce qu'il l'a choisi. — 2° La perte résulte d'un
risque de terre. — 3° L'assurance porte sur un charge-

---

(1) V. Casaregis, Tout le Discours 129.

ment composé de marchandises et non sur une somme d'argent.

Casaregis, qui consultait pour l'assuré, réfute en ces termes les deux premières objections.

1° L'assureur est responsable bien que l'assuré ait choisi le capitaine. En effet, il ne prouve pas qu'il ait commis en cela une faute.

2° La réalisation de la marchandise n'est pas une faute. Ce qui la constitue, c'est la fuite du capitaine, qui est parti avec son navire pour pouvoir s'emparer plus sûrement de l'argent. Or, c'est là un risque maritime.

La troisième objection était la plus grave, car si l'assurance ne portait que sur la marchandise et non sur l'argent comptant, l'assureur ne pouvait être déclaré responsable.

L'argent n'est pas assuré, disait ce dernier, car il ne peut l'être qu'en vertu d'une clause expresse : *in assecurationibus faciendam esse expresssam mentionem pecuniæ numeratæ, alias quod ea non continetur sub generali mercium appellatione.*

A cela, Casaregis fait une double réponse : — 1° Le contrat porte sur toute espèce de marchandises, et dans ce cas l'argent y est compris : *expresse conventum est inter partes assecurationem comprehendere debere omne genus mercium, etiam illarum quarum expressa mentio facienda esset specialiter.*
— 2° La mention expresse que le numéraire est compris dans l'assurance n'est pas exigée lorsque l'assuré ignore quel sera le chargement du retour.

Le soin avec lequel Casaregis s'efforce d'établir que la perte dérivant de la faute commise par le capitaine s'applique à l'objet assuré démontre qu'à ses yeux l'assureur n'aurait pas été responsable si l'assurance, réduite à la marchandise, n'avait pas porté sur l'argent que le capitaine avait dérobé. Cet auteur ne dit pas que la clause par laquelle l'assureur garantit la baraterie de patron s'applique sans distinction à tous les dommages causés par le fait du capitaine, et, par exemple, à celui qui résultait dans l'espèce du vol de la somme provenant de la vente de la marchandise, que l'argent fût ou non assuré, loin de là. Or, si cette thèse avait pu prévaloir, croit-on qu'elle eût échappé à son admirable sagacité ? Il ne la soutint pas, parce qu'elle était insoutenable.

471. — La question de savoir si les principes que Casaregis avait implicitement reconnus doivent être appliqués ou non, s'est présentée dans l'espèce suivante. ·

Abordage de deux navires. — L'un d'eux souffre de très-graves avaries ; l'autre n'en souffre pas. De plus, il est établi que l'abordage est dû à la faute du capitaine qui commande ce dernier navire. — Le propriétaire de celui qui est avarié demande au propriétaire de l'autre navire la réparation du dommage. Celui-ci reconnaît que cette demande est fondée, mais comme il a fait assurer son navire, sous la condition que l'assureur sera garant de la baraterie de patron, il s'adresse à cet assureur pour qu'il le relève du montant des dommages soufferts par le navire avarié. — Ce dernier soutient qu'il ne doit rien, et il se fonde sur ce que l'avarie a atteint, non le navire assuré, mais un navire qui est étranger à l'assurance. — Il s'agit de savoir si la prétention de cet assureur est fondée ?

On le pensa d'abord ; mais la jurisprudence s'est ensuite prononcée dans un sens contraire (1). Nous
croyons qu'en entrant dans cette nouvelle voie, elle a
méconnu les vrais principes, et c'est ce que nous allons
essayer de démontrer.

L'art. 28 de l'ordonnance ne parle que *des pertes et
dommages arrivés aux vaisseaux et marchandises
par la faute des maîtres et mariniers.* Ces expressions
aux vaisseaux et marchandises sont très claires, et
confirment absolument le principe général que nous
avons posé. Bien que l'art. 353 soit rédigé sous une
autre forme, il est certain qu'il confirme et consacre
les principes posés dans l'ordonnance. Ainsi, lorsque l'assurance porte sur du savon, et que l'assuré charge du blé, l'assureur n'est pas plus responsable des risques provenant de la force majeure que de
ceux provenant de la baraterie de patron. Cependant,
cette solution devrait être écartée si on admet que la
clause relative à la baraterie a uniquement pour objet
la garantie des fautes commises par le capitaine, abstraction faite de l'objet auquel s'applique l'assurance,
puisque si tels sont les principes, peu importe, lorsqu'il
y a faute et que cette faute a causé la perte de la marchandise, que celle-ci soit d'une nature ou d'une autre.
Mais comme la baraterie de patron doit toujours être
rapportée à l'objet assuré, on tient pour constant

---

(1) 23 déc. 1853. — Rouen (J. M. 33. 2. 8). — 23 déc. 1857. — Cass. (J.
M. 36. 2. 25). — S. V. 58. 1. 133 (Cet arrêt casse un arrêt de la Cour de
Paris du 23 juin 1855, rapporté S. V. 55. 2. 476.) — 28 févr. 1859. — Mars.
(J. M. 37. 1. 129). — 20 juin 1859. — Aix (J. M. 37 1. 291). — 25 avril
1860. — Mars. (J. M. 38. 1. 316). — 7 juin 1860. — Aix (J. M. 38. 1. 239).
— 12 février 1861. — Cass. (J. M. 39. 2. 104. — S. V. 61. 1. 239 et 426).

que les fautes commises par le capitaine n'engagent l'assureur que si le dommage en provenant porte sur cet objet.

Appliquons ce principe à la théorie de l'évaluation, et supposons une assurance sur un navire qui vaut 40,000 fr. — Si ce navire en aborde un autre valant 100,000 fr. et le coule bas, pourquoi, si l'assureur est tenu de payer cette dernière somme, limite-t-on l'assurance à la valeur du navire abordeur, soit 40,000 fr.? Pourquoi, en un mot, n'est-elle jamais portée, en prévision de la perte qui peut atteindre un autre navire, à une somme indéterminée qui représente réellement le montant de cette perte? — Pourquoi? C'est parce que le navire abordé est absolument étranger à l'assurance.

En vain dirait-on qu'au moyen de l'abandon du navire et du fret, l'assuré du navire arbordeur pourra limiter la perte à la somme assurée. — D'abord nous répondrons que le fret acquis, car il doit être acquis pour qu'il en soit fait abandon, s'ajoute à la valeur du navire, d'où il résulte que cette valeur sera toujours dépassée; — que de plus, l'abandon n'est pas toujours possible, ainsi que nous le démontrerons ; — qu'enfin, si le capitaine commet plusieurs fautes et engage l'armateur envers différentes personnes, il ne peut se libérer qu'à l'égard d'une seule d'elles au moyen de l'abandon.

Cependant, ceux qui pensent que l'assureur est responsable dans notre espèce, ne peuvent méconnaître que le navire assuré n'a souffert aucun dommage, d'où la conclusion qu'il n'est dû aucune indemnité. — Mais ils tournent cette objection en se fondant sur ce que l'assuré, responsable du dommage causé par le capitaine qui commande le navire abordeur, ne peut s'exonérer de cette responsabilité qu'en faisant abandon de ce navire et de son fret ; or , disent-ils , cet abandon soumet ce navire à une perte directe et substantielle, et c'est en raison de cette perte que l'assureur doit être déclaré responsable.

De puissantes raisons s'élèvent contre ce moyen Nous allons les résumer :

1° L'assuré ne fait l'abandon du navire et du fret que pour se libérer. Or, un acte de libération ne peut dans aucun cas constituer une perte. Aussi , on n'a jamais dit , jamais écrit que l'assureur dût en répondre.

2° Comme. l'abandon du navire et du fret suppose une dette , on ne peut décider que l'assureur en est responsable, que s'il est admis qu'il doit répondre de la dette elle-même. Pour justifier la doctrine qu'elle a embrassée, la Cour de cassation a dit : l'assuré doit payer la perte causée par l'abordage ou abandonner le navire et le fret ; la possibilité seule de cet abandon met la perte à la charge de l'assureur. — Pour bien juger, il fallait renverser la proposition, et dire : Si l'assureur est tenu de l'avarie soufferte par le navire abordé, il doit répondre de l'abandon du navire et du fret lorsque l'importance de l'avarie le rend nécessaire, sinon, non. En d'autres termes, en supposant que l'obligation qui incombe à l'assureur de payer le dommage causé à un tiers, permette de conclure que l'abandon, qui en est la suite, doit être mis à sa charge, il ne s'ensuit pas que la réciproque soit vraie, et qu'on puisse conclure de l'abandon à la responsabilité de cet assureur. En raisonnant comme elle l'a fait, la Cour suprême a commis une véritable pétition de principes; elle a supposé résolue la question qu'il fallait résoudre.

3° Jamais on n'a considéré, pas plus en France qu'à l'étranger, l'abandon du navire et du fret comme constituant en lui-même une perte qui puisse être mise à la charge de l'assureur. S'il en eut été autrement, on l'aurait classée parmi les causes de délaissement. L'abandon du navire et du fret peut être le résultat de la perte, l'expression de son importance, jamais, non jamais, on ne l'a considéré comme constituant par lui-même le risque et la perte qui en dérive.

4° Si la responsabilité de l'assureur n'existe que par l'abandon du navire et du fret, il s'ensuit qu'il ne sera plus responsable lorsque cet abandon ne sera pas possible. Il ne sera pas possible, par exemple, si le navire a été vendu entre le moment de l'abordage et celui où le dommage est réglé (1), si le montant de ce dommage est très-inférieur à la valeur du navire et du fret, si, en fait, il s'agit de payer 2,000 fr., et que l'abandon porte sur une valeur de 40 ou 50,000 fr.

5° Si l'abandon du navire et du fret engage l'assureur, il faut admettre, sous peine d'inconséquence, qu'il sera responsable toutes les fois qu'une faute du capitaine obligera l'assuré à recourir à ce moyen, de sorte que si le capitaine compromet le chargement ou s'il contracte des engagements excessifs, et que par là le propriétaire doive faire l'abandon, l'assureur du navire sera tenu de l'indemniser. — Cette conséquence suffit pour démontrer la fausseté du principe qui en dérive.

---

(1) V. 25 janv. 1832. — Aix (J. M. 13. 1. 65).

Que conclure de ce qui précède ? — C'est que la possibilité de l'abandon par le fait de l'abordage ne prouve rien : qu'il faut, pour apprécier si l'assureur en est ou non responsable examiner si l'avarie a atteint l'objet assuré, et qu'il importe peu que cet objet puisse être perdu pour l'assuré, comme tous ses autres biens en force de l'art. 2092 du C. civil ou bien par l'application de l'art. 216 du Code de comm., du moment où l'avarie, qu'elle soit ou non matérielle, porte sur un objet autre que celui qui est assuré.

Les principes fondamentaux de l'assurance résistent donc à l'opinion qui a prévalu, et je suis convaincu que la jurisprudence aurait suivi une autre voie si les assureurs n'avaient invoqué à l'appui de leur cause un système insoutenable. — Ils prétendirent que s'ils sont tenus de garantir les pertes matérielles, il n'en est pas ainsi de celles qui ne le sont pas, et ils rangèrent, dans cette dernière catégorie celle qui résulte de la responsabilité qui incombe à l'assuré dans notre cas. — La Cour de Cassation n'eut pas de peine à démontrer que toutes les pertes dont les assureurs répondent ne sont pas matérielles ; que, par exemple, ils sont responsables, lorsque le navire et les facultés n'ayant subi aucun dommage, le capitaine change la route du voyage assuré. — Cette réponse, quoique fort juste, se rapporte à une objection qu'on n'aurait pas dû soulever. Au fond, puisque le navire assuré, n'avait souffert aucun dommage, la difficulté ne portait que sur une question de responsabilité. Il s'agissait dans l'espèce de savoir si par cela que l'assuré était responsable des suites de l'abordage, l'assureur l'était à son tour. Il n'y avait point d'autre question à résoudre, et c'est pour

cela que nous avons concentré sur elle, et sur elle seule,
l'examen auquel nous nous sommes livré.

472. — II. Risques. — Il est incontestable que l'assureur n'est obligé que relativement aux risques qu'il a
entendu garantir. Ainsi, lorsqu'il a assuré *franc d'ava-*
ries particulières et communes, il n'est tenu que des
pertes qui sont la suite d'un sinistre majeur, et dès-
lors l'assureur n'est pas responsable des avaries particulières ou communes causées par la faute du capitaine.
S'il a été convenu que l'assureur serait affranchi des
risques de guerre, la prise du navire ou de la marchandise qui est due à une faute du capitaine reste à
la charge de l'assuré. Cependant, on décide en Angleterre que la clause par laquelle l'assureur ne répond
pas de la perte résultant d'un commerce illicite, ne
s'applique pas au cas où c'est le capitaine qui l'a entrepris sans la participation de l'assuré (1). La coutume
peut seule justifier cette règle, car elle ne se déduit pas
des principes admis.

473. — III. Lieu du risque. — Lorsque l'assurance
a pris fin par l'arrivée des marchandises au lieu de
destination, l'assureur qui les a garanties, ainsi que la
baraterie de patron, n'est pas responsable des dommages qu'elles subissent par la faute du capitaine,
comme si, par exemple, il se les approprie au lieu de
remettre au destinataire (2). Cela tient à ce que l'assureur cesse d'être engagé lorsque l'assurance a pris
fin. Mais s'il en est ainsi, à l'égard de la baraterie de

---

(1) Benecke, t. 3, p. 222.

(2) 14 août 1862. — Mars. (J. M. 40. 1. 261). — *Sic* Roccus, not. 27,
Boulay-Paty, t. 4, p. 76 et sur Emérigon, t. 2, p. 23 ; Alauzet, t. 3,
p. 389.

patron, est-il logique de poser un principe différent lorsqu'il s'agit de l'objet assuré?

On s'est demandé encore si l'assureur est responsable de pertes causées par un déroutement volontaire, qui est imputé à faute au capitaine? — L'affirmative a été admise (1). Cependant la Cour de Bordeaux a décidé en sens contraire (2). — Il faut s'en tenir à l'affirmative, par la raison que le changement de route est aux risques des assureurs lorsqu'il est forcé, et que la clause, relative à la baraterie de patron, met sur la même ligne la force majeure et la faute du capitaine, qu'elle leur fait produire les mêmes effets, d'où il suit que le déroutement volontaire doit être assimilé dans notre cas au déroutement forcé.

474. — IV. RÉGLEMENT DE L'INDEMNITÉ. — De ce que l'assurance est une, que la clause relative à la baraterie de patron ne lui enlève pas ce caractère, il s'ensuit que l'indemnité doit être réglée de la même manière, sans distinguer entre le cas où la perte est due à un cas de force majeure et celui où elle résulte d'une faute du capitaine. Le Tribunal de Marseille a été appelé à faire application de ce principe dans une espèce où le capitaine avait vendu plus de marchandises qu'il n'en fallait pour parer aux besoins du navire et de la cargaison, d'où la question de savoir si l'indemnité représentant la perte qu'avait causée la faute du capitaine, dont l'assureur était tenu, devait être soumise à la déduction des franchises stipulées dans la police.

---

(1) 29 déc. 1820. — Mars. (J. M. 2. 1. 138). — 15 juillet 1845. — Hâvre (J. Hâvre, 1845, 2. 138).

(2) 27 janv. 1851. — Bordeaux (J. M. 30. 2. 33).

Le Tribunal prononça contre l'assureur en ces termes (1) : — « Attendu qu'il faut distinguer le droit
« de l'assuré, vis-à-vis de ses assureurs, à raison de
« l'*avarie* que peut éprouver l'objet assuré, de celui
« qui résulte pour lui de la clause par laquelle les
« assureurs prennent à leur charge la baraterie de
« patron ;

« Que si le premier est régi par les principes géné-
« raux de l'assurance, il ne saurait en être de même du
« second, qui ne prend sa source que dans la conven-
« tion, et est soumis seulement aux règles de droit
« commun ;

« Que bien que la baraterie soit une fortune de mer,
« il ne s'ensuit pas qu'on doive la considérer comme
« une avarie, lors surtout qu'elle n'a pas pour résultat
« un dommage matériel et fortuit ;

« Que les dommages résultant de la baraterie sont
« des dommages-intérêts proprement dits, entièrement
« indépendants de l'état et de la valeur des objets as-
« surés, et qui soumettent celui qui les a causés à
« rendre celui qui les éprouve indemne, non seulement
« de la perte qu'ils lui occasionnent, mais encore du
« bénéfice dont elle le prive ;

« Que ce dédommagement ne serait pas entier et
« complet si les assureurs pouvaient être fondés à de-
« mander la déduction d'une franchise que le capitaine
« n'aurait pas été en droit d'exiger lui-même, et à
« raison de la privation de laquelle il ne saurait avoir
« action que contre le capitaine. »

Plusieurs propositions se dégagent de ce jugement :

1° La clause relative à la baraterie de patron constitue

---

(1) 23 février 1837. — Mars. (J. M. 16. 1. 299).

une convention distincte de l'assurance qui n'a rien de commun avec elle ;

2° Cette convention est réglée par le droit commun, et non par les principes qui régissent les assurances ;

3° Cependant cette proposition cesse d'être vraie lorsque l'avarie est matérielle ;

4° L'assureur doit au cas de perte résultant de la baraterie de patron, non seulement la valeur de l'objet au lieu et au temps de l'assurance, mais encore le profit que l'assuré aurait pu réaliser.

Il faut bien le reconnaître : le principe qui fait de la clause relative à la baraterie une assurance distincte et indépendante de celle qui s'applique à l'objet soumis au risque une fois admis, ces diverses propositions sont irréprochables. Par exemple, si les dommages doivent être réglés entre l'assureur et l'assuré d'après le droit commun, il faut que ces dommages comprennent le *lucrum cessans* et le *damnum emergens*. — Mais voilà que la Cour de Cassation vient renverser sur ce point le principe posé par le Tribunal de Marseille, en déclarant dans une espèce où il s'agissait, comme devant ce tribunal, d'un cas de baraterie résultant d'une vente de marchandise faite mal à propos par le capitaine, qu'elle rejette le pourvoi parce que « l'arrêt attaqué n'impose pas aux assureurs « l'obligation *de tenir compte du bénéfice qu'ils au-* « *raient pu faire ,* mais seulement de la différence « entre la valeur estimative du chargement et le pro- « duit net des marchandises (1). »

Cette décision , comparée à celle qui émane du Tri-

---

(1) 24 mai 1844. — C. Rej. (S. V. 44. 1. 388).

bunal de Marseille prouve une fois de plus que la manière dont la jurisprudence a apprécié la clause relative à la baraterie de patron ne pouvait que conduire à de flagrantes contradictions ; qu'elles n'auraient jamais existé s'il avait été admis — que le contrat d'assurance est un ; — qu'il ne comporte pas l'application de règles différentes, soit que la perte provienne de la force majeure soit qu'elle provienne de la faute du capitaine ; — que toutes les clauses contenues dans le contrat doivent, qu'il y ait cas fortuit ou baraterie, se combiner entre elles ; — que la baraterie de patron, qualifiée par tous nos anciens auteurs de *fortune de mer*, ne constitue pas un risque à part soumis aux règles du droit commun ; — que l'art. 353 du C. comm. s'occupe de ce risque parce qu'il appartient à la matière des assurances ; — que de l'ensemble de toutes ces observations il se déduit nécessairement que la clause relative à la baraterie de patron constitue une convention par laquelle les contractants mettent sur la même ligne la force majeure et la faute du capitaine ; — enfin, que si au cas de perte par l'effet de la force majeure l'assureur a droit à une déduction fondée sur une stipulation de franchise, il y a droit aussi lorsqu'il a garanti la baraterie de patron et que la perte est due à ce risque spécial.

475. — V. DÉLAISSEMENT. — Lorsque la baraterie de patron a causé l'une des pertes énoncées en l'art. 369 du C. comm., l'assuré a le droit de faire le délaissement (1). — Ainsi, il pourra délaisser le navire, si le capitaine le jette volontairement et sans nécessité

_____

(1) 28 octobre 1824. — Mars. (J. M. 24. 1. 20).

à la côte, et si dans ce cas l'échouement a lieu avec bris; — si, par sa faute, il en occasionne la prise. — Mêmes solutions lorsque l'assurance porte sur les facultés.

Ce point a été parfaitement résumé dans une consultation délibérée à Marseille, le 11 novembre 1844, par Maurendi, Emerigon, Nègre, Darbon, Perrin et Cresp. — On y lit : « La faute du capitaine, autrement « dit la baraterie de patron, n'est pas une expression « magique qui doive, dans tous les cas, être considérée « comme indiquant un sinistre majeur. C'est par ses « suites ou ses résultats qu'elle doit être jugée et ap- « préciée ; car la baraterie de patron, alors que les as- « sureurs l'ont prise à leur risque, n'est ni plus ni « moins qu'*une fortune de mer*, et elle ne produit « entre l'assuré et l'assureur ni plus ni moins, ni d'au- « tres effets, que toutes celles dont parle l'art. 350. » (Voilà les vrais principes.)

« A-t-elle eu pour résultat la prise, le naufrage, la « perte, la détérioration aux trois quarts ou tout autre « des évènements qui, suivant l'art. 369, autorisent « l'abandon (le délaissement)? L'action en délaisse- « ment est ouverte tout comme si l'événement était le « résultat d'un cas fortuit ou d'une force majeure. »

« N'a-t-elle, au contraire, occasionné qu'un retard, « des frais ou une détérioration au-dessous des trois « quarts? Ce n'est plus qu'une avarie à régler, *de « même que si elle était le résultat d'une simple for- « tune de mer.* »

« Cela est tellement élémentaire que l'on ne conçoit « pas une contradiction raisonnable et sérieuse. » (J. M. 33. 2. 179.)

476. — L'assureur sur corps qui a payé le dommage causé par une faute du patron a une action contre celui-ci comme subrogé aux droits de l'assuré. — L'assureur sur facultés a, non seulement une action semblable, mais encore il peut agir contre le propriétaire ou l'armateur, responsables du fait de leur préposé. (1)

Dans notre droit, l'assuré qui agit en raison d'un fait de baraterie a une action directe contre son assureur. — Certaines législations ne lui permettent d'agir que lorsque les poursuites dirigées contre le capitaine sont restées infructueuses (2).

L'assureur n'est subrogé aux droits de l'assuré contre le capitaine que dans la mesure de ce dont il est tenu envers cet assuré. — Ainsi, lorsqu'une certaine somme est déduite pour raison des franchises stipulées, 'la subrogation ne portera pas sur cette somme ; elle ne portera pas non plus sur le montant du profit que la faute du capitane a fait perdre à l'assuré, et il va sans dire que ce dernier pourra agir contre ce capitaine pour toutes les sommes dont il est tenu, mais que l'assureur a été dispensé de payer.

477. — L'assureur qui garantit la baraterie de patron répond des fautes des matelots. — Comme, à l'inverse, lorsqu'il ne l'a pas garantie, il n'en est pas responsable (3).

La responsabilité de l'assureur, qui répond de la baraterie de patron s'applique à tout sinistre causé par la faute des matelots (4). — En Angleterre, l'assureur

---

(1) 30 mars 1868. — Trib. Bordeaux (J. M. 47. 1. 95).
(2) Guidon de la mer, chap. 9, art. 1 ; C. pr., § 2216-2219.
(3) Emérigon, ch. 12, sect. 5, § 3.
(4) 4 janvier 1850. — Mars. (J. M. 29. 1. 358).

n'est responsable de leur faute que s'ils ont employé pour la commettre une force à laquelle il a été impossible de résister (1). Cette distinction n'est pas admise dans notre droit. L'assureur est responsable lorsqu'il a assuré la baraterie, soit que la faute pût être prévenue, ou empêchée, soit qu'elle ne pût l'être.

Les principes qui régissent la baraterie de patron ne s'appliquent pas au cas où le sinistre a été causé par un ou plusieurs passagers (2). Ce sinistre est comme tous les autres à la charge des assureurs, bien qu'ils n'aient pas garanti la baraterie de patron. Ainsi, ils sont tenus d'indemniser l'assuré lorsque le naufrage a été causé par un passager (3). Il en est de même de la perte du navire ou de la cargaison qui est due à une révolte d'émigrants qui, étant en grande majorité dans le navire, ont mis à mort le capitaine et l'équipage et se sont rendus les maîtres des objets assurés (4). Cependant il y aurait cas de baraterie, et dès lors l'assureur qui ne l'a pas garantie serait exonéré, si le capitaine ne s'est pas opposé aux actes commis par les passagers, alors qu'il l'aurait pu (5).

Les fautes les plus ordinaires des matelots, parmi celles qui engagent les assureurs responsables de la baraterie, sont : le vol, la désertion et la révolte.

L'assureur est responsable des vols commis par les matelots lorsqu'il a garanti la baraterie de patron (6).

---

(1) Hachs v⁵ Thoruton, Holt's N. P. 40.

(2) Alauzet, t. 2, p. 74 et Comm., t. 3, p. 388 ; Pardessus, t. 3, n. 171.

(3) 15 novembre 1830. — Bordeaux (S. V. 31. 2. 80. — D. P. 31. 2. 7).

(4) 18 avril 1867. — Trib. Bordeaux (J. M. 45. 2. 159.) — 18 nov. 1867. — Bordeaux (J. M. 46. 2. 89).

(5) Boulay-Paty, t. 4, p. 69.

(6) 16 février 1846. — Mars. — 2 janvier 1847. — Aix (J. M. 26. 1. 35).

Cela ne fait aucun doute. On a même essayé de faire décider qu'ils en étaient responsables, comme de tout autre sinistre, d'après le droit commun. Mais, cette opinion, qui était d'ailleurs insoutenable, n'a pas prévalu (1).

La perte du navire par la désertion ou la révolte de l'équipage est incontestablement à la charge des assureurs qui ont garanti la baraterie de patron (2). Mais il ne faudrait pas en conclure qu'ils doivent relever l'assuré des frais qu'il a faits pour poursuivre les matelots déserteurs et les forcer à revenir à bord du navire. On doit considérer ces frais comme une charge de la navigation, et non comme un sinistre.

L'assureur obligé en raison de la baraterie, serait encore responsable si le déroutement avait été imposé au capitaine par les matelots. Mais comme le fait observer Emérigon, il ne faut pas exagérer la portée de cette règle. Ainsi supposez que le navire soit soumis à un danger sérieux, que le capitaine veuille le braver, et que les matelots s'y opposent et le contraignent à dévier de la route pour entrer dans un port de refuge ; s'il est établi dans ce cas que l'opinion émise par les matelots était raisonnable, on ne pourra pas, en se fondant sur la désobéissance dont ils se sont rendus coupables, obliger l'assureur à payer un dommage qui n'a rien de réel (3).

Lorsque la maladie ou la mort ont réduit le nombre

---

(1) 16 juin 1846. — Mars. (J. M. 26. 1. 55).

(2) 25 février 1860. — Mars. (J. M. 47. 1. 127). — 30 juin 1864. — T. Paris (J. M. 42. 2. 45). — 10 avril 1867. — Paris (J. M. 43. 2. 130). — 26 août 1867. — T. Bordeaux (J. M. 45. 2. 159). — 18 novembre 1867. — Bordeaux (J. M. 46. 2. 89).

(3) Emérigon, ch. XII, sect. 7.

des matelots au point d'empêcher les manœuvres nécessaires, les pertes résultant de cet état de choses ne
sauraient être attribuées à la baraterie de patron ; on
doit les considérer comme étant le résultat d'une force
majeure, dont l'assureur répond dans tous les cas.

Bien que, au point de vue de la baraterie, le capitaine et les gens de l'équipage soient placés sur la
même ligne, il existe entre eux une différence qui tient
à ce que si le capitaine ne peut faire assurer, lorsqu'il
a un intérêt, sa propre baraterie parce que ce serait
contraire à l'art. 352, il peut comprendre dans une assurance la garantie des fautes commises par l'équipage
et les pertes qui en résultent (1).

L'assureur qui a payé la perte causée par les gens
de l'équipage a contre eux une action en garantie. —
Il l'a aussi contre le propriétaire ou l'armateur.

Il a une action semblable contre le capitaine s'il est
prouvé que celui-ci aurait pu empêcher les actes im-
putés aux matelots, en usant de plus de surveillance et
de sévérité ; il ne l'a pas, s'il ne rapporte point cette
preuve (2).

---

(1) 4 jan. 1850. — Mars. (J. M. 29. 1. 358).
(2) 16 juin 1848. — Mars. (J. M. 26. 1. 55).

CHAPITRE IX

DE LA RÉTICENCE.

478. — Division du sujet.

478. — Le présent chapitre sera divisé en six paragraphes, savoir :

§ 1er. Considérations générales sur la réticence.— Législations étrangères. — Par qui la déclaration des faits relatifs aux risques doit être faite.

§ 2. Principes généraux relatifs aux faits qui doivent être déclarés.

§ 3. Cas dans lesquels les principes qui régissent la réticence sont plus particulièrement applicables au navire.

§ 4. Cas dans lesquels les principes qui régissent la réticence sont plus particulièrement applicables aux facultés.

§ 5. Forme de la déclaration.

§ 6. Nullité de l'assurance dans le cas où la déclaration n'est pas faite.

§ Ier.

Considérations générales sur la réticence. — Législations étrangères. — Par qui la déclaration des faits relatifs aux risques doit être faite.

479. — Motifs qui ont inspirée la règle posée dans l'art. 348.

480. — Cette règle ne figure pas dans l'ordonnance de 1681. — Nos anciens auteurs la passent presque sous silence.

481. — Lois de Suède et d'Hambourg sur la réticence.

482. — Dispositions du nouveau Code allemand sur ce point.

483. — Principes suivis en Angleterre.

484. — L'assureur est tenu de déclarer à l'assuré les faits qu'il connaît.

479. — La règle qui impose à l'assuré l'obligation de déclarer à l'assureur les faits et circonstances qui sont susceptibles de l'éclairer sur l'étendue des risques naquit, pour ainsi dire, en même temps que le contrat d'assurance. Dès qu'il eut pénétré dans la vie commerciale, on comprit qu'entre l'assuré et l'assureur la position n'est pas égale ; que tandis que le premier peut facilement apprécier l'étendue des risques, le second, qui le plus souvent assure un navire ou une marchandise qu'il ne connaît pas ou qu'il n'a point vus, se rapportant à une opération qu'il n'a pas conçue, ne peut pas toujours apprécier la portée des engagements auxquels il se soumet. Aussi, comme le disait le Guidon de la mer : *L'assureur en tout se confie à la prud'homie de son assuré..... il est comme le pupille, la vevfe, l'absent, qui ne peuvent ou ne doivent être trompés* (1).

A un autre point de vue, le contrat d'assurance est un contrat de bonne foi, mais d'une bonne foi très-étendue *(contract uberrimœ fidei,* comme le disait le juge américain Story), qui ne permet pas à l'assuré de laisser à l'assureur dans l'ignorance de ce qui lui importe de savoir touchant le risque (2).

Tel est le double motif qui a inspiré l'art. 348 du C. de comm., lequel est ainsi conçu :

« Toute réticence, toute fausse déclaration de l'as-

---

(1) Guidon de la mer, ch. 2, art, 15. — Lord Mansfield exprime la même pensée dans l'espèce Carter vᵉ Bœhm, 3 Buer, 1905 ; 1 Blaek, 592.

(2) V. le développement que donne à ce principe fondamental le juge Story dans l'espèce Lanachan vᵉ Universal Ins. Comp , 1 Peters, 170.

suré, toute différence entre le contrat d'assurance et le
connaissement qui diminuerait l'opinion du risque ou
en changerait le sujet annulent l'assurance. »

480. — L'ordonnance de 1681 ne contient aucune
disposition sur ce point. Le silence qu'elle garde est à
peu près général dans les œuvres des anciens jurisconsultes. Casaregis paraît à peine soupçonner la théorie
de la réticence. Il n'en parle qu'une seule fois, pour
soutenir que l'assuré doit révéler à l'assureur ce qu'il a
appris par la puissance surnaturelle des devins et des
astrologues : *Si via extraordinaria soiret rem non in
tuto esse, puta astrologia aut divina relatione* (1).

Pothier est le seul qui, parmi nos jurisconsultes,
essaie de formuler quelques notions touchant la réticence. Emérigon se borne sur ce sujet à quelques applications, éparses dans son traité. Valin n'en parle que
pour exprimer un doute qui tendrait à consacrer une
erreur évidente.

481. — Les législations du Nord sont beaucoup plus
explicites. Ainsi, la législation suédoise, qui pose
d'abord le principe général consacré par l'art. 348 (Ord.
de 1750, art. 1, § 2 et 3) (2), veut que l'assuré déclare
à l'assureur :

1° Si le navire est chevillé (ch. 5, art. 3, § 2) ; —
2° s'il est parti, et depuis quel temps (art. 4, § 2 ; art. 6,
§ 6, 7, 8) ; — 3° s'il provient d'une prise, et si depuis
la prise, il n'est pas entré dans un port neutre (art. 5,
§ 5) ; — 4° s'il doit changer de route (ord. de 1667 et

---

(1) Casaregis, Disc. 1, n. 21.
(2) V. encore C. holl., art. 603 et 604 ; C. portugais, art. 1708 et 1709 ;
C. espagnol, art. 862 et 877.

1750, art. 5, § 3 et 4) ; — 5° s'il ne se trouve pas encore dans le lieu où le risque doit commencer (1750, art. 9) ; — 6° s'il navigue sous convoi (art. 14) ; — 7° si les marchandises sont sujettes au vice propre ; si l'or, l'argent, les pierres précieuses, certains articles de contrebande composent le chargement (art. 5, § 3 et 4).

Mêmes dispositions dans l'ordonnance d'Hambourg (1731, art. 4, 8, 18), et dans le code prussien (§ 2026-2030, 2028, 2031, 2033-2036, 2044-2047).

482. — Le nouveau code allemand contient dans le titre XI, section 2, plusieurs articles concernant la réticence. Ils sont ainsi conçus :

« Art. 810. — L'assuré est tenu, soit qu'il assure pour son propre compte, soit qu'il assure pour le compte d'autrui, de déclarer à l'assureur, avant la conclusion du contrat, tous les faits et circonstances connus de lui, qui ont par leur importance un rapport avec le risque, et peuvent exercer sur cet assureur une influence suffisante pour le déterminer, soit à accepter ou à refuser certains risques, soit à ne les garantir que sous certaines conditions.

« Celui qui assure pour autrui doit aussi déclarer les faits qu'il connaît personnellement.

« Art. 811. — Lorsque l'assurance est faite pour compte d'autrui, les circonstances connues de l'assuré et de celui qui le représente doivent être déclarées à l'assureur avant la conclusion du contrat.

« La connaissance acquise par l'assuré ou l'intermédiaire ne doit pas être prise en considération lorsqu'elle leur est acquise trop tard pour qu'ils puissent, à moins de prendre des mesures extraordinaires, les communiquer à l'assureur avant la conclusion du contrat.

« La connaissance qu'aurait l'assuré de certains faits ne doit pas non plus être prise en considération, lorsqu'un tiers conclut l'assurance sans sa participation et sa volonté. »

« Art. 812. — A défaut de déclaration dans le cas prévu par les deux articles qui précèdent, le contrat est nul par rapport à l'assureur.

« Cependant il n'en sera pas ainsi si les faits non déclarés sont connus de l'assureur ou s'il est réputé les connaître. »

« Art. 813. — Lorsque la déclaration relative à un fait important est reconnue inexacte, le contrat est nul à l'égard de l'assureur, à moins qu'il ne soit démontré que ce fait était connu de lui. »

« Art. 814. — Lorsque l'assurance porte sur divers objets ou sur un ensemble d'objets, la violation des articles précédents n'entraîne la nullité de l'assurance qu'à l'égard des objets pour lesquels la déclaration doit être faite. Le contrat est nul pour le tout, s'il est prouvé que la déclaration étant faite, l'assureur aurait traité à d'autres conditions, et qu'il les aurait appliquées aux objets pour lesquels la déclaration n'était pas nécessaire. »

« Art. 815. — L'assureur a droit à l'entière prime, bien que, dans les cas prévu par les art. 810 à 814, l'assurance soit totalement ou partiellement annulée. »

483. — La théorie de la réticence a été résumée par un auteur américain, Duer, dans son ouvrage sur les lois et la pratique des assurances maritimes, en ces termes :
— « Les faits, les circonstances, les nouvelles qui sont
« de nature à faire considérer le risque comme moindre
« ou plus considérable, ou bien qui sont susceptibles

« de montrer ce risque sous un jour qu'il n'a pas au
« premier aspect, qui peuvent par suite en donner à
« l'assureur une idée plus exacte doivent être déclarés
« par l'assuré (1). » — De sorte que pour savoir si tel
fait ou telle circonstance doit être déclaré, il faut toujours se demander quelle est l'impression qu'il aurait
produit sur l'esprit de l'assureur avant qu'il ne s'engageât, et si la déclaration aurait changé ou modifié sa
volonté (2).

Ces idées générales, que les auteurs anglais ont parfaitement mises en lumière, doivent être toujours pré-
sentes à l'esprit lorsqu'il s'agit d'appliquer l'art. 348.

484. — Avant tout, demandons-nous par qui la déclaration doit être faite. — L'art. 348 du C. comm. ne parle
que de l'assuré, parce que, comme le fait remarquer
Emérigon, il est rare que les assureurs se rendent coupables de fraude, étant obligés de s'en tenir aux révé-
lations de l'assuré (3). — Cependant il est hors de doute
que si l'assureur sait, au moment de la conclusion du
contrat que l'objet assuré est à l'abri de tout risque,
l'assurance pourra être annulée (4). Il faut rejeter
comme immorale la doctrine du jésuite Lessius, qui
soutient que l'assureur peut, pour gagner une meilleure
prime, dissimuler les faits qu'il connaît relativement
au peu d'importance du risque (5).

---

(1) Duer, Oon the Law and Praétice of Mar. Ins. t. 2, p. 156.

(2) Arnould, t. 1, p. 537. — V. aussi Flin v' Headlan, 9 B et Cr., 690.

(3) Même remarque dans Benecke, t. 3, p. 191 et Baldasseroni, t. 1, p 18,
n. 19.

(4) Pohls, t. 7, p. 558; Marshall. t. 1, p. 452. — V. aussi Carter v' Bœhm,
3 Bourr. 1905.

(5) Lessius, de Inst. et jure, Lib. 2, cap. 28, n. 27.

485. — Il faut distinguer par rapport à l'assuré, entre le cas où il conclut l'assurance et celui où il est représenté par un commissionnaire. — Lorsqu'il agit lui-même, en son propre nom, il doit faire les déclarations voulues. — Lorsqu'il est représenté par un tiers, il doit lui faire connaître ce qu'il sait, afin qu'il puisse le déclarer à l'assureur (1). Lorsque l'assuré ne remplit pas cette obligation, on doit apprécier la situation qu'il s'est faite comme elle le serait s'il avait lui-même contracté, car, comme le dit le juge américain Story : *qui facit per alium facit per se.* — Lorsque le commissionnaire n'a pas déclaré les faits qu'il connaît personnellement l'assurance est nulle, parce que étant faite en fraude de la loi, l'assuré-commettant participerait à cette fraude s'il tentait de se l'approprier et de faire valoir à son profit le contrat en qui elle se trouve (2).

Nous avons vu que la loi allemande déclare valable l'assurance consentie à un tiers, bien qu'il est usé de réticence, lorsque ce tiers a contracté pour le véritable intéressé à son insu et sans y être autorisé par lui. Si ce cas se présentait en France, où il n'est pas réglé par une loi, on devrait annuler l'assurance, car l'assuré doit la ratifier ; or, en la ratifiant, il s'approprierait la fraude légale commise par ce tiers, et, pour ainsi dire, la ferait pénétrer dans l'acte de ratification.

486. — Les cas dans lesquels il est permis d'opposer à l'assureur certains faits de réticence sont trop rares et trop limités pour comporter le moindre développement. Ainsi nous bornerons-nous à traiter des déclarations dont l'assuré est tenu.

---

(1) 29 avril 1831. — Paris (J. M. 12. 2. 103).
(2) 7 janvier 1845. — Orléans (J. M. 24. 2. 36).

§ II.

Principes généraux relatifs à la détermination des faits qui doivent être déclarés.

487. — Le mot réticence, pris dans son sens juridique, comprend le silence, le mensonge, la dissimulation partielle.

488. — La théorie de la réticence ne s'applique pas à la déclaration des faits qui sont relatifs à la formation du contrat.

489. — En règle générale l'assuré n'est pas responsable pour n'avoir pas déclaré les faits qu'il ignore.

490. — Cependant la nullité de l'assurance peut être prononcée dans les cas où il aurait pu facilement connaître les faits qu'il prétend avoir ignorés.

491. — L'assurance peut être annulée lorsque l'assuré a déclaré un fait qu'il croyait vrai et qui cependant était faux. — Cette règle n'est pas absolue. — Exemples.

492. — L'assuré n'est pas tenu de faire connaître ses craintes ou ses espérances. Mais il en est autrement des faits sur lesquels elles sont fondées. — Il ne doit pas déclarer comme positif un fait dont il n'est pas certain.

493. — Lorsque les faits sont multiples, il doit les déclarer tous.

494. — Il n'est pas tenu de déclarer les faits se rattachant à la science de la navigation ou à celle de la géographie.

495. — L'assurance est valable lorsque l'assureur connaît le fait non déclaré.

596. — Lorsque l'assuré prétend avoir ignoré un fait non déclaré, c'est à l'assureur à prouver qu'il le connaissait.

497. — L'assuré n'est pas tenu de déclarer les faits qui sont postérieurs à l'assurance.

487. — La fraude pratiquée par l'assuré, dans le but de tromper l'assureur sur l'étendue du risque, peut se produire de deux manières : par le silence ou la dissimulation *(suppressio veri),* ou par le mensonge *(allegatio falsi).* — La réticence qui consiste à ne dire qu'une partie de la vérité pour en dissimuler une partie, tient le milieu entre la dissimulation et le mensonge : *Dolus malus non tantum in eo est qui fallendi causa obscure loquitur, sed etiam qui insidiose obscure dissimulat* (L. 43, § 2, D. *De contrah. emp.*).

488. — Les faits qui sont de nature à exercer une influence sur l'opinion du risque sont de deux sortes. Certains de ces faits ont une telle importance que lorsqu'ils sont ignorés des parties, le contrat ne peut pas être considéré comme étant l'expression de leur volonté. Le contrat n'existe pas, par exemple, lorsque l'assurance porte sur un chargement de café alors que l'assuré embarque du sucre. Il faut appliquer à ce cas les observations suivantes que présenta Corvetto lors de la discussion de l'art. 348 : — « Lorsque le consen-« tement de l'assuré se porte sur un point et celui de « l'assureur sur un autre, les deux volontés marchent « dans un sens différent, ne se rencontrent pas, et il « n'y a cependant que la réunion de ces volontés qui « puisse constituer le contrat. »

La théorie de la réticence ne s'applique pas à ce cas. Elle n'est applicable que lorsque le défaut de déclaration porte sur des faits accessoires qui ne constituent point un des éléments essentiels du contrat. Ainsi lorsque l'assuré trompe l'assureur sur le véritable objet de l'assurance, si, par exemple, il indique comme assuré le navire A, tandis qu'il a un intérêt sur le navire B, il ne faut pas, ainsi que le font certains jurisconsultes, raisonner comme s'il y avait lieu d'appliquer l'art. 348. Mais si l'assuré laisse ignorer à l'assureur que le navire poursuit depuis longtemps son voyage, qu'il a reçu de graves avaries, etc., le contrat peut être annulé, bien qu'il renferme d'ailleurs tous les éléments qui lui sont essentiels.

489. — Le texte de l'art. 348 démontre que l'assuré doit déclarer ce qu'il sait. Dès lors, son ignorance au sujet de tel ou tel fait ne saurait lui être imputée à faute (1).

Ce principe est admis en Angleterre. — Pendant que cette nation était en guerre avec la France, un navire portugais fut capturé parce qu'il avait à bord un subrécargue français. — Cette circonstance était ignorée de l'assuré qui ne put la déclarer à son assureur. — Celui-ci se fondait sur ce que le fait qui avait causé la prise ne lui avait pas été déclaré, pour demander la nullité de l'assurance. — Mais lord Mansfield fut d'avis que l'ignorance commune sur un fait ne pouvait être invoqué par l'une des parties, et l'assurance fut déclarée valable (2).

490. — Mais il ne faut pas exagérer ce principe. Lorsque l'ignorance où est l'assuré provient de sa légèreté ou de sa négligence, s'il lui eût été facile avec le moindre effort d'en sortir, une faute lui est imputable, et l'art. 348 doit recevoir son application. En Angleterre, ce point ne fait aucune difficulté. Bien qu'on y distingue la *missrepresentation* , due à l'ignorance dont l'assuré n'a pas voulu sortir, qui constitue une fraude légale *(legal on constructive fraude)*, du *concealment* qui est la réticence calculée et volontaire *(actual fraud)*,

---

(1) 10 janvier 1817. — Rennes (S. V. C. N. 3). — 17 juin 1856. — Mars. (J. M. 34. 1. 204). — 29 juillet 1842. — Mars. (J. M. 21. 1. 297).

(2) Magne vᵉ Valther, rapporte par Parck, p. 431. — V. Benecke, t. 3, p. 180.

l'une et l'autre ont pour effet d'entraîner la nullité de l'assurance (1).

La difficulté consiste à déterminer dans quels cas on peut reprocher à l'assuré de n'avoir pas fait les diligences nécessaires pour connaître les faits qu'il aurait dû déclarer. A cet égard, s'il ne faut pas tenir la négligence pour indifférente, il ne faut pas non plus aller au-delà d'une juste sévérité. La jurisprudence anglaise fournit sur ce point des précédents utiles à consulter. On a discuté devant les cours d'Angleterre le point de savoir si l'assuré qui a reçu une lettre lui apprenant que le navire est en sûreté mais qui peut supposer, d'après les nouvelles reçues, qu'il est en péril, ne doit pas, au lieu de faire connaître à l'assureur les rumeurs vagues qui circulent, se faire renseigner, coûte que coûte, sur ce qu'elles ont de fondé ? — Il doit se renseigner, répond la jurisprudence anglaise, dût-il faire des dépenses extraordinaires (2). — Il le doit, décide-t-on aux Etats-Unis, mais il suffit qu'il emploie les moyens ordinaires, soit la voie de la poste (3). — L'art. 811 du nouveau C. allemand consacre cette dernière opinion. — Nous la considèrerions comme fondée en principe, si un cas analogue se présentait, parce qu'elle est d'une application simple et facile.

491. — L'assurance peut être annulée lorsque l'assuré a déclaré un fait faux le croyant vrai. — « Il y a « une différence, dit Pothier, entre le cas auquel l'une « des parties ne dit pas ce qui est et le cas auquel elle

---

(1) Benecke, t. 3, p. 135 ; Marshall, t. 1, p. 465. — V. contra Pohls, t. 7, p. 554.

(2) Fitzherbert vs Mather, 1 Term. Rep. 12.

(3) Greene vs Mersch. Ins. Comp. Pickéring's Mass. Rep. 402.

« dit ce qui n'est pas. Dans le premier, elle n'est pas
« tenue de ne l'avoir pas dit, si elle ne le savait pas ;
« mais dans le second, elle est tenue si ce qu'elle a dit
« ne se trouve pas véritable et a induit l'autre partie
« en erreur : *debet præstare rem ita esse ut affirma-*
« *vit* (1).

Cette appréciation est parfaitement exacte (2). Elle
a prévalu en Angleterre où il est admis qu'un fait déclaré comme positif *(positive representation)* doit être
toujours exact (3). Elle est aussi professée en Allemagne (4).

Le Tribunal de Marseille nous paraît l'avoir mécon-
nue dans l'espèce suivante :

Assurance de la bombarde *La Vierge,* capitaine
Marguerie. — Départ de Tunis et relâche à Mahon
nécessitée par une voie d'eau. — L'assurance est souscrite alors que le navire est à Mahon. — Mais comme
Marguerie avait écrit de Tunis à ses armateurs une
lettre qu'apporta un autre capitaine, l'assuré crut que
ce capitaine s'en était chargé parce que Marguerie n'é-
tait pas parti, et en conséquence il déclara aux assureurs que le navire n'avait pas encore quitté Tunis. —
Ceux-ci, se fondant sur l'erreur commise par l'assuré,
demandèrent la nullité de l'assurance. — Le Tribunal
la valida (5). — Il aurait eu raison si l'assuré avait

---

(1) Pothier, Ass.. n. 199.

(2) 7 avril 1835. — Bordeaux (J. M. 15. 2. 168). —Pardessus, t. 3, n. 883;
Boulay-Paty, t. 3, n. 510; Dalloz, n. 1679 ; Haghe et Cruismans, n. 125 ;
Alauzet, Ass., t. 1, n. 202 et Comm., t. 3, p. 363.

(3) Pawson vs Watson, Cooper, 781. — V. aussi dans ce sens, Kent, 3, 282;
Dauer, 2, 637; Arnould, 1, 540.

(4) Beneke, t. 3, p. 155; Pohls, t. 7, p. 580.

(5) 3 fév. 1823. — Mars. (J. M. 4. 1. 86).

I   37

déclaré le fait comme possible d'après son opinion ; mais il l'avait présenté comme certain.

Cependant l'erreur a des degrés, et il ne faudrait pas se trop attacher à une légère différence entre le fait réel et la déclaration.

Ainsi il a été jugé que l'assurance est valable lorsque l'assuré déclare que le navire prendra des passagers sans indiquer que ces passagers sont des soldats (1).

Dans une espèce jugée en Angleterre, l'assuré avait déclaré qu'il avait à bord douze canons, vingt hommes d'équipage et qu'il partait sur lest. — En fait il avait embarqué trois canons, neuf pierriers, quatorze hommes d'équipage, sept enfants déjà formés, une caisse renfermant des souliers et dix barils de poudre. — Malgré la réclamation des assureurs, l'assurance fut validée (2). — Cependant on aurait dû observer que les dix barils de poudre en plus changeaient singulièrement l'importance du risque.

Il a été décidé dans une autre affaire, conformément à l'opinion de lord Mansfield, que l'assurance est valable, quoiqu'il ait été déclaré que le navire a été vu tel jour en tel point, bien qu'il y ait été vu deux jours avant (3).

Dans une espèce où la police portait que l'assurance s'appliquait à des marchandises *chargées ou à charger,* tandis que le connaissement avait été délivré avant que la police ne fût signée, les assureurs soutenaient que l'assuré était coupable de réticence parce que la

(1) 9 mai 1823. — Rouen (S. V. C. N. 7).
(2) Pawson v⁵ Watson, Cowper, 785.
(3) Macdowall v⁴ Fraser, Doug. 247.

remise du connaissement prouvait qu'il n'y avait pas
de marchandises à charger. — Mais leur prétention fut
écartée parce que les expressions *chargées ou à charger* sont de style et s'emploient lorsque le navire est
déjà chargé (1).

492. — La jurisprudence a posé certaines règles touchant les obligations de l'assuré lorsque le fait à déclarer est incertain. Ainsi il n'est pas tenu de communiquer les craintes qu'il conçoit lorsque aucun fait ne les
justifie (2). L'assureur sait qu'il ne ferait pas assurer
s'il se croyait à l'abri d'un sinistre.

Mais si les craintes conçues par l'accusé sont fondées
sur des faits positifs, si, par exemple, il suppose que
l'objet assuré est en péril parce que de violentes tempêtes ont éclaté sur la ligne du voyage, il doit déclarer
cette circonstance (3).

Il arrive souvent que les faits non-déclarés n'ont pas
les conséquences fâcheuses qu'il était permis de leur
attribuer. De ce qu'il en est ainsi, il ne s'ensuit pas que
l'article 348 ne soit pas applicable. L'assurance est un
contrat aléatoire dans lequel les parties tiennent compte
de toutes les chances et se décident d'après ce qui est
possible ou probable. Or, comme c'est au moment où
elles vont s'engager, qu'elles calculent ces chances,
c'est alors que les faits doivent être déclarés, et on n'a
pas à considérer le résultat final.

Exemple. — Une assurance sur corps fut consentie
dans une espèce où le capitaine avait la faculté de faire

---

(1) 1ᵉʳ octobre 1833. — Mars. (J. M. 14. 1. 124).
(2) 1ᵉʳ mars 1842. — Mars. (J. M. 21. 1. 569).
(3) V. sur ce point les excellentes observations de M. de Courcy, p. 305
et s.

un voyage intermédiaire. L'assuré présumant qu'il n'userait pas de cette faculté, omit de déclarer qu'elle lui avait été accordée, et la Cour d'Aix décida par ce motif qu'il était dans son droit (1). — Les considérations que nous avons présentées démontrent à quel point une déclaration était nécessaire, car si le capitaine avait fait un voyage intermédiaire, le retard qu'aurait subi le voyage assuré aurait pu aggraver le risque.

L'assuré n'est pas tenu de dévoiler à l'assureur l'entreprise pour laquelle l'assurance est faite, pas plus qu'il ne doit lui faire part de ses opinions sur des chances bonnes ou mauvaises qu'elle comporte (2). En général, il n'a qu'à déclarer les faits qui se rapportent aux risques, sans être tenu d'y joindre les appréciations dont ils sont susceptibles (3). Cependant s'il déclare qu'il craint ou espère tel ou tel résultat, il doit dire qu'il n'entend parler que d'une crainte ou d'une espérance (4) — ou bien que le fait qu'il énonce n'est pas certain et qu'il le présente comme une conjecture ou une opinion *(Belief or expectation)* (5). Lorsqu'il s'exprime dans ce sens, l'assureur est irrecevable à demander la nullité de l'assurance, bien qu'il soit établi que l'opinion qu'avait émise l'assuré n'était pas fondée (6).

493. — Lorsque les faits qui peuvent exercer une influence sur l'opinion du risque sont multiples, l'assuré

---

(1) 24 mai 1830. — Aix (J. M. 11. 1. 75).

(2) Pohls, t. 7, p. 566.

(3) Benecke, t. 3, p. 152; Pohls, *loc cit.*

(4) Benecke, t. 3, p. 94.

(5) Kleix v⁵ Lancaster Ins. Comp. Warthon's Dig., n. 22, p. 319 ; Marshall .v⁶ Union Ins. Comp. 2 Wash. V. aussi dans se sens, Benecke, t. 3, p. 99.

(6) Pohls, t. 7, p. 567.

est tenu de les tous déclarer. Ainsi, une assurance fut annulée, bien que l'assuré eût déclaré avec une entière exactitude tout ce qui se rapportait au départ du navire, parce qu'il n'avait pas révélé à l'assureur que l'équipage était décimé par la maladie (1). Il ne suffit pas non plus que l'assuré déclare d'une manière générale tel ou tel fait ; il doit comprendre dans sa déclaration les circonstances essentielles qui s'y rattachent (2).

494. — L'assuré n'est pas obligé d'indiquer aux assureurs les conjectures qui se rattachent à la science de la navigation et de la géographie (3). — « L'assu-
« rance est une spéculation, dit lord Mansfield, et si
« l'assuré est tenu de déclarer certains faits, c'est parce
« qu'on suppose qu'ils sont plus particulièrement con-
« nus de lui. Dès lors, inutile de dire à l'assureur ce
« qu'il sait ou ce qu'il est présumé savoir. C'est pour
« cela qu'il n'est pas nécessaire de lui suggérer les no-
« tions qu'il peut avoir, aussi bien que l'assuré, sur les
« difficultés naturelles du voyage, les dangers généraux
« de la navigation, l'influence du temps, la possibilité
« d'une épidémie, d'une déclaration de guerre, les for-
« ces de l'ennemi, la cessation des hostilités, etc. (4) »
— Ainsi, il a été jugé, par application de ce principe :
1° que l'assuré n'est pas tenu de déclarer que le port dans lequel le navire est à l'ancre est au pouvoir de l'ennemi (5) ; — 2° que dans le lieu de départ ou d'ar-

---

(1) Duer, t. 2, p. 645.
(2) Moser vˢ Delaware Ins. Comp. Wash. 1 cᵗ cᵗ Rep. 385. — V. dans ce sens Phillips, t. 1, 237 ; Duer, t. 2, 399.
(3) Parck, p. 380 ; Klesecker, t. 7, p. 410 ; Pohls, t. 7, p. 599.
(4) Benecke. t. 3, p. 99 et 131.
(5) Carter vˢ Bœhuc, 3 Burr, 1999.

rivée, il y a une rade foraine et point de port (1) ; —
3° qu'il est impossible d'aborder à quai dans un port,
et que l'embarquement ou le débarquement s'y fait par
alléges (2) ; — que tel ou tel cas qui pourrait se présenter est réglé par une loi ou par une jurisprudence constante (3) ; — que le chaland qui porte la marchandise
à bord doit faire un certain temps de navigation sur un
fleuve avant d'atteindre le port d'embarquement (4).

Mais l'assuré ne doit pas tromper l'assureur lorsqu'il
l'interroge sur un fait qu'il n'est pas rigoureusement
tenu de déclarer. Il peut avouer son ignorance, mais non
user de mensonge. S'il ment, l'assurance est nulle (5).

495. — L'assurance ne doit pas être annulée lorsque
l'assureur connaît, par lui-même et d'ailleurs, le fait
qui ne lui a pas été déclaré par l'assureur. On a douté
de la vérité de ce principe ; mais, ainsi que l'a très-bien
fait observer le juge américain Story, à quel titre l'assureur pourrait-il se plaindre qu'un fait de lui connu ne
lui ait pas été révélé, puisqu'il est tenu, lui, de le révéler à l'assuré.

Il faut que la preuve de la connaissance qu'a l'assureur soit certaine ; de simples présomptions ne suffi-
raient pas. L'assuré doit en faire la preuve. En Angleterre, l'assureur est censé connaître les faits publiés
dans les salles du Lloyd (6). Cette jurisprudence a le

---

(1) Delonguemerre v⁴ N. Y. Fir Ins. Co. John's Rep. 129.

(2) Elton vˢ Larking, 5 C. et P. 385.

(3) Dure, t. 1, p. 183. — V. cependant Pohls, t. 7, p. 560 et 562.

(4) 10 nov. 1858. — Mars. (J. M. 37. 1. 21).

(5) Lewingston vˢ Mar. Ins. Comp., 7 Crauch. 535 et 536. — Fitzherbart
vˢ Mather, 2 T. R. 12. — Schoobret vˢ Nutt, Parck, 492. — V. aussi dans ce
sens, Phillips, 1, 249; Duer, 2, 557.

(6) Elton, vˢ Lacking, 5 C. 385. — Makintosch vˢ Marshall, 11 Mees, 166.

tort de généraliser une induction qui peut être vraie ou fausse suivant les circonstances.

496. — L'assureur doit, lorsque l'assuré soutient qu'il ignorait le fait non déclaré, prouver qu'il le connaissait. Il doit administrer cette preuve, parce que la faute pas plus que la fraude, ne se présument (1). La preuve doit résulter dans ce cas de faits positifs, et non de conjectures vagues et incertaines (2). Le tribunal de Marseille a jugé que l'assuré est censé connaître les faits qui sont annoncés par les feuilles publiques avant l'assurance (3). Nous nous sommes déjà expliqué sur ce point (V. supra n. 339). L'assureur doit aussi prouver que les déclarations faites par l'assuré sont fausses.

497. — L'assuré n'est pas tenu de déclarer les faits qui viennent à sa connaissance après que l'assurance a été souscrite (4). — Décidé même que lorsque l'assurance est souscrite avant midi, l'assuré n'est pas tenu de déclarer les faits dont la nouvelle lui parvient après midi (5).

Cependant la question de principe a été jugée en sens contraire dans l'espèce suivante :

Le propriétaire d'un navire le fit assurer. — Après avoir conclu cette assurance, il s'en fit consentir une seconde qui portait tant sur le fret du navire déjà assuré que sur l'heureuse arrivée de ce navire. — Les assureurs sur corps excipèrent de ce que la seconde assurance ne leur avait pas été déclarée, quoiqu'elle

---

(1) Bedarride, t. 3, n. 1214. — Conforme Pohls, t. 7, 571.
(2) 27 décembre 1826. — Mars. (J. M. 8. 1. 140).
(3) 7 janvier 1829. — Mars. (J. M. 10. 1. 146).
(4) 17 juillet 1838. — Mars. (J. M. 17. 1. 224).
(5) 16 décembre 1830. — Mars. (J. M. 11. 1. 302).

fût postérieure au contrat qu'ils avaient consenti, pour demander la nullité de ce contrat (1). — Les assurés répondirent qu'ils n'avaient pas à déclarer un fait qui n'existait pas encore au moment où le premier assureur s'était engagé (2).

La thèse était donc très-nettement posée. Elle eut été moins nette si l'assureur avait soutenu qu'avant de traiter avec lui l'assuré savait qu'il ferait assurer le fret, ou bien s'il avait été constant qu'au moment où l'assurance du corps était convenue, l'assuré était en pourparlers avec un autre assureur pour se faire garantir le fret. Rien de tout cela dans l'espèce que nous allons discuter. Un seul fait était posé, savoir, qu'après avoir fait assurer le navire, l'assuré avait fait assurer le fret afférent à ce même navire.

La Cour de Paris annula l'assurance par arrêt du 29 juillet 1851. — Pourvoi en cassation. — Arrêt de rejet ainsi conçu :

« Attendu que le contrat d'assurance est un contrat « *sui generis* essentiellement de bonne foi ; que les as- « sureurs doivent connaître toutes les circonstances de « nature à modifier l'opinion du risque ; que l'art. 348 « C. comm. prononce la nullité de l'assurance dans « tous les cas de réticence ou de fausse déclaration « pouvant diminuer l'opinion du risque ou en changer « le sujet ; que non-seulement cet article ne distingue « pas *entre les réticences contemporaines du contrat* « *et celles qui se rattacheraient à des faits posté-*

---

(1) Cette assurance était considérée comme un fait, et non au point de vue de sa légalité.

(2) Pour plus de simplicité nous supposerons que la seconde assurance ne portait que sur le fret.

« *rieurs,* mais que de ses expressions même il résulte
« que sa disposition s'applique à toutes les réticences
« pouvant affecter l'opinion de ce risque, et pouvant
« dès lors intervenir pendant toute sa durée, et jusqu'à
« la consommation des effets de l'assurance ; que cette
« distinction repoussée par les termes mêmes de la loi,
« ne serait pas moins contraire à son esprit et à l'es-
« sence du contrat d'assurance, contrat continu dont
« les effets ne peuvent être modifiés par l'une des par-
« ties seule au préjudice de l'autre, pendant la période
« des risques auxquels celle-ci a entendu se sou-
« mettre (1). »

Cet arrêt s'appuie sur deux propositions distinctes :

1° L'assuré ne peut rien faire qui aggrave le risque :

2° Tout fait postérieur à l'assurance qui aggrave le
risque doit être déclaré.

Quant à la première proposition, elle est incontestable ; elle est d'ailleurs écrite dans l'art. 352.

Mais il faut s'entendre sur sa portée. Lorsque l'assuré
ne fait assurer qu'une partie de la valeur soumise au
risque, et qu'il reste à découvert pour le surplus, l'assureur acquiert par là une certaine garantie fondée sur
ce que cet assuré a un intérêt à la conservation de la
chose. Si, plus tard, celui-ci se fait assurer pour ce
découvert, il trompe l'attente de l'assureur. Mais de là
il ne suit point que la première assurance soit nulle.
Il suffit de jeter les yeux sur les art. 359 et 379 C. comm.
pour en être convaincu.

Lorsque l'assuré qui a fait assurer le navire ou la
marchandise fait plus tard assurer le fret ou le bénéfice

---

(1) 13 juillet 1852. — C. Rej. (S V. 52. 1. 785).

assuré, il n'y a point lieu de s'occuper de cette seconde assurance au point de vue de la validité de la première, car les deux assurances ne se rapportent pas au même objet. Cette observation ne cesserait pas d'être juste, alors même que l'on supposerait que le second assureur, s'il est français, n'invoquera pas la nullité dont le contrat par lui souscrit est frappé.

Mais, dit la Cour de Cassation, qui suppose qu'il en sera ainsi, *par l'effet de la seconde assurance sur fret, les assureurs se sont trouvés avoir assuré sans leur consentement, un navire dont la bonne arrivée aurait été pour l'assuré un désastre et la perte une occasion de bénéfice.*

C'est là une pure considération qui n'a rien de juridique. L'inconvénient que signale la Cour de Cassation se présente toutes les fois que la marchandise assurée subit après l'assurance une baisse considérable.

Des observations qui précèdent, il résulte que la décision rendue par la Cour suprême suppose une question simple et une qui consiste à savoir si l'assuré est tenu de déclarer à l'assureur les faits qui peuvent influer sur l'opinion du risque, lorsque ces faits se produisent après la conclusion de l'assurance.

L'affirmative est certaine dit la Cour de Cassation : 1° parce que l'art. 348 ne distingue pas entre les faits antérieurs et les faits postérieurs ; — 2° parce que le contrat d'assurance étant continu dans ses effets, ne peut être modifié pendant la période des risques.

En posant cette double thèse, la Cour de Cassation a créé un principe nouveau, auparavant inconnu, qu'aucun auteur n'a indiqué, que passent sous silence toutes les législations des peuples maritimes. Jusqu'au moment où l'arrêt de 1852 a été rendu, on ne parlait au palais et dans les œuvres des jurisconsultes que des faits antérieurs à l'assurance, jamais de ceux qui n'existent pas encore au moment où elle est conclue. Et pourquoi ? C'est qu'il était admis que l'assureur, encore libre lorsqu'on lui déclare les faits antérieurs, peut refuser l'assurance ou en modifier les conditions, notamment élever le taux de la prime ; tandis que la révélation des faits qui se produisent après la formation du contrat, qui ne lui permettent pas d'en discéder ou de le modifier, est absolument inutile.

Là est la tradition, une tradition constante et universelle, que confirme l'art. 374 C. comm. Cet article veut en effet que la perte soit notifiée à l'assureur, mais comme il ne prescrit pas à peine de nullité la notification, l'assuré qui a négligé de la faire est simplement tenu des dommages qu'il a causés. Or, n'est-il pas contradictoire d'exiger que les faits survenus depuis l'assurance soient notifiés à peine de nullité, alors que la perte de l'objet assuré, qui est le plus grave entre tous les faits qui lui sont postérieurs, n'est pas soumise à cette rigoureuse sanction.

Mais, dit l'arrêt critiqué, l'art. 348 ne distingue pas entre les faits antérieurs ou postérieurs ; et de là on pourrait induire, pour concilier cet article et l'article 374, que tous les faits postérieurs tombent sous le coup du premier, sauf le cas où l'objet est perdu, parce qu'il est régi par le second.

Cette manière d'interpréter l'art. 348 est contraire à son véritable esprit. Cet article ne s'applique qu'aux faits existants au moment de l'assurance, parce que lorsque l'assuré diminue par sa réticence l'*opinion du risque,* on peut supposer qu'il a égaré la volonté de l'assureur. Or, sans volonté, point de contrat. Mais comme cette volonté s'exprime au moment où le contrat se forme, il est inutile de la diriger ou de l'éclairer lorsqu'elle s'est déjà définitivement exprimée, ce qui revient à dire qu'après la formation du contrat il n'y a plus rien à faire, parce que tout est fait.

Qui ne voit d'ailleurs, qu'avec une solution contraire, l'assuré serait en communication constante avec l'assureur. Dès que le contrat serait formé et qu'il apprendrait que la peste règne en tel lieu, que des pirates y ont été vus, que de violentes tempêtes y ont éclaté, il devrait aussitôt se prémunir contre la nullité par une série de notifications, ce qui n'a jamais été fait.

Le système de la loi est celui-ci :

1° Avant la conclusion du contrat, tous les faits qui se rattachent au risque, qui peuvent en donner une idée plus exacte et faire que la volonté de l'assureur soit éclairée dans la mesure du possible, doivent être déclarés à peine de nullité ;

2° Après la conclusion du contrat, et tant qu'aucun sinistre n'est survenu, on est dans une période d'attente pendant laquelle les parties n'ont point de communication à se faire ;

3° Un sinistre étant survenu, l'assuré doit en instruire l'assureur, afin qu'il puisse se mettre en mesure pour diminuer la perte. Lorsque cette notification est retardée, le contrat n'est pas nul, mais l'assuré est soumis aux dommages qu'il a causés. — Le législateur aurait dépassé le but s'il s'était prononcé dans ce dernier cas pour la nullité, car si le défaut de déclaration avant le contrat peut en empêcher la formation, le défaut de déclaration après la perte ne peut pas faire que la perte ne soit pas.

Pourquoi l'assuré n'a-t-il aucune communication à faire pendant la période qui s'écoule entre la conclusion du contrat et la survenance d'un sinistre?

C'est parce que une telle communication serait dans tous les cas inutile. Ainsi, par exemple, l'assuré apprend que le navire a été vu en tel point au moment où de violentes tempêtes y ont éclaté. A quoi servira qu'il en instruise l'assureur? Que pourrait faire celui-ci? La notification qu'il aura reçue ne changera rien aux évènements qui peuvent survenir. S'il est possible de les conjurer en prenant telle ou telle mesure, l'assuré qui s'abstient de la prendre commet en cela une faute, dont il répond en vertu de l'art. 352 du C. comm., ce qui donne à l'assureur une garantie suffisante, à coup sûr plus efficace que ne le serait l'accomplissement d'une vaine formalité.

Mais, si tels sont les principes, pourquoi l'arrêt de 1852? — Voici, je crois, comment il peut être expliqué.

En combinant deux assurances relatives à un même risque, l'assuré s'était incontestablement ménagé un bénéfice au cas de perte du navire. La Cour de Cassation vit dans cette combinaison une atteinte portée à la loi morale, et par conséquent un acte illicite qu'il importait d'annuler. Comme tout faisait présumer que l'assureur du fret respecterait son engagement, malgré qu'il fût nul, il fallait, pour atteindre l'assuré, s'en prendre à la première assurance. Pour obtenir son annulation, les magistrats s'appuyèrent sur l'art. 348, et l'interprétation qu'ils lui donnèrent leur parut d'autant plus acceptable qu'elle leur procurait le moyen de déjouer une fraude évidente. A ne considérer que le côté moral, cette solution était excellente, mais on ne l'avait obtenue qu'aux dépens de la loi, loi très-sage, et qui ne cessait pas de l'être, quoiqu'elle contrariât dans une affaire spéciale de légitimes aspirations.

Cela dit, revenons à l'arrêt de 1852. — Il s'en dégage deux propositions :

1º L'assuré est tenu de déclarer tout fait pouvant diminuer l'opinion du risque, qu'il soit antérieur ou postérieur à l'assurance ; — 2º plus spécialement, l'assuré qui fait assurer le fret après qu'il a déjà fait assurer le navire, doit déclarer au premier assureur la seconde assurance.

Nous avons examiné la première proposition ; nous arrivons à l'examen de la seconde.

Le principe adopté à l'égard de l'assurance du fret serait tout aussi bien applicable : 1º dans le cas où, après avoir assuré le chargement, l'affréteur assurerait le profit espéré ; 2º dans celui où, après avoir fait assurer le navire ou le chargement, l'assuré ferait suivre l'une ou l'autre assurance d'un contrat de pure gageure.

Les moyens de solution étant les mêmes dans ces trois cas, nous nous en tiendrons à l'espèce sur laquelle la Cour de Cassation a prononcé.

Cela posé, à supposer qu'on eût le droit de se décider pour la nullité de la première assurance, par le seul motif que la seconde procure un bénéfice à l'assuré, il semble que la nullité ne devrait pas en être prononcée : 1º lorsque l'assureur du fret demande la nullité du contrat qu'il a souscrit ; 2º même lorsqu'il ne la demande pas, si l'assurance porte sur le fret net et non sur le fret brut, puisque, par une telle assurance, l'assuré étant mis, en cas de perte, dans la position où il aurait été si le navire était arrivé heureusement au lieu de destination, on ne peut lui reprocher d'avoir voulu se procurer un bénéfice.

Lorsque l'assurance porte sur le fret brut et que le navire est en même temps assuré, les deux assurances comprennent, comme nous l'avons expliqué, des éléments identiques. Ainsi, la somme qui représente l'usure du navire est comprise simultanément dans les deux assurances. D'où la certitude que la perte procurera un bénéfice à l'assuré. Cependant, même dans ce cas, je n'hésite pas à penser qu'on ne saurait prononcer la nullité de la première assurance. Je me fonde sur les motifs suivants :

1º En règle générale, lorsqu'un individu est partie dans deux conventions distinctes, ayant cependant entre elle certains rapports, que l'une de ces conventions est valable et l'autre nulle, on ne saurait conclure de la nullité de l'une à la nullité de l'autre. Ainsi, de ce que, après avoir fait un premier testament valable, le même testateur en fait un second contenant un legs particulier mis à la charge du légataire institué par le premier, il ne suit pas de ce que le second est annulable que le premier soit nul. Nous avons déjà fait une application de cette règle en matière d'assurance, lorsque nous avons soutenu, sur la foi de Valin, que si on assure par une même police le capital et le change maritime d'un contrat à la grosse, l'assurance n'est pas nulle pour le tout, mais simplement réduite au capital (v. *supra*, nº 254), et nous avons assimilé ce cas à celui qui se présente lorsqu'une donation excède la quotité disponible et qu'il y a lieu de la réduire. Or, si cette solution est vraie lorsque deux assurances, que l'on peut considérer comme distinctes, l'une licite, l'autre non licite, figurent dans le même contrat, *a fortiori* doit-il en être ainsi lorsqu'elles sont l'objet de deux polices distinctes, souscrites par deux assureurs différents.

2° L'art. 359 du C. de comm. prouve qu'il peut exister plusieurs assurances successives sur un même objet. Lorsque, par leur réunion, ces assurances procurent un bénéfice à l'assuré, on réduit les dernières, et lorsque la fraude a présidé à la formation de celles-ci, et qu'il y a lieu d'appliquer l'art. 357, ce sont les dernières aussi qui sont annulées : jamais on n'annule celles qui représentent la véritable valeur de l'objet assuré. Ainsi, un navire vaut 20,000 fr.; il est assuré pour cette somme. Plus tard, son propriétaire se fait consentir une assurance sur ce même objet. Celle-ci sera réduite ou annulée pour le tout, suivant qu'elle sera ou non exempte de fraude, mais la première ne sera pas réduite, car elle n'est pas susceptible de réduction, et elle ne saurait être annulée, puisque le fait dommageable, qui est un des éléments de la fraude, lui manque. Or, voulût-on appliquer dans notre espèce l'art. 359, on ne pourrait jamais conclure de ce que l'assurance du fret est nulle, que l'assurance du navire le soit aussi.

3° Mais, dit-on, l'assurance du fret n'a pas été déclarée au premier assureur. — En raisonnant encore par analogie sur ce point, on ne pourrait qu'appliquer l'art. 379, qui n'impose à l'assuré la déclaration des assurances que s'il fait le délaissement, et qui, de plus,

ne l'exige pas à peine de nullité. En effet, il résulte de
cet article que le défaut de déclaration suspend seulement le paiement de l'indemnité. Et comme la
déclaration est exigée afin que les assureurs puissent
savoir, au cas où il existe plusieurs assurances, si
elles lui procurent ou non par leur réunion un bénéfice, il semble qu'à vouloir régler ce dont l'assuré
est tenu dans notre espèce, on ne peut aller au-
delà de ce qui est prescrit par l'art. 379. On ne
pourrait d'ailleurs s'appuyer sur l'art. 380, puisque cet
article vise le cas où l'assuré a fait une déclaration
frauduleuse, ce qui suppose une déclaration, tandis
qu'on lui reproche, dans notre espèce, de n'en avoir
fait aucune.

Nous croyons, par ces motifs, que l'arrêt de 1852
n'est pas conforme aux vrais principes.

498. — L'art. 348 pose une règle générale et ne spé-
cifie pas les faits qui doivent être déclarés. Aussi la
Cour de Cassation a toujours décidé que l'appréciation
des cas de réticence relève du pouvoir souverain du
juge (1). Cependant, comme les exemples servent toujours à dégager le véritable sens d'une loi, nous allons
choisir sur la matière qui nous occupe, les plus saillants,
en distinguant ceux qui se rapportent au navire et ceux
qui se rapportent aux facultés.

---

(1) *Sic* 31 déc. 1826.— Rej. (S. V. 27. 1. 372).— 21 février 1835. — C. Rej.
(S. V. 35. 1. 179).— 10 novembre 1851. — C. Rej. (S. V. 52. 1. 29).— 5 avril
1876 (S. V. 76. 1. 442).

§ III.

*Cas dans lesquels les principes qui régissent la réti-
cence sont plus particulièrement applicables au
navire.*

499. — Toutes les déclarations qui ont pour but de fixer l'assureur sur
l'identité du navire assuré sont étrangères à la théorie de la réticence.

500. — L'assuré est tenu de faire connaître les faits qui se sont produits
dans les voyages antérieurs lorsqu'ils sont de nature à exercer une
influence sérieuse sur le risque.

501. — Il est tenu de déclarer les faits qui se rapportent aux clauses
spéciales de la police. — Mais il faut que l'utilité de cette déclaration
soit bien démontrée.

502. — Il n'est pas tenu de déclarer l'époque du chargement.

503. — Il doit en général déclarer l'époque du départ lorsqu'il est antérieur à l'assurance.

504. — Mais il faut qu'il se soit écoulé un certain temps depuis que le
départ a eu lieu.

505. — L'assuré doit toujours déclarer les faits qui peuvent aggraver le
risque, lorsqu'ils se sont produits entre le départ et l'assurance.

506. — ..... ou bien lorsque assez de temps s'est écoulé pour que le
navire eût pu arriver au lieu de destination.

507. — La communication du connaissement ne dispense pas de déclarer le jour du départ.

508. — Les faits qui font supposer le départ doivent être déclarés. —
Il suffit que l'assuré déclare que le navire est parti, lorsqu'il ne connaît pas le jour du départ.

499. — Nous avons déjà dit que l'assuré doit donner les indications propres à fixer l'assureur sur l'identité du navire ; qu'à moins de circonstances spéciales
et en général très exceptionnelles cette mention suffit
lorsqu'on ne considère que la validité de l'assurance ;
que cependant on est dans l'usage de faire connaître

le tonnage du navire et certaines autres particularités qui le concernent ; qu'enfin, lorsqu'il s'agit d'un navire à vapeur, on doit déclarer qu'il est tel, ainsi que la force de sa machine (1).

L'assureur, que son engagement s'applique directement au navire ou qu'il lui soit désigné comme porteur des facultés assurées, ne sait pas tout ce qu'il doit savoir lorsqu'il est fixé sur son identité. Une foule de circonstances étrangères à ce point peuvent aggraver le risque, et lorsqu'il en est ainsi, c'est le cas d'appliquer l'art. 348.

500. — Sans doute l'assuré n'est pas tenu de faire connaître à l'assureur les voyages qu'a faits le navire avant le moment où l'assurance va être conclue (2). Mais si ces voyages ont été marqués par des faits et circonstances qui peuvent exercer une influence sur les risques dont l'assureur répond, l'assuré doit les lui déclarer. Ainsi il est obligé de lui dire si le navire a subi des avaries dans un voyage précédent (3), s'il a été abordé par un autre navire (4), s'il a été soumis à certaines réparations, bien que dans ce dernier cas, il ne soit pas tenu de lui en faire connaître le coût (5). Et encore faut-il que les avaries et les réparations qu'elles ont nécessitées aient assez d'importance pour exercer une certaine influence sur l'opinion du risque (6). Ainsi,

---

(1) 16 janvier 1870. — Mars. (J. M. 48. 1. 198).

(2) 24 mars 1830. — Aix (J. M. 11. 1. 75).

(3) 13 déc. 1835. — Mars. (J. M. 15. 1. 363). — *Sic* Emerigon, ch. 6, sect. 4, § 4 ; Bernard, p. 251.

(4) 22 mai 1858. — Rouen (J. M. 36. 2. 114).

(5) 17 janv. 1862. — Rouen (J. M. 40. 2. 69).

(6) 1er août 1852. — Mars. (J. M. 31. 1. 67). — 11 août 1858. — Bordeaux (J. M. 37. 2. 22).

il a été décidé qu'il n'était pas nécessaire de déclarer une avarie antérieure, lorsque par suite de cette avarie le navire a été caréné, doublé, cloué à neuf et qu'il a été admis au registre *Veritas* pour 3/3, A, 1, 1 (1).

L'assuré doit aussi déclarer à l'assureur que la peste règne à bord du navire assuré, car la mortalité de l'équipage peut singulièrement aggraver les risques (2).

501. — Lorsque la police contient une clause spéciale qui se rapporte à un fait connu de l'assuré, celui-ci doit en général déclarer ce fait.

A ce sujet, on s'est demandé si, lorsque par une clause spéciale l'assuré a la faculté de faire échelle, et s'il sait au moment où l'assurance va se conclure qu'il usera de cette faculté, il doit déclarer cette circonstance à l'assureur. — L'affirmative a été admise par la cour de Paris (3), tandis que l'opinion contraire a été consacrée par une sentence arbitrale délibérée à Marseille (4). Cette dernière opinion nous semble préférable, parce que l'assureur est averti par la clause elle-même que l'assuré peut user de la faculté qu'il s'est réservée.

502. — L'assuré n'est pas tenu de faire connaître l'époque présumée du chargement, bien qu'il soit fixé sur ce point, et cela par le motif que sa déclaration ne le lierait pas (5).

503. — Entre tous les faits qui doivent être déclarés dans l'assurance sur corps, le fait que le navire

---

(1) 26 juillet 1865. — Hàvre (J. M. 43. 2. 117).
(2) 20 février 1824. — Mars. (J. M. 5. 1. 38).
(3) 1ᵉʳ avril 1845. — Paris (J. M. 24. 2. 50. — S. V. 46. 2. 147).
(4) 22 septembre 1823. — Mars. (J. M. 6. 2. 180).
(5) 29 avril 1823. — Aix (J. M. 4. 1. 174). — 20 novembre 1833. — Mars. (J. M. 13. 1. 397). — 29 juillet 1842. — Mars. (J. M. 21. 1. 301).

est parti avant que l'assurance ne soit conclue a toujours été considéré comme le plus important. La situation d'un assuré qui se fait consentir l'assurance alors que les risques ont déjà commencé, présente quelque chose d'anormal, qui sans provoquer de soi une suspicion formelle mérite de fixer l'attention. Aussi la plupart des législations imposent à l'assuré l'obligation de déclarer l'époque du départ du navire (1).

Le Code de commerce étant muet sur ce point, on n'a pas admis que l'assuré fût tenu toujours et quand même de déclarer le départ du navire. On n'a considéré une telle déclaration comme nécessaire que lorsque au fait du départ se joignent des circonstances spéciales qui sont de nature à exercer une influence sur l'opinion du risque (2).

Les circonstances ayant ce caractère qui ont été plus spécialement remarquées, sont les suivantes :

1° Le temps écoulé entre le départ et l'assurance ;

2° Les faits extraordinaires qui se sont produits entre ces deux termes ;

3° Le cas où l'arrivée du navire est retardée.

504.— PREMIER POINT. — *Temps écoulé entre le départ et l'assurance.* — Les législations étrangères qui exigent la déclaration du départ ne se sont inspirées que d'une seule considération fondée sur ce que l'assuré a laissé commencer les risques avant de les faire assurer.

---

(1) V. Pobls, t. 7, p. 364. — V. aussi pour l'Angleterre, Kirby vᵉ Smith, 1 B. et Ald 674. — Fillis vˢ Bruttou 1 cond. Marshall, 346. — Ratcliff vˢ Schoolbred Marsh. On Insur 466.—Littledale vˢ Tixon, 1 Bos et Pull, N. R. 151. — Westburg vˢ Aberdein, 2 Mees et Wels, 267.

(2) 1ᵉʳ octobre 1823. — Mars. (J. M. 14. 1. 124). — V. Alauzet, t. 3, p. 365 ; Dageville, t. 3, p. 234 et s.; Dalloz, n. 1685 et s.

Mais il est évident que cette considération a un caractère beaucoup plus marqué lorsqu'un long temps s'est
écoulé entre le départ et l'assurance. Ainsi lorsqu'un
voyage doit durer six jours et que le navire est assuré
quatre jours après le départ, l'assureur doit savoir
pourquoi l'assuré a voulu courir presque tous les risques, et ne s'en est affranchi qu'à la dernière heure (1).

Le temps qui doit s'écouler entre le départ et l'assurance dépend de la longueur du voyage. C'est pour
cela qu'on a discuté des affaires dans lesquelles il s'é-
tait écoulé entre ces deux termes : — quatre jours (2);
soixante-cinq jours (3) ; — quatre-vingt-trois jours (4);
cent un jours (5) ; — cent trois jours (6) ; — cent cinq
jours (7) ; — cent vingt jours (8).

Dans toutes ces affaires, diversement résolues, on
s'est toujours demandé si, dans l'hypothèse où le jour
du départ aurait été révélé à l'assureur, celui-ci n'aurait
pas refusé l'assurance ou du moins ne l'aurait consentie qu'à de certaines conditions.

505. — Deuxième point. — *Faits particuliers survenus entre le départ et l'assurance.* — L'obligation
de déclarer le départ ne souffre aucun doute, lorsqu'on
peut supposer que l'assuré a voulu d'abord courir les

---

(1) 5 mai 1856. — Mars. (J. M. 34. 1. 152).
(2) 12 mars 1852. — Mars. (J. M. 31. 1. 66).
(3) 17 juillet 1829. — Aix (J. M. 10. 1. 160). — S. V. 29 2. 346).
(4) 15 mars 1822. — Mars. (J. M. 3. 1. 121).
(5) 13 novembre 1822. — Aix (J. M. 3. 1. 35).
(6) 12 octobre 1864. — Mars. (J. M. 42. 1. 283).
(7) 8 août 1821. — Mars. (J. M. 3. 1. 40.)
(8) 14 janvier 1820. — Mars. (J. M. 2. 1. 28). — 13 août 1859. — Mars.
(J. M. 37. 1. 77).

risques, et que, sous l'influence d'une crainte justifiée, il s'est déterminé à faire assurer (1).

Tel est le cas où le temps a été mauvais depuis le départ (2) ; — où la ligne de la traversée est infectée de pirates (3) ; — où l'assuré est sans nouvelles (4) ; — où il a appris l'entrée du navire dans un port de relâche (5) ; — où la mer qu'il doit traverser est gelée (6).

506. — Troisième point. — *Cas où l'arrivée du navire a subi un retard.* — Plusieurs navires sont partis en même temps pour une même destination ; tous sont arrivés, excepté un seul, et c'est lorsque tous sont arrivés que le propriétaire du navire retardataire le fait assurer (7). — Un navire qui doit accomplir une navigation dont la durée est environ de cinquante jours, est parti depuis soixante-seize jours et n'est pas encore arrivé. C'est le soixante et seizième jour que son propriétaire le fait assurer (8). — Nul doute que dans ces cas et autres analogues, l'assuré ne doive déclarer, non-seulement le départ, mais encore le retard (9), car ce retard peut faire supposer la perte totale de l'objet assuré.

---

(1) 17 janv. 1856. — Mars. (J. M. 34. 1. 203). — 29 juin 1857. — Aix (J. M. 35. 1. 31).

(2) 14 janvier 1829. — Aix (J. M. 7. 1. 28). — 11 novembre 1841. — Trib. Paris et 6 déc. 1842. — Paris (J. M. 21. 2. 198. — S. V. 30. 2. 79).

(3) 9 février 1830. — Aix (J. M. 11. 1. 53).

(4) 14 avril 1818. — Aix (J. M. 3. 1. 126). — 5 janvier 1843. — Paris (J. M. 22. 2. 31).

(5) 15 mars 1822. — Mars. (J. M. 3. 1. 121). — 7 avril 1835. — Bordeaux (J. M. 15. 2. 168).

(6) 20 décembre 1849. — Mars (J. M. 29. 1. 22).

(7) 9 février 1830. — Aix (J. M. 11. 1. 53. — S. V. 30. 2. 79).

(8) 10 avril 1826. — Aix (J. M. 7. 1. 119).

(9) 27 déc. 1848. — Rouen (S. V. 49. 2. 192).

Mais voilà que certains arrêts ont décidé que l'assuré n'est tenu de déclarer le départ que lorsque l'arrivée est retardée. Ainsi dans une espèce où il s'agissait d'un voyage de Trieste à Constantinople, qui devait durer trente-huit jours, on décida que l'assurance consentie trente-trois jours après le départ était valable, bien que l'assuré n'eût pas fait savoir à l'assureur que le navire était déjà parti. On se fonda sur ce que l'assurance ne doit être annulée que lorsqu'elle est consentie au moment où l'arrivée du navire est possible (1). D'où la conséquence que si dans cette espèce on eût fait assurer le navire trente-sept jours après le départ, la déclaration n'aurait pas été nécessaire, mais qu'elle l'aurait été à partir du trente-huitième jour. Plusieurs autres décisions dans ce sens sont fondées sur le même motif (2).

Les tendances que paraît manifester cette jurisprudence sont en contradiction avec le véritable esprit de l'art. 348. Tout assureur consulté sur le point qui nous occupe déclarera que le fait du départ ne lui sera jamais indifférent, qu'il interrogera toujours l'assuré sur les raisons particulières *qui lui ont fait différer l'assurance,* et que dans le doute, il n'acceptera les risques qu'à bon escient. Mais d'un autre côté, comme on peut être certain qu'un retard de quelques jours n'exercera aucune influence sur son esprit on peut ne pas en tenir compte. C'est donc au milieu en quelque sorte, entre ces deux points extrêmes, suivant que le jour du départ est plus ou moins éloigné, que doit se mouvoir l'application de l'art. 348.

---

(1) 16 avril 1839. — Aix (J. M. 18. 1. 122).

(2) Avril 1839. — Aix (J. M. 18. 1. 238).— 1ᵉʳ mars 1842.— Mars. (J. M. 21 1. 169). — 17 décembre 1849. — Bordeaux (J. M. 28. 2. 170).

507. — Dans certains cas les assurés ont soutenu
que, par cela seul qu'ils avaient communiqué à l'assureur le connaissement, on devait présumer ou que le
jour de départ lui avait été déclaré ou que dans tous
les cas il le connaissait. Plusieurs décisions ont été
rendues dans ce sens (1). Mais il en a été rendu en
sens contraire, et avec juste raison, car il arrive souvent
que le départ est retardé, bien que le chargement ait
eu lieu (2). On peut même affirmer qu'il en est presque
toujours ainsi dans les chargements à cueillette (3).

508. — L'assuré doit déclarer les faits qui lui font
supposer le départ du navire (4). Lorsqu'il a connaissance de son départ, et qu'il n'en sait pas le jour, il lui
suffit de dire qu'il est parti (5).

§ IV.

*Cas dans lesquels les principes qui régissent la réti-
cence sont plus particulièrement applicables aux
facultés.*

509. — L'assuré doit désigner avec exactitude la marchandise assurée.

510. — Il n'est pas tenu de déclarer son conditionnement.

511. — Une légère erreur touchant les marques et les numéros ne peut
faire annuler l'assurance.

---

(1) 16 septembre 1834. — Mars. (J. M. 15. 1. 94).— 6 mars 1843. — Paris
(J. M. 22. 2. 48).

(2) 14 avril 1818. — Aix (J. M. 3. 1. 126). — 29 janvier 1857. — Aix (J.
M. 35. 1. 31).

(3) 1er mars 1842. — Mars. (J. M. 21. 1. 166).

(4) Marshall, p. 722.

(5) 16 septembre 1834. — Mars. (J. M. 15. 1. 104).

512. — Dans tous les cas, elle ne justifierait pas une réduction de l'indemnité.

513. — Une erreur dans l'indication du conditionnement ne rend pas l'assurance nulle lorsque le risque n'est pas aggravé.

514. — L'assuré doit déclarer les avaries antérieures lorsqu'elles peuvent influer sur le risque.

515. — Il doit déclarer les circonstances qui peuvent causer à la marchandise une détérioration exceptionnelle.

516. — Il n'est pas tenu en règle générale de déclarer les marchandises qui doivent compléter le chargement.

517. — L'assuré doit déclarer si son expédition se rapporte à une opération de contrebande. — Examen de diverses espèces se rapportant à ce cas.

518. — La marchandise doit être déclarée lorsqu'elle est considérée comme contrebande de guerre.

519. — L'assuré doit-il, après avoir indiqué la marchandise, déclarer en outre qu'elle est considérée comme contrebande de guerre?

520. — La clause *pour compte de qui il appartient* fait-elle présumer que la marchandise doit être classée comme contrebande de guerre?

521. — La nationalité de l'assuré qui appartient à une nation belligérante doit-elle être déclarée?

522. — Différence entre l'assurance et le connaissement.

509. — Lorsqu'une marchandise, qu'elle soit ou non périssable, est exposée à certains risques pouvant résulter de faits ou de circonstances extraordinaires, ces faits et ces circonstances doivent être déclarés.

En principe l'assuré qui a fait connaître la nature de la marchandise, d'une manière générale, n'est pas tenu d'entrer dans les détails particuliers sur ce qu'il y a en elle de spécial et de distinctif. Ainsi lorsqu'il assure du vin, il n'a pas à déclarer s'il provient du Bordelais ou de la Bourgogne.

S'il assure du vin, il ne peut charger de l'alcool et réciproquement. Mais s'il a introduit une certaine quantité d'alcool dans le vin, ce qui constitue un mélange usité dans le commerce, il n'est pas tenu de le déclarer (1).

Il n'est pas non plus tenu de dire que le vin est piqué. Mais s'il a assuré du vin, et s'il expédie du vinaigre, désigné comme tel dans le connaissement, il ne peut appliquer l'assurance à ce vinaigre.

510. — L'assuré n'est pas tenu d'indiquer le conditionnement de la marchandise, de déclarer si elle est en sac ou bien si elle doit être chargée en grenier. Mais s'il le déclare, sa déclaration doit être exacte.

511. — Lorque la marchandise est déclarée avec mention d'une marque ou bien des numéros qui figurent sur les sacs ou les fûts qui la contiennent, on ne saurait considérer comme une réticence susceptible de faire annuler l'assurance une légère erreur sur la marque et le numéro (2). Aussi est-ce avec juste raison qu'il a été décidé qu'il n'y avait pas réticence lorsque la marchandise déclarée dans la police a été placée dans moins de sacs ou de balles qu'il n'en a été déclaré, si le volume ou le poids sont conformes aux indications de la police, et si la diminution de ces sacs ou de ces fûts tient à ce que leur contenance a été augmentée (3).

512. — D'après Benecke, l'erreur ou une fausse indication sur le mode de conditionnement ne suffit pas pour faire annuler l'assurance, même lorsque le risque en est aggravé, mais l'assureur peut réduire l'indemnité à proportion, lorsqu'il est démontré que la perte eût été moindre si la marchandise avait été conditionnée

---

(1) 16 février 1826. — Mars. (J. M. 27. 1. 64.)

(2) Pohls, t. 6, p. 170.

(3) 8 janvier 1870. — Rouen (S. V. 70. 2. 270.) — 20 février 1872. — C. Rej. (S. V. 73. 1. 67.)

conformément aux indications portées dans la police (1). Nous disons *infra,* n° 528, que cette opinion est contraire à l'art. 348.

513. — Lorsque le mode de conditionnement n'est pas en rapport avec la déclaration, mais que le risque n'est pas pour cela aggravé, l'assurance ne doit pas être annulée. Ainsi, elle fut maintenue dans une espèce ou une partie de gomme, indiquée dans la police comme devant être chargée en grenier, fut chargée en sac (2).

514. — L'assuré doit déclarer les avaries souffertes par la marchandise antérieurement à l'assurance, même dans le cas où les avaries particulières ne sont pas à la charge de l'assureur, et cela par le motif qu'une avarie particulière peut être le principe d'une perte totale (3). — Une telle déclaration n'est pas nécessaire lorsque l'avarie n'a aucune importance, et que la marchandise est redevenue en état sain par suite des manipulations ou des bonifications dont elle a été l'objet. — Exemple. — Un chargement de café qui avait été soumis à une certaine humidité, avait contracté la maladie qui est connue dans le commerce sous le nom de fleurette. Bonifié par le pelletage et la ventilation, ce café était revenu à l'état sain lorsqu'il fut assuré. L'assureur se fonda sur ce que l'assuré n'avait pas déclaré l'état par lequel il était passé pour demander la nullité de l'assurance, mais sa demande fut repoussée (4).

515. — L'assuré qui a déclaré la nature de la mar-

---

(1) Benecke, t. 2. p. 79 et s.
(2) 17 juillet 1838. — Mars. (J. M. 17. 1. 226.)
(3) 10 mars 1842. — Mars. (J. M. 23. 1. 72)
(4) 4 juillet 1854. — Mars. (J. M. 32. 1. 214.)

chandise, n'est pas tenu de faire connaître les détériorations auxquelles elle est naturellement exposée. Mais
lorsque des circonstances exceptionnelles l'exposent à
un risque qui n'est pas habituel, l'assuré doit déclarer
ces circonstances. — Exemple. — Assurance sur des
cuirs venant d'Odessa, avec stipulation que l'assureur
est responsable du vice propre. — Au moment où l'assurance fut conclue, les cuirs venant d'Odessa étaient
soumis à la piqûre d'un vers qui leur causait de graves
détériorations. Cette circonstance n'ayant pas été déclarée à l'assureur, l'assurance fut annulée (1).

516. — Lorsque l'assurance est limitée à une partie
du chargement, l'assuré n'est pas tenu, du moins en
règle générale, de déclarer la marchandise qui doit
compléter ce chargement (2). Une espèce s'est présentée dans laquelle les assureurs des facultés soutenaient que l'assuré aurait dû leur déclarer que quelques
bêtes de somme devaient être placées sur le pont, dans
une cabane qui leur servait d'abri. Leur prétention fut
repoussée (3). Mais si les marchandises, réunies à celles
qui sont assurées, soumettent celles-ci à un danger
spécial; si, par exemple, elles se composent de matières
inflammables, l'assuré, qui connaît la nature du chargement complémentaire, doit le déclarer.

517. — Les législations en vigueur en Prusse, en
Suède, à Hambourg imposaient à l'assuré l'obligation
de déclarer le fait que la marchandise chargée est destinée à une opération de contrebande (4).

---

(1) 8 novembre 1830. — Mars. (J. M. 11. 1. 302.)
(2) 19 août 1853. — Douai. (J. M. 32. 2. 49.)
(3) 27 décembre 1826. — Mars. (J. M. 8. 1. 45.)
(4) Pohls, t. 6, p. 167 et t. 7, p. 364 ; Benecke, t. 3, p. 135.

Emérigon estime que cette déclaration est nécessaire (1). Cependant la Cour d'Aix a décidé pendant
deux fois qu'elle ne l'était pas (2). On s'est même pourvu sans succès contre l'un de ses arrêts (3). Les motifs
qu'elle a invoqués sont les suivants :

L'assureur n'est pas tenu des risques particuliers qui
dérivent d'une opération de contrebande, à moins
qu'une stipulation formelle ne les ait mis à sa charge.
— Si cette stipulation figure dans le contrat, l'assureur
connaît par elle la nature de l'opération et il est inutile
de la lui déclarer. — Si elle n'y figure pas, la déclaration est encore inutile, car elle s'applique à un risque
dont l'assureur ne répond pas.

Cette conclusion, en apparence correcte, aboutit à
la violation formelle des principes qui régissent la
matière des risques. Bien que l'assureur soit affranchi des risques qui sont spécialement attachés à une
opération de contrebande, il répond néanmoins des
pertes résultant d'un naufrage, d'un échouement, etc.
Or, le capitaine qui veut débarquer furtivement une
marchandise rase les côtes, fait souvent des manœuvres inopportunes, et finalement pour échapper au péril
dont l'assureur ne répond pas, s'expose à celui dont
il répond (4).

Aussi il est de règle tant aux États-Unis qu'en Angleterre que si le navire a été frété pour des opérations

---

(1) Emérigon, ch. 10, sect. 2, § 3 et Bernard, p. 441.

(2) 9 janvier 1827. — Aix (S. V. 22. 2. 229). — 30 août 1834. — Aix (S. V.
34. 2. 261).

(3) 25 mars 1835. — C. Rej. (S. V. 35. 1. 804).

(4) V. dans ce sens les excellentes observations des rédacteurs du Journal de Marseille, t. 8, 1, 134. — V. aussi Alauzet, t. 3, p. 365.

de contrebande, l'assuré doit le déclarer. Cette règle ne fléchit que lorsque l'assureur sait à quoi s'en tenir sur ce point (1). Si l'opération en vue de la contrebande se fait au moyen de papiers simulés, cette circonstance doit être spécifiée dans la déclaration (2).

La mention dans la police de la nature de la marchandise et du lieu de destination, bien qu'elle puisse dans certains cas (par exemple si on veut faire entrer en France du tabac de provenance espagnole) avertir l'assureur qu'il assure des objets soumis à une opération de contrebande n'affranchit pas pour cela l'assuré de la déclaration dont il est tenu (3), et il ne serait justifié, pour ne l'avoir pas faite, que s'il démontrait qu'il était impossible de se méprendre sur le caractère de l'opération. La jurisprudence anglaise est fixée dans ce sens.

Lorsqu'il s'agit de marchandises soumises à un droit dont l'entrée n'est pas prohibée, l'assureur ne peut savoir si l'assuré se propose de les faire entrer en fraude des droits. Dès lors si, au moment de l'assurance, celui-ci, est déjà fixé sur l'opération de contrebande, que doit réaliser le transport de la marchandise et s'il a donné des ordres dans ce sens au capitaine, il doit le déclarer (4).

A l'égard des marchandises dont l'entrée est prohibée, il est plus simple, au lieu de supposer que l'assu-

---

(1) Galbreat v° Gray, 1 Wash. C' C'. Rep. 219. — Levev v° Flescber, Parck, 1, 506. — Andrew v° Essez, F et M. Ins. Comp. 3 Mason, 6. — Pollock v° Balcock, 6 Mass. 135.

(2) V. Bill v° Castairs, 14 East, 394, et l'énumération faite par Lord Ellenborough des précédents.

(3) Benecke, t. 3, p 135.

(4) Duer, t. 1, p. 496 et 498.

reur connaît la prohibition de la lui déclarer. Ainsi
jugé dans une espèce, où il s'agissait d'un chargement
de soufre que l'assuré voulait faire entrer dans le Bos-
phore, par où le passage en était interdit, à ce point
qu'il n'y avait point d'exemple d'un firman ayant dérogé à cette règle, et où l'assurance fut annulée parce
que cette circonstance n'avait pas été déclarée (1).

518. — L'assuré doit déclarer la nature de la marchandise lorsqu'elle est considérée comme contrebande
de guerre. Ce principe est constant aussi bien en France (2) qu'en Angleterre et aux États-Unis (3). Et à cet
égard, il importe peu que d'après la loi en vigueur au
lieu où se fait l'assurance, la marchandise assurée ne
soit pas considérée comme contrebande de guerre, si
elle est considérée comme telle par la loi qui est en
vigueur au lieu de destination (4) car, en pareil cas,
c'est pendant le cours de voyage et surtout lorsque le
navire se rapproche du port d'arrivée que l'objet assuré
est le plus exposé.

519. — L'assuré doit-il après avoir déclaré la marchandise, avertir l'assureur qu'elle est considérée
comme contrebande de guerre ?

Il est généralement admis que si la marchandise est
de telle nature que l'assureur ne puisse se méprendre
sur son caractère, l'assuré est dispensé de faire sur ce
point une déclaration spéciale ; ainsi, il en est dispensé
lorsque le chargement se compose de toutes sortes
d'armes, de poudre, de munitions de guerre.

---

(1) 9 mars 1824. — Mars. (J. M. 5. 1. 57).
(2) 26 juin 1826. — Aix (J. M. 7. 1. 230).
(3) V. Phillips, t. 1, 101 et 489 ; Duer, t. 2, p. 617 ; Kent, t. 3, p. 268.
(4) Barker, v. Blaches, 9 East, 283.

Mais il est des marchandises, telles que le soufre, certains métaux, le chanvre, etc., qui ont un caractère mixte, en ce sens qu'elles peuvent servir aux besoins de la guerre et à ceux de l'industrie. Comme pour celles-là la législation varie de nation à nation, il est admis en Angleterre qu'une déclaration est nécessaire (1). Cependant, lorsqu'il s'agit d'une marchandise à l'égard de laquelle le point de savoir si elle doit être ou, non considérée comme contrebande de guerre est controversé et diversement apprécié par les jurisconsultes, l'assureur ne saurait reprocher à l'assuré les erreurs dans lesquelles il est tombé (2).

On a proposé sur ce point de distinguer suivant que l'assureur appartient à la nation qui peut confisquer la marchandise suspecte ou qu'il ne lui appartient pas. Dans le premier cas, a-t-on dit, l'assuré n'a rien à déclarer parce que l'assureur est présumé connaître les lois de son pays. Dans le second on ne doit pas supposer qu'il connaît les lois d'un pays qui lui est étranger, et dès lors la déclaration est nécessaire (3).

Cette distinction viole les principes. Elle substitue à la preuve que doit rapporter l'assuré lorsqu'il soutient que l'assureur avait une pleine connaissance du risque, une présomption que la loi n'a pas créée, et qui peut n'être pas justifiée dans une foule de cas.

Cependant, les principes de la réticence subissent une certaine déviation lorsqu'il s'agit des risques de guerre. En effet, dans ce cas la source de ce risque

---

(1) Hoist v⁵ Gilman, 8 Mas. Rep. 386.
(2) Duer, 2, 183.
(3) Pohls, t. 6, p. 165 et s.; Benecke, t. 3, p. 186 et s.

spécial, qui est l'état de guerre, est certainement connu des deux parties, et l'on peut avoir la certitude que dès qu'une marchandise quelconque est assurée, la question de savoir si elle peut être considérée comme suspecte se présente à leur esprit, que dans le doute l'assureur adoptera la solution la plus défavorable et traitera avec l'assuré en conséquence. C'est pour cela qu'il faut être très-difficile à admettre la nullité dans ce cas.

520. — Sous l'empire de l'ordonnance et pendant la guerre entre la France et l'Angleterre, on donnait aux transports par mer les apparences de la neutralité. Pour cela, on simulait tous les papiers de bord, et afin que la police d'assurance ne pût dévoiler le nom de l'assuré on assurait *pour compte de qui il appartiendra,* de sorte que lorsque l'assuré était ainsi désigné, l'assureur était présumé savoir que sa garantie portait sur une propriété exposée aux risques de guerre. Après la promulgation du C. de comm., la même manière de voir prévalut tout d'abord (1). Mais plus tard, on considéra que les assurances *pour compte de qui il appartient,* ne peuvent, en raison de leur fréquence, avertir suffisament l'assureur qu'il s'oblige pour des risques de guerre, et on en conclut que l'assuré n'était pas dispensé de se conformer à l'art. 348 (2).

521. — La déclaration de la nationalité de l'assuré a toujours été considérée comme obligatoire. Il est vrai que cette déclaration a perdu une grande partie de

---

(1) 20 juillet 1820. — Aix (J. M. 1. 1. 294). — 18 février 1823. — Bordeaux (S. V. 23. 2. 226). — Boulay-Paty, t. 3, p. 528 ; Estrangin, p. 361.

(2) 26 juin 1826. — Aix (J. M. 7. 1. 230). — Dageville; t. 3, p. 289; Dalloz, n. 1692.

son importance depuis que le traité de Paris a posé en principe que le *pavillon couvre la marchandise*. Mais comme toutes les nations n'ont pas adhéré à ce traité, et que d'ailleurs il est loin d'être resté intact, il est utile de poser les règles relatives à ce point.

L'assuré doit déclarer sa nationalité lorsqu'il appartient à une nation belligérante. Aucun doute sur ce point.

De plus, comme le dit Emérigon, *si l'assurance est faite pour compte d'un domicilié chez une nation belligérante, cette circonstance, qui tend à aggraver le risque, doit être déclarée* (1). (V. *supra* n. 15).

On suit la même règle en Angleterre. Ainsi, pendant la guerre entre les États-Unis et l'Espagne, une assurance fut déclarée nulle, bien que le chargement assuré appartînt en entier à des américains, parce que l'un d'eux était domicilié à la Havane (2).

Mais il faut, pour que la déclaration de la nationalité de l'assuré soit obligatoire qu'il soit propriétaire de tout ou partie du chargement. Ainsi, pendant que les États-Unis étaient en guerre avec l'Espagne, on décida, dans une espèce où tous les propriétaires d'un chargement appartenaient à une nation neutre, qu'il n'était pas nécessaire de déclarer qu'un espagnol, qui n'en était pas propriétaire, avait une part dans les bénéfices que procurerait l'expédition (3).

522. — L'art. 348 ne se borne pas à parler de la réticence. Il frappe de nullité *toute différence entre l'as-*

---

(1) Emérigon, ch. 2, section 7 ; Boulay-Paty, *loc. cit.*
(2) Arnold vˢ United Ins. Comp. 1 John's Cases, 363.
(3) Liwingston vˢ Maryland Ins. Comp. 6 Cranch. 274.

*surance et le connaissement qui changerait le sujet
du risque.*

Cette disposition est fort inutile. Elle résume la
plupart des principes que nous avons posés sur l'objet
de l'assurance. Nous la rencontrerons encore lorsque
nous traiterons du temps et du lieu du risque.

Le défaut de concordance entre l'assurance et le
connaissement rend l'assurance nulle à l'égard de toutes
les parties. Nous verrons qu'il n'en est pas ainsi, lorsque l'assuré a usé de réticence.

§ V.

Forme de la déclaration.

523. — Règles suivies en Angleterre, en Allemagne et en Suède sur la
forme de la déclaration.
524. — En France, la déclaration peut être écrite ou verbale. Lorsqu'elle est verbale, elle peut être prouvée par l'aveu de l'assureur
mais non par témoins.
525. — La déclaration peut être implicite. — Exemples.
526. — En Angleterre, la déclaration faite au premier assureur est réputée connue de tous ceux qui signent après lui. — Cette règle ne
peut être appliquée en France.

523. — Certaines législations exigent que la déclaration des faits qui peuvent influer sur l'opinion du
risque soit insérée dans la police d'assurance. L'ordonnance de Prusse de 1766, § 60, l'avait ainsi ordonné,
tandis que le nouveau Code allemand ne contient à cet
égard aucune disposition.

En Suède et à Hambourg, non-seulement la déclaration est insérée dans la police, mais de plus elle doit

être copiée sur un registre spécial tenu par un courtier (1).

On admet en Angleterre deux espèces de déclarations; les unes doivent être écrites, les autres peuvent être verbales. De là une grande confusion et de sérieuses difficultés sur le point de savoir dans quels cas on peut recourir à une simple déclaration verbale (2).

Les déclarations écrites peuvent être faites ou dans la police ou dans le bulletin du courtier *(slip)* qui la précède.

Les déclarations verbales, lorsqu'elles peuvent avoir lieu, comportent l'emploi de la preuve testimoniale. Cependant, elle n'est recevable que si elle peut se concilier avec les énonciations contenues dans la police (3).

524. — L'art. 348 ne s'explique pas sur la forme de la déclaration. Elle peut donc être verbale ou écrite, et dans ce dernier cas, il importe peu qu'elle soit insérée dans la police ou dans un acte séparé.

Elle est réputée écrite lorsqu'elle a été constatée sous la forme d'un écrit passé entre l'assuré et le courtier qui représente l'assureur (4).

Lorsqu'elle est verbale, il suffit que l'assureur reconnaisse qu'elle a été faite. Mais, s'il la nie, l'assuré ne peut recourir à la preuve testimoniale. La raison en est que ce genre de preuve n'étant pas admissible pour établir l'existence du contrat, il n'est pas plus admissible à

---

(1) V. sur ce point Pohls, t. 7, p. 585 et 589.
(2) V. Duffel v⁵ Wilson, 4 Campb. 491. — Astley v⁵ Rey, 2 Taunt, 214.
(3) Duer, t. 2, p. 657.
(4) 23 Mars 1855. — Bordeaux (J. M. 35. 2. 215).

l'égard d'une formalité qui concourt à sa perfection (1).
Mais l'assuré pourrait déférer le serment à l'assureur,
sauf au juge à l'admettre ou à le rejeter suivant les circonstances (2).

525. — Il n'est pas nécessaire que la déclaration
soit explicite ; elle peut résulter des énonciations de la
police.

On peut citer comme exemple d'une déclaration implicite la mention dans la police de la clause *pour compte
de qui il appartient,* qui indiquait dans l'ancien droit
le transport d'une propriété hostile. Ainsi encore on
a soutenu et il a été jugé que la remise du connaissement équivaut à la déclaration du moment du départ.
Nous avons démontré que cette conclusion était excessive. Cependant il ne faut rien pousser à l'extrème, et
lorsque d'autres indications, telles que le taux élevé de
la prime, la franchise absolue de toute avarie, figurent
dans la police, on peut en induire que le moment du
départ a été déclaré (3). Ce sont là des appréciations
de fait dont le juge peut tenir compte, car c'est dans la
police qu'il en recueille les éléments. C'est pour cela
qu'il a été jugé que si à la remise du connaissement se
joint le fait que la police a été souscrite à un taux très-
élevé, cette circonstance ne prouve rien par rapport à
la déclaration du moment du départ, lorsqu'il est démontré que l'augmentation de la prime correspond à
la garantie des risques de guerre (4). Il a été jugé encore

---

(1) 24 juin 1825. — Mars. (J. M. 6. 1. 242). — 24 avril 1856. — Mars. (J.
M. 34. 1. 116). — *Sic* Pardessus, t. 3, n. 883 ; Alauzet, t. 3, n. 367; Dalloz,
n. 1702.

(2) 10 avril 1826. — Aix (J. M. 7. 1. 119).

(3) 26 décembre 1842. — Bordeaux (J. M. 22. 2. 4).

(4) 14 avril 1818. — Aix (J. M. 3. 1. 126).

que la police contenait implicitement la déclaration du départ, dans une espèce où il s'agissait d'un voyage à faire des côtes de la Finlande à Marseille, lorsque, étant datée du 14 novembre, elle portait que si le 1er octobre le navire avait passé le Sund, le taux de la prime serait augmenté.

526. — On a admis en Angleterre, après une longue controverse que lorsque l'assurance est souscrite par plusieurs assureurs, la déclaration faite au premier est réputée connue de tous les autres (1).

Lorsque la déclaration est écrite dans la police, il est clair qu'il n'y a pas lieu d'appliquer cette règle, car tous les assureurs, le premier comme le dernier, peuvent la lire. Mais il ne faut pas oublier qu'en Angleterre la déclaration peut être verbale, et de là vient qu'on s'est posé la question de savoir si ce qui a été dit de vive voix au premier assureur est présumé avoir été dit à tous ceux qui ont signé après lui. Nous admettons bien en France que la déclaration peut être verbale, mais à une condition, c'est que l'assuré ne pourra la prouver qu'au moyen de l'aveu de l'assureur. Or il est clair que si parmi plusieurs assureurs, les uns avouent, les autres nient, l'aveu qui émane des premiers ne saurait lier ceux qui ont refusé de le faire. A ce point de vue, la jurisprudence anglaise ne peut être appliquée en France.

Cependant elle pourrait être prise en considération dans le cas où il serait reconnu que la déclaration a été faite au courtier chargé de recueillir la signature de

---

(1) Bell v⁵ Castaire, 2 Campb. 543. — Towester v⁵ Pigou, 1 Maul, 13. — Brive v⁵ Featberstone, 4 Taunt, 871.

divers assureurs. On ne saurait exiger en effet que
l'assuré renouvelle la déclaration toutes les fois qu'une
nouvelle signature est donnée, et il suffit qu'il la fasse
au moment où il propose l'assurance. Tel est du reste
l'usage établi.

§ VI.

Nullité de l'assurance dans le cas où la déclaration n'est pas faite.

527. — La réticence annule le contrat. — La déclaration faite après
qu'il est formé ne le rend pas valable.

528. — L'assuré ne peut se soustraire à la nullité en offrant une prime
plus élevée ou en se soumettant à certaines franchises.

529. — Le contrat est nul bien que la perte ne puisse être attribuée au
fait non déclaré.

530. — L'assureur peut seul demander, au cas de réticence, la nullité
du contrat.

531. — L'assureur a-t-il droit à la prime lorsque le contrat est annulé
pour cause de réticence ?

532. — L'assurance nulle pour réticence peut être ratifiée.

527. — Lorsque l'assuré s'est rendu coupable de
réticence, l'assurance doit être annulée. — *Toute réticence.... annule l'assurance,* dit l'art. 348. — Les
principes sont les mêmes en Angleterre (1). — Ils sont
fondés sur ce que, dans l'hypothèse où l'assuré aurait
déclaré les faits qu'il a passés sous silence, l'assureur
aurait pu ou refuser l'assurance, ou ne l'accepter qu'à
des conditions différentes de celles qui figurent dans
la police.

---

(1) Villes v⁵ Glover, 5 New Rep. 14. — Jeaman v⁵ Fonnereau N. P. 2 Str.
1183. — Lynch v⁵ Dunsford, 14 East, 494. — Bridger v⁵ Hunter, Maule et
Selogn, 1, 15.

L'assuré qui a usé de réticence ne peut se soustraire à la nullité du contrat en faisant, après qu'il a été formé, la déclaration dont il est tenu. En effet, cette déclaration ne pourrait équivaloir à celle qui aurait dû être faite avant que l'assureur ne s'engageât, qu'autant que ce dernier resterait libre de maintenir son engagement ou d'en discéder.

528. — Par le même motif, l'assuré ne serait pas recevable, le contrat étant nul pour cause de réticence, d'offrir pour le rendre valable, une augmentation de prime ou une réduction sur l'indemnité. Valin estime que le contrat pourrait être validé si cette offre était satisfactoire (1). C'est là une erreur évidente. En effet si la déclaration avait été faite avant l'assurance, et qu'en raison des risques qu'elle aurait mis en lumière l'assuré eût offert, ou de payer une prime plus élevée, ou de souffrir des franchises plus ou moins considérables, l'assureur aurait pu ne pas s'arrêter à cette offre et refuser l'assurance. Or, c'est bien le moins qu'il puisse faire après ce qu'il aurait pu faire avant.

529. — Le contrat atteint de réticence est encore nul, bien que le sinistre n'ait pas eu pour cause le fait qui n'a pas été déclaré, car comme le dit le juge anglais Lée (2), l'assureur ne considère, au moment où le contrat se forme, que les risques possibles, et c'est en les appréciant qu'il s'engage ou refuse de s'engager (3). L'art. 348 contient, sur ce point, une disposition expresse, qui est ainsi conçue : — *L'assurance est nulle*

---

(1) Emérigon, ch. 3, sect. 3. — Contra Valin, sur l'art. 7.

(2) Seaman v' Fonnereau.

(3) Angleterre, Marshall, p. 432, 472; Parck, 408. — États-Unis, Kent, 3, 282. — Allemagne, Benecke, 3, 117; Pohls, 7, 578; Nolte, 2, 117.

même dans le cas où la réticence n'aurait pas influé sur le dommage ou la perte de l'objet assuré.

530. — Lorsque l'assuré ne s'est pas conformé à l'art. 348, l'assureur peut seul demander la nullité du contrat. Il serait en effet immoral que ce dernier pût la faire prononcer en se fondant sur la fraude qu'il a commise.

531. — Le législateur ne s'est pas expliqué sur les effets que produit la nullité résultant de la réticence.

On a, avec juste raison, regretté qu'il n'ait pas fait, au cas de réticence frauduleuse, ce qu'il a fait lorsqu'il a condamné l'assuré à payer la double prime dans le cas où l'évaluation de l'objet assuré a été exagérée frauduleusement, ou lorsque l'assuré a fait assurer une chose qu'il savait perdue (art. 357 et 368) (1). Non-seulement l'art. 348 est muet sur ce point, mais encore il ne dit pas si au cas où l'assurance est annulée, l'assureur aura le droit de garder la prime ou de se la faire payer.

Du silence de la loi il résulte que l'assureur n'a pas droit à la double prime. Mais a-t-il droit à la prime ?

Il n'y a aucun droit, dit-on, par deux motifs. D'abord telle était dans l'ancien droit l'opinion de Pothier (2), qui soutient que les assureurs étant déchargés des risques, il ne leur est pas dû de prime. Or, dit-on, il résulte du langage tenu par l'orateur du gouvernement que les rédacteurs du Code de commerce ont voulu consacrer l'opinion de Pothier, puisqu'ils ont dit : *le contrat n'ayant pas existé, aucune conséquence,*

---

(1) V. les observations de de Courcy. p. 301.
(2) Pothier, n. 196.

aucun effet n'en ont pu résulter. — D'ailleurs, puisque le contrat est nul, la prime ne serait payée par l'assuré qu'à titre de peine ; or la loi n'en prononce pas.

Bien plus, ajoute-t-on, l'assureur n'a pas droit au demi pour cent d'indemnité (1).

D'autres soutiennent que l'assureur n'a droit à la prime que lorsque l'assuré est convaincu d'avoir usé de dol et de fraude (2). Cette opinion a le tort de mettre dans la loi une distinction qu'il serait peut-être désirable d'y trouver, mais qui n'y est pas.

Enfin d'autres pensent que l'assureur a droit à la prime parce que le contrat n'est nul que par rapport à l'assuré (3).

Cette opinion nous paraît la meilleure. Mais le motif sur lequel on se fonde pour la soutenir est contestable. Ce n'est pas, en effet, parce que la nullité est relative que l'assureur a droit à la prime, car, en principe, la dissolution d'un contrat opère à l'égard de toutes les parties, même dans les cas où cette nullité ne peut être demandée que par l'une d'elles. Ainsi, lorsqu'un contrat est nul par rapport à une femme mariée non autorisée, il ne suit pas de ce que celle-ci a seule le droit de demander la nullité de ce contrat, que cette nullité ne produise pas, lorsqu'elle est demandée par elle, des effets identiques à ceux qu'elle produit lorsqu'elle peut être demandée par chaque partie. Cette règle étant appliquée à l'assurance, il devrait s'ensuivre que dans le cas où, sur la demande de l'assureur le contrat est

---

(1) Alauzet, t. 3, p. 367.
(2) Estrangin, p. 287 et s.
(3) Dageville, t. 3, p. 531.

annulé pour cause de réticence, les deux parties sont respectivement déliées de leur engagement, l'une du paiement de l'indemnité, l'autre du paiement de la prime.

Mais quels que soient les termes de l'art. 348, la nullité résultant de la réticence ne représente qu'un moyen donné à l'assureur de se soustraire, par voie d'exception, au paiement de l'indemnité. Il est constant, en effet, que le défaut de déclaration ne fait pas que le contrat ne renferme tous les éléments qui le constituent, l'objet assuré, la prime, etc., de sorte que le sinistre survenant, l'assuré est en droit de demander le paiement de l'indemnité. Mais l'assureur peut, pour s'y soustraire, exciper de la réticence, et lorsqu'il le fait, il doit prouver :

1° L'existence des faits non déclarés ;

2° Que l'assuré en avait connaissance ;

3° Qu'ils sont de nature à exercer une influence sur l'opinion du risque.

L'assuré lui-même peut prouver que l'assureur connaissait les faits.

Cela posé, il peut arriver que les faits non déclarés ne soient pas parvenus à la connaissance de l'assureur, qu'il ne puisse pas prouver que l'assuré les connaissait, et qu'enfin ils soient tels que les tribunaux puissent, selon l'impression reçue, ou annuler le contrat ou le valider.

Que faut-il conclure de là ? — C'est que dans les cas où l'assuré a usé de réticence, l'assureur court les risques ; — qu'il peut être tenu du paiement de l'indemnité, si par suite de circonstances qui peuvent souvent se présenter, il ne parvient pas à justifier son exception. Or, de ce qu'il a couru les risques il suit que la prime lui est due.

532. — La nullité résultant de la réticence peut être ratifiée, *re integra,* avant l'avènement de la perte.

Il est hors de doute, en effet, que l'assureur peut recevoir la déclaration postérieurement à la formation du contrat, et après qu'il l'a reçue, renoncer à se prévaloir de la nullité.

La ratification peut être tacite. Il suffit pour cela que, conformément à l'art. 1338 du C. civ., la réticence soit connue de l'assureur et que les actes qui émanent de lui prouvent sa volonté de réparer le vice dont le contrat est atteint.

Ce principe est certain. Il a été proclamé par la Cour de Cassation dans l'espèce suivante, qui cependant ne saurait être choisie comme exemple :

Un sieur Campion avait fait assurer, par la compagnie la *Sécurité,* le navire la *Dorade* pour un voyage de la Guadeloupe au Hâvre. — En fait le navire partit de la Martinique. — Les assurés signalèrent aux assureurs l'erreur commise sur le point de départ du voyage, et ceux-ci encaissèrent la prime après cette déclaration.

La Cour de Paris jugea que l'encaissement de la prime, équivalait à une ratification, et la Cour de Cassation rejetta le pourvoi formé par les assureurs contre l'arrêt.

Cette décision est juste, car en changeant le point de départ, l'assuré avait rompu le voyage et ne devait pas par suite la prime, de sorte que le fait par l'assureur de l'encaisser équivalait à une ratification.

Mais la décision serait différente dans les cas de réticence, par exemple si l'assuré avait omis de déclarer une avarie antérieure, parce que la prime est due à l'assureur dans ce cas, la nullité du contrat fût-elle prononcée, et que dès-lors son encaissement n'étant que l'exercice d'un droit, ne peut être considéré comme une ratification.

FIN DU PREMIER VOLUME.

TABLE DES MATIÈRES

DU PREMIER VOLUME

LIVRE II.